개정개역판

서방 기독교
신비주의의 역사(I)

초대부터 5세기까지

서방 기독교 신비주의의 역사(I)
　　The Foundations of Mysticism
초판 발행: 2000년 9월 070-8274-4404
제판 발행: 2015년 8월 15일
지은이: 버나드 맥긴(Bernard Mcginn)
옮긴이: 엄성옥
발행처: 은성출판사
등록: 1974년 12월 9일 제9-66호
주소: 서울시 강동구 성내로 3길 16(은성빌딩 3층)
전화:　070-8274-4404
팩스.: 6007-1154
http://eunsungpub.co.kr
e-mail: esp4404@hotmail.com

출판 및 판매에 관한 모든 권한은 본 출판사가 소유하고 있습니다.
대한민국 저작권법에 따라 출판사의 서면 허락 없이 번역, 재제작,
인용, 촬영 등을 할 수 없음을 알려드립니다.

Printed in Korea
ISBN: 978-89-7236-422-1 33230

THE FOUNDATIONS OF MYSTICISM

Origins to the Fifth Century

by

Bernard McGinn

translated by

Eum Sung Ok

개정개역판

서방 기독교 신비주의의 역사(I)

초대부터 5세기까지

버나드 맥긴 지음

엄성옥 옮김

목차

머리말 / 9

서론 / 13

제1부 서방 신비주의의 역사적 뿌리 / 29

    서론 / 31

    제1장 유대교적 기반 / 39

    제2장 헬라의 관상적 이상 / 63

    제3장 예수: 지상의 하나님 임재 / 135

    제4장 초기 헬라 기독교 내의 신비적 요소 / 171

    제5장 수도원적 전환과 신비주의 / 251

제2부 서방 신비주의의 시작 / 343

    서론: 서방 기독교의 형성 / 345

    제6장 초대 라틴 신비주의 / 357

    제7장 어거스틴: 창시자 / 409

참고문헌 1 / 469

참고문헌 2 / 477

주제별 색인 / 533

머리말

나는 1982년에 기독교 신비주의의 역사에 대한 책을 저술하려는 생각을 했다. 물론 이 일은 소중하고 가치있는 일이지만 만일 그 때 내가 이 일이 얼마나 힘들고 고통스러운 것인지 알았다면 이 책의 저술을 주저했을 것이다.

나는 여러 가지 프로젝트에 관여하고 있었는데, 특히 크로스로드 Crossroad 출판사의 『세계 영성 백과사전』 *Encyclopedia of World Spirituality*에 참여한 것이 이 신비주의 역사에 대한 지속적인 연구를 가능하게 해주었다. 이 역사서의 제목을 포괄적으로 "하나님의 임재"라고 설정하였지만, 실질적으로 저술의 착수는 충분한 연구가 이루어질 때까지 연기할 수밖에 없었다. 이 분야에서 얼마나 더 많은 책을 읽어야 할지 알기가 쉽지 않았다.

연구를 진행하면서 원래의 계획을 크게 두 가지로 수정했다. 원래의 계획은 서방교회와 동방교회의 기독교 신비주의를 모두 포함하려는 것이었다. 그러나 이 계획은 의욕만 앞세운 것으로서 내게 언어적인 제약이 있었고(동방교회 신비주의 연구에 필요한 시리아어와 러시아어의 제약), 동방교회의 신비주의에 대한 현대의 연구 또한 아직 진행 중이라는 것을 알게 되었다. 따라서 이 책에서는 동방교회의 신비주의와 관련해서 4세기 이후 서방 라틴 기독교에서 발전한 신비주의에 그 형식들을 제공해 준 원천적 자료가 되는 것들만 다루었다. 물론 이 동방 신비주의 영향의 가장 중요한 관점은 헬라 신비주의 거장들의 저술들에서 발견되는데, 주로 오리겐과 디오니시우스의 항목에서 다루어진다.

나는 1987년 봄에 제1권을 저술하기 시작했는데 도중에 두 번째 계획 수정을 하게 되었다. 제1권에서 12세기까지 다루려 한 원래의 계획이 너무 낙관적이었음을 깨달은 것이다. 시토회 신비주의자들에 대한 연구와 저술을 하던 6개월 동안 한 권에 1,200년 형성된 내용을 담기 어렵다는 것을 알게 되었다. 따라서 4세기에서 12세기까지는 기본적으로 같은 바탕 위에 연속성이 있음에도 불구하고 두 권으로 나누어 저술해야 했다. 『서방 기독교 신비주의의 역사』The Foundations of Mysticism라고 제목을 붙인 제1권에서는 유대교, 헬라의 종교 철학, 초대 교회에서 서방 신비주의 전통들의 역사적 뿌리를 다룰 것이다. 이 책은 서방 신비주의의 기초를 놓은 교부들(암브로스, 어거스틴, 카시아누스)을 다루는 것으로 마무리할 것이다. 『신비주의의 발전』The Development of Mysticism이라고 명명한 제2권에서는 12세기까지를 다루게 될 것이다.

지난 8년 동안 나는 여러 사람들의 도움으로 연구를 진행할 수 있었다. 어떤 도움은 이 책과 이어서 나올 책들에 직접적인 영향을 주었다. 그 중에서도 가장 도움이 되었던 것들을 언급하고자 한다. 무엇보다도 크로스로드 출판사에서 근무하는 여러분들에게 감사드린다. 특히 이 프로젝트를 관대하게 지원해주었고 탈고가 지체됨에도 불구하고 인내해준 린츠Werner Mark Linz와 오베이스Frank Oveis에게 감사한다. 둘째로는 완성되지 않은 원고를 읽고 조언해준 동료와 친구들에게 감사를 드린다. 내게 매우 도움이 된 이들의 충고와 비평은 이어서 나올 여러 장에서 언급할 예정이다. 물론 이들은 마지막 결과에 대해서 책임을 갖고 있지 않다. 왜냐하면 때로 나보다 현명한 분들이 의심하고 있는 견해에 내가 고집스럽게 집착하고 있었음을 알게 되었기 때문이다. 내 아내 페트리샤Patricia에게도 감사한다. 그녀는 이 책을 저술하는 동안 여러 단계에서 가치있는 도움을 주었을 뿐만 아니라, 이 책의 마지막 장을 편집하는 데에 큰 도움을 주었다. 지난 8년 동안 행한 이 연구를 여러 측면에서 도와 준 사람들 중 크래머Shawn Madison Krahmer는 책을 최종적으로 편집하는 데 많은 도움을 주었다.

마지막으로 학생 조교들에게 폭넓은 감사를 표하고 싶다. 이 책을 신학교에서 내 강의를 들은 모든 학생들에게 헌정한다. 이것이 이 역사서를 저술하는 데 그들이 행한 공헌에 합당한 것이라 생각한다.

베르나르 맥긴Bernard McGinn
1990년 8월 28일
성 어거스틴 축일에

서론

　이 책은 서방 기독교 신비주의의 신학과 역사에 대해 저술될 네 권 중 첫 번째 책이다. 이 주제는 중요한 것이지만 이 책과 이어서 저술될 책들의 전망은 그다지 쉽지 않았다.
　이 책을 저술하게 된 유인誘因은 여러 곳에 있는데, 일부는 개인적인 것이고 또 다른 일부는 현행의 종교 연구에 공통적인 것이다. 지난 20년 동안 기독교 영성의 연구와 실천에 대한 관심이 현저하게 회복되었고, 전통적으로 영적 순례의 절정으로 이해되는 신비주의에 대한 관심도 크게 증가했다. 현대의 많은 사람들은 세속주의의 도전 때문에 종교를 과소평가했지만, 또 다른 사람들은 자신의 종교적 전통의 깊이를 발견했다. 부분적으로는 이런 재발견을 기초로 하여 새로운 형태의 종교 간의 대화가 출현했는데, 그 중에서도 신비주의의 본질에 대한 토론이 압도적으로 중요했다. 현재 우리가 처해 있는 세계적인 교회 일치의 상황은 인류의 풍부한 영적 유산을 인식하고 토론하는 새로운 차원을 만들어 주었다. 이처럼 특별히 기독교적이고 에큐메니컬한 관점에서 볼 때, 신비주의는 오늘날 중요한 관심의 주제이다.
　지난 백 년 간 신비주의에 대한 많은 저서들이 배출되었다. 그럼에도 불구하고 신학적인 관점에서 볼 때 공관적 진술들이 거의 없으며, 그 진술들 중 많은 것은 제한적이고 만족스럽지 못하다. 이 과업에 많은 어려움이 따른다는 것이 그 사실을 설명하는 데 도움이 되지만, 그렇다고 해서 그것이 상황을 바로잡는 일을 회피하기 위한 변명은 되지 못한다. 현재 필요한 것은 기독교 신비주의의 역사에 대한 보다 완벽하고 비평적인 지식, 그리고 그 현상에 대한 적절한 현대 신학적 평가이다. 이 두 가지 과업은 상호보완적이므로, 서로 분리시키게 되면 그 어느 것도 성공할 수 없다.

금세기가 시작된 이후 신학은 기독교 신앙과 실천이 역사적으로 갖게 되는 우연적이고 가변적인 특성과 기독교의 메시지에 내포된 보편적이고 영속적인 진리 사이에서 씨름해왔다. 이 중요한 관심에 대한 분석이나 해답과 관련하여 일반적으로 일치된 것이 없지만 역사적인 문제를 회피함으로써 문제를 해결할 수 없다는 공감대가 형성되어 있다. 우리가 중요한 신학적인 문제들을 다루려면, 더 많은—더 나은—역사가 필요하다는 것이 현대 기독교 사상가들의 일반적인 생각이다. 이전 시대에는 본질적이고 "불변하는" 특징들을 분석함으로써 기독교 신앙과 실천을 제시한 반면, 현대 신학은 내적 의미를 찾기 위해 교리나 실천의 역사적 발전을 연구하는 것이 효과가 있다고 생각한다. 기독교 신앙에 관한 체계적이고 구조적인 질문과 관련해서, 역사는 결정적인 대답을 하지 못하겠지만 최소한 중요한 대답은 해야 한다. 프랑스의 위대한 신학사학자인 마리-도미니크 체누 Marie-Dominique Chenu는 "만일 완전한 신학의 역사history of theology가 존재한다면 그것은 역사신학theology of history에 양보해야 한다"[1]고 말한 적이 있다. 인간은 완전한 신학의 역사를 획득할 수 없지만, 보다 만족스러운 기독교 신비주의 역사에 토대를 두어야만 신비주의를 현대적으로 보다 적절하게 이해할 수 있는 신학이 가능하다고 본다.

현대의 신비주의 신학은 (신비 경험이 가능하다고 가정하면서) 신비 경험의 본질적 특징들을 추상적으로 고려하는 데부터 시작하는 것이 아니라 기독교

---

1) M.-D. Chenu, *Nature, Man and Society in the Twelfth Century* (Chicago: University of Chicago Press, 1769), p. xx.

신비주의의 역사에 있어서 분명한 단계들로부터 신비주의의 새로운 현대적 이론과 실천을 위한 근거로 쓰일 수 있는 해석을 찾아 내려는 시도에서부터 시작해야 한다. 이 시리즈에서는 기독교 신비주의에 대한 신학적 이해의 역사적 차원과 구조적 차원을 다룰 것이다.

제대로만 이루어진다면 역사적인 재구성이 단순한 기술記述보다 훨씬 낫다. 왜냐하면 역사적인 재구성이 적어도 함축적으로는 건설적이며 설명에 도움이 되는 전망들perspectives의 안내와 가르침을 받기 때문이다. 이 네 권의 책들은 서방 기독교 신비주의의 역사와 역사적 신학을 포함한다. 처음 두 권 『신비주의의 토대』와 『신비주의의 발전』은 3, 4세기에 시작되어 12세기까지 꽃을 피운 기독교 신비주의의 첫 번째 주요한 시대—보다 나은 말로 한다면 층—를 기술한다. 이 층層을 수도원적 층이라고 부를 수 있을 것이다. 왜냐하면 이것은 수도원주의의 가치와 실천에 밀접하게 연결되어 있기 때문이다. 제3권, 『신비주의의 개화기』는 13세기부터 16세기까지를 다룬다. 이 시대는 종교적 삶과 실천의 새로운 형태들이 두 번째 층을 형성한 시기인데, 이것은 후기 중세 시대와 종교개혁 시대에 수도원적 요소와 상호작용을 하였다. 이 시기에 신비주의의 고전적 "학파들"이 생겼다. 이 학파들은 성직자들이 사용하던 라틴어가 아닌 각 집단의 모국어를 통해서 기독교 사회의 모든 집단에 신비주의 관습을 전파했다. 이 시리즈의 제4권에는 『신비주의의 위기』라는 제목을 붙일 예정이며, 17세기에 나타나서 현재까지 계속되며 기독교 안팎에서 겪게 되는 기독교 신비적 이상들에 대한 도전을 다루고자 한다. 제4권의 끝 부분에서는 서방 신비주의에 대한 기술들이 기독교 신비주의의 본질에 대한 현대의 반성을 위해서 어떤 의미를 갖는가를 요약하려 한다.

신비주의의 본질

교회의 위대한 신비가인 아빌라의 테레사는 다음과 같이 말했다.

"나는 이제 묘사하고자 하는 것을 때로는 초보적인 형태로, 그리고 매우 순간적으로 경험하곤 했다. 그리스도에 대해 묘사할 때, 심지어 그리스도에 대한 글을 읽을 때 나는 예기치 않게 하나님의 임재 의식을 경험하곤 했다. 나는 그리스도가 내 안에 있었다는 것, 혹은 내가 전적으로 그리스도의 심연으로 빠져 들어갔다는 것을 결코 의심할 수 없었다. 이것은 결코 환상이 아니었다. 나는 이것을 신비 신학이라 불러야 한다고 생각한다."[2]

테레사의 『전기』*Life*에서 인용한 위의 글은 이 시리즈에서 논의될 신비주의를 설명하는 데 필요한 주요 주제들, 특히 신적 임재의 의식을 소개한다. 나는 테레사가 이 의식적 임재를 신비 신학과 동일시한다는 묘한 사실에서부터 논의를 시작하고 싶다. 이것은 신비주의와 신비 신학mystical theology 사이를, 그리고 신비 경험과 이에 대한 신학적 해석 사이를 떼어 놓으려는 많은 현대 신비주의 연구가들의 주장에 반대된다. 예를 들어 에블린 언더힐Evelyn Underhill은 참된 신비가들과 신비 경험에 대해 숙고하는 철학자들(신학자들도 포함시킬 수 있다)을 구분하면서 이 철학자들에 대해서 "도버에서 칼레에 이르는 길에 세워진 이정표를 여행자라고 부를 수 없듯이, 그들은 신비가가 아니다"[3]라고 했다.

이 말에는 현대 신비주의 연구에 피해를 주어 온 중대한 오해가 감추어져 있다. 비록 신비주의와 신비 신학을 이론적으로 구분할 수 있다고 해도 기독교 역사에서 이 둘을 분리하는 것은 위험한 일이라고 생각된다.[4]

"신비 신학"이라는 용어가 "신비주의"라는 용어보다 천 년 이상 먼저

---

2) *The Life of Teresa of Jesus: The Autobiography of St. Teresa of Avila*, trans. and ed. E. Allison Peers (Garden City, NY: Doubleday Image Books, 1960), 1.10 (p. 119).

3) Evelyn Underhill, *Mysticism: A Study in the Nature and Development of Man's Spiritual Consciousness* (12th ed.; Cleveland and New York: World, 1965), p. 83.

4) See Werner Beierwaltes, Hans Urs von Balthasar, Alois M. Haars, *Grundfragen der Mystik* (Einsiedeln: Johannes Verlag, 1977), p. 52.

형성되었다는 사실은 하나의 종교적인 생활 방식으로서 신비주의와 신비 신학 사이의 복잡하고도 분리될 수 없는 결속을 인식하기 위한 올바른 방향을 지적해준다. 종종 신비 신학은 단순하게 경험과 이해를 구분하는 잘못된 모델들에 의해서 이해되어왔는데, 그것은 신비주의자들의 글을 정당하게 다루지 않을 뿐만 아니라 현대의 인식론적이고 개념적인 이론들이 제시하고 있는 이해와 경험 사이의 복잡한 관계를 공정하게 다루지 못한 것이다. 신비 신학은 부수적 현상이 아니며 "실재하는 진정한" 것을 드러내기 위해 벗겨 버릴 수 있는 껍질이나 덮개가 아니다. 의식적 행위들과 그것들을 상징적이고 이론적으로 주제화하는 것 사이의 상호작용은 훨씬 더 복잡하다. 신비주의 이론이란 대체로 신비 경험에 추가된 것이기보다, 신비가의 생활 방식 전체에 선행하거나 그 방식을 인도해 주는 것이다.

신비주의를 특정한 유형의 하나님 경험으로 정의하는 사람들은 종종 역사가가 직접적으로 그러한 경험에 접근할 수 없다는 사실을 망각하는 듯하다. 경험 자체는 역사적 기록의 한 부분이 아니다. 역사학자나 역사신학자들이 직접 이용할 수 있는 것은, 대체로 이전 시대 기독교인들이 기록으로 우리에게 남겨준 증거뿐이다. 최근까지 학계에서는 신비 경험에 대한 아주 모호한 개념에 지나치게 집중해 왔으며 이 때문에 신비주의의 글들을 특별하게 해석학적으로 분석하지 못했다. 장르, 독자, 구조, 심지어 본문 연구를 위한 지극히 단순한 과정에 대한 관심조차 없이 신비주의 본문들이 다루어져 왔다. 목적을 달성하기 위해 언어에 집중하고 바꾼다는 점에서 시詩와 흡사한 신비주의의 걸작들은 종종 우리가 기대하고 있는 것을 확인하기 위한 손쉬운 자료, 전화전호부나 비행 스케줄처럼 취급되어왔다.

경험과 해석의 상호 의존성을 인정하면 신비주의 연구에 내재되어 있는 그릇된 문제들 중 일부를 피할 수 있다. 신비 경험에 대한 강조는 신비주의 문헌 해석에 대한 무관심을 낳았을 뿐 아니라 하나님과의 연합의 경험, 혹은 특별히 환상적인 경험을 다룬 일인칭 자전적 이야기를 강조하게 했다.

이 책에서 그 이유를 밝히겠지만 기독교 신비주의 역사의 첫 천 년 동안에는 일인칭으로 된 기록이 드물었다. 그러나 일인칭으로 된 기록이 없다는 이유로 위-디오니시우스와 같은 저자들이 "정말로" 신비주의자였는가에 대하여 논쟁하는 것은 무의미하다. 자기보다 앞선 시대의 문헌에 기초하여 "자서전적" 진술을 기록했음이 밝혀진 저자들(가장 유명한 예는 어거스틴이다. 『고백록』의 제9장 마지막에 기술된 오스티아에서의 환상은 플로티누스에 의존해 있다) 역시 신비주의자로서의 자격이 의문시되거나 취소되었다. 본문 비평이나 신학적인 매개를 통해서 기독교 신비주의의 본질을 제대로 이해했다면, 이러한 혼동과 비생산적인 논쟁을 피할 수 있었을 것이다. 신학적으로 말해서, 문제는 "이 사람은 내가 신비한 것이라고 정의하는 경험을 소유했다고 주장하기 때문에 정말로 신비주의자인가?"가 아니라, "신비적인 것이든 아니든 간에, 그의 저술들이 기독교 신비주의의 역사에서 지니는 의의가 무엇인가?"이다.

　되도록 기독교의 보다 넓은 역사적 발전을 배경으로 신비주의를 보아야 한다. 기독교 신비주의의 역사에서 보다 넓은 배경을 무시하면, 이 현상의 중요성을 형성하는 요소들을 파악하지 못하게 된다. 성육신의 신비에 내포된 영원한 것과 시간적인 것의 역설적인 교차는 하나님 임재에 대한 "영원히" 신비한 의식이 사회와 교회 안의 변화와 발전에 의해 결정되는 방법에 분명히 나타난다. 예를 들어 사막 교부들의 신비주의적 경건은 고대 말기의 종교적 분위기의 중요한 변천에 대한 제도적 반응으로 이해되는 수도원주의와 분리해서는 이해될 수 없다. 다시 말해서 13세기의 신비주의가 지닌 근본적으로 새로운 특징들은 중세 문명의 중요한 사회적 격변들 및 그것들이 기독교계의 조직에 끼친 결과를 배경으로 하여 이해되어야 한다. 이 시리즈에서는 주로 신학적 개념들의 역사를 다루게 되며 또한 하나님 임재의 직접적 의식이 서방 기독교의 역사 안에서 촉진되고 이해된 방법을 연구하겠지만 이런 개념들에게 영향을 미친 역사적 배경 안에 있는 중요한 요소들을 살펴볼 것이다.

신비주의는 상황에 비추어 이해되어야 하며, (신비 경험이 아니라) 신비주의 문서 및 그 전통 내에서의 이 문서의 위치가 연구의 주된 목표라 해도 신비주의가 무엇인가에 대한 질문을 해야 한다. 이미 언급한 바와 같이 이 시리즈 제4권 마지막 부분에서 기독교 신비주의의 역사, 특히 라틴 서방에 근거한 보다 더 완벽하고 건설적인 이해를 제시할 것이다. 그러나 H.-I. Marrou의 표현을 빌리자면,[5] 연속적으로 변화되는 역사적 이해 안에서 내가 생각하는 신비주의의 기초적이며 학습에 도움이 되는 개념을 이 시작 단계에서 제시하는 것이 의미있는 일이라고 본다.

신비주의를 정의하려고 노력하기보다는(그처럼 복잡하고 논쟁적인 현상을 단순하게 정의하려는 것은 지나치게 낙관적인 생각인 듯하다) 종교의 한 부분 또는 요소로서의 신비주의, 삶의 과정 또는 방법으로의 신비주의, 하나님 임재의 직접적 의식을 표현하려는 시도로서의 신비주의 등 세 개의 표제 하에 신비주의를 논함으로써 내가 이 용어를 어떻게 이해하는지 말하려 한다.

『종교의 신비적 요소』The Mystical Element of Religion를 저술한 프리드리히 바론 폰 휘겔Friedrich Baron von Hügel의 가장 위대한 통찰은 신비주의란 구체적인 종교와 특별한 종교적 인격의 한 부분 혹은 한 요소일 뿐이라고 강조한 것이다. (적어도 금세기 이전에는) 어떠한 신비주의자도 "신비주의"를 믿거나 실천에 옮기지 않았다. 이들은 기독교(혹은 유대교, 이슬람교, 힌두교), 즉 보다 넓은 역사적 통일체의 일부로서 신비한 요소를 포함하고 있는 종교를 믿고 실천했다. 보다 넓은 규모의 신자들의 집단에는 신념과 실천에 관련된 이 요소들이 다소 중요할 수 있다. 이 요소들은 그 강도와 발달의 정도가 다양하게 나타난다. 이 요소들이 분명하게 체계화되어 일부 신봉자들이 영구적으로 중요한 것으로 여길 때, 신비주의 자체에 대해 말할 수 있을 것이다. 물론 그 때에도 신비주의를 그것이 속해 있는 전체로부터 분

---

5) Henri-Irenée Marrou, *The Meaning of History* (Baltimore and Dublin: Helicon, 1966), p. 131.

리할 수는 없다. 따라서 기독교 안에는 처음부터 신비한 요소들이 있었지만 그것들이 분명한 신비주의의 전통으로 탄생한 것은 3세기에 오리겐이 충분히 기획한 신비주의 이론이 4세기에 수도원주의라는 새로운 현상으로 제도화되면서부터이다. 이 결합이 기독교 신비주의 역사 안의 첫 단계, 혹은 첫 층의 특징이다.

둘째, 신비주의는 삶의 한 과정 혹은 방법임을 기억해야 한다. 신비주의의 목표는 하나님과 인간, 무한하신 영과 유한한 인간의 영 사이의 특별한 만남으로 이해될 수 있다. 그러나 신앙의 공동체 안에 있는 개인의 삶에 있어서 이 만남으로 이끌거나 이 만남을 준비해주는 모든 것, 그리고 이 만남으로부터 흘러나오거나 흘러나오기로 되어 있는 모든 것은 이차적인 의미에서라도 신비적이다. 목표를 과정과 결과로부터 분리했기 때문에 신비주의의 본질 및 구체적인 종교의 한 요소로서 신비주의가 행하는 역할에 대해 많은 오해가 생겼다.

이 목표, 본질적 특성, 혹은 정의를 내려 주는 특징은 흔히 하나님과의 연합, 특히 개인의 인격이 상실되면서 이루어지는 흡수나 동화와 연합의 경험으로 간주되어 왔다. 만일 신비주의를 이런 의미로 정의한다면, 기독교 역사에 신비주의자들이 거의 존재하지 않게 되어 왜 기독교인들이 "신비한"이라는 수식어를 그처럼 자주 사용했는지(2세기 말 이후부터), 그리고 결과적으로 17세기에 "신비주의"(불어로 *la mystique*)라는 용어를 만들어냈는지 궁금하지 않을 수 없다.[6] 이것은 기독교인들이 수세기에 걸쳐서 하나님과의 연합에 대하여 몇 가지, 혹은 다수의 이견을 주장해 왔음을 인정하면서 연합의 개념을 확대해야 할 필요가 있음을 시사해준다.[7] 그러나 하나

---

[6] 헬라어 수식어 *mystikos* 및 거기서 파생된 단어들에 대한 적절한 역사서는 존재하지 않는다. 초기의 용법에 대해서 알려면 Louis Bouyer, "Mysticism: An Essay on the History of the Word," in *Understanding Mysticism*, ed. Richard Woods (Garden City, NY: Doubleday Image Books, 1980), pp. 42-55을 보라.

[7] 중세 시대의 신비적 연합의 다양성에 대해 알려면 나의 글 "Love, Knowledge and Unio mystica in the Western Christian Tradition," in *Mystical Union and*

님과의 연합이 신비주의 이해를 위한 가장 중요한 범주는 아니라는 점도 주장되어야 한다.

부분적으로는 조셉 마르칼Joseph Maréchal의 독창적인 저서로부터 감화를 받아서, 그리고 특히 동·서방 기독교의 역사에서 신비주의의 고전으로 인정되어온 책들을 읽음으로써, 나는 기독교 신비주의의 다양성 안에 있는 통합해 주는 특징을 파악하는 데 있어서 "임재"라는 용어가 중요하고 유익하다는 것을 알게 되었다. 그러므로 기독교에서 신비적 요소는, 하나님의 즉각적이고 직접적인 임재라고 묘사될 수 있는 것을 준비하고, 의식하고, 반응하는 것에 관심을 두는 신념과 실천 부분이라고 말할 수 있다.[8]

이와 같이 특별한 형태의 하나님과의 만남을 이해하는 방법은 여러 가지이다. 본래 경험이란 부분적으로든 전체적으로든 개념화나 언어로의 표현을 거부한다는 것이 모든 기독교 신비주의자들의 공통된 의견이다. 따라서 그것은 정보 전달 목적이 아니라 변화를 목적으로, 즉 내용을 전달하기 위해서가 아니라 청취자나 독자가 동일한 의식을 기대하거나 성취하는 데 도움을 주기 위해서 언어를 사용하는 일련의 언어 전략에 따라 간접적이고 부분적으로만 제시될 수 있다. 역설적으로 "강력한" 표현 불가능성을 주장해온 신비가들조차도 이러한 변혁적인 과정을 돕기 위해서 온갖 언어 수단을 동원했고, 때로는 새로운 언어들을 만들어 냈다. 이런 관점에서 보면 연합union이라는 단어가 신비주의자들이 자신의 이야기에서 사용한 무수히 많은 모델, 은유, 혹은 상징들 중 하나에 불과하다는 것은 그다지 놀라운 일이 아니다. 많은 사람들이 이 단어를 사용했지만 그 단어만 사용한

Monotheistic Faith: An Ecumenical Dialogue, ed. Moshe Idel and Bernard McGinn (New York: Macmillan, 1989), pp. 59-86, 203-19 (notes)을 보라.

8) 나는 신비주의에 대한 이러한 광의의 이해가 지닌 요소들을 다음의 글에서 제시한 바 있다: "Love, Knowledge and Unio Mystica"; and in an essay entitled "Eriugena Mysticus," in *Giovanni Scoto nel suo tempo: L'Organizzazione del sapere nel età carolingia*, Atti del XXIV Convegno storico internazionale. Accademia Tudertina. Centre di Studi sulla spiritualità medievale (Spoleto: Centro Italiano di studi sulL'to medioevo, 1989), pp. 235-60 (esp. pp. 236-39).

사람은 거의 없었다. 그 외에 주요한 신비적 범주로는 관상contemplation, 하나님을 봄vision of God, 신화deification, 영혼 안에서의 말씀의 탄생birth of the Word in the soul, 몰아적 상태ecstasy, 현재 나타난 하나님의 뜻에 대한 완전한 복종 등이 있다. 이것들은 서로 다른 것이지만 직접적인 임재 의식을 제공하는 보완적인 방법으로 이해될 수 있다.

신비주의에 대한 광범위하면서도 융통성 있는 이해를 완전히 설명하는 일은 제4권에서 행할 것이다. 여기에서는 "의식"consciousness, "임재"presence, "직접적" 등 중요한 용어에 대한 나의 이해를 간략하게 언급할 것이다.

신비주의에 대한 현대의 논의는 대체로 신비 경험의 본질과 종류에 대한 분석을 중심으로 이루어져 왔다. 이 논의가 막다른 길에 도달했다고 생각하는 이유가 몇 가지 있다. 부분적인 이유는 "경험"(체험)이라는 용어의 부정확함과 모호함에 있는 듯하다. 그러나 많은 학자들은 마치 모든 사람들이 동일한 것을 염두에 두고서 이 단어를 사용한다고 확신하는 듯, 이 단어를 정의하는 데 그다지 어려움을 느끼지 않는다. 신비 체험이라는 용어는 의식적이든 무의식적이든 특별히 변화된 상태—환상, 특별한 말투, 황홀 등—를 강조하는 경향이 있다. 그런데 그것은 신비주의에서 큰 역할을 하지만, 많은 신비주의자들이 주장하듯이 하나님과의 만남의 본질을 구성하지는 않는다. 많은 위대한 기독교 신비가들(오리겐, 마이스터 에크하르트, 십자가의 요한 등)은 이런 경험들을 적대시하고 오히려 새로운 차원의 인식, 즉 신비한 만남에서 주어진 사랑과 앎을 포함하는 특별하고 한층 고조된 의식을 강조해왔다. 오직 이런 이유에서만, 우리는 최근에 "경험"experience보다는 "의식"consciousness이 더 정확하고 효과적인 범주임을 발견한 학자들의 주장을 받아들일 수 있다. 물론 "의식"이라는 단어도 "경험"처럼 모호하게 사용될 수 있다. 이 시리즈의 마지막에서 그 용어가 유익을 주는 방법에 대해서, 그리고 전적으로는 배척되어서는 안 되는 범주인 경험과 의식의 관계에 대해서 논의하려 한다. 그러나 지금으로서는 경험보다는 의식을 강조하면서, 역사적 기록에 충실하며 또한 잠재적으로 그것의 의미를 드러내는 데 더 정확하고 융통성 있는 언어를 찾아야 할 필요가 있음을 강조하고자 한다.

여기에서 언급해야 할 두 번째 용어는 "임재"이다. 신적 임재에 대한 특별한 의식을 자신이 소망하고 노력해야 할 목표라고 말한 신비가들의 글의 목록은 쉽게 작성할 수 있을 것이다(위에서 인용한 테레사의 것처럼). 그러나 그렇게 하는 것만으로는 부족하다. 유한자와 무한한 주체Infinite Subject를 동일한 표준에 의해서 측량할 수 없으므로 수세기 동안 기독교 신비주의자들은 임재라는 긍정적 표현만으로는 그들의 메시지를 전달할 수 없다. 신비적 변화를 상징하는 모든 언어 전략 중 가장 중요한 것은 임재와 부재의 역설적 필요성이다. 이 관계는 많은 형태로 묘사된다. 보다 적극적이고 긍정적인 신비주의자들 사이에서, 임재와 부재는 아가서에 제시되었으며 오리겐이나 클레르보의 베르나르와 같은 위대한 아가서 주석가들이 연구한 것처럼 신적 연인Divine Lover의 나가고 들어옴과 같은 지속적 경험이 된다.

부정적인apophatic 신비주의자들 사이에서 임재와 부재가 더욱 역설적이고 변증적으로 동시에 존재한다고 여겨진다. 만약 하나님에 대한 현대인들의 의식이 가끔은 부재하시는 하나님(잊히지는 않았으나 부재하시는 하나님)으로 나타난다면 많은 거짓 신들(심지어 종교의 하나님)이 사라지고 무서운 전적 무無의 심연을 대면할 때에만 "실재하시는 하나님"이 하나의 가능성이 된다고 인식한 많은 신비가들은 예언자였다고 할 수 있다. 만약 우리가 실재하는 것으로 경험하는 모든 것이 어느 면에서 우리에게 임재한다면present, "임재하시는" 하나님은 또 하나의 사물a thing이 되는 것이 아니겠는가? 이것이 위-디오니시우스를 비롯한 많은 신비주의자들이 하나님의 부재의 형태는 부정으로서의 하나님 의식이며, 그것이 신비가의 여행의 핵심이라고 주장한 이유이다. 『무지의 구름』The Cloud of Unknowing의 저자는 이 사실을 특히 강력하게 말한다.

이 모든 사물과 모든 장소를 버리고 무無와 무명의 상태를 취하라.…무명의 상태에서 획득되는 이 무의 영적 경험 안에서 사람의 감정은 놀랍게 변화된다.…이렇게 수고하면서 그것을 바라보는 것은 마치 지옥을 들여다보는 것 같다.9)

20세기의 신비가인 시몬 베유Simone Weil는 이것을 다음과 같이 보다 현대적으로 표현한다: "피조물인 인간과의 접촉은 임재 의식을 통해서 주어진다. 하나님과의 접촉은 부재不在 의식을 통해서 주어진다. 이 부재와 비교할 때, 임재는 부재보다 더 부재하는 것이 된다."10)

지금 여기서는 임재 의식이 정확하게 무엇을 의미하는지 상세히 분석하지 않겠으며, 또 하나님과의 만남에서 임재와 부재의 역설성에 대해서도 논할 수 없다. 나는 기독교 신비주의 역사에서 추후 논의할 주제들의 여러 차원을 지적하고 싶을 뿐이다. 그러나 나는 이 하나님의 임재(경우에 따라서 임재적-부재)가 직접적이거나 즉각적이라고 말해 왔다. 이해에 도움을 주는 나의 마지막 언급은 이러한 용어들의 선택과 관련되어 있다.

나는 신비주의에 직접적인 하나님 임재의 의식이 포함된다고 말하면서, 거의 모든 신비주의 저서에 등장하는 핵심적인 주장을 부각시키려 한다.11) 신비주의자들은 자기들이 하나님께 접근하는 방식은 일상적 의식意識 안에서 발견되는 것과는 근본적으로 다르고, 심지어 기도와 성례전 등 평범한 종교 행위를 통해서 얻는 하나님 인식과도 다르다고 주장한다. 그들은 하나님이 이러한 종교 행위 안에 임재하시지만 직접적이거나 즉각적인 방식으로 임재하시는 것이 아니라고 주장한다. 신비주의 문헌들은 또 다른 형태의 신적 임재, 일상적인 종교적 관습을 준수함으로써 획득될 수 있지

---

9) *The Cloud of Unknowing*, edited with an Introduction by James Walsh, CWS (New York: Paulist, 1981), chaps. 68-69 (pp. 252-53).

10) *The Notebooks of Simone Weil*, trans. Arthur Wills, 2 vols. (London: Routledge & Kegan Paul, 1976), 1:239-70.

11) 다음은 나의 글 "Eriugena Mysticus," pp. 238-39에서 취한 것이다.

만 반드시 그런 것은 아닌 임재를 증언해준다. 이것과 다른 형태의 종교 의식들의 차이점은, 이것이 주관적으로든 객관적으로든 보다 직접적이고 즉각적으로 나타난다는 점이다.

이 경험은 느끼고 알고 사랑하는 것과 같은 일상적인 의식적 행위를 통해 객관화되는 것보다 더 심오하고 근본적인 인격의 차원에서 발생한다고 주장되므로, 주관적으로 다르다. 또 이 신적 임재의 방식은 다른 유형의 의식에서 발견되는 일상적인 내적 중재나 외적 중재가 없이 직접적이고 즉각적인 방법으로 주어지므로 객관적으로도 다르다.

이 직접성immediacy은 실제적인 신비적 만남을 위한 준비, 또는 말이나 글로 그것을 전하는 것을 묘사하는 것이 아니라 만남 자체를 묘사한다는 점에 유의해야 한다. 인간의 의식 활동은 항상 주체의 과거 역사에 의해서, 그리고 모든 생각과 말 속에서 필연적으로 발견되는 매개체들에 의해서 중개된다. 신비주의자들이 말하고자 하는 바는 이런 필연적인 매개체들 "사이"에 놓여 있다고 할 수 있다. 이런 형태의 직접성에 대한 신비주의자들의 생각이 잘못된 것일 수도 있다. 그러나 우선은 기초적인 면에서 신비주의자들의 주장이 지닌 이 요소를 강조한 후 나중에 보다 치밀하게 연구하는 것이 바람직한 듯하다.

쟈크 마리땡Jacques Maritain이 『지식의 단계』The Degrees of Knowledge에서 제시한 것과 같은 신비주의에 대한 주요 현대 이론들은, 이 직접적인 관계를 자기들의 이야기와 통합하려 한다. 나는 베르나르 로너건Bernard Lonergan의 "중재된 직접성"의 가능성이라는 개념이 이 문제를 생각하는 데 유익한 방법이라고 생각한다(그는 이 개념을 직접 신비주의와 연관짓지 않는다).[12] 나는 주로 학습에 도움을 주는 의미에서 그 용어를 사용하고 있다.

기독교 신비주의의 본질에 관한 이런 논평들은 많은 질문들을 야기할 것

---

12) See Bernard Lonergan, *Method in Theology* (New York: Herder, 1972), pp. 77, 273, 340-42.

이다. 그것은 그 논평들의 간단함 때문이기도 하고, 또 본래 내재해 있는 모호함과 결점 때문이기도 하다. 내가 수행하려는 바 서방 기독교 신비주의의 역사를 저술하는 커다란 과업, 그리고 학생들과 독자들과 비평가들의 반응이 내가 그것들을 다듬는 데 도움이 되기를 바란다. 그것들은 현 단계의 이해에 있어서 나의 입장을 대변해 준다.

약어표

ACW   *Ancient Christian Writers. The Works of the Fathers in Translation.* Edited by Johannes Quasten, Joseph C, Plumpe, Walter J. Burghardt and Thomas Comerford Lawler. Westminster, MD, and New York: Newman Press, 1946- . The most recent reprint in Mahwah, NJ: Paulist Press.

ANF   *The Ante-Nicen Fathers. Translations of the Writings of the fathers down to A.D. 325.* Edited by Alexander Roberts and James Donaldson. Edinburgh, 1866-72. 10 vols. The Most recent reprint is Grand Rapids: Eerdmans, 1981.

CC   *Corpus Christianorum. Series Latina.* Trunhour: Brepols, 1954- .

CSEL   *Corpus Scriptorum ecclesiasticorum latinorum.* Vienna; Heolder-Pichler-Tempsky, 1866- .

CWS   *The Classics of Western Spirituality.* Edited by Richard Payne, John Farina, and Bernard McGinn. Mahwah: Paulist Press, 1978- .

DS   *Dictionnaire de Spiritualité Asceetique ddt Mystique Doctrine et Histoire.* Edited by Marcel Viller, assisted by F. Cavallera, J. de Guibert, et al. Paris: Beauchesne, 1937- . 15 volumes to date(through Thiers, March 1990).

FC   *The Fathers of the Church. A New Translation.* Founded by Ludwig Schopp. Edited by Roy J. Deferrari, et al. Washington, DC: The Catholic University of America Press, 1947- .

GCS	*Die Griechischen Christlichen Schriftsteller der Ersten Drei Jahrhunderte.* Berlin: Akademie-Verlag, 1897- .
LC	*Loeb Classical Library. Cambridge*, MA: Harvard University Press, 1913.
LXX	*Septuagint Version of the Hebrew Bible.* See Septuaginta, id est Vetus Testamentum Graece iuxta LXX interpres. Edited by Alfred Rahlfs, 2 vols. Stuttgart: Deutsche Bibelgesellschaft, 1980.
NPNF	*The Nicene and Post-Nicene Fathers of the Christian Church.* Edited by Philip Schaff and Henry Wace. Buffalo and New York, 1886-90. First Series: 14 volumes. Second Series: 24 volumes. The most recent reprint in Grand Rapids: Eerdmans, 1983.
PG	*Patrologiae cursus completus. Series Graeca.* Edited by J. P. Migne. Paris, 1857-66. 161 volumes.
PL	*Patrologiae Cursus Completus. Series Latina.* Edited by J. P. Migne. Paris, 1844-64. 221 volumes.
SC	*Sources chréiennes.* Edited by Jean Daniélou et al. Paris: Cerf, 1940- .
Vg	*Vulgate version of the Christian Bible.* See Biblia Sacra iuxta Vultatam Versionem. Edited by Robert Weber et al. stuttgart: Deutsche Bibelgesellschaft, 1983.
WS	*World Spirituality. An Encyclopedic History of the Religious Quest.* General Editor, Ewert Cousins. New York: Crossroad, 1985- .

제1부

서방 신비주의의 역사적 뿌리

서론

제1부에서는 4세기 서방 수도원주의의 발달 및 힙포의 어거스틴이라는 탁월한 인물과 더불어 시작된 라틴 기독교 신비주의에 관심을 두려 한다. 그러나 유대교와 그리스 종교철학, 특히 초대 기독교 역사에 내려져 있는 뿌리들을 모르면 서방 신비주의 역사를 이해할 수 없다. 여러 가지 이유에서 이와 같은 초대 시대 전통들의 영향이 앞으로 전개될 이야기의 중요한 부분이 된다. 가장 중요한 것은 기독교 신비주의가 독특한 주석적 특성을 지닌 지속적인 전통을 형성한다는 것이다. 성경이나 다른 고전 문헌들을 읽고 해석하고 이에 따라 기도하는 것이 신비주의 역사에서 핵심적인 요소였다. 유대교나 초대 기독교의 성경 해석 방법은 후대 기독교의 신비적인 해석 방법의 중요한 모범이었다. 더욱 놀라운 것은 헬라의 이교적 주석 전통 또한 신비주의의 해석을 위한 길을 예비하였다는 사실이다.

직접적인 하나님 임재의 경험을 준비하는 기독교적인 방식들은 특별한 금욕적 관습, 성례전적 예식들, 그리고 여러 형태의 기도와 연관되어 있었다. 이 방식들은 또한 영적 가치관, 생활 유형, 성경에 계시되어 있고 교부들에 의해 설명된 모범적 인물들에 기초를 두고 있었다. 신자를 신적 만남으로 인도해 주는 통합된 경험과 전수된 언어는 근본적으로 성경적이었다. 즉 예배 공동체 안에서 하나님 말씀과 동화됨을 통해서 신비 생활이 가능했다. 그러므로 이 책의 주장을 증언해주는 대부분의 문헌들이 본질상 주석이라는 사실에 놀랄 필요가 없다. 동·서방의 초기 기독교 신비주의자들은, 아빌라의 테레사를 비롯한 후대의 신비주의자들처럼 개인적인 하나님 체험을 가르침의 주제로 삼지 않았다. 그들은 하나님과 인간의 만남이 이루어지는 곳을 찾기 위해 성경의 신비한 깊이를 꿰뚫고 들어가려 했다. 초기 기독교 신비주의의 이러한 주석적 기초는 제1부에서 제시된 자료들의 특징을 설명하는 데 도움이 된다.[1]

서론에서 언급되었듯이 여기서 서방 신비주의의 비기독교적 혹은 헬라적 뿌리에 관해 총론적으로 요약하지는 않을 것이다. 제1부에서는 서방 기독교가 그 유산을 활용한 방법을 이해하는 데 필요한 정보를 제공하며, 4-5세기에 서방 라틴 세계에서 출현한 것을 이해하는 데 반드시 필요하다고 여겨지는 것, 즉 유대교, 그리스, 초대 기독교라는 배경에 놓여 있는 요소들에 관심을 집중하려 한다.

히브리 성경과 제2성전 시대의 문헌 안에 신비주의가 있었는가, 최소한 신비주의적 요소가 있었는가에 관한 질문은 어려운 학문적 문제이다. 이 질문은 현재 사용되고 있는 신비주의의 정의에 의존할 뿐 아니라, 성경과 유대교 연구에 대한 엄격한 훈련을 받은 학자들이나 통달하기를 원할 수 있는 복잡한 어원학적, 역사적 주제들에 의존한다. 나는 이러한 문제들을 직접 다룰 능력도 없을 뿐만 아니라 그럴 의도도 없다. 그러나 원래의 유대교 형태에서나 기독교 구약으로서의 히브리 성경이 많은 후대의 독자들에 의해서 신비한 책으로 이해되었음은 확실하다. 아브라함, 야곱, 모세 등 위대한 인물들은 예증적인 신비가로 취급되었으며, 그들의 경험과 삶의 이야기는 하나님과 접촉하려는 사람들의 본보기가 된다. 특히 시편과 아가서처럼 사람들이 선호하는 본문에는 영적이고 신비적인 의미에서 영

---

1) 놀랍게도 신비주의에 관한 많은 표준적 저서에서 기독교 신비주의의 주석적 특성이 무시되어왔다. 참고로 "Scripture sainte et vie spirituelle," *DS* 4:128-278; and Sandra M. Schneiders, "Scripture and Spirituality," in *Christian Spirituality: Origins to the Twelfth Century*, ed. Bernard McGinn and John Meyendorff, WS 16 (New York: Crossroad, 1986), pp. 1-20을 보라.

혼이 하나님께로 나아가는 여행에 대한 이야기가 포함되어 있다고 여겨졌다.

신약성경에 대해서도 마찬가지다. 바울 서신이나 요한복음이 기독교 신비주의 연구에 중요한 문서임을 증명하기 위해서 바울이나 요한이 신비가였음을 증명할 필요는 없다. 중요한 것은 바울과 요한이 기초적인 인물이 되는 방식, 즉 그러한 글을 읽을 때에 사용되는 방법과 관심의 초점이 되는 특별한 사건들과 본문들에 있다. 예를 들어 바울이 셋째 하늘로 들려 올라간 것에 대한 이야기는(고후 12:2-4) 이런 유형의 환상적 경험을 뒷받침해주는 중요한 보증이 된다. 그리스도와 신자들의 연합을 묘사한 요한복음의 구절들을 주석하는 일은 처음부터 기독교 신비주의의 중심이었다. 서방 신비주의의 역사에서는 성경의 책들이 원래의 상황에서 무엇을 의미하였는가를 결정하는 것보다도 그것들을 읽는 방법이 더 중요했다. 성경신학자들은 원래의 의미를 찾아야 할 것이며, 역사신학자는 그 구절이 후대의 믿음의 공동체에게 의미하는 바를 찾아내려고 노력해야 한다.

비슷한 맥락에서 서방 신비주의의 역사에서 플라톤의 바라봄*theōria*이 중요하다는 것을 이해하기 위해서 플라톤이 신비주의자였는가 아니었는가를 결정할 필요는 없다(A. J. Festugière처럼, 나도 플라톤이 신비주의자였다고 생각한다).[2] 만약 이 책이 그리스 신비주의의 역사를 다루는 것이라면 당연히 그리스의 신비 제의에 많은 관심을 두어야겠지만, 우리의 연구에서는 플라톤주의와 신플라톤주의가 그리스 종교의 관점들보다 더 중요하다. 물론 나는 이 책에서 그리스의 철학적 신비주의의 완전한 역사를 쓰지는 않을 것이며, 서방 기독교 신비주의 발달에서 직접적으로나 간접적으로 실질적인 역할을 한 요소들만 다룰 예정이다. 여기에서는 플라톤, 필로, 플로티누스, 프로클루스Proclus와 같은 핵심적 인물들을 중점적으로 다룰 것이다.

---

2) A. J. Festugière's Classic Work, *Contemplation et vie contemplative Selon Platon* (Paris: Vrin, 1936).

초기 기독교 신비주의의 역사, 특히 헬라어를 사용하는 세계의 역사는 12세기까지 서방 신비주의의 제도적인 모체가 된 수도원 운동을 통해서, 그리고 동방의 위대한 교부들이 남긴 유산-이들의 글은 라틴어로 번역되었다-을 통해서 그 후의 서방 세계의 발달상과 직접적으로 연결되어 있다. 많은 소중한 연구가 이루어졌고 또 진행되고 있지만,[3] 처음 5세기 동안 즉 제국이 동·서로 분리되기 전까지의 동방 기독교 신비주의의 역사가 저술되어야 한다. 여기서는 서방과 동방이 공유하는 유산을 형성한 시기, 즉 150-500년 사이의 헬라 기독교 신비주의 전통의 특징들을 개관하는 것만으로도 충분할 것이다. 신비주의 역사에 영향을 미친 그 후의 동·서방의 접촉에 대해서는 이 시리즈의 제2권에서 다룰 것이다.

이 책 제1부의 주요 의도가 서방 기독교 신비주의의 역사를 위한 역사적이고 해석학적인 기초를 세우는 것이므로, 제1부의 각 장에서는 이 신비주의 시리즈의 전반적인 주제와 직접 관련이 있는 고대 세계의 신비주의에 대한 접근 방법을 제시할 것이다. 기원전 4세기 초부터 급격하게 변화되는 새로운 역사적 상황에서 전통적인 종교 구조가 의문시될 때, 고대 지중해 세계-특히 후기 기독교 신비주의에 주요한 영향을 미친 이스라엘과 그리스-는 하나님 혹은 신들에게 접근하는 데 있어서 위기를 경험했다. 이 변화된 종교 세계에 대한 가장 영향력 있는 답변들이 플라톤(기원전 427-347)의 저서들, 그리고 유대교 묵시문학(최소한 기원전 3세기에 시작됨)에서 제시되었다. 묵시문학과 플라톤에 의해 시작된 철학적-종교적 전통이 기독교 신비주의의 배경을 이룬 중요한 요소였는데, 이는 단지 역사적 우연에 의한 것이 아니었다. 그것들은 하나님으로 하여금 신적인 것이 더 이상 전통적

---

3) 과거의 저서들 중에서 현재 남아 있는 유익한 책으로는 Marcel Viller and Karl Rahner, *Aszese und Mystik in der Väterzeit: Ein Abriss* (Freiburg: Herder, 1939)가 있다. 보다 최근의 책으로는 Louis Bouyer, *The Spirituality of the New Testament and the Fathers*, vol. 1 of *A History of Christian Spirituality* (New York: Seabury, 1982; French Original, 1960); Andrew Louth, *The Origins of the Christian Mystical Tradition; From Plato to Denys* (Oxford: Clarendon, 1981); and *Christian Spirituality: Origins to the Twelfth Century WS* 16을 보라.

인 형태로 존재하지 않는 세계에 접근할 수 있게 해 주는 방법이었으며, 그 자체로서 기독교와 기독교 신비주의를 가능하게 해주었다.

기독교는 "하나님을 어디서 찾을 수 있는가"라는 질문에 대한 고대 헬레니즘 세계의 독창적인 답변이라고 볼 수 있다. 나사렛 예수는 부분적이든 전체적이든 종교적으로 묵시적 정신구조를 물려받은 인물이었다. 그가 죽은 후 그를 따르던 사람들은 부활하여 승천하신 그리스도 예수 안에 나타난 신성에 대한 믿음을 자신이 살고 있는 세계에 적용하는 데 있어서 놀라운 솜씨를 발휘했다. 유대교 묵시주의자들과 초기 신비주의자들이 신적 영역으로의 상승에서 실현했던 신의 임재, 플라톤주의자들이 궁극적 실재에 대한 관상으로의 비행을 통해서 추구했던 신의 임재를 기독교인들은 오직 부활하신 주, 참된 신의 현현theophania Theou을 통해서만 얻을 수 있었다고 믿었다. 그 시대의 유대교인이나 이교도들과 마찬가지로 이 새로운 종교의 신봉자들은 이 신적 생명에 참여하는 일에 천상 세계로 올라가는 일이 포함된다고 믿었다. 동시에 이들은 그 시대의 다른 사람들과 달리 이 상승은 오직 그리스도 안에서, 그리고 그의 몸을 이루는 공동체 안에서만 일어난다고 믿었다. 공동체와 성례전적 의식들을 통해서, 특히 기초가 되는 세례와 그 절정인 성찬을 통해서 예수 안에서 경험되는 신적 임재에 접근할 수 있었다. 필요한 경우, 하나님이신 그리스도를 증언하는 순교를 통한 공개적인 증언을 통해서 성취될 것이었다.

큰 규모의 역사적 해석은 그럴 듯한 제안 이상이 되지 못한다. 논쟁점들과 출처들의 복잡성을 아는 사람들의 입장에서 보면, 화면이 크면 클수록 한 행의 의미는 더 희미하게 보일 것이다. 이것은 다음 장들에서 사실로 나타난다. 각 장은 이 신비주의 시리즈에서 저술하고자 하는 세계를 묘사하려 한다. 바라기는 제1부의 각 장이 플라톤의 "그럴듯한 이야기"와 같은 것, 어렵지만 중요한 문제들에 대한 통찰을 얻는 방법이 되기를 기대해본다.

제1장에서는 유대교적인 기반, 즉 제2성전 시대의 유대교에서 기독교

신비주의의 뿌리를 찾아 보고자 한다. 이 장에서 다룰 주된 주제들은 일부 유대교 묵시문헌에서 발견되는 하나님과의 시각적인 접촉, 그리고 지속적인 해석의 필요성 때문에 발달한 정경으로서의 성경에 유대인의 의식이 기독교에서 히브리 성경을 사용하는 데 기여한 방법이 될 것이다. 제2장, "헬라의 관상적 이상"에서는, 프로클로스Proclos, 기원전 485년 사망의 시대에 이르기까지 특히 플라톤주의의 역사 안에서의 이교의 철학적 신비주의의 발전을 살펴보면서 서방 세계에 지속적인 영향을 준 인물들과 주제들에 중심을 두려 한다. 많은 신학자들은 신비적 관상이라는 그리스의 관념을 가치가 의심스러운 것이 기독교에 침입해온 정도로 여겼다. 내가 주장하고자 하는 것은 다음의 프리드리히 하일러Friedrich Heiler의 표현과 비슷하다.

두 개의 흐름, 즉 성경적인 기독교와 헬레니즘이 혼합하여 비교할 수 없이 풍성한 기독교 관상적 경건을 만들어냈다. 이것은 신약성경 시대에 시작되어 수세기 동안 지속되었다. 고대 세계의 가장 심오한 관상적 경험이 기독교 안에 들어와서, 그 안에서 정화되고 완성되었다.[4]

제3장에서는 간단히 신약성경 및 대략 50년부터 150년 사이에 배출된 문서들에 나타난 기독교적 기원들을 고찰하고자 한다. 신약성경을 신비 문헌으로, 혹은 명시적이든 암시적이든 신비적 요소들을 담은 문헌으로 보려는 시도에 대해서는 논쟁의 여지가 많다. 개신교의 어느 중요한 성경학 전통에서는 기독교와 그 창시자의 유일성을 개진하기 위해서 기본적인 기독교 문서들에서 신비주의를 찾는 것을 거부하였다. 비록 그 용어에 대한 가톨릭 학자들, 성공회 학자들, 그리고 일부 개신교 학자들의 이해가 각기 다르고 서로 상이한 근거에 서 있지만 그들은 공통적으로 하나의 신약성경 신비주의를 주장한다. 나는 신약성경 신비주의를 옹호하려는 생각

---

4) F. Heiler, "Contemplation in Christian Mysticism," in *Spiritual Disciplines: Papers from the Eranos Yearbooks* (New York: Pantheon, 1960), p. 192.

은 없지만, 2세기 말부터 신약성경의 일부 문서들이 신비생활을 위한 지침으로서 얼마나 그럴듯하게 해석되었는지를 살펴보고자 한다.

4, 5장은 이 책의 주된 주제와 보다 직접적으로 연결된다. 신비 신학의 고전적 헬라 전통은 알렉산드리아의 클레멘트Clement of Alexandria로부터 시작되어 기독교 역사의 가장 위대한 천재 중 하나인 오리겐Origen에 의해서 최초로 실현되었다. 오리겐의 시대부터 5세기 말에 이르는 동안 진정한 기독교가 최소한 잠재적으로 신비적인 것이 되는 기독교적 삶에 대한 동방 정교회 이해의 기본 경향이 교부들에 의해 형성되었다. 이 교부들 중 많은 사람들, 특히 스스로를 디오니시우스Dionysius라고 부른 신비주의 작가의 저서들이 라틴어로 번역되어 서방에서 널리 읽혔다. 제4과 제5장은 서방에 알려진 중요한 그리스인들의 신비 사상에 대한 공관적 견해를 제공하는 데 초점을 두겠지만, 동시에 후기 기독교 신비주의에 영향을 미친 두 개의 보다 큰 발전 현상에 대해서 고찰하고자 한다.

"초기 헬라 기독교내의 신비적 요소"라는 제목을 붙인 제4장에서는, 영지주의에 대한 2세기의 논쟁을 연구한다. 영지주의는 신비 종교가 아니라 해도, 중요한 신비적 요소들을 포함하고 있었다. 그럼에도 영지주의적 기독교는 지배적인 혹은 정통의 전통에 의해서 배척당하였다. 이 배척은 기독교 신비주의의 역사에 계속 영향을 미친 후기 기독교 신비주의를 위한 경계선을 그어 놓았다. 마지막으로 제5장 "수도원적 전환과 신비주의"에서는 4세기에 탄생하여 수세기 동안 기독교 신비주의의 주된 제도적 소재지가 되며 신비주의 발달에 지적 영향을 준 새로운 제도, 즉 수도원주의의 의미와 기원을 다루려고 한다.

제1장

유대교적 기반

기원전 333년에 알렉산더 대왕이 이수스Issus 전투에서 페르시아의 왕 다리우스의 군대를 패배시킴으로써, 고대 세계는 새로운 시대에 접어들었다. 위기의 시대를 종식시키고 알렉산더 대왕의 승리와 마케도니아 제국의 발흥을 재촉했던 그리스 도시 국가의 몰락에 이어, 고대 근동과 중동 지방 제국들의 급속한 정복과 변화가 이루어졌다. 알렉산더 대왕이 고디우스의 매듭Gordian Knot을 칼로 끊어버린 이야기는 새로운 시대가 결정적으로 시작되었음을 알리는 예언적 상징이다.

알렉산더의 정복은 획기적인 의미를 지닌 정치적 사건일 뿐 아니라 문화적으로나 종교적으로 심오한 변화의 촉매이기도 했다. 헬레니즘, 헬라어와 헬라 문화의 가치관이 새로 정복된 민족에게 전파되면서 자신의 국가와 옛 생활 방식에 집착하던 동방 민족들의 전통적 종교가 영향을 받았다. 이 현상이 고대 동방 지역 전체-이집트, 페르시아, 바빌로니아-에 분명히 나타났지만, 가장 현저한 곳은 유대 사회였을 것이다.

기원전 536년에 바벨론에서 포로 생활을 하던 많은 유대인들이 팔레스타인으로 돌아왔다. 기원전 515년경에는 587년에 파괴된 성전을 재건하는 데 성공하였다. 제2성전 시대(기원전 587-기원 후 70년)의 종교적 관습들, 특히 알렉산더의 침입 후의 국면들은 기독교와 이 제2성전 파괴의 결과로서 발전하게 된 랍비적 유대교를 위한 기초가 되었다. 그 시대를 연구한 역사가의 말을 빌려 보자.

> 알렉산더 이후의 문제는 두 개의 강력한 문화—헬레니즘과 유대교—의 만남, 그리고 그 둘 사이에서 발달된 경향들과 양식들에 대한 것이다. 헬레니즘에 대한 유대교의 반응은 열광적인 동화에서부터 경건주의적인 배척에 이르기까지 무척 다양했다.…가장 넓은 의미에서, 이것이 그 시대의 유대교 역사에서 가장 핵심적인 주제이다.[1]

많은 요소들이 작용했기 때문에, 그 과정은 복잡해졌다. 아마도 이 과정에는 팔레스타인의 유대인들뿐만 아니라 고대 근동 전역에 흩어져 있던 유대인 디아스포라, 특히 이집트까지도 포함되었을 것이다. 최근 수십 년 간 이 풍부한 문화적·종교적 상호 교환의 역동성을 찾아내려는 몇 가지 주목할 만한 연구가 이루어졌다.[2]

헬레니즘 시대(기원전 332-167년), 하스모니안 왕조 시대(기원전 167-63년), 그리고 로마 통치 시대(기원전 63년 이후)의 유대교와 관련하여 한 가지 분명한 사실은 종교생활의 다양성인데, 이는 유대교의 본질에 관한 치열한 토론에서 입증되었다. 제2성전 시대 말기의 현저한 분파주의 때문에 이 시기의 규범적인 유대교에 대한 결정들은 매우 의심스럽다.[3] 이 창조적인 종교 세계에서 만들어진 몇 가지 새로운 요소들은 랍비적 유대교와 초대교

---

1) Michael Stone, *Spiritures, Sects and Visions: A Profile of Judaism from Ezra to the Jewish Revolts* (Philadelphia: Fortress, 1980), p. 18. Judaism (Judaismos)이라는 용어와 Hellenism (*hellenismos*)이라는 용어는 기원전 2세기 말의 문헌인 마카비 2서에 처음으로 등장한다.

2) V. Tcherikover, *Hellenistic Civilization and Jews* (New York: Atheneum, 1970); Martin Hengel, *Judaism and Hellenism* 2 vols. (Philadelphia: Fortress, 1974); John J. Collins, *Between Athens and Judaism: Jewish Identity in Hellenistic Diaspora* (New York: Crossroad, 1983); Arnaldo Momigliano, *Alien Wisdom: The Limits of Hellenization* (Cambridge: Cambridge University Press, 1975).

3) See Stone, *Scriptures, Sects and Visions*, pp. 112-16; Isaiah Gafni, "The Historical Background," in *Jewish Writings of the Second Temple Period*, ed. Michael E. Stone, Compendia Rerum Iudaicarum ad Novum Testamentum, section 2 (Philadelphia: Fortress, 1984), p. 3.

회 내에서 신비주의가 성장할 수 있는 기초를 놓았다. 이러한 요소들 중에서 으뜸이 되는 것은 그리스도 탄생 이전의 유대교 문학의 가장 중요한 창조물인 묵시문학에서 발견되는 것으로서 천상 세계와 하나님에 대한 새로운 관계였다.

최근 연구에 의하면 묵시문학은 역사 안에서의 하나님의 역할에 대해서뿐만 아니라, 하나님과 인간 사이의 관계에 대한 유대교 신앙의 중요한 변천을 예증해준다.[4] 18세기 말 이후 학자들은 다니엘서와 요한계시록과 같은 정경의 책들을 통해 잘 알려진 계시 문학의 천재들이 서방의 종교적 전통 안에 새로운 역사 이해 방법과 그 접근 목표를 어떻게 소개했는지 연구했다. 이런 역사신학(오늘날 묵시적 종말론이라 부른다)은 고대 히브리 예언 전통이나 지혜문학의 전통에 나타난 역사관과 다르다. 하나님이 역사를 지배하신다는 결정론적인 견해는 현재의 사건들, 곧 통상 여러 종류의 시련이나 어려움은 현재의 위기, 임박한 하나님의 심판, 그리고 의인들에 대한 보상이라는 형식으로 이해된 종말론의 삼중 드라마의 시작으로 이해되어야 한다는 확신에 초점을 둔다. 만세 전부터 숨겨진 보편적인 역사를 위한 하나님의 계획을 하나님이 천사와 같은 중간 매체들을 통해 옛 선견자들에게 계시하셨고, 그들에 의해 우리가 묵시문학이라 부르는 책에 기록되었다고 생각되었다.[5]

최근에 학자들은 문학의 유형으로서의 묵시와 역사관으로서의 묵시적 종말론을 세밀하게 구분함으로써 신비주의의 성장에서 묵시가 행한 역할

---

[4] 묵시에 관한 서적과 그 내용은 무척 방대하다. 간단히 다음의 서적을 살펴보라: Ithamar Gruenwald, "Jewish Apocalypticism to the Rabbinic Period," in *The Encyclopedia of Religion*, ed. Mircea Eliade (New York: Macmillan, 1987) 1:336-42; John J. Collins, *The Apocalyptic Imagination: An Introduction to the Jewish Matrix of Christianity* (New York: Crossroad, 1984); and Michael E. Stone, "Apocalyptic Literature," in *Jewish Writings of the Second Temple Period*, pp. 383-440.

[5] Bernard McGinn, "Early Apocalypticism: The ongoing debate," in *the Apocalypse in English Renaissance thought and literature*, ed. C. A. Patrides and Joseph Wittreich (Ithaca: Cornell University Press, 1984), pp. 2-39.

을 파악할 수 있었다.⁶⁾ 최근의 정의에 따르면 "묵시란 담화체의 구조를 가진 계시 문학의 한 장르로서 그 안에서 이 세상 것이 아닌 존재가 인간에게 계시를 전해준다. 그리고 종말론적인 구원을 보여 준다는 점에서 시간적이며 초자연적인 세상을 포함한다는 점, 공간적인 초월적 실재를 묘사해 준다."⁷⁾ 계시의 방법은 메시지의 시간적·공간적 역할에 주어진 상대적 비중과 연관이 있는 듯하다. 이것을 토대로 하여 두 개의 기본적인 묵시 형태가 구분되는데 하나는 선견자가 하늘나라를 여행하는 것을 언급하는 것이며, 다른 하나는 그러한 여행이 언급되지 않는 형태이다. 전자에서 메시지에는 공동체적이고 개인적인 종말론적 요소가 포함되기도 하지만, 대체로 천상적이고 우주적인 비밀에 초점이 맞추어진다. 반면에 후자는 역사의 의미, 세계 역사의 재조명을 포함해서 역사가 다가가는 목표, 그리고 사건 후ex eventu 혹은 사실 이후after-the-fact 예언과 보다 밀접한 연관을 가진다.⁸⁾

묵시문학의 장르와 메시지, 이 둘은 제2성전 시대 말기의 유대교에서 발견되는 중요하고 새로운 종교적 태도를 드러내준다. 즉 하나님, 우주, 그리고 하나님이 인간과 소통하는 방편 등과 관련된 태도를 보여준다.

하나님은 말씀을 통하여 처음에는 인간 대리인인 사사들, 예언자들을 통하여 고대 유대인들과 의사소통하셨다. 히브리 성경의 형성 과정은 꽤 복잡하며 아주 후대에서 공식적으로 완성된 정경이 이루어졌지만, 기원전 2세기에는 성경 형성이 이미 상당히 진전되어 있었다.⁹⁾ 기원전 몇 세기

---

6) M. E. Stone, "Lists of Revealed Things in Apocalyptic Literature" in *Magnalia Dei: The Mighty Acts of God*, ed. F. M. Cross et al. (Garden City, NY: Doubleday, 1976), pp. 414-52.

7) John J. Collins, ed., in *Apocalypse: Morphology of a Genre, Semeia* 14 (Missoula, MT Scholars Press, 1979), p. 9; E. P. Sanders, "The Genre of Palestinian Jewish Apocalypses," in *Apocalypticism in the Mediterranean World and the Near East*, ed. David Hellholm (Tübingen: Mohr, 1983), pp. 447-59; see also in the same volumn Lars Hartman, "Survey of the Problem of Apocalyptic Genre," pp. 327-73.

8) Collins, in *Apocalypse: Morphology*, pp. 12-19.

9) 히브리 성경의 정경 형성에 관한 간단한 언급으로 다음을 보라: Joel Rosenberg,

동안에는 구두 선포에서 발견되는 바 하나님의 말씀을 강조하던 데서부터 기록된 본문인 하나님의 말씀을 강조하게 되는 커다란 전환이 있었다. 성경 해석은 성경 자체에서 시작된다.[10] 유대 역사에는 기원전 2세기에 분명해진 텍스트를 강조한 선례가 많다. 스톤Michael Stone에 따르면 "거룩한 전승들이 책, 거룩한 책으로 되어간다. 거룩한 책이 확정되면서 유대교의 본질에 기본적인 변화가 발생하였다."[11] 현재 기원전 400-200년의 유대교 문헌은 거의 남아 있지 않다. 기원전 200년경 이후의 문헌들이 풍부한 것은 유대인들의 당면한 상황을 위해 거룩한 책이 거룩한 책으로서 적합하다는 것을 다양한 수단을 통하여 변호하려 한 의도를 증거해준다.

부분적으로는 성경의 이야기를 확대하여 도덕적인 교훈의 원천으로 사용하거나 직접 그 이야기에 대해 논평하는 새로운 장르들의 등장으로 말미암아 거룩한 본문들은 공동체의 삶에서 계속 중심적 위치를 차지했다. 이렇게 일련의 복잡한 변화를 거친 성경을 해석하는 많은 방법은 기독교에서뿐만 아니라 기원 후 처음 몇 세기 동안 유대교에서도 발견된다. 쿠겔 James L. Kugel은 이들 초기 성경해석자들에 대한 연구에서 그것을 다음과 같이 잘 표현한다.

> "그들이 행한 작업은 성경 자체를 위해서뿐만 아니라 성경이 거룩한 것이라고 믿는 모든 사람들의 신앙과 태도를 위해서도 크게 중요하였다. 그들은 장차 수세기 동안 성경을 읽고 이해하는 기준이 될 기본 유형을 정했다(지금까지 이렇게 해석하고 있다). 게다가 그들은 성경 해석을 중심적

"Biblical Tradition: Literature and Spirit in Ancient Israel," in *Jewish Spirituality: From the Bible Through the Middle Ages*, ed. Arthur Green WS 13 (New York: Crossroad, 1986), pp. 82-55.

10) Michael Fishbane, *Biblical Interpretation in Ancient Israel* (Oxford: Clarendon, 1985).

11) Stone, *Scriptures, Sects and Visions*, p. 24(cf. p. 116). See also M. E. Stone, "Eschatology, Remythologization and Cosmic Aporia," in *The Origins and Diversity of Axial Age Civilizations*, ed. S. N. Eisenstadt (Albany: SUNY Press, 1986), pp. 242-45.

이고 근본적인 종교 활동으로 전환시켰다."[12]

제2성전 시대 말기의 유대 주석 문화 안에 있는 두 개의 요소가 그 후의 기독교 문서들 안에서 분명히 나타난다. 첫째는 거룩한 책이 신자들의 경건과 실천을 위해 권위적이고 규범적인 것이라는 의식의 등장이고, 둘째는 거룩한 책에 누구나 쉽게 이용할 수 없는 심오한 의미와 차원이 있다는 신념이었다. 당시 그리스인들도 이 두 번째 신념을 가지고 있어서 종종 자기 전통의 신화적이고 시적인 문헌 뒤에 숨겨진 심오한 종교적·철학적 의미를 찾으려 했다.[13] 필로는 "율법 내용의 대부분이 보이지 않는 것들과 표현할 수 없는 것을 보여 주는 상징이라고 여기는 영감받은 사람들"*De specialibus legibus 3.178*[14]을 따라서 거룩한 책을 다루기 위해 유대교의 방법과 헬라적 방법을 융합한 최초의 유대인은 아니지만 유력한 사람들 중 한 사람이었다. 2세기경에 기독교 주석가들은 구약성경의 깊은 의미, 즉 "신비한"의 의미를 찾으려 했는데, 이 때 기독교 문헌에서 "신비한"이라는 용어가 처음으로 사용되었다. 성경의 모든 신비한 의미들이 분명한 의미에서 신비주의에 속하는 것은 아니지만, 동·서방 모두에서 성경의 신비한 의미는 기독교 신비주의의 이야기와 뗄 수 없이 연결되어 있다.

묵시문헌들은 거룩한 본문을 문자화하는 데 대한 또 다른 반응을 나타낸다. 비록 묵시문헌에는 성경을 상기시켜 주는 내용이 가득하지만 결코 성경 자체를 주석하지는 않았다. 그 책들은 대담하게도 정경으로 인정된 책들과 동등하게 영감된 권위를 주장했다.[15] 어느 후기의 묵시서(에스라 4서 14)

---

12) James L. Kugel and Rowan A. Greer, *Early Biblical Interpretation* (Philadelphia: Westminster, 1986), p. 13.

13) Robert M. Grant, *The Letter and Spirit* (New York: Macmillan, 1957), chaps.1-2; Jean Pépin's Classic Work, *Mythe et Allégorie: Les Origines Grecques et les Contestations Judéo-Chrétiennes* (Paris: Aubier, 1978).

14) *Philo of Alexandria*, translations and introduction by David Winston, CWS (New York: Paulist, 1981), p. 79.

15) M. E. Stone, "Apocalyptic-Vision or Hallucination?" *Milla wa-Milla* 13 (1973),

는 에스라가 (모세처럼) 40일 동안 94권의 책—히브리 정경에 속하는 24권과 "명철의 샘이요 지혜의 분수요 지식의 강"(에스라 4서 14:47)이 들어 있는 70권의 비밀의 책—을 받은 이야기를 함으로써 이 주장을 요약한다.

묵시록들은 영감된 고대의 책이며 과거에 활동한 성인이나 선견자의 이름을 빌린 것이라고 주장하는 문서들이다. 그러므로 묵시서는 고대의 책인 척하는 새로운 책이다. 유대 묵시록들은 고대의 현인들, 즉 아담, 아브라함, 모세, 에스라, 스룹바벨, 다니엘과 같은 사람들에 의해 기록되어 감추어진 것이라고 주장된다. 그 시대의 유대교 문헌이나 비유대교 문헌에서 공통적으로 다른 사람의 이름을 사용한 것은 먼 과거에 주어진 계시가 기록된 문헌에 담기게 되었다는 것을 지적해 주며, 또 자신을 이스라엘 과거의 영웅들과 동일시하는 사람들이 이전 시대의 선견자의 이름으로 책을 냄으로써 동등하게 영감을 받은 권위를 주장할 수 있다고 생각했음을 의미하기도 한다.[16]

묵시록을 쓴 특별한 종교적 혹은 사회적 집단을 찾아내기는 어렵지만 묵시록들이 서기관 계층의 엘리트의 산물이라는 데에는 의심의 여지가 없다. 이 현인들, "지혜 있는 자" *maśkîlîm*(단 12:3), 즉 성문서를 작성하고 해석한 유식한 학자들과 주석가들은 성전 중심 제의의 대가인 제사장들과는 달랐고, 많은 면에서 제사장들에게 도전적이었다. 노이스너 Jacob Neusner는 이들을 유대교 경건의 이상적인 세 유형 중 하나로(나머지 두 유형은 제사장과 메시아이다) 간주한다. 이들의 창조적 상호작용이 그 시대의 특징이었다.

> "제사장, 현인, 군인—이 세 인물은 이스라엘을 대표한다. 혹은 민족의 일부를 대표한다. 이 셋이 하나로 융합될 때, 융합된 것은 전례가 없는 신선한 유대교를 대표할 것이다. 완전한 제사장, 랍비, 메시아로 제시된 예

---

pp. 53-54.

16) For a survey of recent literature, see the section "Pseudepigraphy, Inspiration and Esotericism," in Stone's "Apocalyptic Literature," pp. 427-93.

수가 그러한 인물이었다. 율법의 화신, 제사장, 그리고 다윗의 아들의 모델로서의 탈무드 랍비는 그와는 다른 것이었다."[17]

이 세 가지에 환상가, 곧 모든 묵시서에서 분명히 드러나지만 특히 묵시를 받는 사람이 천계를 여행하는 것으로 묘사된 곳에서 분명히 드러나는 인물을 첨가할 수 있을 것이다.

사해 사본의 발견을 통해, 현존하는 가장 초기의 묵시록은 오랫동안 생각되어온 다니엘서가 아니라 에녹 1서라고 알려진 다섯 개의 묵시록 묶음 1~36장에서 발견된 파수꾼의 책*Books of Watchers*이라고 알려졌다.[18] 기원전 3세기의 환상을 기록한 14장에서 에녹―창세기 5장 24절에 따르면 하나님과 동행하다가 "하나님이 데려가셨기 때문에" 사라져 버린 에녹―은 하늘로 올라가며, 그곳에서 신적 현현이 그에게 주어진다. 이것은 유대교 문헌에서 육체의 승천을 다룬 최초의 개인적 기록이다. 이 본문은 매우 중요하므로 인용할 가치가 있다.

"나에게 나타난 환상은 다음과 같다. 그것은 환상 중의 구름이 나를 부르고 또 안개가 나를 부르며 별의 운행과 번개가 나를 빈번히 재촉하고 환상 중의 바람은 나를 날듯이 달리게 하여 재촉하는 것이었다.…내가 물끄러미 바라보고 있을 때 그 가운데에 한 층 더 높이 된 좌석이 보이고 그 외관은 서리와 같고 주위에는 태양과 같은 것이 있어 빛을 비추고 있었다. 또 그룹의 소리도 들렸다. 그 큰 좌석의 밑에서 타오르는 불이 몇 줄기 흘러 나오고 있었으나 그것은 볼 수가 없었다. 위대한 영광을 몸에 지닌 분이 거기에 앉아 계셨다. 그 옷은 태양보다 밝고 빛나며 눈보다도 희다. 천사들 중의 어느 한 사람도 여기에 들어올 수는 없으며 육적인 사람은 누구도 명예롭고 성스러운 분의 얼굴을 가까이 뵐 수 없다.…주님은 친히 나를 불러 이렇게 말씀하셨다. '에녹아, 가까이 와서 나의 거룩한

---

17) Jacob Neusner, "Varieties of Judaism in the Formative Age," in *Jewish Spirituality*, ed. Green, p. 176.

18) Stone, "Apocalytic Literature," pp. 395-406.

말을 들어라.' 그분은 나를 일으켜 세워 빗장이 있는 곳까지 데리고 가셨는데, 나는 고개를 숙인 채 지면을 보고 있었다"(에녹1서 14:8, 18-21, 24-25).[19]

이 환상의 종교적 의미를 이해하려면 유대교 묵시록들이 하나님의 뜻 혹은 신들에게 다가갈 수 있는 전통적 접근 방식들이 많은 사람들에게 문제가 되고 있을 때 헬라 세계에서 성행한 넓은 범위의 계시 문학의 일부였다는 사실을 염두에 두어야 한다. 현세가 아닌 다른 세계로의 여행을 기록한 묵시록은 특히 그리스, 로마, 근동 지방의 여러 문헌들—신적인 것과의 새롭고 직접적인 만남이 일어나는 세계로 올라가는 승천의 형태를 언급한다—과 비교가 된다. 시걸Alan Segal은 이런 문헌들에 대한 최근 연구에서 "다음과 같은 세 가지, 즉 영혼의 천상 순례, 지속적인 불멸에의 약속, 그리고 주기적인 천상으로의 몰아적 여행을 고대 고전 세계의 지배적인 신화적 형태로 생각할 수 있다"[20]고 말한다. 지배적인 것에 대한 주장은 차치하고, 이런 환상적 승천의 중요성에 대해서는 의심의 여지가 없다.

거의 한 세기 동안 승천 문학에 관심을 기울였음에도 불구하고 많은 혼돈과 해답을 찾지 못한 질문들이 여전히 남아 있다. 첫째로 우리는 부셋Wilhelm Bousset, 라이젠스타인R. Reitzenstein, 불트만R. Bultmann 같은 사람들의 저서를 통해서 대중화된 영혼의 천상 순례Himmelsreise der Seele라는 전통적 범주에 정확히 무엇이 포함되는지를 분명히 파악하지 못하고 있다. 쿨리아누Ioan Culianu는 이런 과거의 연구서들이 최소한 세 종류의 문학—타계로의 계시적 여행(유대교나 다른 종교의 다양한 묵시), 초세상적인 존재의 승천과 하강, 그리고 영혼의 승천이나 하강—을 부정확하게 하나로 뭉쳐

---

19) Trans. E. Isaac in *Apocalyptic Literature and Testaments*, vol. 1 of *The Old Testament Pseudepigrapha*, ed. James H. Charlesworth, 2 vols. (Garden City, NY Doubleday: 1983, 1985).

20) Alan F. Segal, "Heavenly Ascent in Hellenistic Judaism, Early Christianity and their Environment," in *Aufstieg und Niedergang der Römischen Welt, II. Prinzipat* (Berlin and New York: de Gruyter, 1980), 23.2, p. 1333.

놓았다고 지적한다.[21] 스미스Morton Smith는 승천이 네 가지 방법으로 일어난다고 지적한다: 꿈에서, 생시에 환상 속에서, 육체를 떠나는 영혼에 의해서, 그리고 현세에서나 부활 때에 육체의 승천에 의해서.[22] 그러나 잠자면서 꾸는 꿈과 생시에 보는 환상의 차이를 고대 문헌에서 찾아내기란 쉽지 않다.[23] 이런 문헌들이 신비 문헌인지 원형적 신비주의 문헌인지에 대한 판단을 내리기 전에 문학적 장르와 승천의 종류에 대한 보다 깊은 연구가 이루어져야 한다. 그러나 후일 유대교나 기독교의 신비가들은 이런 승천의 문헌들을 그들 자신의 소망과 실천을 위한 보증이요 모범으로 이해할 수 있었고, 또 실제로 그렇게 이해되었다.

영혼의 천상 여행의 기원에 대한 보다 오래된 기록들이 페르시아 원전에서 발견되었다. 심지어 천상의 인간이 인류를 구원하고 하늘로 돌아가는 길을 보여 주기 위해서 세상에 내려왔다고 묘사한 이란의 구원 신화가 존재했다고 가정하기도 한다. 이 신화가 플라톤 시대부터 그리스에서 영향을 미쳤고 유대교, 기독교, 영지주의에까지 영향을 미쳤다고 가정된다.[24] 최근 학계의 경향은 이런 의심스러운 구성에 반대하는데, 시걸과 쿨리아누가 그 대표적인 인물이다.[25] 쿨리아누의 주장에 의하면 영혼의 승천(즉 비육체적 여행)에는 두 가지 기본 형태가 있는데, 하나는 그리스적 형태로서 영혼이 일곱 층으로 된 행성의 영역을 통과하여 올라가는 것이고, 또 하나

---

21) Ioan Petru Culianu, *Psychanodia I: A Survey of the Evidence concerning the Ascension of the Soul and its Relevance* (Leiden: Brill 1983), pp. 5-15.

22) Morton Smith, "Ascent to the Heavens and the Beginning of Christianity," *Eranos Yearbook* 50 (1981), p. 405.

23) Wilhelm Bousset, "Die Himmelsreise der Seele," *Archiv für Religionswissenschaft* 4 (1901): 136-69, 229-73.

24) John S. Hansom, "Dreams and Visions in the Graeco-Roman World and Early Christianity," in *Aufstieg und Niedergang, Prinzipat*.23.2, p. 1409.

25) See esp. Culianu, *Psychanodia*, chaps.2 and 3; and his "Introduction," in *Expérinces de L'Extase: Extase, Ascension et Récit visionnaire de L'Hellenisme au Moyen Âge* (Paris: Payot, 1984). See also Segal, "Heavenly Ascent," pp. 1334-51.

는 유대교적 형태로서 영혼이 일곱 개의 하늘(때로 3개의 하늘)을 통과해 올라가는 것이다.[26] 승천이라는 모티프는 페르시아 신화를 통해서가 아니라 그리스의 학문과 우주적 경건, 그리고 유대 묵시주의를 통해서 서방의 종교 전통에 흡수되었다.

유대 묵시문학은 우주적 신비, 하늘의 법정, 거룩한 보좌와 거기 앉아 계신 분을 볼 수 있는 천상으로의 환상적 여행은 물론이요, 세상에 있으면서 보는 꿈과 상징적 환상들도 포함한다(단 7~12장에서처럼 묵시적 종말론을 표현하는 일상적인 방법이다). 비록 비교종교사의 관점에서 연구되어야 할 것이 아직도 많지만 이런 천상적 환상들의 특성과 의미, 그리고 유대 종교에서의 환상가의 역할은 최근 학계의 중요한 연구 과제가 되어왔다.[27] 위에서 기술한 에녹의 승천은 천상 세계로의 육체의 여행(창 5:24)과 하나님에 대한 직접적 경험을(비록 시각적 경험보다도 청각적인 경험이 더 우세하지만) 시사해 준다. 『레위의 유언』*Testament of Levi*, 기원전 2세기을 보면, 레위는 꿈의 환상 속에서 삼층천으로 올라갔는데 "천사들이 하늘 문을 열어 보좌에 앉으신 지존자를 보게 해주었다"(5:1). 현존해 있는 유대교 묵시록들과 관련된 문헌에는 하나님에 대한 직접적인 경험들을 묘사한 것이 대단히 많다.[28]

천상으로의 환상적 승천은 인간이 신적 임재에 접근하는 방법에 대한 개념에 하나의 중대한 변천을 가져다 준다. 이 때문에 유대 묵시록들은 이 책의 주요 주제와 연결된다. 어디서 하나님을 찾을 수 있는가—혹은 어디서 하나님이 보이는가—하는 질문에 대해 초기의 유대인들은 표준적인 대

---

26) Culianu, *Expériences de L'Extase*, pp. 19-21.

27) E.g., M. E. Stone, "Apocalyptic-Vision or Hallucination?" pp. 47-56; Susan Niditch, "The Visionary," in *Ideal Figures in Ancient Judaism*, ed. George W. E. Nickelsburg and John J. Collins (Chico: Scholars Press, 1980), pp. 159-79; Christopher Rowland, *The Open Heaven: A Study of Apocalyptic in Judaism and Early Christianity* (New York: Crossroad, 1982), esp. pp. 78-123, 358-402; Martha Himmelfarb, "From Prophecy to Apocalypse: The Book of Watchers and Tours of Heaven," in *Jewish Spirituality*, ed. Green, pp. 145-65.

28) For others, see, e.g., *Apocalyptic of Moses* 37-39, *Apocalypse of Abraham* 15-32, *3 Baruch* 6-9, and *The Parables of 1 Enoch* 70-71.

답을 가지고 있었다: 성전에서.[29] 랍비들이 쉐키나shekhinah라고 부른 신적 임재는 처음에는 이동할 수 있는 "회막"(출 25~30; 35~40)에서 발견되었고, 후일 제1성전 시대 및 제2성전 시대에는 예루살렘 성전에서 발견되었다. 그것은 이스라엘 백성의 종교 생활의 중심이 되었다. "내가 거기서 너희와 만나고 네게 말하리라 내가 거기서 이스라엘 자손을 만나리니 내 영광kābôd으로 말미암아 회막이 거룩하게 될지라…내가 이스라엘 자손 중에 거하여 그들의 하나님이 되리니"(출 29:42b-43, 45). 최고의 영적 경험, 즉 성전 방문의 핵심은 "야훼의 얼굴을 보는 것"이었다(신 16:6; 참고 시 11:4-7).[30] 이런 방법으로 이스라엘은 자신을 조상들, 즉 이삭을 희생 제물로 바치려고 할 때에 산에서 하나님을 본 아브라함(창 22:14), 얍복 강가에서 하나님과 대면하여 씨름한 야곱(창 32:23-32)과 같은 옛 조상들과 동일선상에 세울 수 있었다. 모세도 하나님을 보았다. 비록 제한적이기는 했지만 모세는 타는 떨기나무 속에서(출 3:2-6), 그리고 시내 산에서(출 19, 특히 33:11, 18-23) 하나님을 보았다. 그리스도 이전 시대에 경건한 유대인들에게 중요한 것이었던 이 본문들은 기독교 신비주의자들에게도 중요한 것이었다.

예언자들 역시 하나님을 보거나 경험하는 은총을 누렸다. 그들은 여러 장소에서 이런 경험을 했는데, 예를 들면 엘리야는 호렙산에서 환상을 보았다(왕상 19:9-18). 그러나 이사야서 6장에 묘사된 유명한 환상에서처럼, 조만간 하나님의 임재는 예루살렘 성전에 국한되었다.

> "웃시야 왕이 죽던 해에 내가 본즉 주께서 높이 들린 보좌에 앉으셨는데 그의 옷자락은 성전에 가득하였고 스랍들이 모시고 섰는데 각기 여섯 날

---

29) Jon D. Levenson, "The Jerusalem Temple in Devotional and Visionary Experience," in *Jewish Spirituality*, ed. Green, pp. 32-61; idem, *Sinai and Zion* (Minneapoils: Winston-Seabury, 1985), chap. 2. 히브리 성경에서의 신현현의 역사에 대한 개론서로 다음을 보라: James Barr, "Theophany and Anthropomorphism in the Old Testament," in *Congress Volume*: Oxford 1959, *Supplements to Vetus Testamentum* 7 (Leiden: Brill, 1967), pp. 71-38.

30) Levenson, "Jerusalem Temple," pp. 49-51.

개가 있어 그 둘로는 자기의 얼굴을 가리었고 그 둘로는 자기의 발을 가리었고 그 둘로는 날며 서로 불러 이르되 거룩하다 거룩하다 거룩하다 만군의 여호와여 그의 영광이 온 땅에 충만하도다 하더라 이같이 화답하는 자의 소리로 말미암아 문지방의 터가 요동하며 성전에 연기가 충만한지라"(사 6:1-4).

첫 번째 성전이 파괴되고 바벨론에서 포로생활을 하는 시기에 또 다른 가능성이 분명해졌다. 선지자 에스겔은 바벨론에 포로로 있을 때 환상을 받았는데, 이 환상은 히브리 성경에서 가장 유명한 것은 아니라 해도 최소한 가장 분명한 것이었다.

"내가 보니 북쪽에서부터 폭풍과 큰 구름이 오는데 그 속에서 불이 번쩍번쩍하여 빛이 그 사방에 비치며 그 불 가운데 단 쇠 같은 것이 나타나 보이고 그 속에서 네 생물의 형상이 나타나는데 그들의 모양이 이러하니 그들에게 사람의 형상이 있더라"(겔 1:4-5).

신비한 네 생물이 끄는 마차에 신적 임재가 나타난다는 이 환상은 유대교나 기독교의 후대의 신비가들에게 영감을 주는 원천이었다.[31] 성전과 그 제의에 대한 예언적 공격(렘 7:4)이 길을 닦아 놓았으므로 에스겔은 예루살렘과는 상관없이 지극히 엄위한 신의 임재를 경험할 수 있었다. 그러나 그는 회복된 거룩한 도시에 있는 완전한 성전에 대한 종말론적인 환상과 더불어 그의 책을 마감한다(겔 40~48).[32] 숄렘Gershom Scholem은 다음과 같이 지적한다: 에스겔이 본 환상을 시작으로 하여, 에녹 1서 및 그와 같은 종류의 묵시서에 기록되어 있으며 기독교 시대의 초기에까지 이어진 거룩한 마차를 타고 계신 하나님에 대한 환상들이 등장했다. 통상적으로 메르

---

31) 이 환상의 의미에 대해서는 다음을 보라: *Moshe Greenberg, Ezechel 1-20, The Anchor Bible* 22 (Garden City, NY: Doubleday: 1983), pp. 97-59.

32) See Himmelfarb, "From Prophecy to Apocalypse," pp. 150-51.

카바Merkavah 신비주의라고 알려진 유대 신비 문학의 중심 주제는 마차였다.[33] (에녹 1서의 환상은 에스겔의 경우처럼 예루살렘 밖에서 야훼의 현현뿐만 아니라 중요한 새 요소—선견자가 하늘로 올라감—도 포함하고 있다는 사실을 강조하는 것이 중요하다.)

"하늘은 여호와의 하늘이라도 땅은 사람에게 주셨도다"(시 115:16). 묵시적 선견자에게 하늘로 올라갈 능력이 주어질 때, 그는 일반적으로 예언자들에게 주어지지 않는 선물을 받는다. (왕하 2:2-15에서 엘리야가 불 수레를 타고 하늘로 올라간 것은 예외이다. 그러나 그는 창세기에 기록된 에녹처럼 메시지를 가지고 돌아오지는 않는다.) 하나님의 천상 영역으로 들어가는 것이 설명적으로, 혹은 감정을 불러일으키는 방법으로 묘사되어 있는데, 이것은 유대교와 기독교의 신비적 고찰의 중요한 부분으로 남게 되었다. 역사적 기원에서 그것은 기원전 마지막 세기에 예루살렘 성전에서 받아야 하는 하나님에 대한 환상으로는 모든 유대인들에게 충분하지 못했다는 사실을 강조해준다.

저 세상의 여정을 다룬 묵시서의 저자들이 쿰란 공동체처럼 분명하게 성전 제의와 제사장 직제와 결별했는지 입증할 수 없지만, 성전을 하나님이 발견되는 유일한 장소로 상대화시켜 결국 전통적 종교 구조 밖에서도 하나님과 인간의 만남이 가능함을 말하고 있음을 증언한다. 이들이 기원 후 1세기의 유대교와 기독교의 신비주의자들을 위한 길을 예비한 셈이다. 유대교 신비주의자들이 쉐키나를 찾을 수 있는 하늘의 궁전으로 올라가서 발견했던 것을 기독교 신비주의자들은 이 세상에서, 그리고 이 세상 너머에서의 하나님의 궁극적인 임재인 그리스도를 통하여 발견했다.

유대교의 묵시문헌에서 발견되는 환상적 기록들은 다른 사람의 이름을 빌려 기록한 것이기 때문에, 가끔 이것들은 묵상 기술이나 저자들의 실질적 종교 체험과는 무관한 순수히 문학적인 창작물이라고 생각되기도 한

---

33) Gershom Scholem, *Major Trends in Jewish Mysticism* (New York: Schocken, 1961), pp. 73-45.

다. 초기 유대 신비주의와 랍비 문헌에 묘사되어 있는 환상들은 다른 사람의 이름을 빌리지는 않지만, 일인칭을 사용하지 않는다.[34] 그러나 특히 성경 묵상이 종교적·신비적 관습의 중심적 부분이 되어온 듯한 유대교에서, "실제적인 것"과 "문학적인 것"을 너무 예리하게 분리하는 것은 잘못된 일일 수도 있다[35] (후대의 유대 신비주의에 이 점을 입증해줄 많은 자료들이 있다). 저 세상 여행을 기록한 묵시록에서 발견되는 환상적 이야기들이 적어도 부분적으로는 그 시대의 유대교 안에 있는 개인이나 집단들의 관습과 경험에 기초를 두고 있다는 것을 보여주는 직접적인 증거는 부족하지만, 그것을 뒷받침해주는 훌륭한 논거들은 존재하는 듯하다. 따라서 최근 많은 연구가들은 기꺼이 이 환상적 기록들을 "신비주의적"이라고 부르고, 우리가 이 용어에 주고 싶었던 만큼의 사실성을 부여한다.[36]

묵시문학 내의 종교적 추이는 선견자가 하늘에 오른다는 사실 뿐 아니라 그가 하늘에서 받는 메시지의 종류에도 기인한다. 그루엔발트Ithamar Gruenwald에 의하면 "성경적인 관점에서 보면, 묵시주의에서 발견되는 지식은 그 범위와 깊이에서, 그리고 그 결말에 있어서 선례가 없는 것"[37]이다. 다니엘서와 에스라 4서와 같은 텍스트에서 보이듯이, 이것은 역사의 의미에 대한 비밀들에 관한 것이며 또한 창조, 천사들의 세계, 천문학, 타계 여행의 묵시에서 발견할 수 있는 사후 영혼의 운명 계시에 관한 것이다. 역설적으로 묵시문학의 저자들이 볼 때 하나님은 예언자들과 초기 유대교

---

34) David Halperin은 고린도후서 12장에 기록된 바울의 자전적 이야기와 더불어 유대교에서의 하늘로 올라가는 네 가지 유형을 구분한다 ("Heavenly Ascension in Ancient Judaism: The Nature of the Experience," in *Society of Biblical Literature 1987 Seminar Papers*, ed. K. H. Rowland [Atlanta: Scholars Press, 1987], pp. 218-20).

35) Rowland, *Open Heaven*, pp. 214-47.

36) Rowland (*Open Heaven*, pp. 232-34)와 Himmelfarb ("From Prophecy to Apocalypse," pp. 153-54)는 그것들을 신비한 것으로 묘사한다. see also D. Halperin, "Ascension or Invasion: Implications of the Heavenly Journey in Ancient Judaism," *Religion* 18 (1988): 47-67.

37) Gruenwald, "Jewish Apocalypticism to the Rabbinic Period," p. 340.

지도자들이 하나님에 대해서 가졌던 것보다 한편으로는 훨씬 더 가까이 있는 것 같으면서도 또 한편으로는 훨씬 더 멀리 있는 듯하다. 선견자는 신의 영역으로 올라가서 하늘 재판정에 참여하고, 다른 사람들에게는 계시되지 않은 비밀들을 배우게 되지만,[38] 이스라엘 공동체의 관점에서 본다면 하나님은 더욱 멀어지는 셈이어서 악의 세력이 점점 커져 믿는 사람들이 위협을 당하거나 핍박을 받을 때 하나님의 섭리적인 통제는 숨겨지고 찾기 어려워진다.

묵시문학에 약속되어 있는 구속의 형태는 그 이전의 유대교 전통 안에 있는 것과는 다르다. 두 가지 방향—시간적, 공간적으로—에서 그 범위가 확대되었다. 스톤Michael Stone의 표현에 의하면 초기 유대교에 나타난 국가적이고 구체적인 역사적 관점들은 다양한 방법에 의해 공간적으로 확대되어 마침내 "구속이 우주적인 것이 된다."[39] 시간적으로는 개인적 불멸을 통한 죽음의 초월이 묵시적 종말론의 중심 메시지로 간주되었다.[40] 죽은 자들로부터의 부활의 개념은 이런 묵시문헌에서 처음으로 나타난다(예: 단 12:2; 에녹 1서 51:1-5). 같은 메시지를 타계 여행의 묵시에서도 찾아볼 수 있다. 부셋Wilhelm Bousset은 오래 전 영혼의 승천에 관한 연구에서 "사람이 자신을 들어올려서 하늘들을 통과하여 지고하신 하나님께 갈 수 있게 해 주는 황홀경(몰아의 상태)은 사후에 이루어질 영혼의 천상 여행을 미리 해보는 것에 불과하다"라고 주장한 적이 있다.[41] 몰아적인 신비체험과 개인적 불멸은 동전의 양면과 같아서 전자는 그것의 완성이 되는 후자를 미리 맛보는 것이다. 묵시문학은 이 점을 제시하고 있고, 이 점은 또한 제2성전 시대 말기의 다른 중요하고도 연관이 있는 종교적 현상, 즉 지혜문학의 새로

---

38) Himmelfarb, "From Prophecy to Apocalypse," pp. 161-62.

39) Stone, *Eschatology, Remythologization and Cosmic Aporia*, p. 246.

40) John J. Collins, "Apocalyptic Eschatology as the Transcendence of Death," *Catholic Biblical Quarterly* 36 (1974): 21-43.

41) Bousset, "Die Himmelsreise der Seele," p. 136.

운 형태들로의 전환에 의해서도 다시 확인된다.

쿠겔James Kugel은 "지혜 추구의 옛 근원은 이스라엘에 있겠지만, 그럼에도 불구하고 이 추구는 헬레니즘과 직접 접촉하던 시기에 유대의 지적 생활에서 지속적으로 성장한 요인이 되었다"라고 말한다.[42] 『벤 시라의 지혜』(The Wisdom of Ben Sira, 혹은 기원전 2세기경에 작성된 집회서), 『솔로몬의 시편』(Psalms of Solomon, 기원전 1세기), 그리고 『솔로몬의 지혜』(Wisdom of Solomon, 어떤 사람들은 2세기 초라고 생각하나 대부분의 사람들은 그 저작 시기가 대략 40년경이라고 생각함) 등이 이런 경향을 보여 주는 주된 예이다. 그런데 이 경향은 아리스토불루스Aristobulus와 필로Philo와 같은 인물들에게서 현저하게 나타나는 헬라적 유대교의 철학적 전통과 밀접한 연관이 있다. 『벤 시라의 지혜』와 『솔로몬의 지혜』는 후일 기독교인들이 받아들이게 된 유대인 디아스포라의 성경인 70인역 성경의 일부이다. 만약 타계에 대한 묵시록에 있는 우주적 비밀들에 대한 관심 때문에 그 책들이 헬라 전통에서 발달한 우주적 경건의 영역에 접근하게 되었다면,[43] 헬라의 우주적 경건에서처럼 신자가 우주의 질서를 묵상함으로써 하나님 체험에 도달하게 되는 지혜문학에서 이와 같은 근접한 관심이 고조된다.[44] 하나님, 혹은 최소한 신적 능력에 대한 보다 개인적인 관계의 요소들 역시 여기서 발견된다.

이 점은 『솔로몬의 지혜』에서 분명히 나타나는데, 이 책에서 저자는 사랑의 관계에 힘입어 지혜에 대해, 즉 우주에 편만해 있는 유사의 신적 능력에 대해서 말한다.

---

42) Kugel, *Early Biblical Interpretation*, p. 45.

43) E.g., A. J. Festugiére, *Personal Religion among the Greeks* (Berkeley: University of California Press, 1954), chaps. 3 and 7; Franz Cumont, *Astrology and Religion among the Greeks and Romans* (1912; reprint, New York: Dover, 1960); Jean Pépin, "Cosmic Piety," in *Classical Mediterranean Spirituality: Egyptian, Greek, Roman*, ed A. H. Armstrong, WS 15 (New York: Crossroad, 1986), pp. 408-35.

44) John J. Collins, "Cosmos and Salvation: Jewish Wisdom and Apocalyptic in the Hellenistic World," *History of Religions* 17 (1977): 121-42.

"지혜는 시들지 않고 항상 빛나서 지혜를 사랑하는 사람들의 눈길을 언제나 끈다. 그러므로 지혜를 찾는 사람들은 그것을 발견하게 마련이다. 원하는 사람들이 알아볼 수 있도록 지혜는 스스로를 나타내 보인다(6:12-13).…나는 젊어서부터 지혜를 그리워하고 찾았으며 지혜를 아내로 얻으려고 찾아다녔다. 나는 그 아름다움에 매혹되어 지혜를 사랑하였다. 지혜는 하나님과 함께 생활함으로써 그 고귀한 가문을 나타내었으며 만물의 주께서 그를 사랑하셨다"(8:2-3).

이처럼 신적인 인격과 관계를 맺는 형식은 종종 신비적 경건의 표현으로 일컬어지는 로고스에 대한 필로의 태도에서 발견되는 것과 흡사하다.[45] 『솔로몬의 지혜』의 저자는 신화적인 방법으로 하나님을 보기 위해 천상으로 올라가는 것이 아니라, 『지혜』 6:17-20의 유명한 연쇄식sorites에서 지적하듯이 지혜에 대한 내적 헌신을 통한 보다 철학적인 방법으로 하나님과의 가까움에 도달한다. 묵시록들과 지혜문학 사이에는 분명한 차이점이 있지만 이 둘은 최소한 유대인들이 혼란스러운 헬레니즘 시대에 역사적 변화가 자신의 종교적 가치관에 미친 결과를 다루는 중요한 두 가지 방법을 형성한다는 점에서 역사적으로 연관이 있다.[46]

『솔로몬의 지혜』는 스토아주의 및 헬라사상의 철학적 학파들에게서 발견할 수 있는 우주적 낙관론에 대한 일반적인 의식을 공유한다. 비록 묵시서들이 우주의 비밀에 대한 관심을 분명히 보여 주고 있지만, 세상이나 우주에 대해 전반적으로 낙관적인 것은 아니다. 물론 묵시서 저자들이 우주가 악한 신이나 권세의 창조라고 믿지는 않지만, 특히 역사적 묵시록에서는 현 시대 혹은 시간이 악한 천사적 권세의 지배 아래 있으므로 구속함을 받을 수 없다는 강력한 의식이 발견된다. "우주적 과대망상" 혹은 "우주의

---

45) 지혜와 필로의 비교로 다음을 보라: David Winston, *The Wisdom of Solomon, The Anchor Bible* 43 (Garden City, NY: Doubleday, 1979), pp. 59-63: "Philo and the Contemplative Life," in *Jewish Spirituality*, ed. Green, pp. 206-7.

46) Kugel, *Early Biblical Interpretation*, pp. 44-51.

귀신화"—이것은 영지주의에서 성취된다—라고 불려온 것은 유대교뿐만 아니라 헬라 철학과 종교의 여러 가지 측면에 그 뿌리를 두고 있다.[47] 유대교 묵시서와 2세기에 제 몫을 하게 된 영지주의 사이에는 분명히 연관이 있으며 많은 학자들이 그것에 대해 자세히 연구해 왔지만,[48] 쿨리아누Ioan Culianu가 지적한 대로 "영지주의적 '우주의 귀신화'는 바빌로니아도, 유대도, 헬라도, 이란도 아닌 세상에 대한 새로운 비전을 전제하고 있다"는 것을 잊어서는 안 된다.[49]

묵시서들과 제2성전 시대 말기의 문서들에서 시작된 종교적 형태들의 역사가 기독교 신비주의의 역사, 특히 서방 라틴 교회에 나타난 것과 직접 연결되지는 않는다. 에스겔 1장의 마차의 환상에 대한 주석에 매료되었기 때문에 메르카바 신비주의라고 알려지거나, 많은 본문들이 하늘에 올라가서 발견한 하늘나라 궁전을 묘사하기 때문에 때로 헤카롯Hekhalot 혹은 "궁전" 신비주의라고 불리는 유대교 신비주의의 첫 위대한 시기는 초기 기독교 신비주의에 대한 비교 연구를 위한 중요한 주제가 될 것이다. 특히 유대 신비주의와 초기 기독교는 많은 공통의 배경을 가졌지만 이 양자 사이에 직접적인 접촉이 있다는 증거가 거의 없다. 메르카바 문헌들이 시작되었다고 생각되는 바 기독교 시대의 제2세기에 기독교와 랍비 유대교는 각기 자기만이 유대 유산의 진정한 상속자라고 주장하면서 통렬히 대적하고 있었다. 유대교 신비주의를 연구하는 데 있어서 이 시기는 가장 문제점이 많은데, 그 이유는 현존하는 증거를 보여 주는 문헌들이 그 저작 시기와 형성

---

[47] For "Cosmic Paranoia," see Jonathan Z. Smith, "Birth Upside Down or Right Side Up?" *History of Religions* 9 (1970), p. 795.

[48] Walter Schmithals, *The Apocalyptic Movement: Introduction and Interpretation* (Nashville: Abingdon, 1975), pp. 59-110; Francis Fallon, "The Gnostic Apocalypses," in *Apocalypse: Morphology*, pp. 123-58; George MacRae, "Apocalyptic Eschatology in Gnosticism," in *Apocalypticism in the Mediterranean World and the Near East*, ed. Hellholm, pp. 317-25.

[49] Culianu, *Psychanodia*, p. 21; see also his *Expériences de L'Extase*, chap. 2, "Demonisation du cosmos et dualisme gnostique."

에 너무 많은 문제들을 가지고 있기 때문이다. 최근의 저서들, 특히 그루엔발트Ithamar Gruenwald의 저서는 묵시서들과 메르카바 문헌 사이의 직접적인 연결을 입증해 주었다.[50]

유대교 신비주의의 초기 단계와 기독교 신비주의의 출현 사이에 있는 한 가지 흥미로운 유사성을 두 전통의 신비가들이 다같이 선호하는 아가서에서 찾아볼 수 있다. 아직 이 아가서의 저작 시기에 대해서는 일반적으로 의견이 일치하지 않는다. 이 책은 히브리 성경에서나 신약성경의 다른 책들에서 전혀 언급되지 않는다.[51] 랍비들의 자료에 따르면 이 책을 정경에 포함시키는 데 대하여 의견이 일치하지 않았지만 랍비 아키바(Akiva, 2세기의 20-30년경)는 이 책을 강력히 옹호했다: "이스라엘의 어떤 사람도 아가서가 손을 거룩한 책이 아니라고 논쟁하지 않았다. 온 세상은 아가서가 이스라엘에게 주어진 날에 합당하지 못하다. 모든 성경이 거룩하지만 아가서는 거룩한 중에서도 거룩하다."[52] 아가서는 기독교 문헌의 제1세기에는 나타나지 않고 가장 초기의 인용문을 2세기 초 『솔로몬의 송가』Odes of Solomon와 사르디스의 멜리토(Melito of Sardis, 170년경)에게서 찾아볼 수 있다. 2세기에 기독교인들과 유대인들은 새로이 아가서를 중요하게 여기게 되었다. 이 두 집단은 이 에로틱한 시가 인류에게 주어진 거룩한 메시지의 한 부분, 실제로 중요한 부분이 된 이유를 증명하려 했다.

흥미롭게도 랍비 아키바는 초기 메르카바 신비주의의 유명한 이야기, 즉 과수원(비유적으로 낙원)에 들어간 네 명의 랍비 이야기의 주인공이다. 이 이야기에서 아키바의 이야기는 가끔 아가서 1장 4절, "왕이 나를 그의 방

---

50) Gruenwald, *Apocalyptic and Merkavah Mysticism*.

51) 1세기의 유대 묵시서인 에스라4서 5:24-26에 회고담이 등장한다.

52) Tosefta Sanhedrin 12.10, as translated in *Song of Songs: A New Translation with Interpretation and Commentary,* by Marvin H. Pope, *The Anchor Bible 7C* (Garden City, NY Doubleday, 1977), p. 19.

으로 이끌어 들이시니"와 연관이 된다.[53] 조셉 단Joseph Dan은 숄렘Gershom Scholem과 리버만Saul Lieberman의 연구에 기초를 두고 초기 메르카바 신비주의의 영웅인 아키바가 다음과 같은 세 가지 요소에 기초를 둔 아가서에 대한 새로운 이해를 가져다 준 사람이라고 주장한다: (1) 아가서는 시내 산에서 이스라엘에게 주어졌다; (2) 그 책은 성경 중에서 가장 거룩한 책이다; (3) 저자는 솔로몬이 아니라 "평강을 소유한 왕" 곧 하나님 자신이다.[54] 다시 말해서 아가서는 신의 자기 기술이어서 *Shi'ur Qomah*라고[55] 불리는 특별한 메르카바 문서에까지 확장될 수 있다. 단에 의하면 "아가서의 새로운 개념과 의미는 랍비들의 학계에서 발생하여 비전적秘傳的인 설교들(에스겔 1장에 대한 미드라쉬적인 사색)을 신비적인 행동으로 전환시켰다."[56]

초기 유대교 신비주의를 연구하는 학자들 모두에게 이러한 단의 가설이 납득되는지의 여부와는 상관없이 아가서가 메르카바 문헌들과 신비주의적 환경을 반영해 줄 수 있는 랍비 문헌에서 중요한 역할을 했음을 부인하기 어렵다. 아가서에 대한 초기 랍비들의 주석은 신부가 이스라엘 백성이라는 것을 분명히 한다. 이처럼 협동적이고 역사적-알레고리적인 방법으

---

53) 가장 오래된 것은 Toefsta Hagigah 2.2-3에서 발견된다. see Louis Jacobs, *Jewish Mystical* (New York: Schocken, 1978), pp. 21-25; Peter Schaefer, "New Testament and Hekhalot Literature: The Journey into Heaven in Paul and in Merkabah Mysticism," *Journal of Jewish Studies* 35 (1984), pp. 24-32.

54) G. Scholem, *Jewish Gnosticism, Merkabah Mysticism, and Talmudic Tradition* (New York: Jewish Theological Seminary of America, 1965), pp. 36-42; S. Lieberman, "Mishnath Shir ha-Shirim," republished in the same volume on pp. 118-26; Joseph Dan, *Three Types of Ancient Jewish Mysticism, The Seventh Annual Louis Feinberg Memorial Lecture in Judaic Studies* (Cincinnati: University of Cincinnati Press, 1984), pp. 9-11; idem, "The Religious Experience of *The Merkavah*," in *Jewish Spirituality*, ed. Green, pp. 292-96.

55) Dan은 Scholem과 Lieberman의 견해를 좇아 *Shti'ur Qomah*가 아가서에 기초를 둔 신비적 해석과 직접 연결되어 있으며 그것이 기원후 2세기의 문서라고 믿는다. Martin Samuel Cohen은 그 문서가 기원후 6세기의 것으로서 아가서와 직접 연결되어 있다고 생각하지 않는다 (*The Sht'ur Qomah: Liturgy and Theurgy in Pre-Kabbalistic Jewish Mysticism* [Lanham, MD: University Press of America, 1983], pp. 21-31, 65).

56) Dan, *Three Types*, p. 9.

로 아가서를 읽는 방법은 오리겐에게 영향을 주었다. 오리겐은 현존해 있는 아가서에 대한 기독교 신비주의적 주석을 쓴 최초의 인물로서, 랍비들이 아가서를 어느 정도 수준에 이른 학생들이 읽어야 할 네 개의 비전적 본문들 중 하나로 여겼음을 알고 있었다.[57]

오리겐의 아가서 해석은 분명히 표준적인 유대교식 방법의 영향을 받았다. 그러나 그는 참된 메시지는 그리스도와 교회에 관한 것이라고 주장하기 위해서 그것을 변형시켰다. 오리겐은 신부를 거룩한 연인에게로 올라가는 개개의 영혼으로 해석한 유대교 신비주의 해석법에 대해 알고 있지 않았을까? 일부 저자들이 이것을 지지해왔지만,[58] 아직 확실한 증거는 제시되지 못하고 있다. 간단히 말해서 오리겐은 아가서에 대한 유대교의 집단적, 공동체적 해석을 알고 있었고 그것을 자신의 목적에 따라 선별적으로 사용했지만 그의 신비적인 해석 방법은 독창적인 방법이었던 듯하다.

아가서의 예는 유대교와 기독교에서 행해진 거룩한 책들에 대한 해석 사이의 관계들이 지닌 패러다임을 제공해줄 수도 있다. 기원전 마지막 몇 세기에 유대교 주석가들은 일반적인 방법으로, 특히 해석적인 독서법을 중심으로 삼고 이런 독서법을 다듬는 데 도움이 되는 많은 도구들을 만들어 냄으로써 후대의 유대교와 기독교를 위한 토대를 마련해 주었다. 특별한 경우에는 특수한 관점들, 즉 기독교 신비주의 역사에 중요하다고 생각되는 관점들에 대해서 직접적인 접촉점을 결정할 수도 있을 것이다. 그러나 일반적으로 1세기 말 이후에야 유대교의 주석과 기독교의 주석이 서로 평행을 이루는(어떤 경우는 상충되는) 전통들을 형성했다고 본다. 하나의 중요한

---

57) Ephraim E. Urbach는 오리겐의 해석과 랍비의 해석의 관계를 연구했다: "The Homilitic Interpretations of the Sages and the Expositions of Origen on Canticles, and the Jewish-Christian Disputation," *Scripta Hierosolymitana* 22 (1971): 241-75. See also Nicholas de Lange, *Origen and the Jews* (Cambridge: Cambridge University Press, 1976).

58) Urbach, "Homiletic Interpretations," p. 252; and *Scholem, Jewish Gnosticism*, pp. 38-40.

예외가 있다면 필로의 알레고리적 해석인데, 이 해석은 동·서방의 신비주의 영역에 중요한 영향을 주었다.

구약성경은 유대인들과 기독교인들을 구분해주는 공동의 책이라고 말할 수 있다. 그 책들의 숫자와 배열된 순서뿐만 아니라 명칭—구약성경과 히브리 성경tanakh—까지도 그들의 상이한 관점들을 반영해준다. 최초의 기독교 성경은 히브리 본문이 아니라 70인역 성경이었다. 70인역 성경은 이집트 디아스포라에서 시작된 것으로서 『솔로몬의 지혜』와 같은 외경, 혹은 제2정경적인 책들을 포함한 헬라어 역본이다. 이런 차이점에도 불구하고 유대인의 거룩한 책들은 기독교 및 기독교 신비주의의 토대가 된다.

제2성전 시대 말기의 종교 세계는 두 가지 상관된 방법으로—묵시서에서 발견되는 것처럼 신비적으로 하늘에 올라가서 하나님을 보는 것을 통해서, 그리고 이스라엘의 거룩한 책들이 정경으로 확정되며 그것이 신자들의 공동체에서 생생하게 작용되게 해주는 도구와 기술들의 창조를 위한 움직임을 통해서—기독교 신비주의의 모태가 되었다. 이 장에서 내 주장은 입증적이기보다 암시적이었지만 확신하기는 기독교 신비주의의 유대교적 뿌리를 무시하는 것, 그리고 많은 학자들이 그랬듯이 신비주의를 순전히 헬라적 현상으로만 보는 것은 신비주의 역사의 한 중요한 부분을 잘못 이해할 위험성을 갖는다.

제2장

헬라의 관상적 이상

변증가 저스틴은 『트리포와의 대화』*Dialogue with Trypho*, 150년경 제2장에서 다양한 철학 학파들을 거쳐서 플라톤주의자들에게서 절정에 이른 바, 지혜에 대한 사랑을 추구하던 자신의 이야기를 들려준다. 저스틴은 자신이 이미 그들의 가르침을 통하여 지혜롭게 되었다고 생각하여, "플라톤 철학의 목표인 바, 즉각적으로 하나님을 보기를 원했다"(2.6). 저스틴은 어느 신비적인 기독교 선견자와의 만남을 통해서 플라톤주의자들이 스스로 전할 수 없는 것을 약속했다고 확신하게 되었고, 영혼은 원래 불멸이며 자생적이어서, 즉 본질적으로 신적이므로 자신의 능력으로 하나님을 볼 수 있다는 그들의 주장이 모순임을 알게 되었다(『트리포와의 대화』 4-6).[1] 그러나 플라톤주의자들이 하나님을 보는 것이 인간 생활의 목표라고 생각한 것이 틀린 일인가?

어느 후대의 기독교 이야기는 이교와 기독교의 만남을 보다 모호하게 전해 준다. 『사막 교부들의 금언』*Sayings of the Desert Fathers*의 알파벳 모음집에는 다음과 같은 내용이 있다. 스케테에 있는 압바 올림피오스의 수실에서 밤을 지낸 이교 사제가 올림피오스에게 "이러한 생활을 하고 있는데도

---

1) Robert M. Grant, *The Early Christian Doctrine of God* (Charlottesville: University Press of Virginia, 1966), pp. 18-22. Dialogue 8에서 저스틴의 목표는 그리스도를 알고 복된 삶을 사는 데 있다.

당신의 신에게서 아무런 환상도 받지 못하였소?"라고 물었다. 올림피오스가 받지 못했다고 대답하자 그 사제는 이교 제사장들이 제사지낼 때 계시되는 신비들과 기독교 수도사들에게 환상이 부족한 것을 비교하면서 "만약 당신이 아무것도 보지 못했다면, 당신이 마음에 순수하지 않은 생각을 담고 있어서 그 생각이 당신과 당신의 하나님 사이를 갈라놓기 때문에 하나님의 신비가 계시되지 않는 것"이라고 결론지었다. 그 이야기를 들은 사막의 원로들은 "순수하지 않은 마음이 하나님과 인간을 갈라놓는다"[2]는 근거에서 이방 사제의 판단을 인정했다. 우리가 이 두 문헌에 감질나게 나와 있는 종교적 충돌―근본적 반대, 유비, 전용, 혹은 변화―을 평가할 때 한 가지 분명한 것은 관련된 언어가 헬라어이며 그것도 플라톤의 헬라어라는 점이다. 즉 영혼이 정화askēsis와 관상적 바라봄theōria을 통하여 하나님께로 복귀한다는 묘사이다. 관상이란 기독교 신비주의를 배출한 역사적·문화적으로 제한된 형태들 중 하나에 불과하지만, 또한 가장 편재해 있고 가장 오래 지속되고 있는 것들 가운데 하나이기도 하다.[3]

페스트기에르Andre Jean Festugière는 그의 저서 『플라톤의 관상과 관상적 삶』Contemplation et vie contemplative selon Platon에서 "교부들은 신비주의를 생각할 때에 플라톤 철학에 기초해서 풀이한다"라고 하는데, 이것은 후대의 많은 기독교 신비가들에게도 적용된다. 비록 "관상"이라는 용어의 사용 및 그 의미에 대해 활발히 논의되고 있지만 플라톤 및 플라톤 전통이 기독교 신비주의 역사에 중요한 영향을 미쳤음은 부인할 수 없다. 리츨Albrecht Ritschl을 비롯하여 일부 현대 개신교 신학자들은 그 기원에서 볼

---

2) *Sayings of the Desert Fathers* (Alphabetical Collection) (*PG* 65:313). A. J. Festugiére는 이교의 신비주의와 기독교의 사랑을 대조하기 위해서 이 이야기를 인용하지만, 교부들이 이교 사제의 관찰을 인정한 것의 양의성에는 주목하지 않는다. (*L'Enfant d'ASayings of the Desert Fathers grigente* [Paris: Plon, 1950], pp. 127-28). 여기에서 contemplation(*theoria*)과 revelation(*apokalypsis*)을 결합한 것이 흥미롭다.

3) Andre Jean Festugière, *Contemplation et vie selon Platon* (Paris: Vrin, 1936), p. 5.

때 기독교 신비주의 역사를 기독교 신앙과 근본적으로 다르고 생소한 헬라적 종교 요소가 기독교에 침입한 것에 불과하다고 여긴다. 심지어 관상적인 이상이 기독교와 맞지 않는다고 보지 않는 페스트기에르도 초기 기독교의 금욕적 영성과 3세기에 소개된 신비적 관상의 철학적 영성 사이에 근본적인 차이가 있음을 지적한다.[4] 이 장의 목적은 이러한 견해들을 판단하는 데 있는 것이 아니라, 플라톤 및 그의 추종자들의 관상적 이상이 서방 기독교 신비주의에 영향을 준 본줄기를 제시하는 데 있다. 이렇게 짧게 기술하다 보면 선택적일 수밖에 없으나 몇 가지 논제는 상세히 다루려 한다.

플라톤

플라톤에서부터 시작하는 것은 사건의 한가운데서 시작하는 셈이 된다.[5] 종교사가들은 헬라 종교의 이전 요소들, 특히 피타고라스의 사상과 오르페우스의 사상이 얼마나 플라톤에게 영향을 주었는지, 그리고 파르메니데스와 헤라클레이토스와 같은 헬라 철학자들을 신비적이라고 부를 수 있는지를 연구하는 데 많은 노력을 기울여왔다. 예를 들어 우고 비안키Ugo Bianchi는 헬라 종교에서 두 가지 경향을 발견한다: 신성에 대해 "초연한" 혹은 "냉담한" 개념, 그리고 신적 차원과 인간적 차원의 간섭을 인정하는 "신비주의적" 개념을 말한다. 비안키는 플라톤을 헬라 신비 종교의 제3의 유형, 혹은 "신비적"mysteriosophical인 유형으로 여긴다.[6] 그러나 이 모든 질문들은 간접적으로만 플라톤(기원전 429-347년)의 영향을 받은 동·서방 기

---

4) "Mystique paenne et charit?" and "Ascése et contemplation," in Festugière *L'Enfant d'Agrigent*e, pp. 121-48.

5) A. J. Festugière, *Personal Religion among the Greeks* (Berkeley and Los Angeles: University of California Press, 1954), p. 2.

6) Ugo Bianchi, "Initiation, *Mystéres, Gnose* (Pour l'histoire de la mystique dana 1; paganisme greco-oriental)," in *Initiation*, ed. G. J. Bleeker (Leiden: Brill, 1975), pp. 154-71 idem, "Observazioni storico-religiose sul concetto di mistica," in *Mistica e Misticismo Oggi* (Rome: Passionisti, 1979), pp. 225-33.

독교에 대한 연구와 거리가 멀기 때문에 여기서 이런 질문에 붙들려 있을 필요가 없다.

"내가 젊은 시절에 경험한 것은 다른 사람들의 경험과 동일하다. 나는 스스로를 통제할 수 있게 되면, 즉시 공적 생애를 시작하려 했다." 이것은 플라톤의 것으로 여겨지는 『일곱 번째 편지』Seventh Letter에 있는 것으로서, 특히 소크라테스 사후의 아테네 정치에 대한 환멸, 그리고 그가 일생 동안 다음과 같은 확신에 따라 정치에 헌신한 것을 간단하면서도 그럴 듯하게 소개하고 있다: "바르고 진실된 철학자들이 정치를 지배하거나, 국가의 권력을 장악한 사람들이 하늘의 섭리에 의해서 진정으로 철학적인 인물이 되지 않는 한 인류는 악을 멈추지 못할 것이다"(324 B, 326 AB). 플라톤의 것이든 아니든 이 편지는 이 위대한 철학자가 자신의 사상을 추구한 역사적 상황에 대한 통찰을 제공해준다.[7] 플라톤은 전통적인 헬라 도시국가 및 그와 밀접하게 연결되어 있는 종교가 내적으로 위기에 처한 시대에 살았다. 따라서 이 사실이 그가 보다 의로운 인간 사회를 건설하는 데 필요한 지혜를 배양하기 위해서 공적인 싸움을 포기하기로 결심하는 데 심오한 영향을 미쳤음을 부인할 근거가 없는 듯하다. 도시국가의 개혁은 그 시민들의 개혁뿐만 아니라 종교의 개혁을 의미했다. 만약 사회가 결합되지 않고 어긋나 있다면, 그것은 우주 및 그 신적 원천을 향한 인류의 전반적인 태도를 개선해야 할 필요가 있다는 말이 된다. 플라톤의 철학은 개인적, 정치적, 종교적 개혁에 대한 중단 없는 욕구에 의해 힘이 더해졌다.

지금 여기에서 플라톤 철학을 요약하려는 것이 아니라, 특히 서방의 후기 기독교 신비주의에 영향을 준 그의 사상적 특성들을 간단히 묘사하려 한다. 페스트기에르를 비롯한 많은 학자들처럼 나도 주저하지 않고 플라톤을 신비주의자라고 부르겠지만, 그럼에도 플라톤을 신비가로 여기는 것은 논란의 여지가 있다.

---

7) Paul Friedlander, *Plato: An Introduction* (New York: Harper, 1958), chap. 1.

플라톤은 참된 인간의 주체, 즉 영혼을 만물을 아름답게 만드는 절대 선을 영구적으로 소유하지 못하여 쉼 없이 추구하는 사람이라고 간주한다. 영구적으로 절대 선을 소유하는 것은 관상theōria을 통해 이루어지는데, 관상은 사랑과 지식의 상승적 정화katharsis, askésis의 열매이며, 또한 영혼 안에 있는 신적 요소인 이성nous이 그 고귀한 원천에 동화될 때 목표에 이른다. 이 각각의 요소들—관상theōria, 관상이 사랑과 지식에 대해 유지하는 관계, 이성nous, 그리고 이성의 원천이며 플라톤이 일자the One, 선the Good, 그리고 미the Beautiful라고 언급한 절대자—에 대한 보다 세밀한 연구가 필요하다.

플라톤 사상의 특징은 현상 세계와 이데아의 세계, 판단doxa과 참된 지식epistēmē, 덧없음과 불변하는 불멸 등을 예리하게 구분한 것이다. 관상이란 이성nous이 현상 세계, 유한한 세계에서 유배 생활을 하면서 절대자의 현존과의 직관적인 접촉을 통해서 두 영역을 하나로 묶는 방법이라고 설명할 수 있다.[8] 맨체스터Peter Manchester는 플라톤이 저술한 종교적 맥락의 특징을 다음과 같이 설명한다.

"영원과 시간에 대한 종교적 경험은 우리 시대의 지중해 세계 영성의 특징으로서 시간적 현재를 지향하는 것이다.…이것은 인간적 현재에서 신적 현존, 본질의 우주와 마음의 삶에 반영된 현존을 경험하는 것이다. 여기에서 특징적인 종교적 문제는 사변적 신비주의가 신적 창조의 능력을 만날 수 있는 능력이 있느냐는 것이다."[9]

플라톤의 견해에 의하면 관상이란 헬라 도시국가들의 전통적 신들이 그

---

8) Ernst Hoffmann, *Platonismus und Mystik im Altertum: Silzungsberichte der Heidelberge Akademie der Wissenschaften. Philosophisch-historische Klasse*, 1934-35. 2. Abhandlung (Heidelberg: Carl Winter, 1935), pp. 7-8, 22-25.

9) Peter Manchester, "The Religious Experience of Time and Eternity," in *Classical Mediterranean Spitituality: Egyptian, Greek, Roman*, ed. A. H. Armstrong, WS 15 (New York: Crossroad, 1976), p. 393.

신성numinosity을 상실하기 시작했을 때 적어도 소크라테스와 그의 무리에게 알려진 진리를 탐구하는 예민한 사람들에게 신적인 것에의 새로운 접근을 제공했다.[10] 헬라 세계의 유대인 환상가들이 하나님에게 접근하는 새로운 방법을 찾음으로써, 특히 천상적 영역으로의 상승이라는 방법을 찾음으로써 변화하는 종교적 상황에 대처해야 했던 것처럼, 페스트기에르가 보여 주듯이 플라톤은 헬라의 내성적 경건이 가진 두 가지 새로운 전통—"말로 표현될 수 없는 하나님과의 연합을 이루고자 하는 갈망"과 "세계의 하나님 즉 우주적 하나님과의 연합을 이루고자 하는 갈망"[11]—의 대표로 서게 된다. 비록 우주의 신화에 대한 기독교의 의구심이 우주적 하나님과의 연합을 추구하는 전통의 영향력을 상당히 감소시켰지만 두 전통은 기독교 신비주의에 영향을 미치게 되었다.[12]

플라톤의 어떤 본문도 그의 관상적 영성의 모든 역동성을 그려내기 어렵겠지만 세 개의 유명한 구절을 간단히 살펴보는 것이 중요한 주제들을 묘사하는 데 도움을 줄 것이다. 첫째 구절은 『향연』*Symposium*, 201D-212A인데, 여기서 소크라테스는 "사랑에 관한" *ta erotika* 디오티마Diotima의 가르침을 설명한다.

이 설명은 길게 이어지는데, 여기서 선견자는 사랑erōs이 아름다운 것과 추한 것 사이의 매개체로서 포루스(*Porus*, 현명함 또는 솜씨의 아들인 원천을 뜻한다)와 페니아(*Penia*, 가난 혹은 필요를 뜻한다)의 연합에 의해 생겼다고 설명한다. 중재적인 영*daimōn*인 사랑은 하늘의 영역과 지상의 영역을 연결한다. 사랑하는 사람이 아름다운 것들에 대해 갖는 사랑은 본질적으로 선과 동

---

10) E. K. Dodds, *The Greeks and the Irrational* (Berkeley: University of California Press, 1963), pp. 207-35. 플라톤은 전통적인 신들을 비판했지만, 전통적 종교와의 완전한 결별을 옹호하지는 않았다. 그의 견해를 알려면 Daniel Babut, *La Religion des Philosophes Grecs* (Paris: Presses Universitaires de France, 1977), pp. 75-104을 보라.

11) Festugière, *Personal Religion*, chap. 3; the citation is from p. 46.

12) A. H. Armstrong, "St. Augustine and Christian Platonism," in *Plotinian and Christian Studies* (London: Variorum Reprints, 1979), XI, esp. pp. 14-24을 보라.

일시되는(206D) 참된 미를 영원히 소유하는 데서 행복을 찾는 갈구이다. 이런 소유는 그 결말에 이르지 않으면 완전해지지 못한다. 그러기에 사랑은 불멸을 갈망한다(207A, 207D, 208B, 212A).

그 대상을 획득하려는 사랑의 노력을 디오티마가 강조한 것은 자칫하면 사랑이 이기적인 소유를 원한다는 뜻으로 보일 수 있지만 디오티마는 사랑의 궁극적인 목표가 단순히 소유하는 데 있는 것이 아니라 발생적 출산 generous begetting—"아름다운 것을 발생시키고 낳는 것"—이라고 강조한다. 육적인 출산을 비난하지 않지만 덕을 낳는 영적인 출산이 더 고귀하다고 찬양한다(208A-209E).

디오티마의 가르침은 사랑의 "예식과 계시"에 이르는 "곧은 길"orthōs이라는 유명한 표현으로 결론 맺는다.[13] 사랑하는 사람은 하나의 아름다운 몸에 대한 사랑으로 시작해서 모든 아름다운 몸을 사랑하게 되어야 한다. 그 다음에 그는 영혼들의 아름다움을 향해야 하는데, 그것이 그를 법과 제도의 아름다움, 그리고 모든 종류의 지식이 지닌 아름다움으로 인도할 것이다. 마지막으로 "아름다운 것들의 바다로 관심을 돌리게 되어 관상의 도움을 받아 담화의 공정한 열매들을 많이 맺으며 풍성한 철학의 수확 속에서 묵상하게 된다"(210D). 이와 같이 이 구절에서 자신을 준비하고 힘을 얻은 사람은 "갑자기exaiphnés 계시에 이르며, 사랑 안에서 관계의 끝에 이르며, 놀라운 환상을 보게 되고, 본질적으로 아름다운 것을 보게 될 것이다"(210E). "홀로 독립적인 기이한 형태로 존재하는"(211B) 아름다움the Beautiful이라는 이데아는 연인을 신적 아름다움Divine Beauty으로 이끌어주

---

13) *Symposium* 209E: *telea kai epoptika*. 플라톤은 다른 곳에서 신비적 목표를 묘사하기 위해 신비제의의 용어를 사용한다: *Symposium* 210E; *Phaedrus*, 249C, 250B 등을 보라. Éduard des Places, "Platon et la langue des mystères," in *Études Platoniciennes* (Leiden: Brill, 1951), pp. 83-98; David M. Halperin, "Why is Diotima a Woman? Platonic Eros and the Figuration of Gender," in *Before Sexuality: The Construction of Erotic Experience in the Ancient Greek Word*, ed. David M. Halperin et al. (Princeton: Princeton University Press, 1990), pp. 251-308.

며, 참된 덕을 낳게 해준다(212A). 이것은 연인을 "신의 친구"가 되게 하고 불멸에 이르게 한다.[14]

이 본문을 보면 플라톤의 사랑의 개념은 니그렌Anders Nygren이 말한 것처럼 순수하게 이기적이고 자기만을 위하는 것이 아니다.[15] 참 사랑은 인간 후손의 선이나 덕의 선을 생산하려는 선Good을 향한 사랑이다.[16] 그러나 여행의 절정에서 도달하게 되는 아름다움Beautiful과 선Good의 연합이 개인적인 것일까? 후기 단성론적인 신비주의자들이 계시의 하나님과의 연합을 추구한 의미에서는 분명히 그렇지 않다. 그러나 아름다움Beautiful 과 선Good의 연합적 이상에 대한 플라톤의 묘사를 완전히 비개인적이라고도 말할 수 없다. 오늘날 개인적인 것을 구성하는 것을 너무 쉽게 비개인적인 것에 부과하는 견해들이 플라톤에 대한 몇몇 해석에서 통용되는 듯하다.[17] 플라톤이 사랑하는 자를 소유하는 형상Form을 신으로, 또는 최소한 신적인 것으로 기술한 것은 무어라 묘사할 수 없는 지고한 순간에 대한 그의 묘사에 위배되지는 않지만 그것을 초월할 수 있는 개인적인 해석의 길을 열어 놓은 셈이다.[18]

목표에 대한 플라톤의 견해가 어떤 사람들의 주장처럼 순수히 지적인 것인지도 분명하지 않다. 즉 정신이 학문이나 지식을 응시한다는 것이 추상적인 개념에 불과한지는 분명하지 않다.[19] 여기서 모든 것을 말할 수는 없지만 페스트기에르의 견해를 따르려 한다. 플라톤의 관상에 포함된 봄

---

14) *Symposium 212A: Theophilei.*

15) Anders Nygren, *Agape and Eros* (Philadelphia: Westminster, 1953), pp. 175-81.

16) R. A. Markus, "The Dialectic of Eros in Pintos's Symposium," *Downside Review* 73 (1955): 219-30.

17) Irving Singer는 플라톤에게서 사랑의 연합을 비인격적인 것으로 이해한다 (*The Nature of Love: Plato to Luther* [2nd ed.; Chicago: University of Chicago Press, 1984], pp. 67-70).

18) Festugière, *Contemplation*, p. 205.

19) 예를 들면 Singer, *The Nature of Love*, p. 73; A. H. Armstrong, "Platonic Mysticism," *The Dublin Revière* 216 (1945), pp. 133-34.

seeing은 "신비적인 질서의 즉각적인 연합"에 기초를 둔 것으로서 그 안에서 사랑과 지식이 참된 존재의 임재에 직관적으로 접촉하기 위해서 상호보완적인 역할을 한다.[20] 플라톤에게 있어서 관상 활동으로 얻는 선은 사랑의 목표인 아름다움과 동일시되기 때문에 행복은 본질적으로 인식적인cognitive 상태이지만, 관상은 또한 영혼 안에 사랑의 기쁨을 만들어 낸다.[21] 아르누René Arnou는 플라톤의 관상에 관한 연구에서 다음과 같이 요약한다.

> "플라톤적인 관상은 갑자기 직접적으로 참된 존재Being를 보는 것, 혹은 사람이 가치기준의 단계를 가능한 멀리 올라갔을 때 누리는 절대 선Supreme Good과의 연합, 혹은 주체가 객체를 보는 것이 아니라 어떤 탁월한 실재가 주체를 소유하여 아름다움과 선의 인도에 응답하는 사랑이 단지 응시하는 지성의 역할을 하는 연합이다."[22]

플라톤의 관상을 설명하는 데 도움이 되는 두 번째 구절은 『파에드루스』Phaedrus, 243E-257B에 나오는 소크라테스의 두 번째 연설이다. 여기서 소크라테스는 사랑의 광기가 악이 아니라 신들의 선물임을 입증하기 위해 먼저 변증법적인 주장을 펴서 영혼은 창조된 것이 아니라 불멸하는 운동의 원리라고 주장한다. 그러나 소크라테스는 영혼의 형태 혹은 본질을 기술하기 위하여 신적 영혼과 인간적인 영혼을 날개 달린 두 마리의 말과 마부에 비유한 유명한 신화에 호소하는데, 이것은 대화에서 빈번하게 발견되는 바 영혼을 구성하는 세 부분(nous, thymos, epithymia)에 대한 묘사에 토

---

20) Festugière, *Contemplation*, p. 220; 208-9, 217-19, 260-62, 266, 288, 343, 452, etc. 반대되는 견해로 다음을 보라: Richard Sorabji, "Myths About Nonpropositional Thought," in *Language and Logos: Studies in Ancient Greek Philosophy* presented to G. E. L. Owens, ed. Malcolm Schofield and Martha Nussbaum (Cambridge: Cambridge University Press, 1982), pp. 299-301.
21) 관상에서의 사랑과 지식의 관계에 관해서는 Festugière, *Contemplation*, pp. 288-357을 보라.
22) R. Arnou in "Contemplation," *DS* 2:1723.

대를 둔 것이다.[23] 신들의 영혼은 어려움 없이 천상의 높은 곳에 올라가 "신적 지성"*dianoia Theou* 및 그와 비슷한 것들이 "얼마 동안 실재를 보며, 진리를 응시함으로써 양육되고 행복하게 되는 곳"을 보기 위해 돌아다닌다(247D). 그러나 인간 영혼은 신적 본성을 소유하게 해주는 날개를 잃어버리고(246E) 지상으로 떨어져(248CE) 육체에 갇혔다(250C). 1만 년이 지나면 모든 인간 영혼은 결국 잃어버린 날개를 다시 갖게 되겠지만, 철학자는 자신의 영혼이 "참된 실재에게로 올라가서"(249C) "완전한 신비 안에 이끌려 갔었다"(249C. 참고; 250BC)는 것을 기억하기 때문에 이 목표에 이르는 지름길을 갖게 된다.

우리의 타락한 상태에서 철학자의 복귀는 "육체의 감각 중 가장 예민한"(250D) 시각에 의해 들어가는 아름다움에서 시작된다. 플라톤은 아름다운 소년에게서 찾을 수 있는 충격적이고도 갑작스러운 미를 강조한다. "새로 입문한 사람, 이처럼 많은 실재를 본 사람은 아름다움의 훌륭한 형상인 신을 닮은 얼굴과 형상을 볼 때 처음에는 전율하며 이전에 느끼던 경외에서 오는 그 무엇이 그를 덮는다"(251A). 뒤이어 등장하는 바 사랑의 광기에 대한 기술에서(251A-252C) 아름다움이 사랑하는 자에게 눈을 통해서 주는 행동을 선물이라고, 즉 거의 은혜라고 강조한다.[24] 사랑받는 자에게서 발견되는 신을 닮은 영혼에 대한 다소 복잡한 이야기(252C-253C)는 사랑받는 아름다운 자에게 덕을 만들어 준다는 『향연』의 내용을 반영한다.

마부와 날개 달린 말의 신화에 의해서 사랑의 광기를 분석하는 것으로(253C-256D) 관심을 돌리면 보다 훌륭한 요소, 즉 영혼의 마부*nous*가 저급한 요소들, 즉 말들을 억제하여 육체적인 사랑의 완성을 제어하는 한 사랑하는 사람들은 덕의 배양을 통해서 참된 관상의 목표에 이르게 된다는 것

---

23) E.g., *Republic,* Books 4, 10; *Timaeus* 69B-70A and 89E-90D. 영혼에 관한 플라톤의 다양한 견해를 알려면, T. M. Robinson, *Plato's Psychology* (Toronto: University of Toronto Press, 1970)을 보라.
24) *Phaedrus* 255CE에서 미의 흐름의 상호작용을 분석한다. 플라톤은 미의 충격의 입문적 역할에 반대하지 않는다 (*Timaeus* 45C을 보라).

이 분명해진다. 누스바움Martha Nussbaum이 지적한 대로 이것은 『파에드루스』Phaedrus가 사랑의 광기의 역할을 인정한 것뿐만 아니라 개인적이고 에로틱한 애착이 계속 영혼의 상승에 작용하는 역할을 강조하는 점에 있어서 『향연』과 다르다.[25]

마지막으로 잘 알려진 플라톤의 『국가론』Republic 7권(514A-518B)에 나오는 "동굴의 비유"Allegory of the Cave에 대해서도 논평을 가할 필요가 있다. 이 비유에서 플라톤은 우리의 어두운 세계가 지닌 희미하고 망상적인 삶의 본질을 최고의 이데아인 선이 마치 만물을 눈에 보이게 해주는 지고한 태양처럼 다스리는 초자연적인 이데아의 세계를 분명히 보는 삶의 가능성과 대조한다. 태어나면서부터 사슬에 묶여 장작불 빛에 비치는 형상의 그림자만 보도록 저주받은(514A-515C) 죄수 하나가 천신만고 끝에 관상의 단계들을 거쳐 결국 태양을 보게 된다(516AB). 만일 그가 돌아와 다른 죄수들을 가르치며 감옥에서 벗어나게 하려 한다면, 사람들은 그를 제정신이 아닌 이상한 사람으로 여겨 조롱하고 심지어 (소크라테스를 죽인 것처럼) 죽이려 할 것이다(517A). 그럼에도 불구하고 이 비유의 전체 목적은 그런 복귀가 바로 철학자의 소명이라는 것을 강조하는 데 있다. 철학자만이 눈먼 죄수들의 국가를 보다 정의로운 사회 질서로 인도할 수 있다는 것이다. 이것은 후일 기독교 신비가들이 우리가 이 세상에 사는 동안 하나님에 대한 관상적인 사랑은 그리스도의 몸 안에 있는 이웃을 향한 활동적인 사랑에 양보해야 한다고 주장한 것과 흡사하다.

그 비유에 대한 플라톤의 설명은 영혼이 "지성적 영역"(517B)으로 상승할 때 선의 이데아가 가장 높고 궁극적인 봄vision이 된다는 것을 강조한다. 후일 "영혼의 눈으로 존재의 가장 밝은 영역과 본질을 관상하는 것"이라

---

[25] Martha C. Nussbaum, *The Fragility of Goodness: Luck and Ethics in Greek Tragedy and Philosophy* (Cambridge: Cambridge University Press, 1986), chap. 7; A. W. Prioe, *Love and Friendship in Plato and Aristotle* (Oxford: Clarendon, 1990), chaps. 2-3 등을 보라.

고 묘사된 이 "신적 관상"을 행해온 철학자는 두 세계를 오르내리는 것이 얼마나 어려운 일인지 염두에 두어야 한다.[26] 흔히 플라톤의 형이상학에 대한 통찰을 얻기 위해서 "동굴의 비유"를 탐구해왔지만, 플라톤에게서는 사변과 영성이 분리될 수 없다. 아도Pierre Hadot가 말하듯이 고대 철학은 항상 영적 훈련, 즉 가장 훌륭한 형태의 삶을 위한 훈련이었다.[27] 이 유명한 "동굴의 비유"는 본질적으로 각성에서 시작하여(이 경우 에로틱한 요소를 강조하지 않는다) 고통스런 정화와 점진적인 조명을 거쳐 봄vision에 이르는 영적 순례에 대한 이야기이다.[28]

이제 주로 이 세 개의 문헌에 기초해서 플라톤의 관상의 특징들을 요약하려 한다. 플라톤의 견해에 의하면 인간의 행복에 이르는 길은 미의 현현(플라톤의 세계에서는 젊은 청년의 아름다움)을 통한 영혼의 각성에서 시작된다. 플라톤의 영성은 기독교의 영성과는 달리 일종의 자기 성취의 구원으로서, 이 구원론에 따르면 철학자는 순전히 자기 힘으로 목표에 도달한다. 타락한 인간에게 은혜가 필요하다고 강조하는 기독교적 개념과 플라톤에게서 발견되는 개념 사이에 차이가 있음에도 불구하고 종종 무시되어온 몇 가지 유사점이 있다.[29] 『향연』이나 그밖에 다른 문헌에서 그 과정이 끝날 때에 초월적인 목표가 갑자기 나타나거나 값없이 주어져야 한다는 점을 분명히 한다는 것에 주목하며, 그것은 개인적 노력에 의해서만 이루어질 수 없다고 주장한다. 그러나 페스트기에르처럼 빈틈없는 학자도 전체 과정의 출발점이 되는 "돌연한" 미의 충격이라는 외적 주도권(이것을 "은혜"

---

26) 영혼의 눈은 플라톤이 사용한 강력한 신비적 이미지이다(see *Republic* 519B and 533D). "Oculus (Animae, Corgis, Mentis, etc)," *DS* 11:591-601을 보라.

27) Pierre Hadot, "Forms of Life and Forms of Discourse in Ancient Philosophy," *Critical Inquiry* 16 (1990): 483-505.

28) Andrew Louth, *The Origins of the Christian Mystical Tradition: Plato to Denys* (Oxford: Clarendon, 1981), pp. 3-7.

29) Paul Ricoeur, *The Symbolism of Evil* (New York: Harper & Row, 1967).

라고 부를 수도 있을 것이다)의 중요성을 파악하지 못하고 있다.[30] 아름다운 소년에게 주어진 아름다움이라는 선물은 절대자의 직접적인 개입이 아니며, 최소한 그림자 같은 우리 세계에서의 절대자의 현현이 아닐까?

비록 이 분야에서의 플라톤의 사상은 후대의 신피타고라스 학파, 스토아 학파, 신플라톤 학파의 사상보다 발달하지 못했지만 현인이 자신의 욕망을 제어하고 영혼 안에서 덕을 고양시키기 위하여 사용하는 금욕이나 정화의 과정은 플라톤에게서 시작된 그리스의 관상적 전통의 또 다른 모습으로서 후대의 기독교 영성에 큰 영향을 미쳤다.[31] 플라톤의 대화에서 유형적 실체와 에로틱한 관계들이 상승 과정에 반드시 필요한 부분으로 사용된다는 세상을 긍정하는 견해와 영혼의 감옥인 육체로부터 도피하며 훈련하는 것이 금욕적 프로그램에 다소 비관적인 분위기를 부여하는 부정적인 견해 사이에 일종의 긴장을 발견할 수 있다.[32] 그러나 플라톤은 보다 낙관적인 이야기에서도 물질적인 차원에서 앎과 사랑이 순수히 영적인 수준으로 옮겨가는 것의 근원적인 중요성을 강조한다. 기독교 영성의 역사에서 금욕에 대한 플라톤의 개념과 일반적인 헬라적 개념들의 역할에 대

---

30) Festugière, "Mystique paenne et charit?" in *L'Enfant d'Agrigente*, p. 131; W. Beierwaltes, "Exaipnēs oder: Die Paradoxie des Augenblicks," *Philosophisches Jahrbuch* 74 (1966-67): 271-83.

31) "Ascése, Ascetisme," *DS* 1:936-1010, esp. "Section II: L'Ascése païenne,"by M. Olphe-Galliard (cols.941-60)을 보라.

32) 예를 들면 다음과 같다: *Phaedo* 62B, 65E-67D, 828-83E; *Cratyus* 400C; *Gorgias* 493AC; and *Theaeteus* 176B. On this aspect of Plat's thought, see the articles of Pierre Courcelle: "Tradition platonicienne et traditions chrétiennes du corps-prison (Phédon 62B; Cratyle 400C)," *Revue des études latines* 43 (1963): 6-43; "L'âme en cage," in *Parusia: Studien zur Philosophie Platons und zur Problemgeschichte des Platonismus. Festgabe für Johannes Hirschberger*, ed. Kurt Flasch (Frankfurt: Minerva, 1965), pp. 103-16; "Le corps-tombeau (Platon, Gorgias 493A; Cratyle 400C; Phédre 250C)," *Revue des études anciennes* 68 (1966): 101-22; and "Grab der Seele," *Reallexikon für Antike und Christentum*, ed. T. Klauser et al. (Stuttgart: Hiersemann, 1950-) 12:455-67. On this issue, see also R. Ferwerda, "The Meaning of the Word *Sōma* (Body) in the Axial Age: An Interpretation of Plato's Cratylus 400C," in *The Origins and Diversity of Axial Age Civilizations*, ed. S. N. Eisenstadt (Albany: SUNY Press, 1986), pp. 111-24.

하여 때로는 부정적인 평가가 이루어져 왔다.[33] 이 주제의 복잡성을 이해하려면, 보다 넓은 상황의 기독교 신비주의에서 금욕주의의 의도와 발전사를 살펴보아야 한다.

철학자의 도덕적이고 지성적인 노력을 통한 사랑과 앎의 점진적인 정화는 미, 선, 일자 등으로 다양하게 묘사되는 형상들 중 형상의 궁극적 실재의 갑작스러운 현현을 위한 준비이다. 동방과 서방 기독교 전통 안에서 후대의 신비가들과 마찬가지로 플라톤은 이 궁극적 실재Ultimate Reality를 언어로 제대로 표현할 수 없다고 주장했다. 개념적 사고보다 더 고차원적인 앎의 형식이 있을 수 있다는 것을 부정하는 사상가들이 비감각적 망상—말로 표현할 수 없는 제1원리를 언어로 제시하려고 노력하는 역설—이라고 간주해온 것을 플라톤이 확실하게 제시한 데서 그와 기독교 신비주의의 깊은 유사성이 분명히 드러난다.[34]

부정의apophatic 신학은 역사적이고 체계적인 차원에서 이 시리즈에 속한 각 권의 이야기의 중요한 부분을 형성할 것이다. 보다 체계적인 주제들이 마지막 책에서 다루어지겠지만, 여기서 몇 개의 필요한 특성들을 소개하는 것이 좋겠다. 거쉬Stephen Gersh가 상기시키듯이 하나님에 대해서, 혹은 하나님은 우리의 표현이나 인식 형식으로는 표현할 수 없고 알 수도 없는 분임을 나타내는 표현인 제일 원리에 대한 주관적 부정의 기술들이 있다. (불가지성과 표현 불가능성을 구분할 수 있는데, 전자는 정신과 관련된 것이며 후자는 알고 있는 것을 전달하는 정신의 능력과 관련된다. 대부분의 저자들은 후자가 전자를 포함한다고 주장할 것이다.) 또 객관적으로 부정적인 기술이 있는데, 이것에 따르면 하나님이나 제일 원리는 우리의 인식 방법에 대한 언급 없이 부정적으

---

33) E.g., Festugière, "Ascése et contemplation," in *L'Enfant d'Agrigente*, pp. 134-48; T. Camelot, "Hellénisme (et spiritualité patristique)," *DS* 7:149-56, 162-64.

34) 플라톤 사상에서의 부정적 요소에 대해서 많은 학자들이 연구해왔다. 특히 Festugière, *Contemplation*, pp. 227-29, 262; idem, *Le révélation d'Hermès Trismégiste*, vol. 4, *Le Dieu inconnu et la Gnose* (Paris: Gablda, 1954), pp. 79-91을 보라.

로 묘사된다.[35] (이 두 방식의 부정주의가 서로를 밝혀줄지 모르지만—즉 하나님은 본질적으로 알 수 없는 존재이며, 따라서 우리에게 알려질 수 없다—그럴 필요는 없다.) 주관적 부정의 기술은 다음과 같이 세분될 수 있다: (1) 절대적 주관적 부정주의(여기서 하나님은 어떤 방식으로든 인간에게 알려질 수 없고 표현될 수 없다); (2) 하나님이 알려질 수 없는 주관적 부정주의의 다양한 상대적 형태—여기서 하나님은 ① 항상 알 수 없는 것이 아니라(즉 자신을 계시하실 수도 있다), ② 어떤 순간에만 알 수 없으며, ③ 모든 형태의 지식으로 알 수 없는 것은 아니다. 플라톤의 부정적 사고는 그의 많은 추종자들의 사고처럼 분명하게 전개되어 있지 않음에도 불구하고 세 가지 작은 구분들을 결합하는 상대적으로 주관적인 부정주의의 형태라고 말할 수 있다.

플라톤의 저술에서는 관상의 목표가 지닌 초월적이며 불가지적인 본질을 긍정한다. 이 모든 기술들이 하나의 동일한 실재를 언급하는 것인지, 이 실재를 "진정한 실재"Really Real라고 묘사해야 하는지, 그리고 이것이 "존재하다"라는 헬라어 동사einai에 기초한 모든 형식들을 넘어선 것인지 분명하지 않다. 제일자the First가 어떤 방식으로든 "존재하는" 모든 것보다 월등해야 한다고 주장한 후기 플라톤주의자들은 자신들의 주장에 대한 보증을 플라톤에게서 찾았지만, 이것은 그들이 실제로 플라톤의 저서에서 그것을 찾았다기보다는 플라톤의 사상을 보다 일률적으로 읽어가는 노력에 기인했을 것이다.

플라톤의 저서에서 상대적 주관적 부정주의에 대한 긍정을 찾기는 어렵지 않다. 『향연』(211A)에서는 미the Beautiful에 대한 설명이나 지식이 없다고 말한다. 자주 인용되는 『티마에우스』의 내용 중에 다음과 같은 주장이 있

---

35) Stephen Gersh, *Middle Platonism and Neoplatonism: The Latin Tradition*, 2. vols. (Notre Dame: University of Notre Dame Press, 1986), 1:266-72 and passim. 그리스의 부정주의 (apophaticism)에 대한 개론서로 R. T. Wallis, "The Spiritual Importance of Not Knowing," in *Classical Mediterranean Spirituality*, ed. Armstrong, pp. 460-80; Christian Guerard, "La théologie negative dans L'apophatismes grec," *Revue des Sciences Philosophiques et Théologiques* 68 (1984): 183-200을 보라.

다: "이 우주의 창조자요 아버지를 발견하는 것은 한 과제였을 것이다; 그를 발견한 후 그를 모든 사람에게 선포하는 것은 불가능한 일이었을 것이다"(28C).[36] 후대의 저자들이 자주 인용한『일곱 번째 편지』Seventh Letter의 모호한 구절에서 플라톤은 자신의 가르침의 최고의 주제들에 대한 지식에 대해서 다음과 같이 말한다: "이것은 다른 학문과 같이 언어적 표현을 전혀 인정하지 않는다. 그러나 마치 튀어 오르는 불꽃에 의해서 빛이 켜지듯이 주제 자체에의 계속된 적용 및 소통communion의 결과로 영혼에게 갑자기 지식이 생긴다"(341CD).

적어도 플라톤의 글 중 한 구절은 보다 객관적인 부정주의를 표현해준다.『국가론』제6권에서 선의 이데아 혹은 선의 형상은 "존재가 아니지만 존재보다 더한 것"으로 표현되고 있다. 그것은 질문들이 내포된 긍정으로서 제일 원리를 모든 존재 위에 둔 플로티누스 같은 플라톤주의자를 위한 모퉁잇돌이 된다.[37] 이러한 문헌들 및 유사한 문헌들은[38] 적어도 고대인들에게 전통적으로 플라톤의 형이상학의 절정으로 간주된『파르메니데스』Parmenides의 논리적 수수께끼를 이해하는 근거를 제공한 셈이었다.

수세기 동안 플라톤의 궁극적인 지혜로 간주되었던 대화를 이제 많은 현대의 해석자들이 호기심에서 비롯된 수수께끼, 철학자의 농담 또는 순전히 논리적인 연습으로 보고 있다는 사실은 현대 철학과 그 역사 사이의 간격을 웅변적으로 증언해준다.[39] 그럼에도 아직도 최근의 많은 학자들은 신비주의 역사에서 대화의 역할의 기초가 된 고대 플라톤주의의 형이상학적

---

36) A. D. Nock, "The Exegesis of Timaeus 28C," *Vigiliae Christianae* 16 (1982): 79-86.

37) *Symposium* 509B.

38) 신플라톤주의자들은 *Letter* 2 (312E-313A; 314AC)에 수록된 본문을 즐겨 사용하곤 했다.

39) W. G. Runciman, "Plato's Parmenides" an article first published in 1959 and reprinted in *Studies in Platos Metaphysics*, ed. R. E. Allen (London: Roudege & Kegan Paul, 1967), pp. 149-84.

해석을 옹호해왔다.[40]

『파르메니데스』의 첫 부분은 세상에 있는 사물들에 대한 이데아의 관계에 포함된 어려움을 다루고(127A-134E), 둘째 부분은 형상 혹은 일자의 이데아에 대한 파르메니데스적인 변증법의 적용 여부를 다룬다(134E-166C). 첫 부분은 주로 플라톤의 형이상학에서 핵심적인 요소인 참여 methexis의 개념 주위를 맴돌고 있다. 둘째 부분의 복잡한 논증은 "하나의 특별한 가설이 참일 때 발생하는 것뿐만 아니라 그 가설이 참이 아닐 때에 발생하는 것에도 관심을 가져야 한다"(136A)는 변증법적인 전제에 기초를 두고 있다. 일자가 존재한다거나 존재하지 않는다는 전제에 적용한다면, 여기에 8개의 가설에 대한 고찰이 포함된다. 4개는 일자가 존재한다는 전제를 지지하는 것이고, 나머지 4개는 존재하지 않는다는 전제를 지지하는 것이다. 논증에서 가설들과 문제들, 그리고 가능한 오류들의 충돌은 수천 년 간 고등의 논평, 독창적인 설명, 철저한 부정의 주제가 되어왔다. 첫 번째 가설은 특히 부정의apophatic 전통의 역사에서 중요성을 띤다. 만약 일자가 존재한다면 이 일자는 여럿이 아니며 부분들을 소유하지 않기 때문에 동등과 비동등, 유사한 것과 유사하지 않은 것, 같은 것과 다른 것, 정지와 운동과 같은 반대되는 술어들을 가져서는 안 된다고 논증하면서, 플라톤은 다음과 같이 결론지어 말한다.

---

[40] 예를 들면 다음과 같다: E. R. Dodds, "The *Parmenides* of Plato and the Origin of the Neoplatonic 'One'," *Classical Quaterly* 22. (1928): 129-42; C. J. de Vogel, "On the Platonic Character of Neoplatonism and the Neoplatonic Character of Platonism," *Mind* 62 (1953): 43-64; Jean Trouillard, "Le 'Parmdide' de Platon et son interpétation néoplatonicienne," in *Études Néoplatoniciennes* (Neuchâtel: A La Baconniére, 1973), pp. 9-26; H.-G. Gadamer, "Plato's Parmenides and its Influence," *Dionysius* 7 (1983): 3-16; Gersh, *Middle Platonism and Neoplatonism*, "Introduction," in 1:1-50; etc. 그리스 전통에서 "henology"에 대한 개론서로는 W. Beierwaltes, "Hen," *Reallexikon für Antike und Christentum* 12:445-72을 보라. 그 가정들에 대한 신플라톤주의적 해석을 알려면 "Introduction," in *Proclus: Théoogie Platonicienne*, ed. H. D. Saffrey and L.G. Westerink (Paris: Belles. Lettres, 1968) 1:LXX7-LXXXIX을 보라.

"'일자'는 완전히 시간을 벗어나 있으며 본질ousia 밖에 있기 때문에 이름을 갖지 않으며 어떤 기술logos이나 지식epistēmē, 인지aisthesis 혹은 견해doxa를 갖지 않는다. …이 일자는 이름이 주어지지 않으며 묘사되거나 생각되거나 알려지지 않으며, 존재하는 어떤 사물도 그것을 인지할 수 없다"(142A).

이와 같이 첫 번째 가설은 일자에 대해서 확실히 말할 수 있는 것이 전혀 없으며, 일자는 이성적인 지식뿐만 아니라 모든 감각, 심지어 본질로서 인식되는 모든 존재를 초월한다는 결론으로 이어진다. 다만 부정의 방법으로, 그것이 아닌 것을 말할 수 있을 뿐이다.[41] 그러나 만일 신플라톤주의자들을 비롯한 여러 사람들이 주장하듯이 이 일자가 플라톤의 형이상학의 핵심인 절대 원리Absolute Principle라면,[42] 일자는 『향연』에서 사랑하는 자에게 돌연히 자신을 드러내는 미와 동일하고(210E) 『국가론』에서 언급된 형상들 중의 형상이면서 동시에 존재를 넘어서는 선과 동일하다(506D-509B). 존재와 언어를 초월하는 절대자는 플라톤이 때로 사유noēsis라고 부른 직접적인 직관의 형태로 철학자의 영혼에 있는 이성nous에 자신을 나타낼 수 있다. 다즈E. R. Dodds는 "인식의 최상의 행위는 이와 같이 엄격히 인식적인 것이 아니겠지만, 인간 안에 있는 절대자와 인간 밖에 있는 절대자 사이의 잠재적인 동일성이 순간적으로 실현되는 데 있을 것이다"[43] 라고 했다. 이것이 플라톤의 관상의 절정으로서 단순히 보는 것이 아니라 현존하는 궁극적 원리와의 동등성을 인식하는 것이다.[44]

---

41) F. M. Cornford, *Plato and Parmenides* (Indianapolis: Bobbs-Merrily, n.d.), pp. 107, 112, 131-35.

42) 아리스토텔레스는 *Metapysics* 제1권에서 (987b-988a), 플라톤이 일자는 형태의 본질의 제1원인이라고 주장했지만 일자가 본질(ousia)이라고 간주했다고 말한다.

43) Dodds,"The Parmenides of Plato and the Origin of Neoplatonic 'One'," p. 141; Festugière, *Contemplation*, p. 128.

44) Festugière, *Contemplation*, p. 261. Cf. pp. 187, 208-9, 223, 262-66, 288, 343, 452.

플라톤은 『국가론』 제6권에서 지식을 참으로 사랑하는 자Philomathēs에 대해 기술하면서 "지식을 사랑하는 사람은 그런 종류의 실재를 붙들기 위하여 그의 영혼에 속해 있는 부분에 의해서 각 사물의 본성과 접촉하기까지…자신의 방법을 유지하려 할 것이다.…그는 그것에의 접근 및 실재와의 교제를 통해서 지성과 진리를 낳게 된다"(409B). 『티마에우스』(90BD)에서 주장하듯이 절대 원리와 철학자 사이의 접촉은 철학자의 영혼, 정확히 말하면 플라톤이 가끔 이성nous이라고 부르는 영혼의 높은 차원 자체가 신적인 것이기 때문에 가능하다.

엠페도클레스Empedocles를 비롯한 헬라인들이 주장하듯이 "비슷한 것은 비슷한 것에 의해서 알 수 있다."[45] 그러므로 영혼은 신적인 기원을 가지며 신화될 수 있다. 즉 그 내재하는 신성을 소생시키거나 근원적으로 변화시킬 수 있다. 『테아에테투스』Thaeatetus의 중요한 구절에서 플라톤은 "우리는 전속력으로 이 세상에서 다른 세상으로 도망쳐야 한다. 이 말이 의미하는 것은 우리가 가능한 한 신적이 되어야 한다는 것"(176B)이라고 말한다. 그러므로 신화deification는 플라톤 철학의 목표이다. 즉 철학자는 신과 동화됨으로써 불멸을 얻는다.[46] 물론 플라톤이 말하는 신화 개념은 특히 영혼은 본성적으로 신적이며 단순히 신화될 수 없다고 가르친다는 점에서 후기 기독교 신비주의자들의 개념과 다르다. 그러나 플라톤의 여정의 절정이 신화라는 사실은 플라톤의 관상적 이상의 관점들을 기독교 신비주의에 적용하고 적응시킬 수 있게 해주었다.[47]

그러나 플라톤이 신비가였는가? 학자들은 이에 동의하지 않는다. 왜냐하면 그들은 플라톤의 글을 달리 읽을 뿐 아니라 신비가에 대한 이해도 다

---

45) *Timaeus* 45B-46A을 보라.

46) A. J. Festugière, *L'Ideal religieux des grecs et L'Éuangile* (Paris: Gabalda, 1932), pp. 39-41, 43; idem, Personal Religion, pp. 42-45.

47) "Divinisation," in *DS* 3:1370-1459 (cols. 1373-74 discuss Plato)을 보라.

르기 때문이다.[48] 해석자들은 적어도 세 중요한 문제로 인해 의견을 달리한다. 첫째, 플라톤의 관상theōria의 목표에 대한 개념이 순전히 지성적인가, 만일 그렇다면 이 사실은 플라톤을 신비가들의 그룹에 속하지 못하게 하는가? 둘째, 인간적 완전perfection에 대한 플라톤의 견해는 철학자들이 자신의 노력에 의해서 얻는 종류의 것인가, 아니면 적어도 이것은 근원Source으로부터 오는 선물 혹은 "은혜"와 같은 것인가? 셋째, 영혼의 신성과 본성적 불멸에 대한 플라톤의 신념은 그의 입장에서 참된 신비주의를 배제하는가? 이 세 가지 주제에 대해서 우리는 플라톤이 후대의 기독교 신비주의자들과 본질적 차이를 나타낸다고 말할 수 있지만, 그것이 곧 플라톤이 신비가가 아니라는 의미인지 의심해볼 수 있다.

암스트롱A. H. Armstrong을 비롯한 학자들이 플라톤의 관상theōria을 이성의 영역을 넘어서지 않는 순전히 지성적인 봄으로 생각한 것은 옳다. 플라톤의 사상에는 이성적인 경향과 신비적인 경향이 결합되어 있다는 페스트기에르의 생각은 한층 더 설득력이 있다.[49] 비록 플라톤이 지고한 이데아Supreme Idea와의 순수한 지성적 연합을 주장한다고 간주되지만, 왜 우리는 많은 신-아리스토텔레스주의자들이나 신-플라톤주의자들이 확언하였던 합리적 신비주의 혹은 이성적 신비주의를 플라톤에게 돌릴 수 없는가?[50] 둘째, 플라톤의 철학은 특출한 인물 및 신의 도움의 필요성이라는 개념을 가진 구원 종교가 아니라, 관상을 시작함에 있어서 아름다움이 제공한 은혜의 역할을 필요로 한다. 그리고 위에서 보았듯이 불멸의 행복을 향한 철

---

48) Armstrong, "Platonic Mysticism," pp. 133-36, 140-41; P. Merlan, "Greek Philosophy from Plato to Plotinus," in *The Cambridge History of Later Greek and Early Medieval Philosophy*, ed. A. H. Armstrong (Cambridge: Cambridge University Press, 1967), p. 30; Wallis, "The Spiritual Importance of Not Knowing," p. 4을 보라.

49) E.g., Festugière, L'Ideal Religieux des Grecs, pp. 188-89. In his *La révélation d'Hermès Trismégiste* (4:138-39).

50) P. Merlan, *Monophychism, Mysticism, Metaconscious* (The Hague: Nijhoff, 1963), pp. 17-71, 81-84; Moshe Idel, "Abraham Abulafia and Unio Mystica," in *Studies in Ecstatic Kabbalah* (Albany: SUNY Press, 1988), pp. 5-10.

학자의 순례의 시작과 끝은 하나의 "선물"이라는 의미를 가지고 있다. 마지막으로 플라톤의 관상은 영혼이 가지고 있는 본성적인 신성의 활성화, 그리스도를 따르는 사람들의 자기-포기와는 아주 다른 탁월한 자아-실현이다.[51] 이 점에 있어서 플라톤은 플로티누스와 다르지 않다. 그러므로 플로티누스를 신비가라고 주장하는 사람들이 왜 플라톤에게는 그런 호칭을 붙이기를 꺼리는지 이해하기 어렵다. 플라톤이 신비가인지 아닌지에 대한 질문이 우리의 논의에 반드시 필요한 것은 아니다. 여기서는 플라톤의 글이 신비적인 저술로 읽혔다는 것을 아는 것으로 충분하며, 우리는 직접적으로든 간접적으로든 그러한 저술들을 다루게 될 것이다.

오늘날 플라톤에게서 플로티누스에 이르는 길은 수십 년 전보다 훨씬 더 잘 알려져 있다. 최근에 그들과 중요한 주제에 대한 전문적인 연구가 진행되어 왔으며, 많은 참고문헌과 일반 기록들이 출현했다.[52] 옛 아카데미의 플라톤 전통의 역사를 관습적으로 구분한다면, 플라톤의 직접적인 학파(대략 기원전 350-100년), 중기 플라톤주의(기원전 100년-기원후 250년), 그리고 신-플라톤주의(250년경)로 나눈다. 이 방법은 아직도 사용되고 있지만, 플라톤 사상의 내적 역동성을 창출해낸 근본적인 추이들을 지적하기보다는 연대기적인 이유에서 사용되고 있다.[53] 중기 플라톤주의의 세계는 현재 저서들이 단편으로만 남아 있는 중요하지만 분명하지 못한 인물들로 채워져 있는데, 최근의 많은 유용한 연구들이 중기 플라톤주의에 관심을 두고 있다.[54] 그 밖의 중요한 철학 학파들과 경향들, 특히 아리스토텔레스 학

---

51) Armstrong, "Platonic Mysticism," pp. 140-41; Bianchi, "Initiation, Mystéres, Gnose," p. 171.

52) Heinrich Dörrie, "Bibliographischer Bericht über den Stand der Forschung zum Mittleren und Neueren Platonismus," in Dörrie, *Platonica Minora* (Munich: Fink, 1976), pp. 524-48 (up to 1974); Gersh's *Middle Platonism and Neoplatonism*.

53) Gersh's "Introduction," in *Middle Platonism and Neoplatonism*, esp. pp. 45-47.

54) John Dillon, *The Middle Platonists: 80 B.C. to A.D. 200* (Ithaca: Cornell University Press, 1977); Robert M. Berchman, *From Philo to Origen: Middle Platonism in Transition* (Chico, CA: Scholars Press, 1987).

파, 스토아 학파, 신피타고라스 학파 등을 비롯하여 영지주의와 헤르메스주의, 그리고 갈대아 신탁에 반영되어 있는 것 등 철학적 성향을 지닌 종교 운동 때문에 처음 3세기 동안 로마의 영적 세계는 무척 복잡했다.

이런 학파들과 운동들 중 다수는 최소한 초기 기독교 및 기독교 신비주의와 연관이 있었지만, 여기서 그것들 모두를 고찰하기는 불가능하다. 이 시기의 중요한 일반적 경향 중 하나는 권위적인 혹은 계시된 본문들에 기초하여 주석하는 것이 철학이라고 생각하는 추이였다. 기원전 1세기에 아테네 학파들이 붕괴된 시기로부터 다양한 철학적 전통을 가진 기본적인 본문들을 더 강조한 것, 말보다 원문을 점점 더 강조한 경향을 추적해낼 수 있다.[55] 이것은 철학이 삶의 형식, 즉 영적 여행이라는 목표를 상실했음을 의미하는 것은 아니다. 그보다는 오르페스의 찬가와 갈대아 신탁 등의 문헌들이 학문적인 주석 작업으로 점증적으로 강조되고 있어서 우리가 플라톤에게서 보았던 것을 넘어서 철학의 종교적 차원을 강조하게 되었다는 것이다. 이것은 많은 인물들에게서 분명히 드러나지만, 특히 필로(기원전 20-기원후 50년경), 플로티누스(205-270년), 프로클로스(410-485년) 등 세 명의 중요한 철학자에게서 분명히 나타난다. 그들의 사상은 그 시대를 대표할 뿐만 아니라 서방 기독교 신비주의와 직접 연관이 있다.[56]

필로

필로Philo는 알렉산드리아 출신의 유대인으로서, 대충 예수와 바울과 같은 시대에 산 사람이었다(기독교 전설에 따르면 필로는 로마에서 베드로를 만났다고 한다). 제롬의 논문, 『유명한 사람들에 관하여』(*On Famous Men*, 대부분 유세비

---

55) Pierre Hadot, "Théologie, exégèse, révélation, écriture, dans la philosopie grecque," in *Center d'études des religions du livre: Les régles de L'interprétation*, ed. Michel Turdi (Paris: Cerf, 1987), pp. 13-34.

56) F. Cumont "Le Mysticisme Astral dens L'antiquité" *Bulletin de L'Académie Royale de Belgique: Classe des Lettres* 5 (1909): 256-86.

우스에게 의존하고 있다)에서는 필로에 대해 "헬라인들은 흔히 플라톤이 필로의 사상을 받아들였다거나 필로가 플라톤의 사상을 받아들였다고 말하는데, 그 둘의 사상과 표현이 그만큼 흡사하다"라고 기록했다(『유명한 사람들에 관하여』 11, [PL 23:659]). 그러나 필로는 단순히 플라톤의 사상을 받아들인 사람이 아니다. 그는 서방 역사에서 성경의 유일신적 신앙과 헬라의 관상적 이상을 결합한 최초의 인물이다. 많은 사람들은 이 결합을 칭찬했지만 유대인들과 기독교인들은 이질적인 것의 혼합이라고 비난했다. 유대교, 플라톤주의, 심지어 기독교—고대 시대에 그의 책을 열심히 읽은 사람들은 기독교인들이었다[57]—의 역사에서, 필로는 최상의 그리스 철학(대체로 플라톤 철학)을 알레고리적으로—유대교가 참된 종교임을 증명하기 위해서, 그리고 사변적으로—즉 유대교의 핵심을 이루는 성경의 설화들과 의식적 관습들의 내적 의미를 끌어내기 위해 사용하려 했다는 점에서 특별한 위치를 점유한다. 필로는 당시의 헬라 철학의 관점의 도움을 받아, 다른 철학자들이 다른 "거룩한" 문서들을 다루면서 행한 일을 성경에 대해 행했다. 그래서 필로의 글을 읽는 후대의 기독교 독자들의 관점에서 본다면, 필로의 기술적인 재주들과 결론들은 그들이 성경적인 계시와 그리스 철학을 결합하여 하나의 신비 이상에 이바지하게 할 방법을 예시해 주었다.

필로의 신비 사상은 특히 그 주석적 특성에서 기독교 신비주의를 예고하고 있었다. 이 위대한 유대 사상가가 볼 때, 삶의 의미는 성경에 계시되어 있지만 모든 사람이 그것을 읽을 수 있는 식견을 가진 것은 아니었다. 윈스톤David Winston이 말하듯이 "만약 필로의 계획의 주된 의도가 그리스와 유대 사이의 화해였다면, 이 화해의 주된 도구는 성경에 대한 광범위하고도 상세한 알레고리적 해석일 것이다. 이 해석은 부분적으로는 율법의 알레고리Allegory of the Law라고 알려진 '한 행씩 주석함'을 통해서, 또 부분

---

57) A. Solignac, "Philon d'Alexandrie II. Influence sur les pères de l'église," DS 12:1366-74.

적으로 율법의 해설Exposition of the Law이라고 불리는 주제별 논의를 통해서 이루어진다."[58] 필로의 알레고리적 주석의 본질에 대한 연구가 무수히 진행되어 왔지만 아직 여러 면에서 논란의 여지가 있다. 필로는 신앙과 철학 사이를 화해시키기 위해서 이교의 알레고리적 해석 기법들을 사용했던 많은 철학적 성향의 유대인들 중 마지막 인물이었다.[59] "경솔하게 문자를 무시하는" 알레고리적 해석을 극단적으로 옹호하는 사람들과 도량이 좁은 직역주의자들 사이의 중간 입장을 취하면서, 필로는 성경을 읽는 사람들에게 "신탁의 언어는 말하자면 몸의 그림자와 같은 것이며 그 안에 계시된 의미는 참된 실존을 소유하는 사물이라는 확신을 가지고 알레고리적 해석을 추구하라"고 촉구했다(『언어의 혼돈』 190).[60] 필로가 사용한 복잡하고 조밀하게 얽힌 알레고리의 주된 목적은 신에게 이르는 길을 보여 주는 데 있었다.[61]

일부 학자들이 필로에게 신비가라는 명칭을 붙이길 꺼리는 반면,[62] 구드노우Erwin Goodenough부터 윈스톤에 이르기까지 금세기의 많은 학자들은 이 유대인 철학자가 헬라 시대 말기에 널리 통용되던 중기 플라톤주의 신비주의Middle Platonic Mysticism의 입장에서 이해되어야 한다고 설득력 있게 주장한다.[63] 필로의 중요성은 신적 제일 원리의 초월성을 강조하는 그리스

---

58) David Winston, *Logos and Mystical Theology in Philo of Alexandria* (Cincinnati: Hebrew Union College Press, 1985), p. 13.

59) Jean Pépin, *Mythe et Allégories grecques et les Contestations Judéo-Chrétiennes* (Paris: Aubier, 1957), pp. 231-42,.

60) 필로의 성경 해석에 대해서는 H. A. Wolfson, *Philo*, 2 vols. (Cambridge, MA: Harvard University Press, 1977) 1:66-71을 보라.

61) Winston, *Logos and Mystical Theology*, p. 36.

62) V. Nikiprowetzky, "Philon d'Alexandrie, I, La personne et l'oeuvre," *DS* 12:1352-66.

63) Erwin Goodenough, *By Light, Light: the Mystic Gospel of Hellenistic Judaism* (New Haven: Yale University Press, 1935). 윈스톤이 이 입장을 변호한 것에 대해서는 "Itroduction"in his anthology Philo of Alexandria, pp. 21-35; "Philo and the Contemplative Life," in *Jewish Spirituality: from the Bible through the Middle Ages*, ed. Arthur Green, WS 13 (New York, Crossroad, 1986),. pp. 198-231;

의 관상적 경건과 성경 및 유대인의 율법과 관습에 기초를 둔 그의 유대교 신앙을 합병한 데 있다. 이 화해는 성경에서 보다 보편적이고 깊은 의미를 찾고자 함으로써, 그리고 플라톤적 관상을 보다 개인적인 것으로 변화시킴으로써 이루어졌다.[64] 서방 철학을 플라톤에 대한 일련의 각주라고 말한 화이트헤드A. N. Whitehead의 유명한 논평에서 플라톤의 역할을 유대인 철학자 필로에게 옮겨 놓은 듯한 울프슨H. A. Wolfson의 해석이 과장된 것이기는 하지만, 서방 신비 사상에서 필로는 선구자적 위치를 차지한다.

필로가 기독교인 저자들의 모델이 될 수 있었던 한 가지 이유는 그가 로고스Logos, 거룩한 말씀 혹은 이성에게 절대적으로 초월적이고 불가지한 하나님과 인간 영혼 사이의 중재자 역할을 부여했기 때문이다.[65] 필로의 로고스 교리는 지혜(Sophia 혹은 Wisdom)에 대한 헬라적 유대교의 사변에 뿌리를 두고 있을 뿐 아니라,[66] 중기 플라톤주의의 몇 가지 특성, 특히 플라톤의 이데아 세계에 대한 해석(이데아들은 신의 정신 안에서 발견된다는 가르침)에 뿌리를 두고 있다. 플라톤의 이데아 이론에 대한 아리스토텔레스의 비평은, 이데아의 구분된 영역이 어떤 의미에서는 세상의 원인이라고 주장하는 것이 얼마나 어려운 것인지 보여 주었다. 필로는 중기 플라톤주의자들에게서 한 가지 해결책을 물려받았는데, 그것은 이데아들을 신에게로 옮기는 것, 즉 그것들을 우주의 원인인 신의 정신Divine Mind과 동일시하는

"Was Philo a Mystic?" in *Studies in Jewish Mysticism*, ed. Joseph Dan and Frank Talmadge (Cambridge, MA: Harvard University Press, 1982), pp. 15-41을 보라. 필로의 신비주의에 대해서는 Louth, *Origins of the Christian Mystical Tradition*, pp. 18-35을, 중기 플라톤주의에서 그의 위치에 대해서는 Dillon, *Middle Platonists*, pp. 139-83을 보라.

64) Louth, *Origins of the Christian Mystilon*, p. 19; and esp. Henry Chadwick, "Philo," in *The Cambridge History of Later Greek and Early Medieval Philosophy*, pp. 141, 144, 148-49.

65) 유세비우스는 필로를 로고스에 대한 기독교적 이해의 증인으로 인용한다: *Preparation for the Gospel* 7. 12-13.

66) 제1장을 보라.

것이었다.[67]

『파르메니데스』의 첫 번째 가설에 나오는 일자처럼 필로의 하나님은 인간 언어의 모든 술어들을 초월한다. 즉 그분은 주관적으로는 부정적 apophatic이다. "누가 제일 원인Primal Cause에 대해 유형적이라거나 영적이라고, 또는 속성을 가지고 있다거나 그렇지 않다고 확언할 수 있겠는가? 누가 신의 본질이나 속성, 혹은 상태나 운동에 대해 확실한 주장을 할 수 있겠는가?"(Legum allegoriae 3.206).[68] 그러나 필로의 하나님, 출애굽기 3장 14절에서 자기 이름을 제시하시는 하나님은 존재를 초월하시는 분이 아니다.[69] 그는 "참으로 실존하는 실존자"the Existent which truly exists이시다(De mutatione nominum 7). 그에게 고유명사를 부여할 수는 없지만 "그가 존재한다는 분명한 사실"은 이해될 수 있다(Quod deterius 89).[70]

인식 불가능한 하나님의 실존은 유비를 통해서 알려질 수 있는데, 이는 하나님이 자신을 두 가지 방법으로 계시하시기 때문이다. 첫째는 지성적 우주를 통해서 혹은 맏아들, 즉 그의 로고스를 통해서 계시하신다. 둘째는 감각 세계를 통하여, 즉 작은 아들을 통하여 계시하신다.[71] 로고스에 대

---

67) Audrey Rich, "The Platonic Ideas as the Thoughts of God," *Mnemosyne*, Series IV.7 (1954): 123-33; H. A. Wolfson, "Extradeical and Intradeical Interpretations of the Platonic Ideas," in *Religious philosophy: A group of Essays* (Cambridge, MA: Belknap Press, 1961), pp. 27-68; and B. McGinn, "Platonic and Christian: The Case of the Divine Ideas," in *Of Savants and their Texts: Studies in Philosophy and Religions Thought: Essays in Honor of Arthur Hyman*, ed. Ruth Link-Salinger (New York: Peter Lang, 1989), pp. 163-73.

68) 필로의 부정의 신학의 근원에 대해서 알려면, John M. Dillon, "The Transcendence of God in Philo: Some Possible Sources," and the attendant discussion in *The Center for Hermeneutical Studies in Hellenistic and Modern Culture: Protocol of Sixteenth Colloquy: 20 April 1975* (Berkeley, 1975)을 보라.

69) *Quod deterius potiori insidiari soleat* 159-60 (Winston, pp. 132-33)에 나타난 이 구절의 해석을 보라. 하나님은 *Heres* 187에서처럼 *ontos on* (The really Existent)이거나 *De vita contemplativa* 2에서처럼 to on (the Existent)으로 묘사될 수 있다. Cf. *De Posteritate Caini* 167-69 (Winston, pp. 124-25).

70) 이 구절들은 Winston, *Philo*, pp. 141-42, and 172에서 발견된다.

71) *Quod Deus sit Immutabilis* 31-32 (Winston, p. 108)을 보라.

한 필로의 가르침은 훌륭하지만 논쟁의 여지가 있다. 여기서는 단지 커다란 그림을 그리는 것으로 족하리라 본다. 로고스는 "이데아들 중의 이데아"idea ideōn이며(De migratione Abrahami, 103),[72] "아버지의 맏아들"이며(『언어의 혼돈』에 관하여 63;『가인의 후손들』에 관하여 63), "제2의 신"[73]이다.

> "우주를 발생시키신 아버지는 자신의 주된 사자요 지극히 존경할 로고스에게 특이한 선물을 주셔서, 피조물과 창조주 사이에 서서 그 둘을 분리하게 하셨다.…'내가 여호와와 너희 중간에 서서'(신 5:5)라는 말씀처럼 출생하지 않은 신으로가 아니며 피조물과 같이 출생한 것도 아닌 모습으로 이 두 극단 사이의 중간자로서 그 둘을 위한 약속이 된다"(Quis Rerum Divinarum Heres Sit 205).

그리하여 로고스는 플라톤의 중재의 원리, 즉 두 극단을 묶는 매개체가 되며(『티마에우스』 31C), 동시에 윈스톤이 말하듯이 "로고스가 신성의 본질적인 측면의 생생한 실체화hypostatization인 한 하나님의 얼굴은 피조물을 향한다."[74] 감추인 신의 현현인 로고스는 세상에 신의 두 가지 본질적인 면, 즉 창조적 능력과 다스리거나 보존하는 능력을 계시해준다.[75]

영혼이 하나님께 돌아가는 데 있어서 로고스는 근본적으로, 그리고 그에 따른 결과에서도 중요하다. "왜냐하면 하나님이 그림자Shadow라고 불리는 형상(로고스)의 모범인 것처럼, 이 형상은 또한 다른 것들의 모범이 된다. 모세는 율법의 서두에서 이 점을 분명히 말한다: '하나님이 자기 형상 곧 하나님의 형상대로 사람을 창조하시되'(창 1:27). 그러므로 하나님을 모형으로 하여 형상Image이 지어졌고, 인간은 그 형상에 따라 지음을 받았

---

72) *Questiones et Solutiones in Exodum* 2.124을 보라.

73) Eusebius, *Preparation for the Gospel* 7. 13.

74) Winston, "Philo and the Contemplative Life," p. 209.

75) *Quir Rerum Divinarum* 166, *De Cherubim* 27-28, *De Abrahamo* 121-25, *De Fuga et Inventione* 95. In *De Sacrificiis Abeli et Caini* 60.

다"(*Legum allegoriae* 3.96).⁷⁶⁾ 로고스는 만물 안에 내재하지만, 인간의 이성 안에 특별한 방법으로 현존한다. 영혼 안에, 즉 보다 높은 차원이나 이성*nous* 안에 로고스가 임재하기 때문에(필로는 삼중 구조로 영혼을 이해하는 플라톤의 방식을 따랐다. *Legum Allegoriae* 3.115), 신의 실존에 대한 지식이 가능하고(『아브라함의 이주에 관하여』 184-86) 동시에 영혼이 현재의 타락한 상태에서 하나님께로 돌아가는 것이 가능하다.

『파에드루스』에 보면 플라톤은 영혼의 타락에 대한 정교한 신화를 만들어냈다. 그러나 필로는 그렇게 할 필요가 없었다. 왜냐하면 창세기가 에덴동산에 있는 아담과 이브, 그리고 뱀의 이야기를 제공하였기 때문이었다. 이 유대인 철학자의 입장에서 보면, 창세기 이야기는 신화적 허구들을 모아 놓은 것이 아니라 "개념들을 가시적으로 만드는 방식으로서 우리의 표현에서, 표면 아래에 놓여 있는 것의 인도함을 받는 알레고리적 해석에 호소하라고 명한다"(*Op.* 157 [LC 1:1124-34]). 뱀은 남자의 "탁월한 정신"을 하늘의 실체들로부터 끌어내려 이 세상의 것을 향하게 하기 위해서 여인(여기서는 감각 인식을 의미한다)을 유혹하는 쾌락을 상징한다고 보는 필로의 알레고리적 해석은 에덴 동산의 이야기를 모든 영혼 안에서의 내적 갈등과 타락을 다룬 영구한 메시지로 간주한 최초의 해석이다(*Op.* 157-59[LC 1:124-34]).⁷⁷⁾

만약 타락의 이야기가 로고스의 형상으로서의 참된 본질을 망각한 병든 영혼을 말해 준다면 모세 오경의 다른 책, 특히 모세의 이야기와 족장들의 역사에 숨겨진 메시지는 신비적 관상의 길을 따름으로써 자신의 참된 본성을 되찾은 영혼들에 대한 예표론을 나타내준다.⁷⁸⁾ 플라톤과 마찬가지로

---

76) *Op.* 69-71에 있는 창 1:27 주석을 보라.

77) 어거스틴은 *The Trinity* 12.13.20에서 뱀을 감각 기능으로, 여인을 저급한 이성으로, 남자는 고등한 이성으로 본다. 그러나 그는 필로와 같은 사람들이 여인을 감각으로 보고 남자를 정신으로 본다는 점에 주목한다. Cf. Ambrose, *On Paradise* 15.73 (*PL* 14:311).

78) Goodenough, *By Light, Light*, chaps. 4-9 (esp. the summary on pp. 238-43);

필로도 궁극적 지복이 하나님을 봄, 또는 "참으로 존재하는 분에 대한 지식"에 있다는 입장을 취한다(*De Decalogo* 87 [LC 7:46]).[79] "왜냐하면 행복의 시작과 종말은 하나님을 볼 수 있게 되는 것이기 때문이다"(*Quaestiones et Solutiones in Exodum* 2.51 [LC Suppl. 2.99]). 플라톤과 마찬가지로 이 유대인 철학자는 참된 관상을 그리스 신비주의의 언어에서 취한 용어들로 기술한다. 따라서 모세는 "보이지 않는 영역인 어두운 구름 속으로 들어가서 가장 거룩한 신비를 전수받는다. 그러나 모세는 입문자일 뿐만 아니라 거룩한 의식을 주관하는 사제요 가르치는 자가 되며, 그것들을 귀가 깨끗한 사람들에게 나누어줄 것이다"(*De Gigantibus* 54).

신비한 비밀들을 전수받기 위해서 눈에 보이지 않는 세계로 올라가는 것은 육신의 훈련 및 필로가 알렉산드리아 근처에서 생활한 엣세네파와 유사한 유대인 관상적 집단인 **Therapeutae**(기독교 이전 이집트에서 금욕적 공동체를 이룬 유대인 집단)를 찬양하기 위해 쓴 저서 『관상생활』에 묘사된 금욕적인 생활 방식과 더불어 시작된다.[80] 이들은 절대 존재자the Existent를 보는 것을 목표로 삼았고 덕을 통해서 "하나님의 교제"를 확보했다고 묘사된다(*Cont.* 90).

하나님을 보는 것으로 인도해주는 관상생활의 동기가 되는 것은 거룩한 사랑erōs이다(*De Somniis* 2.23). 그러나 필로는 이 사랑이 영혼의 타고난 선물이 아니라 하나님이 우리를 자신에게로 불러 올리실 때 사용하시는 영감임을 밝힌다.[81] 필로는 상승의 길에서의 황홀경(*ekstasis*, 문자적으로 "밖에 서는 것"을 말한다)의 역할을 플라톤보다 더 강조한다.

Winston, "Philo and the Contemplative Life," pp. 213-15을 보라.
79) Cf. *Abr.* 58 (LC 6:97).
80) This treatise is edited in LC 9:103-69; see the translation in Winston, *Philo*, pp. 41-57. 금욕의 역할에 관한 것으로는 *Mig*, 1-4, 7-12 (Winston, pp. 167-60)을 보라.
81) Winston, *Philo*, pp. 165-67 on this, especially *De Plantatione* 23-27.

"…또한 귀신 들린 사람이나 박카스 축제의 광란에 사로잡힌 여 사제나 예언적 영감에 사로잡힌 사람들처럼, 네 자아에게서 도망하며 네 밖에 서라. 왜냐하면 정신은 신성으로 채워져 거룩한 열망에 미쳐 참된 절대자의 이끌림을 받아 절대자에게 끌려 올려가기 때문이다"(Her. 70).[82]

앤드류 루스Andrew Louth는 필로와 플라톤의 또 다른 차이점을 지적한다. 필로는 영혼이 로고스의 일부가 아니라 피조된 로고스의 형상에 불과하다고 주장하므로 절대 존재자에게 올라가는 도중에 자신의 내적 자아를 알게 된다는 것은 곧 "피조물의 절대적 무"를 알게 되는 것이다. "그리고 자신을 단념한 사람은 존재하는 자신을 알기 시작한다"(Som. 1.60 [LC 5:326-29]).[83] 필로의 주장에 의하면 신화된다는 것은 자기를 무로 만드는 것을 의미하는데, 이것은 대부분의 이교 신비주의 전통에서는 볼 수 없는 것이다(그러나 플로티누스에게서 이와 유사한 것을 보게 된다).

필로는 정신이 위로 상승할 때에 자신에게서 벗어나는 방법을 묘사하기 위해서 "냉정한 도취"sober intoxication라는 반어법을 사용한 최초의 인물이다. "그것은 지성적인 것을 갈망하며 그 영역에서 측량할 수 없이 아름다운 것들, 이 세상에 있는 감각적인 것의 원형들을 볼 때 마치 술에 취해 광란하는 사람들처럼 냉정한 도취에 사로잡힌다"(Op. 71).[84] 그럼에도 불구하고 필로에게 있어서 몰아의 상태와 냉정한(맑은 정신의) 도취가 관상적 목표에 이르는 방법을 특징짓는 단계인지, 아니면 이 목표의 여러 측면을 표현하기 위한 시도인지 분명하지 않다.

윈스톤은 "필로에 의하면 하나님과 인간의 연합의 최고봉은 로고스이신

---

82) Winston, *Philo*, pp. 53, 153-54, 266.

83) Louth, *Origins of the Christian Mystical Tradition*, pp. 25-76.

84) Hans Lewy, *SOBRIA EBRIETAS: Untersuchungen zur Geschichte der Antiken Mystik. Beihefte zur Zeitschrift für die neutestamentliche Wissenschaft* 9 (Giessen: Töpelmann, 1929), pp. 3-41.

신성의 현현에 국한된다"라고 주장한다.[85] 그러나 적어도 몇 개의 본문들은 기본적으로 절대 존재자를 볼 가능성을 보여 주는 듯하다. 물론 그의 본성에 대한 이해나 인식이 아닌 존재하는 그분과의 접촉의 형태에서 가능성을 본다. 필로는 한 곳에서 말하기를 "지식을 가지고 교제를 시작한 사람들이 절대 존재자 보기를 간절히 원하는 것은 타당하다. 그들은 절대 존재자를 볼 수 없다면 적어도 그의 형상인 참되고 거룩한 로고스를 보기를 갈망할 수 있을 것이다…"(Conf. 97).[86] 하나님을 보거나 굳게 붙들 수 있는 가능성을 한층 분명히 보여주는 본문들이 있다.[87] 그리고 최소한 한 곳에서 필로도 플라톤처럼 하나님과의 연합이[88] 갑자기 발생하며[89] 잠시 동안만 지속된다고 주장한다.[90]

그러나 필로는 플라톤과는 달리 성경에 나오는 역사적 인물들—에녹, 아브라함을 비롯한 족장들, 특히 모세—이 최상의 봄supreme vision을 경험했다고 본다. 유대 민족의 지도자는 "하나님으로 충만해져서" "단자"monad처럼 되는 "예언적 정신"을 소유하여 "지도자 자신이 신적인 것으로 변해 간다"라고 묘사된다(QE 2.29 [LC Suppl. 2:69-70]; 참고 2.40). 만약 헬라의 추상적이고 주관적인 부정주의를 최소한 부분적으로 모방할 수 있는 개인적 삶의 이야기—모세가 시내산을 덮은 구름과 어둠 속에서 하나님을 만난 이야기—와 연결할 수 있다면, 모세를 이상적인 신비가 또는 신화된 인물로 만드는 것은 유대교나 기독교의 신비주의 역사에서 하나의 중요한

---

85) Winston, "Introduction," *Philo*, p. 21.
86) 하나님과의 접촉은 이성을 초월하며, 환상 안에서만 획득될 수 있다 (Leg. 4-6).
87) 예를 들어 *Plant*. 64 (LC 3:244)에서 피조된 존재가 아닌 일자를 아는 것에 대해서 말한다; *Fug*. 92 (LC 5:58-60)에서는 완전한 고독 안에 있는 정신이 산만하지 않고 순수한 상태에서 the Alone Existent를 향한다고 말한다(Winston, p. 171).
88) Post. 12 (LC 7:337). *Questiones et Solutiones in Genesin* 4.188 (LC Suppl. 1:473)도 보라.
89) E.g., *Som*. 1.71 (Winston, p. 172).
90) E.g., ibid., 2.233.

계기가 된다.[91]

모세의 예언적 정신에 대한 언급은 필로가 말한 관상의 이야기의 본질에 대한 현대적 논의를 제공한다. 울프슨H. A. Wolfson은 필로가 말하고 있는 하나님에 대한 직접적 접근 방식이 인간 이성을 앞지르는 거룩한 예언적 계시의 결과라고 주장한다. 반면 윈스톤은 몰아적인 예언과 해석적인 예언을 구분하여, 하나님과의 접촉이라는 필로의 개념을 이성의 직관적인 기능에 근거한 지적 경험으로 보거나 정신 안에 내재해 있는 하나님의 존재에 대한 "존재론적" 증명의 발전으로 본다.[92] 관상의 지적 성격을 강조하는 후자의 주장이 필로의 본문에 더 근접한 듯이 보이지만 이것이 모세가 경험한 신적 어둠이나 박카스적인 광란에 호소한 데서 발견되는 몰아적이고 부정적인 요소들을 공정하게 다룬 것인지에는 의심의 여지가 있다. 필로 자신이 그런 경험을 했는가? 필로는 자신이 철학을 공부하는 중에[93] 또는 저술 중에[94] 경험한 영감에 대해서 말하곤 한다. 그러나 그가 이 경험을 최상의 절대자인 하나님을 보는 것과 동일시하려 했는지는 의심의 여지가 있다.

고대 신비 종교들

필로는 헬라의 신비 철학과 고대 신비 종교의 관계에 대해서 플라톤보

---

91) 이에 관해서는 *Gig.* 54 (Winston, pp. 68-69), *Vita Moysis* 1.157-60 Winston, pp. 269-70), *De Mutatione Nominum* 7-9 (Winston, pp. 141-42), and *Post*.13-15을 보라. 모세를 신적인 인간으로 본 문헌이 무척 많다. 다음을 보라: Wayne A. Meeks, "Moses as God and King," in *Religions in Antiquity*, ed. Jacob Neusner (Leiden: B.ill, 1968), pp. 354-71; and D. T. Runia, "God and Man in Philo of Alexandria," *Journal of Theological Studies* 39 (1988): 48-75.

92) Wolfson, *Philo* 2:87-93; Winston, "Introduction," Philo, pp. 21-30; idem, "Philo and the Contemplative Life," pp. 223-25; idem, *Logos and Mystical Theology*, pp 45-46, 53-54.

93) E. g., *Spec. leg.* 3.1-6 (Winston, pp. 75-76).

94) E.g., *Mig.* 34-75 (Winston, p. 76), *Cher.* 27 (LC 2:74).

다 더 자주 질문한다. 구드노우Erwin Goodenough는 다양한 동양의 신화학을 신비 종교로 형태 변화시키는 데 있어서 주된 도구로서 헬라 철학을 이해하였다. 구드노우는 "신비한 의미에서 구원을 목표로 하는 유대교가 단번에 가장 위대한 것, 유일하게 참된 신비Mystery로 변형된" 과정의 절정에 필로가 서 있다고 생각했다.[95] 구드노우의 논리가 지나친 점이 있지만(비전적인 유대교 신비 의식에 대한 주장에서처럼), 그의 해석은 필로와 헬라 세계의 관계, 그리고 유대교의 독특한 성격을 잘 말해 준다. 한스 요나스Hans Jonas는 신화로부터 신비 철학으로의 전환이 부분적으로 신비 제의들의 중재에 의한 것이라고 주장한다. 그는 기원 후 시대가 시작될 무렵 신화와 신비와 신비주의 사이의 복잡한 상호작용에 필로가 결정적인 역할을 했다고 이해한다.[96] 요나스의 해석은 필로를 영지주의 사상 세계에 보다 더 가까이 세워 두려 한다.[97] 신비 제의들과 고대 말기의 전통 및 헬라의 관상적 이상 사이에 어떤 관계가 있었는가?

19세기 이후의 많은 연구에도 불구하고 신비 종교들—보다 정확히 말하자면 신비 제의들—에 대한 우리의 지식에는 여전히 기본적으로 곤혹스러운 것들이 남아 있다.[98] 비록 신비 종교들이 근본적으로 헬라 경건의 산물이라는 것, 그리고 "동양" 신비 종교들도 동방 신화들에 대한 헬라적 해석의 결과라는 주장에 대해 어느 정도 동의하고 있지만, 개별적이거나 일반적인 현상으로서의 이 종교들의 기원은 의심의 여지가 있다. 큰 제의든 아니든 간에 엘레우시스Eleusis, 디오니시우스Dionysius, 오르페우스Orpheus,

---

95) Goodenough, *By Light, Light*, p. 7. 이에 대한 비판서로 A. D. Nock, "The Question of Jewish Mysteries," *Gnomon* 13 (1937): 156-65을 보라.

96) H. Jonas, *Von der Mythologie zur mystischen Philosophie* (Göttingen: Vandenhoeck & Ruprecht, 1954), chap. 9 (pp. 70-121).

97) Jonas, *Mythologie*, pp. 119-21.

98) 최근의 유익한 개관서는 다음과 같다: Kurt Rudolph, "Mystery Religions," in *The Encyclopedia of Religion*, ed. M. Eliade (New York: Macmillan, 1987) 10:237-39; and Walter Burkert, *Ancient Mystery Cults* (Cambridge, MA: Harvard University Press, 1987).

위대한 어머니Magna Mater, 이시스Isis, 그리고 미드라스Mithras와 같은 신비 의식들이 어느 면에서 "신비적"이냐 하는 것은 신비주의를 무엇으로 보느냐는 관점에 따라 달라진다. 비안키Urgo Bianchi는 크게 헬라 종교 내의 올림푸스적인 흐름과 신비적인 흐름을 구분했는데, 이것들은 신적 실재가 인간적 실재에 간섭하는 것을 증언하고 있기 때문에 이것들에게 신비적 위상을 부여하는 데 어려움을 겪지 않는다.[99]

한편 벌커트Walter Burkert는 신비주의를 "명상에 의한 의식의 변화"로 이해하기 때문에, 이들 신비 의식들이 신비적이라는 것을 부인한다.[100] 그럼에도 불구하고 벌커트는 "종교적인 면에서 신비 의식들이 신적인 것과의 즉각적인 만남을 부여했다"라고, 즉 함축적으로 신비한 것이라고 기술될 수 있는 경험을 가져다 주었다고 인정한다.[101] 디테리히Albrecht Dieterich와 요나스Hans Jonas와 같은 이전의 연구가들은 신비 의식들이 이교나 기독교에 상관없이 고대 신비주의 발전에 중요한 역할을 했다고 본다. 디테리히는 신비 의식에서 발견되는 바 신과 인간의 연합을 나타내는 상징들(먹는 것, 성교, 신의 아들이 됨, 재생, 천계 여행)을 연구하면서 모든 신비주의에서 발견되는 하나의 사고 형태를 밝혀냈다고 주장했고, 보편적 기독교가 "고대 신비주의의 보편적 상속자"라고 주장했다.[102] 요나스는 디테리히의 자료들을 사용하면서도 신화에서 신비주의로의 변천에서 신비 의식들이 중개적 역할만 했다고 주장한다.[103] 기독교 신비주의의 발달에서 신비 의식들이

---

99) Bianchi, "Initiation, Mystères, Gnose," pp. 154-71; cf. Dario Sabbatucci, *Saggio sul misticismo greco* (Rome: Edizioni dell'Ateneo, 1975), pp. 18-22, 36.

100) Burkert, *Ancient Mystery Cults*, p. 7; of.7.113.

101) Ibid., p. 90; cf. pp. 112-14.

102) Albrecht Dieterich, *Eine Mithrasliturgie* (3rd ed.; Leipzig: Teubner, 1923), pp. 92-212; esp. the summary on pp. 208-12. Hans Dieter Betz, *The Greek Magical Papyri in Translation* (Chicago: University of Chicago Press, 1986), pp. 47-54을 보라.

103) Hans Jonas, "Myth and Mysticism: A Study of Objectification and Interiorization in Religious Thought," *Journal of Religion* 49 (1969): 315-29.

행한 역할과는 상관없이 신비 제의의 신화들을 철학적으로 바꾸어 사용함을 통해서 가능했을 것이라고 여겨진다.[104]

루돌프Kurt Rudolph에 의하면 신비 의식들과 헬라 철학 사이의 관계는 "신에 대한 지식은 제의적이고 종교적인 면에서 신비 의식을 따르는 것과 흡사한 길을 취함으로써 얻을 수 있다"[105]는 철학적 확신에 근거해 있다. 플라톤에게서 이따금 사용된 신비 의식에 관한 표현들이 확대되어 결국 제의들의 신화와 의식들에 대한 철저히 풍유적인 해석을 포함하게 되었는데, 그 과정은 신플라톤주의에서 완성되었다. 아도Pierre Hadot는 신플라톤주의자들이 간헐적으로만 "신비적"mystikos이라는 형용사를 사용했지만 철학적 관상의 절정인 직관적이고 경험적으로 신비를 본다는 개념은 헬라 신비 의식에서 발견되는 "신비적"이라는 단어의 전통적 용법을 철학자들이 채택한 것이라고 주장한다.[106]

고대 세계에서 철학과 신비 사이의 상호작용은 영지주의에 영향을 미쳤다. 갈대아 신탁과 신비 문헌에서 이 점이 분명히 드러난다. 갈대아 신탁이 후대의 이교 신비 철학에 중요한 역할을 했다는 사실은 루위Hans Lewy의 『갈대아 신탁과 마법: 후기 로마제국의 신비주의, 마술, 그리고 플라톤주의』Chaldean Oracles and Theurgy: Mysticism, Magic, and Platonism in the Later Roman Empire에서 처음으로 입증되었다.[107] 2세기 말에 시리아 마술사들이 기록한 듯한 이 신탁은 플라톤주의자들의 경전이 되었다.[108] 이것은 그리

---

104) Burkert, *Ancient Mystery Cults*, chap. 3, "Theologia and Mysteries: Myth, Allegory and Platonism," pp. 66-88; and Rudolph, "Mystery Religions," pp. 237-38.
105) Rudolph, "Mystery Religions," p. 237.
106) Pierre Hadot, "Neoplatonist Spirituality, I, Plotinus and Porphyry," in *Classical Mediterranean Spirituality*, ed. Armstrong, pp. 236-39.
107) Hans Lewy, *Chaldaean Oracles and Theurgy: Mysticism, Magic and Platonism in the Later*.
108) H.-D. Saffrey, "Les Nèoplatoniciens et les Oracles Chaldaïques," *Revue des édudes Angnstiniennes* 27 (1981): 209-25; and Hadot, "Théologie, Exégèse,

스의 신비-철학적 종교의 "성례전적 신비주의"의 훌륭한 본보기이다.[109] 뜻이 분명하지 않은 이문헌에서 중심이 되는 많은 주제들, 특히 "천상의 아버지"Father Above와의 접촉이 "이성의 꽃"anthos nou이라고 기술되는 인간 지성의 숨겨진 최고의 수준에서만 가능하다는 주장은 후대의 부정적 신비주의에서도 중요한 주제가 되었다.[110]

그리스의 헤르메스Hermes와 동일시되는 이집트의 신 톳Thoth의 것이라고 간주되는 신비한 글들 혹은 『헤르메티카』Hermetica는 한층 더 중요했다. 1세기에서 3세기 사이에 이집트, 유대, 그리고 그리스의 영향을 받아 작성된 이 철학적인 『헤르메티카』(비학[秘學]에 관한 대중적인 논문들도 모두 헤르메스의 글로 간주되었다)는 고대 세계에 널리 알려져 있었고, 기독교 신비주의 역사에 직·간접으로 영향력을 행사하였다.[111] 『헤르메티카』 전집Corpus Hermeticum의 저술들이 하나의 헤르메스 교리를 말하기에는 너무 다양하지만, 이 계시적 문헌들은 알렉산드리아의 헬레니즘이 두 개의 중요한 문제에 대해 가지고 있던 기본적 관심을 나타내준다. 하나는 신의 본성에 관한 것으로 특히 우주적 신Cosmic God과 알려지지 않은 근원적 신Primary God의 대립이고, 또 하나는 영혼이 타락하여 지상의 영역으로 내려갔다가 다시 올라오는 이야기이다.[112] 우주에 관한 낙관적인 견해와 비관적인 견해 사이에서 동요하고 있음이 플라톤에게서보다도 더 현저히 드러난다.

Révélation," pp. 26-34.

109) Lewy, *Chaldaean Oracles and Theurgy*, pp. 420-21, 435.

110) Ibid., pp. 165ff., 366-75.

111) Garth Fowden, *The Egyptian Hermes: A historical approach to the late pagan mind* (Cambridge: Cambridge University Press, 1987); Jean-Pierre Mahé "Hermea Trismegistos," in *The Encyclopedia of Religion* 6:287-93; A. J. Festugière, *La rèvèlation d' Hermès Trismégiste*, 4 vols. (Ptris: Gabalda, 1950-54). On the history of the influence of the Hermetica가 미친 영향에 대해서 알려면, Antoine Ftivre, "Hermetism," in *The Encyclopedia of Religion* 6:293-302; and the classic work of Frances Yates, *Giordano Bruno and the Hermetic Tradition* (Chicago: University of Chicago Press, 1964)을 보라.

112) Mahé "Hermes Trismegistog," p. 289.

어떤 구절들은 강력한 신비적 성격을 나타낸다. 표준 전집의 열 번째 논문("열쇠")에서 헤르메스는 선Good 혹은 "아버지인 신"을 보는 가능성에 대해 가르치면서 현세에서도 짧고 불완전하게 누릴 수 있지만 "전인을 신적 존재로 변화시키며 영혼을 하나의 신으로 만드는" 완전한 봄은 죽을 때까지 기다려야 한다고 말한다.[113]

페스트기에르는 『헤르메스의 계시』La révélation d'Hermès Trismégiste 제4권에서 헤르메스 문헌의 부정적 신학을 탁월하게 연구했다. 4세기에 라틴어로 번역되어 남게 된 3세기 저술, 『아스클레피우스』Asclepius라고 알려진 논문을 통하여 헤르메스의 부정주의가 서방 세계에 직접적인 영향을 미쳤다.[114] 2-3세기의 모든 종교 문헌에서 철학적으로든 신비–철학적으로든 중심이 되는 한 가지 요소는 최고의 신의 초월성과 불가지성에 대한 점증적인 강조였다. 철학자 알비누스Albinus와 같은 중기 플라톤주의자들, 누메니우스Numenius와 같은 신피타고라스 학파 사람들, 여러 영지주의 종파들, 『헤르메티카』와 갈대아 신탁의 저자들, 그리고 오리겐이나 클레멘트와 같은 기독교 학자들은 많은 문제에 관해서 견해가 현저히 달랐지만, 한결같이 하나님의 절대적 불가지성을 주장했다.[115] 본질상 제 일자the First는 불가지한 존재이지만 누메니우스 같은 2세기의 사상가들은 현세에서 어떤 형태의 접촉이 가능하다고 믿었다. 누메니우스는 현재 남아 있지 않은 『선에 대하여』Peri tagathou의 유명한 단편에서 관상하는 사람을 "홀로 파수대에 앉아서 조그만 고깃배를 재빨리 언뜻 보는 사람…그래서 감각적인 사물로부터 멀리 물러나 홀로 오로지 선과 교제해야 하는 사람"으로 비

---

113) *Copus Hermeticum*, vol.1, ed. A. D. Nock with a translation by A. J. Festugière (Paris: Collection Budè 1960), Treatise X, 4b-6 (pp. 114-16).
114) 주목할 만한 이야기가 Asclepius 20에 등장한다(*Corpus Hermeticum* 2:320-21). Asclepius에 대한 최근의 상세한 분석서로 Gersh, *Middle Platonism and Neoplatonism* 1:332-87가 있다.
115) 윌리스는 2세기 부정주의가 지닌 이 다섯 가지 유형을 간략하지만 탁월하게 분석한다 ("The Spiritual Importance of Not Knowing," pp. 465-70).

유하였다.[116]

기원후 처음 몇 세기의 신비주의의 많은 형태, 최소한 신비 철학의 많은 형태들은 쉽게 분류되지 않는다. 페스트기에르는 후기 헬라 시대100 B.C.E-400 C.E. 신비주의의 모형론을 제창하였다. 이 모형론에서는 현인이 자신을 들어올려 제일 원리, 즉 이해를 초월하시는 아버지, 혹은 최소한 이 세상의 별같은 신과 접촉할 수 있는 능력을 강조하는 이론적인 형태와 이 세상에 대한 부정적 견해에 기초를 두고 있으며 신적인 목표를 향해 올라가는 운동을 이루기 위해서는 신의 개입이 필요하다고 강조하는 신비주의를 구분했다.[117] 궁극적인 목표이며 목적인 신을 보는 데서 이런 형태들은 연합된다.[118] 고대의 순수한 이교 신비가인 플로티누스는 이 풍부한 배경을 받아들여 새롭게 변화시켰다.

플로티누스

플로티누스Plotinus는 205년경에 이집트에서 태어나서 로마 역사상 큰 혼란기에 살다가 270년에 로마에서 죽었다. 그러나 그의 저술에서는 이러한 사실을 탐지해 내기 어렵다.[119] 4세기 초에 그의 제자 포르피리Porphyry가 그의 논문을 편집하여 6권으로 된 『에네아드』Enneads를 출판하였다. 그것은 철학적인 동시에 신비적인 문헌들 중에서 대표적인 걸작에 속한다.

---

116) Numenius, frag.2, as found in Eusebius, *Preparation for the Gospel* 11.22, and critically edited by Édoward des Places, *Numenius: Fragments* (Paris: Collection Budè, 1973), pp. 43-44. 누메니우스 및 신피타고라스 학자들의 부정의 신학에 대해서 알려면 *The Studies of John Whittaker collected in Studies in Platonism and Patristic Thought* (London: Variorum, 1984)을 보라.

117) A. J. Festugière, *Hermétisme et Mystique Paenne* (Paris: Aubier-Montaigne, 1967), pp. 13-27.

118) Ibid., pp. 23-74.

119) Cf. E. R. Dodds, *Pagan and Christian in an Age of Anxiety* (Cambridge: Cambridge University Press, 1965), pp. 10, 26-36.

플로티누스의 신비 사상에 대한 많은 연구가 진행되어 왔다. 거기에는 조제프 마레샬Joseph Maréchal과 르네 아르노우René Arnou의 연구와 같은 선구적인 것들로부터 암스트롱A. H. Armstrong과 장 트루이야Jean Trouillard, 삐에르 아도Pierre Hadot, 베르너 바이어발테스Werner Beierwaltes 등 현대에 이루어진 작업에 이르기까지 다양하다.[120] 이 문헌들은 이전의 많은 오해들을 바로잡아 준다. 그러나 플로티누스의 사상의 난해함 때문에 많은 주제들이 문제점으로 남아 있다.

플로티누스는 현대인들이 신비한 경험이라고 일컫는 것들을 경험했음이 분명하다. 그의 제자 포르피리는 스승에 대해 저술한 매력적인 전기에서 이렇게 증언한다: "그분의 목적과 목표는 만물 위에 있는 신과 연합하는 것, 그에게 다가가는 데 있었다. 그분은 나와 함께 있는 동안 네 차례 그

---

[120] Joseph Maréchal, *Études sur la Psychologie des Mystiques*, 2, vols. (Brutes: C. Beyaert, 1937) vol.2, chap. 7, "Le "Seul à Seu L'avec Dieu dans L'extase, d' aprés Plotin," pp. 51-87; René Arnou, *Le désir de Dieu dans la Philosophie de Plotin* (2nd ed.; Rome: Gregorian University, 1967; 1st ed.1921); A. H. Armstrong, *The Architecture of the Intelligible Universe in the Philosophy of Plotinus* (Cambridge: Cambridge University Press, 1940); idem, "Plotinus," in *The History of Later Greek and Early Medieval Philosophy*, ed. Armstrong, pp. 195-268; idem, "Platonic Mysticism" and many other studies, esp. those collected in A. H. Armstrong, *Plotinian and Christian Studies* (London: Vriorum Reprints, 1979); Jean Trouillard, *La procession plotinienns* (Paris: Presses universitaires de France, 1955); idem, "Raison et Mystique Chez Plotin," *Revue des études augusiniennes* 20 (1914): 3-14; Pierre Hadot, *Plotin ou la simplicité du regard* (Paris: Études Augustiniennes, 1973); idem, "Les Niveaux de Conscience dana les états mystiques selon Plotin," *Journal de Psychologie Normale et Pathologique* 77 (1980): 243-65; idem, "L'Union de l'âme avec l'intellect divin dans l'expérience mystique plotinienne," in *Proclus et son influence: Actes du Colloque Neuchâtel. Juin*, 1985, ed. G. Boss and G. Seel (Neuchâtel: "ditions du Grand Mich, 1986), pp. 3-27; idem, "Neoplatonist Spirituality, 1, Plotinus and Porphyry," pp. 230-49; Werner Beierwaltes, *Denken des Einen: Studien zur Neuplatonischen Philosophie und ihrer Wirkungsgeschichte* (Frankfurt: Klostermann, 1985); idem, "Plotins philosophische Mystik," in *Grundfragen christlicher Mystik*, ed. Margot Schmidt and Dieter R. Bauer (Stuttgart-Bad Cannstaat: Froomann-Holzboog, 1987), pp. 39-49. 최근의 연구서로 John Peter Kenney, *Mystical Monotheism* (Hanover, NH: Brown Universite Press, 1991), chap. 3을 보라.

목표에 도달했다"(Life of Plotinus 23).[121] 플로티누스는 『에네아드』(4.8.1)의 서두 등 몇 곳에서 자전적인 어조로 이렇게 말한다.

> "종종 나는 내 몸 밖으로 나왔다가 자신 안으로 들어갔으며 다른 모든 사물 밖으로 나갔다. 나는 엄청난 아름다움을 보았으며, 내가 대체로 더 좋은 부분에 속했다는 확신을 느꼈다. 나는 실제로 최상의 삶을 살았으며 그 신성과 일치되기에 이르렀다. 그 안에 확고히 자리잡은 나는 그 최고의 현실에 도달했으며, 지성Intellect의 영역에 있는 다른 모든 것 위에 자리잡았다. 그 후 신성 안에서 휴식을 취한 후 지성을 떠나 논설적인 추론으로 내려왔는데, 어떻게 내려왔는지 어리둥절하다"(LC 4:396-97).

이 구절은 자아 혹은 영혼과 지성 혹은 이성nous 사이의 연합 혹은 일치를 다루고 있다. 보통 이것은 포르피리가 묘사한 짧은 몰아의 경험을 시사하는 것으로 이해되어 왔다. 그러나 도미닉 오메아라Dominic O'Meara는 "종종"이란 말이 연합 그 자체를 가리키는 것이 아니라 고등 영혼higher soul이 지적 원리Intellectual Principle와 연합했을 때의 일상적인 상태에 대한 혼란스러운 반성의 경험을 가리킨다고 주장한다.[122] 플로티누스는 이 두 방향을 모두 의도하고자 한 듯하다. 그 이유는 그가 다른 곳에서 연합 상태가 하등 영혼에게는 의식적으로 그렇지 않지만 존재론적으로 지속되며(4.8.8; 5.1.12; 및 6.4.14를 보라), 동시에 그의 신비-철학적 교훈이 배양하고자 하는 의식적인 목표라고 주장하고 있기 때문이다. 철학은 하등의 영혼 혹은 자아로 하여금 더 고귀한 자아, 즉 초월적 자아를 의식하게 하기 위해 존재한다. 이 초월적 자아는 순수 지성pure Intellect과의 일치를 누리며, 또 그 지성

---

121) In *Plotinus*, with an English translation by A. H. Armstrong, LC (Cambridge, MA: Harvard University Press, 1966-88), 7 vols.

122) Dominic O' Meara, "À propos d' un témoignage sur l' expérience mystique de Plotin (*Enn*. IV 8 [6], 1, 1-11)," *Memosyne* 27 (1974): 238-44. Gerard J. P. O'Daly, "The Presence of the One in Plotinus," in *Plotino e il Neoplatonismo in Oriente e in Occidente* (Rome: Academia Nazionale dei Lincei, Quaderno 198, 1974), pp. 159-69도 보라.

을 통하여 미지의 일자unknown One와의 일치도 누린다. 영혼이 몸 안에 머무는 한, 이 경험은 항상 짧고 예외적인 것이어야 한다.[123]

『에네아드』(5.8.11)의 한 구절은 이 점을 분명히 하는 데 도움을 준다. 여기서 그는 자서전적인 방법으로 다음과 같은 것들 사이의 동요를 묘사한다: (1) 신비적 만남을 위한 추론적 준비(여기에는 아직 보는 자와 보는 대상의 구분이 있다); (2) 신비적 각성의 연합; (3) 새롭고 정확한 추론으로의 복귀.

> (1)…우리 중 한 사람이 자기 자신을 볼 수 없는 상태에서 그 신에 사로잡혔을 때 관상을 통해서 환상을 보게 되며, 자기 자신을 자신의 정신mind에 제시하여 자신의 미화美化된 영상을 바라본다.
> (2)…그러나 그런 다음 그는 그 아름다운 영상을 떨쳐 버리고 자신과 하나가 된다. 그리고 더 이상 분리를 만들지 않으면서 조용히 현존하고 계신 신과 완전히 하나가 되며, 자신이 원하며 가능한 만큼 그분과 함께 존재한다.
> (3)…그러나 만약 그가 다시 둘이 되기를 원한다면, 그는 순수하게 남아 있으면서 신 가까이에 머문다. 그것은 다시 신에게 돌아가려 할 때에 그 방법으로 현존하기 위해서이다(LC 5:272-73).

이중성을 가진 의식과 일치의 신비한 상태를 플로티누스만큼 정교하게 표현한 고대의 작가는 없을 것이다.[124]

『에네아드』(6.9.9)의 또 다른 구절에서는 더욱 개인적인 어조로 이렇게 말한다.

> "이것을 경험한 사람이라면 내가 말하고 있는 바가 무엇인지 알 것이다. 그는 영혼이 일자一者를 향하여 나아가서 일자에 도달하고 그 안에 자리

---

123) O'Meara, "À propos d'un témoignage," p. 244. 지성(Intellect)과의 연합을 다룬 다른 본문으로는 5.3.4 and 6; 5.8.10-11을 보라. 이 유형의 연합에 대해서는 Hadot, "L'Uion de l'âme avec L'intellect Divin," pp. 12-17을 보라.

124) Hadot, "Les niveaux de conscience," pp. 256-65.

잡을 때 다른 삶을 살게 된다는 것을 알 것이다.…영혼은 더 이상 다른 것을 필요로 하지 않는다. 반대로, 영혼은 다른 것은 모두 포기하고 오직 일자 안에서 안식해야 하며, 그 자체가 되어야touto genesthai 한다. 모든 지상의 것을 버리고, 자유롭게 되기를 열망하며, 일자와 접촉하지 않는 부분이 없이 존재 전체로 사랑의 진정한 대상을 포용하기 위하여 영혼을 저급한 것에 속박하고 있는 사슬을 견디지 못하게 된다."[125]

이러한 본문들은 플로티누스가 신비 의식의 통일성과 일상적 사고의 이중성 사이의 이행移行의 경험을 묘사하려 했다는 것뿐만 아니라, 그가 통일에 대한 이중의 개념—즉 이성nous 혹은 지성Intellect과의 연합을 포함하는 개념, 그리고 모든 사고와 존재를 넘어서는 것, 즉 불가지한 일자 unknowable One와의 보다 높은 차원의 연합의 개념—을 가지고 있었음을 보여준다. 플로티누스의 신비한 이야기에서 연합을 상이한 양식들로 묘사한 것은, 그가 고전적인 철학의 전통으로부터 발전시킨 실재의 구조 이해를 위해 경험적 토대를 이룬다.[126]

심원한 철학적 분석을 개인적인 심오한 느낌의 어조에 결합시키는 플로티누스의 능력은 독특하다. 플로티누스의 글을 읽으면 마치 지도도 없이 감추어진 보물을 찾기 위한 탐험에 초대받은 것 같다. 그것은 긴장되는 일이며, 위험한 일일 수도 있다. 예를 들어 일자에 대한 그의 가르침은 그보다 앞선 사람들의 부정의 신학negative theology에 뿌리를 두고 있지만, 이전의 저자들에게서 발견되는 것보다 훨씬 풍성하다. 형이상학과 신비주의가 플로티누스의 사상에 항상 스며있다는 사실은 신비적 관상과 연합에 대한 플로티누스의 보다 상세한 고찰을 살펴보기 전에 그의 형이상학에 대한

---

125) Elmer O'Brien, S.J., *The Essential Plotinus* (New York: Mentor. Books, 1967), p. 86. Clyde Lee Miller, "Union with the One: Ennead 6, 9, 8-11," *The New Scholasticism* 51 (1977): 182-95을 보라.

126) A. H. Armstrong은 신의 임재 경험이 플로티누스의 사고의 결론이 아니라 출발점이라고 주장한다: "Tradition, Reason and Experience in the Thought of Plotinus," in *Plotino e il Neopnismo in Oriente e in Occidente*, pp. 171-94.

간단한 고찰이 필요하다는 것을 의미한다.

플로티누스는 가시적인 우주를 넘어서는 실재의 초월적인 수준들, 즉 세 위격들hypostases(일자[the One], 지성[Intellect], 그리고 영혼[Soul])이 있다고 생각했다. 그가 영혼을 상위 수준과 하위 수준(고등한 보편적 영혼[psychē]과 자연[physis], 즉 물질로 구현된 영혼)으로 구별하기 때문에 이 구조는 보다 복잡해진다. 플로티누스의 위격들의 근원이 그리스 사상(일자[혹은 절대적인 통일체]는 파르메니데스와 플라톤 전통에서 발달한 것이고, 지성은 아리스토텔레스와 중기 플라톤 학파의 요소들을 결합한 것이며, 세계 정신[World Soul]은 플라톤 학파와 스토아 학파의 유산을 부분적으로 물려받은 것이다)의 발달에 있다는 것을 증명하는 것은 그를 단순한 편찬자로 전락시키려는 것이 아니며, 또 그가 일관성 있는 사상가인지 아닌지에 관한 문제를 종식시키려는 것도 아니다. 그의 사상에 일관성이 있느냐 없느냐의 문제는 그의 지속적인 탐구 정신을 그다지 괴롭히지 않았던 것으로 여겨진다.[127]

플로티누스의 세 위격은 다양한 방식으로 해석되어 왔다. 대부분 낮은 단계들이 발현procession 혹은 유출emanation이라는 비시간적 과정을 거쳐 높은 단계들로 흘러갔다가 역류conversion를 통해 복귀하는 계층적 구조, 즉 실재에 대한 존재론적 수준들을 보여주는 도표로 해석되어 왔다.[128] 많은 해석자들은 플로티누스의 사상을 일종의 "초심리학", 즉 의식의 분석을 통하여 만물의 실재를 제시하는 것으로 보면서 이 위격적 구조를 내성적內省的으로 해석하는 것을 강조해왔다.[129] 오데일리Gerard O'Daly가 말하

---

127) *Armstrong's Architecture of the Intelligible Universe*는 플로티누스의 사상이 그 전 시대의 헬라 사상에 뿌리를 두고 있음을 알려 주는 훌륭한 개론서이다.

128) 유출 (emanation)은 빛의 발산 (e.g., 1.7.1; 5.1.6; 7.3.12), 또는 빛이나 눈의 작용 (e.g., 5.1.6)이라는 비유로 묘사된다.

129) E.g., Emile Bréhier, *The Philosophy of Plotinus* (Chicago: University of Chicago Press, 1958); and Werner Beierwaltes, "Henosis, I, Einung mit dem Einen odes der Aufkebung des Bildes: Plotins Mystic," in *Denken des Einen*, pp. 123-47. 다음 저서도 보라: R. T. Wallis, "NOUS as Experience," in The Significance of Neoplatonism, ed. R. Baine Harris (Norfolk, VA: Old Dominion University Press, 1976), pp. 121-53; and Louth, *Origins of the Christian Mystical Tradition*,

듯이 "발현"과 "역류"(혹은 복귀)는 자아가 중재되지 않은 접촉의 순간에 독창적으로 본 (여기서 "봄"은 영구한 것이다) 자체의 원리가 전-지성적인pre-intellectual 것으로 의식되는 순간을 나타내는 시간적인 비유들이다.[130]

두 견해 모두 타당하며 플로티누스적 구상의 중요한 차원들을 밝히 드러내 주지만 세 번째 방법, 즉 변증적 견해의 도입 없이는 불완전하다. 플로티누스 자신이 유출 모델에 함축되어 있는 존재의 수준들에 대한 개념을 비판한 것(예. 6.4-5; 6.8), 그리고 어떻게 일자가 동시에 만물의 실재이며 아닐 수 있는지, 그리고 어떻게 의식적일 수 있으며 아닐 수도 있는지를 표현하려는 시도에 기초를 두고서 플로티누스는 영혼을 궁극적인 해방으로 인도할 목적을 가진 내재와 초월의 신비적 변증법을 제시한다.[131] "일자는 만물 중 하나가 아니라 만물이다"(『에네아드』 5.2.1)라는 말의 의미를 깨달을 때 자유가 임한다.

플로티누스 사상의 이러한 양상들은 각기 다른 신비적 가능성을 만들어 낸다. 이 가능성들은 뒤에 등장하는 기독교 신비주의에 대단히 중요한 사상들의 복합체를 만들어냈다.[132] 유출과 복귀의 계층적 구도는 가장 잘 알려져 있다. 그 구도의 영적 가능성들은 아름다움에 대한 유명한 논문에 잘 예시되어 있다(『에네아드』 1.6). 여기서 주도적인 비유는 그 텍스트가 근거하고 있는 『향연』에서와 마찬가지로 여행, 올라감, 열정적 노력, 원천으로의 복귀, 봄 등이다. 아름다움의 본질 및 영혼이 그 원천으로 복귀하는 데 있어서의 아름다움의 역할에 대한 이 논구는 플라톤의 경우처럼 신체의 아름다움에 대한 설명으로 시작된다. 플로티누스의 주장에 의하면 신체의

---

chap. 3, Plotinus (pp. 36-51).

130) O'Daly, "The Presence of the One," p. 164.

131) Michael Sells ("Apophasis in Plotinus: A Critical Approach," *Harvard Theological Review* 78 [1985]: 47-65)도 플로티누스의 신비주의 변증을 지지한다 (e.g., pp. 53-54, 64).

132) Cf. Paul Henry, S.J., *Plotin et L'Occident* (Louvain: Spicilegium Sacrum Lovaniense, 1934).

아름다움은 각 부분들의 조화에 있는 것이 아니라 보다 높은 형태에 참여함에 있다(1.6.1-3). 육체적 아름다움의 참된 본질을 인식하는 것은 하나의 출발점으로서 거기서부터 "삶의 방법들과 지식의 종류들"(1.6.4)의 아름다움으로 나아가고, 거기서 다시 덕에 의하여 정화되어 "완전히 신적인 본질에 속하게 된" 영혼의 아름다움으로 나아가며, 마침내 "신에게 맞지 않는 것을 모두 통과하여 자신의 자아만으로 단순하고 단일하고 순수한 일자—모든 것은 그에 의존하여 있고 모두가 그것을 바라보고 존재하며 살아가고 생각한다—를 보는 데까지"(1.6.7)[133] 나아간다. 그 본문은 "우리가 떠나온 고향"(1.6.8)에[134] 도착하려면 정화와 내성內省이 필요하다고 말하며, 이 과정이 신화deification의 과정임을 상기시키면서 끝을 맺는다: "신과 아름다움을 보고자 한다면 그대가 먼저 전적으로 신처럼, 그리고 전적으로 아름답게 되어야 한다"(1.6.9).[135]

플로티누스는 단호한 지성주의자였다. 그러나 『에네아드』 1.6의 심원한 에로스적 어조는 그가 앎만이 영혼을 그 근원으로 복귀시킬 수 있다고 생각하지 않았음을 보여준다.[136] 앞서 살펴보았듯이 플라톤의 견해에서도 에로스는 개인적으로 아름다운 것을 소유하고 누리려는 이기적인 욕망이 아니라 사랑하는 자에 대한 아름다움을 낳으려는 창조적 욕구였다. 그러나 플라톤에게 있어서 에로스는 항상 어떤 종류의 결핍을 포함하고 있기 때문에 신적 세계에 속하는 것으로 간주될 수 없었다. 플로티누스의 견해에

---

133) *Enn.* 1.6의 본문을 보려면 LC 1:237-63을 보라.

134) Jean Trouillard, *La Purification Plotinienne* (Paris: Presses universitaires de France, 1955).

135) 어거스틴의 『고백록』에서 *Enn.* 1.6이 반향된다 (예.1.18 and 8.8). 플로티누스와 어거스틴의 관계에 대해서는 이 책 제7장에서 다루어진다.

136) 플로티누스의 신비주의에서 사랑의 역할을 다룬 탁월한 책은 René Arnou, *Le Désir de Dieu dans la Philosophie de Plotin*이다. 서방 기독교 신비주의에서 사랑과 지식의 관계를 다룬 책으로는 B. McGinn, "Love, Knowledge and Unio Mystica in Western Christian Tradition," in *Mystical Union and Monotheistic Faith: An Ecumenical Dialogue*, ed. M. Idel and B. McGinn (New York: Macmillan, 1959), p. 61을 보라.

서 에로스의 사랑은 보다 우주적이며 초월적인 영역을 소유한다. 『에네아드』 6.8.15은 선Good에 대하여 "그는 사랑할 수 있으며, 사랑이며, 스스로를 향한 사랑이다"라고 말한다. 물론 일자—者나 선은 자체의 외부에 있는 것을 바라지 않고(3.8.11) 완전히 자족한다(6.8.10). 그러나 에로스가 필요욕구에 의해 정의되지 않는다는 점을 인식한 플로티누스는 고전 사상에서 중요한 돌파구를 열었는데, 이로 말미암아 그는 추구하는 자나 추구되는 대상이 참으로 하나가 되는 최고의 실재supreme Reality에 대하여 말할 수 있게 되었다. 이 초월적 에로스는 자기 밑에 있는 것에 관심을 갖지 않지만 (플로티누스는 신이 세상을 사랑한다는 사실을 분명하게 부인한다[5.5.12]),[137] 에로스적 일자가 존재하고 있는 모든 것의 근원이라는 것, 그리고 우주의 존재는 근원으로의 복귀 추구로 규정된다는 의미에서 온 우주가 에로스적임을 기억해야 한다(3.5.1-2. 4).[138] 기독교적인 관점에서 볼 때 플로티누스가 아름다움에 대한 모든 사랑이 어떤 면으로는 선의 반영이며(6.7.22 및 31), "선은 관대하고 친절하고 인자하며, 사람이 원하면 그에게 현존한다"(5.5.12)고 긍정하고 있음에도 불구하고 위에 있는 에로스와 아래 있는 에로스, 즉 초월적 에로스와 인간적 에로스를 연결짓지 못한 것이 하나의 한계이다.

영혼이 그 근원으로 돌아가는 데서 행하는 사랑의 역할은 플로티누스의 사상에서 지속적으로 등장하는 주제이다. 영혼은 아름다움의 충격에 의하여 위로 끌려 올라가 마침내 사랑 자체가 된다(6.7.22). 이성nous과의 연합을 획득한 영혼은 이 최고의 지성적 원리가 지닌 두 가지 고유한 능력을 발휘할 수 있게 된다.

"이리하여 지성 원리Intellectual-Principle는 두 개의 능력을 갖는다. 하나

---

[137] 그렇기 때문에 니그렌은 플로티누스에게 기독교적 아가페와 유사한 하강하는 사랑이 없다고 주장한다(*Agape and Eros*, pp. 195-96).

[138] W. Beierwaltes, "Love of Beauty and Love of God," in *Classical Mediterranean Spirituality*, ed. Armstrong, pp. 303-6.

는 지적으로 그 자체의 내용을 파악하는 능력이며, 둘째는 전진하고 받아들이는 능력으로서 그것에 의해서 초월자를 알게 된다. 영혼은 처음에는 보며, 다음에는 그 봄에 의해서 지성 원리를 소유하여 그것과 하나가 된다. 처음의 봄은 지적인 앎Intellect knowing을 보는 것이며, 두 번째 봄은 지성적 사랑Intellect loving을 보는 것이다. 신주神酒, nectar에 취하여 지혜를 빼앗긴 영혼은 사랑이 된다. 이 과도한 행동에 의해서 영혼은 단체simplex가 되며 행복해진다. 영혼이 이러한 주연에서 지나치게 차분한 것보다는 취하는 편이 낫다"(『에네아드』 6.7.35).[139]

에로스적 이성Nous erōn은 일자와의 연합의 최종 단계를 가능하게 해준다.[140] 플로티누스는 보다 저급하고 평범한 사랑의 형태에서 채택한 용어로 이 에로스를 묘사한다: "이 경험을 알지 못하는 사람은 이 땅에서의 우리의 사랑의 맥락에서 그 경험을 생각해 보라. 그리고 자신이 가장 사랑하는 것을 얻을 때의 느낌에 비추어서 생각해 보라"(6.9.9). "일자를 사랑하는 많은 연인들"처럼(6.5.10), 우리의 운명은 가능한 한 이 세상과 다음 세상에서 일자와의 사랑의 연합을 계속 향유하는 것이다(1.6.7; 3.5.4).

플로티누스 사상의 내성적이며 초심리학적인 차원을 강조하는 두 번째 접근 방법도 많은 본문에 잘 예시되어 있다. 에밀 브레이어Emile Bréhier에 따르면 플로티누스에게서 새로운 점은 다음과 같다.

"…구체적으로 풍성하고 무한한 결정들을 지닌 각각의 주체를 지적 세계에 인도해 들였다.…참된 실재 안에 사물들과 같은 것은 결코 존재하지 않기 때문이다. 거기에는 오로지 관상하는 주체들만이 존재하는데, 그 주체들 안에 있는 관상의 순수성과 집중 정도는 매우 다양하다.…순수한 주체, 즉 일자; 그 대상인 지성으로부터 이상적으로 분리된 주체; 마지막

---

139) Stephen Mackenna, *Plotinus: The Enneads* (London: Faber & Faber, 1956), p. 589; Lewy, *SOBRIA EBRIETAS*, pp. 103-5.

140) Nous erōn에 관해서는 *Enn.* 5.5.8: 6.7.32; and 6.9.11; of. Hadot, "Neoplatonist Spirituality, I, Plotinus and Porphyry," pp. 244-7을 보라.

으로 객체들의 세상에 흩어지고 분산되어 있는 주체이다."[141]

보다 최근에 바이어발테스Werner Beierwaltes는 플로티누스의 일자를 반성 내에서의 비반성적 요소, 즉 "최고의 완성인 반성 이전pre-reflective으로의 반성으로 올라감"[142]이라고 분석했다. 영혼과 지성의 본성에 대한 플로티누스의 내성적 이해를 상세히 살펴보려면 많은 본문들을 제시해야 할 것이다. 여기에서는 일자에 대한 "초주관적"metasubjective 이해가 어떻게 플로티누스의 신비 사상 전체의 저변을 형성하고 있는가를 생각하는 것으로 만족해야겠다.

플로티누스가 일자에게 전혀 술어를 허용하지 않은 것은 잘 알려진 그의 사상적 특징이다.[143] 앞서 채택했던 용어를 사용하자면, 그의 부정주의 apophaticism는 객관적인 동시에 주관적이며, 처음에는 절대적으로 그런 것처럼 보인다. "그것은…참으로 형언할 수 없다ineffable: 그것에 대하여 말할 때도 그대들은 항상 '무엇인가'에 대하여 말하고 있을 것이다"(5.3.13). 객관적으로 그것은 자주 "존재를 초월한 것"으로(플라톤의 『국가론』 509B를 따라서),[144] 또한 앎을 초월하는 것으로 묘사된다: "일자는 지성Intellect을 초월하며, 따라서 지식도 초월한다. 그리고 아무것도 필요로 하지 않으며 앎도 필요로 하지 않는다.…이는 앎은 일종의 사물something이지만, 일자는 그 사물이 없는 것이기 때문이다"(5.3.12).[145] 그러나 플로티누스는 일자와의 어떤 형태의 접촉을 인정함에 의해서만 아니라, 그에 관한 중요한 변증법적 용어를 축조해 내려는 씨름을 통해서 자신의 부정주의를 제한한다.

---

141) Bréhier, *Philosophy of Plotinus*, p. 192.

142) Beierwaltes, "Henosis," in *Denken des Einen*, pp. 127, and 147.

143) Cf. A. H. Armstrong, "The Escape of the One: An investigation of Some Possibilities of Apophatic Theology Imperfectly Realised in the West," and "Negative Theology," both reprinted in *Plotinian and Christian Studies*.

144) E.g., *Enn*. 1.7.1; 2.4.16; 3.9.9; 5.4.1; 5.5.5-6; 6.7.40; 6.8.19; etc.

145) *Enn*.3.8.11; 5.3.3 and 10; 5.6.2-3; 5.8.1; 6.7.35; 6.8.16; 6.9.3을 보라.

그의 언어학적 전략은 『에네아드』 여러 곳에서 드러나지만, 후반부 6.8(7-21)의 "자유의지와 일자의 의지에 대하여"에서 가장 잘 드러난다.

플로티누스는 일자와 관련하여 의지와 행위가 어떤 의미에서 사용될 수 있는지를 이해하기 위해 노력하면서, hoion("의사[擬似]의" 또는 "말하자면")이라는 불변화사의 수식을 받는 문법에 맞지 않는 어리둥절한 표현에 기초를 둔 새로운 표현, 일자를 제한하거나 객관화하는 불가능한 일을 시도하지 않은 채 일자의 탁월한 실체를 제안하기 위해 고안 된 표현을 실험적으로 사용했다.146) 일자는 초월적인 주체이기 때문에 결코 객관화될 수 없다.147) 따라서 플로티누스는 행동, 앎, 의지 등 내재적 활동에의 끊임없는 호소를 통해서 신조어를 만들었다. 기본적으로 그는 독자들로 하여금 객체로 향하지 않으며 주체로부터 나오는 것이 아니지만 어떤 형언할 수 없는 면에서 주체 자체인 자발적 내재적 활동을 상상하도록 초대한다.

선Good은 필연에 의해 존재하는 것도 아니며 우연에 의해 존재하는 것도 아니다(6.8.7). 그것은 반드시 존재하는 것처럼 있으나 어떠한 "필연성"도 없이, 즉 "존재하고자 하는 대로 존재하거나, 자신이 원하는 것을 투사하여 존재한다. 왜냐하면 그 자체가 의지보다 더 높은 존재이며 의지란 그 아랫것의 하나이기 때문이다"(6.8.9).148) 선 혹은 일자the First는 자체와 동일한 활동energeia을 갖는 것으로 묘사된다. 그러나 이 활동은 본질ousia로부터 구별될 수 있는 종류의 활동이 아니다. 오히려 일자에게 귀속시킬 수 있는 형태의 의지가 "그는 스스로 그렇게 되기를 원했던 그대로 존재한다"는 공식에서 발견된다(6.8.13). 일자 내에서의 활동은 "의사본질"擬似本質이라고 묘사될 수 있다(9.8.13, 7-8, 26-28). 이것이 플로티누스가 일자를 사랑Love 혹은 자기애Self-Love와 동일시할 수 있었던 이유이다(6.8.15를 보라).

---

146) Sells, "Apophasis in Plotinus," pp. 52-67에서 이 본문들에 대한 탁월한 분석을 볼 수 있다.
147) Bréhier, *Philosophy of Plotinus*, p. 189.
148) *Enn* 6.8에서 취한 인용문들은 Mackenna 역본에서 취한 것이다.

6.8.16에서 플로티누스가 일자를 "의사 지성" 혹은 "초-지성"으로 용인하면서 언어의 왜곡은 새로운 방향으로 확대된다.[149] 이 의사 지성 혹은 초-지성은 일자가 사랑하는 앎을 소유하는 것이 아니라 앎 자체이다. 이 영원한 "자기 지향적 활동"이 일자의 존재이다. "따라서 만약 이 활동Act이 결코 존재하게 된 것이 아닌 영원한 것이라면—즉 깨우는 자 없이 깨어남, 일종의 영원한 깨어남이며 초지적超知的 활동supra-Intellection이라면—그는 스스로 있도록 스스로를 깨워서 존재하는 자이다"(6.8.16).[150]

일자의 내적인 활력에 대한 이 심오한 탐구는 제일 원리(혹은 일자)와 이성(혹은 지성)의 복잡한 관계를 설명하는 데 도움을 준다.[151] 플로티누스는 6.8.18에서 우리는 일자를 추구함에 있어서 원의 중심이 원주와 지름 안에 있는 것처럼 만물들의 내부에 있는 것을 추구한다고 말한다.[152] 중심의 "둘레"에 있는 것은 이성 혹은 지성인데, 그것은 보다 근본적인 의미에서 다른 실재가 아니라 일자이기도 하며 아니기도 하다. 이성이 본질이며 존재이며 사고思考인 이상, 그것은 일자 밖으로 투사된다(6.8.19). 그러나 이것은 이성을 어떤 활동의 조건이나 산물로서 이해한 것이다. 보다 적절한 의미에서의 이성은 일종의 활동이다. 이 사실은 이성과 그 자체를 만드는 일자를 쉽게 구분하지 못하게 만든다. 플로티누스의 언어는 보통 일자가 어떻게 이성의 본질에 속하는 자기 반성self-reflectivity 없이 활동하는가를 제시하려 하지만 논쟁이 되고 있는 한 단락이 그러한 자기 반성적 성격을 다시 일자에게로 향하게 함으로써 이성과 일자를 더욱 가깝게 만들고 있는

---

149) *Enn*. 6.9.6을 보라; cf. 6.8.18.
150) Gerah, *Middle Platonism and Neo-Platonism* 2:690-92; and Sells, "Apophasis in Plotinus," pp. 55-57.
151) Hadot ("L'Union de L'âme avert l'Intellect divin")과 Sells ("Apophasis in Plotinus")는 일자와 Nous의 밀접한 관계를 연구했다.
152) *Enn*. 1.r.1; 3.8.8; 3.9.4; 4.3.17; 4.4.16; 5.1.11; 5.5.5; 6.9.8 and 10을 보라. Beierwaltes, "Henosis," pp. 178-39; and T. G. Sinnige, "Metaphysical and Personal Religion in Plotinus," in *Kephalaion*, ed. J. Mansfeld and L. M. de Rijk (Assen: Van Gorcum, 1975), pp. 147-54을 보라.

것처럼 보인다. 『에네아드』 5.1.7에서 이렇게 말한다: "일자는 스스로를 향함으로써 본다. 그 봄이 이성이다."[153] 그러므로 우리는 신비적 연합의 최고 단계에서조차 이성이 어떤 역할을 하는 것을 배제할 수 없음을 의식해야 한다. 아도Hadot는 어떤 의미에서 우리가 결코 이성의 수준을 넘어설 수 없다고 주장한다. 그 까닭은 우리는 그 실재를 구성하는 첫 순간 혹은 단계에서 이성이 됨으로써 일자에 "도달하고 참여"하기 때문이다. 그 이성은 자체를 생각하고 따라서 만물을 생각하는 이성이 아니라, 밖으로 투사되기 전에 그 근원과 사랑에 빠져 있는 에로스적 이성이다.[154]

초월적 주체성의 형태로서의 실재에 대한 분석에 근거한 이 복잡한 부정주의는 플로티누스의 신비 사상에서 무엇을 의미하는가? 이 점은 플로티누스 사상에 존재하는 변증법적 요소를 고찰한 후에야 확실해질 것이다. 그 요소는 유출의 모습을 규정해주며, 초심리학적 기술에 대한 보다 함축적인 형이상학적 관점을 제공해준다.

존재의 편재를 논구하는 이중적 논문의 마지막 부분인 『에네아드』 6.5.12에서 플로티누스는 어떻게 전체All가 모든 것들 각각에서 발견될 수 있는가를 묻는다. 그 대답은 특수성(혹은 개별성)을 거부하는 데서 발견된다.

> "이는 그대가 그것의 한 부분에 머물지 않고 전체All에 접근했기 때문이다. 그대 자신에 대해서 '내가 이처럼 대단하구나'라고 말하지 않고 그 '대단함'을 거부함으로써 그대는 전부가 되었다.…그리하여 그대는 다른 모든 것을 거부함으로써 그대 자신을 증대시킬 것이다. 그대가 거부할 때에 전체는 그대에게 임재할 것이다"(LC 6:358–59).[155]

---

153) Armstrong은 이것을 "그것은 그것에게로 복귀함에 의해서 보며, 이 봄이 지성이다"라고 번역한다 (LC 5:34-35 n.1).
154) Cf. Sells, "Apophasis in Plotinus," pp. 55-76.
155) 이 구절은 마이스터 에크하르트가 존재의 근저에 도착하기 위해서는 모든 피조된 실체들에게서 벗어나야 한다고 말한 것을 상기시켜준다.

플로티누스는 다른 여러 곳에서 "모든 사물은 하나이다"(6.5.1), 혹은 "우리는 전체이며 동시에 하나이다"(6.5.7), 또는 "우리 안에는 세 개의 위격이 존재하면서 우리가 관심을 기울여 주기를 기다린다"(5.1.5-7, 10-13)고 주장한다. 6.4-5에서 유출을 표현하기 위해 사용된 비유들(이 비유들은 만물에 대한 일자의 관계에 관한 진리를 표현하는 데 유용하다)을 비판한 것은 만물 안에서의 일자의 편재에 대한 이해를 강조한다. 플로티누스는 플라톤의 『파르메니데스』에서 빌려온 변증법적 언어로 그것을 가장 잘 표현할 수 있음을 발견했다.[156] 이와 같은 일자의 변증법적 현존의 사실은 최고선 혹은 일자에 대한 유명한 논문으로서 플로티누스의 신비 사상을 훌륭하게 요약한 『에네아드』 6.9에 가장 강력하게 제시되어 있다.

만물은 존재하기 위해서 통일성을 나누어 가져야 한다. 그런데 통일성의 원천은 무엇인가? 그 원천은 영혼Soul 안에 있지 않으며(6.9.1), 이성과 동일한 존재Being 안에 있지도 않다. 이는 (일자에 대한 변증법적 견해 중에서 부정적 측면을 채택하자면) 이성-존재Nous-Being가 만물임에 반해, 일자는 만물이 될 수 없고 일자로 남아 있기 때문이다. 6.9.3에서 플로티누스는 파르메니데스적인 부정적 변증법의 전체 범위를 일자에게 적용하여, 휴지休止와 운동과 같은 상반되는 용어들은 존재의 영역에만 제대로 적용되는 것이므로 그러한 용어들은 일자를 제대로 수식할 수 없다고 주장한다. 우리가 일자를 관상하는 것은 일종의 점진적 단순화의 형태인데, 그것은 일자를 직접 관통하지 못하며 다만 "그 둘레를 돌면서 그것에 대한 자신의 경험을 표현하려고 노력하며, 어떤 때는 그것에 접근하지만 때로는 거기에 포함된 어려움들 때문에 다시 떨어진다."[157] 이러한 방식의 성취는 과학적 또는 철학적 사유를 통해서가 아니라, "지식을 초월하는 현존"(6.9.4)을 통해

---

156) Arnou, *Le désir de Dieu*, pp. 15f-91을 보라.

157) *Enn.* 6.9의 번역본은 O'Brien, *The Essential Plotinus*, pp. 73-88에서 발견할 수 있다.

서 이루어진다.158) 플로티누스는 사랑하는 자가 일자에게 도달해야 할 개인적인 책임을 강조하는 열정적인 호소에서, 만물에 대한 일자의 관계에서의 부정적인 측면과 긍정적인 측면을 표현하는 진술로 결론을 맺는다.

> "일자는 무無에도 부재하며, 모든 것에 부재한다. 오로지 일자를 위하여 예비하고 있으며, 일자를 영접할 수 있으며, 일자와 조화를 이룰 수 있으며, 일자와의 유사함에 의해서, 그리고 일자로부터 비롯된 내적인 힘에 의해서, 그 힘이 일자로부터 출원하여 그 힘이 본래 있었던 상태에 있을 때 바로 그 내적인 힘에 의해서 일자를 파악할 수 있으며 접촉할 수 있는 자들에게만 일자는 현재現在한다. 따라서 일자는 관상의 대상이 될 수 있을 때에만 '보여질' 것이다"(『에네아드』 6.9.4).159)

일자의 초월적-내재적 본성을 시사하는 상호 반대되는 수식어들에 대한 확인이 부정의 신학에 대한 간략한 약술을 이루고 있으며(6.9.5-6), 그 텍스트의 유명한 결론부에서 플로티누스는 "일자의 비부재의 항시적인 임재"constant presence-in-absence of the One의 긍정적 양상과 부정적 양상을 탐구한다.160) 일자를 획득하기 위해서 영혼은 다른 모든 형태로부터 벗어나야 하며, 다른 것들(타자들)에게 "초월적 교제"(6.9.7)를 드러낼 수 있기 위하여 내면에 있는 신을 향해야 한다.161) 플로티누스는 친숙한 원의 비유를 사용하면서 만물 내에서의 일자의 내재성을 실재의 영적 원의 중심, 또는 단원들이 산만해진 합창단의 지휘자로서 강조한다(6.9.8).162) "비록 육체적 본

---

158) Cf. *Enn* 3.8.10; 6.7.34; 7.9.7 and 8, etc. J. Trouillard, "La présence de Dieu selon Plotin," *Revue de Metaphysique et Morale* 59 (1954): 38-45; O'Daly, "The Presence of the One"을 보라.
159) J. Trouillard는 플로티누스가 시각보다는 촉각의 비유를 즐겨 사용했음에 주목했다 ("Raison et Mystique," pp. 5-6).
160) Clyde Lee Miller, "Union with the One: Ennead 6, 9, 8-11."
161) Arnou, *Le désir de Dieu*, pp. 175-201.
162) James Miller, *Measures of Wisdom: The Cosmic Dance in Classical and Christian Antiquity* (Toronto: University of Toronto Press, 1986), chap. 4, esp.

성이 우리를 가두어 버렸고 육체 자체로 이끌었지만, 우리는 일자로부터 분리되지 않았으며 일자로부터 멀리 떨어져 있지 않다"(6.9.9). 일자는 영혼 안에서 타고 있는 거룩한 에로스의 근원이며, 세상에서의 연합들은 그 그림자에 불과하다. 즉 일자를 사랑하여 일자와 연합하는 것은 신화하는 것, "불꽃처럼 되는 것이다"(Ibid.).

마지막으로 6.9.10-11에서 플로티누스는 관상의 절정에서 얻어지는 연합의 본질과 그 지속 기간에 대하여 다룬다. 현세에서는 우리 몸이 저급한 것들과 묶여 있기 때문에 현세에서 관상을 통해 얻는 연합이 잠시만 지속될 뿐이다. 그러나 실제 연합은 "봄을 획득한 사람이 다른 존재가 되는 것," 말하자면 보는 자와 봄의 대상이 일치되는 것이다. "그 상태에서 그는 자기 자신이기를 그치며 자신의 것은 아무것도 보유하지 않는다."163) 중심을 같이하지만 분리될 가능성을 지닌 두 개의 동심원처럼, 우리는 그 목표를 "타자이나 우리와 하나인 것"으로 느낀다. 플로티누스는 봄이 아니라 "하나 됨"(6.9.11)의 경험을 기술하기 위하여 신비 제의에서 사용하는 언어의 도움을 받아, 비슷한 것끼리 결속되는 이 몰아의 상태ekstasis를 계속 묘사하면서 끝을 맺는다. 신비적 연합은 자기 초월이면서 동시에 영혼의 참된 자아에게로 꿰뚫고 들어가는 것이다: "영혼이 다른 무엇이 아닐 때 영혼은 그 자체에 불과하다. 그렇지만 하나의 존재 안에 있지 않고 홀로 있을 때, 영혼은 '일자' 안에 있다"(6.9.11). 아도Hadot의 말처럼 "플로티누스의 신비 경험은 초월적 '나'의 현존을 야기하는 것이라고 정의할 수 있다."164)

드물기는 하지만 이 연합을 묘사하기 위하여 *ekstasis*(몰아의 상태, 황홀

---

pp. 270-92.
163) 보는 자와 보이는 자의 동일성에 대해서는 *Enn.* 6.7.35-37; 6.9.5을 보라.
164) Hadot, "Les Niveaux de Conscience," pp. 255-56; "Neoplatonist Spirituality, I, Plotinus and Porphyry," p. 233. Cf. Julia Kristeva, "Narcissus: The New Insanity," in *Tales of Love*, pp. 120-21.

경)라는 용어를 사용한 것이 플로티누스의 신비 사상에서 중요한 요소이다.[165] 장 트루이아Jean Trouillard는 *enstasis*라는 용어가 더 적합할지 모른다고 주장한다.[166] 그러나 두 단어 모두 플로티누스에게는 같은 것을 의미한다. 지금까지 대표적인 텍스트들을 검토했으므로 이제 플로티누스가 관상과 제일 원리 혹은 일자와의 연합이라는 말로써 무엇을 뜻하고자 했는지 정리해야 할 때이다.

여기서는 플로티누스가 관상에 대해 저술한 많은 텍스트들을 충분히 검토할 수 없다.[167] 가능한 것은 아르누Arnou의 안내를 따라서 플로티누스에게 있어서 봄*theōria*과 그 동의어들이 무엇을 의미했는지 간단히 요약해 보는 것이다.[168] 『에네아드』 3.8.5에 따르면, "관상과 봄에는 한계가 없다." 이것은 관상이 영혼의 생명 자체, 영혼을 산출해낸 "작용"이며 그 근원에게로 복귀하려는 환원적 동경이기 때문이다. "모든 것이 관상으로부터 나오며 관상이다"(3.8.7). 그러나 이성의 특징인 생동하는 관상은 여전히 이중성을 함축하고 있으며, 일자에 대한 이성의 관상은 정확하게 하나인 근원Source에 대한 관상이 아니다. 물론 일자 자체는 관상과 욕망을 초월한다(3.8.11). 그러나 우리는 자신 안에 그와의 유사함을 소유하고 있기 때문에 일종의 "단순한 직관"(3.8.9)에 의해서 그것을 획득할 수 있다. 플로티누스의 저술에서 관상의 극치에서 발견되는 직관을 조명, 유입, 수태, 소유

---

165) 플로티누스는 일반적으로 그 단어를 보다 넓은 의미로 사용한다(e.g., *Enn.* 5.3.7; 6.7.17). 플로티누스가 *ekstasis*라는 단어를 처음으로 신비적 연합에 적용했다는 Dodds의 주장은(*Pagan and Christianity*, pp. 70-72) 필로가 사용한 용어를 비신비적으로 해석한 데 의존한다. 플로티누스가 *ekstasis*라는 용어를 사용한 것에 관해서 다음을 보라: Beierwaltes, "Henosis," pp. 140-42.

166) Trouillard, "Raison et Mystique," p. 5.

167) 관상에 대한 플로티누스의 견해를 다룬 중요한 본문을 들면 다음과 같다: *Enn.* 3.8, "On Nature and Contemplation and the One." 그 밖의 중요한 것으로는 1.6.7-9; 7.4.2; 5.3.14 and 11; 5.5.7-8; 5.8.10-11; 6.7.94-36; 6.8.10-11 and 15; and 6.9.4, 7 and 10-11을 보라.

168) Arnou, "Contemplation," *DS* 2:1727-38.

등 여러 가지 비유로써 묘사한다.[169] 플라톤의 글에서처럼 직관은 "갑자기"(6.7.34, 36) 모든 형태의 지식을 능가하는 현존parousia의 형태로 나타난다.[170] 최고의 순간에 영혼은 스스로에 대한 의식을 잃어버리고(6.7.34), 일자에게서 기인하는 것으로 간주되는 "앎"의 형태를 취한다. 이 경험은 영혼을 미화시키며 신화한다.[171]

관상을 통한 이 연합에 대하여 상당한 논의가 진행되어 왔다. 『에네아드』에서는 헤노시스henōsis라는 용어가 일자와의 연합을 가리키는 용어로 사용되고 있지 않지만, 바이어발테스는 플로티누스의 신비주의가 신비적 연합unio mystica의 형태로 생각되는 일치henōsis에 집중되고 있다고 주장하였다.[172] 앞에서 살펴본 6.7.34와 6.9.9 같은 본문들은 이 경우를 지지한다 (거기에서는 동사형인 henōthenai가 나타난다). 연합에 대한 플로티누스의 견해는 어떤 사람들이 주장하고 있는 것처럼 범신론적이 아니다. 즉 일자는 공히 만물이되 만물이 아니다.[173] 그의 견해를 일원론적이라고 보아야 할 것인지 아닌지에 대한 논쟁이 있어왔다. 존 리스트John Rist에 따르면 핵심적인 쟁점은 "영혼을 이성 및 일자의 수준에서 분리시키는 이 '타자성'이 제거될 수 있는가? 그러한 제거가 플로티누스의 사상 체계 전반, 또는 그의 신비주의의 성격에 미치는 결과가 무엇인가?"이다.[174] 다른 사람들은 일원론이나 유신론과 같은 용어들에 대한 현대적 이해를 플로티누스처럼 미묘하고 독창적인 사상을 지닌 먼 과거의 사상가에게 적용하는 것이 과연 의미가 있느냐는 타당한 질문을 한다.[175]

---

169) Ibid., Col. 1731.
170) John M. Rist, *Plotinus: The Road to Reality* (Cambridge: Cambridge University Press, 1967), pp. 724-75.
171) Arnou, "Contemplation," cols. 1732-31.
172) Beierwaltes, "Henosis," in *Denken des Einen*, pp. 123-47.
173) Plotinus는 스토아 학자들의 범신론을 공격한다 (*Enn.* 3.5.9).
174) Rist, *Plotinus*, p. 219.
175) W. Beierwaltes, "Reflexion und Einung: Zur Mystik Plotins," in *Grundfragen der*

6.9.10에서 연합을 동심원에 비유한 것, 6.9.8에서 연합의 특징을 "똑같은"*tautotés*이라는 용어로 표시한 것,[176] 그리고 둘이 하나가 된다고 서술한 표현이 자주 등장하는 것[177] 등은 일종의 일치의 형태를 주장하는 것처럼 보인다. 그러나 최근의 해석자들은 플로티누스가 실제로 어떠한 형태의 영혼의 멸절이나 최고 존재와의 절대적 일치를 가르치고 있지 않다고 주장한다.[178] 신비적 연합에 대한 플로티누스의 견해는 변증적인 것이라고 보는 것이 더 정확한 듯하다. 일자는 언제나 초월적으로 영혼soul이지만, 일자는 항상 영혼Soul 이상의 존재이기 때문에 비록 영혼soul이 의식하는 일상적인 "나"로부터 비상하여 원천과 함께 현존하는 초월적인 "나"에게 도달한다 할지라도 그 둘은 결코 일치될 수 없다. 현세에서 철학자의 목표는 일치의 극極을 계발하는 것, 영혼의 가장 심오한 실재인 초지성적 supranoetic 사랑의 연합을 실현하려는 데 있다. 그러나 이것은 육체 안에 있는 동안에는 일시적으로만 성취될 수 있다. 동심원들의 중심은 언제라도 분리될 것이다. 그렇다면 사후에는 달라질 것인가? 플로티누스는 그렇게 되기를 바라지만 사려깊게 침묵한다.

가장 위대한 이교 신비가인 플로티누스는 종종 기독교인의 눈을 통하여 조명되어 왔다. 많은 사람들은 그의 영spirit의 맑음과 사상의 심오함에 찬사를 보내면서도 그가 기독교 신비주의의 이상에서 얼마나 거리가 먼지 언급해왔다. 이러한 차이점들을 부인하거나 무시할 이유가 없다. 그러한 차이점들에도 불구하고 그는 동·서방의 많은 기독교인들에게 강력한 영

　　　Mystik (Einsiedeln: Johannes, 1974).
176) tautotés에 관해서는 *Enn.* 3.8.8; 4.8.1을 보라.
177) Rist, *Plotinus*, p. 226; cf. Arnou, "Contemplation," cols. 1733-35.
178) 다음을 보라: Trouillard, "Raison et mystique," p. 12; Beierwaltes, "Henosis," in *Denken des Einen*, pp. 143-47; Hadot, "L'nion de L'âme avec L'intellect divin," p. 27; Louth, *Origins of the Christian Mystical Tradition*, p. 48; O'Daly, "The Presence of the One," pp. 159-63.

향을 미쳤다.[179)]

플라톤과 마찬가지로 플로티누스도 일자가 갑자기 신비가에게 자신을 나타내는 것givenness을 중요하게 여긴다.[180)] 그러나 이 예기치 않은 신Supreme의 현현은 기독교의 은혜가 의미하는 것과 같지 않다. 이것은 자신의 신성을 일깨우려는 영혼의 노력에 부수되는 바 위로부터 주어지는 일종의 자동적 반사automatic reflex로서 어거스틴의 은혜에 대한 견해와 상당히 거리가 멀며, 헬라 교부들에게서 발견되는 신인협력적인 은혜의 신학들과도 거리가 멀다. 이 차이의 본질적인 근원은 인간의 본성에 대한 플로티누스의 개념이 어거스틴 및 다른 그리스도인들(그리고 많은 후대의 신플라톤주의자들)의 개념과 매우 다른 것이었다는 데 있다. 암스트롱A. H. Armstrong이 강조하듯이 "플로티누스는…경험을 통하여 자신이 두 인격임을 잘 알고 있었다."[181)] 즉 그의 참된 자아는 이성과 연합하여 살아가는 밑으로 떨어지지 않은 영혼, 반사적으로 의식하는 저급한 자아가 아니라 신적이고 초월적인 나(I)임을 알고 있었다. 영혼은 피조된 영이 아니라 본래 신적이라고 주장되는 곳에서는 은혜에 대한 기독교적 개념이 설 자리를 찾지 못한다.

플로티누스는 흔히 철학자가 치밀한 자기 노력을 통하여 자신의 신화를 실현하는 일종의 "자력 구원"을 옹호했다는 비난을 받아왔다. 자유와 필연에 대한 그의 견해들의 미묘성에 비추어볼 때, 이 비난이 완전히 정확하다고 할 수는 없을 것이다. 그러나 이 비난은 "봄vision을 획득하는 것이 전적으로 그것을 획득하기를 원하는 자의 일"(6.9.4)[182)]이라는 플로티누스의

---

179) A. H. Armstrong, "Salvation, Plotinian and Christian," reprinted in *Plotinian and Chrsitian Studies*.
180) 다음을 보라: *Enn*. 3.8.6; 5.3.17; esp. 5.5.8. 플로티누스에게 있어서 은혜의 역할에 대해서 알려면 Armstrong, "Tradition, Reason and Experience," pp. 186을 보라.
181) Armstrong, "Tradition, Reason and Experience," p. 189.
182) Armstrong:, "Salvation, Plotinian and Christian," p. 135.

주장에서 발견되는 바, 플로티누스의 관상과 기독교적 관상의 중요한 차이점을 표시하려는 것이다. "구원"이 플로티누스의 사상과 관련하여 사용되기에 적합한 용어인가? 플로티누스의 사상에서 일자 혹은 우리 안에 있는 일자에 대한 인식은 참된 해방이지만(6.4.14-15; 6.5.12; 6.8.12), 해방자나 구원자의 사역은 아니다. 실재의 본성을 이해하기 위하여 플로티누스가 사용한 "주관적" 모델, 그리고 연합을 다룬 감동적인 기록들의 개성주의적인 어조에도 불구하고(6.7.35; 6.9.11), 일자와 지성은 구주이신 예수 그리스도가 갖는 의미에서의 인격들이 아니며, 플로티누스의 관상도 기독교 신비주의에서처럼 인격적(삼위적) 하나님과의 연합을 완성하지 않는다. 플로티누스의 목표에서는 분별력 있는 인격이 존재하지 않는다.

플로티누스는 『에네아드』 6.9에서 "단독자the alone가 단독자the Alone에게로 날아감"이라는 유명한 주제를 다루면서 끝을 맺는다. 이것은 그의 신비주의가 지니는 본질적으로 개인적이고 사적인 본성을 강조하는 주제이다. 플로티누스의 개인주의를 수식해주는 외적이며 내적인 요소들이 있음이 사실이다. 예를 들어 그가 사람들을 가르치거나 영적 지도를 베푼 것, 일자를 표현하기 위해서 만물의 합창과 춤이라는 비유를 사용한 데 반영되어 있는 우주적 경건 등이 그것이다. 그러나 플로티누스가 추구했던 해방은 철학적 엘리트들에게만 해당되는 것이며, 또한 사적이고 개인적인 일이었다. 공동체나 교회, 심지어 철학자들의 공동체도 그 일에서 건설적인 역할을 하지 않는다. 또 이 신비-철학적 목표는 특정의 역사적 인물이나 사건과는 하등의 관계도 없다. 그것은 영원히 현존하며, 그 실현을 위하여 어떠한 역사적 과정도 필요로 하지 않는다. 이 연합과 그 시대의 기독교의 신비적 연합이 무척 다른 개념이었다는 것은 결코 과장된 말이 아니다. 이러한 차이점들에도 불구하고 지금까지 제시한 간략한 해설이 플로티누스의 사상이 서방과 동방의 기독교 신비주의 형성에 주요한 영향을 끼친 사상 중 하나가 될 수 있는 이유 몇 가지를 제시해 주었기를 바란다.

후기 신플라톤주의

그 후에 이어지는 이교 신플라톤 학파들의 관상적 신비주의 역사는 간단한 이야기가 아니다.[183] 이 장을 끝맺으면서 그 이야기에서 본질적인 측면들, 즉 서방 신비주의 역사에 실질적으로 영향을 미친 것, 특히 프로클루스의 사상이 지닌 몇 가지 요소들을 살펴보려 한다. 프로클루스의 사상은 그의 제자 위-디오니시우스Pseudo-Dionysius와 『원인론』Book of Causes[184]과 같은 익명의 저작들을 매개로 하여 후대 서방의 사변적 신비주의에서 중요한 자리를 차지했다.

포르피리

플로티누스의 제자 포르피리Porphyry, ca. 232-ca. 304는 기독교의 원수로 알려져 있다. 그러나 그는 기독교 사상, 특히 논리학에 중요한 영향을 미쳤다. 그의 영향력은 대체로 서방 세계에서 현저하여, 그의 저작들 다수가 라틴어로 번역되어 교부들과 중세 스콜라 학자들에게 알려졌다.[185] 여기서는 기독교의 사변적 신비주의에 영향을 준 포르피리의 형이상학이 지닌 두 가지 특성을 간단히 살펴보려 한다.

플로티누스는 『파르메니데스』와 후기 고대 세계의 점증하는 부정주의에 근거해서, 제일 원리 혹은 일자가 존재 너머에 있다고 주장했었다. 그러나 아도가 포르피리일 것이라고 간주한 익명의 그리스 주석서의 단편들

---

183) 신플라톤주의를 개관한 훌륭한 책은 R. T. Wallis, *Neoplatonism* (New York: Scribner, 1972)이다; 후기 신플라톤주의의 사변적 발달의 중요한 측면을 다룬 책은 Stephen Gersh, *From Iamblichus to Eriugena: An Investigation of the Prehistory and Evolution of the Pseudo-Dionysian Tradition* (Leiden: Brill, 1978)이다.

184) Cf. Edward Booth, *Aristotelian Aporetic Ontology in Islamic and Christian Thinkers* (Cambridge: Cambridge University Press, 1983. See my review in *Journal of Religion* 67(1987): 95-97.

185) Porphyry의 *Isagoge*, or introduction to logic을 라틴어로 번역한 것은 획기적인 사건이었다.

이 시사해 주듯이, 『파르메니데스』에 대한 그의 이해는 하나의 가능한 해석일 뿐이었다.[186] 비록 이 단편들은 플로티누스의 글에 등장하는 것과 마찬가지로 과격한 부정주의를 선언하고 있지만, 저자는 『파르메니데스』 142B에 대하여 논평한 다섯 번째 단편에서 "존재"를 이차적인 실재로 보기를 거부하면서 두 종류의 존재—존재한다는 부정형의 존재to einai와 전통적인 명사 형태의 존재ousia—를 구분한다.

> "따라서 존재exitence는 이중적이다. 첫째는 선재하는 존재pre-exist being 이고, 둘째는 존재 너머에 있는 일자에 의해 산출되고 존재의 이데아Idea of Being처럼 그 자체가 절대적으로 존재이다. …그것은 마치 순수 존재를 생각하는 것과 같다."[187]

일자를 참된 존재true existence로 보는 것은 플로티누스에게서 발견되는 모든 것을 넘어서는 것이다(『에네아드』 6.7과 6.8의 긍정적인 몇몇 구절에 암시되어 있을는지 모른다). 그것은 신플라톤주의적 형이상학의 역사에서 새로운 단계를 이룬다.[188] 이것은 360년대 초에 아리우스주의를 반대하는 글을 쓴 기독교 신플라톤주의자 마리우스 빅토리누스Marius Victorinus에게 영향을 주었다.[189] 이것이 후기 기독교의 사변적 신비주의에 직접적인 영향을 준 것 같지는 않으나 신비적 연합 안에 있는 순수 존재로서의 하나님이라는 변증적인 개념의 핵심적인 역할은 이미 포르피리의 글에 예시되어 있었다.

---

186) Wallis, *Neoplatonism*, pp. 114-18.
187) P. Hadot, *Porphyre et Victorinus*, 2 vols. (Paris: Études Argustiniennes, 1958) 2:106-7.
188) P. Hadot, "L'être et L'étant dans la Néoplatonisme," in *Études Néoplatonisme*, pp. 21-41; idem, "Dieu comme acte d'être dans la Néoplatonism," in *Dieu et L'être: Exégèses d'Éxode 3, 14 et de Coran 20, 11-24* (Paris: Études Augustiniennes, 1978), pp. 58-63. J. M. Rist는 "Mysticism and Transcendence in Later Neoplatonism," *Hermes* 92 (1764), pp. 720-25에서 포르피리가 그의 스승과 다른 점은 갈대아 신탁의 영향 때문이라고 주장한다.
189) Marius Victorinus의 사상에 대한 간단한 언급이 제6장에 등장한다.

후기 기독교의 사변적 신비주의의 중요한 두 번째 형이상학적 주제 역시 포르피리에게서 처음으로 분명히 나타났던 것으로 보인다. 『에네아드』 6.8.16에서 플로티누스는 "깨우치지 않고 깨우친 자"Awakener without awakening로서의 일자는 "존재Being와 지성Intellect과 생명Life을 초월한다"라고 주장했었다. 플라톤의 『소피스트』Sophist 248E에 토대를 둔 여러 구절에서 이성의 활동들을 묘사하기 위하여 이 세 가지 능력을 일반적으로 사용하였다(5.4.2; 6.8.8, 15). 포르피리의 『파르메니데스』 주해서의 여섯 번째 단편은 지성Intellect의 두 가지 상태를 묘사하는데, 첫 번째 상태의 지성은 말로 표현할 수 없는 일자the ineffable One와 동일한 것으로 여겨지며, 둘째 상태에 있는 원인으로서의 일자-지성One-Intellect은 존재-생명-지성의 특징을 갖는다. 여기에서 존재Being는 원리인 일자를, 생명은 그 원리로부터 만물이 발현함을, 지성은 복귀 혹은 다시 봄을 의미한다.[190] "일자-존재"One-Being로 묘사되는 세 가지 능력을 순수한 일자로 흡수한 형태가 그 시대의 신플라톤주의자 이암블리쿠스Iamblichus[191]에게서도 발견되며, 빅토리누스의 반 아리우스주의 논문에서 독창적인 방식으로 발전되었다. 내적 초월성의 삼중적 표현에 대한 이 새로운 접근 방식이 기독교의 삼위일체적 신비주의를 위해 지니는 역동적 가능성은 디오니시우스의 저작들이 전파되기 전에는 실현되지 않았지만, 여기에서도 역시 포르피리의 형이상학이 장차 올 일을 알리는 전령 역할을 했다.

프로클루스

후기 신플라톤주의의 여러 가지 경향을 기독교에 전달해준 주요 통로는 마지막 위대한 이교 철학자 프로클루스Proclus였다. 그의 사상은 디오

---

190) Hadot, *Porphyre et Victorinus* 2:110-13.

191) Iamblichus, fragment 65 on Timaeus 38A in *Iamblichi Calcidiensis in Platonis Dialogos Commentariorum Fragmenta*, ed. John M. Dillon (Leiden: Brill, 1973), p. 178.

니시우스의 저술들의 배경을 이룬다. 존 리스트John M. Rist는 "플로티누스는 신비가인 반면 프로클루스는 신비주의의 이론만 아는 듯하다"라고 했다.[192] 그러나 비록 무미건조하고 논리적인 문체를 지닌 프로클루스의 저술들이 『에네아드』만큼 흥미롭지 못하지만, 이 견해는 프로클루스의 제자 마리누스Marinus가 저술한 스승의 전기에 기록된 모습과 맞지 않는다. 그와 같은 견해들은 내가 계속 의아하게 여기는 자전적自傳的인 것과 신비적인 것의 혼동에 근거한 듯하다.[193]

플라톤에게서 시작된 관상적 경건이라는 이상의 발전은 프로클루스에서 절정에 도달한다. 프로클루스에게 있어서 신학은 주석적 학문,[194] 즉 일종의 앎의 형태로서 플라톤의 사상, 특히 『파르메니데스』에 나타나 있는 사상에 대한 적절한 이해를 구성하는 영적 훈련이기도 하다.[195] 대화에 대한 주해의 서두를 장식하고 있는 기도문에서 그는 "플라톤이 『파르메니데스』에서 직접 우리에게 알려 주는 철저한 신비 일치적epoptic이며 신비적인 교훈에 참여하기 위해, 모든 신성에 속한 계층들에게 내 안에 완전한 성향을 형성해 주기를 간절히 기도한다"(1.618)고 말한다.[196] 프로클루스의 주요

---

192) Rist, "Mysticism and Transcendence in Later Neoplatonism," p. 220.

193) 프로클루스의 신비주의를 다룬 가장 훌륭한 개론서는 다음과 같다: H. D. Saffrey, "Neoplatonist Spirituality, II, From Iamblichus to Proclus and Damascius," in *Classical Mediterranean Spirituality*, ed. Armstrong, pp. 250-65; Werner Beierwaltes, *Proklos: Grundzüge siener Metaphysik* (Frankfurt: Klostermann, 1965), pp. 217-329; Jean Trouillard, *L'un et L'âme selon Proclos* (Paris: Belles Lettres, 1972); idem, *La mystagogie dr Proclos* (Paris: Belles Lettres, 1982); idem, "Théologie néative et psychogonie chez Proclus," in *Plotino e il Neoplatonismo in Oriente e in Occidente*, pp. 253-64.

194) On Ploclus's four modes of exegesis outlined in his *Theologia Platonica* 1.4에 개관된 프로클루스의 네 가지 해석 방법에 대해서 알려면 Hadot, "Théologie, exégèse, révélation," pp. 30-34을 보라.

195) 다음을 보라: Saffrey, "Neoplatonist Spirituality, II," pp. 250-52; A. H. Armstrong, "The Negative Theology of Nous in Later Neoplatonism," in *Platonismus und Christentum: Festschrift für Heinrich Dörrie, Jahrbuch für Antike und Christentum, Ergänzungsband* 10, ed. H.-D. Blume and F. Mann (Münster: Aschendorff, 1983), p. 36.

196) Saffrey, "Neoplatonist Spirituality, II," p. 252. 예를 들어 "Mystic visions"

저서에 『플라톤 신학』Platonic Theology[197]이라는 제목이 붙은 것은 결코 놀랄 일이 아니다. 그러나 주목해야 할 사항은 플라톤의 철학이 프로클루스의 신비적 혹은 "신비 일치적"epoptic 학문의 주제를 형성했다면, 그 이유는 그의 철학이 신탁적 계시(갈대아 신탁)를 통하여, 그리고 만물 안에서 발견되는 신적 성격의 특성들이나 상징들을 주술적으로 조작함을 통해 더욱 쉽게 접근할 수 있는 최상의 인식적 현현이었기 때문이다. 『플라톤 철학』의 한 구절에서 그 사실을 이렇게 표현한다.

> "신적 존재들을 채우고 있으며 모든 신적 계층에 퍼지는 세 가지 참된 특성은 선함과 지식과 아름다움이다. 그리고 채워진 것들을 결합시켜 주는 세 가지 특성이 있는데, 그것은 믿음과 진리와 사랑이다. 세계는 그것들을 통하여 보존되어 존재하며, 매개물—사랑의 광기, 신적 철학 divine philosophy, 혹은 주술적 능력—에 의하여 원초적 원인들에게 연결된다. 그러한 매개물은 모든 지혜와 인간적인 모든 지식보다 월등히 낫다"(1.25).[198]

플라톤과 플로티누스에게 결여되어 있는 의식적ritual 요소가 프로클루스의 신비 철학에 포함한다.

프로클루스가 『파르메니데스』와 기타 플라톤의 대화록의 전제들 안에서 발견한 것은, 플로티누스의 세 가지 위격에 근거하여 원천monē 안에 남아있고, 원천으로부터 나아오며proodos, 다시 그것에게로 돌아가는 epistrophē 근본적으로 동적 법칙에 따라 진화하는 실재의 여러 수준을 지닌 복합적이고 계층적 세계였다. 그의 저서인 『신학의 제 요소』Elements of Theology의 명제 35는 그것을 이렇게 표현한다: "그 결과는 반드시 단순하

---

mystika thaemata in Theologia Platonica 3.18을 보라.

197) The Theologia Platonica를 6권으로 편집되어 출판되고 있다: H. D. Saffrey and L. G. Westerink, Proclus: Théologie Platonicienne (Paris: Belles Lettres, 1968-).

198) Trans. Saffrey, "Neoplatonist Spirituality, II," p. 254.

게 남든지, 단순하게 복귀하든지, 단순하게 진행되든지, 아니면 극한 조건들을 결합시키든지, 아니면 다른 두 조건들 중 하나와 평균적인 조건을 결합시키든지, 아니면 세 가지 모두를 결합시켜야 한다. 그렇게 되면 배제에 의해서 개개의 결과들은 그 원인 안에 남아 있으며, 그 원인으로부터 나아오며, 그 원인에게 돌아온다." [199]

이 동적인 원리는 『신학의 제 요소』 명제 103에 있는 존재-생명-지성 Being-Life-Intellect에 대하여 프로클루스가 말하고자 했던 것을 잘 나타내준다.

> "만물은 만물 안에 존재하지만, 각각의 사물은 그 고유한 본성에 따라서 자체 안에 존재한다. 그리하여 존재Being 안에는 생명과 지성이 있다; 생명 안에는 존재와 지성이 있으며; 지성 안에는 존재와 생명이 있다. 그러나 이들 각각은 지적으로는 하나의 차원에 존재하며, 생명적으로는 다른 차원에 존재하고, 그리고 실존적으로는 또 다른 차원에서 존재한다." [200]

그러나 만물들을 관통하고 있는 이 최고의 삼자 관계는 제일 원리가 아니라 알 수 없는 일자의 일치Unity of the One의 산물이다. "존재 너머에 그 자체가 통일체이며 존재보다 우월한 비존재not-Being가 성립해야 한다." [201] 거쉬Stephen Gersh도 코르시니E. Corsini처럼 프로클루스와 그의 선배들이 절대 통일자Absolute Unity로부터의 초월적 다수성이라고 한 이러한 전개가 『파르메니데스』에 대한 하나의 해석에 토대를 둔 것임을 보여준다. 거기서는 첫 번째 가설을 부정하는 것은 일자를 취급하는 것이고, 두 번째 가설을 긍정하는 것은 일자가 발현하여 삼자가 되는 것을 다루는 것이라고 이

---

199) *Proclus: The Elements of Theology*, ed. and trans. E. R. Dodds(2nd ed.; Oxford Clarendon, 1963), p. 39. 5.
200) *Elements of Theology*, p. 93.
201) Ibid., p. 123.

해했다.²⁰²⁾ 위-디오니시우스의 기독교 신플라톤주의에서 발생한 혁명은 두 전제를 하나의 창조적 원천의 부정적이며 긍정적인 표현인 삼위일체 하나님에게 적용했다는 데 있다.²⁰³⁾

남아 있고-나아가고-돌아오는 법칙은 프로클루스가 이암블리쿠스와 다른 선배들로부터 발전시킨 신성한 일자들henads에 관한 독특한 가르침에도 잘 나타난다. 『신학의 제 요소』 명제 113-65에 개관되어 있는 일자들은 모든 실재에서 두루 발견되는 일자의 참여적 형태들로서 전통적 헬라 신들과 동일시되고 있다.²⁰⁴⁾ 일자와 다자 사이를 매개한다는 점에서 일자들은 형이상학적인 기능과 종교적인 기능을 한다. 종교적인 기능이라 함은 프로클루스가 일자를 통하여 우주에 대한 그의 봄에 "섭리적 사랑"의 개념을 결합시키고 있기 때문이다. 영혼이 그 원천으로 돌아갈 수 있는 것은 우리 안에 일자들이 존재하기 때문이다.

플로티누스와는 달리 프로클루스는 궁극적 일자Ultimate One를 어떤 식으로든지 에로스라고 말하지 않는다. 그러나 그는 열망하는 에로스에게 일관되게 우주적 역할을 제공한다는 점에서 플로티누스보다 더 나간다. 그의 『제1 알키비아데스 주해』Commentary on the First Alcibiades에서 일자의 최고의 수준을 말하면서, 프로클루스는 이 세 가지 지성적 일자들 혹은 신들로부터(즉 선함, 지혜, 아름다움) 믿음과 진리와 사랑의 세 원소가 "나와 모든 신적 질서들에게 이르며, 모든 연합에 지성적인 것을 발산한다"라고 주장한다.²⁰⁵⁾ 따라서 보편적인 사랑은 우주에 조화를 준다. "그래서 사랑은 지성적인 것들로부터 세계 안에 있는 것에 이르기까지 광범위하게 펼쳐져

---

202) Gersh, *From Iamblichus to Eriugena*, pp. 11, 155-56, 166, making use of E. Corsini, *Il trattato 'De Divinis Nominibus' dello Pseudo-Dionigi e i commenti neoplatonici al parmenide* (Turin: G. Giappichelli, 1962).

203) 제5장을 보라.

204) Wallis, *Neoplatonism*, pp. 146-58을 보라.

205) Proclus: *Alcibiades I. A Translation and Commentary*, by William O'Neill (The Hague Nijhoff, 1965), #51 (pp. 32-33).

있으며, 모든 것을 신적인 아름다움으로 돌아가게 해준다."[206] 사랑의 복귀를 가능하게 하기 위하여, 사랑이 신들로부터 내려온다: "그리하여 신들은 신들을 사랑하며, 우월한 것은 열등한 것들을 섭리적으로 사랑하며, 열등한 자들은 반사적으로 우월한 자들을 사랑한다."[207] 이리하여 사랑은 전보다 더욱 분명하게 단순한 인간 욕구의 표현이 아니라 실재의 모든 수준들을 한 데 묶어 일자에게 끌어 올려주는 우주적인 힘이 된다. 프로클루스는 사랑은 원래 아름다운 대상을 봄으로써 우리 안에 야기되는 수동적인 상태가 아니라, 우선적으로 위로부터 내려오는 활동이라는 인식의 도움을 받아 이러한 종합에 도달한 듯하다. "우리는 신적 사랑이 하나의 활동이며, 호색적인 사랑은 수동적인 것임을 알아야 한다. 신적 사랑은 지성 및 신적 아름다움과 동등한 것인 데 반해 호색적인 사랑은 육체와 동등하다."[208]

마지막으로 프로클루스의 형이상학적 체계는 순수의 부정주의를 형성했기 때문에 영혼이 과연 그렇게 멀리 떨어져 있는 것을 관상하거나 그것과의 신비적 연합을 이룰 수 있을 것인지 알기 어렵다. "긍정은 실재를 조각조각 잘라버린다."[209] 프로클루스는 언제나 전인적인 사람이었다. 부정은 유출이라는 보다 높은 영역에로의 접근을 가능하게 해준다. 그러나 부정조차도 일자를 뛰어넘는 궁극적 일자에게로 접근하는 것을 허락하지 않는다. 어떤 점에서 궁극자에게 접근하는 부정의 유일한 형태는 "부정의 부정"negation of negation, 다른 차원을 향한 신비적이고 초월적인 운동이다. 플로티누스의 몇 개의 텍스트들이 일자와 관련하여 부정의 부정을 암시적으로 긍정하고 있지만(6.8.9), 프로클루스는 형이상학에서 부정의 부정에 중심적 역할을 부여한 최초의 서양 사상가이다. 『플라톤 신학』 제2권, 그

---

206) Ibid., #52 (p. 34).
207) Ibid., #76 (p. 37).
208) Ibid., #117, 122 (pp. 77, 80).
209) *In Parm*. 6, 1074: *apotemaxi zousi gar hai kataphaseis to onta*.

리고 『파르메니데스』 주해 제7권의 결론부에서(모어베크의 윌리엄이 번역한 중세 라틴어 역본에만 남아 있는 부분), 우리는 이 중요한 주제를 다룬 고전적 본문을 발견한다.[210]

프로클루스는 존재Being에 참여하는 일자와 참여하지 않으며 고양된 일자를 구분한다. 전자와의 결속은 후자에게로의 복귀를 가능하게 해준다. "그러므로 존재existence에 참여하는 한 만물은 일자 존재One Being에 연결되어 있다. 일자 존재는 존재들의 단자monad이다. 그것을 통하여 존재들은 모나드가 포함하고 있는 일자에게로 신비하게 이동하며, 그 다음에는 존재를 초월하는 일자에게로 이동한다"(『파르메니데스』 7).[211] 프로클루스는 이 지고한 일자Supreme One가 심지어 일치 너머에 있으며, 다른 것으로부터 취하여진 속성은 지고한 일자에 적용할 수 없다고 주장한다.[212] 그것은 전적으로 표현 불가능하며 알려지지 않는다. 그것은 그 자체에 관해서조차 "최고의 탁월성"superexellentia을 소유한다.[213] 부정에 의해서도 그것을 표현할 수 없다. "앞서 진술한 부정적 명제들은 일자에 관하여 표현하는 것이 아니라 일자를 가리킬 뿐이다."[214] 오직 일자만이 모순의 원리를 초월한다.[215]

그렇다면, 일자를 가리키는 행위의 의미와 종교적인 뜻은 무엇인가? 여기에서 프로클루스는 소위 심리적 혹은 내성적 전환을 취한다. 이것은 플로티누스의 초심리학적 해석에서 보았던 것과 크게 다르지 않지만, 좀 더

---

210) Parm. 141E의 최신 번역본은 다음과 같다: *Proclus: Commentarie sur le Parménide de Platon. Tradiction de Guillaume de Moerbeke*, ed. Carlos Steel, 2 vols. (Leide/Leuven: Brill, 1982-85). 헬라어를 영어로 번역한 책은 다음과 같다: Glenn Morrow and John Dillon, *Proclus Commentary on Plato's Parmenides* (Princeton: Princeton University Press, 1987).

211) Klibansky and Labowsky, *Plato Latinus* 3:34-355을 보라.

212) Ibid., pp. 36, 52.

213) Ibid., pp. 40, 44, 62.

214) Ibid., p. 70.

215) Ibid., p. 72.

명료하게 형식화되어 있다. 프로클루스는 이를 다음과 같이 말한다.

> "그러나 전적으로 명명 불가능한 것을 어떻게 일자라고 부를 수 있느냐는 문제가 발생한다. 그것은 우리가 '일자' one라는 이름을 사용하여 부르는 그 일자가 아니고, 우리 안에 있는 일치에 대한 이해라고 말해야 할 것이다.…만물은 제1 원인을 사모하고 본성적으로 추구한다. 이 사실은 일자에 대한 편애가 지식으로부터 나오는 것이 아니라는 사실을 보여준다. 만약 일자가 지식에서 나온다면, 지식에 동참하지 못한 것은 일자를 추구할 수 없기 때문이다. 그러나 영혼이 본성적으로 일자를 추구하는 성향을 가지고 있듯이, 만물도 그러한 성향을 가지고 있다."[216]

그러므로 일자에게 이름을 붙이려는 것은 사실상 일자를 향한 우리의 본성적인 갈망에 이름을 붙이는 것, 즉 우리 안에 있는 일자의 형상 image을 활성화하는 것이다. 희구 혹은 에로스로 묘사되는 이 각인 刻印이 신비적 상승을 가능하게 해준다.[217]

그리하여 프로클루스도 플라톤이나 플로티누스처럼 복귀가 가능한 것은 영혼에 있는 신적인 것때문이라고 주장하였다. 물론 플로티누스와는 달리 프로클루스는 영혼이 전적으로 타락하였으며, 위의 영역에 부분적으로도 참여하지 못하고 있다고 생각하였다.[218] 앞에서 살펴보았듯이 플로티누스는 때때로 이성 자체보다 더욱 이성적인 것, 즉 "이성의 최고 양상"(6.9.3) 혹은 "내적인 이성"(5.3.14)에 대하여 말하였지만 이성 안에 이 신적인 요소를 정위시킨다. 프로클루스는 그것을 자신이 갈대아 신탁에서

---

216) Ibid., p. 54 (text), p. 55 (trans.). Trouillard, "Théologie negative et psychogonie"를 보라.

217) *In Parm.* 6, 1079-81도 보라. "hypernégation mystique"에 대해서는 Guerard, "La Théologie négative dans L'apophatisme grec," pp. 197-99; idem, "Le théorie des Hénades la mystique de Proclus," *Dionysius* (1982): 73-82을 보라.

218) Laura Westra, "Proclus" Ascent of the Soul Towards the One in the Elements of Theology: Is It Plotinian?" in *Proclus et Son Influence*, pp. 129-43을 보라. A. H. Armstrong은 플로티누스와 후기 신플라톤주의자들의 차이점을 강조한다 ("Tradition, Reason and Experience," pp. 188-91).

발견한 용어인 "이성의 꽃"과 동일시한다. 그는 한 곳에서 영혼 안에 있으며 불가지한 일자와의 연합을 위한 접촉점을 형성해 주는 한층 고귀한 각인을 지적하는 듯한 방법으로 "전체 영혼의 꽃"을 언급한다.[219]

프로클루스는 참여 불가능한 일자에 대한 지식과 관련해서 일종의 절대적 의미에서 주관적으로 부정적인apophatic 입장을 취한다. 그러나 그는 일자와의 연합henōsis이 가능하다고 믿는다. 이 용어는 그의 저서에서 종종 발견되는데, 가장 인상적인 진술을 『파르메니데스』 주해 제7권에서 찾아볼 수 있다.

"영혼은 일자 자체의 불가해한 탁월성을 향하여 올라간다. 영혼은 그 본성을 향한 열망에 의하여 그 방향으로 태어났으며, 그것의 주위를 돌면서 그것을 껴안기를 원하며, 최고의 열정으로 그것에 현존하기를 추구하며, 가능한 대로 자체를 통일시키며, 여하간 완벽하게 하나가 되기 위해서 자체의 모든 다양성을 몰아낸다. 불가해한 것을 이해하는 것 혹은 미지의 것을 아는 것이 불가능하지만, 영혼은 자체의 나아감의 형식에 따라서 일자에의 동참의 표현할 수 없는 이해를 사랑한다. 영혼이 무엇인가를 받으려면, 영혼은 먼저 그것과 공존해야 한다. 그러나 형태가 없어 만질 수 없는 것의 경우에 이 말의 의미는 무엇이겠는가? 이리하여 일자는 모든 추론적 지식과 사유의 접촉을 초월한다. 하나됨unification만이 우리를 일자 가까이로 이끌어준다. 이는 그것이 어떤 존재보다 높아서 알려지지 않기 때문이다"(『파르메니데스』 7).[220]

이것이 "우리가 자신을 신에게만 연합할 수 있기 위하여 다른 모든 집착들로부터 우리를 해방시키는 몰아의 상태"[221]이다. 프로클루스는 헬라 선배들처럼 계속 그것을 일종의 관상이라고 지칭하는데, 그 목표는 부정

---

219) *De Philosophia Chaldaica*, chap. 4를 보라.
220) Klibansky and Labowsky, *Plato Latinus* 3:44-46을 보라.
221) Cf. "Neoplatonist Spirituality, II," p. 256.

의 부정을 통하여 도달한다. "이러므로 파르메니데스는 하나의 부정에 의해서 모든 부정을 제거하였다. 그는 일자에 대한 관상을 침묵으로 마친다"(『파르메니데스』 7).[222]

프로클루스가 디오니시우스를 통해서 기독교 신비주의에 미친 영향은, 우주적인 사랑의 개념과 디오니시우스의 성례전주의의 유사-주술적 요소에서뿐만 아니라 부정의 부정으로서의 일자에 대한 변증적 견해에서 분명히 나타난다. 이러한 요소들이 기독교 사상에 도입되면서 심오한 조종과 변천을 거쳤는데, 이에 대해서는 다음 장에서 다룰 것이다.[223] 프로클루스는 자신이 싫어하는 종교에 심원한 영향력을 행사하는 일에 성공한 인물, 다시 말해 명백히 기독교적 세계에서 반기독교적 저자로서 성공한 흥미로운 인물이다. 기독교적 프로클루스주의는 형이상학과 신비주의에서 독보적인 중요성을 지니게 되었다. 이것은 그리스의 관상적 전통과 서방 기독교 신비주의 사이에 존재하는 많은 모호성을 밝혀주는 역설이다.

---

222) Klibansky and Labowsky, *Plato Latinus* 3:76-77을 보라. 플로티누스에 있어서의 부정의 부정에 대해서 보려면 Beierwaltes, *Proklos*, pp. 395-98; and Trouillard, *L'un et L'âme selon Proclos*, pp. 86-89, 97을 보라.

223) 이 책 제6장을 보라.

제3장

예수: 지상의 하나님 임재

후기 헬라 세계의 거주지 *oikoumenē*의 특징이었던 하나님의 임재를 얻기 위한 새로운 방법의 추구는 기독교 신비주의 역사의 배경에서 중요한 부분이 된다. 앞의 두 장에서 이 역사에 중요한 유대교와 헬라의 종교철학적 발달상의 면모를 살펴보았다. 비록 직접적인 연관은 없지만, 묵시적으로 천상의 영역에 올라가는 것, 그리고 봄 *theōria*에 대한 플라톤적 추구는 기독교 신비주의가 몇 가지 특이한 형태를 갖게 된 이유를 설명하는 데 도움이 된다. 하나님 임재를 경험하기 원하는 갈망이라는 주제를 강조하는 것이 후기 헬레니즘의 새로운 종교 세계를 비추어 주었다면, 이 장에서는 그것이 A.D 30년대에 팔레스타인에 등장한 예수 운동의 특성을 관찰하는 방법도 제공한다는 것을 논의하려 한다.

예수 안에서의 하나님의 임재

기독교인들(Chirstian: 이들이 팔레스타인 밖으로 나가 이방 지역으로 퍼지면서 이 명칭으로 불리게 되었다: 사도행전 11:26 참조)이란 유대인들이 예배했던 보이지 않는 하나님이 30년경에 잠시 방랑하며 활동하던 유대인 설교자인 나사렛 예수 안에서 최종적이고 더 이상 능가할 수 없는 방법으로 현존하였음을 인정한 사람들이었다. 예수가 로마 당국에 의해서 처형되었음에도(그의 삶에 대하여 의견이 통일된 몇 가지 사실 중 하나이다), 예수를 따르는 사람들은 예수가 죽은 자들로부터 살아나 하늘에 오름으로써 신적 능력을 나타냈다고 믿었다. 이 사건들은 하나님 나라의 새 시대를 열었는데, 그 나라는 장차 예수께서 자신의 신성을 나타내면서 세상에 재림하실 때에 보편적으로 성취될 것이다. 부활과 재림 사이의 중간 시기에는 오직 그리스도, 즉 "기름부음을 받은 자" 또는 메시아가 되신 예수에 대한 믿음 안에서, 그리고 그 믿음을 통해서만 하나님과의 구원의 접촉이 가능했다.

예수를 메시아라고 믿게 된 유대인들과 이방인들의 본질적인 관심은 어떻게 하나님이 예수 안에 현존하느냐(현재까지 계속 논의되며 의견이 분분한 기독론적 문제)에 있었던 것이 아니라, 구원에 이르기 위해서 신의 현현인 예수와의 만남이 어떻게 이루어지고 증진될 수 있는가에 있었다. 가장 초기에 예수를 따르던 사람들은 예수가 세웠으며 자신이 세상에 현존한다는 표식으로 남겨 놓은 공동체의 회원이 됨으로써만 이것을 얻을 수 있다고 주장했다. 구주이신 그리스도에 대한 순수히 개인적인 신앙은 있을 수 없었다. 주로서의 예수에 대한 신앙 고백과 예수의 죽음과 부활에의 신비적 참여로서 이해된 세례 의식을 통해 믿는 사람들의 공동체 eklēsia에 들어가는 것이 필요한 출발점이었다.

공동체 내에서의 삶은 완전히 새로운 형태의 삶이었다. 그들은 엄격한 도덕에 기초를 두었고, 서로 사랑하고 물건을 통용했으며, 예수께서 죽기 전에 시작하셨던 예전적인 식사—이 때 성별된 떡과 포도주를 마실 때에 예수가 임재한다고 믿었다—에 중심을 둔 기도 생활에 힘썼다. 이 모든 것은 부활하신 주와 기독교인의 일치를 나타내고 증진하기 위해 고안 되었다. 예수를 메시아로 받아들이지 못했던 유대인들 사이에, 그리고 곧이어 새로운 종교, 특히 로마의 신들을 인정하려 하지 않는 종교를 의심스런 눈으로 보는 로마 당국자들 사이에 이 새로운 무리에 대한 적개심이 생겨났다. 어떤 신자들은 공동체가 믿는 것은 예수와의 궁극적인 일치이며, 예수를 위해 죽음으로써 믿음을 증언하라는 부름을 받았다고 믿었다. 기독교 순교자들이 크게 많지 않았지만 순교의 이상은 새로운 종교의 정체성의 중요한 부분이었다.

경건한 유대인들이 그렇듯이 예수는 히브리 성경에 정통했지만 제1장에서 다룬 묵시론자들처럼 서기관은 아니었다. 예수는 하나님의 나라에 초점을 둔 메시지를 전파한 설교자였다(이것 역시 예수에 대해 의견이 일치하는 사실이다). 메시지를 전파하는 자였던 예수가 전파되는 메시지의 핵심이 되었고, 곧 그가 전파한 요소들과 그에 대한 이야기들, 특히 그의 희생의 죽음과 부활의 이야기가 기록으로 고정되면서 예수는 기록된 메시지의 핵심이 되었다.[1] 예수에 관한 이러한 진술들과 이야기들이 얼마나 예수의 말과 행동을 반영하고 있으며 얼마나 초기 공동체의 신앙의 산물인가 하는 것은 중요한 문제로서 지금까지 분명한 의견의 일치가 이루어진 적이 없고 앞으로도 이루어질 것 같지 않은 논쟁적인 주제이다. 비록 중요한 문제이기는 하지만, 이 문제는 이 책의 목적과 직접적인 연관이 없으므로 이 책에서는 다루지 않겠다.

기독교에서 기록된 말의 역할은 하나님의 말씀Logos으로 인식된 그리스도에 종속되는 것이지만, 기독교 신비주의를 이해하려면 성경의 중요성을 분명히 파악해야 한다. 왜냐하면 신비주의, 특히 12세기까지의 신비주의의 특성은 대체로 직접적으로 성경을 주석하는 것이었기 때문이다. 신적 임재에 대한 즉각적인 의식의 배양이 성경의 본문을 읽고 묵상하고 전파하고 가르치는 범주 안에서 일어나지만, 가끔 예전적, 혹은 유사-예전적 상황에서 일어나기도 하였다.[2]

새로운 종교에서 거룩한 본문들이 큰 역할을 한 것은 그리 놀랄 일이 아니다. 종교 생활의 중요한 부분인 히브리 성경을 읽고 해석하는 일에 익숙

---

[1] Helmut Koester, *Introduction to the New Testament*, 2 vols (Philadelphia: Fortress, 1982). 초기 기독교에 대한 연구서로 W. H. C. Frend, *The Rise of Christianity* (Philadelphia: Fortress, 1984)을 보라.

[2] Marguerite Harl, "Le langage de L'expérience religiense chez les péres grecs," *Rivista di storia e letteratura religiosa* 15 (1977): 5-34을 보라.

해 있던 초기 유대-기독교 공동체는 유대인의 거룩한 글들을 새로운 방법으로 읽고 기도했다. 예수 운동은 신속히 히브리 성경의 헬라어 역본(70인역)을 자체의 표준 성경으로 채택했으며, 이 운동의 구성원들은 처음부터 그 책을 기독론적으로—즉 본질적으로 예수가 세상에 오심에 대한 증언이요 예언이요, 혹은 광범위한 준비로 여기면서—읽었다. 1세기의 마지막 30년 동안에 복음서라고 알려진 새로운 장르에서 최종적으로 발전한 예수에 관한 기록된 자료들은 어떻게 히브리 성경이 자신 안에서 완성되었는가를 보여 주는 예수를 묘사하기도 한다.

기독교 성경이 만들어지는 데 작용한 원리도 근본적으로 기독론적인 것이었다. 헬라어 번역 히브리 성경(200년경에 기독교인들은 이것을 "구약성경"이라고 불렀다)은 그리스도의 도래를 알리고 준비했기 때문에 하나님의 말씀이었다. 2세기 후반쯤 예전적 모임에서 관례적으로 사용되었고 공동체의 최초의 지도자들(사도들)이 기록했다고 생각되기 때문에 진정한 예수의 메시지를 담고 있다고 생각되는 기독교의 저술들을 선택하여 "정경"을 만들었는데, 이것은 곧 "신약성경"이라고 불리게 되었다.[3] 교회에 의해서, 특히 교회의 권위 있는 지도자들(즉 감독들)에 의해 해석된 이 본문들은 바른 믿음을 위한 규범이 되었고, 2세기에는 한층 더 하나님의 선재하시는 말씀으로 인정된 예수 그리스도가 그 모임 안에 임재하는 수단이 되었다.

요약해 말하자면 초기 기독교의 특징은 하나님이 예수 그리스도 안에서 나타났으며, 승천하신 예수 그리스도에게 믿는 자들의 공동체 안에서 말씀과 예전을 통하여 접근할 수 있다고 믿었다는 것이다. 이러한 교회론적인 배경, 성경적 기반, 성례전적 관습 등 특징적인 요소들이 초기 기독교의 핵심이었고, 기독교 신비주의가 형성되는 단계에서 빠뜨릴 수 없는 요소가 되었다.

---

3) 기독교 성경의 형성에 대해서는 Rowan A. Greer, *Early Biblical Interpretation* (Philadelphia: Westminster, 1986), part 2을 보라.

이러한 묘사는 기독교가 본질적으로 그 기원에서부터 신비 종교였음을 시사해 주는 듯하다. 그러나 그것이 내가 주장하고자 하는 바는 아니다. 정당한 의미에서 말한다면 기독교 신비주의의 형성은 수세기 동안 완성을 위해 애썼던 역사적 과정의 결과이다. 서방 기독교의 신비주의는 4세기 후반 이전에는 분명하지 않았다. 그러나 나는 휘겔Friederich von Hügel의 견해를 따라서 처음부터 기독교가 신비적인 요소를 지니고 있었다고 주장하고 싶다. 또 후대의 신자들은 예수 안에 있는 심적 현존을 직접적으로 의식하는 특별한 형태로 이끌어주는 방식으로 새 종교가 지닌 중심 주제들을 이해하고 적용할 수 있었다는 의미에서, 그 요소들을 신비적으로 해석할 수 있는 가능성이 있었다고 제시하고 싶다.

초기 기독교가 신비적 요소를 담고 있다고 말하는 것조차 논쟁의 대상이 될 수 있다. 정교회Orthodox 전통 안에 있는 사상가들은 초기 기독교를 신비 종교로 보고 기독교의 신학을 근본적으로 신비 신학으로 보는 데 별 어려움이 없는 반면, 기독교의 다른 파에서는 그렇게 확신하지 못한다. 많은 가톨릭 저자들은 최소한 신약성경, 그리고 사도 시대와 속사도 시대의 기독교 저술들 중 일부가 신비적이라고 주장해왔다.[4] 그들은 종종 신비주의의 두 가지 의미를 구분한다. "그리스도와 함께 하나님 안에 감추어진"(골 3:3) 새로운 생명의 함축적이고 일반적이거나 객관적인 신비주의가 그 하나이고, 영혼 안의 하나님의 임재에 대한 의식적인 경험인 분명하고 특별하고 주관적인 신비주의가 또 다른 하나이다.[5] 다른 가톨릭 학자들이나 성

---

[4] 이러한 주장을 하는 연구서는 다음과 같다: Anselm Stolz, *Theologie der Mystik* (Regensburg: Pustet, 1936); Joseph Huby, *Mystiques palinienne et Johannique* (Paris: Desclée, 1946); Alfred Wikeshauler, *Pauline Mysticism* (Herder: New York, 1955); Louis Bouyer, *The Spirituality of the New Testament and the Fathers*, vol. 1 of *A History of Christian Spirituality* (New York: Seabury, 1982), chaps. 2-10. 성경에서의 신비주의 문제를 연구한 책으로는 François Vandenbroucke, "Die Ursprunglichkeit der biblischen Mystic," in *Gott in Welt: Festgabe für Karl Rahner* 2 vols. (Freiburg: Herder, 1964) 1:463-91을 보라.

[5] Stolz(*Theologie der Mystik*, pp. 41-46), Huby(*Mystiques palinienne et johannique*, pp. 8-9, 25-26), Wikenhauser(*Pauline Mysticism*, pp. 104-5) 등은 신약성경의 몇몇

공회 학자들은 신비주의에 대해 회의적이어서 비록 이런 신비적 경건이 복음서의 메시지와 양립할 수 있다 해도, 신비주의를 2세기에 기독교로 들어온 관상적 이상에 중심을 둔 헬라적 현상으로 보려 했다.[6] 리츨과 하르낙에서, 바르트와 브루너를 통해서, 불트만과 그 이후의 현대 개신교 사상의 중심적 전통은 기독교 기원과 신비주의 사이의 연관을 부정하였고, 헬라 신비주의가 기독교에 도입된 것을 불행한 오염으로 간주하였다. 그러나 다른 개신교 신학자들, 특히 슈바이처Albert Schweitzer는 신약성경 및 초기 기독교 저술들에서 발견되는 신비주의의 독특한 형태들의 중요성을 강조하였다.

만약 신비주의를 순전히 관상적인 실천을 통하여 하나님과 일치하게 되는 연합의 형태로 이해한다면, 특히 그리스도의 중재적인 역할과 성경과 공동체의 위치를 무시하는 것으로 이해한다면 1세기에는 기독교 신비주의가 활발했다고 말하기 어렵다. 그러나 만약 보다 넓은 의미에서 융통성 있게 신비주의를 이해한다면 1세기의 기독교 저술들은 비록 완전히 형성된 분명한 신비주의 이론들은 아니더라도 신비적 요소가 존재했음을 보여주는 많은 증거들을 제공해줄 것이다. 바울과 요한이 오리겐이나 어거스틴과 동일한 의미에서의 신비가는 아니다. 그러나 바울과 요한의 저술들 및 가명을 사용하거나 그렇지 않은 초기 저자들의 글은 신비적으로 해석할 수 있으며, 그러한 해석이 후일 동방과 서방의 모든 기독교 신비주의의 역사적인 토대가 된다.

이런 해석법은 역사-비평적 표준이나 기독교 본질에 대한 특별한 신학적 해석들에 부합하지 않기 때문에, 현대의 일부 학자들은 그것을 잘못된 해석이라고 주장한다. 그러나 내 입장은 성경의 역사-비평적 해석은 그

요소 안에 분명하고 객관적인 신비주의가 존재한다고 주장하기 위해서 이러한 구분들을 사용한다.

6) E. g., André Jean Festugière, *L'Enfant d'Arigente* (Paris: Plon, 1950). Cf. Andrew Louth, *The Origins of the Christian Mystical Tradition: From Plato to Denys* (Oxford: Clarendon, 1981).

의미를 신학적으로 소멸시키지 않는다는 것이며, 역사로부터 동떨어진 원래의 "기독교의 본질"을 찾는 것이 망상에 불과하다는 것이다. 비록 처음부터 신비가들이 존재했던 것은 아니지만, 기독교 역사에서 중요한 역할을 한 신비가들은 오직 영적인 해석만이 성경의 완전한 의도를 드러내 줄 수 있다고 주장하려 했다.[7] 기독교 신비주의는 바로 이러한 영적 해석을 통해서 성장했다.

이어질 부분에서 기독교 신비주의를 형성하였고 수세기 동안 기독교 신비주의를 구체화해 주었던 1세기의 기독교 문서들 안에 있는 요소들을 지적해보려 한다. 일부 학자들처럼 신약성경의 특별한 신비주의, 바울의 신비주의나 요한의 신비주의를 입증하려 하지는 않을 것이다. 그렇게 하는 것이 가능할지 모르지만, 그런 시도는 시대착오적인 것이 되며 기독교 신비주의의 발전적 성격에 상대적으로 주의를 집중하지 못하게 한다. 그러나 만약 기독교 신비주의가 거룩한 말씀 안에서 공동체 안에 현존하시는 하나님을 발견하는 데 초점을 둔다고 이해한다면, 신비적 형태의 해석을 아주 쉽게 가능하게 해준 성경의 말씀의 구절들을 간단히라도 살펴보아야 한다.

신약성경의 책들

공관복음서

대략 70년부터 90년 사이에 예수에 관한 기독교 공동체의 기억을 반영해 주는 많은 구전 자료와 문서 자료들을 통합하여 마태와 마가와 누가의

---

[7] 다음을 보라: Henri Crouzel, "Spiritual Exegesis," in *Encyclopedia of Theology: The Concise Sacramentum Mundi*, ed. Karl Rahner (New York: Seabury, 1975), pp. 126-33; and Sandra Schneiders, "Scripture and Spirituality," in *Christian Spirituality: Origens to the Twelfth Century*, ed. Bernard McGinn and John Meyendorff, *WS* 16 (New York: Crossroad, 1986), pp. 1-20.

것으로 간주되는 공관복음이 형성되었다.[8] 바울의 서신들보다는 후기의 것이지만, 공관복음서들은 후기 편집적인 요소들과 아울러 초기의 중요한 자료들을 담고 있다. 공관복음서에서 예수는 교사요 구주로 제시될뿐만 아니라 본받아야 할 모범으로도 제시된다.[9] 구속자에 대한 이런 견해는 훨씬 후대의 기독교 신비주의에서 실질적으로 중요한 역할을 한다. "자기 십자가를 지고 나를 따르지 않는 자도 내게 합당하지 아니하니라"(마 10:38). 이렇게 그리스도를 본받는 것은 종종 믿음을 가지고 살아가면서 만나게 되는 내적 · 외적 어려움을 참고 견디는 것으로 이해되었다. 그러나 후일 그것은 예수와 최초의 공동체들이 실천한 "사도적 삶"에 대한 다양한 개념에 기초를 둔 특별한 형태의 경건에 적용되기도 했다.[10] 그러나 예수를 닮는다는 것은 바울이 "그리스도의 마음"(고전 2:16)을 가지라고 한 것, 즉 "하나님의 깊은 것"(고전 2:10)을 이해하고 의식하게 되는 것을 의미한다고 생각할 수도 있다. 왜냐하면 공관복음서에서, 특히 유명한 "요한이 쓴 것 같은" 본문인 마태복음 11장 27절과 누가복음 10장 22절에서 예수가 여러 차례 보여준 특별한 하나님-의식이 그의 추종자들에게 주어질 수 있었기 때문이다: "아버지께서 모든 것을 내게 주셨으니 아버지 외에는 아들이 누구인지 아는 자가 없고 아들과 또 아들의 소원대로 계시를 받는 자 외에는 아버지가 누구인지 아는 자가 없나이다." 후기 신비주의자들은 종종 이 본문을 즉각적이고 특별한 신지식에 대한 그들의 주장을 정당화하는 보증으로 간주하였다.

세 개의 공관복음서 모두에서 발견되는 특별한 사건(아마 그 위치가 잘못 잡

---

8) 신약성경의 장르에 대한 입문서로 David E. Aune, *The New Testament in Its Literary Environment* (Philadelphia: Westminster, 1987)을 보라.

9) 신약성경에서 이 요소의 중요성에 대한 역사-비평적 연구서로 Hans Dieter Betz, *Die Nachfolge und Nachahmung Jesus in Neuen Testament* (Tübingen: Mohr, 1967)을 보라.

10) 기독교 영성의 모방이라는 중요한 주제에 대한 글로 "Imitation du Christ" in *DS* 7:1536-97을 보라.

한 부활절 설화), 즉 변화산 사건이라고 알려진 이야기가 이것을 확증하기 위해 사용되었다(마 17:1-9; 막 9:2-10; 눅 9:28-36). 여기서 베드로와 야고보와 요한(선택받은 제자들)은 예수와 함께 기도하러 산으로 올라가서 예수가 영화롭게 되어 모세와 엘리야와 함께 대화하는 것을 본다. 세 개의 기록 모두에서, 구름이 제자들을 덮었는데 구름 속에서 "이는 내 아들이요 내 사랑하는 자"라는 음성이 들렸다고 한다.[11] 이 이야기의 기원과 의미는 현대 성경 학자들에 의해 많이 논의되었지만, 우리는 그것이 영화롭게 된 예수의 중재를 통해서 하나님과의 몰아적 접촉의 가능성을 주장하고 있음을 쉽게 알 수 있다. 사도들과 예수의 선택된 특별한 친구들, 특히 막달라 마리아가(마 28:9-10; 막 16:9) 본 부활 장면을 다룬 공관복음의 이야기들도 같은 방식으로 이해되었다. 부활하신 주님이 말씀과 성례전 안에 계속 사시기 때문에, 꾸준히 그의 임재에 대한 특별한 경험을 할 수 있다고 생각되었다.

공관복음서에 사용된 많은 개념들과 주제들은 후대의 기독교 신비주의에서 신비적인 길의 목표를 묘사하기 위해서 사용되었다. 그 중 가장 두드러진 것은 온전함perfection과 하나님을 보는 것vision of God이라는 개념이다. 이 둘은 산상설교라고 알려진 마태복음에서 발견된다(마 5:1~7:29, 이것은 눅 6:17-49의 평지 설교와 연관이 있다). 예수는 설교 중간에 자신의 도덕적 가르침을 다음의 교훈으로 요약한다. "그러므로 하늘에 계신 아버지의 온전하심과 같이 너희도 온전하라"(마 5:48). 후대의 기독교인들은 새로운 삶의 온전함에 수반되는 것을 다양하게 이해했는데, 그것들의 다수는 신비적 요소들을 포함하고 있었다. 예수는 구원의 "복된 소식"의 중심이 되는 가치관과 덕목을 소유한 사람들을 칭찬하는 잘 알려진 팔복의 말씀으로 위대한 설교를 시작한다. 다섯째 복—"마음이 청결한 자는 복이 있나니 그들이 하나님을 볼 것임이요"(마 5:8)—은 기독교 신비주의의 역사에서 중요한

---

11) Eduard Norden은 *episkiazien*이라는 동사가 신약성경 중 누가복음의 성육신 이야기(눅 1:35)에만 등장하는 것에 주목하면서, 저자가 신비한 몰아의 상태를 전하려 했다고 주장했다(*Die Geburt des Kindes* [Leipzig: Teubner, 1924], pp. 92-99).

구절이 되었다. 복음서 기자가 하나님을 본다고 하면서 의도했던 것에 대해서는 여러 가지 해석이 가능하다. 그러나 제2장에서 살펴본 "관상적 봄"이라는 플라톤주의 전통에 의해서 "하나님 보는 것"에 대한 예수의 약속을 이해하려 한 2세기의 학식 있는 헬라 기독교인들을 비난하기는 어렵다. 오늘날도 마태복음 5장 8절을 기독교 윤리와 신비 신학의 성경적 근거로 삼는 신학적 견해들이 있다.[12)]

공관복음이 전통적인 기독교 신비주의에서 사용된 특별한 용도는 영적 해석인데, 그것은 현대의 독자들에게는 가장 생소하고 역사—비평적 정신과 가장 거리가 먼 것이다. 복음서 기자들은 예수가 유대인의 성경들이 자기 안에서 성취되고 있다고 해석한다고 묘사했고(마 5:17-19, 26:54; 눅 4:21), 바울은 유대교의 성경이 기독교 메시지의 거울(고전 10:6, 11)이며 비유(갈 4:24)라고 말한다(헬라 세계에서 유대교와 그리스 종교의 해석학적 특징은 거룩한 본문을 영적으로 해석하는 것이었다). 그러나 기독교 주석의 특징은 그런 해석 기법들을 거룩한 책들의 정경을 형성하는 데 적용했다는 것이다. 영지주의적 기독교인들이 기독교의 본문들, 특히 요한복음을 제대로 영적으로 해석하기 시작했을 것인데, 이것은 알렉산드리아의 클레멘트에게서 보듯이 발전해가는 정통적 혹은 "위대한 교회" 전통과 양립할 수 있는 예수의 사건들과 말씀들을 보다 깊게 읽도록 다른 기독교인들에게 도전을 주었다.[13)] 대략 200년 이후에 공관복음서에서 발견되는 이야기들과 구절들은 영적으로 해석되었고, 이런 해석은 기독교 신비주의의 발전에서 중요한 역할을 하게 되었다.

두 개의 예로 족하리라 본다. 씨 뿌리는 자의 비유(마 13:4-23; 막 4:1-20; 눅 8:11-15)는 그것이 설교자인 예수의 원래 말씀을 반영하든지 그렇지 않든

---

12) Kenneth E. Kirk, *The Vision of God: The Christian Doctrine of the "Summum Bonum" 1932*; reprint(Cambridge: James Clarke, 1977).

13) 클레멘트의 성경 해석에 관해서는 Jean Daniélou, *Gospel Message and Hellenistic Christianity* (Philadelphia: Westminster, 1973), chap. 10을 보라.

지 영적 해석과 관련이 있는 편집적인redactional 읽기의 신호가 된다. 이 과정은 후일 복음의 씨앗의 여러 단계의 성장이 기독교적 삶에서의 완전함의 단계들을 나타내며, 백 배의 결실이란 완전한 영적 신자(종종 신비가를 이렇게 지칭하기도 한다)를 상징한다고 보았다.

누가복음은 예수가 마르다와 마리아의 집을 방문한 사건에 대해 말한다. 여기서 예수는 마르다가 많은 일로 분주함을 보시고 "몇 가지만 하든지 혹은 한 가지만이라도 족하다"라고 꾸짖고, 마리아에게는 "좋은 편을 택하였다"라고 칭찬하였다(눅 10:38-42). 마리아와 마르다, 그리고 이 자매의 오빠인 나사로는 요한복음에 기록된 이야기에도 나온다(11:1-44). 막달라 마리아는 예수가 귀신들에게서 구해 주었고, 예수가 처형될 때 십자가 옆에 서 있었으며(막 15:40), 은총을 받아 부활하신 장면을 본 여인으로 주목을 받는다. 초기의 주석가들은 마리아라는 인물이 많다는 것에 주목하였지만, 막달라 마리아는 기독교 신비주의를 위한 유력한 패러다임이 된다.

영적 해석자들은 막달라 마리아를 누가복음 7장 36-50절에 등장하는 회개한 창녀와 동일시함으로써 후대의 기독교 영성 형성에 도움을 준 기본적으로 신비적인 "전기"傳記들을 만들어 냈다. 초기 기독교에서 모세만큼 중요하지 못하지만 깊은 사랑과 회개를 통해서 예수의 특별한 사랑을 받게 된 죄인 막달라 마리아의 이야기는 후기 신비주의의 핵심이었다. 이와 같은 막달라 마리아의 특권적 요소들이 영지주의 문헌에서 나타나는데, 거기서는 막달라 마리아가 베드로보다 우월한 위치를 차지한다.[14] 막달라 마리아 전설을 신비적으로 사용하는 데 가장 중요한 요소들 중 하나—누가복음에서 예수가 마리아에게 "이 좋은 편"을 선택했다고 칭찬한 이야기는 관상적 사랑(마리아)이 활동적인 봉사(마르다)보다 탁월하다는 것을 상징

---

14) E.g., as in the *Gospel of Mary*; Elaine Pagels, *The Gnostic Gospels* (New York: Vintage Books, 1981), pp. 76-81.

한다는 해석—를 증언해 주는 최초의 인물은 오리겐이다.[15]

바울 서신

기독교 신비주의자들의 저술에서 공관복음의 자료들이 폭넓게 사용되어 왔지만 후대의 신비주의자들은 신약에서 바울과 요한의 저작을, 구약에서는 시편과 아가서를 선호했다. 바울의 신비주의에 대한 논의는 특히 20세기에 첨예했던 문제이다. 40년경에 기독교로 개종한 바리새파 유대인 바울이 현대적 정의에서 신비가였는지 아닌지에 대한 논증들을 떠나서, 이 위대한 선교사의 글들은 묵시주의와 기독교 신비주의의 기원 사이에 밀접한 관련이 있다는 증거를 제공하고 있다.

교사요 설교자인 유대인을 따르던 초기의 추종자들로 이루어진 예수 운동은 유대교 내에서는 하나의 묵시적 분파로 묘사되어왔다. 이것은 그 새로운 운동이 지닌 의미의 일부를 파악한 특징 묘사이다. 예수가 새 시대의 임박한 도래를 추구하는 묵시적 정신을 얼마나 가지고 있었는지와 상관없이,[16] 그의 최초의 제자들이 그의 부활과 기대된 재림을 묵시적으로 이해했다는 것은 확실하다. 이것은 바울의 서신들(데살로니가전서, 갈라디아서, 고린도전·후서, 빌립보서, 로마서)[17] 및 그의 생애에서 분명히 입증되고 있다.

스톨츠Anselm Stolz는 바울이 묵시적으로 셋째 하늘에 올라갔다는 기록(고

---

15) Daniel A. Csányi, "OPTIMA PARS: Die Auslegungsgeschichte von Lk. 10, 38-42 lei den Kirchenvätern der ersten Vier Jahrhunderte," *Studia Monastica* 2 (1960): 5-78.

16) Johannes Weiss와 Albert Schweitzer가 대표하는 현대 신약성경 비평 연구의 전통에서는 예수를 묵시적 설교자로 보았다. 그러나 최근에는 역사적 예수와 묵시주의를 분리하려는 경향을 띠며, 예수가 설교할 때에 묵시론적 모티프들을 사용했지만 하나님의 나라에 대한 예수의 개념은 임박한 것이라기보다는 내재적인 것이라고 주장한다.

17) 바울의 것으로 여겨져온 목회 서신들 (디모데 전·후서와 디도서)이 2세기 초의 산물이라는 전반적으로 일치된 견해가 있다. 많은 사람들은 데살로니가 후서, 에베소서, 골로새서 등은 바울의 것이 아니라, 바울의 사후에 그의 추종자들이 쓴 것이라고 주장한다. Norman Perrin, *The New Testament: An Introduction* (New York: Harcourt, Brace, Jovanovich, 1974), chap. 5 and 6을 보라.

후 12:1-6)이 기독교 신비주의 역사에서 중심적 역할을 한다고 지적한 최초의 인물이다.[18] 모세가 시내 산 꼭대기에서 하나님을 만난 출애굽기 이야기와 함께, 신비적인 신적 임재의 경험을 위한 표본적인 이야기로 사용되어왔다. 최근 연구에서도 그것은 천상 영역으로의 묵시적 상승에 대한 유일한 자서전적 이야기라는 점에서 당시의 종교적 문헌에서 독특한 것이라고 지적한다.[19] 바울은 실제로 두 개의 경험, 즉 삼층천에 올라간 것과 보다 높이 낙원에 올라간 것에 대해 자세히 이야기하고 있는 듯하다.

> "내가 그리스도 안에 있는 한 사람을 아노니 그는 십사 년 전에 셋째 하늘에 이끌려 간 자라(그가 몸 안에 있었는지 몸 밖에 있었는지 나는 모르거니와 하나님은 아시느니라) 내가 이런 사람을 아노니(그가 몸 안에 있었는지 몸 밖에 있었는지 나는 모르거니와 하나님은 아시느니라) 그가 낙원으로 이끌려 가서 말로 표현할 수 없는 말을 들었으니 사람이 가히 이르지 못할 말이로다."

이 놀라운 바울의 기록은 초기 기독교 묵시주의의 기본적인 추이들을 강조한다. 유대교 묵시주의는 항상 고대의 인물들의 이름을 빌려서 가명으로 저술된 환상적 상승의 기록이다. 기독교에서 바울은 자신의 묵시적 상승에 대해 말하면서 그것을 자신의 사역의 근거로 사용하는데, 후일 묵시록을 기록한 요한도 직접 자신의 이름을 사용하여 자기에게 주어진 환상들에 대해서 말한다. 타보르James Tabor에 의하면 바울은 자신이 낙원으로 들려 올라갔던 것—"이것은 하나님의 친밀한 임재 및 생명나무에의 접근

---

[18] Stolz, *Theologie der Mystik*, esp. pp. 26-46, 64, 77-78, 92-93, and 144-46; M. F. Wiles, *The Divine Apostle* (Cambridge: Cambridge University Press, 1967).

[19] James Tabor, *Things Unutterable: PauL's Ascent to Paradise in its Greco-Roman, Judaic and Early Christian Context* (Lanham, MD: University Press of America, 1986); Peter Schaefer, "New Testament and Hekhalot Literature: The Journey into Heaven in Paul an in Merkavah Mysticism," *Journal of Jewish Studies* 35 (1984): 19-35.

을 강조하는 듯하다"[20]—을 강조함으로써 자기들의 특별한 경험을 자랑하는 고린도의 유대인 적대자들에게 응답한다. 하늘에 올라갔던 다른 사람들과는 달리 바울은 두려움을 경험하지 않는다. 다른 사람들은 신자들에게 전달할 메시지를 받는 반면, 바울은 "말로 표현할 수 없는 말"의 계시, 즉 그의 대적자들이 받은 것보다 더 고귀한 선물을 받는다. 모세가 구름과 어둠 속에서 하나님을 본 것처럼 이 신비는 경험이 없는 사람에게 계시될 수 없다. 이것은 본질적으로 부정적apophatic이다.[21] 여기서 바울은 자신의 경험을 청각적인 것으로 제시하지만, 다른 곳에서는 예수를 본 것에 대해서 말한다(고전 9:1; 15:8). 이 구절들은 사도행전에 세 번 기록된 바 다메섹 도상에서의 회심 경험을 언급하는 듯하다(9:1-9; 22:6-21[바울이 예루살렘 성전에서 기도하고 있을 때 예수가 나타나신 것을 언급한 구절]; 그리고 26:12-18). 이처럼 베드로와 스데반을 비롯한 초기 기독교 지도자들처럼 바울도 사도이면서 환상가였다.[22]

후기 기독교 신비주의에 끼친 바울의 영향을 연구할 때에는 바울 서신에서 발견되는 가르침을 참작해야 한다. 바울의 신비주의의 주된 경향을 묘사하려고 애쓴 수많은 저서들이 배출되었다. 그 중 가장 유명한 것은 슈바이처Albert Schweitzer의 『사도 바울의 신비주의』The Mysticism of Paul the Apostle인데, 이 책은 20세기 신비주의 연구의 고전이다.[23] 여기서 특수한 바울 신비주의에 대해 논하기보다, 바울 서신 안에서 기독교 신비주의자들이 자신들의 가르침의 성경적 근거로서 사용해온 중요한 주제들을 강조하려 한다.

---

20) Tabor, *Things Unutterable*, p. 117.

21) 교부들의 부정의 신비주의에서 이 본문의 중요성에 대해서 알려면 Harl "Le langage de l'expérience religieuse," pp. 9-10을 보라.

22) 초기 기독교에서의 환상적 요소의 중요성에 대해서 보려면, Christopher Rowland, *The Open Heaven: A Study of Apocalyptic in Judaism and Early Christianity* (New York: Crossroad, 1982)을 보라..

23) Schweitzer, *The Mysticism of Paul the Apostle* (London: A. & G. Black, 1931).

사랑의 찬가인 고린도전서 13장 12절에서 바울은 현재의 불완전함과 다음에 올 완전을 비교한다: "우리가 지금은 거울로 보는 것같이 희미하나 그 때에는 얼굴과 얼굴을 대하여 볼 것이요 지금은 내가 부분적으로 아나 그 때에는 주께서 나를 아신 것같이 내가 온전히 알리라."[24] 바울은 부활한 주와 신자가 갖는 관계의 필수적 근거인 신앙*pistis*에 대하여 더 자주 말하지만, 지식*gnōsis*과 사랑*agapē*도 그의 사상에서 핵심적 역할을 한다. 고린도전서 13장에서 바울은 장래의 거룩한 상태에 대해서 말하고 있지만, 사랑의 완전함을 얼굴과 얼굴을 맞대고 보는 것과 더 고귀한 지식과 연결한 것은 어느 정도 현세의 삶에 적용되는 것으로 해석되었다. 왜냐하면 다른 유명한 본문인 고린도후서 3장 12-18절이 구약 시대에 구름 속에서 베일을 통해서 본 것(출 34:34에 모세가 얼굴에 수건을 두른 것이 이를 상징한다)과 신약 시대에 그리스도께서 베일을 제거한 것을 대조하기 때문이다.

"주는 영이시니 주의 영이 계신 곳에는 자유가 있느니라 우리가 다 수건을 벗은 얼굴로 거울을 보는 것 같이 주의 영광을 보매 그와 같은 형상으로 변하여 영광에서 영광에 이르니 곧 주의 영으로 말미암음이니라"(고후 3:17-18).

"거울을 보는 것"이라고 번역된 단어는 종종 "응시"gazing 혹은 "관상"contemplating으로 이해되었다.[25] 따라서 이 구절은 부활하신 그리스도의 영광에 대한 관상에 의해서 우리 안에 있는 하나님의 형상이 성부의 완전한 형상인 말씀과 같은 성질의 것이 된다는 의미로 볼 수 있다(롬 8:29; 고전 15:49; 고후 4:4; 골 1:15-20). 하나님의 형상을 관상하는 것과 완전하게 하

---

24) 고린도전서 13장에 대한 최근의 해석서로 Hans Conzelmann, *1 Corinthians*, *Hermeneia* (Philadelphia: Fortress, 1975), pp. 211-31을 보라.
25) 필로는 *Legum allegoria* 3.101에서 그 단어를 이런 의미로 사용한다. 이 구절에 대해서는 Jacques Dupont, "Le Chrétien, Miroir de la Gloire Divine d'aprés II Cor., iii, 18," *Revue Biblique* 56 (1949): 392-411을 보라.

는 것을 연결함으로써 이 구절은 기독교 신비주의의 역사에서 가장 중요한 것 중 하나가 되었다. 이 두 중심적 구절은 마태복음 5장 8절과 그리스도 안에서 하나님을 본다는 요한의 주제와 연결될 때 "기독론적이 된" 플라톤적 봄theōria이 기독교 신비주의에서 맡게 될 중요한 역할을 충분히 보증해 준다. 기독교적 삶을 잃어버린 하나님의 모양 혹은 손상된 형상의 점진적인 회복이라고 보는 것은 후대의 저자들이 다양한 성경 본문, 특히 바울에게서 발견한 주제였다.[26]

사랑과 지식, 그리고 봄 혹은 관상theōria은 기독교 신비주의 역사에서 가장 중요한 용어들이었다. 이 단어들은 매우 복잡한(때로는 논쟁적인) 역사를 지니고 있기 때문에 여기서는 나중에 기독교 저자들이 이 용어들을 얼마나 다르게 이해했는지에 대한 논의를 위한 준비 단계로서 몇 가지 개론적인 언급만 할 것이다.

아가페agapē는 기독교에서 만들어낸 용어가 아니다. 이 단어가 그리 자주 사용되지 않았으나 헬라어를 사용한 초기 기독교인들은 이 단어를 하나님이 우리에게 주시는 사랑, 그리고 우리가 하나님의 은혜를 통해서 하나님께 드릴 수 있는 사랑을 나타내는 특별한 용어로 사용하게 되었다.[27] 이 단어는 공관복음서에 나타나지만(눅 11:42; 마 24:12), 바울과 요한이 빈번하게 사용하면서부터 아가페/카리타스caritas가 기독교에서 중요하게 되었다. 고린도전서 13장에 기록된 아가페에 대한 구절은 사랑에 관한 가장 유명한 바울의 글이지만, 이외에도 아가페에 대한 구절이 많다.[28] 초기 기독교인들은 에로스(erōs: 신약성경에는 등장하지 않는 용어이다)나 필리아(philia: 좋

---

26) Vandenbroucke, "Die Unprunglichkeit der biblischen Mystik," pp. 474-76.

27) Anders Nygren, *Agape and Eros* (Philadelphia: Westminster, 1953); Ceslaus Spicq, *Agape in the New Testament*, 3 vols.(St. Louis: Herder, 1962-66); Gottfried Quell and Ethelbert Stauffer, *Love: Bible Key Words from Gerhard KitteL's Theologisches Wörterbuch zum Neuen Testament*, Vol. 1(London: A. & C. Black, 1949).

28) Spicq, *Agape*, Vol. 2.

아함, 애정, 우정 등을 나타내는 용어)가 나타내는 사랑과 사랑에 대한 자기들의 견해를 구분하기 위해서 아가페를 택했을 것이다(*philein*이라는 단어가 25회, *agapan*이라는 단어가 141번, *agapē*가 116번 사용됨). 니그렌Anders Nygren은 그의 유명한 책 『아가페와 에로스』(*agapē* and *erōs*)에서 이 두 종류의 사랑이 근본적으로 다르다고 주장하면서 아가페와 에로스가 동일하다고 주장하는 오리겐과 그와 동조하는 기독교인들이 기독교적 사랑의 참된 의미를 왜곡했다고 주장했다. 그러나 문제는 그렇게 단순하지 않다. 왜냐하면 신약성경에서 에로스보다 아가페를 선호한 함축된 의미는 오로지 철학자들이 세속적인 사랑이라 부르는 에로스에만 적용되는 것이지 천상적 혹은 거룩한 에로스에는 적용되지 않기 때문이다.

지식*gnōsis*의 역사는 아가페의 역사보다 한층 더 복잡하다. 기독교에서 "개인적 친분에 의한 지식"으로 번역될 수도 있는 이 용어가 헬라에서는 광범위하게 사용되었고 철학적이고 종교적인 의미를 지니고 있었다. 바울은 이 용어를 자유롭게 사용하였다. 바울의 이름을 사용한 목회서신이 나오기 전에는 거짓 지식에 대한 경고가 없다(딤전 6:20-21). 이 단어는 하나님의 지식을 지칭하는 말로 사용되지만(롬 11:33), 특히 고린도전·후서에서는 우리가 하나님에 대해서 갖는 지식을 위해 사용된다. 지식은 성령의 은사 중 하나로 등장한다(고전 12:8). 가장 심오한 의미에서 그것은 부활하신 주가 점진적으로 신자들에게 계시하시는 하나님의 감추인 비밀에 대한 개인적인 지식이라고 말할 수 있을 것이다(고후 2:14; 10:5; 빌 3:8). 하나님은 "예수 그리스도의 얼굴에 있는 하나님의 영광을 아는 빛을 우리 마음에 비추셨다"(고후 4:6). 그러나 바울의 견해에 의하면 지식에는 한계가 있었다. 사랑의 송가에서는 지식이 사랑보다 못하다고 말한다(고전 13:8). 또 바울은 고린도교인들에게 성장을 가능하게 하는 사랑을 동반하지 못하며 거만하게 만드는 지식에 대해 경고한다(고전 8:1-11). 이 둘을 연결하는 것이 영적 삶에서 사랑과 지식의 관계를 다루는 신약성경의 특징적인 방식이라고 간주할 수 있다. 에베소서 3장 16절 이하에 그것이 요약되어 있다.

"그의 영광의 풍성함을 따라 그의 성령으로 말미암아 너희 속사람을 능력으로 강건하게 하시오며 믿음으로 말미암아 그리스도께서 너희 마음에 계시게 하시옵고 너희가 사랑 가운데서 뿌리가 박히고 터가 굳어져서 능히 모든 성도와 함께 지식(gnōseōs)에 넘치는 그리스도의 사랑을 알고 그 너비와 길이와 높이와 깊이가 어떠함을 깨달아 하나님의 모든 충만(plērōma tou theou)하신 것으로 너희에게 충만하게 하시기를 구하노라"(엡 3:16-19).

바울이 말하는 지식(gnōsis)은 신비적인 지식인가? 지식이 신적 실재들에 대한 감추인 지식으로서 그리스도에 대한 개인적인 관계를 포함하는 것이라면, 바울이 말하는 지식은 이런 식으로 이해될 수 있다. 물론 하나님에 대한 신비한 앎이 어떻게 지식의 다른 형태들과 연관되는지, 특히 믿음 안에서 주어진 그리스도에 대한 지식과 연관되는지에 대한 보다 특수한 이해는 바울에게 발견되지 않는다.

바울의 사상에서 신자와 그리스도의 밀접한 개인적 관계는 "그리스도 안에서"(in Christ)라는 유명한 공식을 통해서 표현된다. 다이스만Adolf Deissmann은 처음으로 이 표현과 이와 관련된 어구들의 의미를 연구하였는데, 이 표현은 바울의 서신 전체(진정한 바울의 서신들 및 의심스러운 것들)에서 164번 사용된다고 한다.[29] "그리스도 안에" 거한다는 것은 현세에서 신자의 상황을 지칭하고, "그리스도와 함께"(syn Chrisō 또는 kyriō)라는 표현은 내세와 관련하여 사용된다(살전 4:17; 고후 5:8; 빌 1:23). 갈라디아서에서 바울은 놀라운 공식이 담겨 있는 말을 한다: "내가 그리스도와 함께 십자가에 못 박혔나니 그런즉 이제는 내가 사는 것이 아니요 오직 내 안에 그리스도께서 사시는 것이라"(갈 2:20), "누구든지 그리스도와 합하기 위하여 세례를

---

29) G. Adolf Deissmann, *Die Neutestamentliche Formel "In Christo Jesu"* (Marburg, 1893); also his *Paul: A Study in Social and Religous History* (New York: Harper & Row, 1926); Schweitzer, *Mysticism of Paul*, pp. 122-29; Wikenhauser, *Pauline Mysticism*, chaps. 1-2.

받은 자는 그리스도로 옷 입었느니라 너희는 유대인이나 헬라인이나 종이나 자유인이나 남자나 여자나 다 그리스도 예수 안에서 하나이니라"(갈 3:27-28). 그리스도 안에서 형성됨은 설교와 세례와 더불어 시작되는 것으로서 모든 신자들을 주 안에서 한 몸으로 결합함으로써 그리스도와 하나로 성장하게 하는 것이었다. 알버트 슈바이처는 그리스도와 하나가 된다는 것(산 자든지 죽은 자든지 신자들의 공동체는 이미 장차 재림 때에 완전히 실현될 부활의 실존 안에 동참하고 있다는 것)의 의미에 묵시적인 배경이 있음을 강조하였다.[30] 바울은 부활한 주와의 일치를 근거로 그리스도 안에서 사는 신자들뿐만 아니라 그들 안에 사는 그리스도에 대해서도 말할 수 있었다(빌 1:21; 갈 2:20).

그리스도와 성령의 관계는(고후 3:17-18) 성령과 신자에 관한 일련의 공식들을 용이하게 해준다. 로마서 8장에 따르면, "너희 속에 하나님의 영이 거하시면"(롬 8:9) "그리스도 예수 안에 있는 생명의 성령의 법이 죄와 사망의 법에서 너를 해방하였음이라"(롬 8:2). "예수를 죽은 자 가운데서 살리신 이의 영이 너희 안에 거하시면 그리스도 예수를 죽은 자 가운데서 살리신 이가 너희 안에 거하시리라"(롬 8:11). 이 주제가 지닌 힘이 특히 두드러지게 나타나는 곳은 로마서 5장 5절("우리에게 주신 성령으로 말미암아 하나님의 사랑이 우리 마음에 부은 바 됨이니")과 갈라디아서 4장 6절("너희가 아들이므로 하나님이 그 아들의 영을 우리 마음 가운데 보내사 아빠 아버지라 부르게 하셨느니라")이다. 바울은 신화神化라는 표현을 사용하지 않았지만 후대의 신비가들은 바울이 강조한 그리스도와 공유하는 아들 됨과 성령의 거하심을 사용하여 기독교적 삶에 신화의 형태가 함축되어 있다는 신념을 뒷받침하려 했다. 이 신화는 그리스도 안에서 하나님과의 영적 연합으로 인식되었다. 고린도전서 6장 16-17절에서 바울은 음행을 그리스도의 몸의 지체가 된 우리 몸을 거스르는 죄라고 비난하면서 "창녀와 합하는 자는 그와 한 몸인 줄을 알지 못하

---

30) Schweitzer, *Mysticism of Paul*, chap. 5, esp. pp. 96-99.

느냐 일렀으되 둘이 한 육체가 된다 하셨나니(창 2:24 참조) 주와 합하는 자는 한 영이니라"고 말한다. 바울이 신비적 의미로 사용한 것은 아닌 듯하지만 [31] 주와 한 영이 된다는 표현은 개인적 상호 교제를 강조하고 일치 혹은 무차별 연합이나 일치를 피하는 신비적 연합에 대한 이해를 보증하는 데 가장 자주 사용되는 성경 구절일 것이다.[32]

이 구절들은 그리스도 안에 있는 하나님의 임재가 신자에게 의미하는 바를 되도록 완전히 실현하려는 시도를 위한 지침으로 수세기 동안 사용되어 온 가장 중요한 바울의 구절들이다. 삼층천과 낙원에(전통적으로 이 둘을 동일한 것으로 이해했다)[33] 올라갔던 사도 바울의 명성 덕분에 그는 전형적인 신비가로 간주되었다. 물론 이방인의 사도인 바울을 후대의 표준적 의미에서 신비가로 여기는 데에는 시대착오적인 요소들이 있으나, 그를 율법과 복음의 차이점을 선포한 사람으로 보는 것이 더 큰 시대착오일 것이다. 바울은 그 시대의 가장 복합적인 종교적 인물이었고, 열정적이지만 가끔 오해로 인한 혼동을 주는 그의 독창성은 기독교 역사에서 많은 가능성을 만들어 냈다.

요한의 저작들

기독교 신비주의 역사의 관점에서 본다면, 요한의 저작들을 다룰 때에도 거의 비슷한 상황에 직면한다. 많은 해석자들이 요한의 신비주의에 대해서 말하거나[34] 요한의 가르침의 요소들과 헬라 신비주의의 형태를 비교

---

31) Conzelmann, *1 Corinthians*, p. 112을 보라.

32) Bernard McGinn, "Love, Knowledge and Unio Mystica in the Western Christian Tradition," in *Mystical Union and Monotheistic Faith: an Ecumenical Dialogue*, ed. Moshe Idel and Bernak McGinn(New York: Macmillan, 1989), pp. 59-86.

33) Augustine, *Literal Commentary in Genesis* 12.1-5; and Bonaventure, *Collationes on the Hexaemeron* 9.9-10을 보라.

34) 다음을 보라: Schweitzer, *Mysticism of Paul*, chap. 13; Huby, *Mystiques paulinienne et Johannique*, Book 2; André Feuillet, *Johannie Studies* (Staters Island: Alba House, 1964), pp. 169-80; L. William Countryran, *The Mystical*

해온 반면,[35] 다른 주석가들은 제4복음서 및 이와 연결된 텍스트에는 신비적인 것이 없다고 주장해왔다.[36]

요한의 글들은 바울의 것보다 연대상으로 후대의 것이고, 사도적 출처에서 더 멀리 떨어져 있다. 바울의 것으로 간주되는 여섯 개의 편지는 신빙성이 있는 초기의 것으로 여겨지는 반면, 요한(공관복음에서는 그를 사도들 중에서도 권위 있는 인물로 언급한다)의 이름으로 신약성경에 포함된 복음서와 세 개의 편지, 그리고 묵시록은 요한이 직접 쓴 것이라고 할 수 없다. 요한계시록은 분명히 다른 요한의 저작인데, 아마도 90년대에 소아시아에서 활동하던 유대-기독교 예언자였을 것이다. 요한복음과 요한 1~3서는 사상과 표현이 상당히 비슷하기 때문에 현대 학계는 이 책들이 스스로를 사도 요한의 전통 안에 둔 몇 저술가들이 속한 요한 학파에서 만들어낸 산물이라고 보고 있다.[37] 이 저자들은 공관복음서 저자들이 사용하였던 예수 자료들(아마 공관복음서 자체까지)을 많이 알고 있었지만 예수의 가르침과 삶에 대해 대단히 상이한 글을 저술하기 시작한 듯하다. 요한복음은 몇 단계에 걸쳐 저술되었으며 90년대에 완성된 듯하다. 한편 세 개의 서신들은 2세기 초의 요한 공동체의 문제와 논쟁을 반영하고 있다.[38] 전승에서는 그 공동체의 소재지가 에베소였다고 주장하지만 역사적으로 증명되지 않는다.

Way in the Fourth Gospel: Crossing over into God (Philadelphia: Fortress, 1987).

35) G. H. Dodd, *The Interpretation of the Fourth Gospel* (Cambridge: Cambridge University Press, 1960), pp. 181-200.

36) Rudolf Bultmann, *The Gospel of John: A commentary* (Philadelphia: Fortress, 1971), pp. 350-83, 404, 427, 536, 619-14, 621; Bultmann's "Die Eschatologie deb Johannes-Evangeliums," in *Glauben und Verstehen: Gesammelte Aufsätze* (Tübingen: Mohr, 1933), 1:134-52.

37) Raymond E. Brown, *Community of the Beloved Disciple* (New York: Paulist, 1979).

38) Raymond E. Brown: *The Gospel According to John, Anchor Bible* 29, 29A(Garden City, NY: Doubleday, 1966, 1970); *The Epistle of John, Anchor Bible* 30(Garden City, NY Doubleday, 1982); see also Ernst Haenchen, *John 1 and 2, Hermeneia* (Philadelphia: Fortress, 1984).

공관복음과 요한복음의 큰 차이는 기독교 전통이 요한복음을 "영적 복음"으로, 즉 기독교 메시지의 신비적 적용을 위한 근본적 문헌으로 여겨온 이유를 말해 준다.[39] 요한복음의 저자는 예수가 자기를 따르는 사람들에게 회개하고 새로운 공동체와 그 성례전적 삶에 참여하라고 권유하는 것뿐만 아니라 현세에서 시작되어 내세에서 완성되는 바 그리스도를 통한 하나님과의 연합의 경험을 목표로 하는 조명을 통해서 그 삶의 의미를 보다 깊이 이해하라고 권유하는 모습을 묘사하는 데 관심을 둔다.[40] 사랑받는 제자 요한(요 13:25)은 이와 같이 심오한 차원의 기독교적 실존을 획득한 신자의 모델로 제시된다.

요한이 여러 곳에서(요 19:26-27; 20:3-10; 21:7) 일부러 베드로(공관복음서에서 제자들의 지도자로 여겨지고 있다)를 무시한다.[41] 신약성경에는 영지자 *gnostikos*라는 말이 나오지 않지만, 요한복음에서는 요한을 완전한 영지자 혹은 "영지적 신자"라고 묘사한다고 말하는 것이 과장이 아니다. 영지주의자들이 바울과 요한에게서 기독교 이해의 뿌리를 찾게 되면서 그 후 2세기 동안 영지적 신자에 대한 많은 논의가 있었다. 이것은 바울이나 요한이 영지주의자였음을 말하려는 것이 아니다(또 그들이 분명한 신비가였다고 말할 수도 없다). 그러나 바울과 요한을 바르게 이해하는 것과 관련하여 영지주의자와 "위대한 교회" 혹은 정통 전통을 따르는 교인들 사이에서 벌어진 논쟁은 정통 신비주의 형성에서 중요한 역할을 했다.[42]

바울의 글보다도 요한복음과 요한 서신, 특히 요한일서를 읽을 때 신비적 해석이 가능한 주제들이 즉시 나타난다. 위에서 살펴본 바울 서신 중 몇

---

39) M. F. Wiles, *The Spiritual Gospel: The Interpretation of the Fourth Gospel in the Early Church* (Cambridge: Cambridge University Press, 1960).

40) Countryman, *Mystical Way*, p. 2, pp. 124-26, 131-32.

41) Arthur Droge, "The Status of Peter in the Fouth Gospel: A Note on John 18:10-11," *Journal of Biblical Literature* 109 (1990): 307-11.

42) 제4장을 보라.

구절에 분명히 나타나는 하나님을 봄vision of God은 요한이 구원자로서의 예수의 역할을 제시하는 데서 중요한 역할을 한다. 특별한 지식이나 조명의 역할, 그리고 특히 아가페의 역할이 부각된다. 그 전에는 아무도 분명하게 사용하지 않았던 표현을 사용하여 "하나님은 사랑이다"라고 말한 사람은 요한, 최소한 요한일서 4장 8절을 기록한 요한이다. 마지막으로 "그리스도 안에" 거하는 것에 대한 바울의 이해가 구주와의 어떤 종류의 연합을 가리키는 것으로 해석될 수 있다면 요한은 분명히 그리스도와 하나님, 그리고 하나님과의 하나됨을 말하고 있다. 이런 주제들 하나 하나에 대해 간략하게 고찰해봄으로 후기 신비주의자들이 요한 문헌에서 발견한 같은 성질의 것들이 부각될 것이다.

가시성과 불가시성(숨겨진 임재와 현현된 신비)처럼 외견상 양립될 수 없는 것들의 변증법은 항상 신적 임재를 경험하고자 하는 신비적인 시도에서 다루는 재료였다. 신약성경에서 가장 많이 주석되는 요한복음의 서론은 이 주제를 특별히 강조한다. 로고스가 하나님과의 관계에서(요 1:1), 창조 안에서(1:2-5), 구속 안에서(1:9-14) 행하는 역할에 대한 이 심오한 묵상을 요약하면서 요한은 시각적 표현에 호소한다: "본래 하나님을 본 사람이 없으되 아버지 품 속에 있는 독생하신 하나님이 나타내셨느니라"(요 1:18). 초기 기독교 문헌, 특히 요한복음의 공통된 주제는 하나님의 불가시성이지만(요 6:46; 요일 4:12), 요한은 말씀이 육신을 입음으로 우리가 하나님의 영광을 볼 수 있는 능력을 갖게 되었다고 주장한다(요 1:14). 그리스도를 보는 자는 아버지를 보거나 안다(요 8:19; 12:45; 14:9). 하나님을 보는 것은 하나님을 아는 특별한 방법으로서, 이 주제는 요한의 메시지의 본질적 부분이다.[43] 요한일서 3장 2절에서는 고린도전서 13장 12절에서 살펴본 것을 보완해주는 공식을 사용한다: "우리가 지금은 거울로 보는 것 같이 희미하나

---

43) "Knowledge of God' in Dodd, *Interpretation of the Fourth Gospel*, pp. 151-69가 도움이 될 것이다. Brown, *Gospel of John* 1:501-3도 보라.

그 때에는 얼굴과 얼굴을 대하여 볼 것이요 지금은 내가 부분적으로 아나 그 때에는 주께서 나를 아신 것 같이 내가 온전히 알리라." 요한이 말하고 있는 하나님을 봄은 이교의 서적『헤르메티카』를 비롯하여 알렉산드리아의 필로와 같은 초기 저자들에게서 볼 수 있는 하나님을 봄의 개념들과 비교되어 왔지만 중요한 차이점들은 여전히 남아 있다.[44]

요한이 말하는 하나님에 대한 지식knowledge of God도 하나님을 봄vision of God처럼 그리스도 중심적이다. 요한복음 전체에서 예수는 깨달음을 주는 자, 즉 인간에게 하나님에 대한 지식을 가져다주는 유일한 분으로 묘사된다(요 1:9; 3:11-12; 6:44-45; 7:16-18, 26-28; 9:1-41[소경으로 태어난 사람의 이야기]; 10:14-15; 12:46, 50; 13:31~17:26[마지막 만찬 설교]). 비록 요한은 지식gnōsis이라는 용어를 사용하지 않았지만 신약성경 저자 중에서 하나님이나 그리스도를 아는 것에 대해서 요한만큼 자주 말한 사람이 없다. 요한은 "내가 곧 길이요 진리요 생명이니 나로 말미암지 않고는 아버지께로 올 자가 없느니라 너희가 나를 알았더라면 내 아버지도 알았으리로다"(요 14:6-7)에서 보듯이 유명한 "나는…이다"라는 선언(I-am statements)에서 이런 가르침을 요약한다.

하나님에 대한 지식이란 하나님이 우리를 사랑하셨을 뿐 아니라 하나님 자신이 사랑이심을 아는 것이다.[45] "하나님은 사랑이시다"(요일 4:8), 그리고 "하나님이 세상을 이처럼 사랑하사 독생자를 주셨으니 이는 그를 믿는 자마다 멸망하지 않고 영생을 얻게 하려 하심이라"(요 3:16). 아버지가 아들을 사랑하게 되고(요 5:20) 그를 통하여 우리를 사랑하게 되는 내리받이 사랑이 새로운 생명의 내적 형태로서 신자들에게 전달되었다. 요한의 가르침의 절정인 최후의 만찬 고별 설교(요 13:31~14:31; 15:1~17:26)는 기독교적 삶을 굳게 해주는 양 방향의 사랑에 초점을 둔다. 첫 번째 설교의 서두에서

---

44) Dodd, *Interpretation of the Fourth Gospel*, pp. 10-73.
45) Spicq, *Agape*, vol. 3;. Brown, *Gospel of John* 1:497-99.

예수는 상호 관계적인 사랑을 새 계명으로 규정하신다: "새 계명을 너희에게 주노니 서로 사랑하라 내가 너희를 사랑한 것같이 너희도 서로 사랑하라"(요 13:34). 이 계명을 지킴으로써 그리스도를 향한 사랑을 증명한 사람들은 아버지와 말씀의 사랑을 받을 것이다: "우리가 그에게 가서 거처를 그와 함께 하리라."(요 14:23). 두 번째 설교도 같은 주제를 다루는 두 번째 설교는 긴 구절(요 15:9-17)로 시작된다. 여기서 아버지로부터 예수를 거쳐 그의 친구들(이들은 서로 사랑하라는 명령을 받는다)에게 흘러 내려가는 사랑을 상세히 묘사한다. 후에 그는 하나님을 계시하는 그리스도를(요 16:26-27) 사랑했기 때문에 하나님이 제자들을 사랑하게 되는 사랑의 순환을 강조한다. 그리고 아버지와 아들의 연합이 그 두 분을 사랑하는 모든 사람들을 하나로 만들어 달라고 요청하는 유명한 기도로 끝맺는다.

> "아버지께서 내 안에, 내가 아버지 안에 있는 것같이 그들도 다 하나가 되어 우리 안에 있게 하사 세상으로 아버지께서 나를 보내신 것을 믿게 하옵소서…곧 내가 그들 안에 있고 아버지께서 내 안에 계시어 그들로 온전함을 이루어 하나가 되게 하려 함은 아버지께서 나를 보내신 것과 또 나를 사랑하심 같이 그들도 사랑하신 것을 세상으로 알게 하려 함이로소이다"(요 17:21-23).

요한일서에서도 아버지가 사랑하는 아들을 통하여 신자들의 공동체를 사랑하며, 신자들은 서로 사랑함으로써 그리스도 안에 있는 새 생명에 대한 깊은 믿음을 증명해야 한다는 것이 거듭 강조된다(요일 2:3-11; 3:1, 10-24; 특히 4:7~5:4). 이 본문들은 참 사랑은 그리스도와 신자 사이의 개인적 문제가 아니며 이웃 사랑이 그리스도를 향한 사랑의 척도가 된다고 주장하는 후기 기독교 신비주의자들의 가르침을 뒷받침해 주는 강력한 원천이었다.[46]

---

46) 신약성경에는 이러한 가르침을 지원해주는 구절이 많다. 예를 들면 마 25:31-46을 들 수 있다.

요한이 강력하게 말한 사랑은 하나님과의 연결점을 가져다 준다. 그것은 요한복음 17장 21-23절에서 보여 주듯이 아버지와 아들의 연합에 동참하는 것이라고 묘사할 수 있다. 연합이라는 표현은 요한의 글들을 다른 초기 기독교 문서와 구분해주는 특징적인 표현이다.[47] 물론 이 연합은 분명히 기독론적이다. 예수님의 긴 설교를 통해서 표적들과 사건들과 의식들 안에 감추어져 있는 보다 깊은 의미를 설명하는 형식을 취하는 요한복음의 문체를 고려해 본다면, 바울이 사용한 "그리스도 안에"라는 표현은 "내 안에"라는 표현으로 바뀌며, 종종 "거주하다"라는 동사와 연관되어 사용된다.[48] 요한의 사용법에서 특히 놀라운 것은 그가 강조한 연합의 관계의 모든 차원에서의 상호 관계이다.

첫 번째 설교에서 예수는 제자들에게 "내가 아버지 안에 아버지가 내 안에 계심을"(14:10; 참조 10:38; 17:21) 믿지 못하느냐고 묻는다. 아버지가 그 안에 거하신다는 것은 곧 구원의 일을 행하시는 분이 아버지이심을 의미한다(14:11): "나와 아버지는 하나이니라"(10:30). 최후의 만찬 설교에서 확인되고(14:20; 17:23) 포도나무와 가지의 비유에서(15:1-8) 예증되듯이, 이 내주indwelling의 상호 관계는 예수와 제자들에게 확장된다. 신자는 예수를 통해서 아버지와의 상호간의 내주를 맛볼 수 있다(14:23; 17:21; 요일 4:15-16). 비록 신자가 성령 안에 거한다는 공식이 사용되지 않았지만, 예수가 자신의 사역을 계속하도록 하기 위해 제자들에게 보내기로 약속한 보혜사, 진리의 영도 "그들과 함께" 거할 것이라고 언급된다(14:17). 요한일서에서 이 연합은 코이노니아 혹은 친교로 기술되는데(1:3, 6-7), 이 용어는 바울이 신자가 그리스도와(고전 1:9) 성령과(고후 13:13; 빌 2:1) 갖는 친교를 나타

---

47) Dodd, *Interpretation of the Fourth Gospel*, pp. 187-201; David L. Mealand, "The Language of Mystical Union in the Johannine Whitings," *Downside Review* 19 (1977): 19-34; Countryman, *Mystical Way*, passim.

48) Brown, *Gospel of John* 1:510-12.

내기 위해서 사용했던 단어로서 복음서에서는 사용되지 않는다.[49]

후대의 신비가들이 요한의 저작들을 실제로 읽은 방법이나 가능했던 방법 세 가지를 관찰함으로써 이 항목을 마치려 한다. 첫째, 요한은 특히 삼위일체적 신비주의를 열고 있다. 요한이 후대 기독교에서처럼 발전된 삼위일체 신학 같은 것을 가지고 있었던 것은 아니다. 그러나 아버지와 말씀, 그리고(더욱 모호하게) 성령과 관련하여 "내주"라는 표현을 사용한 것은 하나님이 신자에게 임재하심으로써 우리가 신적 삼위의 내적 생명에 참여하는 자가 되는 상호 관계적 방법을 이해하려는 시도를 위한 분명한 성경적 근거가 되었다. 둘째, 비록 요한의 본문들은 공개적으로 신화에 대해서 말하고 있지 않지만 그리스도 안에서, 그리고 그리스도와 함께 하는 우리의 아들됨을 위로부터의 새로운 출생으로 파악하는 바울의 개념을 지지해 준다(요 1:12; 3:3-7; 요일 2:29; 3:9-10; 4:7; 5:18-19).

장차 보혜사가 와서 제자들 안에 거할 것이라는(14:17) 요한의 주장 역시 신자의 몸이 성령의 전이라는(고전 6:19) 바울의 개념을 지지하는 데 사용된다. 후대의 신비가들은 무척 드문 성경적 언급, 특히 신의 성품에 참여하는 것에 대해 말한 베드로후서 1장 4절 및 바울과 요한의 구절들을 사용하여 자기들의 주장을 보강했다. 마지막으로 신약성경의 어느 본문보다도 요한복음은 기독교 성례전적 의식들, 특히 세례(요 3:1~5:47)와 성만찬(6:1-7:52)의 깊은 의미를 찾아보도록 독자에게 강권하는 성격을 지니고 있다. 요한은 그리스도 안에 있는 새 생명을 얻는 데 있어서 성례전의 중요성을 부정하지 않았지만, 후대의 신비주의 해석가들처럼 단순히 의식에 참여하는 것을 마지막 단계라고 생각하지는 않았다.[50]

200년경에 최종적으로 정경으로 형성된 신약성경의 다른 책들에 포함된 주제들과 본문들도 후일 신비가들이 자기들의 목적을 위해서 사용했

---

49) Brown, *Epistle of John*, p. 170.
50) Countryman, *Mystical Way*, p. 7.

다. 요한의 것이라고 주장되는 계시록의 신빙성과 정경에 편입된 것에 대해 많은 논쟁이 있었지만, 그 책은 몰아적인 환상 체험의 분명한 증거를 제공해주고 권위를 부여해 주었다(계 1:10; 4:1-2 등). 이 책은 시대를 거쳐 내려가면서 신비주의의 시각적 형태를 위해 중요한 출처가 되었다. 새로 떠오르는 보편주의Catholicism의 문헌이라고 불리는 신약성경의 마지막 책들(100-140년경에 작성됨)은 그 중심적 관심이 훈육과 제도에 관한 주제이지만, 때로 신비적인 관심을 위해 연구될 수 있었다.

다른 초기 기독교 저술

기원 1세기에는 그 외에도 많은 문서들을 남겼는데, 거기에는 신약성경의 정경이 최종적으로 확정되기 전까지 일부 기독교 공동체에서 성경적인 책, 혹은 영감된 책이라고 간주해온 본문들도 포함된다. 종종 "사도적 교부"라고 불리는 사람들의 저작들은 모두 헬라어로 쓰였지만, 그중 일부는 번역되어 후대의 라틴어를 사용하는 기독교인들에게 알려졌다. 『헤르마스의 목자』Shepherd of Hermas는 환상과 명령과 비유들을 묶어 놓은 유사 묵시서로서 라틴어로 번역되어 중세 시대의 일부 저자들에 의해 읽혔지만 실제로 영향을 미치지는 못했다. 100년부터 140년 사이에 여러 단계를 거쳐 기록된 이 책은 2세기의 많은 기독교 집단 내에서 묵시적 환상들이 얼마나 중요한 것이었는지를 증언해준다. 적어도 일부는 1세기의 것으로 간주되는 『디다케』Didache 혹은 『열두 사도의 가르침Teaching of the Twelve Apostles도 라틴어로 번역되었으나 거의 읽히지 않았고 신비적 해석에 전혀 공헌하지 못했다. 중세 시대에 라틴어로 번역된 또 다른 본문들은 광범위하게 읽히지는 않았지만 특수한 형태의 초기 기독교 신비주의를 가장 잘 대표하는 것으로 간주되어 왔으므로 논의할 가치가 있다. 그 중에는 안디옥의 감독으로서 110년경에 로마에서 순교한 이그나티우스의 일곱 개의

편지가 있다.[51)]

많은 학자들이 이그나티우스의 신비주의에 대해 기술하려 해왔다. 슈바이처는 이그나티우스가 "그리스도 안에 거함"이라는 바울 신비주의를 받아들였으나 거기에 헬레니즘적인 내용을 채워 그것을 영과 육의 연합이라고 이해했다고 주장했다.[52)] 1932년에 쉴링F. A. Schilling도 이그나티우스의 "지속적인 '그리스도 안에'의 경험"과 예언적인 의식을 고려하여 그를 신비주의자로 보았다. 프라이스Theo Preiss는 1938년에 쓴 논문에서 이그나티우스에게서 그리스도를 닮아감의 신비주의와 하나님과의 연합의 신비주의를 확인하고서 이그나티우스가 초기 기독교의 지속적인 종말론을 일반적 부활보다는 영혼 불멸에 목적을 둔 성례전적 경건으로 변화시켰다고 주장한다.[53)] 보다 최근에 부이에Louis Bouyer와 코르윈Virginia Corwin은 각기 다른 근거에서 이그나티우스를 신비주의자의 대열에 놓으려 했다.[54)]

이그나티우스의 신비주의를 입증해 주는 증거는 바울에게서 본 것과 어느 정도 중복되고(감독은 적어도 바울의 서신 중 일부를 알고 있었고, 『에베소 사람들에게 보낸 편지』 12.2에서 바울을 칭찬한다), 어느 정도 그것을 넘어선다. 이그나티

---

51) 이그나티우스에 대한 본문으로는 Kirsopp Lake in *The Apostolic Father* I, LC (Cambridge, MA: Harvard University Press, 1975)을 사용할 것이다 (Ignatius of Antioch: *A Commentary on the Letters of Ignatius of Antioch,* Hermeneia [Philadelphia: Fortress, 1985]).

52) Schweitzer, *Mysticism of Paul,* pp. 339-44, emphasizing *Mag.* 12.2.

53) Frederick Augustus Schilling, *The Mysticism of Ignatius of Antioch* (Philadelphia: University of Pennsylvania Press, 1932); T. Preiss, "La mystique de l'imitation du christ et de l'unité chez Ignace d'Antioche," *Revue d'Historie et de Philosophie Religieuses* 18 (1938): 197-241 (esp. pp. 227-29, 237-41).

54) Bouyer는 이그나티우스가 원시 기독교 지식의 신비주의를 순수하고 열정적으로 표현했다고 말한다 (*The Spirituality of the New Testament and the Fathers,* p. 183; see also pp. 182-84, 194-204). V. Corwin은 아버지와의 연합이 이그나티우스에게서 중요한 신비적 범주가 된다고 본다 (*St. Ignatius and Christianityu at Antioch,* Yale Publications in Religions 1[New Heaven: Yale University Press, 1960], e. g., pp. 247-66).

우스도 바울처럼 가끔 "그리스도 안에 거함"[55], "우리 안에"[56] 계신 그리스도에 대해 말한다. "하나님 안에"[57]라는 표현도 사용한다. 그러나 몇 가지 예외가 있지만(『에베소 사람들에게 보낸 편지』 8.2; 15.3), 이그나티우스의 표현이 그리스도 안에서 모든 믿는 사람들이 소유하는 공동의 정체성을 보다 깊고 개인적으로 받아들인다는 식으로 이해될 수 없다.[58]

연합이라는 표현을 사용한 것에 대해서도 같은 말을 할 수 있다. 연합은 이그나티우스의 중심 사상이다. 그리스도와 아버지와의 연합(『마그네시아 사람들에게 보낸 편지』 7.1-2), 구속주 안에서 신적인 것과 인간적인 것의 연합(『에베소 사람들에게 보낸 편지』 7.2), 그리고 한 성례에서의 교회의 일치(『빌라델피아 사람들에게 보낸 편지』 4.1) 등은 모두 중요한 개념들이다. 프라이스나 코르윈 등 많은 해석가들은 이그나티우스가 사용한 연합henōsis, 일치henōtes, 화합homonoia 등의 용어가 신비적 연합을 나타낸다고 이해했다. 『에베소 사람들에게 보낸 편지』 4.2-5.1에서 음악적인 비유를 사용하여 전개한 그리스도와 아버지와의 교회의 "흠 없는 일치"는 마그네시아인들에게 보낸 편지에서 기원하는 영과 육의 연합이나 믿음과 사랑의 연합처럼 개인적인 개념이라기보다는 공동체적인 개념이다. 아버지와 아들의 연합은 기독교 공동체의 일치의 근원이요 모범이다(『마그네시아 사람들에게 보낸 편지』 7.1-2; 『트랄리아 사람들에게 보낸 편지』 11.2; 『서머나 사람들에게 보낸 편지』 12.2; 『빌라델피아 사람들에게 보낸 편지』 5.2; 8.1; 『폴리캅에게 보낸 편지』 8.3). 그러나 쉐델William Schoedel이 주장하듯이 이그나티우스는 "하나님과 인간 사이의 교제를 묘사하기 위해서 연합henōsis이라는 단어를 사용하지 않았다."[59] 혹자는 위에서 고찰했던 요

---

55) E. g., *Eph.* 8.2; 10.3; 11.1-2; 12.2; 20.2; *Mag.* 6.2; *Tr.* 1.1; 2.2; *Phil.* 10.1-2; 11.2; *Pol.* 8.3.
56) E.g., *Eph.* 15.3; *Mag.* 12.1; *Rom.* 6.3.
57) E. g., *Eph* 1.1; 6.2; *Mag.* 3.1, 14; *Tr.* 4.1; 8.2; *Pol.* 1.1; 6.1.
58) Cf. Schoedel, *Ignatius*, p. 19.
59) Ibid., p. 105, commenting on *Mag.* 1.1.

한의 본문에서 압도적인 것도 하나님에 의해서 주어진 일치의 객관적 의미였다고 주장할 수 있을 것이다. 그러나 요한은 신자가 그것을 주관적으로 받아들여 아버지와 아들의 사랑의 하나됨을 보다 깊이 개인적으로 인식하는 것을 허용하는 듯하다(요 17:21-23).

이그나티우스는 하나님과의 연합을 얻는 것, 혹은 획득하는 것에 대해서 말하지 않으며, 현세에서나 내세에서 하나님을 보는 것과 관련하여 아무런 역할도 하지 않는다(『폴리캅에게 보낸 편지』 2.3에서 보듯이 기독교인의 삶의 목표는 불멸이며 영생이다). 그러나 그의 가르침에서 특징적인 것은 하나님 혹은 그리스도에게 "도달한다"(tygchanein, 혹은 강화된 형태로 epitygchanein)는 개념인데, 이 단어를 19번(그 자신에 대해서 15번, 모든 기독교인에게 3번, 폴리캅에게 1번) 사용했다.[60] 이그나티우스는 자기에게 다가오는 순교에 의해서 자신이 하나님에게 도달하는 것을 보는데, 『로마인들에게 보낸 편지』가 이 점을 분명히 해준다(1.2; 2.1; 5.3; 9.2): "나를 야수의 밥이 되도록 내버려 두십시오. 이를 통해 하나님에게 도달할 수 있을 것입니다"(4.1).[61] 이렇게 하나님에게 도달함에 의하여 참 제자가 될 것이다(『에베소 사람들에게 보낸 편지』 1.2; 『로마인들에게 보낸 편지』 4.2).

『서머나 사람들에게 보낸 편지』 9.2에 보면 그는 이 용어를 보다 일반적인 의미로 사용했다: "하나님이 너의 상급이시다. 네가 그를 위하여 모든 것을 참으면 도달할 상급이다."[62] 하나님께 도달한다는 것은 죽을 때에 실현될 가능성이지만, 이것은 (연합과는 달리) 하나님과의 개인적 관계를 함축하는 것 같다. 만약 신비주의가 연합이나 일치라는 표현에 국한되지 않는다면, 그리고 죽음이 기독교인의 삶의 목표로 간주된다면 도달이라는 표현을 신비적으로 해석할 수 있다.[63] 이그나티우스가 의도한 의미가 그런

---

60) Schoedel, *Ignatius*, pp. 78-79.
61) *Eph.* 17.2; *Mag.* 14.1; *Tr.* 13.3; *Smyr.* 11.1; *Pol.* 7.1
62) Cf. *Eph.* 10.1 and *Tr.* 5.2.
63) Cf. Schoedel, *Ignatius*, p. 79; cf. p. 18.

것이었을까? 이에 대한 대답은 우리가 순교의 이상(이그나티우스의 편지들은 초기 기독교에서 이것을 보여주는 가장 강력한 개인적 증거이다)과 신비주의의 문제 사이의 관계를 어떻게 이해하느냐는 질문에 달려있는 듯하다.

예수를 본받는 하나의 형태로서의 고난이라는 개념은, 특히 죽음이라는 궁극적인 고난은 공관복음(마 5:10; 10:38; 16:24), 바울(롬 8:17; 고전 4:10-13; 고후 1:5-6; 빌 1:29; 3:10), 그밖에 여러 곳에(골 1:24; 벧전 2:21; 4:16; 계 22:14) 뿌리를 두고 있다. 사도행전에 기록된 스데반의 이야기는 특히 교훈적이 다(6:8~7:60). 후대의 기독교 전통에서 "원형적–순교자"인 스데반이 메시아이신 예수에 대한 믿음을 증언할 때 그의 얼굴이 변화되어 천사처럼 보였다(6:15). 그는 "성령 충만하여 하늘을 우러러 하나님의 영광과 및 예수께서 하나님 우편에 서신 것을 보았다"(7:55). 묵시적 환상과 흡사하게 천상 세계에 대한 환상적인 경험이 2세기의 순교자의 행적에서 발견된다.[64]

이그나티우스는 순교를 기다리면서 쓴 글에서 환상에 대해서는 말하지 않는다. 그러나 그의 편지들을 보면 순교란 그리스도를 온전히 닮는 것이라는 개념을 알 수 있다. 이것은 특히 『로마인들에게 보낸 편지』 6.1-8.1에 분명히 나타나는데, 여기서 그는 로마 공동체에게 자신에게 다가오는 죽음을 방해하지 말라고 간청한다: "내가 하나님의 고통을 닮는 자가 되게 해주십시오. 누구든 자기 안에 하나님을 소유한 사람이 있다면 그 사람으로 하여금 내가 원하는 것을 이해하며 나와 공감하며, 나를 강권하는 것이 무엇인지 알게 해주십시오."[65] 가장 심오한 차원에서 죽음을 원하는 간절한 이 소원(이그나티우스에게서 이것은 거의 병적인 매혹이었다)은 아버지와 예수와 하나가 되려는 소원이었다. 『로마인들에게 보낸 편지』 7.2-8.1의 독특하게 비틀린 비유는 이것을 강력하게 부각시킨다.

---

64) *Martyrdom of Saint Polycarp* 2. *The Martyrdom of Saints Perpetua and Felicitas* 4, 11-13, 20에도 환상과 몰아의 상태가 묘사되어 있다. Herbert Musurillo, *The Acts of the Christian Martyrs* (Oxford: Clarendon, 1979)를 보라.

65) Cf. *Eph.* 1.1; 18.1-2; Tr. 10.1. Willard M. Swartley, "The Imitatio Christi in the Ignatian Letters," *Vigiliae Christianae* 27 (1973): 81-103을 보라.

"나는 살아 있으나 죽기를 갈망하면서 편지를 쓰고 있습니다. 내 소욕은 십자가에 못 박혔고, 내 안에는 물질을 사랑하는 불이 있지 않습니다. 내 안에 살아서 말씀하시는 분이 있어서 '아버지께 나아오라'(요 7:38-39)고 말씀하십니다. 나는 더 이상 타락의 음식에서 즐거움을 취하지 않고, 현세의 즐거움도 취하지 않습니다. 나는 다윗의 자손인 그리스도의 몸, 하나님의 떡을 원합니다. 그리고 썩지 않을 사랑인 그리스도의 피를 마시기 원합니다. 나는 이제 인간적인 방식으로 살고 싶지 않습니다. 여러분도 원한다면 그렇게 될 것입니다. 그것을 원하십시오. 그러면 여러분도 원함을 받을 것입니다."[66]

그러나 이그나티우스는 또한 그리스도를 본받는 것의 범주를 확대하여 예수의 모범에 기초를 둔 고난을 통한 모든 인내와 헌신을 포함시킨다. 이것이 『에베소 사람들에게 보낸 편지』 10.3의 의미이다: "열심히 주를 본받는 자가 됩시다. 누가 주님보다 더 억울함을 당했습니까? 누가 더 속임을 당했습니까? 누가 더 배척을 당했습니까?" 이그나티우스가 볼 때 기독교인의 삶 전체는 그리스도를 닮는 것이지만(『빌라델피아 사람들에게 보낸 편지』 7.2), 이 삶은 완전히 순교를 본받는 데서 절정에 달한다.

2세기에 이그나티누스의 편지 및 순교자 행적에서 묘사된 순교는 온전함에 대한 기독교적 이상이었다.[67] 이런 이상이 신비주의적이었다고 기술될 수 있을까? 신비주의가 오로지 현세의 어느 시점에서 얻을 수 있는 하

---

66) Sohoedel, *Ignatius*, pp. 184-87.

67) 순교의 역사적 배경에 대해 알려면 다음을 보라: W. H. C. Frend, *Martyrdom and Persecution: A Study of a Conflict from the Maccabees to Donatus* (New York: New York University Press, 1967); Hans von Campenhausen, *Die Idee des Martyriums in der alten Kirche* (2nd ed.; Göttingen: Vandenhoeck & Ruprecht, 1964). 완전의 이상으로서의 순교에 대한 책으로는 Marcel Viller and Karl Rahner, *Aszese und Mystik in der Väterzeit: Ein Abriss* (Freiberg: Herder, 1939), chap. 2 (resuming a number of earlier studies of Viller); Bouyer, *The Spirituality of the New Testament and thd Fathers*, chap. 8; Michele Pellegrino, "L'imitation du Christ dans les actes des martyrs," *La vie spirituelle* 98 (1958): 38-54; Willy Rordorf, "Martyre, II, Théologie et Spiritualité du Martyre," *DS* 10:726-32을 보라.

나님과의 연합의 특별한 경험을 의미하는 것이라면, 그 대답은 부정이다. 그러나 신비주의를 넓게 이해해서 하나님의 직접적인 임재에 대한 갈망 및 그러한 의식에서 비롯된 변화의 과정으로 이해한다면 신비주의는 항상 연합이라는 표현을 사용할 필요가 없으며, 죽음에서 실현되는 신비주의는 가령 『조하르』Zohar와 같은 몰아적인 유대교 신비철학Kabbala처럼 생소하지 않을 것이다. 유대교 신비철학에서 신비가는 죽을 때에 비로소 평생의 과업을 완성해주는 초자연적인 세키나와의 결혼을 경험한다.

빌러Marcel Viller는 순교가 그 시대에 기독교 완전의 이상(순전히 윤리적인 면에서 생각될 수 있는 것)을 포함할 뿐만 아니라 일부 순교자 행전에서 시사해주는 그리스도와의 직접적 관계의 특별한 형태를 함축한다고 주장한다.[68] 예를 들어 『성 퍼페투아와 펠리키타스의 순교』Martyrdom of Saints Perpetua and Felicitas에서 노예 펠리키타스가 해산할 때 괴로워하는 것을 본 형리가 그녀에게 원형경기장에서의 고통을 감당할 수 없을 것이라고 비방하자 펠리키타스는 이렇게 대답한다: "지금은 나 혼자서 고통을 당하고 있다. 그러나 그 때에는 주님이 내 안에 계시면서 내가 그분을 위해 고난을 받는 것과 똑같이 나를 대신하여 고난을 받으실 것이다."[69] 3세기에 오리겐은 그리스도의 임재의 순교자적 이상과 그의 신비 신학을 별 어려움 없이 연결하였다. 물론 2세기에 순교의 신비주의적인 면이라고 부를 수 있을 만큼 분명한 발전이 없었지만 적어도 그것을 함축하고 있었음을 부인하기 어렵다.

이것을 인정하면 다시금 신비주의가 낯선 토양에서 기독교로 어느 정도 이식되었는지를 묻는 주제를 다루게 된다. 호의적인 저명한 학자 페스트기에르A.J. Festugière도 초기 기독교 영성에 본질적으로 두 줄기가 있었는데, 하나는 이타적인 아가페 사랑에 근거한 수덕적 기독교로서 순교에서

---

68) Viller and Rahner, *Aszese und Mystik*, pp. 33-36.

69) *Martyrdom of Perpetua and Felicitas* 15 (edition and translation of Musurillo, *Acts of the Christian Martyrs*, pp. 122-25).

자신을 표현하고 초기 수도원 운동에서 그 절정에 도달했고, 또 하나는 관상적인 신비주의로서 2세기 후반에 기독교에 들어와 하나님을 봄을 개인적 행복의 열쇠로 여기며 에로스에 기초를 둔다고 주장한다. 페스트기에르는 이 상보적인 활동적 삶과 관상적인 삶의 구분이 이 상보적인 형태의 삶을 푸는 열쇠라고 인식했다.[70]

이것은 과거에 발생한 것을 보는 매력적인 견해이다. 2세기 후반에 기독교 신앙은 중요한 변화와 발전을 겪었는데, 많은 변화는 기독교인들이 살던 세계로부터 중요한 종교적-신비적 개념들을 받아들인 것과 관련이 있다. 그러나 완전한 의미에서 기독교 신비주의를 발생하게 한 문제들은 외부로부터 도입된 것이 아니라 예수 안에서의 삶의 의미에 대한 내부에서의 논의의 결과였다. 기독교에 대한 새로운 이해는 전통(특히 그 무렵 우리가 성경이라고 부르는 것으로 형성되는 과정에 있었던 성경의 책들) 안에 있는 요소들에 호소함으로써 자신을 변호하였다. 이 전통은 모든 신자들이 구속자의 임재에 대한 보다 깊은 의식을 추구할 수 있는 가능성, 또는 의무를 표현하고 있었다. 기독교 저술가들은 교회 안에서의 삶과 상관없이 이것이 가능하다고 생각하지 않았고, 또 이것이 한 개인이 획일적인 신적 원천에 흡수되는 것을 의미한다고 생각하지도 않았다. (이것이 모든 신비주의를 흡수적인 연합으로 해석하는 사람들이 초기 기독교의 신비주의 요소를 오해해온 이유이다.) 초기 기독교 신비가들은 성경 본문에 존재하지 않는 많은 요소들, 예를 들면 활동적인 삶과 관상생활의 구분을 도입했다(페스트기에르가 이 점에서 옳다). 그러나 다른 중요한 주제들은 성경에 그 뿌리를 두었는데, 이 과정이 어떻게 이루어졌는지 다음 장에서 살펴보려 한다.

---

70) Festugière, *L'Enfant d'Agrigente*, pp. 127-33 ("Mystique païenne et charité"), pp. 134-48 ("Ascèse et contemplation").

제4장

초기 헬라 기독교 내의 신비적 요소

　헬라 교부들은 최초의 기독교인들로부터 물려받은 유산과 아울러 제2성전 시대의 유대인들이 만들어낸 새로운 종교 형태와 그리스 철학자들의 관상적 이상들을 물려받았다. 비록 복잡하고 간접적인 경로로 전달되었지만, 150~500년의 기독교 저술가들은 이 두 가지 유산과 분리해서 이해될 수 없다. 그러나 구원하시는 하나님의 궁극적인 출현이 예수 그리스도 안에서 실현되었다는 확신 때문에, 그들은 인간이 현존하시는 하나님과의 직접적인 접촉을 경험하는 방법에 대한 유대교와 그리스의 이해를 받아들여 사용할 수 있었다. 3장에서 보았듯이 신약성경으로 알려지게 된 초기 기독교 문서들은 예수가 세상에 현존하는 하나님이라는 것과 예수가 자신을 따르는 사람들을 부활에서 시작된 새로운 삶에 동참하라고 초청했다는 것을 선포하였다. 신약성경 중에서 가장 초기의 문서들도 예수를 하나님이라고 부르는 것의 의미에 대한 여러 가지 상이한 이해, 그리고 신적 생명에 동참하는 다양한 방법을 말해 준다.

　그러므로 지난 세대에 교부학계에서 초기 기독교의 다양성을 드러내는 것에 관심을 가져온 것은 당연한 일이다. 특히 동방과 서방의 주요한 교회의 토대가 되어온 정통 교회, 혹은 위대한 교회의 전통을 유일하고 근원적인 기독교 신앙의 형태로 간주해서는 안 된다는 것, 그리고 그것은 2세기의 특징이었던 기독교의 의미에 대한 치열한 토론에 따른 역사적 산물이라는 것을 드러내는 데 관심을 가졌다.[1] 기독교 안에 정통적인 중심이 형성된 후에도 후기 교부 시대들의 위대한 교리적 논쟁들과 다른 언어학적이고 문화적인 상황으로 번져나간 기독교 운동은 새로운 종교의 지속적인 다양성과 복합성을 보여준다. 이 다양성은 초대 기독교 영성에서 발견되는 구주로서의 예수에 대한 믿음을 적용한 여러 가지 방법에서 분명히 입증된다.[2]

이 초기의 다양성 및 뒤이어 이루어진 교회들의 발달은 현대의 해석자들이 초대 교회의 영성과 신비주의를 조직하기 위해서 많은 상이한 범주들을 사용해온 이유를 설명하는 데 도움이 된다. 일부 해석자들은 기독교적 완전의 개념에 초점을 두었고, 어떤 사람들은 신화의 개념에 초점을 두었고, 혹은 관상과 지식, 혹은 하나님을 봄과 관련된 주제들에 관심을 두었다. 신적 출생, 하나님을 닮음, 하나님의 즐거움, 완전한 기도, 몰아의 상

---

1) 이것은 초기 기독교에 대한 최근의 역사서에서 밝히는 점이다. 다음의 책을 보라: Robert M. Grant, *From Augustus to Constantine* (New York: Harper & Row, 1977); W. H. G. Frend, *The Rise of Christianity* (Philadelphia: Fortress, 1984). 이 경향에 대한 방법론적인 논평으로 Robert L. Wilken, "Unversity and Unity in Early Christianity," *The Second Century* 1 (1981): 101-11을 보라.

2) 초기 기독교의 수덕적 영성과 신비주의 영성에 대한 많은 역사서 중에서 유익하다고 생각되는 책은 다음과 같다: Anselm Stolz, *Theologie der Mistik* (Regensburg: Pustet, 1936); Marcel Viller and Karl Rahner, *Aszese und Mystik in der Väterzeit: Ein Abriss* (Freiburg: Herder, 1939). 개관서로는 Gustave Bardy, *La vie spirituelle d'aprés les des trois permiers siécles*, ed. A. Hamman, 2 vols.(Tournai: Desclée, 1968); the article of Arrigo Levasti on Clement, Origen, Gregory of Nyssa, Evagrius, and the Pseudo-Macarius published in *Rivista di Ascetica e Mistica* 12-14 (1967-69)가 있다. Also useful are the surveys of Irenée Hausherr, such as "Les Grands Courants de la Spiritualité orientale," *Orientalia Christiana Periodica* 1 (1935): 114-38; idem, "Le spiritualité des premières generations chrétiennes," in *La Mystique et les Mystiques*, ed. A. Rivier (Paris: Desclée, 1965), pp. 409-61. Louis Bouyer, *The Spirituality of the New Testament and thd Fathers*, vol. 1 of *A History of Christian Spirituality* (New York: Seabury, 1982); Andrew Louth, *The Origin of the Christian Mystical Tradition: From Plato to Denys* (Oxford: Clarendon, 1982); Olivier Clement, *Source: Les Mystiques Chrétiens des Origines. Textes et commentaires* (Paris: Stock, 1982); and *Christian Spirituality: Origins to the Twelfth Century*, ed. Bernard McGinn and John Meyendorff, WS 16 (New York: Crossroad, 1986). F. Refoué, O.P., "La Doctrine Spirituelle des Péres de L'église," *La vie Spirituelle* 102 (1960): 310-26도 보라.

태, 하나님과의 연합 같은 중요한 사상들도 소홀히 다루지 않았다.[3] 이 주제들의 대부분은 그리스의 관상적 전통에서도 발견되지만 기독교에서는 하나님이며 구속주이신 예수 그리스도에 대한 신앙고백에 중심을 둔 신앙 공동체의 배경 안에서 이 주제들을 활용했다. 이런 까닭에 이 주제들은 항

---

3) 온전함의 개념을 다룬 책: Viller and Rahner, *Aszeses und Mystik*; R. Newton Flew, *The Idea of Perfection in Christian Theology* (London: Oxford University Press, 1934), chaps. 1-10; "Perfection Chrétienne, II, Pères et Prémiers Moines," *DS* 12:1081-1118.
The most detailed treatment of divinization is Jules Gross, *La Divinisation du Chrétien d'près les péres grecs* (Paris: Gabalda, 1938); see also M. Lot-Borodine, *La defication de L'homme d'aprés les péres grecs* (Paris: Cerf, 1970), as well as the insightful review of the original appearance of this work in article from by M.-D. Chenu, "La deification dans la tradition spirituelle de l'Orient," *La vie spirituelle* 43 (1935): [91]-[107]; "Divinisation," *DS* 3:1370-98 (patristic period); Ben Drewery, "Deification," in *Christian Spirituality: Essays in Honour of Gorden Rupp*, ed. Peter Brooks (London: SCM, 1975), pp. 35-62; Friedrich Normann, *Telhabe-ein Schlüsselwort der Vätertheologie* (Müsster: Aschendorff, 1978).
플라톤의 관상을 주제로 다룬 책: Louth, *Origins*, and it has been exhaustively studied in the article "Contemplation" in *DS* 2:1762-1911; Louis Bouyer, "Die Mystische Kontemplation bei den Väternern," in *Weisheit Gottes—Weisheit der Welt: Festschrift für Joseph Kardinal Ratzinger Zum 60. Geburtstag*, ed. W. Baier et al., 2 vols. (St. Ottilien: EOS Verlag, 1987) 1:637-49.
참된 지식과 거짓된 지식의 차이를 강조한 책: Bouyer, *Spirituality*, esp. chaps. 9-12; Pierre-Thomas Camelot, "Gnose chrétienne," in *DS* 6:509-23.
하나님을 봄에 대한 책: K. E. Kirk, The Vision of God: the *Christian Doctrine of the "Summum Bonum"* (1932; reprint, Cambridge: James Clarke, 1977); Vladimir Lossky, *The Vision of God* (London: Faith Press, 1963).
Dietmar Mieth. "Gotteschau unto Gottesgeburt: Zwei Typen Christlicher Gotteserfahrung in der Tradition," *Freiburger Zeitschrift für Philosophie und Theologie* 27 (1980): 204-23; H. Rahner, "Die Gottesgeburt: Die Lehre der Kirchenväter von der Geburt Christi aus dem Herzen der Gläubigen," in *Symbole der Kirche: Die Ekklesiologie der Väter* (Salzburg: Müller, 1964), pp. 13-87; and "Naissance Divine (Mystique de la)" in *DS* 11:24-28.
하나님을 닮는 것에 대한 연구서: Hubert Merki, *HOMOIOSIS THEOU: von der platonischen Angleichung an Gott zur Gottähnlichkeit bei Gregor von Nyssa* (Freiburg: Paulusverlag, 1952), part 1.
하나님을 누리는 것의 배경을 다룬 것: "Fruitio Dei" in *DS* 5:1546-52; J. Haussleiter, "Fruitio Dei," *Reallexikon für Antike und Christentum* 8:538-55.
교부 시대의 기도에 관한 전반적인 견해를 알려면 "Prière, III, Dans la tradition chrétienne," *DS* 17:7747-71을 보라. 예수기도의 발달을 다룬 책으로는 Irenée Hausherr, *The Name of Jesus* (Kalamazoo: Cistercian Publications, 1978)이 있다.
몰아의 개념에 대한 글로는 "Extase," in *DS* 4:2087-2109을 보라.

상 그리스도를 따르거나 닮는 것으로 표현되는 관계를 포함한다.[4]

이 중복되는 전망들은 교부 사상의 특징적인 모습들 중 하나, 즉 후대의 신학자들이 별개의 범주들로 나누게 된 다양한 종류의 주제들을 하나로 묶는 표현의 밀도를 보여준다. 주석적, 교리적, 성례전적, 그리고 영적인 차원들이 섞여 있는 이런 글들에서 하나의 요소를 분리하여 뽑아내다 보면 단순화하거나 잘못된 해석을 하기 쉽다. 그러나 하나의 단순한 접근 방식은 그 자체에 의해서 저절로 저자의 사상의 모든 것을 드러내 준다고 주장하지 않는 한 예수 그리스도 안에서 실현된 하나님의 임재를 헬라 교부들의 신비주의의 주요 요소들 중 일부를 밝혀줄 열쇠로 사용하여 결실을 거둘 수 있을 것이다.

물론 우리의 관심은 헬라 교부들의 신비주의 자체에 있는 것이 아니라 후기 라틴 전통들에 직접적이고 결정적인 영향을 준 주제들과 인물들에 있다. 이 장은 헬라 교부들의 신비주의의 역사적 요약이라기보다는,[5] 후기 서방 신비주의의 역사를 이해하는 데 없어서는 안 될 결정적인 사건들(특히 영지주의와의 투쟁)의 검토이며, 라틴 세계에서 읽힌 오리겐, 에바그리우스 Evagrius, 위-디오니시우스와 같은 중요한 인물들에 대한 고찰이라 할 수 있다.

초기 기독교 공동체와 그 모체인 유대교의 관계에 대한 중요한 고찰은

---

4) "Imitation du Christ" in *DS* 7:1536-1601 (1563-71); M. Pellegrino, "L'imitation du christ dans les actes des martyrs," *La vie sSpirituelle* 98 (1958): 38-54; T. Preiss, "La mystique de l'imitation du Christ et de l'unité chez Ignace d'Antioche," *Revue d'histoire et de philosophie religieuses* 18 (1938): 197-241.

5) 헬라 교부들의 신비주의에 대한 연구서는 다음과 같다: Walther Völker, including: *Fortschritt und Vollendung bei Philo von Alexandrien* (Leipzig: Hinrichs, 1938); *Die wahre Gnostiker nach Clemens Alexandrinus* (Berlin: Akademie-Verlag, 1952); *Das Vollkommenheitsideal des Origenes* (Tübingen: Mohr, 1931); *Gregor von Nyssa als Mystiker* (Wiesbaden: F. Steiner, 1955); *Kontemplation und Ekstase bei Pseudo-Dionysius Areopagita* (Wiesbaden: F. Steiner, 1958); *Scala Paradisi: Eine Studie zu Johannes Climacus und zugleich eine Vorstudie zu Symeon dem Neuen Theologen* (Wiesbaden: F. Steiner, 1968); *Maximus Konfessor als Meister des geistlichen Lebens* (Wiesbaden: F. Steiner, 1965); and *Praxis und Theoria bei Symeon dem Neuen Theologen* (Wiesbaden: F. Steiner, 1974).

초기 기독교 신비주의의 주석적 배경에 관심을 둔다. 육신을 입은 거룩한 말씀, 로고스이신 예수는 구두로 구원의 메시지, 즉 구원의 복된 소식 evangelion을 전파하셨다. 그러나 그 메시지는 곧 기록되어 문서로 고정되었다. 이는 고대 세계에서 신적 메시지 전달이 구전 형태에서 기록으로 변했음을 보여준다. 기독교 공동체들은 자기들에게 예수와 최초의 추종자들의 활동에 대한 책들뿐만 아니라 유대인들의 거룩한 책들에 대한 소유권이 있다고 본질적으로 기독론적인 방법으로 주장했다. 하나님의 계시된 메시지의 전체가 구속자에 대한 것이며, 약속으로서의 유대교 성경, 성취로서의 기독교 성경이기 때문에 예수를 따르는 자들만이 이 성경의 책들을 이해하는 데에 적법한 열쇠를 쥐고 있다고 주장하였다. 기독교 저술가들이 유대교 서기관들과 랍비들, 그리고 헬라 문학가들과 철학자들의 주석적 도구들을 얼마나 많이 채택했든지 간에 그것은 항상 해석학에 유익을 주었다. 특히 초대 시대에 기독론적으로 해석된 성경은 신비주의를 포함한 모든 기독교 사상의 기초가 되었다.[6)]

기독교 공동체는 시기적으로 기독교 성경보다 앞섰고 그 원천이었음을 기억하는 것도 역시 중요하다. 부활하신 주는 먼저 자기 이름으로 기도하고 의식을 행하고 생활하는 사람들의 집단 안에 임재하셨고, 그 후에 그 공동체의 신성한 본문에 성문화된 형태로 임재하셨다. 다시 말해서 신약성경과 구약성경(기독교 성경을 이루는 두 부분을 이렇게 부르게 된 것은 200년경이다)은 기독교 영성의 원천인 동시에 그 산물이었다. 이와 같은 공동체와 성경 사이의 상호관계는 기독교 발전의 제1세기(신약성경이 기록되고 형성된 시대)의 특성이었을 뿐만 아니라 공동체적 배경, 특히 요리문답과 설교 내에서 지속적인 해석 과정을 거쳐온 기독교 전체의 특성이었다. 헬라 교부들이 종종 구원의 말씀saving Word의 행위 및 우리와 그분의 관계를 이해하기 위해서

---

6) 기독교 신비주의 형성에서 성경의 역할을 다룬 중요한 글로는 "Éncriture Sainte et vie Spirituelle" in *DS* 4:128-278 (132-69)가 있다.

그리스의 관상적 전통에서 빌려온 언어와 주제들을 사용하기도 했지만, 그것들은 그리스의 종교나 종교 철학에서 발견되는 것과는 다른 상황에서 기능을 발휘했다. 기독교적 상황은 공동체와 성경 안에 구속적 중재자가 상호관계에서 임재하는 상황이었다. 초기 기독교 공동체의 다양성에도 불구하고, 또 여러 초기 기독교 신비주의자들(위대한 교회 전통의 "정통적" 견해를 대변하는 사람들)에게서 발견되는 음조와 강조의 상이성에도 불구하고 특히 형성 단계에서의 기독교 신비주의는 항상 교회적인 동시에 성경적이었다. 다시 말해서 공동체 안에서 공동체를 통하여 실현되었고, 동시에 거룩한 본문들의 영적이고 숨겨진 "신비한" 의미와 연결되어 있었다.[7]

제3장에서는 새로운 종교가 등장한 제1세기(50-150년경)의 저술에 후일 교부 시대와 중세 시대의 표준적 기독교 신비주의자들이나 현대의 해석자들이 신비적이라고 간주하는 요소들이 어느 정도 포함되어 있는지 살펴보았다(이그나티우스의 편지들에서 보듯이). 그러나 역사가들은 일반적으로 그 다음 세기를 기독교 신비주의의 역사에서 보다 중요한 시기로 간주한다. 고차원이고 특별한 형태의 신지식神知識인 영지 gnōsis의 의미에 대한 논쟁들, 그리고 "알렉산드리아 학파"의 중요 인물, 특히 클레멘트와 오리겐의 저술들은 이 시기에 특별한 중요성을 부여해 준다.

2세기와 기독교 신비주의의 시작

2세기 말은 기독교가 하나의 조직적인 종교적 실체로 형성되는 데 있어서 결정적인 시기였다. 2세기 후반의 기독교인들은 기독교가 존재하기 시작한 첫 세기의 중요성을 훼손하지 않았으나 그 정신과 조직과 관련하

---

7) 초기 기독교 시대에 *Mystikos* ("hidden, secret")라는 형용사는 보다 심오한 기독론적 의미를 나타내기 위해 사용되었다. 알렉산드리아의 클레멘트는 *Stromateis* 5.6 (PG 9:64A)에서 "신비적 해석"에 대해서 말했다. Louis Bouyer, "Mysticism: An Essay on the History of the Word," in *Understanding Mysticism*, ed. Richard Woods (Garden City, NY: Doubleday Image Books, 1980), pp. 42-55을 보라.

여 어려운 문제들에 직면했고, 그 반응으로 엉성한 신자들의 공동체를 보다 조직적인 종교적 실체로 구성했다. 이 종교적 실체의 지적·제도적 업적은 그 결과로서 이루어진 성공과 깊은 관계가 있었다. 2세기의 교회-군주적 감독제, 감독 관구들 사이에 형성된 교제의 유대, 일반적으로 비슷한 예전과 성례전, 공식적인 정경, 신조들, 그리고 사도들에게서부터 전해내려온 공통된 신앙의 전승이라는 이데올로기 등을 가진 교회-가 4세기에 제국의 종교가 되었다.

2세기에 예수를 주로 고백하는 사람들은 자기 인식의 어려운 문제들에 직면했다. 기독교인이 된다는 것은 무엇을 의미하는가?[8] 누가 참 기독교인인지를 결정하는가? 그 결정은 어떻게 이루어지는가? 자기 정의의 필요성은 안팎에서 대두되고 있었다. 즉 신자들이 외부의 적으로 생각하는 사람들(유대인들과 이방인)에 의해서, 그리고 누가 참 기독교인인가에 대한 내부의 논란에 의해서 대두되었다. 이런 논쟁은 각기 기독교 신비주의의 미래에 영향을 미쳤다.

기독교 저자들은 유대인들에 대항해서 자신들만이 참된 이스라엘이요 아브라함과 모세와 선지자들의 참된 후손이라고 주장하였다. 제2성전 시대 말기의 유대교의 특징이었던 참 이스라엘의 본질에 관한 논쟁이 계기가 되어 유대교와 기독교가 점차 분리되다가 궁극적으로 70년에 예루살렘 성전이 파괴된 후 결별하게 되었다. 2세기에 초기 기독교와 초기 랍비적 유대교 사이에서 논쟁적 갈등이 증가했다는 것을 보여주는 한 가지 표식은 그들의 신비적 전통들이 각기 독립된 방식으로 발달했다는 것이다.

2세기의 기독교인들이 그들의 특성을 정의하는 데 있어서 배경이 된 두 번째 상황은 로마 사회에서 매우 중요한 역할을 한 헬라 문화와의 관계였다. 비록 2세기의 기독교는 유대교 사상의 영향을 강하게 받았지만 그 시

---

8) Cf. *Jewish and Christian Self-Definition*, ed. E. p. Sanders et al.(Philadelphia: Fortress, 1980-82).

대의 유대교를 거부했다. 그들은 자신이 살고 있는 사회의 헬라 문화의 영향을 한층 더 강력하게 받았는데, 이 세계에 대한 그들의 반응은 한층 더 복합적이었다. 전체 기독교인들이 로마의 통치권에 대해 어떻게 생각했는지를 아는 일은 쉽지 않다. 그러나 계시록의 저자 요한이 그랬듯이(95년경), 많은 사람들은 로마를 종말론적 파멸의 운명을 가진 세상이라고 보았다. 그러나 다행히도 보존되어서 오늘날 우리가 접할 수 있는 소수의 저자들의 글을 토대로 판단해 보면, 대부분의 기독교인들은 로마의 통치를 비난하거나 혐오하기보다는 화해하거나 전향하려 했던 것 같다. 기독교인들은 로마 세계의 해이해진 도덕과 다신교적 의식을 단호하게 공격하면서 동시에 기독교가 고결한 삶, 바른 시민의식, 그리고 철학적 진리를 진작한다고 로마의 엘리트들을 설득하려 했다. 다시 말해서 기독교는 유대인들에게 주어진 약속의 성취일 뿐 아니라, 말씀Word이 온 인류 안에 뿌렸으며 플라톤이나 소크라테스처럼 지혜를 사랑하는 그리스 최고의 지성들의 가르침과 삶에 두드러지게 나타나는 하나님에 관한 진리의 성취라고 주장하였다.[9]

125-200년경에 저술된 초기 기독교의 변증 서적에는 새로운 종교가 죽은 자의 부활과 같은 특이한 신념들과 의심스러운 기원을 가지고 있음에도 불구하고 옛 현인들이 부분적으로 소유하고 있었던 진리의 완성이라고 주장하는 자기-확신이 배어 있었다.[10] 이처럼 그리스의 철학적 전통에 대한 변증론자들의 전반적인 긍정적 태도는 신을 본다는 것theōria 및 그와 관련된 주제들을 기독교에 받아들일 근거를 마련하는 데 크게 기여했다.[11]

---

9) 순교자 저스틴은 *Apology* 1 and 2에서 헬라 철학자들에 대해 긍정적인 태도를 나타냈다 (e.g., 1.5, 8, 20, 44, 46, 59-60; 2.8, 10, 13). 그러나 타티안과 같은 변증가들은 다소 부정적이었다.

10) Robert M. Grant, *Greek Apologist of the Second Century* (Philadelphia: Westminster, 1988).

11) A. H. Armstrong and R. A Markus, *Christian Faith and Greek Philosophy* (London: Darton, Longman & Todd, 1960); Henry Chadwick, *Early Christian Thought and the Classical Tradition: Studies in Justin, Clement, and Origen* (New

"외적" 논쟁과 "내적" 논쟁을 구분하는 것은 다소 인위적이다. 유대교에는 많은 헬라 요소들이 포함되어 있었고, 많은 기독교인들은 유대교나 이교에서 개종한 사람들이었으며, 기독교의 "이단들"은 다양한 종교적·문화적 요소들 가운데서의 복합적인 반응의 표현이기도 했다. 그럼에도 2세기에 기독교의 정체성을 형성하는 데 있어서 가장 결정적인 요소는 이교 세계를 향한 변증이나 유대인들을 겨냥한 기독교적 논쟁이 아니라, 스스로 예수의 제자라고 생각한 사람들 사이의 논쟁이었다.

"위대한 전통"Great Tradition, 즉 정통적인(바르게 믿는) 가톨릭(보편적) 기독교로 묘사되게 된 공동체의 구조와 믿음의 내용에 대한 의견의 일치를 이루는 데 있어서 중요한 역할을 한 논쟁이 세 가지가 있다.

기독교 신비주의의 역사를 위해서 본다면 몬타누스(Montanus, 160년경 소아시아에서 활동하던 예언자)와 그의 추종자들을 대상으로 한 싸움에서 핵심적인 문제였던 계시의 최종성에 대한 논쟁은 후대의 (일부 신비주의자들이 주장한) 영감론pneumatic inspiration과 제도적 권위 부여를 놓고 벌인 논쟁의 원형으로서 어떤 연관이 있을지는 모르지만 몬타니즘이 직접적으로 기독교 신비주의에 영향을 주었다는 증거는 없다. 몬타니즘과의 싸움을 통해 교회는 그 당시 감독의 권위의 중요성을 명확히 할 수 있었고, 예수를 통해서 주어졌으며 공동체의 거룩한 책 안에서 얻을 수 있는 계시의 최종성을 강조했다.

140년경에 로마에 와서 구약성경을 절대적으로 배격하는 형태의 기독교를 가르친 폰투스의 마르시온의 활동은 구약성경의 영적 해석의 의미를 변호하는 일에서, 그리고 기독교 공동체가 보다 폭넓은 범주에서 정경을 형성하는 데 있어서 대단히 중요한 역할을 했다. 그럼에도 2세기에 넓게는

York: Oxford University Press, 1966); René Arnou, "Platonisme des Péres," *Dictionnaire de Théologie Catholique* 12:2258-2392; P.-T. Camelot, "Hellenisme (et spiritualité patristique)," *DS* 7:145-64. 최근의 저서로는 A. H. Armstrong, "The Self-Definition of Christianity in Relation to Later Platonism," in *Jewish and Christian Self-Definition*, ed. Sanders et al., 1:74-99을 보라.

교회, 좁게는 기독교 신비주의의 역사에서 가장 결정적인 갈등은 구원하는 지식의 본질, 혹은 그리스도에 의해 초래된 하나님과의 친밀성이었다.

영지주의의 위협

약 1세기 전 잉게Inge는 "영지주의는 익기도 전에 썩었다"[12]고 빈정 댔다. 이것은 이레니우스Irenaeus, 힙폴리투스Hippolytus, 에피파니우스 Epiphanius 등 정통 기독교인들의 공격을 반영해 주는 논평이다. 잉게와 같은 시대의 위대한 인물인 하르낙Adolph von Harnack은 다르게 생각하였다. 하르낙은 그의 저서인 『교리사』History of Dogma에서 영지주의자들이 최초의 신학자들이었으며, 영지주의는 복음적 기독교가 "첨예하게 헬라화"된 형태로서 "복음이라는 토양에서 이루어진 그리스 정신의 산물"[13]이라고 정의된 교리사를 만들어낸 온건하게 헬라화하는 반응 안에서 활동한 촉진 요소였다고 주장했다. 20세기에, 특히 1934년에 요나스Hans Jonas의 『영지주의와 로마 후기 고전시대의 정신』Gnosis und spatantike Geist 제1권의 출판과 더불어 영지주의 역사에 대한 연구가 종교사의 영역에 포함되었다.[14] 1945년에 상부 이집트의 나그함마디 근처에서 유실되었던 영지주의 문서들의 콥트어 역본들이 숨겨져 있는 동굴이 발견되면서 현대의 영지주의에 대한 지식과 평가에 대 변혁이 이루어졌다.[15] 실존주의 철학과 융 학파의 심리학의 역사적 연구와 관심은 특이한 방법으로 서로를 보강하여 영

---

12) W. R. Inge, *Christian Mysticism* (London: Methuen, 1899), p. 82.

13) A. von Harnack, *History of Dogma*, 7 vols. (New York: Dover, 1961) 1:227-28, 253.

14) Hans Jonas, *Gnosis und Spätantike Giest*, 2 vols. (Göttingen: Vandenhoeck & Ruprecht, 1934, 1954); *The Gnostic Religion: The Message of the Alien God and the Beginnings of Christianity* (Boston: Beacon, 1958).

15) Kurt Rudolph, *Gnosis*, trans. R. McL. Wilson(San Francisco: Harper & Row, 1983), pp. 34-52.

지주의에 대한 대중적인 관심이나 학문적인 관심을 불러 일으켰다.[16] 2세기에 영지주의 신화들이 지식층에서 인기를 끌었던 것처럼 20세기 후반에도 그것들은 일부 지식층에서 인기를 끌고 있는 듯하다. 고대 영지주의와 현대의 신 영지주의자들 사이에 큰 차이가 있음에도 불구하고[17] 잉게의 정통적인 편견이 때로 정반대로 뒤집어져서 관대한 최초의 여성주의자proto-feminist, 민주적 형태의 기독교의 신봉자들로 간주되는 영지주의자들은 비록 패배했지만 참된 초기 기독교의 영웅이 된다.

새로 발견된 사실들이 우리의 지식을 늘려 주었으나 항상 지난 세기에 학계를 곤란하게 만들었던 영지주의와 관련된 논쟁들에 대한 확고한 답변을 가져다 주지는 못했다. 우리는 지금도 여전히 영지주의에 대해 기본적인 질문을 계속한다:[18] "어디서? 언제? 무엇을?", 즉 영지주의의 환경 또는 기원은 어디인가? 언제 생겨났는가? 그것의 본질적 특성은 무엇인가?[19] 우리 관점에서는 또 다른 질문을 해야 한다: "기독교 신비주의의 역사에서 그것의 중요성을 어떻게 평가할 것인가?"

처음 세 가지 질문에 대한 대답과 관련하여 일반적이고 통일된 의견이 없으며, 마지막 질문에 대한 반응을 제시하는 것은 어렵지만 필요한 일이다. 이는 특히 요나스Hans Jonas와 같은 많은 학자들은 신화myth에서 신비주의로 넘어가는 데서 영지주의가 중심적 역할을 했다고 보기 때문이다.[20]

---

16) Hans Jonas, "Gnosticism, Existentialism, and Nihilism," in *Gnostic Religion*, pp. 320-40; and Gilles Quispel, "Gnosis and Psychology," in *The Rediscovery of Gnosticism*, vol. 1, *The School of Valentinus*, ed. Bentley Layton(Leiden: Brill, 1980), pp. 17-31.

17) Pheme Perkins, *The Gnostic Dialogue: the Early Church and the Crisis of Gnosticism* (New York: Paulist, 1980), pp. 205-17.

18) E.g., Morton Smith, "The History of the Term Gnostikos," in *The Rediscovery of Gnosticism* vol. 2, *Sethian Gnosticism*, ed. Bently Layton[Leiden: Brill, 1981], pp. 796-807).

19) Bentley Layton, *The Gnostic Scriptures* (Garden City, NY: Doubleday, 1987), p. xii.

20) 요나스의 이론에 대해서 알려면 이 책 제2장을 보라.

최근의 학자들은 영지주의적 신비주의에 대해 거리낌 없이 논하거나 최소한 영지주의 안에 신비적인 요소가 있다는 것을 인정한다.[21]

대부분은 아니지만 많은 영지주의자들이 자신을 기독교인으로 생각했다는 것은 부인할 수 없는 듯하다. 영지주의가 기독교와 상관없이 유대교 사회에서 생겨났을지도 모른다.[22] 기독교적인 언급이 전혀 없는 영지주의 책들도 있다(나그함마디에서 발견된 Allogenes와 Zostrianos). 그러나 대부분 영지주의 저술들은 예수를 구세주로 믿는 증언을 담고 있다. 영지주의는 주로 기독교적 형태를 취하면서 중요하게 되었음이 분명하다.[23]

영지주의적 우주관은 물질 세계를 일종의 실수로 여기는 이원론적 이해를 표현한다는 사실(『빌립의 복음』에서처럼 "범죄로 말미암아 세상이 존재하게 되었다")[24] 때문에 라이젠스타인R. Reizenstein 같은 다소 구 시대의 학자들은 영지주의의 기원을 이란으로 보았다. 다른 학자들은 영지주의를 특히 새로운 시대를 향한 묵시적 소망들이 무너진 후에 유대교 묵시주의의 종말론적 이원론에서 비롯된 논리적 발전으로 보았다.[25] 또 일부 학자들은 영지주의가 중기 플라톤주의의 상당히 염세적인 우주적 사변과 흡사하다는 점에 주목했다. 그러나 우리는 영지주의의 기원을 찾는 일에 국한할 수 없다. 그것은 영지주의 이상의 독창성과 능력을 부정하는 일일지도 모른다. 영지주의자들이 유익하다고 여기는 것들을 취사 선택하였음은 의심의 여지가 없다. 일반 교회 교부들과 마찬가지로 영지주의자들과 불편한 관계

---

21) Cf. Jacques Ménard, "Pormative Self-Definition in Gnosticism," in *Jewish and Christian Self-Definition*, ed. Sanders et al., 1:149). Robert M. Grant, "Gnostic Spirituality," in *Christian Spirituality: Origins to the Twelfth Century*, ed. McGinn and Meyendorff, 56).

22) R. Van den Broek, "The Present State of Gnostic Studies," *Vigiliae Christianae* 37 [1983]: 41-71.

23) Ibid., p. 71.

24) *Gospel of Philip* 85 (Layton, *Gnostic Scriptures*, p. 346).

25) 이것은 Robert M. Grant가 개진한 주장이다(*Gnosticism and Early Christianity* [New York: Harper & Row, 1959], pp. 13-38).

였던 플로티누스는 다음과 같이 불평을 털어놓으면서 이것을 인정했다: "일반적으로 이 사람들의 교리들 중 일부는 플라톤에게서 취한 것이지만 그들이 나름의 철학을 세우기 위해서 도입한 다른 새로운 사상들은 모두 진리 밖에서 발견한 것들이다."[26] 루돌프Kurt Rudolph가 지적했듯이 영지주의 전통의 특성들 중 하나는 "현존하는 다양한 전통들로부터 자료를 취하여, 그것에 애착을 가지며, 동시에 그것을 새로운 틀 안에 넣음으로써 새로운 특성과 완전히 새로운 의미를 취하게 했다는 사실에 있다."[27]

이러한 관행 때문에 영지주의, 특히 조금이라도 영지주의적이라고 불린 적이 있는 모든 분파, 집단, 본문들에 적합한 정의를 발견하기 어렵다. 이 문제에 대한 논의는 계속되고 있다. 그러나 비록 학자들이 제시하는 정의들이 다양한 뉘앙스를 표현하고 있음에도 불구하고 많은 부분에서 일치한다.[28] 여러 가지 형태의 영지주의의 핵심 개념들은 이원론, 영혼의 내재적 신성(그보다 고귀한 부분), 그리고 지식을 통한 구원을 중심으로 한다고 말할 수 있다.

최근 일부 학자들이 영지주의의 원래 형태 혹은 표준적인 형태를 찾아내려고 노력해왔다. 예를 들어 레이톤Bentley Layton은 *Apocryphon(or Secret Book) of John*이라는 책에서 "셋 족속의 특성을 띠는"Sethian 영지주의를 찾아냈다. 루돌프Kurt Rudolph와 같은 많은 사람들은 "현재의 연구 상태에 따르면, 지금 하나의 공통된 "원래의" 구조를 가정하기에는 이르다"라고 단언한다.[29] 이처럼 전문가들의 견해가 일치하지 않으므로 영지주의 문서를 읽을 때 혼란이 야기된다는 점을 인정하게 된다.[30]

---

26) Plotinus, *Ennead* 2.9.6 (LC 2:242-43).영지주의에 대한 플로티누스의 지식과 입장을 알려면 Porphyry, *Vita Plotini* 16을 보라.
27) Rudolph, *Gnosis*, p. 54.
28) Cf. Jonas, *Gnostic Religion*, pp. 31-32; Grant, *Gnosticism and Early Christianity*, p. 10); Rudolph, *Gnosis*, p. 2.
29) Rudolph, *Gnosis*, p. 308.
30) *Early anthologies*, such as that of R. M. Grant가 저술한 초기의 선집들도 유익하지

리용의 이레니우스는 자신의 저서 『이단 논박』Against Heresies, 180년경에서 누구보다 강력하게 영지주의를 반대하는 정통적인 반응을 표현한 인물이다. 그는 초기 영지주의자인 사투르니누스Saturninus의 가르침을 요약하면서 당시 떠오르고 있었던 교회의 전통의 입장에서 영지주의적 신념의 잘못된 점을 지적한다.

"그는 구주가 태어난 것이 아니며, 비물질적이고 형태가 없으며, 외모에 있어서만 인간으로 보인다고 가정한다. 그리고 그는 유대인의 하나님을 천사들 중 하나라고 말한다. 부모가 모든 통치자들을 멸하기를 원하기 때문에 기름부음을 받은 자(그리스도)가 유대인들의 하나님을 없애고 자신의 설득을 받아들일 사람들을 구원하기 위해 왔다: 이들은 내면에 생명의 불씨를 가지고 있다. 그의 말에 의하면 천사들이 모방하는 두 종류의 인간이 있는데, 선한 자와 악한 자가 있다.…그는 계속해서 결혼과 자손을 출산하는 것이 사탄으로부터 온다고 말한다. 그의 추종자들의 대부분은 살아 있는 것들(살아 있는 것들의 육체)을 삼간다"(『이단 논박』 1.24.1).

영지주의에서는 근본적으로 지고하신 하나님이 자신의 선을 전하기 위해서 물질 세계를 창조했다는 창세기의 기사를 거부했다. 영지주의자들의 견해에 의하면 이 세상은 연약하고 악하고 열등한 능력의 산물이거나, 때로 영적 세계 혹은 플레로마(*plērōma*, 『진리의 복음』 17:4-20) 안에서의 문제나 무지의 결과였다. 신비적 용어로 말한다면, 특히 『요한의 비록』 Apocryphon of John 및 그와 관련된 글들에 제시된 바에 의하면 물질적인 우주의 생산은 영적 존재가 궁극적으로 불가지한 근원Unknowable Source, 혹은 지고하신 분Highest One에게로 돌아가는 다양한 차원의 복귀와 생산을 이야기하는 정교하고도 의도적으로 혼란스러운 신화학의 일부이다.[31] 영지주의의

만(*Gnosticism* [New York: Harper & Row, 1961]), 가장 최근의 것으로는 *The Nag Hammadi Library*, ed. James M. Robinson (New York: Harper & Row, 1977)가 있다.

31) G. Stroumsa, *Another Seed: Studies in Gnostic Mythology* (Leiden: Brill, 1984).

그릇된 점에 대한 정통적인 묘사는 (실제로 영지주의로 불린 집단들 안에서 일어났는지와 상관없이) 성경에 기록된 창조 이야기를 거부한 것, 그리스도에 대한 가현론적 견해, 결혼을 거부한 것, 그릇된 금욕주의 등에 초점을 두고 있는데, 이것들은 이원론적 종교 형태들의 역사적 연속성 안에서 영지주의를 이해하려 한 종교사학자들이 관심을 가져온 이원론을 함축하고 있다.[32]

특히 2세기에 일부 집단들이 그리스도의 구원의 행위에 대한 영지주의자들의 해석에 특별한 매력을 느꼈기 때문에 당시 형성되고 있던 정통 신앙을 옹호한 교부들은 영지주의자들로 인해 염려했다. 몇몇 영지주의 교사들, 특히 발렌티누스Valentinus, ca. 100-175는 자신을 반대한 정통측의 인물 이레니우스의 주장과 대등하게 바울에게 기원을 둔 "사도적 전통"을 주장하기도 했다. 발렌티누스는 140년경에 알렉산드리아를 떠나 로마로 와서 하나의 집단을 세웠는데, 그 집단은 처음에 로마 교회 안에 머물렀으나 나중에는 기독교와 분리된 형태로 수세기 동안 존속했다.[33] 당시 발렌티누스, 그리고 동방에서는 테오도투스Theodotus, 서방에서는 프톨레미Ptolemy와 헤라클레온Heracleon을 지도자로 삼아 번영했던 발렌티누스 학파가 어느 정도 이원론적이고 가현론을 추종했는지에 대해서는 의견들이 크게 다르다.[34]

영지주의자들의 사상 체계와 신앙 체계 안에 있는 신비적 요소들이 얼마나 호소력이 있었는지, 그리고 그 요소들이 초기 기독교 신비주의에 어

---

32) Ugo Bianchi, e.g., *Il dualismo religioso: Saggio storico ed etnologico* (Rome: L'Erma di Bretschneider, 1955); Ioan Culianu, *I Miti dei Dualismi Occidentali: Dai sistemi gnostici al mondo moderno* (Milan: Jaca, 1989).

33) 다음을 보라: Ptolemy, *Letter to Flora* 33.7.9 (Layton, Gnostic Scriptures, p. 314), and Larton's comments on p. 303. 발렌티누스와 발렌티누스주의에 대해서 알려면 vol. 1 of the Yale Symposium published as *The Rediscovery of Gnosticism* (see nn.16 and 18)을 보라.

34) 이레니우스는 발렌티누스파와 다른 영지주의자들이 그리스도의 역할에 대해 견해가 다르다는 것을 알았다 (*Against Heresies*, 3.18.6). Elaine Pagels, "Gnostic and Orthodox Views of Christ's Passion: Paradigms for Christians" Response to Persecution?" in *Rediscovery of Gnosticism* 1:262-88.

떤 공헌을 했는지 확실히 알기는 어렵다. 다소 단순화시켜서 그 문제의 긍정적인 차원과 부정적인 차원을 구분함으로써 이 문제들에 접근해보려 한다.

긍정적으로 말해서 영지주의 문헌은 이 책 제2장에서 다룬 헬라 신비주의에서 발견되는 많은 중요한 주제—영혼의 하강과 상승, 부정의 신학, 관상과 하나님을 봄, 신화 및 신적인 것과의 연합—와의 유사성을 보여준다. 그러나 영지주의 원전에서는 (모두가 아니라) 몇 사람이 자기의 타락한 영혼 안에 감추어져 있는 신적 본성을 깨닫는 수단인 영지를 통해서 구원을 성취하는 신화적인 형태로 등장한다. 이것이 영지주의가 지닌 신비적 요소의 핵심인 듯하다.

레이톤Bentley Layton이 주장하듯이 영지주의적 신비주의의 여러 유형을 구분할 수 있을 것이다.35) 영지주의의 이원론적 신화를 강력하게 묘사하는 『조스트리아노스』Zostrianos, 『알로게네스』Allogenes, 『셋의 세 개의 서판』 The Three Tablets of Seth과 같은 문헌들은 플라톤의 『향연』 210A-212A에서 묘사된 원천으로의 상승의 단계에서 그 기원의 일부를 찾게 되는 영혼의 타락과 상승에 기초한 신비주의를 표현하고 있다. 그래서 현인 조스트리아노스Zostrianos는 제1원리를 획득할 때에 발견되는 영지에 도달하기 위해 여러 시대를 통과하여 상승한 이야기, 그리고 그 메시지를 인류에게 전파하기 위해 하강한 이야기를 말해준다.

> "거기서 나는 이 모든 것들을(영적 존재) 하나로 있는 그대로 보았다. 나는 그들과 하나가 되었고 감추어진 시대(Concealed Aeon, 동정녀 바벨로 Barbelo), 그리고 보이지 않는 영을 찬양하였다. 나는 아주 완전해졌고; 능력을 받았고; 영광 안에 새겨졌고; 인침을 받았고; 완전한 화환으로 장식되었다.…
> 나는 감각적인 세계로 내려와서 내 무지한 물질적 형상을 입었다.

---

35) Layton, *Gnostic Scriptures*, pp. xv-xvi, 121, 141, 220, 359-60.

나는 버림받은 많은 사람들을 깨우면서 '살아 있는 사람들이여! 오, 셋의 거룩한 후손이여! 각성하시오! 내게 무관심하지 않도록 하시오. 여러분이 가진 신적인 요소를 신으로서 고양시키시오'라고 말했다"(『조스트리아노스』 129:6-130:18).

『알로게네스』Allogenes에서의 신비한 여행은 이름없는 선견자("외국인")가 백년 동안의 명상을 통해 신적 천상계(플레로마; pleroma)의 구조, 혹은 영적 실재의 완전한 상태에 상응하는 시대들을 보게 된다는 내면의 여행이다(50:7-59:37). 이 본문에서 선견자는 "제 일자"the First One를 본 후에 플라톤의 『파르메니데스』의 일자the One를 상기시켜주는 일련의 역설과 상반된 단언들로써 표현할 수 없는 근원Inexpressible Source을 이해하고 표현하려 한다(『알로게네스』 61-67).[36] 이 문헌들은 제일 원리들을 보는 것을 강조한다. 유사 예전적인 『셋의 세 개의 서판』에 있는 여섯째 찬양에는 다음과 같은 표현이 있다: "우리가 보았노라! 우리가 보았노라! 실제로 존재하는 제일자를 그 존재하는 모습대로 보았노라"(124:18-19).[37] 이와 같은 봄은 지식의 상태로 이어지는데, 이 상태는 때로는 일치로(123:30-33), 때로는 신화神化로 묘사된다(『조스트리아노스』 44:21).[38] 이 본문들 안에 강력한 플라톤적 요소가 있음에도 불구하고 플로티누스 같은 믿을 만한 플라톤주의자들은 플라톤적 우주 이원론과 영지주의적 우주 이원론의 차이점을 구분해 냈다.[39]

발렌티누스와 그의 추종자들의 영지주의를 대표하는 저서들, 특히 발렌티누스가 행한 것이라고 생각되는 바 영지에 의한 구원을 다룬 설교인 『진

---

[36] 이와 비슷한 부정의 신학을 *Apocryphon of John* (Codex II) 2:26-4:24 (Layton, *Gnostic Scriptures*, pp. 29-37)에서 찾아볼 수 있다.

[37] 이 찬송은 전반적으로 Barbelo에게 하는 것이지만, 눈에 보이지 않는 분의 자손이 아니라 눈에 보이지 않는 분에게 드리는 찬송인 듯하다.

[38] Layton, *Gnostic Scriptures*, p. 133. Cf. Zost. 53:20.

[39] 존재-생명-지성이라는 플라톤주의의 삼중 구조의 초기 단계를 반영하는 듯한 구절들이 있다 (*Allogenes* 59:9-24). Van den Brock, "Present State," pp. 65-66을 보라.

리의 복음』Gospel of Truth은 영지주의의 목표를 다소 달리 묘사하고 있다. 그것들은 영혼의 타락과 상승을 거의 강조하지 않으며, 포함과 각성을 주된 주제로 삼는 내재의 신비주의mysticism of immanence를 제시한다.[40] 예수가 가져온 복음은 어느 것에도 포함되지 않으면서 자신 안에 만물을 포함하는 성부의 비밀을 계시한다.

> "그들은 자신들 안에서 그를 발견하였다. 인식될 수 없으며 어느 것에도 포함되지 않는 아버지, 완전하신 분, 모든 것을 지으신 분을 발견하였다. 모든 것이 그분 안에 있었고, 모든 것이 그분을 필요로 했다. 모든 것에게 주지 않았던 그것의 완성을 자기 안에 가지고 계셨기 때문에 아버지는 인색하지 않으셨다"(『진리의 복음』 18:31-39).

이 설교는 아들의 현현 안에서 아버지로부터 오는 지식을 통해서 하나님 안에 있는 모든 것의 존재의 신비를 망각하지 않도록 일깨우라는 호소이다(30:23-26). 바울의 각성과 동일한 이 일깨움은(갈 5:6) 사랑의 충만을 가져다 주는 믿음의 역사이다(『진리의 복음』, 34:28-33).[41] 이것은 저자 자신이 향유했다고 증언하고 있는 휴식의 상태 혹은 장소로 표현되는 신비적 연합의 한 형태로 이어진다. 역시 영지주의를 반대한 교부 힙폴리투스Hyppolytus는, 발렌티누스가 로고스를 갓 태어난 아기의 모습으로 본 신비한 환상의 이야기를 자신의 모든 가르침의 자료로 사용하면서 신비 체험에 대한 발렌티누스의 주장을 정식으로 확인한다(힙폴리투스, 『반박』 6.42.2).

『요한의 행전』Acts of John에서 발견되는 발렌티누스적 영지주의의 그리스도 찬송Hymn of Christ은 그와 비슷한 내재의 신비주의, 포함의 신비주의를 의미하는 듯하다. 이 신비주의에서 그리스도는 구원자이면서 구원받는 자이며, 연합시키는 자요 연합되는 자이다. 이는 그리스도가 제자들에게

---

40) W. R. Schoedel, "Gnostic Monism and the Gospel of Truth," in *Rediscovery of Gnosticism* 1:379-90.

41) Cf. *Gospel of Philip* 39 (61:36-62:5).

자기와 함께 춤을 추자고 권하면서 "말하고 있는 내 안에서 너희 자신을 보라"[42]고 하는 데서 알 수 있다. 역시 발렌티누스의 글인 『레기누스에게 보낸 편지』Epistle to Rheginus는 이 세상에서 신자가 물질세계의 무無를 깨닫고 영적 실재의 불변하는 영구성을 깨달을 때에 발생하는 "영의 부활"을 말한다.[43] 『빌립의 복음』이라 알려진 발렌티누스의 선집에서는 우리가 보는 영적 실체와 같이 된다는 헬라적 경건의 옛 주제들이(고전 13:12; 요일 3:2에서도 찾아볼 수 있다) 강조되고 있음을 알 수 있다.

"사람들은 스스로가 실재의 영역 안에 있는 사물이 되지 않고서는 그것을 볼 수 없다.…만약 당신이 그곳에서 어떤 사물을 보았다면, 당신은 그 사물이 된 것이다: 만일 당신이 영(Spirit)을 보았다면 당신은 이미 영이 되었으며, 만약 기름부은 자를(그리스도) 보았다면 기름부음을 받은 자가 된 것이다; 만약 아버지(Father)를 보았다면, 당신은 아버지가 될 것이다.…거기서 당신은 자신을 보게 될 것이다; 왜냐하면 당신은 자신이 보는 그것이 될 것이기 때문이다"(『빌립의 복음』 38).[44]

레이톤은 영지주의 신비주의의 두 가지 형태, 즉 타락-상승의 신비주의와 내재-각성의 신비주의의 차이가 영지주의 이전에 활동한 "도마 학파"의 저술들이 발렌티누스에게 끼친 영향에 기인한다고 보았다.[45] 『도마복음』(Gospel of Thomas: 예수의 것이라고 알려진 지혜의 말들을 수록한 것으로서 공관복음에 수록된 것과 같은 내용이 많이 포함되어 있다)과 같은 잘 알려져 있는 본문들과

---

42) The Greek *Acts of John* was edited by M. Bonnet, *Acta apostolorum apocrypha* II.1 (Leipzig: Teubner, 1896; reprint, Hildesheim: Olms, 1959); it is translated in Edgar Hennecke, *New Testament Apocrypha*, ed. Wilhelm Schneemelcher, trans. a. McL. Wilson (Philadelphia: Westminster, 1965) 2:215-58 (the hymn is on pp. 227-37). Cf. Gilles Quispel, "Vallentinian Gnosticism and the Apocryphon of John," in *Rediscovery of Gnosticism* 1:126-29).
43) *Epistle to Rheginus*, esp. 48:33-49:8.
44) Cf. *Gos. Phil*. 96 (78:25-79:13) and 102 (82:23-24).
45) Layton, *Gnostic Scriptures*, p. xvi.

『진주의 찬송』Hymn of the Pearl은 영혼 안에 있는 신적 실재를 인식하는 것을 강조하고(『도마복음』 3, 18, 22, 27), 신자가 예수가 되는 것에 대해서도 말한다(『도마복음』 108).[46] 그럼에도 불구하고 영지주의의 여러 형태와 영지주의 이전의 기독교 전통들 사이의 관계에 대해서는 기껏해야 추측할 수 있을 뿐이며, 도마의 본문에 있는 신비적 요소들은 영지주의의 저술에서만큼 분명하지 못하다.

많은 학자들이 영지주의적 신비주의라고 확인해온 이 특성들 때문에 우리는 그러한 신비주의가 그 후 기독교 신비주의 전통의 역사에 어떤 영향을 주었는지를 묻게 된다. 여기에서 2, 3세기 정통 측에서의 영지주의 거부가 부정적인 방향으로 나갔음을 보여준다. 후대의 기독교 신비주의 안에 영지주의적 신비주의와 비슷한 요소들이 나타난 것은 그들이 영지주의적 전거에 실제로 접촉했다고 가정하기보다는 유대교와 그리스, 그리고 신약성경에 내리고 있던 공통의 뿌리에 호소함으로써 설명될 수 있다. 이것은 영지주의가 기독교 신비주의 역사에서 긍정적이라기보다는 부정적인 것이었지만 중요한 역할을 했음을 부인하려는 것이 아니다. 이 영지주의 논쟁을 통해서 몇 가지 규범이 확립되었는데, 후대의 기독교 신비주의자들이 이 규범을 범할 경우에 보다 넓은 범주의 정통 집단들과의 관계를 해치게 되었다. 역사적으로 말해서 오직 이러한 근거에 입각하여 영지주의를 신비주의라고 정의하는 것은 적합하지 못하겠지만 영지주의를 최초의 커다란 기독교 신비주의적 이단이라고 규정할 수 있을 것이다.

최근의 연구, 특히 스트름사G. Stroumsa의 연구는 영지주의적 금욕주의와 장차 수도원 운동의 탄생에서 승리를 거두게 될 초기 기독교 금욕주의의 주된 흐름 사이의 차이점을 부각시켰다. 그 이원론적인 기원에 적합한 영지주의적 자기 부인은 일반적인 도덕적 진보와 개인적 완성보다는 성적

---

46) Layton, *Gnostic Scriptures*, p. 398.

인 정결에 더 관심을 두었다.47) 이 점에서 순결을 아주 귀중히 여긴 기독교 교부들은 영지주의의 견해보다는 그 시대 헬라 철학자들의 포괄적인 도덕 프로그램에 더 가까웠다.48) 또한 영지주의적 신비주의는 그 당시 신비주의에 대해 발달 중이던 정통적 견해와의 근본적인 차이점들도 나타낸다. 적어도 우리의 "정통 신앙의" 전거들이 그렇게 제시하고 있다. 기독교 신비주의의 미래는 영지주의에 대한 반작용에 의해서 영구적으로 형성되었다.

165년경에 로마에서 순교한 저스틴Justin Martyr은 영지주의와 영지주의적 신비주의를 대적한 최초의 정통주의 인물로 알려져 있다.49) 영혼의 내재적 신성에 대한 플라톤주의자들의 견해가 옳지 않다는 발견에 따라서 플라톤주의를 버리고 기독교를 받아들인 사람들이 볼 때(저스틴, *Dialogue* 2.4-6),50) 영지주의자들이 이 주제에 대해 이야기하는 것(거의 모든 영지주의 집단의 특징인 듯하다)은 분명히 위험한 퇴행처럼 보였을 것이다. 우주와 하나님의 관계에 대한 저스틴의 견해를 무로부터의 창조라는 기독교의 창조 이론의 표현으로 볼 수 없지만, 우주와 영혼이 근본적으로 하나님을 의존하고 있지만 하나님과는 다르다는 그의 인식은 기독교 사상사와 기독교 신비주의 역사에서 하나의 중요한 계기가 된다: "만약 세상이 출생된 것이라면, 영혼 또한 필연적으로 출생된 것이다"(*Dialogue* 5.1). 영지주의적 신비주의와의 논쟁에서 우위를 점한 것처럼 보이는 이런 관점에 무게를 실어준 사람이 저스틴뿐이라고 생각하기는 어렵다. 모든 인간 안에 신적 씨앗이 있다는 영지주의의 주장이 이 문제를 논쟁거리로 만들었고 정통 신자들은 기독교는 필연적으로 영혼이 본성적으로 신적인 것이 아님을 의미한다고 믿

---

47) G. Stroumsa, "ascèSe et gnose: Aux origines de la spiritualité monastique," *Revue Thomiste* 81 (1981): 557-73; Grant, "Gnostic Spirituality," p. 54.

48) Peter Brown, *The Body and Society: Men, Women, and Sexual Renunciation in Early Christianity* (New York: Columbia University Press, 1987).

49) 저스틴은 영지주의자들에 대해 저술한 자신의 논문을 언급한다 (*Apology* 1.26).

50) 제4장 첫 부분을 보라.

게 되었다고 가정하는 편이 훨씬 쉽다.

곧 정통 기독교에서 꽃피게 될 사변적 신비주의, 특정의 가치관을 영지주의와 공유하고 있던 클레멘트나 오리겐의 신비주의에서 신적 영역과 피조된 영역 사이의 차이를 주장하였다. 영혼은 신화될 수 있겠지만 본성적으로나 내재적으로 신적인 것은 아니다. 정통 기독교인들과 영지주의적 기독교인들은 구속의 과정—신화, 환상, 완전, 연합—의 목표를 기술하기 위하여 동일한 주제들을 사용할 수 있었겠지만, 이 주제들은 영혼의 기원을 어떻게 보느냐에 따라서 다른 의미들을 갖게 되었다.

영지주의적 신비주의와 정통 기독교의 발전하고 있는 신비주의 사이의 중요한 차이점들을 고찰할 수 있는 두 번째 영역은 영지주의자들이 구원이 전달되는 통로라고 믿은 영지에 대한 믿음과 사랑의 관계와 관련된다.[51] 만일 신약성경에서 영지가 중요한 역할을 하며 영지주의자들이 믿음과 사랑의 역할이 많은 본문들의 내용과 어긋난다는 것을 인정하지 않는다고 생각한다면, 이것은 한층 더 복합적인 영역일 것이다. 예를 들어 이레니우스는 카포크레티안파Carpocratians가 "우리는 믿음과 사랑으로 구원받았으므로 나머지에 대해서는 무관심하다"라고 가르쳤다고 인정했으며(『이단 논박』 1.20.3), 발렌티누스파의 문헌들은 그들 역시 그들의 영웅 바울이 가르쳤던 믿음과 사랑을 귀중히 여겼음을 보여준다. 상이한 영지주의 집단들이 믿음과 사랑의 역할을 어떻게 이해했는지 정확하게 알 수 없지만 옳든 그르든 정통 교회의 반응은 영지주의자들로 하여금 영지에 대한 보다 고귀한 지식과 관련하여 믿음과 사랑의 중요성을 하찮게 여기게 만들었음이 확실하다.

영지(지식)란 일부 신약성경의 본문에서 중심이 되는 용어이기 때문에 알렉산드리아의 클레멘트나 이보다는 못하지만 오리겐과 같은 사변적인 영지주의 반대자들은 영지주의자들이 이 용어를 사용하도록 허용해줄 준

---

51) Rudolph, *Gnosis*, p. 56.

비가 되어 있지 못했다. 그들은 어떻게 믿음과 사랑에서 지식이 자라나며 이 지식이 믿음과 사랑에 상반되지 않는지를 조심스럽게 이해해야 한다고 주장했다. 이 주제는 영지주의자들, 심지어 믿음과 사랑을 좋게 말하는 사람들조차도 아직 검증하지 않은 채 버려둔 주제이다. 후대의 기독교 신비주의에서는 복음서에 명령되어 있는 믿음과 사랑 안에서 주어진 지식이 어떻게 하나님에 대한 보다 직접적인 의식 및 하나님과 영혼의 관계의 보다 고귀한 형태에 연관되는지를 주의깊게 말하였다. 2세기의 "이단적인" 신비가들 사이에서는 지식을 무절제하게 의존한 데 대한 반작용인 이러한 망상을 쉽게 찾아볼 수 있다. 터툴리안은 그의 『이단에 대한 처방』 *Prescription against the Heretics*에서 본질적이고 정통적인 불만을 요약한다: "헛된 상상을 믿음에 복종시키라; 허풍을 구원에 복종시키라. 그들은 그런 요란을 중지하거나 침묵해야 한다. 믿음의 법칙을 거스르는 것에 대해 아무것도 모르는 것은 곧 모든 것을 아는 것이다"(14 [PL 2:32A]).[52] 이것이 영지주의가 후기 기독교 신비주의에 남겨준 또 한 가지 중요한 부정적 유산이다.

지식은 계시 이해와 연결되어 있다. 여기에서도 정통측의 반응은 앞으로 오랜 역사를 갖게 될 신비주의의 기능에 경계선을 그어 놓았다. 영지주의자들은 계시의 다양한 원천을 주장하였다: 인정된 성경의 책들을 제대로 읽음, 부활하신 예수가 선택된 소수의 영혼들에게만 주었다는 숨겨진 메시지에 토대를 둔 새로운 계시의 책들, 그리고 발렌티누스의 경우에서 보듯이 영지주의 교사들의 환상적이고 신비한 경험 등. 다시 말해서 영지주의자들도 몬타누스주의자들과 마찬가지로 종종 환상적 경험과 연관이 있는 지속적인 계시의 과정을 믿었다. 반면에 정통 교회는 최초의 사도들에게 주어졌으며 확립된 교권제도를 통해서 공동체에게 전해진 메시지에

---

52) "Cedat curiositas fidei, cedat gloria saluti; certe aut non obstrepant aut quiescunt; adversus regulam nihil scire omnia sciire est."

한정된다고 주장했다.53) 기독교의 정통적인 견해에서 신비적이라 할 수 있는 환상 경험이 완전히 배제된 것은 아니다. 『성 폴리캅의 순교』(Martyrdom of Saint Polycarp, 5, 9)와 『성 퍼페투아와 펠리키타스의 순교』(4, 7, 8, 10, 11-13)에서 보듯이, 많은 기독교 순교자들에게 있어서 환상은 중요한 것이었다.54) 오리겐은 자주는 아니지만 로고스가 자신에게 오셨던 것에 대해 말하곤 했다.55) 이런 환상들을 영지주의의 환상과 구분해 주는 것은 이 환상들이 지닌 개인적인 특성이다. 즉 이 환상들은 개개의 신자에게 힘을 주거나 조명을 주어 어떤 일을 감당하게 하기 위한 것이었다. 이 환상들은 새롭고 심오한 메시지를 전함에 의해서가 아니라 교회 전통의 의미를 확인함으로써 가르치거나 조명해 주었다. 후대의 기독교에서도 환상의 기능은 계속 이러한 규준들을 굳게 붙들었다. 여기서 우리는 신비적 조명이 기존의 종교 구조와 일반적으로 어떻게 연관을 맺는지에 대한 숄렘Gershom Scholem의 견해를 확인할 수 있다.

영지주의가 대체로 부정적이지만 뒤에 등장한 기독교 신비주의에 실제로 영향을 끼친 또 하나의 영역이 있다. 이것은 지식의 내용 및 그것과 성경 본문의 관계와 관련된 것이다. 부이에Louis Bouyer는 영지주의자들의 거짓 지식, 혹은 "위-지식"은 바울과 요한에게서 발견되는 참 지식의 개악改惡이었고 저스틴, 이레니우스, 클레멘트 및 그 후계자들은 기본적으로 2세기에 도입된 그릇된 형이상학적 이원론에 대항하여 묵시 사상에 기초를 둔 초기 기독교의 역사적 이원론을 재강조하는 데 관심이 있었다고 주장한다.56) 이 이론은 초대 교회에서 지식이라는 주제의 연속성을 강조하

---

53) Elaine H. Pagels, "Visions, Appearances, and Apostolic Authority: Gnostic and Orthodox Traditions," in *Gnosis: Festschrift für Hans Jonas*, ed. B. Aland (Göttingen: Vadenhoeck & Ruprecht, 1978), pp. 415-30.

54) Herbert Musurillo, *The Acts of the Christian Martyrs* (Oxford: Clarendon, 1979), pp. 6, 8, 110-12, 114-22.

55) E. g., Origen, *Homily on the Song of Songs* 1.7.

56) Bouyer, *Spirituality*, chap. 7.9-12.

는 장점이 있지만, 불행하게도 2세기 정통적 이데올로기의 현대판인 듯하다. 이 논리에 따르면 이단은 특별한 역사적 이유 때문에 후대에 부적절하다고 판단된 실험적인 가능성이나 초기의 전통이라기보다는 원래의 진리의 왜곡이었다. 2세기에 논의된 주제는 지식의 가치가 아니라 그 내용이었다: 지식은 무엇을, 어떻게 전달하는가? 즉 신자가 어떻게 참된 지식에 도달하는가에 대한 것이었다. 이 연관된 질문들에 대해서, 원시-정통은 영지주의에서 발견되는 것과는 다른 답변을 제시했다.

영지주의의 사변적 사상가들, 특히 발렌티누스파 사람들은 2세기의 가장 독창적인 주석가였다. 최근의 연구는 그들의 독창적인 견해 및 그들이 후대의 해석가들, 특히 오리겐에게 미친 영향을 밝혀 주었다.[57] 처음부터 기독교 신비주의의 특색을 이루었던 주석과 경험 사이의 상호작용을 고려해 볼 때, 이것은 영지주의 역할의 중대성을 시사해 주는 또 하나의 표식이라 할 수 있다. 여기에서도 영지주의자들은 긍정적인 기여보다는 정통 교회로 하여금 배제하게 만든 그들의 견해 때문에 중요성을 갖는 듯하다. 오리겐을 비롯하여 사람들이 헤라클레온Heracleon이나 다른 영지주의 주석가들에게서 많은 것을 배웠지만, 그들이 몰두한 근본적인 교훈은 영지주의의 성경 해석이 옳지 않다는 것이었다. 이것은 영지주의자들이 잘못된 주석 방법을 썼기 때문이 아니었다. 그들은 후일 특히 알렉산드리아에서 많은 기독교인들이 널리 사용하게 된 영적 해석을 지지한 사람들이었다. 그들이 배척당한 이유는 이 방법이 그릇된 의미와 함께 사용되었기 때문이었다.

몇몇 현대 종교 이론에서 주장하는 것과는 달리 일반적으로 방침에 따라서 방법이 달라진다. 동일한 수단을 사용하여 근본적으로 상이한 결론에 이르는 사람들 사이의 이견만큼 심각한 것은 없을 것이다. 2세기의 영지주

---

57) Elaine Pagels, *The Johannine Gospel in Gnostic Exegesis* (Nashville: Abingdon, 1973); eadem, *The Gnostic Paul: Gnostic Exegesis of the Pauline Letters* (Philadelphia: Westminster, 1975).

의자들, 심지어 발렌티누스파 사람들도 소수에게만 예비된 비전秘傳의 메시지를 찾기 위해 신·구약성경을 해석하는 데 영적 해석 방법을 사용한 듯하다.58) 이 메시지에 따르면 기독교 책들의 참된 의미는 실제로 이원론적이고 물질 세계에 대해 염세적인 영지주의 신화들의 의미였다. 영지주의에 반대하는 기독교 교부들, 심지어 영지주의의 몇 가지 측면에 근접해 있는 사람들까지도 성경에 대한 영적 해석 혹은 풍유적인 해석은 일상적인 설교와 공동체의 가르침 안에 보존되어 있는 구원에 대한 비전적 메시지에 어긋나지 않을 때에만 유효하다고 주장하였다.

기독교 신비는 모든 사람에게 개방된 메시지를 지니고 있다. 비록 "참된 영지자들"은 평범한 신자들보다 더 깊은 차원에서 그것을 이해하게 되지만 영적 주석은 다른 메시지, 특히 완성된 성경의 본문에 암시되고 있는 능력과 감추인 신비에 대한 메시지를 드러내 주지 않았다. 간단히 말해서 영지주의가 기독교 신비주의 역사에 끼친 가장 중요한 영향은 모든 종류의 비전주의, 특히 성경 해석의 비밀스런 형태에 기초한 비전주의를 의심스러운 것으로 만든 것이다. 물론 후대의 기독교 주석가들도 성경 본문의 깊은 의미를 전달하기 위해 영적 해석 방법을 사용했다. 메시지가 함축하고 있는 완전한 의미가 모든 사람들에게 즉각적으로 자명하게 드러나지는 않을 것이며, 신자들이 이러한 함축된 의미들을 파악하려면 오랫동안 수덕 훈련과 영성 훈련이 필요했을 것이다. 그러나 메시지는 소수의 전유물이 아니라 모든 기독교인들에게 개방되어 있었다. 어거스틴은 기독교 전통에서 비전주의의 위험에 대한 가장 상세한 논의라고 할 수 있는 『요한복음 설교』(Homilies on John) 98에서 다음과 같이 말한다: "초보 단계에 있는 신자들에게는 은밀한 가르침에 대해 침묵하고 감추며 진보한 사람들, 즉 보다 지적인 사람들에게만 그것을 말해줄 필요는 없다"(『요한복음 설교』 98.3 [PL

---

58) Layton, *Gnostic Scriptures*, p. 17.

35:1881]).[59]

유대교 신비주의와 마찬가지로 영지주의 신비주의도 본성상 기본적으로 비전적이다. 그러나 기독교 신비주의, 적어도 정통이라고 판단받은 신비주의는 비전적이지 않다. 기독교 신비주의 역사에서 영지주의는 첫 번째 큰 분기점이었을 뿐만 아니라 모든 신비주의 "이단들"이 그렇듯이 하나의 지속적인 분기점으로 남는다. 후대의 많은 기독교 신비가들이 영지주의를 직접적으로 의존할 가능성이 없지만 영지주의 문헌에서 발견되는 견해들을 반영할 것이다. 이 신비가들 중 몇이 그들의 메시지를 제시하면서 직면하게 되는 어려움은 2세기에 교회가 형성되면서 겪은 이 중심적인 경험과 무관하지 않을 것이다.

주요한 정통 측 대변인들

2세기 후반의 주요한 정통 측 대변인들—저스틴, 이레니우스, 클레멘트—은 모두 영지주의를 반대한 인물이었지만, 이들을 이런 관점으로만 보는 것은 신학적으로 그들을 공정하게 다루는 것이 아니며, 또 위대한 교회의 전통에서 신비 신학이 발전하는 데서 그들이 행한 역할을 드러내지도 못한다. 영지주의에 대한 논쟁이 한창일 때에 저술 활동을 한 저스틴은 기본적으로 유대인들과 헬라인들에게 복음의 진리를 납득시키는 데 관심이 있었다. 이레니우스는 영지주의자들을 이용하여 조직적인 것은 아니지만 처음으로 기독교 신앙에 관한 완전한 표현을 만들어냈다.[60] 2세기의 저술들과는 달리 이 표현은 신학의 역사에서 하나의 수단이 되어왔다. 클레멘트는 온건한 영지주의자들과 많은 면을 공유했지만 그들의 잘못을 비난하는 데 있어서는 완강했다. 그러나 그의 진정한 관심은 논쟁에 있는 것이 아

---

59) Layton, *Gnostic Scriptures*, p. 17.
60) Hans Urs von Balthasar, *The Glory of the Lord*, vol. 2, *Studies in Theological Styles: Clerical Styles* (New York: Crossroad, 1954), pp. 31-94.

니라 그 시대의 학식 있는 사람들에게 기독교에 대한 자신의 온화한—혹은 절충적인—해석을 제시하는 데 있었다.

저스틴과 이레니우스

비록 저스틴과 이레니우스가 하나님을 봄과 같은 신비주의의 주제를 적에게 양보하지 않으려는 정통측의 점증적인 욕구를 증언하고 있지만 이 두 사람을 신비 신학자라고 부르기는 어렵다. 『트리포와의 대화』Dialogue with Trypho의 서두에 기록된 저스틴의 회심 이야기는 기독교 문헌에서 최초로 하나님을 본다는 그리스의 이상을 폭넓게 논의한 것으로서 그 주제에 대한 지식보다는 수준 높은 판단 때문에 더 놀랍다(『트리포와의 대화』 3-6).[61] 저스틴은 플라톤과 플라톤주의자들을 잘 알고 있었으나 회심하면서 플라톤주의, 특히 영혼의 전재하는 신적 본성이라는 문제와 근본적으로 결별했다. 소크라테스가 사용한 것과 같은 반어법을 사용하여 그로 하여금 기억 능력anamnesis과 영혼의 윤회전생이라는 플라톤 교리의 모순성을 보게 해준 늙은 선견자의 지도를 받아 저스틴은 기독교적인 입장으로 나아갔다. 그의 주장은 하나님에 의해 출생한 이성이 출생된 것이 아닌 그것의 근원Source을 볼 수 있는 가능성을 부인하지 않고 오히려 이것이 본성적으로 소유권이 있는 것이 아니라 성령에 의해 장식된 이성에게 주어진 고결한 삶에 대한 보상이라는 것이었다.[62] 『트리포와의 대화』에서 하나님을 봄theōria이라는 플라톤의 견해를 비판한 것을 고려해 보면 저스틴이 두 권의 변증서에서 플라톤을 많이 인용했지만 하나님을 보는 것을 인간 생활의 목표라고 언급한 적이 없다는 것은 그리 놀라운 일이 아니다. 그는 영

---

61) Edward Baert, "Le thème de la vision de dieu chez S. Justin, Clement d'Alexandrie et S. Grégorie de Nysse," *Freiburger Zeitschrift für Philosophie und Theologie* 12 (1965): 440-55.

62) *Dialogue* 4.1: *Ē ton Theon anthrōpou nous opseti pote me hagia pneumati kekosmemenos*. Baert는 저스틴이 하나님을 보는 것을 내세로 제한했다고 주장한다 ("Le thème de la vision," 433, 455).

혼과 하나님의 교제synousia에 대해서 말할 때에 그 시대에 통용되던 플라톤주의 표현을 사용했다(『변증』 1.10.3).[63]

반면에 이레니우스에게서는 하나님을 보는 것이 중심이 된다. 『이단논박』의 유명한 구절이 말해 주듯이 "하나님의 영광은 살아 있는 인간이며 인간의 생명은 곧 하나님을 보는 것이다"(『이단 논박』 4.20.7).[64] 발타사르 Hans Urs von Balthasar는 주장하기를 이레니우스의 신학은 영지주의와는 달리 "존재하는 것을 봄"에 집중하는데, 이는 "플라톤의 관상의 의미보다는 사실들의 분명한 메시지 앞에 단순히 서 있는 것을 의미하는 쪽에 더 가깝다."[65] 혹자는 이레니우스를 신비 신학자라고 하지만[66] 이레니우스의 신학은 동방 정교회 전통에서 모든 바른 신앙의 신학을 신비적이라고 이해하는 것과 같은 넓은 의미에서만 신비적이라 할 수 있다. 즉 그리스도에 의해서 계시되었고 교회에 의해 전해져 내려온 신비들에 대한 신앙의 표현으로 간주한다는 의미에서이지 현세에서의 직접적인 하나님 임재 체험에 대한 신자들의 반응에 중심을 두는 좁은 의미로 쓰인 것이 아니다.

이레니우스의 신학적 합성synthesis은 보이지 않는 하나님이 어떻게 모든 역사를 회복시키면서 성육하신 아들의 현현을 통해서 보이게 되었는지를 밝혀 내려는 노력이었다. 이는 장래의 동방과 서방의 신비 신학을 위한 교리적 근거의 중요한 부분이다. 이레니우스는 창조주 하나님이며 구속주 하나님을 보여주시는 역사적 예수를 보는 것을 강조했는데, 이것은 하나님을 봄에 대한 영지주의 개념에 대한 강력한 공격인 동시에 마음이 깨끗

---

63) Baert, "Le thème de la vision," p. 439.
64) Gloria enim Dei vivens homo, vita autem hominis visio Dei(*horasis theou*, according to the retroversion to the Greek).
65) Von Balthasar, *Glory of the Lord* 2:45; cf. pp. 46-47, 75-76. 하나님을 보는 것에 대한 이레니우스의 견해를 알려면 Real Tremblay, *La manifestation et la vision de Dieu selon saint Irenée de Lyon* (Münster: Aschendorff, 1978)을 보라.
66) Nicholas Gendle, O.p., "St. Irenaeus as a Mystical Theologian," *The Thomist* 39 (1975): 185-97.

한 사람들이 하나님을 볼 것이라는 약속(마 5:8)이 기독교 신앙에 필수적인 것이라는 사실을 정통 측에 상기시켜 주는 역할을 했다. 발렌티누스에게 인기가 있었던 이 중요한 성경 본문을[67] 정통 측의 이레니우스와 동시대인들이 되찾았다.[68] 이 구절은 클레멘트와 오리겐에게도 표준적 성경 구절이 되었다.[69] 이레니우스는 비록 기독교인이 완전을 향해 가는 과정을 분석하는 면에서보다는 성육신의 가현설적인 견해를 공격하는 상황에서 신화라는 주제를 사용했지만 정통 교회에서 이 주제를 사용한 최초의 신학자였다.[70]

알렉산드리아의 클레멘트

클레멘트는 후일 정통 신비주의의 중심이 된 봄, 신화, 연합 등 많은 개념들을 충분히 다룬 최초의 기독교 저술가이다. 그러므로 레바스티A. Levasti가 클레멘트를 "기독교 신비주의의 창시자"[71]라고 부른 것도 어느 정도 타당하다. 클레멘트는 "참 영지"true gnosis가 교회의 삶에 근본적인 것이라고 주장했을 뿐만 아니라 처음으로 영지를 중기 플라톤주의의 부정의apophatic 신학을 사용한 기독교의 틀에 끼워 맞춘 사람이었다. 하나님을 봄이라는 주제는 클레멘트가 후대의 기독교 신비 신학의 기초를 놓았음을 이해하는 데 있어서 핵심적 열쇠가 된다.

---

67) E.g., Valentinus, Fragment H (Layton, *Gnostic Scriptures*, p. 245); and in the *Excerpts from Theodotus* 56.5, preserved by Clement of Alexandria.

68) 마 5:8은 Theophilus of Antioch, *To Autolycus* 1.2에서 처음으로 등장하는데, 동사는 플라톤적인 의미를 나타내는 theéorein으로 변화된다. 그 후 이레니우스가 *Against Heresies* 4.9.2 and 4.20.5에서 그것을 사용했다.

69) *Biblia Patristica*, 4 vols. (Paris: CNRS, 1975-)에 의하면 클레멘트는 그 본문을 18번 언급했고(1:232-33), 오리겐은 55번 이상 사용했다(3:230-31).

70) 저스틴(*Oration to the Greeks* 5)과 테오필루스(*To Autolycus* 2.24)는 이 교리를 간단히 언급했다. 이레니우스는 여러 번 중요하게 이것을 다루었다(*Against Heresies* 3.19.1; 4.38.4; 5. pref.; and 5.9.2).

71) Arrigo Levasti, "Clemente Alessandrino, Iniziatore della Mistica cristiana," *Rivista di Ascetica e Mistica* 12 (1967): 127-47.

이교적인 것이 복음적 기독교에 침입해온 것이라고 신비주의라고 생각하는 사람들, 신화가 성경적 개념이 아니라고 믿는 사람들,[72] 마태복음 5장 8절에 약속된 하나님을 보는 것이 플라톤의 봄*theōria*과 같지 않다고 확신하는 사람들의 입장에서 보면, 클레멘트(215년경 사망)는 미심쩍은 사람이었다. 클레멘트는 150년경에 아테네에서 태어났다. 그는 기독교로 개종하여 알렉산드리아에서 가르쳤지만, 세베루스Severus 황제의 박해 때에 알렉산드리아에서 도피했다. 클레멘트를 기독교를 왜곡시킨 사람으로 보지 않는 사람들조차도 클레멘트가 기독교 신앙과 전통적 헬라 문학과 철학적 교육*paideia*의 진보된 형태를 결합시키려 한 인물이라고 본다. 레바스티Levasti처럼 클레멘트를 "기독교 신비주의의 창시자"라고 부르거나, 채프먼Dom John Chapman[73]처럼 "기독교 신비 신학의 창조자"라고 부르는 것은 지나친 듯하지만 클레멘트는 후일 기독교 신비주의에서 중요하게 여겨진 많은 주제들을 상세히 다룬 최초의 인물이다. 실제로 클레멘트는 "신비적"이라는 형용사와 "신비적으로"라는 부사를 기독교 문헌에 소개한 장본인이다. 그는 만물이 그리스도에게서 온 것을 기술하기 위하여(*Paedagogus* 1.7.59), 성경의 보다 깊은 이해에 대한 가르침을 드러내기 위하여(*Stromateis* 6.15.127), 그리고 영지주의적 기독교인의 "신비주의적 실천 혹은 습관"을 묘사하기 위해(*Stromateis* 5.6.37) 이 두 형용사와 부사를 50여 회 이상 사용한다.[74]

클레멘트는 자신의 주요 개념들을 주로 그리스 종교 철학의 언어로 표

---

72) E. g., Drewery, "Deification," pp. 41-44, 54-55.

73) John Chapman, "Mysticism," in *Encylopedia of Religion and Ethics*, ed. J. Hastings (New York: Scribner, 1908-) 9:91. 클레멘트의 신비주의를 다룬 대부분의 현대의 논문들은 P. -T. Camelot, *Foi et bnose: Introduction à L'étude de la connaissance mystique chez Clement d'Alexandrie*(Paris: Vrin, 1945), p. 131와 의견을 같이한다.

74) 클레멘트가 *mistikos* 및 그와 연관된 형태를 사용된 것에 대해서 알려면 "Wort-und Saeh-register" in vol. 4 of the edition of Clement by Otte Stählin in the GCS (4th ed.; Berlin: Akademie-Verlag, 1985)을 보라.

현했지만, 그것들의 근거는 성경 본문에서 발견했다. 그를 단순히 그리스 철학을 모방한 사람으로 보는 것은 그의 헬라적 세계교회주의ecumenism의 한계를 공정하게 다루지 못한 것이며, 또 모든 사람의 유일한 교사이신 성육하신 그리스도에 대한 그의 헌신의 깊이를 제대로 파악하지 못한 것이다.[75] 비록 클레멘트가 후대의 서방 신비 사상에 직접적인 영향은 미치지 못했지만 중요한 혁신자로서의 그의 위치, 영지주의에 대처하는 데 있어서 그의 역할, 그리고 오리겐에게 미친 영향 등은 그의 견해를 종합적으로 개관해서 보여 준다.

한때 플라톤주의자였던 저스틴은 영혼의 본성적 신성에 대한 플라톤주의자들의 견해가 옳지 않다고 확신했다. 이것이 그가 로고스의 중심성을 확증하는 우주론적 요소들을 강조하면서도 플라톤주의의 신비적 요소들을 무시하려 한 이유일 것이다. 반면에 클레멘트는 두 개의 분명한 인식을 토대로 하여 그 시대의 플라톤적 신비주의의 모든 주제들—신적 불가지성, 봄, 신화—을 받아들여 적용했다. 첫째는 영혼이란 본래 신적인 것이 아니라는 것이고, 둘째는 비록 영지가 중요한 것이기는 하지만 구원의 전제 조건은 아니라는 것이다.

클레멘트의 논평을 함께 수록한 발렌티누스파 저자의 글에 수록된 구절들을 다룬 책인 『테오도투스의 발췌록』*Excerpts from Theodotus*의 뜻 깊은 구절에서 클레멘트는 영혼의 본성에 대한 플라톤-영지주의적 견해와 교회의 전통에 대한 자신의 이해를 기초로 하여 개진한 견해의 차이점을 지적한다.

> "선택된 씨가 로고스에 의해 점화된 불꽃이며 눈동자요 겨자씨이며 나누인 것처럼 보이는 종種들을 믿음 안에서 하나로 묶는 효모이다. 그러나 발렌티누스의 추종자들은, 동물의 몸이 만들어졌을 때 로고스가 잠들어 있는 선택된 영혼 안에 수컷의 씨를 심었다고 주장한다.…그러므로 구세

---

75) *Stromateis* 7.2.6 (3:6).

주께서 오셔서 영혼을 깨우고 불을 붙였다.…그는 부활 후에 사도들에게 성령을 부어줌으로 먼지를 제거하고 불을 붙이고 불꽃에 생명을 부여했다."[76]

비록 모호하게 표현되었지만 클레멘트는 자신의 주장과 발렌티누스파의 주장의 차이를 분명히 느꼈다. 양측 모두 영혼의 내적 실체에 대해 동일한 용어를 사용했지만, 그것들을 이해하는 방식이 서로 달랐다. 영지주의자들은 소수에게만 주어진 원래의 신성, 육신을 입을 때에 망각되었으며 부활 때에 다시 불 붙을 신성을 지칭하기 위해서 그러한 용어들을 사용한다. 클레멘트는 "씨"를 비롯한 여러 비유들은 모든 영혼 안에 현존하여 있으며 영혼이 기독교 공동체에 참여함을 통해서 믿음 안에서 연합할 때에 실현될 잠재적인 신화의 가능성을 표현한다고 이해했다.[77] 이 주장은 클레멘트가 자신의 주요 저서인 『교사』*Paedagogus*와 『스트로마테이스』 *Stromateis*에서 묘사한 것과 일치한다. 이 주장은 그의 두 번째 주요 공헌, 즉 영지와 영지자들을 예수 안에서의 구원의 규범으로 삼기를 거부한 것을 가리킨다.

이 문제에 대한 클레멘트의 사상이 단호한 것이 아닐 수도 있다. 그의 저술에서는 두 가지 주장이 교전하는 듯하다. 하나는 영지자들이 일반 신자들보다 우월하다는 주장으로서, 발렌티누스와 마찬가지로 교회 안에 "참교회"가 있다는 주장이다. 나머지 하나는 모든 신자들이 구원받을 수 있으며(그들이 받는 상급은 다를 것이다), 모든 영적 생명과 통찰이 교회 공동체의 가르침 안에 기초를 둔다는 주장이다.[78] 후자의 관점에서 보면 클레멘트의 수정된 비전주의는 의심스럽게 보인다. 그러나 2세기 기독교의 투쟁의 관

---

76) *The Excerpta ex Theodoto of Clement of Alexandria*, edited with a translation by Robert Pierce Casey (London: Christophers, 1934), p. 41.

77) Casey, *Excerpta ex Theodoto*, pp. 25-26.

78) Camelot은 이 긴장을 훌륭히 다루었다. *Foi et Gnose*, pp. 43-48, 87-88, 92-95 and esp. 141-42을 보라.

점에서 본다면 영지주의의 강경 노선으로부터의 중요한 결별이 두드러진다.

『스트로마테이스』 제7권은 완전한 영지자가 단순한 신자보다 우월하다는 그의 가르침을 요약한다.

> "비록 단순한 신자가 언급된 관점들 중 한두 가지에서 성공한다 해도, 영지자들처럼 완전한 지식epistēmē을 가지고 모든 것에 성공할 수는 없다는 것을 기억해야 한다. 더욱이 사랑을 통해서 신자의 완전의 과정이 진행되어 마침내 완전한 사람이 되고, 하나님처럼 되고 천사들과 동등하게 되는 수단인 영지자들의 무정념 상태(apatheia: 이 단어는 모든 감정을 무화해서 얻어지는 소극적 의미의 평화 상태가 아니라 훈련을 통해 모든 감정을 조화롭게 만들어 놓는 적극적 의미에서의 평화 상태를 말한다)를 증언하는 성경구절이 많다"(『스트로마테이스』 7.14.84 [3.60.2-8]).[79]

이 구절에는 클레멘트가 즐겨 사용하던 개념들 대부분이 체계적이지 못한 방법으로 묘사되어 있다. 이 개념들에 대한 몇 가지 간단한 논평이 클레멘트의 사상을 드러내줄 것이다.[80]

클레멘트는 단순한 신자와 영지자의 차이점을 중요히 여겼지만 영지자에 대한 그의 견해는 영지주의자들의 견해와는 다른 것이었다. 심지어 발렌티누스와 같은 온건한 영지주의자들과도 달리했다. 구원의 열쇠는 영지(지식)가 아니라 믿음이다(『스트로마테이스』 4.18.114; 6.14.108-14). 영지자가 더 큰 상을 받겠지만 그가 얻는 것은 새로운 것이거나 숨겨진 것이 아니다. "영지자의 삶은 주의 전통에 부합하는 행동과 말에 불과하다"(『스트로마테이스』 7.16.104 [3:73.19-20]; 참고 2.6.31). 그러므로 영지란 본래부터 영혼의 신적

---

79) 나는 *ANF* 2와 *Alexandrian Christianity*, ed. Henry Chadwick (Philadelphia: Westminster, 1954)를 사용하고 있다.

80) Cf. Viller and Rahner, *Aszese und Mystik*, pp. 61-71; Bouyer, *Spirituality*, chap. II; Levasti, "Clemente Alessandrino" and Baert, "Le thème de la vision," pp. 460-80.

중심 안에 내재해 있는 것이 아니라 구속자이신 그리스도의 선물이며(『스트로마테이스』 5.4.19; 『교사』 1.11.57), 훈련을 통하여 보다 충분히 얻을 수 있다(『스트로마테이스』 6.9.78).

클레멘트는 이단적인 영지주의자들보다 훨씬 고심하면서 영지와 믿음과 사랑의 관계를 묘사한다. 그러나 하나의 분명한 이론으로 조직화하기는 어렵다. 영지는 그리스도에 의해서 주어진 역사적 신앙 안에서 시작된다: "우리는 지혜란 신적 실체와 인간적 실체에 대한 확실하고 확고한 지식, 과거와 현재와 미래를 이해하는 지식이라고 정의하는데, 이것은 주께서 자신의 현존과 선지자들을 통해서 가르쳐 주신 것이다"(『스트로마테이스』 6.7.54 [2:459.9-12]). 그러나 지식과 사랑의 관계는 복잡하다. 사랑agapē을 보다 우월한 지위에 두는 몇 개의 본문이 있다: "지식이 믿음에 더해지며, 사랑은 지식에 더해지며, 사랑에는 하늘나라 유업이 더해진다"(『스트로마테이스』 7.10.55 [3:41.7-8]; 참고 7.10.57). 그러나 사랑과 지식의 관계를 호혜적인 것으로 묘사한 구절들도 많다: 사랑은 지식 안에서 완전해지고(2.9.45; 4.7.54; 6.15.21), 지식은 사랑 안에서 완성에 도달한다(6.9.78). 『스트로마테이스』 7.10.55-58의 논의는 분명하지는 않지만 이 문제를 다루려는 클레멘트의 시도를 완전하게 요약한다. 클레멘트는 그리 성공적인 해결책을 제공하지 않지만 후대의 신비주의자들이 시도했던 바 이성과 보통의 믿음, 그리고 조명된 지식(헬라어로 gnōsis, 라틴어로 intellectus)과 사랑(agapé, erōs)이라는 두 쌍의 복합적이고 연관된 주제를 다룬 원조인 셈이다.

클레멘트가 이해한 바에 의하면 지식에는 많은 차원이 있다. 그것은 성경의 영적 해석이고(『스트로마테이스』 4.4.15; 6.15.31), 이런 해석학적 노력의 결과로 얻는 지식이기도 하다. 이 지식은 "신의 영감을 받은 사람이며 진리의 벗"[81]이라는 칭송을 받은 플라톤의 철학을 사용하지만 그 완성은 주로

---

81) Ho philalēthes Platōn hoion theophoroumenos; cf. Strom. 2.19.100. Strom. 4.25.155; 5.1.7도 보라.

도덕적 노력, 즉 고결한 생활의 실천에 의존한다. 카멜롯P.-T. Camelot이 말한 것처럼 지식에 관한 클레멘트의 견해는 신학적 증명과 신비적 관상을 뗄 수 없이 결합한 것이다.[82]

참 영지자true Gnostic는 하나님을 보는 데 도달한 사람이다. 클레멘트는 이 용어를 기독교에 받아들인 데 대해 책임을 져야 할 사람이다. 이 용어는 그의 저서에서 84번이나 사용된다. 클레멘트는 『스트로마테이스』 제1권에서 "삶의 목표는 보는 것이다"라고 말한다(1.25.166 [2:104.1-2]).[83] 『스트로마테이스』 7.3.13은 영지적 영혼들은 "항상 보다 높은 곳을 향해 움직여 올라가 마침내 거울을 통해서 하나님의 모습을 보는 것(고전 13:12)이 아니라 영원히 즐겁고 사랑하는 마음으로 싫증나지 않고 영원히 지속되는 광경을 보게 되며…이것은 마음의 청결함에 대한 인지적인 봄katalēptikē theōria이다"라고 말하는데, 이것은 지식gnosis과 봄theōria을 연결하는 데 도움이 되는 대표적인 구절이다(7.3.13 [3:10.10-16]).[84] 여기서 클레멘트는 장차 하늘나라에서 누릴 바라봄의 완성(바울의 표현으로는 얼굴과 얼굴을 대하여 봄)에 대해 말하지만 다른 구절들은 그런 바라봄이 지상에서 시작될 것임을 말해 준다: "영지자가 명령에 순종하여 지혜롭게 행동함으로써 관상의 목표에 도달하며…마침내 거룩한 상을 받는다"(7.13.83 [3:59.23-25]). 그러므로 하나님을 봄theōria은 지식의 목표 혹은 열매이다(4.22.136). 이것은 인간 삶의 목표인 완전, 즉 클레멘트가 종종 하나님과의 연합이라고 말하는 완전을 성취한다(7.10.57 [3:41.26-30]).[85] 신적 연합에 대한 그의 가르침은 조직적인 것도 아니고 잘 발전된 것도 아니지만, 클레멘트가 어떤 형태든지 신비

---

82) Camelot, *Foi et Gnose*, p. 58.

83) Cf. *Strom*. 2.21.

84) Baert, "Le thème de la vision," pp. 472-73. *theōria*에 대한 다른 중요한 본문으로는 *Strom*. 4.22.136 (2:308)을 보라.

85) 마 5:8 인용.

적 일치 혹은 무차별의 연합을 제시하고 있지 않음이 분명하다.[86]

현세에서 하나님을 보는 것은 점진적인 과정이다. 클레멘트는 하나님을 보는 데 이르는 "신비적 단계들"*tas prokopas tas mystikas*에 대해서 언급한다 (7.10.57).[87] 이 완전의 과정의 특징은 밀접하게 연관이 있는 두 가지 방법으로 규정된다: 영혼이 무정념*apatheia*의 상태로 나아가는 것, 그리고 신화神化의 선물.

무정념에 대한 클레멘트의 견해는 많은 비판과 오해를 받아왔다. 클레멘트가 스토아 학파의 도덕적 교훈에서 무정념이라는 단어와 그 의미를 받아들였음은 분명하다.[88] 그러나 클레멘트가 제시한 "무정념의 영지자"apathetic Gnostic라는 개념을 감정이 없고 세상에 대해 완전히 무관심하며 동료 인간들에 대해 냉담한 사람으로 보는 것은 근본적 오해이다. 스토아주의의 도덕 이론은 우리가 육신을 입고 있는 한 피할 수 없는 감정이나 충동들과 이런 감정들이 책임있는 행동을 위해 무엇을 의미하는지 올바르게 판단하지 못하게 하는 제어하기 어려운 격정을 구분했다. 브라운Peter Brown이 말하듯이 "정념"passions; *pathē*이란 우리가 말하는 감정feelings과 다르다. 그것은 감정이라기보다는 감정의 참된 표현을 방해하는 복합적인 것이다.…클레멘트가 무정념이라는 이상 안에서 표현하려 한 것은 목적있는 궁극적인 평정의 상태였다."[89] 클레멘트보다 조금 앞서기는 하지만 같은 시대의 철학자요 황제였던 아우렐리우스Marcus Aurelius 121-180년가 보여 주었듯이 스토아주의의 무정념은 내성적인 것이기는 하지만 인간 공동체에 대한 봉사와 양립할 수 없었다. 기독교에서는 무정념이라는 개념에 기독론적인 초점을 부여함으로써 봉사의 의미를 부각시켰다. 『스트로마테이스』 6.9의 무정념에 대한 중요한 논의에서 그리스도와 그의 부활 후의

---

86) 다음을 보라: *Strom.* 7.3.14 (3:10.30; 3:33.19-20); 7.11.68 (3:49.17-20).
87) *Strom.* 7.14.88 (3:62.28-30)에서 클레멘트는 고전 6:11을 사용한다.
88) G. Bardy, "Apatheia," *DS* 1:771-46 (729-31 on Clement).
89) *Strom.* 6.9.71-79 (2:467-71). 그 외에 2.20.110; 7.2.10; 7.9.52-54 등을 보라.

사도들은 하나님을 향한 사랑에서 끊어질 수 없으며, 정념에 흔들리지 않고 이 사랑을 모든 사람에게 발휘할 수 있는 영지자들을 나타내는 패러다임으로 사용된다.[90]

무정념이라는 클레멘트의 개념은 특이한 인간론과 도덕 이론에 기초를 두고 있기 때문에 그의 표현들이 오해되기 쉽다. 그것들은 아버지를 향한 그리스도의 절대적인 사랑이 기독교인을 위한 도덕적 규범이 된다는 것을 표현하기 위한 방법이었다. 후대의 대부분의 기독교 신비주의의 이상들이 그렇듯이 말이다. "무정념의 영지자"는 활동적인 동시에 관상적이다: "내가 볼 때 지상에서의 영지자의 목표는 이중적인데, 어느 경우에는 지식적 관상이고 또 어떤 경우에는 행동이다"(7.16.102 [3:72.7-8]). 사실 박해 시대에 살았던 클레멘트는 영지적 순교자야말로 사랑의 완전을 가장 완벽하게 보여준다고 여겼다.

이처럼 관상과 행동이라는 이중적 목표를 강조한 것은 나중에 신비주의자들이 상세히 연구하게 되는 또 하나의 중요한 주제를 부각시킨다. 롭코비츠Nicholas Lobkowicz는 이론과 실천의 관계의 변천사를 쓰면서 많은 사람들이 의심스럽게 생각하는 점을 다시 지적한다: "언뜻 볼 때 복음의 메시지는 고대인들이 찬양하던 이론적 노력과 관상생활을 거의 지지하지 않는 것처럼 보인다."[91] 그러나 롭코비츠는 이어서 누가복음 10장에 기록된 마르다와 마리아의 이야기와 같은 복음서의 구절들이 관상과 행동의 관계에 대한 논의를 지지하기 위해 얼마나 영적으로 해석되었는지, 그리고 보다 중요하게는 기독교가 그 범주들의 원래 의미를 내적으로 얼마나 변형시켰는지를 보여준다.[92]

헬라 철학에서 봄theōria과 실천praxis은 원래 두 가지 형태의 삶의 기초

---

90) *Strom.* 6.9.71-79 (2:467-71). 그 외에 2.20.110; 7.2.10; 7.9.52-54 등을 보라.

91) Nicholas Lobkowicz, *Theory and Practice: History of a Concept from Aristotle to Marx* (Notre Dame: University of Notre Dame Press, 1967), p. 59.

92) Lobkowicz, *Theory*, chap. 5.

가 되는 두 가지 방식의 활동, 즉 철학적인 추구와 정치적인 추구를 의미했다. 플라톤의 철학자-통치자의 이상에도 불구하고 대부분의 헬라인들은 둘 사이의 실질적인 관계를 보지 못하였다. 처음에 theōria는 신적 세계를 학문적으로 이론화하는 것 및 그 세계를 관상적으로 응시하는 것을 포함하는 광의의 용어였다. 후일 헬라 철학자들, 특히 신플라톤주의자들은 관상적 측면을 강조해서 제일 원리First Principle와의 관상적 연합의 삶과 비교하여 정치의 실천적인 삶을 대부분 훼손하였다. 클레멘트와 오리겐, 그리고 다른 기독교 교부들은 theōria를 주로 하나님을 보는 것으로 이해하였고, 모든 인간적 노력 중에서 관상이 최고의 우위를 차지한다고 생각하였다. 그들은 실천praxis을 부정하지 않는다는 점에서 헬라 철학자들과 달랐다. 왜냐하면 그들은 그것을 정치로 이해한 것이 아니라 예수와(마 22:37-39; 요 13:34-35) 바울과(고전 13:2) 요한이(요일 2:9) 명령한 이웃 사랑의 실천이라고 이해했기 때문이다. 클레멘트를 다시 한 번 인용해 보자.

> "우리의 철학자는 다음과 같은 세 가지를 자신에게 돌린다: 첫째는 사색theōria이고, 둘째는 가르침의 실천이고, 셋째는 선한 사람 만들기이다. 영지자는 이 세 가지를 하나로 만들어 낸다"(『스트로마테이스』 2.10.46 [2:137.14-16]).

클레멘트가 기독교적 삶의 관상적인 차원과 활동적인 차원이 어떻게 관계를 맺는지 항상 분명히 말하지는 않지만, 둘 중 어느 것도 소홀히 하지 말아야 한다는 그의 주장은 후대의 기독교 도덕과 신비 사상의 핵심 요소가 되었다.

클레멘트는 기독교인의 완전을 나타내기 위해서 신화 혹은 하나님처럼 된다는 개념을 폭넓게 사용한 최초의 기독교 저자였다. 그의 『설교집』Protrepticus에서 유명한 공식을 선언하고 있다: "인간이 어떻게 하나님이 될 수 있는지를 인간에게서 배우게 하기 위해서 하나님의 로고스가 인간이 되셨다"(1:8 [1:9.9-11]).[93] 같은 책에서 클레멘트는 자신의 가르침을 통해서 인간을 신화하시는 하나님을 말하면서 신화를 의미하는 헬라어 *theopoiein*를 기독교 문헌에 도입했다(『설교집』 11.114 [1:81.1]).[94] 『스트로마테이스』의 많은 구절에 이 가르침이 나타나는데, 어디서는 "하나님처럼" homoiosis theou 됨이라는 친숙한 용어를 사용하고(『스트로마테이스』 2.22.131 [2:185]),[95] 또 어떤 구절에서는 참여의 언어를 사용하고 있다(『스트로마테이스』 5.10.63 [2:369.1-2]). 제7권에서 중심이 되는 구절을 인용해 보면 "주께 순복하고 주를 통해서 주어진 예언을 따르는 자는 그 스승의 모양을 따라 완전해지므로, 육체로 있는 동안에도 하나의 신이 된다"(『스트로마테이스』 7.16.101 [3:31.19-21]).[96]

클레멘트는 신화에 관한 자신의 가르침의 보증으로 신의 성품에 참여하는 자가 된다는 베드로후서 1장 4절을 사용하지 않고, 다른 교부들이 사용한 두 개의 다른 본문인 시편 82편 6절(『설교집』 1.5.26)과 누가복음 20장 36절(『스트로마테이스』 4.25.155; 7.14.84)을 인용한다. 이 구절들은 유익한 증거가 되지만 플라톤적 배경에 근거하여 헬라 교부들이 발전시킨 기독교적 신화 교리의 근원은 단지 몇 개의 증거가 되는 본문에서 발견되는 것이 아니라 바울과 요한이 가르친 신인이신 그리스도와 신자의 일치, 그리고 인간 실존의 목표에 대한 훌륭한 철학자들의 가르침 사이에서 교부들이 발견한 조화에서 찾아야 한다. 신의 성품에 참여함, 천사처럼 되는 것, 혹은 천사와 동등해지는 것(눅 20:36)을 그리스도 혹은 감추인 하나님과 동일시해서는 안 된다. 참여라는 불안정한 표현에서 그것은 "신과 같이 되는 것"(시

---

93)...nai phēmi, ho logos ho tou teou anthrōpos genomenos, hina de kai sy para antyrōpou mathes, te pote ara anthrōpos genetai theos.

94)...uranio didaskalia theopoion anthrōpon.

95) 플라톤을 인용함.

96) 하나님을 닮음이라는 주제는 제7권 전체에서 발견된다 (1.3; 3.13; 3.16; 5.29; 10.57; 11.68; 14.84; 14.85; 16.95).

82:6), 즉 신화되는 것이다. 혹자는 이 신화를 그리스 문화에서 헤라클레스와 같은 영웅이나 황제들을 신으로 숭배한 것에 대한 기독교적인 반응이라고 생각할 수도 있을 것이다. 즉 주변 세계에 대한 기독교의 교정적인 응답의 또 다른 부분이 된다. 동방 기독교의 중요한 구원론적 개념들 중 하나인 신화는 후일 완전히 발달된 신비주의 이론의 중요한 배경이 되었다. 이것을 오리겐이나 어거스틴 같은 사상가들에게서 보게 될 것이다.

클레멘트가 로고스의 신성과 우리가 그를 통해 얻는 신화를 구분한 것은 특히 신적 본성에 대한 그의 강한 부정적 견해를 고려할 때에 이해된다. 비록 다소 무질서하기는 하지만 여기에서도 클레멘트는 개척자이다. 클레멘트는 제일 원리에 대해 보다 급진적인 초월적 견해를 향하고 있던 중기 플라톤주의의 광범위한 운동의 일부로서 하나님의 불가지성과 표현 불가능성에 대한 플라톤주의 표현을 많이 사용하였지만,[97] 플로티누스와 그의 제자들처럼 파르메니데스의 역설들에 기초를 둔 지속적인 변증적 부정주의를 발전시켜 나간 것 같지는 않다. 클레멘트의 모든 사상이 그렇듯이 그의 부정주의apophaticism 역시 "본래 하나님을 본 사람이 없으되 아버지 품 속에 있는 독생하신 하나님이 나타내셨느니라"(요 1:18)는 요한의 메시지에 동의하는 의식 안에서 형성되었다. 하나님의 불가지성에 대한 그의 많은 고찰들은 그리스도가 우리를 신적 심연Divine Abyss으로 이끌어 줄 유일한 원천임을 강조하려는 목적을 가진 논거의 맥락 안에 있다.[98] 『스트로마테이스』 제5권 서두에서는 다음과 같이 요약한다.

"이제는 신앙 없는 지식도 아니고 지식 없는 신앙도 아니다. 또 성자가

---

97) *Strom.* 5.10.65 (2:369-70)에서는 플라톤의 *Letter* 2 (312D and 314BC)와 고전 2:6-7을 인용한다. 클레멘트의 부정적이고 감추어진 언어 사용에 대해서는 Marguerite Harl, "Le langage de l'expérienc religieuse chez les péres grecs," *Rivista di storia e letteratura religiosa* 10(1977), pp. 10-12을 보라.

98) E.g., *Strom.* 5.11.71 (2:974); 5.12.81-82 (2:380-81); 5.6.38-40 (2:351-54). 모세가 구름 속에 들어간 것을 부정의 지식으로 들어간 것으로 사용한 것에 대해서 *Strom.* 2.2.5-6(2:115-16)을 보라.

성부와 함께 있기 때문에 성자가 없는 성부가 아니다. 그리고 성자는 성부를 존중하는 참된 교사이다"(5.1.1 [2:326]).[99]

일반적으로 복음과 기독교 사상사에 대한 클레멘트 신학의 관계는 기독교 신앙에서 신비적 요소의 적합성에 대한 보다 넓은 범주의 질문의 일부이다. 신비주의에 회의를 품고 있는 신학자들과 기독교 역사학자들은 클레멘트가 자신의 헬라적 배경에서 많은 것을 취했다는 것, 그리고 그의 신학이 기독교 본질에 대한 그들의 정의와 그다지 일치하지 않는다는 것을 지적해왔다.[100] 다른 학자들은 항상 무비판적인 것은 아니지만 비교적 관대하게 클레멘트를 판단했다.[101] 클레멘트의 저작들은 비조직적이고 어느 정도는 일방적이다. 지금도 영혼과 하나님의 관계에 대한 기독교적 견해를 제시하려고 노력하고 있는 신학에서 그의 대적자들의 비전주의 요소들과 그의 플라톤주의 선배들의 지성주의 요소들이 문제가 되고 있다.[102]

오리겐: 초기 기독교 사상의 대가

"철의 남자"*adimantios* 오리겐은 기독교 역사에서 가장 뛰어난 인물 중 하나이다.[103] 3세기에 활동한 이집트의 신비 사상가 플로티누스보다 스무

---

99) *Paed.* 1.7.57 (1:124)을 보라. 여기서 말씀은 창 32:29에서 야곱이 본 하나님의 얼굴과 동일하게 간주된다.

100) Drewery, "Deification," pp. 41-74 and 51-55: O. W. Butterworth, "The Deification of Man in Clement of Alexandria," *Journal of Theological Studies* 17 (1916): 157-69 를 보라.

101) Camelot, *Foi et gnose*, pp. 137-43.

102) Cf. Camelot, *Foi et gnose*, pp. 134-43.

103) 오리겐에 관한 입문서로는 다음을 보라: Henri Crouzel, *Origen: The Life and Thought of the First Great Theologian* (San Francisco: Harper & Row, 1989); and Joseph Wilson Trigg, *Origen: The Bible and Philosophy in the Third-Century Church* (Atlanta: John Knox, 1983). 유세비우스의 『교회사』 제 6권에 오리겐의 전기가 수록되어 있다. 오리겐의 생에 대한 가장 완전한 이야기는 P. Nautin, *Origène: Sa vie et son oeuvre* (Paris: Beauchesne, 1977)이다.

살 연상인 오리겐은(두 사람 모두 신비적이고 영향력 있는 플라톤주의자 암모니우스 사카스 밑에서 공부했다) 185년경 알렉산드리아의 경건한 기독교 가정에서 태어났다. 오리겐의 부친 레오니데스Leonides는 오리겐에게 고전 헬라 교육과 성경 교육을 잘시켰다. 레오니데스는 202년, 세베루스Septimius Severus의 박해 때 순교했는데, 당시 젊은 오리겐이 함께 순교하려 했으나 어머니가 그의 옷을 감추는 바람에 순교의 뜻을 이루지 못하였다. 이 일이 있은 후 얼마 되지 않아 오리겐은 기독교 공동체의 요리문답 교사로 임명되었고, 233년경에 알렉산드리아를 떠나 가이사랴로 갈 때까지 그 직책을 유지했다.

이 젊은 교사의 헌신적인 연구와 엄격한 생활 방식, 그리고 성적 쾌락을 피한 것은 그리스 철학자들과 기독교 금욕주의자들의 모범이 되었다(유세비우스는 오리겐이 스스로 고자가 되었다고 한다). "여러 해 동안 그는 이러한 철학적 생활 방식을 지속했고, 젊은 날에 유혹이 되는 것들을 멀리하고, 하루 종일 고된 일들을 행하면서 자신을 연단하고, 밤에는 성경 연구에 힘썼다"(유세비우스, 『교회사』 6.3.9). 215년부터 220년까지 오리겐은 부유한 기독교인 암브로스의 후원을 받아 방대한 저술 작업에 착수했다. 유명해진 오리겐은 로마, 아테네, 아라비아, 팔레스타인 등지를 여행했다. 그는 팔레스타인에서 장로로 임명되었는데, 이 때문에 알렉산드리아의 감독 데메트리우스와 결별하게 되었다. 이것이 그가 알렉산드리아를 포기하고 가이사랴를 택하게 된 원인이 되었다. 오리겐은 가이사랴에서 생의 마지막 20년을 살면서 이전 삶의 특징이었던 설교, 가르침, 저술을 계속하였다. 가이사랴에서 같이 공부한 그레고리 토마투르고스Gregory Thaumaturgos는 오리겐의 가르침의 효과를 다음과 같이 증언한다.

"그러므로 우리의 영혼 깊은 곳을 비추는 불꽃같이 우리 안에 사랑의 불이 붙어 불꽃이 되었다. 이 사랑은 모든 것의 가장 사랑스런 대상이 되는 거룩한 말씀에 대한 사랑이었다. 이 거룩한 말씀은 말할 수 없는 아름다움에 의해서 모든 이들을 저항할 수 없이 자기에게 끌어당기며, 또 친구요 대변자인 이 사람에게 끌어당긴다.…내 판단으로는 사랑스러우면서도 바랄 가치가 있는 객체가 생겨났는데 곧 철학과 철학의 대가인 신적인 사람이다"(Panegyric 6.83-84).[104]

오리겐이 성년이 되어서 누려온 오랜 평화는 250년 황제 데시우스Decius에 의해서 끝이 났다. 순교가 기독교인의 참된 목표라고 생각해온 오리겐은 체포되어 고문을 받았으나 처형되지는 않았다. 그는 253년이나 254년에 죽은 듯하다.

어떤 사람은 오리겐의 저술이 6천 권이라고 하고 다른 사람들은 2천 권이라고 하는데, 6세기에 많은 저술들이 이단으로 정죄되어 파괴되었기 때문에 현재는 그중 3분의 1만 남아 있다.[105] 현재 남아 있는 것으로도 대단히 창조적이고 영향력 있는 사상가의 모습을 충분히 파악할 수 있다. 기독교 사상의 토대에 대한 사변적 고찰인 『제일 원리』에 관하여De Principlis가 가장 잘 알려진 저서이며 다른 저서들, 특히 『기도에 관하여』On Prayer와 『순교로의 권면』Exhortation to Martyrdom도 있지만, 오리겐은 기독교 최초의 주석가였다.[106] 성경에 관한 그의 저서는 세 개의 기본적인 범주로 나누어진다: 본문 확인, 설교, 그리고 상세한 주석. 첫째, 오리겐은 구약성경을 6개국어 대조판으로 편집한 『헥사플라』Hexapla를 통해서 비평적 성경 본문을 제공하려고 하였다. 또 그는 주석scholia에 의해서 어려운 곳과 모호한 곳을 설명하려고 애를 썼다. 둘째, 그는 알렉산드리아와 가이사랴에

---

104) P. Salmond in *ANF* 6:28을 사용함.

105) 현재 오리겐의 저술들은 대부분 원어인 헬라어 판이 아니라 라틴어 판으로 남아 있다. *PG*, vol, 13-17에서 발견되며 *GCS*에서도 그의 저서들이 다루어진다. *SC*에도 많은 오리겐의 저서가 포함되어 있다.

106) Henri de Lubac, *Histoire et Esprit: L'Intelligence de L'Écriture d'après Origène* (Paris: Aubier, 1950); Karen Jo Torjesen, *Hermeneutical Procedure and Theological Method in Origen's Exegesis* (Berlin: de Gruyter, 1986); E. Klostermann, "Formen dei exegetischen Arbeiten des Origenes," *Theologische Literaturzeitung* 72(1947): 203-8.

서 행한 수백 편의 설교를 통해서 기독교의 전례적 공동체에게 성경 전체의 도덕적·영적 의미를 설교했다(그 중에서 약 279편이 남아 있다). 마지막으로 그는 성경의 거의 모든 책들에 대해 구절별로 그 온전한 내적 의미에 대한 방대한 양의 주석을 썼다. 그 중에서 창세기 주석처럼 중요한 것들이 다수 유실되었다. 다행히 남아 있는 것, 특히 『요한복음 주석』[107]과 10권의 『아가서 주석』[108] 중 남아 있는 세 권은 그의 신비 사상을 이해하는 데 중요한 것이다.

오리겐은 주석가와 (교리적/사변적) 신학자와 신비주의자의 역할을 하나로 묶는다는 면에서, 이 시리즈의 1-2권에서 고찰하는 중요한 인물들 중에서도 모범적인 인물이다.[109] 게다가 그의 신비주의는 기술적인 면에서 수도원적 운동이 아니지만 적어도 수도원적 원형으로 기술될 수 있다.[110] 오리겐의 금욕적 생활 방식과 육체적 순결 이상의 권장은 초기 기독교 영성에서 "수도원적 전환"을 예고해 준다. 그리고 폰투스의 에바그리우스, 닛사의 그레고리, 카시아누스 등 여러 사람을 통하여 전달된 그의 사상은 사막의 경험에서 자라난 신학을 형성해준 중요한 요소였다. 그는 직접적이고 간접적인 영향을 통하여 신비주의에 대한 후기 기독교 이론에서 특별한 위치를 차지했다.

오리겐 사상에서 발견되는 주석, 사변신학, 그리고 신비주의 사이의 밀접한 관계를 고려한다면 적어도 이 세 가지 요소 중 하나를 제시할 때에 나머지 두 요소에 어느 정도 관심을 기울이지 않을 수 없다. 토마스 아퀴나스

---

107) 32권으로 이루어진 *Commentary* 중 9권은 완전하게 보존되어 있고 2권은 부분적으로 남아 있다. 가장 최근의 것은 C. Blanc in *SC* 120, 177, 222, 290이다. 영역판으로는 A. Menzies in *ANF* 10, and R. Heine in *FC* 80 (1989)이 있다.

108) W. Baehrens in *GCS* 33(vol. 8 of the Origen series). Cf. R. P. Lawson, *Origen: the Song of Songs. Commentary and Homilies*, ACW No.76 (Westminster: Newman, 1957).

109) Crousel은 이 세 측면의 상호작용을 강조한다(*Origen*, p. 267).

110) H. Crouzel, "Origène, précuseur du monachisme" in *Théologie de la vie Monastique* (Paries: Aubier, 1961), pp. 15-38.

나 존 칼빈이 교부 신학자가 아니듯이 오리겐은 조직신학자가 아니었겠지만,[111] 그는 시험적이고 실험적인 주장을 개진할 때에도 일관성 있고 세심하게 고려된 관점에서 저술했다. 그의 신학은 주로 기독교 공동체의 가르침의 전통에 의해 형성되었으나(오리겐은 삶의 헌신과 사상에 있어서 항상 교회의 교사였다),[112] 훌륭한 알렉산드리아인인 그는 이 메시지가 참된 "철학", 즉 헬라인들이 얻고자 했으나 얻지 못했던 지식에의 사랑이라고 생각하였다.

고대 철학, 특히 플라톤에게서 발견되는 고대 철학에서는 우주 및 그것이 반영된 상의 의미를 연구하면서 지혜의 참 대상을 소우주로 인식된 인간이라 여겼다. 오리겐은 참된 지혜를 위한 이 상관적인 원천들의 중요성을 부정하지는 않았다. 그러나 기독교인인 그는 타락한 인류가 사회 안에 있는 인간들을 연구하거나 천계를 관상함으로써 진리를 발견할 수 없다고 확신했다. 현재 상태에서 첫 번째 "지성적인 세계"를 토대로 해서 자아에 대한 진리를 알 수 없고 다만 새로운 순수 이성적인 대상—계시된 성경의 지성적인 세계—을 통해서만 그 진리에 접근할 수 있다. 성경을 읽는 것과 자아를 읽는 것(넓게 말하면 우주 읽는 법을 아는 것)의 깊은 관계가 『제일 원리에 관하여』 제4권에서 발견되는 해석학에 관한 잘 알려진 구절에 제시되어 있다.

> "우리는 자신의 영혼에 대한 성경 구절들의 의미를 세 가지 방법으로 읽어야 한다. 단순한 사람은 성경의 몸이라 부르는 것의 도움을 받아야 하고…어느 정도 진보한 사람은 성경의 혼의 도움을 받아야 하고, 완전해진 사람은 영적 법칙에 의해 도움을 받아야 한다.…사람이 몸과 혼과 영으로 구성되어 있듯이 하나님이 인간의 구원을 위해 예비해 두신 성경도 마찬가지로 구성되어 있기 때문이다"(『제일 원리에 관하여』 4.2.4).[113]

---

111) Crouzel, *Origen*, pp. 167-68, 266.

112) Cf. Hans Jonas, "Die Origenisticske Spekulation und die Mystic," *Theologische Zeitschrift* 5 (1949): 24-75.

113) On first Principles에 관한 최근의 책은 H. Crouzel and M. Simonetti in *SC* 252,

이 구조 동일성은 역동적이다. 인간의 세 가지 구성 요소들의 참된 관계는 성경의 메시지가 지닌 세 가지 수준을 개인적으로 받아들여 전용함으로써 식별된다. 토제슨Karen Torjesen의 주장에 의하면 이 과정은 신자를 성경 본문 안에 위치시키고 그의 영혼에 의미를 새기는 것으로 비유할 수 있다.[114] 오리겐은 본문의 상이한 의미들을 결정하는 데 관심을 가진 것이 아니라, 삶의 목표에 도달하게 해 주는 영적 교육paideia을 위한 패러다임으로서 본문과의 만남을 사용하는 데 관심이 있었다.

오리겐의 주석을 다룬 탁월한 연구서가 몇 가지 있지만 여기서는 그의 신비주의를 이해하는 데 필요한 관점들만 다루려 한다. 성경 본문의 문자적 의미를 결정하는 데 있어서 오리겐은 이중 과제를 의식하고 있었다: 첫째는 『헥사플라』와 『스콜리아』에서처럼 단어들의 문법적 의미를 파악하는 것이고, 둘째는 그 구절의 역사적 실체를 발견하는 것이다. 한 구절이 문자적으로 취급되어야 한다는 것을 부정하는 것은 그것이 역사적으로 발생할 수 없었거나 발생하지 않았다는 것이지(『제일 원리에 관하여』 4.2.5), 단어들의 문법적 의미 안에 신자들을 위해 보다 깊은 메시지가 담겨 있지 않다는 주장이 아니다. 전체적으로 성경이란 교회 안에서 교회를 통해서 각각의 신자를 가르치는 로고스이다. 성부의 자기 비움으로부터 영원히 출생된 로고스는 육체를 입음으로써 자기를 비우셨으며, 이제 영감된 성경의 말씀 안에 현존함으로 우리 안에 임재하시고 활동하신다.[115]

오리겐도 사도 바울처럼 구약성경의 사건들과 인물들을 현재의 실체들을 나타내는 예표(고전 10:11)와 "풍유"(갈 4:24)로 사용함으로써 "죽이는 문자"를 넘어 영적 의미의 수준으로 나아가야 할 필요성을 가르쳤다(고전 10:1-11; 고후 3:3-18; 갈 4:21-31). 어떤 구절에서 로고스가 가르치고자 하는

253, 268, and 269이다. 나는 G. W. Butterworth, *Origen: On First Principles* (New York: Harper & Row, 1966)를 사용한다.

114) Torjesen, *Hemmeneutical Procedure*, pp. 39-41, 130-38.
115) Ibid., pp. 113-18.

바를 밝히기 위해서는 비유적이고 모형적인 도구들을 다양하게 사용해야 한다(일부 현대 학자들의 주장과 달리 오리겐과 교부들은 이 두 접근 방식을 명확하게 구분하지 않았다).[116] 신약성경에서의 로고스의 가르침이 직접적인 데 반해 구약성경에서의 로고스의 가르침은 다른 것들을 통해서 중재되지만, 이 방법들은 구약성경은 물론이요 신약성경에도 적용되어야 한다. 오리겐의 풍유적이고 예표론적인 주석은 부분적으로 유대교와 헬레니즘의 영향을 받은 것이었다. 토제슨에 의하면 오리겐의 독창성은 로고스의 가르침을 개인적으로 받아들여 적용하는 것을 영혼을 위로 고양시키도록 고안 된 "신비적"anagogic 해석 방법으로 설명한 최초의 기독교인이었다는 점이다. "복음서 기자는 사건들historias의 이야기를 연구하여 비틀거리지 않고 영적 실재들에게로 올라가는 방법을 아는 사람이다."[117] 해석의 목표는 우리 자신이 하나님께로 올라감을 통하여 성경의 가르침을 실현하는 것이다. 오리겐은 이 과정을 "신비적이고 영적인 이해의 광대한 공간을 질주"하고픈 소원으로 표현했다(『로마서 주석』 7.11 [PG 14:1132D]).[118]

영혼이 하나님 안에 있는 자신의 근원으로 올라간다는 것은 내려옴이 선행한다는 것을 암시하며, 따라서 많은 면에서 변화되고 변경된 플라톤주의의 색채를 띠고 있는 오리겐의 사변적인 사상을 소개해준다.[119] 오리겐의 플라톤주의는 하나님을 다른 모든 것, 즉 되어짐의 세계를 구성하는 모든 것과 구분되는 참된 존재로 본다는 점에서 기독교적이다. 또 하나님의

---

116) Crouzel, *Origen*, pp. 19-80.

117) *Comm. on Mt.* 10.14 (GCS 40 [Origen 10]: 17.13-14), as translated by Torjensen, *Hemmeneutical Procedure*, p. 144. Cf. *Comm.on Jn.* 10.3 (10) (SC 1 157:386).

118) Per largissima enim spatia intelligentiae mysticae et spiritalis equitabo.

119) Cf. Robert M. Berchman, *From Philo to Origen: Middle Platonism in Transism*, Brown Judaic Studies 69 (Chico, CA: Scholars Press, 1984); J. Dillon and C. Kannengiesser in *Origen of Alexandria: His World and His Legacy*, ed. C. Kannengiesser and W. Petersen (Notre Dame: Universite of Notre Dame Press, 1988), pp. 213-49; Hal Koch, *Pronoia und Paideusis: Studien über Origenes und sein Verhältnis zum Platonism* (Berlin: de Gruyter, 1932).

지고한 선하심 안에서 자신이 피조 세계와 연결되는 근거를 발견한 점에서는 근본적으로 플라톤적이다.[120] 콘스탄틴 시대 이전의 그리스의 기독교 저술가들이 그랬듯이 클레멘트도 창조주 하나님의 선하심에 대한 마르시온과 영지주의자들의 공격에 대처하는 데 관심을 가졌다. 또 하나님과 모든 신들이 본질적으로 선한 우주에 참여하고 있다고 여기는 이교의 종교관에 맞서 하나님의 초월성을 주장하려 했다. 오리겐은 『제일 원리』 1.1에서 신적 본성을 다루면서 하나님만이 참되며, 본질적인 존재이며 다른 것들은 하나님 안에 참여함으로써 "우연히" 존재한다고 주장했다.[121] 하나님이 존재에 참여하는 것이 아니라 존재가 하나님에게 참여하기 때문에 오리겐은 크게 발달된 부정의 신학[122]을 소유하고 있지는 않으나 때로 플라톤의 공식을 사용하며(『국가론』 509B) 하나님을 존재 너머의 존재라고 말한다.[123]

성부 하나님(오리겐은 요한이 사용한 용례를 따라서 성부에는 *ho theos*를 사용하고, 성자와 성령에는 관사 없는 *theos*를 사용한다)의 선의 초월적 현현은(『요한복음 주석』 2.1-2[12-18]) 하나님의 유일하게 참된 형상이며 로고스이신 성자의 발생 안에서 발견된다. 오리겐의 로고스 교리(범위를 넓혀서 아직 발전되지 않은 성령론까지 포함하여)에는 두 가지 분명한 것이 있다. 첫째는 성자가 진실로 신이시며 성부와 함께 영원히 공존한다고 주장한 것이고, 둘째는 후대의 신학에서 성부와 성자 사이의 차이점을 표현하려고 노력하면서 성자 종속설적인

---

120) *De Prin*. 1.7.1; 2.9.7을 보라.

121) David Balas, "The Idea of participation in the Structure of Origen's Thought: Christian Transposition of a Theme of the Platonic Tradition," in *Origeniana: Premier Colloque Intérnational des Études Origéniennes* (Berlin: Instituto di Letteratura Cristiana Antica, 1975), pp. 257-75을 보라.

122) E.g., *Against Celsus* 6.64; 7.38; *Comm. on Jn*. 2.28 (172-74); 13.21 (123); 19.6 (37). *De Prin*. 1.1.5에서 오리겐은 하나님의 불가지성을 상세히 다룬다.

123) 오리겐은 이교도인 셀수스를 공격하면서 하나님의 절대적인 불가지성을 강조한 것이 아니라 로고스의 계시 가능성을 강조한다. *Against Celsus* 6.65 (cf, 6.17)을 보라.

표현이라고 부르게 된 언어들을 사용하였다는 것이다.[124] 오리겐의 신비신학과 사변적인 관점에서 더욱 중요한 것은 성부의 선의 초신超神적인 현현인 행한 로고스가 세상 창조에서 행한 역할이다. 성부의 절대적 단일성은 먼저 로고스 안에 나타난다. 성부는 로고스 안에서 지성적인 우주, 즉 실제의 우주 안에 존재하게 된 모든 것의 원형인 원인들, 혹은 관념들을 창조하신다. 이 창조는 (마이스터 에크하르트가 만물이 그것들의 원리인 말씀 안에서 창조되었다고 주장한 것처럼) 영원하다(참고. 『제일 원리』 1.4.3-5). 우리는 (비록 부분적이고 단편적으로이긴 하지만) 그리스도에게 주어진 여러 가지 호칭이나 이름을 통하여 이러한 신적 관념들을 알게 된다. 『요한복음 주석』 제1권에서 볼 수 있는 것처럼 오리겐의 기독론은 대체로 그리스도의 이름들의 분석으로 이루어진다. 로고스는 창조의 모델이며 동시에 지적인 대리인으로서 그를 통해서 성부는 세상을 창조하신다.[125]

만약 하나님이 선하고 전능하시다면 이 세상에 분열과 계층 구조가 존재하는 것, 특히 악이 존재하는 것을 어떻게 설명해야 하는가? 오리겐의 신정론은 그의 가르침의 특징이 되었다. 즉 창조는 선재적이고 완전하였으나, 타락 때문에 우리가 거주하는 세상이 만들어졌다는 것이다. 『창세기 설교』에서 오리겐은 "…우리가 영적이라고 말한 첫째 하늘은 우리의 정신이며, 그것 자체는 영, 즉 하나님을 보고 인지하는 우리의 영적인 사람이다"라고 주장한다(1.2).[126] 원래의 영적인 창조는 유일하게 참된 형상인 로고스를 본받아 모두가 동등하게 창조된 "지성들"noi로 이루어져 있었다(『창세기 설교』 1.12-13). 이것이 창세기 1장에 기록되어 있는 창조이다. 이 지성들은 각기 한 영pneuma의 인도를 받아서, 혹은 성령에 참여함으로써 영

---

124) *De Prin*. 1.2이 핵심적인 본문이다. Crouzel, *Origen*, 186-92, 203을 보라.

125) *De Prin*. 1.7.1; Crouzel, *Origen*, p. 191.

126) SC 7bis: 28.14-18; Heine, FC 80:49. 오리겐의 이러한 가르침을 다룬 기본서는 H. Crouzel, *Théologie de L'image de Dieu chez Origène* (Paris: Aubier, 1957), esp. pp. 147-79, 217-45이다.

적인 몸에 결합되어 하나님에 대한 관상의 즐거운 삶을 영위하게 된다. 즉 "하나님을 순수하고 완전하게 받아들이게 된다"(『제일 원리』 4.4.9).[127] 이 지성들은 사랑 안에서 선재하시는 그리스도의 지성인 로고스와 완전하게 연합된 하나의 지성의 지도 하에 선재하는 교회의 지고한 일치를 이룬다.

이 지성들의 근본적인 특징은 하나님이 주신 자유였다. 즉 영적 창조가 소유한 자유와 신적인 선은 오리겐 사상의 고문틀이 된다. 이 자유가 있었기 때문에 완전한 관상으로부터의 원래의 타락이 가능했다.

> "창조주께서 자신이 지으신 지성들에게 자유로이 자발적으로 움직일 수 있는 능력을 주셔서 그들 안에 있는 선이 그들 자신의 것이 되게 하셨는데, 이는 그것이 그들의 자유의지에 의해 보존되었기 때문이다. 그러나 선을 보존하기 위하여 겪어야 할 고통에 대한 싫증과 나태함, 그리고 보다 선한 것들을 무시하고 등한히 한 것때문에 선으로부터의 퇴행 과정이 시작되었다"(『제일 원리』 2.9.2).

이교 플라톤주의자와 기독교 플라톤주의자들이 그랬듯이, 오리겐도 이 타락의 본질을 설명하는 데 어려움을 겪었다(악에 대해 설명이 가능할까?). 콕스Patricia Cox가 주장하듯이, 그것을 가장 좋게 생각한다면 "상상력의 실패"라고 생각할 수 있을 것이다.[128] 그러나 오리겐의 신정론의 일관성을 유지하기 위해 선험적 타락을 전제하는 것의 중요성을 부정하지는 않는다. 세상의 다양성과 악은 창조주의 선함을 훼손하는 것이 아니라 완전한 관상으로부터의 타락의 정도를 측량한다. 천사들은 원래의 조화의 관상적 "타격 가능 거리" 안에 머물러 있는 지성들이다. 인간은 더 크게 타락했으며 자신의 운명을 성취하기 위한 원형경기장(또는 교실)으로서 두 번째 물질

---

127) 오리겐은 창세기 2장을 거룩한 피조물들이 타락하기 전을 언급하는 것으로 해석한 듯하다. Crouzel, *Origen*, pp. 91, 94를 보라.

128) Patricia Cox, "'In My Father's House Are Many Dwelling Places': *Ktisma* in Origen's *De Principliis*," *Anglican Theological Review* 62 (1980), p. 393.

적 창조를 공급받았다. 악마들은 변함없이 하나님을 대적하게 되어 있다. 물질적 창조는(오리겐은 창 3:21의 "가죽옷"에서 이것을 발견한다) 벌이 아니라 교육적인 기회이다. 이것은 오리겐 사상에서 물질의 모호한 역할을 설명해 준다. 물질은 악하지 않다; 그것은 선한 창조주의 선한 선물이다. 그러나 그것은 제한된 선으로서 그 진정한 목적은 지성적인 존재들로 하여금 그것을 초월하여 올라가 방해를 받지 않고 하나님을 볼 수 있도록 가르치려는 데 있다.

타락한 지성들은 인간 인격의 핵심을 이루는데, 오리겐은 이것이 세 가지 수준으로 구성된다고 생각한다. 유명한 바울의 공식에 따라(살전 5:23) 오리겐은 다음과 같이 구분한다: (1) 영pneuma, 이것은 성령 안에 참여하도록 창조되었지만 타락한 인성 안에서 활동이 둔화되었다; (2) 혼psychē, 이것은 타락한 지성의 "냉담한" cooled 상태이며, 영의 가르침을 통해서 다시 하나님을 관상하게 되거나 육적 감각(롬 8:6)에 의해서 몸의 차원으로 끌려 내려질 수도 있다; (3) 몸sōma, 이것은 인간의 물질적 구성 요소이다.[129] 여기서 몸이 결코 악한 것이 아님을 강조해야 한다. 브라운Peter Brown이 『제일 원리』 3.2.3을 주석한 것처럼, 몸은 "각 사람이 잠재적으로 강력한 영에게 도전하여 자체를 초월하여 뻗어나가게 하기 위해서" 창조주가 주신 은혜이다.[130] 각 지성은 "형상에 따라", 즉 로고스에 참여하도록 지음을 받았기 때문에 로고스의 교육 활동을 통하여 하나님과 관상적으로 흡사한 모양을 지닌 원래의 상태를 회복할 수 있다.[131] 어느 곳에선가 오리겐은 이렇게 조언한다: "그러므로 하나님의 모양으로 변화되기 위해서 항상 하나님의 형상을 관상하라"(『창세기 설교』 1.13).[132]

---

129) Crouzel, *Origen*, pp. 87-92; and Brown, *Body and Society*, pp. 169-68을 보라.
130) Brown, *Body and Society*, p. 165.
131) 하나님의 형상에 관한 대표적인 것으로 *Comm. on Jn*. 20.22 (20), and *Hom. on Gen*. 1.13 (6)을 보라.
132) SC 7bis: 62.85-56; Heine, FC 80:66i.

만약 회복이나 복귀의 과정이 오직 로고스의 활동을 통해서만 이루어진다면, 로고스가 실제로 어떻게 타락으로 말미암아 입은 손상을 복구하고 만물을 성부께 되돌려 놓을 수 있는지 물을 수 있다. 이 분야에서도 오리겐의 기독교 플라톤주의는 방사emanation와 복귀라는 플라톤주의적 세상의 모델이 어떻게 삼위일체 중 제2 위격의 이중적 활동을 요구하는지 이해하려 한 오리겐 이후의 많은 신학의 원형이 된다. 순수 로고스이신 제2 위격은 모형과 기술자의 역할을 하고(『티마에우스』에서의 이데아들[Ideas]과 데미우르즈[Demiurge]의 역할을 결합한다), 로고스-육체로서의 제2 위격은 복귀에 필요한 매개체가 된다.

플라톤주의 식으로 두 극단은 어떤 매개체에 의해서만 연합될 수 있다(『티마에우스』 31C). 로고스 혹은 말씀은 오직 선재하시는 그리스도의 타락하지 않은 지성의 중재를 통해서만 육을 입을 수 있다.[133] 오리겐은 『제일 원리』 제2권에서 다음과 같이 쓰고 있다.

> "예수께서 '누구도 내게서 내 영혼을 빼앗을 수 없나니'라는 구절에서(요 10:28, 우리말 번역은 '그들을 내 손에서 빼앗을 자가 없느니라') 말씀하신 영혼, 즉 창조의 시작부터, 그리고 그 이후에도 분리될 수 없고 분해될 수 없는 연합 안에서 하나님께 붙어 있던 영혼이…탁월하게 그와 함께 한 영으로 지음을 받았다. 사도 바울은 예수를 닮는 의무를 소유한 사람들에게 '주와 합하는 자는 한 영이니라'(고전 6:17)고 약속한다. 하나님과 육체 사이의 매개체로 활동하는(이는 매개체가 없이는 하나님의 본성이 몸과 섞일 수 없기 때문이다) 이 영혼으로부터 신인God-man이 탄생한다"(『제일 원리』 2.6.3).

영혼들이 자기 내면에 있는 영을 깨워 하나님께 돌아가기 시작할 때 그의 영혼은 예수의 다함이 없는 사랑과 하나님에 대한 중단 없는 관상을 통

---

133) 일반적으로 첫 창조로부터 타락하지 않은 유일한 지성은 그리스도의 영혼이라고 말한다. 그러나 크루젤은 오리겐이 그 외에 다른 영혼이 있을 수 있다고 생각했음을 나타내 주는 본문들을 수집해 놓았다 (*Origen*, p. 711).

해서 모든 영혼들의 모본이요 교사가 된다.

만약 창조주의 사랑의 선이 첫 창조와 둘째 창조 안에서 하나님으로부터 만물이 흘러나오는 것의 기초가 되는 근본 원리라면 가끔 인용되는 "끝은 항상 시작과 같다"는 격언은 그리스도를 통하여 만물이 성부에게로 돌아간다는 오리겐의 이해의 기초가 된다.[134] "하나님의 선하심이 그리스도를 통하여 자신의 모든 피조물을 한 목표로 회복시키시며 원수들까지도 정복하여 굴복시키실 것이다"(『제일 원리』 1.6.1). 하나님이 "만유의 주"(고전 15:28)가 되신다는 바울의 말에서 오리겐이 발견한 이 통찰은 오리겐의 신비주의의 근본이 된다. 후대의 기독교 정통 신앙의 관점에서 볼 때 이것은 모든 영들, 심지어 귀신들까지도 보편적으로 하나님께 돌아온다는 그의 견해와 관련하여 심각한 문제들을 포함하고 있다.[135]

오리겐이 이 회복의 과정을 나타내는 데 사용한 중요한 비유는 위를 향한 여정, 즉 상승인데 이것은 그의 신비주의의 주된 요소로 간주될 수 있는 개념이다.[136] 영혼의 생명을 이런 방식으로 제시하는 것은 여러 종교 전통

---

134) 표준적 해석으로 *De Prin*. 1.6.1-2을 보라; cf. 1.6.4; 3.5.6-7; 3.6.3; etc. Crouzcl, *Origen*, p. 205.

135) Crouzel, *Origen*, pp. 257-66.

136) Walther Völker, *Das Vollkommenheitsideal des Origenes* 이후 오리겐의 신비주의를 다룬 책들이 많이 등장했다. 그 중 중요한 것들은 다음과 같다: *Die Theologie des Logosmystik bei Origenes* (Münster: Aschendorff, 1978); H. Urs von Balthasar, *Origenes: Geist und Feuer. Ein Aufbau ous seiner Schriften* (Salzburg: Otto Müller, 1938; the second edition has been translated by Robert J. Daly, S. J., as *Origen: Spirit and Fire* [Washington, DC: Catholic University of America Press, 1984]); Frederic Bertrand, *Mystique de Jésus chez Origène* (Paris: Aubier, 1951); esp. Henri Crouzel, *Origène et la "connaissance mystique"* (Bruges-Paris: Desclée, 1961), as well as part 3 of his *Origen*. 유익한 논문은 다음과 같다: Charles Pueoh, "Un livre récent sur la mystique d'Origène," *Revue d'histoire et de philosophie religieuse* 13(1933): 508-36 (a review of Völker); Jean Daniélou, "Les sources bibliques de la mystique d'Origène," *Revue d'ascétique et de la mystique* 23(1777): 126-71(이것은 Daniélou, *Origen*, New York: Sheed & Ward, 1955, pp. 293-309에 수록되어 있다); C. W. Macleod, "Allegory and Mysticism in Origen and Gregory of Nyssa," *Journal of Theological Studies* n.s. 22 (1972): 362-79; M. Harl, "Le langage de l'expérienc religieuse chez les péres grecs," *Rivista di storia e letteratura religiosa* 15(1977): 5-34; and Henri Crouzel,

에서 흔히 있는 일이었고, 오리겐은 일반화된 플라톤주의 세계관에 의존하여 그것을 융통성 있게 받아들였다. 그의 상승 신학(발타사르의 표현을 따르면 *theologia ascendens*)은 그리스도 중심주의와 성경적 근거를 가지고 있다는 점에서 플라톤주의에서 벗어난다.[137] 성경의 전체 메시지는 타락한 지성들을 구하기 위해 성육하신 말씀의 하강과 상승이다. 그러므로 구약에 기록된 이스라엘 및 여러 민족들의 역사는 영혼들의 타락과 회복의 이야기로 읽혀야 한다.[138] 신약성경은 신비적이지만 보다 직접적으로 말씀의 하강과 상승을 이야기한다. 오리겐이 회복의 메시지, 특히 전쟁과 교육과 성장의 메시지를 제시하기 위해 사용한 다른 모든 비유들은[139] 유월절, 즉 그리스도 안에서 그리스도를 통하여 성취되는 하늘 통로를 나타내는 통합된 상징에 도움이 된다.[140] 기독교 신비주의에서 상승이라는 주제를 대중화한 것이 오리겐뿐이라고 간주할 수 없지만 그가 여정을 강조한 것이 후대의 많은 신비주의자들에게 큰 영향을 미쳤음은 의심할 여지가 없다.

영혼의 순례에 대한 오리겐의 표현은 다양하고, 여러 의미를 가지며, 심지어 시적이다.[141] 이것들은 주석을 통해서 개인적으로 받아들인 성경의 언어로 표현된다. 할Marguerite Harl은 헬라 교부들, 특히 클레멘트, 오리겐, 그리고 카파도키아 교부들이 신비적*mystikos*이라는 형용사를 그들 자신의 언어와 경험을 기술하기 위해 쓴 것이 아니라 성경의 언어, 보다 확장해서 말한다면 말씀을 객관적으로 제시하는 기독교 의식과 행위의 특성을 규정

"Origène," *DS* 11:933-61.

137) von Balthasar, *Spirit and Fire*, pp. 1-13, 17-19;. Origen, *Against Celsus* 6.19-20을 보라.
138) 특히 *De prin*. 4.3을 보라.
139) Rowan A. Greer, *Origen: An Exhortation to Martyrdom, Prayer and Selected Works*, CWS (New York: Paulist Press, 1979), pp. 18-72을 보라.
140) 최근에 발견된 *Peri Pascha* (On the Passover)를 보라. 이것의 일부가 번역되어 von Balthasar, *Spirit and Fire*, pp. 368-70에 수록되어 있다.
141) 영혼의 여행에 관해서는 Cox, "In My Father's House," pp. 329, 332-33을 보라.

하기 위해 사용했음을 지적한다.[142] 오리겐은 리브가의 이야기를 소개하면서 다음과 같이 말했다: "지금까지 읽은 말씀들은 신비적이다; 그것들은 풍유적인allegorical 신비 안에서 설명되어야 한다"(『창세기 설교』 10.1).[143] 영혼이 하나님에게 돌아가는 어려운 방랑 여행은 직접적인 성경 언어의 분명한 "떡"에서 시작하지만, 취하게 해서 위로 끌어올리는 성경의 "포도주", 그것의 모호하고 시적인 언어를 섭취함으로써만 전진할 수 있다. 여기서 단어들은 이상하게 뒤바뀐 방법으로 지시적으로보다는 함축적으로 이해되어야 한다.[144] 알레고리는 진리를 연속적으로 인식함으로써 끊임없이 하나님을 찾는 탐색이다(『민수기 설교』 17.4).[145]

따라서 오리겐의 "신학적 작업"theological poiesis[146]은 종교적 체험, 특히 신비 체험이 가장 심오하고 말로 전달할 수 없는 수준의 성경의 표현을 영혼의 언어로 만드는 활동 안에서 실현되는 하나의 성경 해석 과정이다. 할Harl은 다음과 같이 표현했다: "성경은 기독교 저자들에게 하나님과의 만남을 말과 행동으로 구제화시키는 데 상응하는 인용구들을 제공한다. … 인용문은 한 개인의 경험이 고립되어 있지 않게 해준다: 이것은 개인의 경험을 하나님의 백성들의 집단적인 경험 안에 놓음으로 권위를 부여해 준다."[147] 고대 기독교에서 이것을 오리겐만큼 충분히 성취한 사람이 없다. 할에 따르면 오리겐은 "주석 작업, 즉 특별한 기독교적 장소 안에서 자신의 지극히 생생한 종교 체험들을 알았다."[148]

오리겐은 헬라 철학으로부터 받아들였으나 성경으로부터만 참되게 배

---

142) Harl, "Le langage," p. 8.
143) SC 7bis: 256.36-37.
144) Harl, "Le langage," pp. 12-16.
145) Macleod, "Allegory and Mysticism," p. 371을 보라.
146) 이 구절은 Cox, "In My Father's House," p. 336의 것이다.
147) Harl, "Le langage," p. 26.
148) Ibid., p. 33.

울 수 있다고 주장한 교육의 세 가지 기본 형태에 따라서 영혼의 주석적-신비적 상승을 말한다.[149] 그는 이 형태가 솔로몬의 것으로 여겨지는 세 권의 책에 분명히 묘사되어 있음을 발견했다. 잠언은 헬라인들이 도덕 철학이라 부른 것, 아브라함의 삶에 일치하며 후대의 기독교인들이 정화의 길 purgative way이라고 부른 고결한 생활 방식을 가르친다. 전도서는 자연과학, 즉 사물의 본질 및 그것을 하나님의 의도대로 사용하는 방법에 관한 조명된 지식을 다룬다(이것은 이삭, 그리고 조명의 길[illuminative way]에 상응한다). 마지막으로 아가서는 신비적 연합epoptics 혹은 "관상적 가르침"disciplina inspectiva으로 "신랑과 신부의 비유 하에 천상적이고 신적인 것들의 사랑과 욕구를 주입하며, 우리가 어떻게 사랑과 자비의 길을 통해서 하나님과 친교를 갖게 되는가를 가르치는 교과서이다"(『아가서 주석 서론』[개정판 76.14-16]). 영혼이 처음 두 단계의 연구를 마치면 "교의적이고 신비적인 주제를 다룰 수 있으며, 순수한 영적 사랑을 가지고 신성을 관상하게 된다"(ibid. [ed. 78.17-19]). 이것은 후에 이스라엘(어원적으로는 "하나님을 보는 자")이 된 야곱에 관한 것이다. 이것이 연합의 단계, 또는 적절하게 말해서 신비적인 단계를 형성한다. 오리겐은 이런 형태의 지식을 mystika(mystics)라고 부르기도 한다(『아가서 주석』 14 [GCS, 오리겐 3:241.3 이하]).[150]

이 광의의 삼 단계가(후에 등장할 많은 것들의 원조가 된다) 이 여정이 단순하거나 직접적이라는 것을 의미하지 않는다. 오리겐은 민수기에 대한 27번째 설교에서 이 세상의 애굽에서 약속된 거룩한 땅으로 가기 위해 광야를 통과하는 이스라엘의 42단계의 방랑 혹은 노정으로 상징되는 바(민 33장) 얻음과 상실, 현존과 부재의 복잡한 여행 일정을 제시한다(『민수기 설교』 27[GCS

---

149) Pierre Hadot, "Les divisions pea parties de la philosophie dans L'Antiquité" *Museum Helveticum* 36 (1979): 218-31.

150) Louth, *Origins*, pp. 56-61; and Karl Rahner, "The 'Spiritual Senses' according to Origen" in *Theological Investigation* (New York: Seabury, 1979) 16:92-94.

오리겐 7:255-80]).[151] 그 메시지의 필수 요소를 파악하기 위해 이 글을 상세히 읽을 필요는 없다(이 글은 대체로 관련된 장소-이름들의 어원학에 근거하고 있다). "이성적 본성의 참된 양식은 하나님의 말씀이다"(『민수기 설교』 27.1). 그러나 말씀은 읽는 사람들의 능력에 따라 자신을 달리 보여준다. 신비적 통찰을 할 수 있는 사람들만이 다음과 같은 사실에 대한 암시를 포착하게 될 것이다., 즉 이스라엘이 "대오를 갖추어" 올라간 42개의 노정과 복음서에 주어진 그리스도의 조상들의 42세대는 "위로 올라가는 사람들은 그곳에서 우리에게 내려오셨던 분과 함께 올라간다"는 것, 즉 우리의 상승과 그리스도의 하강을 연결해주는 엄격한 관계가 있다는 것을 지적해준다(『민수기 설교』 27.3). 우리가 애굽을 출발하면서 시작되는 회심(현세에서의 도덕적 회심과 죽을 때에 영혼이 몸을 떠나는 것으로 해석된다)은 악마의 유혹(즉 바로와 그의 군대의 추적)에 맞선 지속적인 전쟁의 특징을 지닌 복잡한 여행의 출발점이다.[152] 목표는 시내 산 꼭대기에서 만난 어둠(필로와 닛사의 그레고리와 디오니시우스가 즐겨 사용한 부정적 상징)이 아니라 약속된 땅의 빛과 풍성함이다.[153] 오리겐이 성부의 궁극적 불가지성을 부정하지 않으며 이것을 묘사하는 부정적인 상징들을 무시하지 않지만 오리겐의 기질은 그로 하여금 하나님의 임재의 즐거움이 주는 부정적인 면보다는 긍정적인 면에 집중하게 했다(후계자 중 가장 훌륭한 예가 되는 어거스틴과 베르나르도 동일한 기질을 지닌다). 종종 오리겐의 특징을 "빛의 신비가"로 정의하는데, 이것은 최소한 이 점에 관해서 옳은 표현이다.

오리겐이 묘사한 여정에는 후대에 영적 분별이라고 부르게 될 것에 대한 고찰도 포함되어 있다(『민수기 설교』 27.11). 아울러 몰아 상태를 언급한 23단

---

151) Greer, *Origens*, pp. 245-69. 이 본문의 분석으로는 Daniélou, "Les sources bibliques," pp. 131-37을 보라.
152) 오리겐의 영성에서 귀신들의 역할은 그다지 과장되지 않는다 (*Hom. on Num.* 77.8).
153) Daniélou는 이것이 오리겐이 강력한 부정의 신학과 거리를 두고 있음을 보여준다고 간주한다 ("Les sources bibliques," p. 131).

계에서 오리겐은 신비적인 측면들을 "크고 놀라운 일들에 대한 지식에 의해 놀라움에 사로잡힐 때 생기는 놀람의 관상"으로 해석한다(27.12). 이 몰아의 상태는 감각에서 비롯된 황홀함이 아니라 성경에 계시된 신적 신비에 대한 갑작스런 새로운 통찰에서 비롯된 것이다. 오리겐은 영혼이 하나님에게 돌아간다는 주제를 전개하면서, 성경에서 취한 많은 상징들과 비유들을 사용한다. 크루젤Crouzel은 은혜의 상징들(빛, 생명, 양식)과 자신이 "결혼 주제"라 부르는 것을 구별했으며, 상이한 관점들이 이러한 분류를 풍성하게 하고 변화시켜 줄 수 있었다.154) 아가서가 "신비적 연합"*epoptics*의 중심적 교과서, 즉 성경이 타락한 영혼을 위해 내려오시는 그리스도의 사랑에 대한 메시지의 핵심을 드러내 주는 곳이라는 오리겐의 주장을 고려해 보면, 아가서의 에로틱한 표현을 해석할 때에 신비적 메시지의 가장 깊은 각인이 발생한다.

오리겐이 에로틱한 상징들—사랑의 상처(사 49:2; 아 2:5), 연인들의 입맞춤(아 1:2 등 여러 곳), 포옹(아 2:6)—을 사용한 것은 기독교 신비주의의 역사에서 가장 복잡하고 논쟁적인 측면들 중 하나를 소개한다.155) 오리겐은 신비가들이 이용할 수 있는 모든 긍정적인 발언 방식들 중에서 에로틱한 언어는 언어를 사용하면서도 언어를 초월할 수 있는 가장 적절한 방법이라고 주장하는 기독교 신비주의자들의 대표적 인물이다.156) 현세에서 하나님을 실제로 경험하기 위해서 성적 금욕이 필요하다는 신비주의자들의 주장이 인위적이고 위험한 것이라고 주장하는 현대의 학자들은 이런 오리겐의 주장을 혹독히 비판했다.

하나님에 대해서 상당히 에로틱한 언어를 신비적인 이야기에 도입하는 것은 위장에 불과하며 숨겨진 성적 충동들을 승화시키려는 시도에 불과하

---

154) Crouzel, *Origen*, pp. 121-30.
155) Völker, *Das Vollkommenheitsideal*, p. 105 n. 1.
156) B. McGinn, "The Language of Love in Jewish and Christian Mysticism," in *Mysticism and Language*, ed. Katz (to appear)을 보라.

다는 일부 현대 심리학자들의 주장.[157] 그리고 서방의 철학적이고 신학적인 사랑의 개념은 사랑을 정신적 미화의 형태[158]를 위한 토대로 삼음으로써 욕망의 실체로부터 주체를 없애고자 하는 에로틱한 이상화라고 말하는 몇몇 철학자들의 주장은 전통적인 기독교 신비가들이 사랑과 욕망을 보는 방법과 이런 욕구들을 보는 현대 세계의 방법 사이에 근본적인 차이가 있음을 보여준다. 신비가들은 자기들이 에로스를 위장하거나 이상화하는 것이 아니라 그것을 원래의 형태로 돌아가게 함으로써 변화시키고 있다고 주장했다. 이 주제에 대해서는 이 시리즈의 마지막에서 상세히 다룰 예정이지만, 특히 오리겐이 이 특별한 위치에서 에로틱한 표현을 사용하면서 스스로 행하거나 행하지 않는다고 생각한 것이 무엇인지를 명백히 할 필요가 있다.

시몬 베유Simone Weil는 "신비가들이 성적 사랑의 기능을 수단으로 하여 하나님을 사랑했다고 비난하는 것은 마치 화가가 물감으로 그림을 그리는 것을 비난하는 것과 같다"라고 했다.[159] 욕망의 변화에 대해 논한 최초의 기독교 신비가인 오리겐은 아마도 이 말에 동의했을 것이다. 오리겐이 에로틱한 것과 성적인 것이 동일한 것은 아니라고 알고 있지만(욕망의 힘은 성적인 만족의 대상이 아니라 물질적 대상을 향할 수 있다.) (『아가서 주석』 서론), 에로스와 관련하여 헬라 전통을 이어받은 오리겐은 사랑받는 자의 추구와 기쁨에 모든 형태의 에로스를 위한 패러다임의 지위를 부여했다. 그러나 플라톤을 비롯한 현인들처럼 오리겐도 에로스가 통상 인간 연인들의 관계에서 경험되지만 실질적으로는 천상적인 힘이라고 생각했다: "사랑의 힘은 영혼을 지상에서 천상의 높은 곳으로 인도해주며…최상의 지복은 사랑의 갈

---

157) James Leuba, *The Psychology of Religious Mysticism* (London: Routledge & Kegan Paul, 1972)을 보라.

158) 이것은 Irving Singer, *The Nature of Love: 1, From Plato to Luther* (2nd ed., Chicago: University of Chicago Press, 1984), e.g., p. 151에 등장하는 주제이다.

159) Simone Weil, *The Notebooks of Simone Weil*, trans. Arthur Wills, 2 vols, (London: Routledge & Kegan Paul, 1976) 2:472.

망의 자극 하에서만 얻어질 수 있다"(ibid. [ed. 63.9-11]). 플라톤은 에로스를 반신半神으로, 즉 완전한 것을 획득하여 거기에서 잉태하기를 원하는 욕망으로 보았으므로 이것을 가르쳤다고 할 수 있다. 플라톤적 에로스를 기독교 신앙에 적용한 오리겐은 과감한 시도를 한다─우리 안에 심겨진 에로스가 우리를 하나님에게로 되돌리게 하는 것이라면 하나님 자신이 바로 에로스이다.

오리겐이 헬라 성경에서 하나님으로 말하는 아가페와(요일 4:8) 헬라 전통의 에로스를(70인역에서 두 번 하나님을 에로스로 말한다!) 동일시한 것의 타당성과 관련하여 앤더스 니그렌Anders Nygren이 촉발시킨 논쟁은 플라톤주의의 역사에서 가장 급진적 추이들 중 하나를 무색하게 해왔다.[160] 창조에서 자신에게서 "벗어나기"를 "선택한" 초월하시는 하나님을 믿는 기독교 신앙은 에로스의 열망하는 갈망 같은 것을 암시한다. 이런 까닭에 오리겐은 "요한이 하나님을 사랑agapē/caritas이라고 부른 것처럼 누군가가 하나님을 열정적인 사랑Passionate Love이라고 불러도 비난받을 일이 아니라고 생각한다"라고 말한다(『아가서 주석 서론』 [개정판 71.22-25]). 그러므로 "성경에서 사랑caritas에 대해서 말하는 것은 모두 열정적인 사랑amor에 대한 말로 받아들이며, 그 용어들의 차이점에는 관심을 두지 말라. 왜냐하면 두 용어는 같은 의미를 지니고 있기 때문이다"(Ibid. [ed. 70.32-71.1]). 플로티누스와 프로클루스 같은 이교 신플라톤주의자들은 아마도 기독교인들과 경쟁하면서 에로스에게 초월적인 역할을 부여하는 선례를 따른 듯하다.[161]

오리겐은 진지하게 에로스Eros인 하나님 개념을 취했다. 세상을 향한 하나님의 열망의 실현과 궁극자the Ultimate의 절대적인 불변성이라는 파르메니데스의 개념 사이의 긴장을 명확하게 표현해낸 고대의 사상가는 거의

---

[160] Anders Nygren, *Agape and Eros* (Philadelphia: Westminster, 1953), pp. 349-53, 368-92.

[161] John M. Rist, *Eros and Psyche: Studies in Plato, Plotinus and Origen* (Toronto: University of Toronto Press, 1975)을 보라.

없다. "하나님이 세상을 이처럼 사랑하사"(요 3:16)라는 말은 오리겐에게 단순한 비유가 아니었다. 몇 개의 본문에서 오리겐이 대담하게 하나님 안에서의 일종의 "고난"을 주장한다는 것을 많은 학자들이 알고 있으며,[162] 발타사르Hans처럼 오리겐을 연구하는 학자들은 자신을 비워 육체를 입으신 "말씀의 수난"이 오리겐의 가장 심오한 신학적 통찰 중 하나라고 주장한다.[163]

오리겐이 믿은 것처럼 만약 에로스의 근원이 위에 있으며, 하나님-에로스(이를 Eros I이라고 부를 수 있다)에 의해 우리 안에 주입되었다면 영혼의 상승에 힘을 주는 원동력은 우리 안에서 왜곡된 에로스(eros ii)가 초월적인 원래의 출발점으로 돌아가는 변화이다. 오리겐의 『아가서 주석』은 이 변화에 대한 기독교 최초의 이론적인 설명을 담고 있다.[164]

변화는 주로 욕구의 대상들을 목적론으로 열거함으로써 운용된다. 즉 오리겐은 에로스 ii가 타락한 상태에서 지향해온 열등한 물질과 인간적인 대상들에게서 돌이킴으로써 변화될 수 있다고 말하면서 자신의 주장을 전개한다. 이런 까닭에 모든 형태의 에로틱한 관습, 특히 성적인 사랑(교회에서 합법적으로 허용한 것까지)은 변화의 과정에 부적절하다(해로울 수도 있다).[165] 오리겐이 동정童貞의 특권적인 역할을 영혼의 선재하는 순결과 하나님 지향의 자유의 표명이라고 강조한 것은 성적인 관습과 신비적 노력을 엄격히 구분한 초기의 이론적 변론의 특징이다. 이를 브라운Peter Brown의 저서

---

162) *Hom. on Ezek.* 6.6 (GCS 33 [*Origen* 8:384-55])에서 가장 주목할 만한 구절이 발견된다; cf. *Comm. on Mt.* 10.23.

163) Von Balthasar, *Spirit and Fire*, pp. 11-12.

164) B. Ann Matter, *The Voice of My Beloved: The Song of Songs in Western Medieval Christianity* (Philadelphia: University of pennsylvania Press, 1990), chap. 2; Patricia Cox, "'Pleasure of the Text, Text of Pleasure': Origen's Commentary on the Song of Songs," *Journal of the Academy of Religion* 54 (1986): 241-53.

165) *Comm. on Song* prol. (ed. 62 and 63-64; Lawson, pp. 22-23 and 24-25).

『육체와 사회』The Body and Society[166)]에서 잘 분석하고 있다. 동정이라는 이상이 승리하게 된 것이 오리겐 혼자만의 공이라고 할 수 없지만 이러한 오리겐의 강조는 고전적 기독교 신비주의의 현저한 특징 중 하나였다.

오리겐은 이 선언명제의 기초를 사도 바울이 속사람과 겉사람(고후 4:16), 즉 육과 영을 두 개의 창조와 동일시한 것에 두었다. 속사람은 "하나님의 형상과 모양"(창 1:26)으로 피조된 것이고, 겉사람은 "흙으로 지어진"(창 2:7) 것이다. 돈, 허영, 성적 쾌락 등과 같이 가치 없고 저급한 것들이거나 인간의 예술과 학식의 고귀한 산물이거나 간에 겉사람이 에로스 ii를 발휘하는 대상들은 무상한 것이며 참된 에로스에 합당하지 못한 것들이다. 에로스의 유일하게 참된 목표는 첫 창조의 영적 선, 즉 에로스 I(Eros I)의 현현이다. "우리는 선한 것에 의해 육적인 것을 이해하는 것이 아니라 우선적으로 하나님 안에서와 영혼의 능력 안에서 찾을 수 있는 것만을 이해하게 된다. 칭찬할 만한 유일한 사랑은 하나님을 향한 사랑, 그리고 영혼의 능력을 향한 사랑이다"(『아가서 주석 서론』 [ed. 72.25-73.1]). 육적인 사랑의 수준에서만 생각하는 사람은 아가서를 읽어서는 안 된다(오리겐은 여기서 성년이 되기 전에는 아가서를 읽지 말라는 랍비들의 금령을 인용한다).[167)] 그러나 천상적 사랑amor caelestis을 소유한 사람, 즉 말씀에서 나오는 화살에 찔리거나 사랑의 상처를 입은 영혼은 아가서에서 성경의 중심 메시지를 발견한다(『아가서 주석 서론』 [ed. 66.29-67.16]).[168)]

그러나 영적인 사람이 아가서에서 연인들의 에로틱한 상징들과 갈망하는 표현들의 배후에 있는 내적 본문을 정확하게 읽으려면 어떻게 해야 하는가? 여기에서 오리겐은 자신이 알렉산드리아의 클레멘트의 견해를 바

---

166) Brown, *Body and Society*, pp. 170-77.
167) Ephraim E. Urbach, "The Homiletic Interpretations of the Sages and the expositions of Origen on Canticles, and the Jewish-Christian Disputation," *Scripta Hierosolymitana* 22 (1971): 247-75; and Nicholas de Lange, *Origen and the Jews* (Cambridge: Cambridge University Press, 1976).
168) 아가서를 정욕적인 정신으로 읽는 것을 금지한 것에 관한 것으로는 62.5-22을 보라.

탕으로 하여 발달시킨 영혼의 영적 감각aisthēsis pneumatikē, aisthēsis theia에 대한 가르침에 의해서 속사람과 겉사람, 거룩한 사랑과 육적 사랑의 틈을 잇는다. 이것은 그가 기독교 신비주의 역사에 끼친 중요한 공헌이다.[169]

오리겐에 의하면 "거룩한 성경에서는 동음이의어를 사용한다. 즉 상이한 사물들을 기술하기 위하여 동일한 용어들을 사용한다…따라서 몸의 각 부분을 지칭하는 명칭이 영혼의 각 부분의 명칭으로 사용되거나, 영혼의 기능과 능력이 영혼을 구성하는 각 부분으로 불리기도 한다"(『아가서 주석』 64.16-65.19). 그러므로 성경에 담겨 있는 모든 육적인 묘사는(아가서만큼 신체의 각 부분과 그 활동을 묘사한 성경의 책이 있겠는가?) 사실상 말씀과 속사람의 관계에 대한 메시지이다. 왜냐하면 겉사람이 물질 세계와 관련하여 소유하는 미각, 촉각, 청각, 후각, 시각 등의 감각들과 유사한 "영적 감각들"을 속사람은 소유하고 있기 때문이다.[170] 아가서의 에로틱한 문체를 제대로 이해하려 하는 것은 타락하여 동면 상태에 있는 지성의 보다 고귀하고 훌륭한 감각들로 하여금 초월적인 말씀의 현존 체험을 받아들일 수 있게 만들어 주는 영에 의해서 각성하고 다시 민감해지게 하는 전형적인 활동이다. 피터 브라운이 말한 것처럼 오리겐이 "육욕적인 것을 전혀 소유하지 않는 육욕성sensuality[171]이라고 칭한 "신비한 지식의 기관들"[172]을 통하여, "육욕적인 경험은 원래의 강도를 회복한다."[173]

---

169) Cf. Karl Rahner, "The 'Spiritual Senses' according to Origen," *Theological Investigation* 16:81-103; Marguerite Harl, "La "Bouche" et le "coeur" de l'apôtre: deux images bibliques du "sens divin" de l'homme("Proverbes" 2, 5) chez Origne," in *Forma Futuri: Studi in nore del Cardinale Michele Pellegrino* (Turin: Bottega d'Erasmo, 1975), pp. 11-42.

170) 오리겐의 저술에는 영적 감각들을 다룬 곳이 많다: *De Prin.* 1.1.7; *Hom. on Lev.* 3.3; 31.7; *Hom. on Ezek.*11.1; *Comm. on Jn.* 10.40; 13.24; *Comm. on Lk.* frgs. 53, 57; *Comm. on Rom.* 4.5; *Against Celsus* 1.48; 7.34; *Comm. on Song* 2(ed. 167ff.); and the *Dialogue with Heracleides* 15-24(SC 67:88-102).

171) *Against Celsus* 1.48 (*GCS Origen* 2:98.22)을 보라.

172) 라너의 표현 ("Spiritual Senses" p. 97).

173) Brown, *Body and Society*, p. 172.

이런 기초 위에서 아가서의 문체는 영혼의 내적 텍스트를 읽는 최선의 방법이 된다.[174] 오리겐은 상이한 영적 감각들(그는 어떤 감각은 다른 감각들이 없이도 되찾을 수 있다고 주장했다) 안에 함축되어 있는 의미의 미묘한 차이점들을 인내심을 가지고 탐구한 덕분에 이전의 어느 기독교 사상가보다 더 풍성하게 영혼과 말씀의 관계를 묘사할 수 있었다. 현재 세 권의 주석과 두 권의 설교로 구성된 아가서 주석이 남아 있는데, 이 책은 영적 감각들이 영혼의 신비한 변형을 인도해 주는 방법과 관련하여 많은 본보기를 제공한다.[175] 그의 모든 저서에 동일한 가르침이 나타난다. 그 중 몇 가지를 살펴봄으로써 그의 전략을 알 수 있을 것이다.

아가서에 제시되어 있는 바 촉각과 미각을 나타내는 세 가지 에로틱한 상징—입맞춤, 젖을 마심, 사랑의 상처—에서부터 시작해 보자. 아가서의 첫 구절("내게 입맞추기를 원하니")에 대해서 주석가들은 여러 가지 해석을 하는데, 이는 책 전체의 풍유적 표현 때문일 뿐만 아니라 그 구절의 다소 특이한 표현("입맞춤") 때문이기도 하다. 오리겐의 해석은 보통 교회적이면서 개인적인데 다섯 가지 단계를 거친다(항상 여기서 정의한 것처럼 명확하지는 않다): (1) 본문을 문법에 맞게 인용함, (2) 그것을 극적으로 혹은 역사적으로 재구성함, (3) 그것이 그리스도와 교회의 관계에 대해서 말해야 하는 보다 깊은 의미, (4) 영혼의 순례에 대한 일반적인 메시지, (5) 그 메시지를 우리 자신의 것으로 적용하는 방법.[176] 이 다섯 단계를 모두 상세히 따를 필요는 없다. 메시지는 이것이다. 즉 입맞춤을 받는다는 것은 교회와 개인의 영혼에게 전달되는 말씀의 가르침을 정신이 받아들이는 것으로 해석되어야 한다. "인간이나 천사의 도움이 없이 정신이 거룩한 인식과 이해로 가득 찰 때, 그녀는 자신이 하나님의 말씀의 입맞춤을 받았다고 믿을 것이

---

174) Cox, "Pleasure of Text"을 보라.
175) 몇 가지 예를 보려면 *Comm. on Song* bks.1.4; 2.9; 3.14; *Hom.* 1.3을 보라.
176) Torjesen, *Hermeneutical Procedure*, pp. 54-57을 보라.

다"(『아가서 주석』 제1권 91.12-17).[177]

아가서 전체에서 불쑥 나타나곤 하는 젖을 마신다는 이미지도 이와 비슷하게 지적으로 해석된다. "네 가슴이 포도주보다 나음이로다"(70인역, 우리말 성경에는 "가슴"이 "사랑"으로 되어 있다)라는 구절은 사랑받는 제자 요한이 기댔던 그리스도의 가슴의 내적 근저를 언급하는 것으로 해석된다. 완전한 영혼이 그리스도의 가슴으로부터 빨아 마시는 지식과 지혜의 보화는(골 2:3) 영혼이 율법과 선지자들로부터 받아 마시는 포도주보다 더 달다(『아가서 주석』 제1권 91-101).[178] 현존하는 주석서에 있는 가슴에 대한 두 개의 언급에서도 그 이미지를 학습과 지식의 면에서 해석한다. "우리가 포도주보다 너의 가슴을 더 사랑하리라"(아 1:3, 우리 성경에서는 "처녀들이 너를 사랑하는구나")는 구절은 처녀들이나 약한 영혼들이 신부 즉 그리스도의 "충만한 영적 가르침"을 마셔 가득 차게 된 가슴을 가진 완전한 영혼에게 말하는 것으로 이해된다(『아가서 주석』 제1권 110-11). 아가서 1장 13절에서 그리스도는 "몰약 향주머니"인데 오리겐은 이것을 말씀이 자기를 비워 육신이 되신 것, 그리고 "신학의 명제들의 얽히고 설킨 복잡성과 신적 가르침의 내용들"을 언급하는 것으로 이해한다. 이것은 두 젖가슴 사이에 걸려 있으며, 오리겐은 이렇게 말한다: "앞에서 말했듯이 이 젖가슴들은 마음의 근저로서 그 안에서 교회는 그리스도를 굳게 붙들거나 영혼은 자신의 갈망의 사슬에 의해서 굳게 묶여 하나님의 말씀을 굳게 붙든다.[179] (앞의 두 구절은 영적 미각에 대한 것이고, 마지막 구절은 후각에 관한 것이다.)

오리겐이 주석 서문에서 언급한 바 있는 사랑의 상처라는 이미지는 다소 복잡하다. 크루젤Crouzel이 말한 것처럼, 오리겐은 두 개의 본문─이사야

---

[177] Harl, "La 'bouche' et le 'coeur,'" pp. 35-42을 보라.

[178] Karl Rahner, "Coeur de Jesus chez Origène?" *Revue d'ascétique et de la mystique* 15 (1934): 171-74을 보라.

[179] *Comm. on Song* bk. 2 (ed. 168-70, 169.5-7, 170.13-15]; Lawson, pp. 163-66); *Homm. on Song* 2.3(ed.45-46; Lawson, pp. 287-88).

49장 2절("나를 갈고 닦은 화살로 만드사")과 아가서 2장 5절에서("사랑하므로 병이 생겼음이라")—을 합하여 성부의 화살(엡 6:17의 검)인 말씀에 대한 풍부하고도 독창적인 가르침을 만들어 냈는데, 그의 사랑이 영혼을 쳐서 상처를 입힌다는 것이다(현존하는 본문들은 모두 교회론적으로 적용한 것이 아니라 개인적으로 적용했다).[180] 이 주제는 오리겐의 저서에서 자주 등장한다. 『아가서 주석』에는 개인적이고 통렬한 논조를 띤 두 개의 언급이 있는데, 거기서 말씀의 가르침을 향한 갈망이 초월적이고 에로틱한 강박관념으로 표현된다.

> "어느 곳에 때로 하나님 말씀에 대한 신실한 사랑으로 불타는 사람이 있다면, 만약 때로 선지자가 말한 것처럼 갈고 닦은 화살이 되신 분으로부터 달콤한 상처를 받는 사람이 있다면, 만약 지식의 사랑받을 만한 창에 찔려서 밤낮으로 그분을 사모하고 갈망하며, 오직 그분에 대해서만 말하며, 그분에 대한 것이 아니면 듣지도 않고 생각하지도 않으며, 그분 외에는 갈망하거나 동경하거나 바라지 않는 사람이 있다면 그 영혼은 진정으로 '내가 사랑하므로 병이 생겼다'라고 말할 것이다"(『아가서 주석』 제3권 195-97).[181]

이렇게 영적 접촉을 말하는 구절은 개인적인 긴박성을 분명히 해주는데, 이것은 다른 영적 감각들과의 관계에서 항상 발견되지는 않는 것이다.[182]

이것은 오리겐이 말씀의 도래에 대한 자신의 갈망을 표현한 교훈적이고 평온한 표현을 벗어버린 곳에서도 제시되는 듯하다. 『아가서 주석』 제3권에서, 오리겐은 신랑이 양손으로 안는 것을(아 2:6) 에로틱한 이미지를 문자

---

180) H. Crouzel, "Origines patristiques d'nn théme mystique: Le trait et la blessure d'amore chez Origène," in *Kyriakon: Festchrift Johannes Quasten*, ed. p. Crandfield and J. Jungmann, 2 vols. (Münster: Aschendorff, 1970) 1:311-19; Briefly summarized in his *Origen*, pp. 123-24.

181) *Hom. on Song* 2.8 (ed. 53-54; Lawson, p. 297)도 보라.

182) Bertrand, *Mystique de Jésus*, pp. 121-40을 보라.

적으로 취하지 말아야 할 필요성에 대한 경고와 더불어 엄격하게 교회론적으로 해석한다(『아가서 주석』 제3권 195-97). 그러나 『설교』 1.2에서는 이 구절을 개별적 영혼에게 개인적으로 적용한다: "왜냐하면 어떤 영적 포옹이 있기 때문이다. 보라 신랑이 나의 신부를 완전하게 포옹하는구나"(『아가서 설교』 1.2).[183] 설교집에서 가장 주목할 구절, 그 자신에 대해서 직접적으로 말하고 있는 몇 개 되지 않는 구절 중 하나는 주석적이면서 개인적인데, 영적 시각과 촉각을 기술하고 있다.

"신랑이 나에게 가까이 오고 있으며 아주 강력하게 나와 함께 현존하신다는 것을 종종 인식한다는 것을 하나님은 증언하신다. 그런 후 그분이 갑자기 사라지셔서 내가 찾으려 해도 찾을 수 없다. 나는 그분이 다시 오시기를 간절히 원하며 때때로 그분이 그렇게 해주신다. 그분이 다시 오셨을 때 나는 그분을 붙들지만 그분은 다시 사라지신다. 그분이 사라지신 후 나는 그분을 찾기 시작한다"(『아가서 설교』 1.7).[184]

오리겐이 해석하면서 말씀의 특별한 임재 체험을 언급하고 있다는 할 Marguerite Harl의 주장에 동의한다고 해도, 오리겐이 그 본문에서 신부의 음성인 동시에 그의 음성으로 말하고 있음을 부인할 필요는 없다.[185]

비록 오리겐은 영적 감각들이 신적 연인과 접촉하는 방법을 기술하기 위하여 아가서의 에로틱한 이미지를 충분히 사용하고 있지만, 영적 "촉각"과 영적 "시각"이 우선적 위치를 차지하며 보다 친밀한 관계를 맺어주는 듯하다. 오리겐은 훌륭한 그리스인이었지만, 항상 영혼의 여정의 목표를 지식으로, 즉 그리스도의 신비에 대한 신비적 봄과 고등한 지식이라고 생

---

183) *Hom. on Song* 2.9을 보라.

184) *Comm. on Song* bk. 3 (ed. 207.1-207.1; Lawson, pp. 211-13; and ed, 216-23; Lawson, pp. 229-38)을 보라. 오리겐은 종종 말씀이 영혼을 방문하는 것을 주석 활동과 연결하여 말한다: e.g., *Comm. on Jn.* 6.52 (272) (*SC* 151:396); *Sermon on Mt.* 38 (*GCS Origen* 11:12.11ff.); *Frg. in Lk.* 151 (*GCS Origen* 9:287.10 ff.).

185) Harl, "Le langage," pp. 24-25.

각했다.[186] "영적"pneumatikos 혹은 "완전한"teleios 기독교인—오리겐은 클레멘트가 사용한 "참 영지자" true Gnostic보다 이 용어들을 선호했다—은 "감촉할 수 있고"(참된 만남을 가리킨다) "시각적"인("비슷한 자는 비슷한 것에 의해 알려진다"는 격언에 따른 상호간의 소유를 가리킨다) 그리스도의 지식을 소유했다. 오리겐은 교회 안에 두 계층의 신자가 있다고 인정했으므로 어느 정도 엘리트주의를 인정한 듯하지만 그도 클레멘트와 마찬가지로 신자들의 집단을 근본적으로 분리하는 일이 위험한 일임을 알고 있었다.[187] 오리겐은 비밀 전통이나 지식에 호소하지 않는다. 영적 엘리트들은 단순한 신자들보다 우월하지만 이것은 오리겐이 요리문답 교사와 설교자로서 일생 동안 행한 것과 같이 기도와 가르침의 의무를 그들에게 부과한다.

오리겐은 말씀이 성경을 통해서 전해주는 영적 진리들의 기본적 범주들의 목록 몇 가지를 제공하고 있기 때문에(특히 『제일 원리』 4.2.7), 넓은 의미에서 이 고등한 지식의 내용을 기술하기는 비교적 쉽다. 그러나 이런 앎이 "지성적"인 면에서 가장 잘 기술될 수 있는지 아니면 "감정적"인 면에서 가장 잘 기술될 수 있는지에 관해서는 의견들이 크게 상이하다.

이 주제에 관해 『오리겐과 신비 지식』Origène et la "connaissance mystique"을 저술한 크루젤Henri Crouzel은 오리겐에게 있어서 "지식은 하나의 봄이나 직접적인 접촉, 그 대상에 참여하는 것, 연합, 그 대상과 섞이는 것, 그리고 사랑이다"라고 말한다.[188] 이 지식에는 오리겐이 종종 감동적으로 말한 예수와의 개인적 관계가 포함된다.[189] 이 연합의 친밀성은 신랑과 신부라는 지배적인 이미지에 의해서만 아니라 출생이라는 생산적인 상징

---

186) Cf. Völker, *Das Vollkommenheitsideal*, chap. 2 (pp. 76-144); Crouzel, Origène et la "connaissancemystique," pp. 315-98.

187) Crouzel, *Origen*, pp. 104, 114-15, and Trigg, *Origen*, pp, 238-39과 von Balthasar, *Spirit and Fire*, pp. 17-70을 비교해 보라. 두 계층의 신자들의 관계에 대해서는 Crouzel, Origène et la "connaissance mystique," pp. 474-95을 보라.

188) Crouzel, *Origen*, 7. 116.

189) *Hom. on Isa.* 5.2 (GCS Origen 8:264-67)와 Bertrand (*Mystique de Jésus*)을 보라.

에 의해서도 제시된다. 따라서 오리겐은 사랑하고 있는 영혼을 신부와 어머니로 말한다: "성부의 뜻을 낳기 위해서 성령에 의해 잉태된 더럽히지 않고 순결한 영혼은 예수의 어머니이다"(『마태복음 주석』 frg. 281 [GCS Origen 12.1:126.10-15]).[190] 신비가의 영혼을 동정녀와 어머니로 보았다는 점에서 오리겐은 기독교 신비주의 역사에서 잠재적인 주제의 창시자, 마이스터 에크하르트와 같은 후대의 신비가들과 필적할 만한 인물이다.[191]

오리겐의 신비 지식은 지적이면서 감정적인 것, 영혼의 지적이고 에로틱한 역동성을 만족시키는 진리를 소유한 것이다. 이성Nous의 관상에 관한 플로티누스의 견해에도 사랑의 차원이 있지만 오리겐에게서 발견하는 강조된 감정은 많은 후대의 신비주의자들, 특히 어거스틴에게서 발견되는 것과 더 가깝다.[192] 오리겐은 중세 시대에 유명해진 "사랑은 그 자체로 이미 지식의 시작이다"amor ipse intellectus est라는 공식을 사용하지 않지만 여러 면에서 이 공식에 동조한다. 『요한복음 주석』 제9권에서 오리겐은 아담이 하와를 "안 것"은 신비 지식과 유사한 것이라고 이해한다. 그는 고린도전서 6장 17절("주와 합하는 자는 한 영이니라")을 인용하면서 "그러므로 창녀와 합하는 자는 창녀를 알고egnōketō 아내와 합하는 자는 아내를 알듯이 이들보다 훨씬 거룩한 면에서 주와 합하는 자는 주를 안다"라고 결론 짓는다(『요한복음 주석』 19.4 [21-24] [SC 209:58.25-27]).[193]

오리겐을 플라톤주의적 지적 신비가로 볼 것인지, 아니면 감정적인 기독교 신비가로 볼 것인지에 대해 논하는 것은 적어도 두 가지 면에서 옳지

---

190) 마태복음 12:46-50 주석.

191) *Hom. on Gen.* 3.7 (GGS Origen 6:49-50); *Hom. on Ex.*10.3 (GCS Origen 6:248); *Hom. on Lev.* 12.7 (GCS Origen 6:466); *Hom. on Jr.* 9.1 (7GS Origen 3:64); *Hom. on Song.* 2.6 (GCS Origen 8:51) etc. 가장 상세한 연구서는 Huge Rahner, "Die Gottesgeburt," in *Symbole der Kirche*, pp. 79-35이다.

192) Cf. *Hom. on Jr.* 9.4 (GCS Origen 3:70.11ff).

193) 플로티누스에게서의 사랑과 지식의 관계에 대해서는 이 책 제2장을, 그리고 어거스틴에 대해서는 제7장을 보라.

않다.[194] 이런 식의 일반적인 구분이 기독교 신비주의 역사에서 의미가 있는지 의심스럽다. 또 제2장에서 말했듯이 플라톤적인 신비 전통을 순수히 지적인 것이라고 기술하는 것은 적절하지 못하다. 오리겐의 신비주의는 Eros I이신 하나님이 영혼 안에 심어 놓으신 갈망하는 능력인 eros ii의 변화에 중심을 둔다. 그러므로 인간의 에로스(eros ii)는 물질적 만족을 추구하는 데서 벗어나야 하며, 말씀의 가르침을 받아 참된 대상, 즉 신적 영역에 대한 진리의 포도주에 취하기를 구해야 한다.[195] 할Harl이 보여준 것처럼, 이것은 새로운 형태의 앎으로서 배우는 것*mathein*이 아니라 견뎌내는 것 *pathein*이다. 즉 자신의 노력에 의해서 학습된 것이 아니라 영혼 안에 무엇인가를 받아들이는 경험이다.[196] 그것은 앎을 목표로 하는 변화이다. 이것을 하나님의 지성적인 사랑*amor intellectualis Dei*의 한 형태라고 부를 수 있겠지만, 그것이 사랑으로 남아 있다는 것을 잊어서는 안 된다. 발타사르는 오리겐의 "말씀을 향한 열정적이고 부드러운 사랑"이라고 정확히 표현했다.[197] 『아가서 주석』의 서론에서 다음과 같이 기술한다: "거룩한 말씀의 아름다움을 깨달은 후 우리는 자신을 구원의 사랑으로 불타게 할 수 있다. 그리하여 말씀을 사모하는 영혼을 사랑하게 되신다"(79.19-21). 오리겐의 견해에 의하면 하나님은 불이요 불꽃이시다—"우리 하나님은 소멸하는 불이심이라"(히 12:29). 즉 따뜻하게 하고 조명해 주는 불이다.[198] 헨리 채드윅Henry Chadwick에 의하면 "지적 열정과 그리스도 안에서 하나님에 대한 개인적 헌신과 기독교인의 실천적 덕목들을 하나로 묶는 능력의 면

---

194) 오리겐에게 있어서 그 유비는 부분적인 것이다. 그는 다른 곳에서 아담이 낙원에서는 하와를 알지 못했고 타락한 후에 알았다고 말한다. frg. 29 on 1 Corinthians, as discussed in Brown, *Body and Society*, p. 175을 보라.

195) John Eudes Bamberger, "The Personality of Origen: Problems in Psychohistory," *Monastic Studeis* 16 (1985), p. 54).

196) E.g., *Against Celsus* 7.10; *Comm. on Jn.* 1.30 (208).

197) Harl, "Le langage," pp. 6-7, 12-16.

198) Von Balthasar, *Spirit and Fire*, p. 10.

에서 오리겐은 교부들 중에서 가장 특별한 인물이다."[199)]

오리겐에 따르면 현세에서 경험하는 인간의 에로스(eros ii)의 변화의 결과는 신부가 신랑의 친구들에게(즉, 모든 거룩한 교사들에게) "내 안에 질서있게 사랑을 놓으라"(70인역, 아 2:4)고 요청한 아가서 본문에서 제시된다. 사랑의 여러 단계를 배우는 것, 즉 적절한 대상을 바른 방법으로 사랑하는 것은 하나님을 끝없이 사랑하는 것, 그리스도의 몸 안에서 맡은 역할에 따라 이웃을 내 몸같이 사랑하는 것, 그리고 원수를 사랑하는 것을 의미한다. 즉 성경의 진리에 따라서 인간적인 감정을 정리하는 것이다.[200)] 오리겐은 신학적 사고에서 사랑의 명령을 중요한 요소로 삼은 최초의 인물이다. 후에 어거스틴과 12세기의 신비가들이 이를 많이 사용하였다.

클레멘트가 주도했지만 오리겐이 중요한 역할을 한 후기 기독교 신비주의의 또 하나의 중요한 주제는 활동과 관상의 관계에 대한 고찰이었다. 만약 타락하지 않은 지성들의 원래의 상태가 성부에 대한 완전한 관상의 상태였다면 창조의 구조는 그리스의 철학 전통이 주장해온 활동적인 삶보다도 관상생활의 우위성을 확증하는 셈이다.[201)] 영혼의 순례에 관해서 보자면, 윤리적 차원과 물리적 차원(정화의 단계와 조명의 단계)은 필요한 실천, 즉 제어할 수 없는 욕망을 극복하는 조화로운 내적 균형의 상태인 무정념 apatheia의 상태로 인도해주는 활동을 나타내준다.[202)] 이것은 영혼으로 하여금 현세에서 가능한 한 신비적 연합epoptica의 관상적 수준, 혹은 이론적 수준에서 살게 해준다. 오리겐은 예수님이 베다니를 방문한 이야기(눅 10:38-42)에서 관상이 활동보다 우월하다는 복음적 근거를 발견해낸 최초

---

199) Ibid., p. 12.
200) H. Chadwick, ed. *Alexandrian Christianity*, p. 186.
201) Origen은 *Song* 2:4b을 두 번 주해한다: *Comm. on Song* bk.9 (7d. 196-91; Lawson, pp. 187-95), and *Hom. on Song* 2.8 (ed.52-53; Lawson, pp. 294-96).
202) Lobkowicz, *Theory and Practice*, chap. 5. 오리겐의 견해를 간단히 알려면 Rahner, "Spiritual Senses," pp. 90-92을 보라.

의 인물이다. 그 이야기에서 주님은 활동적 삶의 전형인 마르다보다 관상 생활을 나타내는 마리아를 칭찬하신다.[203] 그러나 오리겐은 영혼의 교육에 이 두 가지가 함께 작용해야 한다고 강조한다.[204]

인간의 에로스(eros)의 변화로 이해되는 신비생활의 기본 구조는 고독한 길, 즉 "홀로 단독자the Alone에게 올라가는" 플라톤적 비상飛翔이 아니다. 그것은 교회 생활에 뿌리를 둔 것으로서 교회는 태양이신 그리스도와의 관계에서 달의 역할을 한다(『창세기 설교』 1.5-7). 교회를 향한 말씀의 사랑 안에서, 또 그 사랑을 통하여 거룩한 연인(하나님)은 개개의 영혼을 만나러 오신다. 아가서에 대한 신비적 해석은 교회론적 해석을 전제로 하거나, 교회론적 해석의 또 다른 차원이다. 타락한 영혼들의 약해진 의지를 강화하기 위해 필요한 그리스도의 은혜는 먼저 교회의 "위대한 성례전"에 전해지고,[205] 교회의 의식과 교육 활동을 통해서 개개의 신자들에게 전해진다.[206] 그러나 은혜는 개인적으로 받아들여야 한다. 이 점은 오리겐이 기독교인의 삶에 관해 쓴 두 개의 논문 『기도에 관하여』On Prayer와 『순교에의 권면』Exhortation to Martyrdom에 분명히 나타난다.

233년경에 후원자인 암브로스를 위해 저술한 『기도에 관하여』On Prayer는 기도를 주제로 다룬 최초의 기독교 저술이 아니지만, 성숙한 신자를 위해서 개인 기도를 광범위하게 다룬 최초의 책이다.[207] 오리겐은 기도할 때

---

203) *Hom. on 1 Kings* 1.4 (GCS Origen 3:5-7); and *Select. on ps.* passim (e.g., *PG* 12:1085, 1672c)을 보라. Völker, *Das Vollkommenheitsideal*, pp. 44-62에서 이 문제를 자세히 다루었다.

204) *In Lk.* frg. 39 (GCS Origen 9:251-52); cf. *Comm. on Jn.* frg. 80 (GCS Origen 4:547). Daniel Csányi, "OPTIMA PARS: Die Auslegungsgeschichte von Lk. 10.37-42 bei den Kirckenvern," *Studia Monastica* 2 (1960): 5-78 (pp. 10-27 on Origen)을 보라.

205) 활동과 관상의 상호 관계에 대해서는 Völker, *Das Vollkommenheitsideal*, chap. 3, pp. 145-96을 보라.

206) 오리겐의 은혜의 교리는 *Comm. on Rom.* e.g., 4.5 (fe 14:974-75)에 등장한다. 그는 셀수스의 논거에 반박하면서 은혜의 교리를 주장했다(*Against Celsus* 7.33, 42).

207) 교회와 성례전에 관한 오리겐의 가르침을 보려면 Crouzel, *Origen*, p. 12 (pp. 219-

에 "해야 하는 것"과 기도하는 사람의 자세를 분석하면서(2.2), 우리 안에서 이루어지는 삼위 모두의 활동을 포함하는 기도가 기독교인의 삶 전체에 스며 있어야 한다는 것을 보여 주는 데 관심을 두었다. 왜냐하면 성도의 삶 전체가 위대한 기도라고 말함으로써만 "쉬지 말고 기도하라"(살전 5:17)는 명령이 실질적인 가능성을 언급한다고 받아들일 수 있기 때문이다. 그러므로 관례상 기도라고 불리는 것은 이 위대한 기도의 일부이다"(『기도에 관하여』, 12.2). 주기도문에 관한 예리한 신학적 주석 및 실제로 기도하는 방법에 관한 구체적인 지시들은 오리겐의 견해에서 사변과 경건이 얼마나 깊이 연결되어 있는지를 보여 준다.

『순교에의 권면』은 신비주의 이론에 관한 오리겐의 견해가 그리스도 안에 현존하시는 하나님에게 도달하고자 하는 초대 기독교의 이상—주를 위해 죽음으로써 주님을 증언하는 지고한 행위—을 어떻게 적용하고 재해석했는지를 보여 주는 중요한 저서이다. 학문을 사랑하며 금욕 생활을 한 그는 일생 동안 순교가 신자들의 이상이라고 주장했지만,[208] 순교의 이상에 대한 그의 이해는 그의 신학적 이상을 반영하고 있다. 그는 그 이전의 문헌에서 발견되는 것과 마찬가지 방법으로 그리스도를 본받는 것이 순교라고 보았지만(『순교에의 권면』 12, 28, 36-37, 42), 순교자를 예수를 증언하기 위하여 이교의 마귀를 섬기는 생각들과 정면 대결하는 사람으로 보지 않고, 육적인 몸과 물질로부터 자신을 분리하고자 하는 영혼의 소원을 완전하게 해 주는 사람으로 이해한다(『순교에의 권면』 3, 12).[209] 이 분리 과정이 인간 에로스의 변화의 부분이므로 이 변화에 의해 신랑이신 그리스도가 현세에 대하

33을 보라.

208) 터툴리안의 On Prayer는 200 c.e경에 세례문답자들을 위해 저술한 것이다. Origen's treatise, edited in GGS Origen 7:297-403에 수록된 오리겐의 논문은 여러 번 번역되었다. Henry Chadwick이 *Alexandrian Christianity*, pp. 180-237에 쓴 개론은 추천할 만하다.

209) *The Exhortation to Martyrdom*은 GCS Origen 2:1-47에 수록되어 있다. 오리겐이 박해 시절을 동경한 것에 대해서는 *Hom. on Jer*. 4.3을 보라.

여 죽은 영혼을 들어올려 거룩한 실체들을 대면하여 보게 해주는 에로틱한 변화의 일부이다(『순교에의 권면』 13). 영혼의 이성적 존재는 "하나님과 일종의 친족 관계"를 가지고 있기 때문에 우리가 "그리스도와 함께 복된 안식을 누리고, 살아 계신 말씀이신 그분을 관상하려면" 영혼의 결속을 파괴할 죽음을 두려워해서는 안 된다(『순교에의 권면』 47).

클레멘트와 마찬가지로 오리겐도 신비적 순례의 목표를 묘사하면서 관상과 관련한 표현들을 주로 사용했다.[210] 이 알렉산드리아 교사는 비물질적인 제일 원리인 성부는 우리 눈에 보이지 않는다고 주장한다(『제일 원리』 1.1.5; 1.1.8). 그러나 성부의 완전한 형상이신 말씀은 성부를 알고 또 성부는 그를 아신다(마 11:27). 이런 까닭에 육신이 되신 말씀은 모세가 본 "반석 틈"(출 33:21-23)이 된다.[211] 그 안에서 우리는 "마음이 청결한 자는 복이 있나니 그들이 하나님을 볼 것임이요"(마 5:8)라고 약속하신 것처럼 마음으로 혹은 내적 시각으로 하나님을 "보게" 된다.[212] 그리스도는 우리로 하여금 하나님을 보게 해주는 유일한 길이다. 그리스도는 "신비적이고 말로 형용할 수 없는 관상"의 기쁨으로 인도하시는 안내자이다(『요한복음 주석』 13.24 [146] [SC 222:110.46]).[213] 이처럼 하나님을 보는 것은 현세에서 시작되지만 보편적 회복의 때에 완성될 것인데, 그 때에는 지성이 하나님을 생각하고 보고 붙들며 하나님이 그 모든 움직임의 형식과 척도가 되실 것이다(『제일 원리』 3.6.3).

현세에서 내면적이고 영적인 감각을 일깨움으로써 시작되는 궁극적인 봄vision의 전조들은 거룩한 신비에 대한 통찰, 하나님을 이해하는 보다 심

---

210) Alison Goddard Elliot, *Reads to Paradise: Reading the Lives of the Early Saints* (Hanover: University Press of New England, 1981), e.g., pp. 19-24를 보라.
211) 관상에 대한 오리겐의 견해를 알려면 Lossky, Vision of God, pp. 45-58; Crouzel, *Origène et la "connaissance mystique"*, pp. 496-536을 보라.
212) *Comm. on Song* bk. 3 (ed.231; Lawson, p. 250).
213) 이에 대한 표준적인 논의는 *De prin*.1.1.9에 등장한다.

오한 방법이다. 비록 오리겐은 때로 그것들이 황홀경ekstasis, 하나님에 의해 들어 올려짐enthysiasmos, 혹은 술취함sobria ebrietas, 필로에게서 처음으로 발견되는 용어이다)[214] 등을 포함한다고 말했으나 이 용어들이 몬타누스주의자들이나 묵시적 환상가들에게서 발견되는 몰아적 상태나 몽환적 상태를 의미한다고 생각해서는 안 된다. 마이스터 에크하르트를 비롯한 여러 사람들과 같이 오리겐은 몰아의 상태나 몽환적인 상태에는 무관심했고 거룩한 연인에 의해서 영혼에게 전해지는 새로운 신神 지식에 관심을 두었다.[215]

오리겐은 하나님에 대한 관상에 영혼의 신화神化가 포함되거나 혹은 신화로 이어진다고 말하지도 않았다. "완전히 정화되고 물질적인 것을 초월하여 하나님 관상에 완전히 집중하게 된 지성은 그가 관상하는 것에 의해 신화된다"(『요한복음 주석』 32.27 [339] [GSC Origen 4:472]). 플라톤 시대 이후로 그리스의 철학적 신비주의에서 "하나님과 같이" 되는 것이 중심이었으나 (『테아테투스』 176B), 오리겐은 플라톤주의자인 셀수스와의 논쟁에서 기독교적 신화의 특성을 강조하였다.

> "기독교인들은 예수에게서 신성과 인성이 하나로 엮이기 시작해서 신성과의 교제에 의해서 인성이 신성이 된다고 여긴다. 이런 일은 예수 안에서뿐만 아니라 예수를 믿고 예수가 가르치신 삶, 즉 예수의 명령에 따라 사는 사람들을 하나님 및 예수와의 교제로 이끌어 가는 삶을 사는 사람들 안에서도 일어난다"(『셀수스 논박』 3.28).

오리겐의 주장에 의하면 플라톤주의자들이나 영지주의자들이 주장하듯

---

214) *Comm. on Jn.* 2.0. (61) (SC 120:742-44); *Comm. on Jn.* 19.6 (35-36) and 20.7 (46-48) (SC 290: 66-68 and 178-80); cf. *Against Celsus* 6.65을 보라.

215) *ekstasis*는 *Hom. on Num.* 27.12 (GCS Origen 7:275.17-72) and *Comm. on Song* bk. 2 (ed. 147.3-11)에 등장하며; *enthysiasmos*는 *Comm. on Jn.* 1.30 (206) (SC 120:160-62)에서; *sobria vel sacra ebrietas* (methē theia)는 *Comm. on Jn.* 1.30 (206), and *Comm. on Song* bk. 3 (ed.184-86)에서 발견할 수 있다. Hans Lewy, *SOBRIA EBRIETAS: Untersuchungen zur Geschichte der antiken Mystik* (Giessen: A. Töpelmann, 1929), pp. 119-28.

이 영혼 자체가 신적 근원을 갖기 때문에 신성한 성품(신적 본성)에 참여하는 것은 아니다. 오리겐은 출애굽기 15장 11절을 시편 82장 6절과 요한복음 10장 34절에 비추어 해석하면서 "은혜와 하나님 안에 참여함으로 말미암아 신이라 불리는 신들"에 대해서 말할 수 있었지만 "능력이나 본질에 있어서 누구도 하나님 같지 않다"라고 강조하였다(『출애굽기 설교』 6.5).[216] 오리겐에 따르면, 이처럼 하나님 안에 참여하는 것은 비슷하게 되는 수준에서 똑같은 하나로 되어 가는 수준, 곧 하나님이 "모든 것의 모든 것"(『제일 원리』 3.6.1)이 되시는 완성의 수준으로 성장해갈 수 있다.

현대적 용어인 "신비적 연합"mystical union이 아니지만 연합union이라는 표현이 오리겐의 저술에서 꽤 빈번히 쓰이고 있다. 오리겐은 이따금 하나님과의 연합을 표현하기 위해서 후일 이교도 신플라톤주의자들과 디오니시우스들이 보다 광범위하게 사용한 것과 동일한 용어 henōsis를 사용하였지만[217] 동일한 것을 염두에 둔 것은 아니다.[218] 연합에 대한 그의 이해는 창조주와 피조물의 특성에 대한 견해에 기초를 두고 있는데, 그것은 항상 아가서에 나오는 연인들의 특성을 모방하고 있다. 오리겐은 가끔 고린도전서 6장 17절을 인용하는데, 이 구절은 동일화나 무차별 연합을 제외한 마음과 정신의 사랑의 연합을 증명하는 표준적인 본문이 된다. 오리겐은 아가서 2장 10-13절을 다음과 같이 주석한다: "하나님의 말씀이 그녀가 그의 이웃이었다고 말하지 않았다면, 그가 그녀와 합하거나 한 영이 되지 않았을 것이다"(『아가서 주석』 제3권 223.21-22).[219] 『민수기 설교』 17에서는

---

216) Völker(*Das Vollkommenheitsideal*, pp. 139-44)는 그러한 본문이 황홀함을 언급한다고 해석했는데, Puech ("Un livre recent," pp. 526-33), Daniélou ("Les sources bibliques," pp. 135-36) 등은 그 주장에 반박한다. *Against Celsus* 7.3-4에서 오리겐은 델피의 선견자들의 엑스타시를 공격해다.

217) GCS Origen 6:196.24-25; Heine, FC 80:291; of. *Comm. on Jn.* 2.7-3 (17-19) (SC 120:716-20).

218) *Comm. on Jn.*19.4 (22) (SC 790:58.12).

219) Crouzel, *Origène et la "connaissance mystique,"* pp. 443-96; and *Origen*, pp. 260-62을 보라.

그러한 연합의 본질을 끊임없이 하나님께로 올라가는 것이라고 생각하는데, 이것은 닛사의 그레고리가 충분히 발전시킨 끝없는 추구epektasis의 교리의 예시豫示이다(17.4 [GSC Origen 7:160-61]).

오리겐 학자들은 말씀의 관상과 사랑이 단순히 영혼의 여행의 중간 단계들인지, 즉 궁극적으로 아버지 하나님을 보고 그분과 연합하기 위해 거쳐야 할 단계인지에 관해 논의를 해왔다. 인위적인 구분일 수도 있지만 그의 저서에서 제기된 로고스 신비주의Logos mysticism 대 하나님 신비주의God mysticism라는 문제는 그 이후의 기독교 신비주의 역사에서 오리겐이 중요한 역할을 한다는 것을 보여 주는 또 하나의 표식이다. 왜냐하면 말씀의 중재의 궁극성은 그 후 반복하여 제기된 문제이기 때문이다. 종종 오리겐이 로고스의 역할을 무시했다고 비난받는 주된 이유는 결국 아들은 모든 것을 아버지께 넘겨 줄 것이라는 그의 사변적 신학의 보편주의 때문이다. 비록 말씀이 중재적인 활동을 멈추는 것으로 이해할 수 있는 구절도 있지만,220) 그것이 결코 시작과 끝이 반드시 같아야 한다는 오리겐의 가르침에서 끌어낼 수 있는 유일한 결론은 아니다. 그의 만물의 궁극적 회복 *apokatastasis*이라는 견해는 그의 사상의 실험적인 성격 및 후대에 그의 견해가 잘못 전해진 것 때문에 문제가 된다. 오리겐의 저술 안에 말씀이 성부와 피조물 사이를 이어주는 근본적인 연결 고리로 남아 있지 못한 상황을 오리겐이 상상조차 하지 못했음을 보여 주는 구절들이 많다.221)

오리겐의 신비주의를 연구할 때에 마지막으로 논란이 되는 영역을 결론으로 언급할 수 있다. 오늘날 "신비주의"라는 범주를 만들고 그것을 하나님과의 몰아적 연합의 경험을 다룬 자서전적 이야기와 동일시하는 것을

---

220) Origen은 그리스도와 영혼의 연합을 언급하기 위해서 고전 6:17을 세 번 사용한다 (52.27-23; 85.19-25; and 103.12-17);그의 저술에서 이 구절이 42회 이상 사용되었다(cf. *Biblia Patristica* 3:392-93).

221) E.g., *Comm. on Jn.* 20.7 (46-48) (SC 290:178-80). 이 문제와 관련하여 Völker, *Das Vollkommenheitsideal*, p. 110; Crouzel, *Origène et la "connaissance mystique,"* pp. 496-507을 보라.

고려할 때 오리겐이 "실제로" 신비가였는지, 아니면 사변적 신학자이거나 혹은 신비 이론가였는지에 대해서 많은 것을 써야 할 것이다.[222] 만약 누군가 실제로 그런 경험을 했다는 역사적 결정이 누가 신비가인지를 결정하는 유일한 기준이라면 누구도 신비가로 입증될 수 없을 것이다. 물론 오리겐은 때로 이러한 문제에 대해서 자서전적인 이야기를 한 극소수의 교부들 중 한 사람이다. 최소한 그는 거룩한 연인과의 연합을 다룬 성경 본문에 대해서 자기 나름의 이야기를 한다. 그러나 영혼이 현세에서 신의 임재를 추구하는 방법을 다룬 저술의 효과가 판단 기준이 된다면 오리겐은 탁월한 기독교 신비가라고 할 수 있을 것이다. 왜냐하면 발타사르가 지적하듯이, "교회 안에서 오리겐만큼 눈에 보이지 않게 모든 면에 편재한 사상가는 없기 때문이다."[223]

마지막으로 오리겐이 플라톤과 헬라 철학자들에 대해 비평적 논평을 했음에도 불구하고 오리겐의 사상이 궁극적으로 기독교의 플라톤주의화라고 판단할 수 있는지 질문해 볼 수 있다.[224] 그 대답은 필요한 몇 가지 구분을 하는 데 달려 있다. 첫째 고대 철학, 특히 플라톤주의 전통에 의해 발전된 사변적 체계 없이는 우주와 영혼의 운명에 대한 오리겐의 일관성 있는 견해를 이해할 수 없다. 그러나 오리겐이 자신의 기독교적 신념들을 통하여 이교도 플라톤주의자들과 본질적으로 거리를 두었음도 사실이다. 이교도들은 우주와 인간 운명에 관한 기독교적 견해에 많이 놀랐다. 오리겐과 플로티누스는 공통점을 가지고 있지만 숙명적인 적이었다. 이 위대한 알렉산드리아 학자는 기독교의 메시지에 함축된 의미를 이해하는 데 도움을 받기 위한 도구로서 플라톤주의를 사용했다. 오리겐의 기록은 근본적으로

---

222) E.g., *Comm. on Jn.* 1.29 (189-93) (SC 120:154-56).
223) Crouzel, *Origen*, pp. 118-19, 176; Rahner, "Spiritual Senses," pp. 96-97; Greer, "Introduction" in *Origen*, pp. 24-25을 보라.
224) Von Balthasar, *Spirit and Fire*, p. 2.

기독교인 것이었다.[225]

---

[225] Henry Chadwick, *Early Christian Thought and the Classical Tradition*, pp. 100-123; and "Christian Platonism in Origen and Augustine," in *Origeniana Tertia* (Rome: Edizioni dell'Ateneo, 1985), pp. 217-30.

제5장

수도원적 전환과 신비주의

　서방 신비주의의 헬라 기독교적 배경 중에서 가장 결정적인 요인은 2세기의 고투가 아니고 3세기 오리겐의 감명적인 신비 신학도 아닌, 4세기에 있었던 수도원 운동의 발생과 승리였다. 수도원적 전환은 고대 말기의 가장 큰 종교적 혁신이어서 수도원 제도들과 가치관은 오늘날에 이르기까지 기독교 역사에 지속적으로 영향을 미치고 있다. 4세기의 수도원 운동은 성공했다는 점에서만 아니라 새로움에서도 놀라운 것이었다.

　이 책 전체의 머리말에 제시되어 있듯이 기독교 신비주의의 역사는 일종의 층을 이루는 효과를 나타나는데, 이 효과 때문에 시기적으로 앞선 표현들이 다음 시대에까지 살아 남아 새로운 개념, 체제, 제도들과 상호작용하여 한층 복잡한 가능성들을 만들어낸다. 이 신비주의 역사 시리즈에서는 서방 기독교 신비주의 역사에서 세 개의 커다란 층, 혹은 겹쳐지는 전통들을 제시하려 한다. 첫째 층의 기초에 대해서는 이 책에서 연구하며, 그 후의 역사는 제2권에서 다루어질 것이다. 첫째 층은 수도원 운동의 역사와 뗄 수 없이 연결되어 있다. 그 근본적인 개념들은 유대교와 헬레니즘과 초기 기독교에 뿌리를 두고 있었지만, 그 사상이 효과를 발휘하기 위해서는 제도가 필요했다. 오리겐, 어거스틴, 그리고 다른 초기 라틴 신비주의자들의 신비주의 이론들이 다음 세기들까지 이어진 것은 수도원 제도를 통해서였다. 이 영적 체계들은 수도원적 상황을 위해 특별히 만들어졌는지 여부와 상관없이 곧 수도원적인 것이 되었다.

1200년경에 탁발운동과 베긴회 운동에서 분명해진 새로운 경건 운동과 더불어 시작된 둘째 층은 첫 번째 "수도원적" 요소를 기반으로 성장했지만 제도들의 다양성을 통해서, 그리고 마이스터 에크하르트와 같은 사람들이 주장한 것처럼 삶의 모든 활동 영역에서 신비적 완전을 성취할 수 있는 가능성을 강조함으로써 수도원 운동에 도전했다. 서방 신비주의의 역사에서 이 새 단계는 16세기에 이르기까지 현저하게 발전했다. 앞의 두 층들과의 관계에서 볼 때 문제가 되고 복잡한 세번째 층은 17세기에 시작되었고, 다양한 방법으로 오늘날까지 지속되어 내려온다고 말할 수 있다. 이것은 제4권에서 다루어진다.

서방 신비주의의 가장 초기 층의 역사에서 수도원 운동이 행한 결정적인 역할은 대체로 그것이 초기 기독교의 수덕적이고 신비적인 경향들로부터 좁지만 보다 기술적인 의미에서 신비주의를 전달하는 데 적합한 특수한 생활방식과 가르침의 전통으로의 변화를 촉진하는 요인이 되었다는 데 있다. 특히 사회적이고 교회적인 붕괴와 혼돈 때문에 육체적인 생존 이외의 것은 사치인 것처럼 보이게 된 시대에 이것이 중요했다. 수도원 제도는 참회와 기도의 생활을 배양할 수 있는 환경을 제공함으로써 일부 기독교인들로 하여금 성경에 대한 지식과 현세에서 하나님과 직접 접촉하는 특수한 형태를 신자들에게 공급할 수 있게 했다. 수도사들은 이상적인 기독교인이요, 수덕적 극기와 하나님에 이르는 데 필요한 지식을 겸비한 종교적 대가로 간주되었다.

이처럼 수도사들의 특별한 위치를 강조한 것 때문에 특히 장차 기독교적 완전에 대한 부름의 보편성과의 관계에서 문제들이 발생하게 되었다. 스스로 유일하게 "참" 기독교인이라고 생각했던(타인들에 의해서 그렇게 불리기도 했다) 수도사들은 성공의 희생물이 되었을 수도 있다. 이런 면에서 영지주의의 "완전"에서 발견되는 것과 비슷한 비전주의秘傳主義와 엘리트주의의

형태들이 다시 기독교에 도입될 위험성을 내포하고 있었다.[1]

이러한 위험성이 있었음은 초기 수도사들이 그것들을 경계했다는 사실에서 분명히 드러난다. 수도원 제도는 4세기 교회와 동화된 한도 내에서 비전적 가르침에 반대했고, 교회에서 전파되는 구원의 메시지에 보편적이고 대중적으로 접근할 수 있다고 주장했다. 엘리트주의의 주제는 보다 복잡하다. 세상으로부터의 도피, 성적 금욕 프로그램, 금욕주의, 관상기도의 필요성 등을 완전에 이르는 전제 조건으로 강조한 것은 그것을 불가능하지는 않지만 어렵게 만들어 수도사들만이 도달할 수 있는 목표로 만든 듯하다. 그러나 초기 사막 교부들의 이야기에는 기독교적 완전이 특별한 영적 은사에 의해서 측정되는 것이 아니라 겸손, 사랑, 환대, 인내 등에 의해서 측정된다는 것을 상기시켜주는 내용들이 가득하다. 사막에 거주하던 사람들에게 이러한 이야기들을 거듭 이야기해 주어야 할 필요가 있었던 것 같다.[2] 후대의 수도사들이 이 메시지를 항상 기억한 것은 아닌 듯하다.

콘스탄틴 황제에 의해 교회의 평화가 선포되고 나서 몇 년 후인 330년대 초에 황제의 고문이요 왕실 신학자였던 가이사랴의 유세비우스는 수도사들을 극찬했다: "수도사들monachoi에게 거처를 준 것은 인류를 위한 하나님의 최초의 위대한 섭리였다. 왜냐하면 그들은 그리스도 안에서 전진하는 사람들 중 최전선에 있기 때문이다"(『시편 주해』 67:7 [PG 23:689b]).[3] 이 중

---

1) 이집트와 시리아에서 활동한 초기의 수도적 집단들은 영지주의 본문에 관심을 가졌다는 사실이 이 경우를 지지해 준다.
2) 예를 들면 유명한 사부 마카리우스는 도시에 사는 결혼한 두 여인의 완전함에도 이르지 못했다는 음성을 들었다고 한다. 그들을 찾아 나선 그는 그들의 겸손함과 평화로움을 보고서 "진실로 하나님은 처녀건 결혼한 부인이건 수도사건 세상에서 사는 사람이건 관계 없이 사람들이 소유한 진지한 목적에 따라서 모든 사람에게 성령을 주신다"고 외쳤다고 한다(Sayings of the Fathers [Verba Seniorum] 20.11, as translated Owen Chadwick, Western Asceticism [Philadelphia: Westminster., 1958], p. 188). 수도원 밖에서의 온전함에 대해서는 M. Viller and K. Rahner, Aszese und Mystik in der Väterzeit: Ein Abriss (Freiburg: Herder, 1939), pp. 77-73을 보라.
3) E. A. Judge, "The Earliest Use of Monachos far Monk (p. Coll, Youtie) and the Origins of Monasticism," Jahrbuch für antike und Christentum 20 (1977), pp. 72-73.

요한 교회 지도자의 증언은 이 새로운 생활 방식을 성직자들이 얼마나 빨리 받아들였으며, 그것이 얼마나 빨리 교회 생활에 편입되었는지를 보여준다.

수도원 운동의 기원

수도원 운동은 기독교 역사에 깊게 뿌리를 내리고 있다. 수도원 운동을 유대교나 이교의 근원에 연결해 보려는 학자들이 있지만, 이 새로운 생활 방식은 초기 기독교에서 발견되는 금욕적 생활방식이 변화하는 역사적 환경에 적용하여 발달된 것이다.[4] 비록 수도사들은 신·구약성경에 등장하는 일련의 원형들 특히 모세, 엘리야, 세례 요한처럼 사막과 관련된 인물들을 회고했지만, 3세기에 마을 기독교 내에서 인정받은 금욕적 생활 형태의 점진적 발전이 수도원 운동을 낳은 역사적 모체였다. 최근의 연구, 특히 피터 브라운Peter Brown의 저서는 "거룩한 사람들"이었던 수도사들이 스스로 신적 영역과 인간적 영역 사이의 중개자로서의 새로운 역할을 만든 방법에 대한 새로운 통찰들을 제공할 뿐만 아니라,[5] 특히 사막의 금욕생활자들이 실현해야 했던 동정童貞이라는 이상의 성장에 대해서도 완전히 기술한다.[6] 그러나 이것은 참된 의미에서 수도원주의의 시작인 사막으로 들어간 운동의 완전한 신비를 측량하는 데 조금이라도 더 가까이 갔다는 의미가 아니다.

3세기에 여러 종류의 자유로운 형태의 금욕주의, 즉 마을 기독교의 환경

---

4) Cf. Karl Heussi, *Der Ursprung des Mönchtums* (Tübingen: Mohr, 1936); "Monachesimo," in *Dizionario degli Istituti di Perfezione*, ed. Guerrino Pelliccia and Giancarlo Rocca (Rome: Edizioni Paoline, 1773) 5:1672-1742; and "Monachisme," *DS* 10:1524-1617.

5) 특히 Peter Brown, *The Making of Late Antiquity* (Cambridge, MA: Harvard University Press, 1978), esp. chaps. 3-4을 보라.

6) Peter Brown, *The Body and Society: Men, Women, and Sexual Renuniciation in Early Christianity* (New York: Columbia University Press, 1988); chaps. 11-12.

에서 수도생활을 하는 사람들의 소규모 집단들이 있었다는 증거가 있다. 이들은 헬라어로 *apotaktitai*, 콥트어로 *remnuoth*, 라틴어로 *sarabitae*라고 불렸는데, 교회 내의 특별한 집단(헬라어로 *tagma*)이나 사회로 인정되었다. 어느 파피루스 사본에 의하면 324년에 *monachoi*(은자들)라고 언급되었다.[7] 3세기 하반기에는 이들 금욕생활자들 중 일부가 이미 사회를 떠나 사막으로 들어가기 시작했다. 이것은 표면적으로 지리적인 이동과 영혼의 내면의 지리를 탐구하는 것을 포함하는 삶이다.[8]

고대 말기에 극심한 금욕주의와 성적 절제를 지향하는 운동이 널리 기독교인들뿐만 아니라 이교도 철학자들에게서도 발견되지만,[9] 수도사들은 금욕의 분량에서뿐만 아니라 마귀와의 고독한 싸움과 하나님과의 만남을 통해서 완전을 얻기 위해 사회를 등진 방식에서도 철학자들보다 훨씬 앞섰다. 첫 3세기의 이상적 기독교인이었던 순교자는 법정과 원형경기장 등 공공 장소에서 극적으로 그리스도에 대한 신앙을 고백함으로써 이교도 사회의 악한 본질을 증언했다. 4세기에 새로운 기독교 제국에서 순교자를 계승한 수도사들은[10] 순교자들보다 더 나아가 "오래 지속된 엄숙한 분리 의식—완전한 이방인이 되는 의식"을 통하여 자립적인 완전을 획득하고, 마귀를 완전히 제어하기 위해서 인간 사회와 결별했다.[11] 이 새로운 창조의 원형은 "수도사들의 아버지"라고 불리는 안토니Anthony, ca. 250-356였다.

---

7) Judge, "Earliest Use," pp. 72-89을 보라.

8) Alison Goddard Elliot, *Road to Paradise: Reading the Lives of the Early Saints* (Hanover: University Press of New England, 1984), pp. 90-91을 보라.

9) E. R. Dodds, *Pagan and Christian in an Age of Anxiety* (Cambridge: Cambridge University Press, 1965); Robert Kirschner, "The Vocation of Holiness in Late Antiquity" *Vigiliae* 38 (1984): 105-24을 보라.

10) 수도사들이 순교자들의 뒤를 이은 것에 대해서는 Edward E. Malone, *The Monk and Martyr* (Washington: Catholic University Press, 1950)을 보라.

11) Peter Brown, "The Rise and Function of the Holy Man in Late Antiquity," *Journal of Roman Studies* 61 (1911), p. 91.

안토니, "수도사들의 아버지"

안토니에 관한 자료들은 각기 상이한 견해들을 제공하기 때문에 역사적으로 유명한 안토니는 우리를 난처하게 하는 많은 문제들을 제시한다.[12] 그러나 357년경에 아타나시우스가 헬라어로 저술했고 곧 라틴어로 번역된 전기 때문에 안토니는 유명해졌고, 그 후로도 그의 영향력이 지속되었다.[13] 이 기술적으로 짜인 이야기는 회심, 은둔, 정화를 위한 투쟁, 그리고 변화로 이루어지는 영적 여정의 일정을 제시한다. 신비적 길을 의인화하는 것은 필로가 모세와 족장들을 표현하면서 시작되었으며, 아타나시우스가 자기 시대의 인물인 수도사 안토니를 이상적인 신비적 전수자로 묘사하는 데서 새로운 단계에 이른다.

『성 안토니의 생애』는 두 부분으로 이루어진다: 1-14장은 신비한 여정을 상세히 기술하고 있고, 두 번째 부분(15장~94장)에서는 안토니의 지혜와 기적적인 능력에 대해 말한다. 비교적 부유한 농부의 아들이었으나 일찍 고아가 된 안토니는 자발적인 가난이라는 복음서의 메시지(마 19:21)를 듣고 회심했다. 그 당시 전형적인 방식대로, 안토니는 마을 인근에 살고 있는 늙은 고행자의 지도를 받았다. "당시 이집트에는 아직 수도원들이 많지 않았고, 거대한 사막을 아는 수도사도 없었다. 그들은 자기 마을에서 멀리 떨어지지 않은 곳에서 고립하여 살면서 자신을 연단하는 생활에 집중하기를 원했다"(『성 안토니의 생애』 3). 안토니의 훈련askēsis의 삶은 본질적으로 안

---

12) 안토니는 "Alphabetical Collection" of the *Apophthegmata Patrum* (*Sayings of the Fathers*; Greek text in PG 65:75-88)에 등장하는 초기의 교부이다. Derwas Chitty, *The Letters of St. Antony the Great* [Fairacrea, Oxford: SLG Press, 1977])을 보라. 그밖에 중요한 자료로 *Vitae Antonii* (*Life of Antony*)가 있다.

13) 아타나시우스의 저술로 알려진 『안토니의 생애』 (*Vitae Antonii*)는 PG 26:537-976에 수록되어 있다 (translated by Robert G. Gregg, *Athanasius: The Life of Antony and the Letter to Marcellinus*, CWS (New York: Paulist Press, 1980). T. D. Barnes, "Angel of Light or Mystic Initiate? The Problem of the Life of Anthony" *Journal of Theological Studies* n.s. 37 (1986): 353-68; B. Steidle, ed., *Antonius Magnus Eremita* 356-1956 (Rome: Studio Anselmiana 38, 1956)을 보라.

밖으로 마귀를 대적하는 싸움이었다. 점차 강해지는 어려운 시험이 연속적으로 세 번 주어졌다(5-10장). 그 싸움에서 안토니는 그리스도를 의지함으로써 악한 세력을 정복하는데, 그리스도는 그 싸움의 마지막에 나타나서 그에게 힘을 주었다. 그 후에 안토니는 세상을 뒤로하고 사막에 들어갔고, 결국 버려진 성채에 들어가서 홀로 20년 동안 원수와의 싸움을 계속했다. 305년경에 안토니의 친구들이 요새의 문을 뜯고 들어갔을 때 안토니는 변화된 모습을 나타냈다:

> "안토니는 마치 무덤에서 하나님의 감화를 받고 신적 신비에 이끌려 갔다가 나온 것 같았다. 그가 성채에 들어간 후 처음으로 자기를 찾아온 사람들을 위해 모습을 드러낸 것이었다. 그들은 안토니의 몸이 과거의 상태 그대로 유지하고 있다는 것, 운동 부족으로 살이 찌지도 않았고, 또 금식과 마귀들과의 싸움 때문에 여위지도 않은 것을 보고 놀랐다.…그의 영혼은 비탄에 잠겨 있지도 않았고, 쾌락으로 해이해지지도 않았고, 웃음이나 우울함의 영향도 받지 않은 깨끗한 상태를 유지하고 있었다.…그는 마치 이성의 인도함을 받으며 자연과의 조화를 유지하는 사람처럼 완전한 평정을 유지하고 있었다"(『성 안토니의 생애』 14).

여기서 특히 무정념apatheia, 그리고 안토니를 아담이 잃은 모든 것을 그리스도의 능력을 통해서 되찾은 새 아담, 새로워진 인간으로 제시함으로써, 신비주의적 전수의 표현은 특별히 기독교적인 의미를 함축한다. 안토니는 자기 자신, 세상, 그리고 특히 고대인들을 두렵게 하는 힘을 지녔던 마귀들을 완전히 극복하였다.

> "주님은 그를 통해서 육체적으로 고통하는 많은 사람들을 치료하셨고, 많은 사람들에게서 마귀를 쫓아내셨고, 안토니에게 언어의 은혜를 주셨다. 그래서 안토니는 슬퍼하는 사람들을 위로하고, 서로 반목하고 있는 사람들을 화해시키고, 그리스도의 사랑 외에 다른 것을 좋아하지 말라고 권했다.…안토니는 많은 사람들에게 홀로 독거 생활을 하라고 설득했다.

그 후로 산에 수도원들이 생겼으며, 사막은 사람들을 떠나 하늘나라 시민으로 등록한 수도사들의 도시가 되었다"(『성 안토니의 생애』 14).

제2부에 수록된 기적의 이야기들과 안토니의 긴 연설들은 안토니가 자신의 내면에 있는 "지적인 부분"을 지배함으로써 획득한 능력을 부각시킨다(20, 45, 73~74장을 보라. 여기서 안토니는 피조되지 않은 영혼이라는 철학자들의 개념을 공격한다).[14] 안토니의 가장 큰 은사가 전형적으로 사막에서 귀중하게 여겨진 영 분별이었지만, 그는 천계와 쉽고 친숙하게 접촉하는 이상가visionary요 미래를 내다보는 능력을 가진 인물로 묘사되고 있다(참고. 34-37, 43, 59, 65, 82장).

성인전 문학

역사적으로나 전설적으로 많은 사람들이 안토니에 의해 시작된 은둔적 생활 방식을 이어받았다. 제롬을 통해서 잘 알려진 유명한 이야기에서는 안토니 이전에 활동한 최초의 은둔자 바울에 대해서 이야기했다. 은둔자 바울은 동물들을 지배하는 능력을 가지고 있었는데, 이것은 새 아담으로서의 그의 능력의 표식이었다. 곧 이집트 사막의 일부 지역, 특히 켈리아Kellia와 알렉산드리아 남부의 스케티스Scetis가 사막의 고행자들이 자주 찾는 지역으로 유명해졌다. 이와 같은 초기 수도원 운동의 형태를 보여 주는 주된 역사적 자료, 동방과 서방에서 후대에 수도원 운동의 이미지를 전해 준 자료는 『사막 교부들의 금언』 Apophthegmata Patrum이다. 이 책은 원래 구전으로 내려온 진술들과 전형적인 이야기들을 간직하고 있는 자료들을 모아놓은 책이다. 이러한 이야기들의 기원은 4세기로 거슬러 올라가지만, 그것들은 예수님에 대한 자료들이 복음서로 수집된 방법과 비슷한 길고 복

---

14) *nous*, or "Intellectual substance"의 역할을 강조하는 오리겐주의적 인간론이 서신들에서 발견된다 (Letter 3, 4, 6 (trans. Chitty, pp. 9, 12-13, 17, 21-22, etc.).

잡한 과정을 거쳐서 책의 형태를 취하게 되었다.[15] 6세기 전반부에 두 개의 집록이 형성되었다. 550년경에 유실된 헬라어 원본으로부터 라틴어로 번역된 "주제별" 집록 혹은 "익명의" 집록은 영적 주제별로(예를 들어 양심의 가책, 인내, 분별, 기도, 사랑 등) 배열된 대략 22권의 어록으로 구성되어 있다. 이 책은 중세 시대 이후까지 널리 읽혔다.[16] 또 유명한 사막 교부들의 목록에 따라서 금언과 이야기들을 배열한 "알파벳 집록" Alphabeticon이 있다(그 내용은 주제별 집록과 중복되는 것이 많다).[17]

사막에서 생활한 성인들의 『사막 교부들의 금언』과 많은 전기들을 직접적으로 신비 문학이라고 부를 수 없지만 이 자료들은 오리겐의 신학과 융합되어 수도적인 신비 전통을 만들어낸 생활방식을 증언해 준다. 최초의 수도사들의 가치관과 관습에 형태와 목적을 부여해준 구조는 "은둔-정화-변화"라는 기본 형태였다. 세상을 떠나 사막의 고독한 침묵의 삶으로 들어가는 것이 여전히 기초로 남아 있었다:

"압바 아르세니우스는 왕궁에 있을 때 주께 이렇게 기도했다: '주여, 구원에 이르는 길을 보여 주십시오.' 그 때 음성이 들려왔다: '아르세니우스야, 사람들을 피해 달아나라. 그러면 구원을 얻을 것이다.' 그는 수도

---

15) Wilhelm Bousset, *Apophthegmata: Studien zur Geschichte des ältesten Mönchtums* (Tübingen: Mohr, 1923); Jean-Glaude Guy, *Recherches sur la tradition grecque des "Apophthegmata Patrum"* (Brussels: Société des Bollandistes, 1962); Ruth F. Frazer, "The Morphology of Desert Wisdom in the "Apophthegmata Patrum" (Ph. D., University of Chicago, 1977).

16) Chadwick, *Western Asceticism*, pp. 37-189을 보라. 서방 기독교에 전해진 사막 교부들에 대한 이야기 집록 중 중요한 것은 두 가지이다: Rufinus's translation of the *Historia Monachorum in Aegypto* (PL 21:357-462; English translation by Norman Russell, *The Lives of the Desert Fathers* [Kalamazoo: Cistercian Publications, 1981]); *Paladius's Historia Lousiaca* (PL 74:249-382 [two versions]; English translation by Robert T. Meyer, *Palladius: The Lausiac History*, ACW 34 [Westminster: Newman Press, 1965]).

17) Benedicta Ward, *The Sayings of the Desert Fathers: The Alphabetical Collection* (London: Mowbrays, 1977)을 보라.

사가 되었고, 다시 같은 내용의 기도를 했다. 음성이 들려왔다: '아르세니우스야, 홀로 있으라. 침묵하라. 평안히 지내라. 이것들이 죄 없는 삶의 뿌리니라'"(『사막 교부들의 금언』 2.1).

전통적으로 인간들의 보금자리가 아니라 귀신들의 보금자리였던 사막은 수실에서 인내하며 참회함으로써 악령들—정욕의 귀신들, 탐욕의 귀신들, 분노의 귀신들, 소유욕의 귀신들 등—과의 만남에 보다 쉽게 대처하고 극복할 수 있는 장소였다. 언제나 영혼 안에 현존해 있는 이 악한 능력들은 사막의 열기와 내성적인 분위기 속에서 분명하게 실재하는 것이 되었다. 아브라함이 압바 푀멘Poemen에게 귀신들이 그를 어떻게 공격했는지에 대해 질문했을 때, 푀멘은 이렇게 대답하였다.

"귀신들이 당신을 공격한다고? 우리가 자신의 의지를 따르는 한 귀신들은 결코 우리를 공격하지 않는다. 왜냐하면 우리의 의지가 귀신이 되며, 우리가 자신의 뜻을 이루기 위해서 우리를 공격하는 것이 바로 우리의 의지이기 때문이다"(『알파벳 집록』, 푀멘 67).

금욕은 귀중한 것이지만 그 자체가 목적이 아니라 변화를 위한 수단으로 여겨진다. 압바 안토니는 형제들과 담소하고 있는 자신을 비난하는 사냥꾼에게 너무 팽팽하게 당겨서 부러질 위험이 있는 활에 대해 이야기해 주었다. 그리고 결론적으로 다음과 같이 말했다. "하나님의 일도 그렇다네. 만약 우리가 극단적으로 행동하면, 형제들은 금방 지칠 걸세. 때로는 지나치게 엄격하지 않은 것이 최선일세"(『사막 교부들의 금언』 10.2).[18] 정화의 과정에서 가장 강조되는 것은 압바(혹은 영적 아버지)에 대한 복종, 사려깊음, 분별력,[19] 겸손, 인내, 사랑 등이다. 안토니의 경우에서처럼 최종 목표는 수

---

18) G. Stroumsa, "Ascèse et gnose: Aux origines de la spiritualité monastique," *Revue Thomuste* 81 (1981): 557-73을 보라.

19) Joseph T. Lienhard, "On 'Discernment of Spirits' in the Early Church," *Theological Studies* 41 (1980), pp. 520-21을 보라.

도자가 "지상에 있는 신"이 되는 변화로 묘사된다. 대 마카리우스Macarius the Great가 이러한 인물로 묘사된다.[20] 『사막 교부들의 금언』 및 그와 관련된 문헌에서는 종종 신화divinization가 환상을 보는 상황에서 불과 관련된 상징으로 표현된다. 스케티스의 한 형제는 창문으로 내다보다가 압바 아르세니우스가 "머리에서부터 발끝까지 온통 불 같은 것"을 보았다. "그 형제는 볼 자격이 있었기" 때문에 그 광경을 볼 수 있었다(『사막 교부들의 금언』 18). 압바 롯이 압바 요셉에게 어떻게 하면 보다 완전한 삶을 살 수 있느냐고 물었을 때 "그 노인은 일어나서 하늘을 향해 두 팔을 들었는데, 그의 열 손가락이 마치 열 개의 촛불처럼 빛났다. 그는 '자네가 원한다면, 살아있는 불이 될 수 있을 걸세'라고 말했다"(『사막 교부들의 금언』 12.8). 신화는 일반적으로 더디고 오랜 과정이지만 적절한 의도가 중요하다고 강조하는 본문들도 있다. 압바 알로이스는 "사람이 원하기만 하면 하루 중 저녁 무렵 어느 정도의 신성에 도달할 수 있다"라고 말했다(『사막 교부들의 금언』 11.6).

기독교 수도원 운동의 두 형태인 기독교 마을들과 연결된 자유로운 형태의 금욕주의와 사막에서 홀로 실천하는 고독한 은둔 생활에 이어 세번째 형태인 조직화된 공동체, 즉 공주수도원이 생겨났다.

290년경에 상부 이집트에서 태어난 파코미우스Pachomius는 이교도 농부였는데, 강제 징병되어 황실 군대에 입대하게 되었다. 313년경에 퇴역한 그는 세례를 받고 압바 팔라몬 밑에서 은수사 생활을 시작했다. 파코미우스가 부름을 받은 것은 사막 거주자들의 경우와는 달랐다. 헬라어로 된 첫 번째 전기에 다음과 같은 이야기가 수록되어 있다:

> "언젠가 그는 사막을 여행하다가 타벤네시라는 황폐한 마을에 이르렀다. 거기서 그는 기도하면서 하나님에 대한 사랑을 표현했다. 한참 기도하고 있을 때 음성이 들려왔다. 그 때까지 그는 환상을 본 적이 없었다. 그 음

---

20) *Alphabetical Collection*, Macarius 32 (Ward, p. 113). Brown, *Making of Late Antiquity*, pp. 96-97을 보라.

성은 '이곳에 머물며 수도원을 지어라. 많은 사람들이 수도사가 되려고 너를 찾아올 것이다' 라고 말했다."[21]

"첫 번째 사히딕 삶"The First Sahidic Life은 자유로운 은둔 공동체를 형성하려던 파코미우스의 첫 시도가 성공하지 못했음을 알려준다. 5년 후인 320년경에 그는 자신의 공동체에게 삶의 규칙을 부과하고 어느 정도 성공하기 시작했다.[22] 비록 그의 이름으로 남아 있는 규칙이 4세기 말에 그의 본보기를 따른 공동체의 질서를 반영하고 있지만, 파코미우스는 수도원 규칙을 만든 최초의 인물이다.[23] 형제들의 공동체인 코이노니아의 조화를 강조하는 파코미우스의 수도원에 대한 견해는 "첫 번째 헬라어 전기"에 기록되어 있는 그의 말에 가장 잘 반영되어 있다:

> "나는 우리 세대에 이집트에서 이해력이 있는 모든 사람에게 유익을 주기 위해서 하나님의 은혜를 증진시킨 세 가지 중요한 것을 보았다: 신앙을 위해 죽기까지 싸운 그리스도의 경주자인 주교 아타나시우스, 은수사 생활의 완전한 모범인 성 안토니, 그리고 하나님 안에 영혼들을 모아서 완전을 이룰 때까지 그들을 돕고자 하는 사람들의 본보기가 되는 이 공동체이다"(136장 『파코미우스의 코이노니아』 1:395]).

346년에 파코미우스가 죽을 즈음 9개의 수도원과 2개의 수녀원이 파코미우스의 규칙을 따랐다. 파코미우스의 공동체들은 특히 상부 이집트에서 크게 성장하여 수천 명의 남녀 수도사들을 수용하는 수도원적 마을들을 이루었다.

아타나시우스가 안토니의 명성을 전파하는 데서 행한 역할과 파코미우스의 어록 logion 에서 안토니를 찬양한 것은 수도원 운동이라는 새로운 현

---

21) First Greek Life, chap. 12 in *Pachomian Koinonia* translated by Armand Vielleux, 3 vols. (Kalamazoo: Cistercian Publications, 1980-82) 1:305.
22) First Sahidic Life에 대해서는 *Pachomian Koinonia* 1:425-41에 번역되어 있다.
23) *Pachomian Koinonia* 2:141-83에 파코미우스의 규칙이 수록되어 있다.

상과 교회의 기존 구조와 성직제도의 관계에 중요한 문제를 제기한다. 원래의 수도원 운동은 오늘날 우리가 소유한 약간 편향적인 자료를 통해서 나타나는 것보다 더 생소하고 위협적인 현상이었다. 쟝 레클렉Jean Leclercq을 비롯하여 여러 사람은 수도원 운동이 고대 말기의 문명 사회의 가치관에 역행하는 반사회적 현상으로서 우리가 생각하는 것보다 더 기존 교회 조직과 긴장 관계에 있었다고 말한다.[24] 사회의 변두리에서 발생한 이 비헬라적 현상과 관련하여 가장 놀라운 것은 4세기의 헬라화된 교회 지도자들이 얼마나 신속하게 그것을 받아들여 자기들의 것으로 삼았는가 하는 점이다. (물론 이 만남에서 기독교 자체가 변하지 않은 상태로 머물러야 했던 것은 아니다.) 수도원 운동이 급속히 조직화되고 심지어 당시 제국 교회의 의식에서 일반화되었지만 수도원 운동의 2차적이고 비판적인 기능은 계속 그 특징이 되었다. 수도원 운동은 카리스마적 자질과 입법, 교회와 사회에 대한 비평과 지원 사이의 창조적인 긴장 속에서 유지되어 갔다.

    4세기에 수도원 운동이 로마 세계 전역에 전파된 것에 관한 상세한 내용을 여기서 말할 수는 없다. 비록 수도원 운동이 생겨나는 데 있어서 이집트가 결정적인 역할을 했지만 수도원 운동이 나일강 유역에만 전파된 것이 아니다. 특히 팔레스타인과 시리아를 비롯한 기독교 세계 전체와 소아시아, 북아프리카, 심지어 이탈리아와 고올, 스페인 등지에도 금욕적 경향들이 존재했는데, 이러한 경향들은 곧 나름의 특징적인 수도원 운동을 만들어냈다. 서로 다른 형태의 수도적 금욕주의 사이에 긴장이 있었다. 오늘날 우리가 그 과정을 분명히 파악할 수 없지만, 4세기 후반부에 두 개의 새로운 수도 형태, 즉 독수적이고 은둔적인 생활 방식과 규칙에 따라 사는 공주생활은 그보다 앞서 그리 엄밀하지 않게 조직된 소규모의 *apotaktic* 수도사 집단을 배척했다. 이들은 일반적으로 거짓 금욕자요 위선자라는 비난

---

24) Jean Leclercq, "Monachesimo: I, Fenomenologia del monachesimo," in *Dizionario degli Instituti di Perfezione* 5:1613-84을 보라.

을 받았다. 이들은 새로운 삶의 방식 안에 존재하고 있는 도덕적 위험이나 교리적 위험 때문에, 즉 여러 가지 이유로 제국의 정통 교회 구조에 동화되지 않았기 때문에 비난을 받았다.

수도적 생활 방식은 새로운 형태의 종교 문학을 창조하게 한 강력한 자극제였다. 사막에서 생활한 남녀들에 관한 성인전적 본문들과 이야기들—함축적으로는 신비 문헌이라고 할 수 있는 문학—에 기독교 신비주의의 걸작들을 반영하는 신학적인 글들이 추가되었다. 4세기 마지막 몇 십 년 동안 수도원 운동과 관련이 있는 세 명의 위대한 신비적 저술가들이 등장했다: 닛사의 그레고리Gregory of Nyssa, 저서들이 마카리우스라는 이름으로 알려진 신비주의 작가, 그리고 폰투스의 에바그리우스Evagrius Ponticus. 그 외에도 아타나시우스와 바질과 같은 동방의 교부들도 서방의 신학과 영성에서 중요한 인물이지만 이 책에서는 이 세 사람에 대해서만 살펴보려 하며, 특히 에바그리우스에 대해서 상세히 살펴볼 예정이다.

닛사의 그레고리

바질의 동생이며 카파도키아의 수도원 창설자요 반 아리우스주의의 감독이었던 닛사의 그레고리Gregory of Nyssa는 335년경에 태어나 395년경에 사망했다. 쟝 다니엘루Jean Daniélou의 『플라톤주의와 신비 신학: 닛사의 성 그레고리의 영적 교리』Platonisme et théologie mystique: Doctrine spireteulle de Saint Grégorie de Nysse, 1944에서 촉발된 지난 수십 년간의 연구에서는 그레고리를 예리하고 독창적인 그리스 기독교의 사상가이며 고대 교회의 주요한 신비 이론가들 중 한 사람으로 옹호해왔다. 그레고리는 헬라 문화의 고전들과(그는 플라톤과의 친숙함을 보여 주고 있고, 플로티누스의 글도 읽었다) 그 이전의 헬라 교부들, 특히 오리겐에 대해 배운 사람이었다(그는 몇 가지 중요한 문제에 관해서 오리겐과 의견을 달리한다). 그레고리는 많은 글을 저술했다. *Great Catechetical Oration*과 『유노미우스 논박』*Against Eunomius* 같은 중요한 교리적 저서, 『인간 창조에 관하여』On the Making of Man와 같이 창조론에 대한 중요한 주석적 학술서, 그 외에 많은 수덕적이고 신비적인 주석서와 논문을 썼다. 도덕적·신비적 저술들 중에서 세 권이 탁월하다: 모세를 하나님을 향한 영혼의 영적 여정의 모델로 그리고 있는 『모세의 생애』Life of Moses, 존 크리소스톰의 후견인이 된 콘스탄티노플의 부유한 여집사 올림피아스Olympias에게 헌정한 15권의 『아가서 주석』On the Song of Songs, 그리고 8편의 『팔복에 관한 설교』On the Beatitudes이다.[25]

지난 반세기 동안 그레고리의 독창적이고 난해한 신비주의 이론에 대한 연구가 크게 이루어졌다.[26] 그의 저술들은 위-디오니시우스와 같은 저자들에게 영향을 미쳤다. 위-디오니시우스의 글은 서방 세계에서 널리 읽혔다. 오리겐의 저서와는 달리 그레고리의 저서들은 『인간 창조에 관하여』 On the Making of Man 외에는 라틴 세계에 소개되지 못했다. 『인간 창조에 관하여』는 6세기에 디오니시우스 엑시구스Dionysius Exiguus가 번역했고, 9세기에 요한 스코투스John the Scot가 번역했다. 이 저서를 통해서 그레고리

---

[25] Gregory of Nyssa: *The Life of Moses*, trans. Everett Ferguson and Abraham Malherbe, CWS (New York: Paulist Press, 1978); *Saint Gregory of Nyssa: Commentary on the Song of Songs*, trans. Casimir McCambley (Brookline, MA: Hellenic College Press, 1987): and *St. Gregory of Nyssa: The Lord's Prayer. The Beatitudes*, trans. Hilda C. Graef, ACW 18 (Westminster: Newman, 1954).

[26] Daniélou, *Platonism et théolgy mystique: Doctrine spiritualle de Saint Grégory de Nysse* (Paris: Aubier, 1944); Hans Urs von Balthasar, *Présence et Pensée: Essai sur la philosophie religieuse de Grégory of Nysse* (Paris: Beauchesne, 1942); Hubert Merki, *HOMOIOSIS THEOU: Von der platonischen Angleichung an Gott zur Gottähnlichkeit bei Gregor von Nyssa* (Freiburg: Herder, 1952); Walther Völker, *Gregor von Nyssa als Mystiker* (Wiesbaden: F. Steiner, 1955); Ekkehard Mühlenberg, *Die Unendlichkeit Gottes bei Gregor von Nyssa: Gregors Kirtik am Gottesbegriff der klassischen Metaphysik* (Göttingen: Vandenhoeck & Ruprecht, 1965); David L. Balas, *METOYSIA THEOU: Man's Participation in God's Perfections according to Saint Gregory of Nyssa*, Studia Anselmiana 55 (Rome: Herder, 1966); and Ronald E. Heine, *Perfection in the virtuous Life: A Study in the Relationship Between Edification and Polemical Theology in Gregory of Nyssa's De Vita Moysis* (Philadelphia: Philadelphia Patristic Foundation, 1975). H. Crouzel, "Grégoire de Nysse est-il le fondateur de la théologie mystique?" *Revue d'ascétique et de la mystique* 33 (1957): 189-202도 보라.

의 창조론과 인간론은 서방 세계에서 요한 스코투스뿐만 아니라 성 티에리의 윌리엄William of St. Thierry과 같은 후대의 신비적 저자에게까지 영향을 미쳤다. 그러나 이제 기독교 역사에서 가장 영향력 있는 신학 중 하나로 인정되는 그레고리의 신비 신학이 서방에서 직접적인 역할을 한 것은 아니다. 물론 그것과 유사한 것들이 후대의 서방 신비가들에게서 많이 발견된다. 따라서 여기서는 그레고리의 중요성에 대하여 몇 가지 일반적인 언급을 하는 데 그치려 한다.

4세기의 중요한 교리적 논쟁이었던 아리우스주의 논쟁의 결과로서 헬라 교부들은 전보다 더 세심하고 깊이 있게 신론神論을 고찰해야 했다. 정통 삼위일체 신학의 등장은 기독교 사상사에서 하나의 분수령으로서 그 후 신비주의를 비롯한 기독교의 모든 측면에 영향을 미쳤다. 카파도키아 교부들 중 가장 명민한 마지막 인물인 그레고리는 삼위일체 신학의 발달에서뿐만 아니라 무한하고 불가해한 신적 본성에 대한 견해의 발달에서도 중요한 역할을 했다.

전 장에서 살펴본 것처럼 오리겐은 부정주의apophaticism와 별로 관련이 없다. 이것은 오리겐이 무제한apeiron과 불완전을 동일시한 고전적 헬라 사상을 신봉하고 있다는 사실에 뿌리를 두고 있다고 해도 무리가 아니다. 여러 곳에서 오리겐은 실제로 하나님, 혹은 하나님의 능력이 유한하다고 인정하였다.[27] 이것이 첫 창조의 지성들intellects이 일종의 "포만"koros, 신적 본성을 관상적으로 충분히 획득했지만 거기에서 실족했다는 그의 인식의 출처인 듯하다(『제일 원리』 2.8.3).[28] 이 점에 관하여 닛사의 그레고리는 오리겐과 입장을 달리한다. 그레고리는 하나님은 무한하시고 무제한적이며 절

---

27) *De prin*. 2.9.1 and 4.4.a을 보라(Cf. G. W. Butterworth, *Origen on First Principles* [New York: Harper & Row, 1966), pp. 129, 323).

28) M. Harl, "Recherches sour l'origenisme d'Origène: La "satieté" (*koros*) de la contemplation comme motif de la Chute des âmes," *Studia Patristica* 8 (1966): 373-405.

대적으로 불가해하다고 주장한다.[29] 그는 『모세의 생애』에서 다음과 같이 말한다.

> "그(모세)는 출애굽기 33장 20절을 통해서, 신적인 것은 본질상 무한하며 어떤 경계에 둘러싸이지 않는다는 것으로부터 배운다.…둘러싸인 것은 둘러싸는 것보다 적으며, 결국 강한 것이 우세하게 될 것이다. 그러므로 신적인 것을 어떤 경계선으로 둘러싸시는 분은 선Good이 그 반대되는 것의 지배를 받는다는 것을 증명하신다.…그것은 둘러싸이지 않은 것을 이해하는 것과는 본질상 다르다. 그러나 우리가 선을 추구하며 나아가는 데 비례하여 그러한 향상으로 이끌리는 선을 향한 모든 갈망은 꾸준히 증가한다"(『모세의 생애』 2.236-39).[30]

그레고리는 기독교 역사상 처음으로 체계적인 부정의 신학을 만들어냈고, 이 신학은 한 세기 후의 신비가인 디오니시우스에게 심오한 영향을 주었다.[31] 그의 신비 사상에서 이 부정주의apophaticism의 가장 현저한 특성은 무한한 추구epektasis라는 유명한 교리, 지상에서와 하늘나라에서의 기독교적 삶의 목표가 무진장한 신적 본성을 끝없이 추구하는 것이라는 가르침이다(그는 종종 빌립보서 3장 13절을 인용한다). 이 주제는 『모세의 생애』에 계속 나타나며, 이것이 그레고리가 아가서에 기술되어 있는 신적 연인과의 만남에서 들떠 있고 실현되지 못한 특성을 해석한 방법이기도 하다. 『아가서 설교』 열두 번째 설교에서 그레고리는 다음과 같이 말한다:

> "모세처럼, 그녀가 왕의 얼굴이 그녀에게 나타나기를 바랄 때(출 33:13-22) 그녀가 갈망하던 분은 그녀의 수중에서 벗어난다. 그녀는 '내 사랑하

---

29) Heine, *Perfection in th Virtuous Life*, chap. 2.

30) In *Grégoire de Nysse: La vie de Moïse*, ed. Jean Daniélou, SC 1bis (Paris: Cerf, 1955), pp. 107-9.

31) Henri-Charles Puech, "La Ténèbre mystique chez le Pseudo-Denys L'Aréopagite," originally published in 1938, and available in H.-C. Puech, *En quete de la Gnoses*, 2 vols. (Paris: Gallimard, 1978) 1:119-41.

는 자가 벌써 물러갔네'(아 5:6)라고 말하는데, 그가 물러간 것은 그녀의 영혼의 갈망을 저버리기 위한 것이 아니라 그녀를 자기에게로 이끌기 위해서였다. …신부는 결코 들어가거나 나오는 일을 멈추지 않으며, 오직 자기 앞에 놓인 것을 향해 나아감으로써, 그리고 항상 자신이 이해한 것으로부터 나감으로써 휴식한다."[32]

끝없는 추구 epektasis는 그레고리의 아가서 해석에 오리겐에게서는 발견되지 않는 풍미를 부여해 준다. 즉 언어 면에서 보다 에로틱한 긴장을, 그리고 모든 신적 임재 인식의 역설적 특성을 현존인 동시에 부재의 경험으로 취급한다.

"그녀는 자신이 추구하는 사랑의 본질을 이해하지 못하는 데서 그 사랑을 알게 된다는 것, 그리고 모든 표지들은 그를 추구하는 사람들에게 장애물이 된다는 것을 깨닫는다"(『아가서 주석』 6).[33]

그레고리의 신비 사상의 모든 주된 경향—영적 감각에 대한 이해, 영혼의 순례의 단계에 대한 언급들, 그리고 신적 임재의 인식, 몰아의 상태, 관상의 본질과 종류, 신화, 연합 등에 대한 그의 가르침—은 심오한 부정주의의 영향을 받고 있다. 그레고리의 사상이 후대의 헬라 신비주의의 역사에 중요한 역할을 했지만 서방 세계에 미친 직접적인 영향이 적기 때문에 여기서는 상세히 언급하지 않으려 한다.

대 마카리우스

---

32) *Gregorii Nysseni Opera*, ed. Werner Jaeger; *Gregorii Nysseni in Canticum Canticorum*, ed. Hermann Langerbeck, vol. 6 (Leiden: Brill, 1960), pp. 353-54를 보라.

33) Ed. Langerbeck, *Gregorii Nysseni*, p. 182; trans. McCambley, *Commentary on the Song of Songs*, p. 131. 1

마카리우스Macarius the Great, 390년경 사망의 것으로 여겨지는 50편의 영적 설교들(『마카리우스의 신령한 설교』)은 16세기에 번역 출판된 이후 서방 세계에서 상당한 영향을 발휘했다.[34] 이 설교들 및 그것과 연결된 전집(Great Letter로 알려진 논문과 다양한 편지들, 대화집, 그리고 어록으로 이루어짐)은 이집트의 유명한 은수사의 것이라고 간주되지만, 아마 4세기 후반에 시리아-메소포타미아 지역에서 저술된 듯하다.[35]

(일련의 수도적이고 영적인 논의들로 구성된) 『마카리우스의 신령한 설교』에 대한 가장 성가신 질문은 동방의 기독교적 신비주의 이단인 메살리아니즘 Messalianism과의 관계에 대한 것이다. 많은 이단들을 다룰 때에 그러하듯이, 우리는 때로 시기적으로 훨씬 후대에 쓰인 이단 탐구자들의 기록에 의존하기 때문에 메잘린파에서 어떤 입장을 견지했는지, 실제로 많은 추종자들이 있었는지 등을 알기 어렵다.[36] 역사가 테오도렛Theodoret은 이렇게 말한다:

"거의 같은 시기에 메잘린파 이단이 발생했다. 헬라어로 그들의 이름을 말한다면 유키테스(Euchites; 즉 '기도하는 사람들')이다. 그들은 이 외에 다른 명칭들을 가지고 있다. 그들은 자기들을 사로잡고 있는 귀신의 선동하는 영향력을 성령의 임재라고 생각하기 때문에 때로는 광신자라고 불린다. 이 이단을 받아들인 사람들은 모든 육체 노동을 악으로 생각하여

---

34) 마카리우스의 설교집 (*Homilies*)은 카시아누스에게 알려져 있었으며, 따라서 초기 서방 신비주의에 간접적인 영향을 미쳤다. 1300년경에 Angelo da Clareno가 라틴어로 번역했지만 널리 읽히지 않은 듯하다. V, Desprez, "Pseudo-Macaire (Syméon). III. Influence," *DS* 10:39-49을 보라.

35) Vincent Desprez, "Pseudo-Macaire (Syméon). I. L'Oeuvre, L'auteur et son Milieu," *DS* 10:20-27, as well as the "Introduction" to his *Pseudo-Macaire: Oeuvwes Spirituelles* I, SG 275 (Paris: Cerf, 1980), an edition and translation of Collection III (pp. 13-69).

36) A. Guillaumont, "Messaliens," *DS* 10:1717-83; John Meyendorff, "Messalianism or Anti-Messalianism? A Fresh Look at the 'Macarian' Problem," in *Kytiakon: Festschrift Johannes Quaste*, ed. P. Granaeld and J. Jungmann, 2 vol 7. (Münster: Aschendorff, 1915) 2:585-90.

기피한다; 그들은 잠에 빠져 지내면서 자신의 꿈이 예언이라고 주장한다."37)

헬라어 *Euchites*는 기도를 의미하는 단어에서 파생되었으며, Messalians라는 단어는 기도를 의미하는 고대 시리아어에서 파생된 것이다.

콘스탄티노플의 티모시Timothy와 다마스커스의 존처럼 이단을 반대한 후대의 작가들의 메살리아 파에 대한 묘사는 390년경에 소아시아의 시드Side에서 시작되어 콘스탄티노플(426)과 에베소(431)에까지 지속된 종교회의의 저주에 의지하고 있다. 이러한 공격들은, 메잘린파가 죄를 극복함에 있어서 쉬지 않고 행하는 기도의 역할을 지나치게 강조하여 세례와 다른 성례들, 그리고 전체 교회의 제도를 경시한 수도사들이었음을 지적해준다. 메잘린파의 또 다른 문제점은 금욕적 삶에서 선과 악의 육체적 성질을 강조한 것이다. 예를 들어 마귀의 임재는 육체적 분비물들을 없앰으로써 제거될 수 있었다. 마찬가지로 참 "영적인 사람들"(*pneumatikoi*는 메잘린파 사람들이 자신들에게 붙인 이름이었다)은 육체의 눈으로 삼위일체를 "볼 수" 있는 능력이 있다고 알려져 있었다.38) 게으름에 대한 비난은 이 새로운 형태의 수도적 금욕주의가 조직이 엄밀하지 않은 초기 수도원 운동*apotaktic* 형태에 대해서 어떻게 말하고 있는가를 반영해 준다. 메살리아니즘은 4세기 말부터 5세기 초의 교회 지도자들이 수도원 운동에 내재한 위험들에 대해 품는 의심들을 위한 피뢰침이 된 듯하다.

빌꾸르A. Villecourt와 되리스H. Dörries는 『마카리우스의 신령한 설교』에 있는 구절들과 콘스탄티노플과 에베소에서 정죄받은 『아스케티콘』*Asceticon*이라고 알려진 메잘린파의 저서에서 뽑아 낸 구절들 사이에 유사

---

37) Theodoret of Cyrus, *Christian Church* 4.11.2 (PG 83:429b).
38) Guillaumont, *DS* 10:1079-82.

성이 있음을 말한다.[39] 게다가 『마카리우스의 신령한 설교』의 몇 사본에는 시므온이라는 이름이 붙어 있는데, 메소포타미아 사람 시므온은 메살리아 파 지도자로 알려져 있다. 마카리우스와 시므온이 메잘린파였으며, 『마카리우스의 신령한 설교』와 다른 마카리우스 집록이 『아스케티콘』과 동일한 것일 수 있는가? 두 주제에 대한 논의가 계속되고 있지만, 지금에 와서는 많은 자료들이 "온건한" 메잘린이라고 생각되는 메소포타미아의 시므온의 것일 수 있다고 인정한다. 하지만, 최근 학계는 마카리우스의 글을 지나치게 "메잘린 파"의 입장에서 해석하는 것을 피한다. 『마카리우스의 신령한 설교』 본문은 쉬지 않고 드리는 순수한 기도의 필요성(『마카리우스의 신령한 설교』 15.22), 신자의 심령 안에 죄와 은혜가 동시에 거하고 있다는 것(『마카리우스의 신령한 설교』 17.15, 41.2) 등 메잘린파 사상의 특성과 근접한 주제들을 강조하고 있다. 그러나 세례와 선행을 모독하는 것과 같이 정죄받은 메잘린파의 많은 가르침을 공격한다. 최근 많은 학자들은 마카리우스의 글을 "엄격한" 메잘린파의 과장된 표현에 대한 비평이거나[40] 소아시아와 시리아에 있던 원래의 수도적 경건―이것은 후일 극단론자들에 의해 변경되었다―에 대한 증언으로 본다.[41]

하나님을 불과 빛으로 강조하고, 인간의 마음속에서 계속되는 선과 악의 갈등을 능숙하게 조사하며, 하나님께 이르는 순수한 기도 생활의 과정에서 그리스도와 성령이 행하는 역할을 가르친 『마카리우스의 신령한 설교』는 동방 기독교 신비주의의 특징적인 요소들 중 하나를 형성한다. 이 논의들에 지적인 내용이 전혀 없는 것은 아니지만 영적 전쟁에 대한 견해

---

39) L. Villecourt, "La date et l'origine des homilies spirituelles attribuées à Macaire," *Comptes-rendus de L'académie des inscriptions et belles-lettres* (1920): 250-58: H. Dörries, *Symeon von Mesopotamien: Die Überlieferung der Messalianischen Makarios-Schrifted*, Texte un Untersuchungen 95.1 (Leipzig: J. C. Hinrich, 1948).

40) Meyendorff, "Messalianism or Anti-Messalianism?" p. 589.

41) E.g., L. Bouyer, *The Spirituality of the New Testament and the Fathers*, vol. 1 of *A History of Christian Spiritiuality* (New York, Seabury, 1982), pp. 369-80.

는 근본적으로 실질적이다. 마카리우스의 가르침에는 영적 감각에 대한 논의와 같이 오리겐과 비교되는 부분이 있지만 마카리우스의 주장의 정수는 오리겐주의와는 상관없이 발전된 것이다. 그리고 "하나의 정신적-신체적 완전체psychosomatic whole로서의 인간"[42]이라는 마카리우스의 개념은 오리겐과 그레고리와 에바그리우스에게서 발견되는 몸과 영혼에 대한 견해와는 다르다. 물론 이 세 사람은 타락한 상태에서 몸과 영혼의 복잡한 상호의존성을 인정한다. 마카리우스가 경험 속에서 특히 신적인 빛을 감지함으로써 충분히 하나님을 획득해야 할 필요성을 강조한 것은 장차 동방의 전통, 특히 신 신학자 시므온Symeon the New Theologian과 그레고리 팔라마스Gregory Palamas와 같은 신비가에게서 나타날 것을 예시해준다(『마카리우스의 신령한 설교』 1.12; 43.1). 퀴스펠Gilles Quispel이 주장하듯이, 마카리우스에게서 오리겐과 닛사의 그레고리, 그리고 그리스의 철학적 신비주의의 영향을 받은 사람들과 같은 방식의 신비주의Seinsmystik보다는 유대 기독교에 뿌리를 두고 있으며 쉬우르 코마Shir'ur Qomah와 같은 신비적 본문과 유사한 거룩한 형태의 신비주의Gestaltmystik를 찾아볼 수 있다.[43] 육체적으로 하나님을 보거나 접촉하는 것이 마카리우스의 글 여러 곳에 함축되어 있다(『마카리우스의 신령한 설교』 4.11).

마카리우스가 처음으로 신비적 교통synousia mystikē과 신비적 교제 koinōnia mystikē를 말하면서 현세에서 인간이 하나님과 함께 누릴 수 있는 연합을 기술하기 위해서 당시의 고전적 기독교 수식어구인 신비적mystikos이라는 단어를 채택했음은 주목할 만하다.[44] 만약 마카리우스의 설교들이

---

42) Meyendorff, "Messalianism or Anti-Messalianism?" p. 770. Mariette Canivet, "Pseudo-Macaire (Syméon). II. Doctrine," *DS* 10:77-38도 보라.

43) Gilles Quispel, "Sein unto Gestalt," in *Studies in Mysticism and Religion presented to Gershom G. Scholem* (Jerusalem: Magnes Press, 1967), pp. 191-95. 보다 상세한 해석을 보려면 G. Quispel, *Makarius, das Thomasevangelium und das Lied von der Perle* (Leiden: Brill, 1967).

44) E.g., *Hom*.10.2 (Dörries, Die 50 Geistlichen Homilien, p. 93.29-24); *Hom*. 15.2 (Dörries, p. 127.15-16); *Hom* 47:17 (Dörries, p. 312.237-38).

참으로 메잘린적이라면, 메옌도르프John Meyendorff가 지적하듯이 동방 영성의 모든 전통은 후대의 많은 작가들에게 미친 영향 때문에 그러한 비난을 받았다.[45]

폰투스의 에바그리우스

4세기 말에 활동한 위대한 헬라적 기독교 신비가들 중 세 번째 인물인 폰투스의 에바그리우스의 경우 우리는 사막의 경험과 오리겐의 분류학 사이를 직접 연결하여 다룬다. 에바그리우스는 자신의 저술들보다는 제자인 요한 카시아누스를 통해서 서방 기독교 신비주의에 상당한 영향을 미쳤다.[46] "최초로 완벽한 기독교 영성의 체계"[47]를 형성한 저서들을 저술한 이 중요한 신비가에게 보다 많은 시간을 할애할 필요가 있다. 물론 어떤 사람들은 이 영예를 오리겐에게 돌리려 한다.

345년경에 폰투스Pontus에서 태어난 에바그리우스는 카파도키아 교부들에게 사사했으며, 바질에 의해서 성경 봉독자로 안수 받고, 나지안주스의 그레고리Gregory Nazianzus에게서 부제副祭 안수를 받았다. 콘스탄티노플에서 아리우스 파를 대적한 그의 찬란한 경력은 개인적인 위기, 즉 어느 결혼한 여자와의 관계 때문에 그가 회심하고 금욕생활을 시작함으로써 끝이 났다. 그는 콘스탄티노플을 떠나 처음에는 예루살렘으로 도망쳤

---

45) Meyendorff, "Messalianism or Anti-Messalianism?" p. 586.

46) 에바그리우스에 대한 개론서는 다음과 같다: Viller and Rahner, *Aszese und Mystik*, pp. 97-109; Bouyer, *Spirituality*, pp. 380-94; A. Louth, *The Origins of the Christian Mystical Tradition: From Plato to Denys* (Oxford: Clarendon, 1981), pp. 100-113; A. and G. Guillaumont, "Èvagre le Pontique," *DS* 4:1731-44; John Eudes Bamberger, "Introduction," *Evagrius Ponticua: The praktikos. Chapters on Prayer* (Spencer Cistercian Publications, 1910), pp. xxiii-xciv; David Alan Ousley, "Evagrius' Theology of Prayer and the Spiritual Life" (University of Chicago, 1979); Michael Wallace O'Laughlin, "Origenism in the Desert: Anthropology and Integration in Evagrius Ponticus" (Harvard University, 1987).

47) *Spirituality*, p. 381.

는데, 거기서 멜라니아와 루피누스를 만났다. 그 후 이집트 사막으로 가서 383년부터 399년까지 살다가 죽었다. 특히 두 명의 유명한 교부, 즉 알렉산드리아의 마카리우스Macarius of Alexandria와 대 마카리우스Macarius the Great에게서 영향을 받은 에바그리우스는 사막의 금욕적 영웅들 중 주목받는 인물이 되었다. 이것은 『이집트 수도사들의 역사』Historia monachorum in Egypto와 그의 제자 팔라디우스Palladius가 쓴 『Lausus에게 바치는 역사』 Historia Lausiaca에 수록된 에바그리우스에 관한 이야기들이 증명해준다.[48] 비록 그의 교육과 사회적 배경은 다른 대부분의 은둔자들과 달랐지만, 그의 금욕과 겸손과 지혜는 칭송을 받았다.

수도적 신비주의에서 에바그리우스의 역할은 특히 불모의 오리겐주의의 역사에서 그가 차지한 위치와 연결되어 있다.[49] 무식한 이집트 농부인 안토니가 어떻게 오리겐의 사상에 접할 수 있었는지 말하기 쉽지 않지만 안토니의 편지와 같은 가장 초기의 수도적 문서에는 오리겐의 사상이 나타나 있다. 그러나 오리겐의 가르침이 3세기와 4세기 내내 알렉산드리아에서 영향력을 발휘했으므로 4세기의 많은 중요한 압바들이 이 위대한 사상가의 영향을 받았다는 증거를 보고 놀랄 필요가 없다.[50] 아타나시우스는 맹인 수도사 디디무스Didymus the Blind, 313-398를 알렉산드리아의 요리문답 교사로 삼았다(디디무스는 오리겐의 추종자로서 루피누스와 제롬을 가르쳤다). 4세기 말에 알렉산드리아 남쪽에 있는 사막에서 네 명의 "키 큰 형제들"[51]과

---

48) 이집트 수도원 운동에서의 에바그리우스의 위치에 대해서는 Gabriel Bunge, "Évagre le Pontique et toes deux Macaire," *Irenikon* 56 (1983): 215-27, 323-60을 보라.

49) 에바그리우스의 역할에 관한 가장 훌륭한 연구서는 다음과 같다: A. Guillaumont, *Les "Kephalaia Gnostica" d'Évagre le Pontique et l'histoire d'orogemos,e cjez les Grecs et les Syriens* (Paris: Seuil, 1962). Jon F. Dechow, *Dogma and Mysticism in early Christianity: Epiphanius of Cyprus and the Legacy of Origen*, North American Patristic Society Patristic Monograph Series 13 (Macon, GA: Mercer University Press, 1988).

50) Dechow, *Dogma and Mysticism*, pp. 139-79을 보라.

51) E.g., *Palladius, Lausiac History* 11.

이시도레abba Isidore와 에바그리우스가 이끈 강력한 오리겐주의 운동이 있었다. 유식한 오리겐주의자들과 구체적이고 유물론적인 신관 때문에 "신인동형동성론자"Anthropomorphites라고 비난받은 무식한 수도사들 사이에 갈등이 생겼고, 오리겐주의자들이 비난을 받게 되었다. 총대주교 테오필루스Theophilus는 처음에 신인동형동성론자들과의 싸움에서 오리겐주의자들을 지지했지만, 400년에 입장을 바꾸어 잔인하게 "키 큰 형제들"을 비롯한 사람들을 박해했다.

오리겐의 가르침을 반대하는 기독교 전체의 광범위한 반작용의 일부인 이집트 오리겐주의의 첫 위기는 에바그리우스의 명성에 심각한 타격을 주지 않은 듯하다. 왜냐하면 그의 저서들이 계속 읽히고 번역되었기 때문이다. 그러나 6세기에 있었던 큰 오리겐주의 위기는 다른 양상을 띠었다. 오리겐, 디디무스, 에바그리우스 등의 저서에 관심을 가진 팔레스타인의 수도사들에 의해 촉발된 이 논쟁은 곧 제국의 교회 정책에까지 확대되었다. 자신의 신학 지식을 과시하던 황제 유스티니아누스Justinian, 527-565는 개인적으로 오리겐의 오류 목록을 작성하여 콘스탄티노플의 총대주교 메나스Mennas에게 보냈다. 543년에 콘스탄티노플에서 개최된 종교회의에서 이 10가지 오류를 정죄했고, 553년에 콘스탄티노플에서 개최된 제2차 공의회는 주로 에바그리우스의 저술을 토대로 한 오리겐주의의 15개 명제를 공식적으로 저주했다.[52] 그 후 오리겐과 디디무스와 에바그리우스의 가르침에 연관된 이단들은 정죄되었으며, 그들의 많은 저서들이 파기되었다. 헬라어로 된 에바그리우스의 글이 몇 개 남아 있지만 그의 저서들의 대부분은 고대 시리아어와 아르메니아어로 남아 있다.

에바그리우스의 가장 중요한 저서는 『모나키코스』Monachikos라고 불리

---

52) J. B. Mansi, *Sacrorum conciliorum nova et amplissima collectio* 9:395-400에서 그 전제들이 발견된다; Dechow, *Dogma and Mysticism*, pp. 449-60에 두 가지 정죄가 번역되어 있다. 에바그리우스의 저술들과 정경들의 관계를 알려면 Guillaumont, Les "Kephalaia Gnostica," pp. 147, 153-59을 보라.

는 3부작으로서, 신비 생활에 대한 그의 견해의 기본 구조를 반영한다. 이 책은 금욕생활을 다룬 *Praktikos*(100개의 장으로 이루어져 있으며, 원래의 헬라어로 남아 있다), 50개의 장으로 되어 "영지적" 혹은 참된 관상자가 영적 지식을 가르치는 방법을 다룬 *Gnostikos*(시리아어와 아르메니아어 번역본들이 헬라어 부분들과 함께 남아 있다)로 구성되어 있다. 이 3부작에서 가장 긴 부분은 *Kephalaia Gnostica*로서, 두 개의 시리아어 역본(S1과 S2) 안에 에바그리우스의 사변적 신비주의의 정수가 되는 90개의 원리들을 600개의 장에서 제시한다.[53] 그 외에도 153장으로 이루어진 『기도에 관하여』*De Oratione*라는 중요한 저서가 헬라어로 남아 있고, 『안티레티코스』(*Antirrhetikos*, 8개의 주요한 죄악된 성향에 관한 논문)와 『수도사들과 수녀들을 위한 거울』*Mirror for Monks and Nuns*처럼 기본적으로 수도사들을 대상으로 한 수덕적인 저서들이 있다. 현재 에바그리우스의 성경 주석들, 특히 시편 주석이 복원되어 연구되기 시작했다.[54] 그리고 대부분 시리아어로 기록된 60편 이상의 편지가 현존하고 있다. 이 중에서 그의 신비 사상을 이해하는 데 있어서 중요한 것은 두 편의 편지이다: 『멜라니아에게 보낸 편지』*Epistola ad Melania*와 바질의 이름으로 남아 있는 『신앙의 편지』*Epistola Fidei*.[55] 루피누스와 마르세이유의 게나디우스Gennadius of Marseilles가 에바그리우스의 많은 저서들을 라틴어로 번역하였는데, 그것들 모두가 지금까지 남아 있지는 못하

---

53) Antoine와 Claire Guillaumont은 각기 *SC* 170-71 (1971)과 *SC* 356 (1989)에 Praktikos와 Gnostike를 편집했다. 나는 Bamberger가 번역한 *The Praktikos and Chapters on Prayer* (1971)를 사용할 것이다.

54) M. J. Rondeau, "Le commentaire sur les Psaumes d'Évagre le Pontique," *Orientalia Christiana Periodica* 26 (1960): 307-48을 보라.

55) Yves Courtonne, *Saint Basile. Letters* I (Paris: Belles Lettres, 1957), pp. 22-37.특히 중요한 *The Letter to Melania* (EP. ad Mel.)가 시리아어로 보존되어 있으며, E. Frankenberg와 G. Vitesam에 의해 편집되었다. 나는 M. Parmentier, "Evagrius of Pontus' 'Letter to Melania,'" *Bijdragen, tijdschrift voor filosofie en theologie* 46 (1985): 2-38을 사용할 것이다. 서신에 관해서는 O'Laughlin's "Origenism in the Desert"을 보라.

다.[56]

에바그리우스의 대부분 저서들은 100개 단위로 조직된 수수께끼 같은 금언 모음집의 형태로 나타난다. 폰투스의 이 은둔자는 이 장르를 처음으로 사용한 기독교 저자이다. 이 장르는 Sentences of Sextus와 같은 헬라 철학 저서들과 유사한 점이 있지만 그 뿌리는 초기 수도적 가르침의 중심적 형태, 즉 압바(사부)가 초심자에게 권고의 "말"을 주는 것에 있는 듯하다.[57] 서방보다는 동방에서 더 널리 사용된 이 장르는 에바그리우스를 이해하는 데 어려움을 가져다 준다. 즉 그의 사상은 그의 가르침의 운명 때문에 중요하지 않은 것을 부각시키는 교묘한 문체를 통해서 여과되기 때문에 이해하기가 어렵다. 이 진기한 형식은 에바그리우스를 지나치게 엄격하고 도식적인 사상가, 오리겐의 실험적이고 융통성 있는 사변을 딱딱한 결정체의 형태로 고정시킨 인물로 본 평가와 어느 정도 관계가 있을 수 있다. 이 평가들 전부를 부인할 수는 없겠지만 에바그리우스의 글을 주의 깊게 연구해 보면 미묘하면서 때로 아주 모호한 사고 방식이 드러난다. 그의 글 중에서 격언적인 부분들은 마치 신비한 빙산의 물 위로 드러난 부분 같아서, 그 밑에 있는 부분을 오랫동안 묵상하고 탐구해야만 그것의 참된 규모와 윤곽을 파악할 수 있다.

일부 연구가들이 볼 때 에바그리우스의 신비주의가 클레멘트나 오리겐보다 더 문제시되며 심지어 완전히 기독교적인 것이 아닌 것처럼 보인다. 예를 들어 발타사르는 통찰력 있는 논문 "에바그리우스의 형이상학과 신비 신학"에서 "일관성 있는 에바그리우스의 신비적 가르침은 기독교보다는 불교에 더 가깝다"는 결론을 내린다.[58] 이 스위스 신학자는 에바그리우

---

56) J. Leclercq's "Preface" in Bamberger, *Prakticos*, pp. xiii-xix.을 보라.

57) I. Hausherr, "Centuries," *DS* 2:416-lB; and Bamberger, *Praktikos*, pp. lxvii-lxx을 보라.

58) H. Urs von Balthasar, "Metaphysik und Mystik des Evagrius Pontikos," *Zeitschrift für Aszise und Mystik* 14 (1939): 31-47; Eng. trans. "The Metaphysics and Mystical Theology of Evagrius," *Monastic Studies* 3 (1965): 183-95.

스를 "순수한 신비가", 자아를 아는 초월적 경험을 충분히 실현한 사람이라고 판단한다. 그러나 그는 기독교의 주요한 신념들의 특수한 의미들을 제거했기 때문에 기독교 신비가로 간주될 수 없다고 주장한다.[59] 그리스와 비잔틴의 신비사상을 연구한 박식한 인물인 호셔Irenée Hausherr도 에바그리우스에 대해서 비슷한 의심을 표한다.[60] 그러나 칼 라너Karl Rahner, 뱀버거John Eudes Bamberger, 앙투안 귀오몽Antoine Guillaumont, 그리고 가장 최근의 학자인 가브리엘 번즈Gabriel Bunge 등은 긍정적으로 평가한다.[61] 이처럼 논란이 있지만 최근의 학자들은 에바그리우스가 기독교 신비주의 역사에서 중요한 인물들 중 한 사람이라는 데 동의한다.

에바그리우스의 중요한 구체적 사상들이 그의 스승인 오리겐과 다르지만, 그의 신학은 근본적으로 오리겐주의이다. 실재에 대한 에바그리우스의 기본적인 견해도 오리겐의 견해와 마찬가지로 크게 세 단계―창조, 타락과 제2 창조, 그리고 궁극적인 복귀―로 구성된다.

세상에 운동, 불평등, 악이 존재하는 것은 장래에 모든 영적 존재들이 하나님에게 돌아오며 악이 궁극적으로 멸망한다는 것, 그리고 그에 선행하는 동등한 영적 존재들(에바그리우스의 용어로는 logikoi)의 조화로운 창조가 있었다고 가정하게 한다.[62] 에바그리우스는 "피조물 중에서 어떤 것들은 심판 전에 만들어지고 어떤 것들은 심판 이후에 만들어졌다. 전자에 관해서

---

59) Von Balthasar, "Metaphysics and Mystical Theology" p. 195을 보라.

60) I. Hausherr, "Ignorance infinie," *Orientalia Christiana Periodica* 2 (1936), esp. pp. 351-59.

61) Karl Rahner, "Die geistliche Lehre des Evagrius Ponticus," *Zeitschrift für Aszese und Mystik* 8 (1933): 31-47; Bamberger, "Introduction," *Praktikos*; Guillaumont, "Évagre le Pontique," *Revue de l;histoire des religions* 181 (1972): 29-56. 최근의 연구서로는 G. Bunge, "The 'Spiritual Prayer': On the Trinitarian Mysticism of Evagrius of pontus," *Monastic Studies* 17 (1986): 191-208가 있다. 역시 그의 저서인 "Origenismus-Gnostizismus: Zum geistesgeschichtlichen Standort des Evagrios Pontikos," *Vigiliae Christianae* 40 (1986): 24-54; and Geistliche Vaterschaft: *Christliche Gnosis bei Evagrios Pontikos* (Regensburg: Fried.ice Puatet, 1988)도 보라.

62) *KG* 1.40; 6.75; and *Ep. ad Mel.* 6 (Parmentier, pp. 12-14)을 보라.

는 누구도 정보를 제공하지 않지만, 후자에 대해서는 호렙산에 있었던 사람(모세)이 설명해 준다"라고 말한다.[63] 삼위일체와 완전한 연합을 누리던 첫 창조가 "태만"(KG 1.49; 3.22, 28) 때문에 관상적 완전에서 떨어졌다. 이 최초의 잘못, 즉 둘째 창조 안에서 발생한 "죄"보다 더 깊이 놓여져 있는 것의 본질에 대해서 에바그리우스는 오리겐만큼도 정보를 정보를 제공하지 않는다.

첫째 창조의 태만 때문에 하나님은 즉시 영적 존재들logikoi을 심판하셨고, 운동과 다양성multiplicity과 물질이라는 특징을 갖는 둘째 창조를 하셨다. 이 창조는 유일하게 타락하지 않은 영적 존재logikos인 그리스도 안에서, 그리고 그를 통하여 이루어졌다.[64] 삼위일체의 제2위이신 로고스와 완전히 연합하여 영적으로 창조된 존재인 그리스도만이 두 번째 창조에 속한 각각의 사물의 본질적 원리logos를 안다.[65]

둘째 창조에서 영적 존재들에게 그들의 태만의 분량에 비례하여 지위와 상태가 부여되므로 각기 천사나 인간이나 귀신이 된다. 각 존재의 이성적 본체인 *logikos*나 *nous*이 혼psychē이나 영soul 안에 들어간다(『프락티코스』 35-39; 56-57; KG 2.29). 그리하여 영은 *nous*(영혼 안에 있는 이성적 요소), *epithymia*(욕망 혹은 육욕), *thymos*(폐기물 혹은 성마름)로 구성된다.[66] 천사들의 내면은 *nous*가 지배한다. *epithemia*는 인간들의 내면에서 가장 강력하고, 마귀들은 *thymos*의 통제를 받는다.[67] 이 세 종류의 존재들은 모두 자신의 영적 구성성분에 맞는 몸을 가진다. 에바그리우스의 주장에 의하면 이 하나님이 주신 몸들은 그 내면에 있는 *nous*의 상태를 점검하는 지표이며, 복귀 과정에서 도움이 된다(『프락티코스』 53). 에바그리우스의 복잡한 인간

---

63) *KG* 2.64 (ed. Guillaumont, p. 81).
64) *KG* 4.58. Cf.*DS* 6.20.
65) *Gnostikos* 40 (ed. Guillaumont, pp. 164-65)을 보라.
66) Evagrius, *Praktikos* 86, 89을 보라.
67) 특히 *KG*.68; of, *DS* 5.11을 보라.

론(또한 천사론과 마귀론)은 어떤 관점을 채택하느냐에 따라서 3중 구조(*nous, psychē, sōma*)나 2중 구조(*psychē, sōma*)로 묘사될 수 있다. 그것을 도표로 잘 나타낼 수 있을 것이다(도표 1을 보라).[68]

도표 1
에바그리우스의 인간론

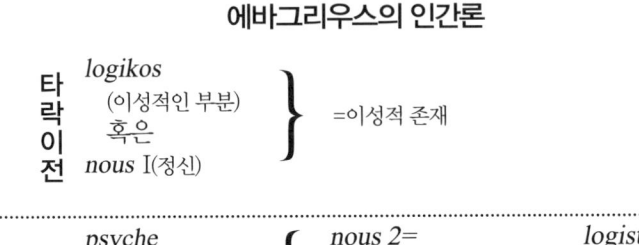

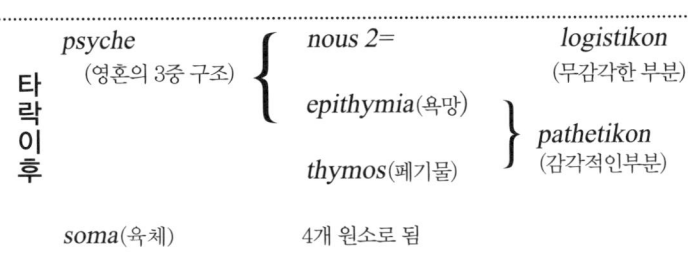

타락한 이성적 창조가 그 근원으로 복귀하는 것은 세 단계로 완성된다. "기독교는 우리 주 그리스도의 교리이다. 이것은 *praktikē*(즉 수덕생활), 물질세계 관상*physikē*, 그리고 하나님 관상*theologikē*으로 구성된다(『프락티코스』 1).[69] 두 개의 관상 단계는 에바그리우스가 영지적 삶*gnostikē*이라고 부른 것을 세분한 것으로서, 여기서도 선택적인 이중 구조가 등장한다. 이 이중 구조(에바그리우스의 용어 사용은 오리겐보다는 플라톤과 클레멘트에 더 가깝다)는 에바그리우스가 기독교 영성에 기여한 중요한 공헌으로서 수덕생활, 신비 생활, 혹은 실질적인 삶과 관상생활을 나눈 후대의 구분의 원형이다.[70]

이 세 단계(*praktikē, physikē, theologikē*)는 이성*nous*이 원래의 위치로 회복

---

68) Ousley, "Evagrius' Theology of Prayer," esp. 142-65 and O'Laughlin, "Origenism in the Desert"를 보라.

69) Cf. *Gnostikos* 1-3; *KG* 5.65.

70) 학문을 *praktikē epistēmē*와 *gnostikē epistēmē*로 구분한 최초의 인물은 플라톤이다.

되는 단계를 나타낸다.[71] 『그노스티코스』의 마지막 부분에서 에바그리우스는 다음과 같이 요약한다: "수덕생활praktikē의 목표는 지성intellect을 정화시켜 무감각하게impassible 만들려는 것이다; 물질 세계 관상physikē의 목표는 만물 안에 숨겨진 진리를 드러내는 것이며; 하나님 관상theologikē의 은혜는 모든 물질적인 것에서 지성을 제거하여 제1 원인을 향하게 하는 것이다"(『그노스티코스』 49).[72]

서방 세계에서의 에바그리우스의 분명한 공헌은 수덕적(금욕적) 이론, praktikē에 대한 지식에서 발견되어야 한다.[73] 에바그리우스는 자신의 탐구 정신 및 사막 교부들의 내성內省의 전통에 의지하여 후대의 기독교 영성에서 영구적인 가치를 지닌 도구들, 특히 여덟 가지 주요 악한 생각들(logismoi: 이것은 계산, 판단, 이성 등으로 번역되는 단어이지만 동방의 수덕적 전통에서는 악한 생각을 의미한다)에 대한 가르침을 만들어냈다. 이것은 일곱 가지 대죄의 원조라 할 수 있다.[74] 악한 생각들logismoi이란 욕망epithymia과 성마름thymos, 그리고 이성 2(nous 2)의 충동으로 인해 영혼에 나타나는 악한 생각, 혹은 정욕적인 생각으로 인식된다(도표 1 참조). 이것들은 참된 관상을 불가능하게 하고, 영혼이 참된 이성(nous 1), 즉 참된 자아가 되지 못하게 하기 위해서 마귀들이 사용하는 수단이다.[75] 잠, 음식, 성욕 등을 억제하는 표면적 금욕이 필요하지만, 이러한 표면적인 금욕으로는 탐식, 부정不淨, 탐욕, 우울, 분노, 조급한 실망이나 불만, 허영, 교만 등을 제어하기 위한 극기를 충분히 행할 수 없다.[76] 에바그리우스는 이 악한 생각들의 본질 및

---

71) E.g., *Gnostikos* 18-21.

72) Cf. *Praktikos* 84 (Bamberger, *Praktikos*, p. 31).

73) A. Guillaumont, "Évagre," *DS* 4:I741.

74) H. Bacht "Logismos," *DS* 9:955-58; and A. Solignac, "Péchés capitaux," *DS* 12:853-62; Ousley, "Evagrius' Theology of Prayer," pp. 171-97을 보라

75) *Praktikos* 48. A. and C. Guillaumont, "Demon," *DS* 3:196-205; and Bamberger, *Praktikos*, pp. 4-10을 보라.

76) *Praktikos* 6-14; 17-56.

이것들을 인식하고 대처하는 방법을 예리하고 사려 깊게 해석했기 때문에 후일 "영들을 식별하는 분별력"의 대가가 되었다.[77]

오리겐이 주장하는 것처럼 복귀의 과정은 선재하시는 그리스도가 육체를 취함으로만 일어날 수 있다. "그리스도는 자신 안에 일치Unity를 소유한 유일한 분이며, 합리적인 것logikoi의 판단을 받아들인다"(KG 3.2). 교사가 어린 학생을 위해 글자들을 찾아주듯이 그리스도는 합리적인 것의 육체적인 본질 안에서 자신의 지혜를 추적한다(KG 3.57). 그리스도의 하강은 우리의 상승과 신화를 가능하게 한다. 『멜라니아에게 보낸 편지』의 한 구절에서는 이렇게 말한다.

"이 세상에서 하나님과 인간이라는 두 존재가 있는 것이 아니라 한 존재, 즉 스스로 하나님이시며 우리를 위해서는 인간이신 분이 존재했습니다. 그러므로 그의 세상에서도 하나님과 인간이라는 두 존재가 있는 것이 아니라 한 분 하나님, 즉 스스로 하나님이시며 인간이 되셨기에 인간이신 하나님이 존재하십니다. 하나님이 인간을 위해서 인간이 되셨으므로 인간은 하나님을 위해서 하나님이 됩니다"(『멜라니아에게 보낸 편지』 12).[78]

오리겐의 사상을 본받아 그리스도의 선재설을 강조했기 때문에 후일 여러 가지 어려움에 직면했지만, 에바그리우스는 자신의 시대에는 단호한 정통주의자였으며, 그리스도 안에 인간 영혼이 있음을 부정한 아폴로나리스나 말씀이 성부에게 종속된다는 아리우스 파의 성자 종속설을 단호히 반대했다.

성육하신 그리스도의 능력을 통해서 이성nous이 상승한다는 에바그리우스의 가르침은 서로 밀접한 관계를 가지고 있으며 때로 상호 교환할 수

---

77) 이 주제의 발달에서 에바그리우스가 차지하는 위치에 대해서는 Lienhard, "On "Discernment of Spirits." pp. 522-24을 보라.

78) 에바그리우스의 기독론에 대해서는 François Refoulé, "La Christologie d'Évagre et l'origenisme," *Oreintalia Christiana Periodica* 27 (1961): 221-66을 보라.

있는 세 개의 용어에 중심을 둔다. 관상theōria과 앎gnōsis은 이미 우리에게 익숙한 용어이며, 나머지 용어는 이전의 신비주의 이론가들에게는 그다지 중요한 것이 아니었지만 에바그리우스에게는 필수적인 것이었던 *proseuchē* 즉 기도이다.

헬라 교부 전통에 속한 사람들 중에 에바그리우스만큼 이 용어들을 자주, 그리고 세련되게 사용한 사람들은 거의 없다.[79] 관상theōria은 이성nous이 피조된 실체를 이해하게 되는 방법의 특성을 묘사하기 위해서 자주 사용된다. "무언가에 대한 지식"knowledge of something을 의미하는 영지gnōsis도 같은 방식으로 사용된다. 그러나 "본질적 지식"으로 이해된 영지gnōsis는 전체 과정의 목표를 기술한다: "사물에 대한 지식이 아니라 성 삼위이신 지식을 목표로 한다"(KG 2.3, 47; 3.6; 4.42, 77, 87, 90; 5.55-56, 62, 88; 6.10, 14, 34). 그러나 이 용어들은 종종 상호 교환적으로 사용된다.[80] 기도는 이성nous을 상승하게 해주는 모든 활동 및 목표가 되는 통합적인 지식을 위해서 사용된다.[81]

이 세 용어의 상호 의존성은 이것들과 이성nous의 관계에 대한 에바그리우스의 말에서 잘 드러난다. 관상과 지식(영지)이 이성의 본질적 삶을 구성하는 것은 분명하나 "이성의 권위에 적절한 활동"인 기도에 대해서도 같은 말을 할 수 있다(『기도에 관하여』 84).[82] 기도의 몇 단계는 최고의 지식을 예고하는 서곡으로 이해될 수 있지만(『기도에 관하여』 86), 참된 의미에서 기도는 삼위일체에 대한 본질적 지식과 동일하게 외연적이다. 다음의 유명한 격언을 보자: "만일 당신이 신학자라면, 참으로 기도할 것이다. 만약 당신이 참으로 기도한다면, 당신은 신학자이다"(『기도에 관하여』 60).

---

79) 개론서로는 A. Guillaumont, "Évagre le Pontique," in "Contemplation III.1.2D," DS 2:1715-86을 보라. Rahner, "Die geistliche Lehre"를 보라.
80) Ousley, "Evagrius' Theology Prayer," pp. 229-60.
81) 세 용어들의 관계에 대한 가장 훌륭한 묘사는 *Prayer* 86에서 발견된다.
82) Ousley, "Evagrius' Theology of Prayer," chap. 4, esp. pp. 272-73을 보라.

에바그리우스가 "순수한 기도"(『기도에 관하여』 30, 67, 70, 72, 97), 혹은 "참된 기도"(『기도에 관하여』 53, 55, 60, 75, 80, 113, 153)라고 부른 것은 헤아릴 수 없고 형태도 없는 삼위일체와의 형태가 없고 개념도 없는 직접적인 접촉을 획득하기 위해서 점차 모든 이미지와 형태를 벗어버리는 것이다.[83] "기도는 하나님과 영의 끊임없는 교제이다. 그렇다면 영이 동요함이 없이, 중재자가 없이, 끊임없이 주님과 함께 살면서 주님을 추구하기 위해서 어떤 상태가 요구되는가?"(『기도에 관하여』 3)

많은 주석자들이 에바그리우스가 순수한 기도를 삼위일체에 대한 지식·관상과 동일시한 것은 특히 수도생활의 맥락 안에서 그의 사상의 가장 독특한 공헌이라는 데 주목한다.[84] 뱀버거는 바실의 모범을 따른 동방 기독교의 전통적인 수도원 운동과 서방의 베네딕트 수도원 운동의 기초 문헌에서 관상기도에 대해 아무 말도 하지 않았다는 점을 지적한다.

에바그리우스는 관상기도를 수도생활의 핵심으로 만들어 수도원주의와 신비주의를 강력하게 연결한 최초의 인물이다.[85] 그러한 기도가 중개 없이 하나님과의 접촉을 획득한다는 주장은 에바그리우스가 신적 임재라는 개념을 자신의 신비이론의 분명한 범주로 사용하지 않았지만, 그의 저술 안에는 기독교 신비주의의 중심적인 줄기가 함축되어 있음을 보여 준다. 여러 곳에서 에바그리우스는 수덕생활 *praktikē*에서부터 앎 *gnostikē*을 거쳐 연합의 목표에 이르는 운동을 나타내는 다양한 변화와 변형을 구분한다.[86] 영혼은 실천적인 삶 *bios praktikos*의 금욕을 통해서 정화되기 전에는 실질적으로 상의 단계를 취할 수 없다. 『프락티코스』의 서문을 이루는 "아나톨리우스에게 보낸 편지"에서 에바그리우스는 사막의 은둔자들이 초심자에게 수도적 관습을 지시하는 말을 빌려서 자신의 강령을 요약한다:

---

83) *Prayer* 117, 120, 153을 보라.
84) E.g., Guillaumont in *DS* 2:1783-84.
85) Bamberger, *Praktikos*, p. 47.
86) *KG* 2.4 (ed. Guillaumont, pp. 71-63)을 보라.

"하나님에 대한 경외심이 믿음을 튼튼하게 해주고, 절제가 이 경외심을 강화해 준다. 인내와 소망이 하나님에 대한 경외심을 흔들리지 않고 견고하게 만들어주며, 또 무정념apatheia을 가져다 준다. 이 무정념에서 아가페가 산출되는데, 이것은 피조된 우주에 대한 심오한 지식으로 들어가는 문을 지킨다. 마지막으로 이 지식에 이어 신학과 지고한 복이 등장한다"(『프락티코스』 서문).[87]

무정념에 대한 에바그리우스의 가르침은 자세하게 설명되었다. 그는 마귀들과의 싸움이 계속되는 동안 얻는 불완전한 무정념과 그것들이 정복되었을 때에 획득되는 완전한 무정념을 구분한다.[88] (불완전하든 완전하든 무정념의 지속적 작용, 즉 관상의 필요성은 에바그리우스가 활동적 생활과 관상생활의 상호의존성을 나타내기 위해 사용하는 방법들 중 하나이다.) 완전한 무정념, "영혼의 건강"(『프락티코스』 56)은 "영이 자신의 빛을 보기 시작할 때 영이 잠자고 있는 동안 가지고 있던 상像들이 나타남에도 평정의 상태에 머물 때, 그리고 영이 삶의 사건들을 보면서도 평온을 유지할 때 갖게 된다"(『프락티코스』 64).[89] 위에서 말한 것처럼 그러한 무정념 상태의 산물이 아가페이다.[90] 그것은 순수한 기도의 전제 조건이다(『기도에 관하여』 52-55). 『케팔라이아 그노스티카』(KG)에서 에바그리우스는 무정념이란 이성으로 하여금 그 영광과 빛 즉 영지를 획득할 수 있게 해주는 영혼의 영광과 빛이라고 말한다(1.81; 참고 5.75). 에바그리우스의 무정념은 그의 인상적인 사변적 구조의 정황 안에서 이전의 견해들, 특히 클레멘트를 의존하고 있지만 흥미롭게도 천 년 후에

---

87) Cf.*Praktikos* 81.
88) *Praktikos*.60; cf.53, 83. "Apatheia," *DS* 1:734-36을 보라. Juana Raasch, "The Monastic Concept of Purity of Heart and its Sources," *Studia Monastica* 8-12 (1966-70)을 보라.
89) 에바그리우스의 *apatheia*에 대해서는 Bamberger, *Praktikos*, pp.lxxxii-lxxxvii을 보라.
90) Cf. *Praktikos*.89.

등장한 독일 신비가들의 초탈detachment과 흡사하다.[91]

이 무정념을 얻으면 실천적 수준praktikē에서 지식의 수준gnostikē으로 이동할 수 있다. 특히 정신이 물질적 관상theōria physikē을 통해서 피조물들의 내적 본성들에 대한 지식을 획득하는 낮은 단계로 이동할 수 있게 된다. (이 단계에서 성경을 보다 깊이 이해하게 된다.) 에바그리우스는 이 "사물들에 대한 관상"을 하늘나라와 동일시한다. 그는 이 관상의 단계를 두 부분—육적인 것들에 대한 관상과 비육적인 것들에 대한 관상—으로 나누며 두 가지 모두를 하나님의 거울로 간주하지만, 이것의 내용을 분석하는 데 많은 시간을 할애하지는 않는다.[92] 그는 보다 높은 단계인 신학적 관상theōria theologikē, 즉 이성이 "삼위일체에 대한 완전한 지식"을 얻게 되는 하나님의 나라에 대한 고찰로 이동하려 한다.[93]

관상의 종류와 방식이 여러 가지 방법으로 제시된다.[94] 본질적으로 삼위일체에 대한 관상보다 열등한 모든 관상·지식의 특징은 다수성과 운동인데, 그것이 피조물의 표식이다. 본질적 지식이 절대적 단순을 회복했을 때 이성은 그 지식을 인식한다: "이성은 자체가 관여하는 관상을 통하여 삼위일체의 지식과 연합한다"(KG 3.8). 다른 형태의 관상은 모두 확정된 대상을 그 기초로 삼는다. 삼위일체에 대한 관상은 무한하다(KG 4.87-88). 이 단계에 도달한 이성은 적어도 참여에 의해서 혹은 에바그리우스가 "수용"reception이라고 부르는 것에 의해서 "신적인 것"이라고 불릴 수 있다 (KG 4.51; 5.81).

---

91) Rahner, "Die geistliche Lehre," pp. 25-76.
92) Rahner, "Die geistliche Lehre," pp. 31-34을 보라. K. Rahner, "The 'Spiritual Senses" according to Origen," *Theological Investigations* (New York: Seabury, 1979) 16:97-100을 보라.
93) 하나님의 나라와 천국의 구분에 대해서는 *Praktikos* 2-3; *KG* 2.40; Ep. fid. 12을 보고, 보다 고등한 양식의 관상에 대해서는 *KG* 2.2-3; 3.42: 5.40을 보라.
94) Rahner, "Die geistliche Lehre," pp. 30-31; and Guillaumont, *DS* 2:1777-78을 보라.

에바그리우스의 가르침의 목표인 삼위일체에 대한 지식의 본질과 의미에 관하여 많은 논의가 제기되는데, 그 중에서도 특히 세 개의 문제가 두드러진다: 완전한 지식 안에서 삼위일체hagia trias와 신적인 통일체monas의 관계; 이성 자신에 대한 관상과 삼위일체에 대한 관상의 연결; 마지막으로 그러한 지식이 하나님과의 절대적인 연합의 형태를 만들어 내는지 혹은 불분명한 연합 형태를 만들어 내는지의 여부이다.

호셔는 에바그리우스가 "삼위일체에 대한 본질적 지식"이라는 표현을 공식적으로 사용했음에도 불구하고 그의 신비주의에서 세 개의 거룩한 위격들이 실질적인 역할을 하지 않는다고 주장했다: "성 삼위일체는 신Divinity 혹은 단자Monad를 지칭하는 기독교적 명칭에 불과하다."[95] 번즈Bunge는 이에 반대하여 에바그리우스가 신적 하나됨을 지칭하는 철학적 용어로서 일자henas와 하나monas를 사용하지만(KG 1.71; 3.61, 72; 4.18, 89; 5.84), 성부와 성자와 성령이라는 성경의 명칭들은 언제나 신을 지칭하는 궁극적인 명칭임을 보여준다.[96] 에바그리우스는 반-아리우스주의자였고 카파도키아 교부들의 친구였다. 그의 삼위일체 신학은 위격들의 비非 수자적인 삼위일체를 토대로 한다. 삼위일체보다 더 깊거나 우선적인 연합, 혹은 하나님을 초월한 하나님은 없다.[97]

에바그리우스 신비주의의 삼위일체적 특성은 여러 가지 방법으로 분명히 강조된다. 그는 요한복음 4장 23절을 사용하면서 참된 기도는 영(성령) 안에서, 그리고 진리(성자) 안에서 아버지를 경모하는 것이라고 주장한다.[98]

다른 본문들은 관상과 지식의 최고 형태의 삼위일체적 차원을 강조한

---

95) I. Hausherr, "Le Traité de L'Oraison d'Évagre le Pontique (Pseudo Nil)," *Revue d'ascétique et de la mystique* 15 (1934), p. 117.

96) Bunge, "Spiritual Prayer," pp. 191-94.

97) *DS* 6.10-13.

98) *Prayer* 58-59; Bunge, "Spiritual Prayer," pp. 196-98을 보라.

다. 『신앙의 편지』에서 에바그리우스는 성부에 대한 관상은 말씀Word에 대한 관상보다 더 높거나 더 궁극적인 것이 아니라고 했지만(『신앙의 편지』 7), 『멜라니아에게 보낸 편지』에서는 본래의 이성이 삼위 각자와 더불어 관계를 갖는 방법을 제시했다. 자연적인 질서에서 육체가 영혼을 드러내고 영혼이 이성을 드러내듯이 이성은 성령과 말씀Word을 위한 "육체"의 역할을 한다. 말씀은 성부가 이성 안에서 역사하실 때 사용하시는 영혼이다(『멜라니아에게 보낸 편지』 4). 이것이 이성의 특성을 하나님의 형상, 또는 완전한 형상의 형상, 즉 말씀이라고 본 에바그리우스의 사상의 핵심이다(KG 6.34). 그는 골로새서 3장 10절을 인용하면서 그 형상의 완전한 갱신은 장차 몸과 혼과 이성이 분리된 상태를 멈출 때에 이루어질 것이라고 말한다.

> "…인간의 정신의 본질이 성부에게 연합되듯이, 또한 '영혼'과 '육체'와 같은 명칭들도 성자와 성령의 위격 안에 흡수될 것이다. 그리고 성육신 이전에도 그랬고 성육신 이후에도 그렇듯이, 의지들의 통일성 때문에 하나님과 그 형상의 한 본질과 세 위격으로 계속 남아 있을 것이다"(『멜라니아에게 보낸 편지』 5).[99]

삼위일체의 본질적 지식에 대한 에바그리우스의 이해와 관련된 두 번째 중요한 문제에는 본래의 이성, 혹은 정화된 이성이 자신의 내적인 빛을 획득하는 자기 인식과의 관계가 포함된다. 이성이 자아를 볼 때 하나님을 보게 된다고 주장한 곳이 여러 곳이다.[100] 발타사르는 이런 본문들이 에바그리우스도 신플라톤주의자들과 마찬가지로 자연적 신비주의, 또는 철학적 신비주의 수준을 벗어나지 못했음을 보여 준다고 해석했다. 신플라톤주의자들은 인식아knower로서 순수한 본질에 대한 영혼의 경험을 하나님과 동

---

99) Cf. *Ep.* ed Mel. 6. Bunge, "Spiritual Prayer," pp. 201-2; Rahner, "Die geistliche Lehre," pp. 96-37을 보라.

100) E.g., *KG* 1.74; 6.87; cf, 3.6 .

일서했다.[101] 그러나 에바그리우스는 본질적 지식에 이르는 도상에서 은혜의 필요성을 강조했으며,[102] 또 이성이 궁극적 지식에 이르는 도상에서 예비적인 역할을 하고 있음을 말한다.[103] 비록 우리가 자기를 보는 일self-vision이 언제나 삼위일체에 대한 본질적 지식과 공존한다고 주장하고 싶지만(이성은 삼위일체의 형상이므로 동전의 뒷면처럼), 그러한 가르침은 잘 닦인 영혼의 거울에서 하나님을 볼 수 있다고 주장한 닛사의 그레고리의 가르침과 비교해 볼 수 있다.[104] (그러나 에바그리우스의 가르침은 그레고리를 의존하고 있는 것 같지 않다.) 만약 바라봄이 상호적이라면,[105] 에바그리우스의 사상은 또 다시 후기 신비가들 특히 마이스터 에크하르트와 비교된다. 에크하르트는 하나님의 근저ground와 영혼의 근저를 동일하게 여김으로써 정신mind의 본질에 대한 관상과 삼위일체에 대한 관상을 혼합했다고 할 수 있다.

본질적 지식과 관련된 세번째 문제는 이것이 어떤 종류의 하나님과의 일치, 희미한 연합을 함축하느냐의 여부이다. 마카리우스의 설교들과 달리 에바그리우스는 "신비적 연합"이라는 표현을 전혀 쓰지 않으며, 심지어 연합을 지칭하는 표준적인 표현들(henōsis, koinōnia 등)조차 그의 어휘에서 거의 찾아볼 수 없다. 그러나 본질적 지식은 에바그리우스가 때로 과감히 말하고 있는 삼위일체와의 "융합"을 포함한다. 『멜라니아에게 보낸 편지』에서 에바그리우스는, 정신적인 존재들이 하나님과의 원형적 연합에서부터 타락하였다가 다시 회복하는 것을 "지성에 의해 이해할 수 있는 바다"라는 이미지를 사용하여 비유한다.

"정신들이 마치 바다의 물결같이 그(하나님)에게로 다시 흘러올 때, 그는

---

101) Von Balthasar, "Metaphysics and Mystical Theology," pp. 191-92.
102) Ousley, "Evagrius' Theology of Prayer"를 보라. 본문을 보려면 *Prak*.58, 66; *Gnost*.43; *Prayer* 78, 62-63, 65, 78; and *KG* 1.37, 79; 5.77; 6.60; etc.
103) Eg., *Prak*. 64; *Gnost*. 45.
104) Guillaumont in *DS* 2:1782.
105) Rahner, "Die geietliche Lehre," p. 97.

그것들 모두를 완전히 자신의 본질과 색깔과 맛으로 바꾼다. 그의 끝없고 분리될 수 없는 통일성 안에서 정신들은 더 이상 여럿이 아니라 하나가 된다. 왜냐하면 정신들은 그와 연합되고 결합되기 때문이다. 그래서 강물이 본질이나 색깔이나 맛의 변화가 없이 바다와 합쳐짐같이, 정신이 하나님과 융합할 때에도 본성들의 이중성이나 위격들의 사중성은 나타나지 않는다"(『멜라니아에게 보낸 편지』 6).

타락 이전 정신적 존재들logikoi은 "구별이 없이 하나님 안에서 하나였다." 땅이 강과 바다를 분리하듯이 죄는 정신적 존재들을 성부에게서 분리시킨다. 그러나 결국 끝은 출발과 같을 것이므로, "…모든 지성이 완전하게 되는 것을 보는 사람은 이 다양하고 독특한 지식들이 하나의 본질적이고 독특한 지식 안에 융합되어 그것들 모두가 영원히 하나가 되는 것을 보기 때문에 대단히 놀라고 경이로워한다"(『멜라니아에게 보낸 편지』 12).

『멜라니아에게 보낸 편지』에서 에바그리우스는 정신적 존재logikoi로서의 정신적 존재의 피조된 본성과 신적 정신 안에서의 정신적 존재의 영원한 실존을 구분한다. 따라서 우리는 이교 플라톤주의에서처럼 본질적으로 신적인 "내적 영혼"을 다루고 있는 것이 아니다. 삼위일체와는 달리 정신적 존재들은 본질적 지식gnōsis ousiados과 동일한 것이 아니다: 그것들은 언제나 삼위일체에 대하여 "수용적"이거나 "민감한" 것으로 기술된다(KG 2.80; 3.12-12, 32; 4.77; 6.73; 『프락티코스』 3). 그러나 정신적 존재들이 궁극적으로 하나님과 재연합된다는 에바그리우스의 주장은 영적 창조가 그 근원과 하나가 되는 최종적인 무차별의 연합을 암시한다(KG 1.7-8; 2.29). 이제 우리는 에바그리우스의 신비적 연합이 "순수히 이성적인 피조물이 본질적인 지식을 수용하는 것"이라고 정의한 데이비드 우슬리David Ousley에게 동의할 수 있다.[106] 그러나 이 연합이 본질적으로 이성에게 달려 있는 것이 아니라 항상 하나인 동시에 셋이신 하나님을 수용하는 것임을 기억해야 한

---

106) Ousley, "Evagrius' Theology of Prayer," p. 349.

다. 이런 관점에서 에바그리우스의 사상은 마이스터 에크하르트와 그의 제자들과 같은 후대의 기독교 신비 사상가들이 주장한 불 분명한indistinct 연합과 비교된다.

에바그리우스가 하나님과 회복된 이성nous 사이의 불분명한 연합 형태를 주장한 것은 그의 신비주의가 지닌 세 가지 중요한 특성—부정주의apophaticism, 지성주의intellectualism, 그리고 수정된 비전주의esotericism—을 조명해 준다. 모든 기독교 신비 이론가들이 그렇듯이 에바그리우스는 하나님이 모든 인간적인 사고를 초월하신다고 주장하면서 독자들에게 다음과 같이 상기시킨다: "경솔하게 신적인 것을 신학적으로 다루지 말고 정의내리지 말라. 정의한다는 것은 피조된 존재에게만 적용된다."(『그노스티코스』 27).[107]

말로 표현할 수 없는 분을 침묵 속에서 경모해야 한다는 주장(『그노스티코스』 41)은 신플라톤주의자들과 그의 스승인 나지안주스의 그레고리Gregory of Nasianzen에게서 발견되는 주제를 반영한다.[108] 그러나 에바그리우스는 특히 무한한 무지에 대한 가르침을 통해서 독특한 형태의 부정주의를 전개한다. 『케팔라이아 그노스티카』의 한 구절은 "능가할 수 없는 무지를 얻은 자는 복이 있나니"(KG 3.88)라고 번역될 수 있다.[109] 이것은 에바그리우스가 금욕을 통한 정욕의 감소와 관상을 통한 무지의 감소에 대해 논한 『프락티코스』 87의 구절에 의해서 설명된다. 그는 다음과 같이 결론을 맺는다: "무지와 관련하여 사람들은 끝이 있는 형태와 끝이 없는 형태가 있다고 주장한다"(『프락티코스』 87).[110] 피조된 실체의 무지(이것은 물질적 관상을 통

---

107) Cf. *Prayer* 4; *KG* 5.26, 51, 62-63.

108) J. Souilhé, "Le silence mystique," *Reveu d'ascétique et de la mystique* 4 (1923): 128-40을 보라.

109) Hausherr, "Ignorance infinite," pp. 351-62; and Ousley, "Evagrius' Theology of Prayer," pp. 250-59, 270-72를 보라.

110) *Tēs de agnōsias tēs men einai pera, tēs de me einai phasi.*

해서 종식될 것이다)와 거룩한 삼위일체의 무지(이것은 결코 끝이 없다)를 구분한 에바그리우스의 결론을 뒷받침해 주는 본문들이 있다.[111] 신적 관상*theōria theologikē*은 역설적으로 무한한 지식인 동시에 유한한 무지, 즉 닛사의 그레고리가 말한 바 영혼이 지치지 않고 끝없이 하나님에게로 이동해 가는 추구*epektasis*와 흡사한 "무지의 지식"*agnostic gnōsis*이다.[112] 『케팔라이아 그노스티카』 1.65에서 에바그리우스는 궁극적 일치를 다음과 같이 기술한다: "말로 표현할 수 없는 평화가 있으며, 항상 만족하지 못하는 성질 안에서 만족하는 본래의 이성*nous*만 있다."[113] 이와 같이 에바그리우스는 후일 위-디오니시우스가 활용한 그림이나 어둠과 같은 상징들을 통해서 부정의 신학을 전개하지는 않지만 그의 사상 안에는 부정주의가 강력하게 나타나 있다.

에바그리우스의 무지의 지식은 닛사의 그레고리, 그리고 요한 스코투스 John Scotus Eriugena와 같은 후대 서방의 신비가들과 공유하고 있는 또 하나의 부정적 주제의 근거이다.[114] 이성*nous*이 참된 하나님의 형상이므로 삼위일체에 대한 본질적 지식에 수반되는 자기 인식self-knowledge은 긍정적인 특성뿐만 아니라 부정적인 특성도 갖고 있다. 『케팔라이아 그노스티카』 2.11에 보면 우리는 관상을 통해서 모든 유형적인 사물의 본질을 알 수 있지만 "우리의 이성을 지으신 하나님이 불가해하듯이 우리의 이성도 불가해하다. 우리는 삼위일체를 받아들일 수 있는 본질을 이해하거나 일치Unity를 이해하는 것, 즉 본질적인 지식은 불가능하다"라고 말한다(KG 3.31 참고).

---

111) *KG* 1.11; 3.63; *KG* 4.29을 보라.

112) Guillaumont은 닛사의 그레고리보다 바실과 나지안주스의 그레고리가 근원일 가능성이 많다고 생각한다 (*Praktikos*, pp. 679-80).

113) O'Laughlin, "Origenism in the Desert," p. 187을 보라.

114) B. McGinn, "The Negative Element in the Anthropology of John the Scot," *Jean Scot Érigène et l'histoire de la philosophie* (Paris: CNRS, 1977), pp. 315-25.

에바그리우스도 그의 스승 오리겐과 마찬가지로 지나치게 지적 형태의 신비주의를 주장했다는 비난을 받아 왔다. 그의 신비 이론에서는 사랑과 의지보다는 지성을 높이 여긴다. 무정념apatheia을 얻기 위해서 모든 육체적이고 감정적인 힘들을 훈련해야 한다고 생각했으며 보다 높은 관상의 단계에 이르기 위한 전제 조건으로서 아가페를 강조하고 있지만, 그의 목표는 신성의 지적인 바다에 빠져 있는 타락한 이성을 자유하게 하는 데 있었다. 이것이 에바그리우스가 몰아의 상태,[115] 최소한 이성을 초월하거나 벗어나는 것을 전혀 고려하지 않은 이유이다. 그는 순수한 기도를 통한 신적 관상(theōria theologikē)의 어느 단계에서 모든 감각적인 경험과 개념들이 부재하는 새로운 방식으로, 즉 직관적으로, 혹은 무의식적으로 알게 될 것이다.[116] 이것은 이성을 잃는 것이 아니라 이성이 자체의 참된 자아, 즉 삼위일체의 완전한 형상과 모양인 합리적인 존재logikos가 되는 것을 허락하는 것이다.

지성의 바다에서의 궁극적 연합을 강조한 에바그리우스는 기독교 신비가들 중에서 가장 지성주의적인 인물로 평가될 수 있다. 에바그리우스는 어거스틴처럼 사랑의 우월을 강조하지 않았고, 오리겐에게서 발견되는 "지성화된 감정"도 결여하고 있다. 그러나 에바그리우스의 지성주의는 사막의 경험에서 오리겐의 사상을 받아들임으로 온 것이지 결코 이교 철학의 영향을 받은 것이 아니다.[117]

앞에서 2세기의 영지적 신비주의 물결이 헬라 기독교 신비주의 형성에서 행한 중요한 역할, 대체로 부정적인 역할을 살펴보았다. 최근 번즈 Bunge는 에바그리우스의 시대에 이집트 수도원 운동 안에 있던 영지주의가 에바그리우스를 조명하는 데 중요한 역할을 한다는 것을 증명했다(Nag

---

115) Hausherr ("Ignorance inanie," p. 377)와 Guillaumont (in *DS* 2:1784)은 에바그리우스에게 엑스터시가 부재한다는 사실에 주목한다.
116) *Prayer* 117 (Bamberger, p. 75); and *Prayer* 127을 보라.
117) Ousley, "Evagrius' Theology of the Spiritual Life," pp. 165-67을 보라.

Hammadi 문서에 의해서 입증된다).[118] 아리우스를 반대한 이 콘스탄티노플의 부제는 켈리아Kellia의 반-영지주의적 수도사가 되어 그릇된 다양성에 반대해 참된 기독교적 지식의 이상을 제시하려 했다. 그는 육체가 본질적으로 악하다고 주장하는 사람들을 공격했으며(KG 3.53; 4.60, 62), 관상으로 상승하는 데에는 은혜가 필요하다고 강조하였다. 에바그리우스는 또한 이성 nous이 본질적으로 거룩한 것이라고 보는 견해를 거부했다. 『신앙의 편지』에서 그는 오리겐과 흡사하게 동일본질인consubstantial 성부와 성자에게 적용되는 용어(God)와 "은혜 때문에 신(god)이라고 불리는" 사람들을 언급할 때 사용하는 용어(시 81:6)를 구분한다.[119]

에바그리우스가 "참 영지자", 즉 『그노스티코스』에서 특별히 묘사된 수도적 압바abba를 제시할 때에 영지주의와의 논쟁이 분명해진다.[120] 클레멘트에게서와 마찬가지로 여기에서 수정된 형태의 비전주의를 발견한다. 에바그리우스는 참된 영지자는 모든 이에게 구원의 기본 메시지를 가르친다는 주장에(『그노스티코스』 12-13), 영지자는 "대수롭지 않은 일들로 인해 추문이 생기지 않도록" 가르침을 청중에게 적용하는 방법을 알아야 한다는 내용의 충고를 곁들인다. 그는 영지자에게 다음과 같이 경고한다: "이성적인 지식과 환경의 법칙, 즉 각 사람에게 유익한 것을 쉽게 말해 줄 수 있는 생활 방식과 직업을 가지라"(『그노스티코스』 15).[121] 이것은 일반적 원리로서 나무랄 데가 없지만 때때로 무지한 체할 필요가 있으며(『그노스티코스』 23) 초보 수도사들의 영지주의 서적 접근을 금하는(『그노스티코스』 25) 배타적인 태도를 보여주는 본문들도 있다.[122]

---

118) Bunge, "Origenismus–Gnostizismus"; idem, *Geistliche Vaterschaft*, esp. pp. 55-64.

119) *AlL'hoi men kata charin onomazontai…*

120) Bunge, *Geistlich Vaterschaft*, pp. 40-44; and Guillaumont, "Introduction," in *Gnostikos* (SC 356), pp. 27-7을 보라.

121) Cf. *KG* 4.6; 6.65.

122) Gnost. 36을 보라. *Prak.* pref. (Bamberger, p. 15); and *Ep. ad Mel.* 4 (Parmentier,

그 다음에 에바그리우스는 기독교 신비주의의 역사 전체의 수도적인 층에 나타나 있는 긴장들 중 하나를 드러낸다. 즉 여러 해 동안 수덕 훈련과 이론적 훈련을 행한 수도사들만이, 모든 사람에게 약속된 하나님께로의 복귀 메시지의 보편성과 삼위일체에 대한 본질적인 지식에 접근하게 해주는 순수한 기도의 관상적 목표의 불안한 공존에 접근할 수 있는 듯하다. 그는 한 곳에서 이렇게 말한다.

"수도사는 참된 기도에 의해서 또 다른 천사(isangelos; 참고 눅 20:36)가 된다. 왜냐하면 그는 하늘에 있는 성부의 얼굴 보기를 간절히 바라기 때문이다"(『기도에 관하여』).

그러나 에바그리우스의 비전주의를 과장해서는 안 된다. 에바그리우스는 모든 저서에서 본질적 지식에 대해서 말하고 있다. 그는 비-영지자들에게 목표가 아니라 그것을 둘러싸고 있는 오리겐적인 우주론적 구조를 드러내기를 주저했던 듯하다.[123]

마지막으로 에바그리우스의 견해에 의하면 천사처럼 된 수도사는 동료 인간들 혹은 다른 모든 피조물과의 관계나 책임을 모두 잃는 것이 아니다. 에바그리우스는 순수한 기도와 수도생활에 임하는 일련의 축복에 대한 언급을 끝내면서(『기도에 관하여』 117-23), "수도사란 모든 것들과 분리되면서도 모든 것들과 연합되어 있는 사람이다"라고 말한다(『기도에 관하여』 124).[124] 수도적 도피anachōrēsis를 만들었던 분리의 예식은 수도사monachos를 모든 것으로부터 분리시켰지만, 그 목적은 수도사를 원래의 창조의 신적 조화 안에 들어가게 해주려는 데 있었다. 이 연합의 성취는 수도사에게 새로운 전망과 모든 인간들과의 새로운 교제, 그리고 기독교 내에서의 새롭고 강력

---

p. 11)도 보라.
123) O'Laughlin, "Origenism in the Desert," pp. 245-48.
124) Cf. Prayer 125.

한 역할을 부여해 주었다. 이 본문은 수도원적 전환이 다음 시대의 기독교 신비주의에 제도적으로나 영적으로 중요한 것이 된 이유, 그리고 에바그리우스가 초기 기독교의 신비적 요소와 수도적 요소를 종합한 것이 서방 신비주의 역사에서 중요했던 이유를 말해준다.

영적 해석과 부정주의: 디오니시우스의 신비주의

500년경 시리아에 동방의 어느 신비가보다 더 강력하게 서방 세계에 영향을 미친 수도적 저술가가 살았다. 아직도 신분이 밝혀지지 않은 이 인물은 "신비 신학"이라는 용어를 만들어냈을 뿐 아니라 하나님과 세계의 관계에 대한 변증적 견해를 체계적으로 표현했는데, 이것은 천 년 이상 사변적 신비 체계의 근원이 되었다.[125] 보나벤투라Bonaventura 못지 않은 권위에 따르면 성경의 영적 의미는 세 종류의 가르침을 담고 있다.

> "교리적 의미, 도덕적 의미, 그리고 신비적 의미(하나님과 영혼의 연합에 관한 것). 첫째 의미는 어거스틴, 두 번째 것은 그레고리, 그리고 세번째 것은 디오니시우스가 가르친다."[126]

이 저자는 사도 바울이 아테네에서 개종시킨 아레오바고의 디오니시우스라는 인물을 빌렸다(행 17:34). 그와 같은 집단에 속한 사람들도 신약성경에 등장하는 인물들의 이름을 사용했다. 그러나 그가 히에로테우스라고 부른 그들의 지도자는 그렇게 하지 않았다.[127] 이 인물의 정체를 밝히려는

---

125) 디오니시우스의 저술은 네 개의 논문과 10편의 편지로 구성된다: *The Divine Name (DN), The Mystical Theology (MT), The Celestial Hierachy (CH), The Ecclesiastical Hierachy (EH),* and *The Letters (Ep).*

126) Bonaventure, *The Reduction of the Arts to Theology* (S. Bonaventure Opera Omnia 5:321).

127) A. Guillaumont "Étienne bar Soudaili," *DS* 4:1481-88; and I. Hausherr,

많은 시도에도 불구하고 디오니시우스라는 역사적 인물은 여전히 신비로 남아 있다(여기서는 그를 위-디오니시우스라는 현대의 명칭으로 부르지 않고 그냥 디오니시우스라고 부르겠다).[128]

그의 저술들 역시 이해하기 어렵다. 신조어들이 가득하고 거의 주술적이라고 할 수 있을 정도의 특이한 문체로 기록된 그의 저술들은 난해하며 논쟁의 대상이 된다. 수세기 동안 이 디오니시우스의 전집은 사도적 권위에 준하는 것으로 여겨졌으나, 루터가 1520년에 공개적으로 "디오니시우스는 매우 유해한 인물이다. 그는 기독교보다 플라톤 철학을 받들고 있다"라고 공격하기 전에도 로렌조 발라Lorenzo Valla와 에라스무스Erasmus와 같은 인문주의자들은 그 신빙성에 의심을 품기 시작했다. 루터는 이런 사도적 권위에 의심을 품었고 공식적으로 "디오니시우스는 가장 유독한 인물이다. 그는 기독교화하는 것보다 훨씬 더 많이 플라톤화 했다"라고 공격했다.[129] 오늘날에 이르기까지 많은 사람들, 특히 로마 가톨릭 신자들은 디오니시우스의 사도적 신빙성을 옹호해 왔으며, 역사 학계는 그가 플라톤주의 저술들, 특히 프로클루스의 저술들을 사용한 것이 그가 기원 5세기 후반 이전에는 저술 활동을 할 수 없었음을 증명한다고 주장했다.[130]

오늘날도 디오니시우스가 플라톤 철학을 신봉하고 있다는 불평이 제기되고 있다. 얀 바네스트Jan Vanneste와 같은 디오니시우스 연구가들은 이 미

"L'influence du "Livre de Saint Hierothée," *Études de spirutualité orintale, Orientalia Christiana Analecta* (Rome: Pontificium Institutum Studiorum Orientalium, 1969), pp. 23-58.

128) R. Roques, "Denys L'Aréopagite (Le Pseudo-)," *DS* 3:249-57; and, more fully, idem, "La question dionysienne," in his *Structures théologiques de la Gnôse à Richard de Saint-Victor* (Paris: Presses universltaires de France, 1962), pp. 63-91.

129) Martin Luther, *Babylonian Captivity of the Church* (Weimarer Ausgabe 6, 562).

130) H.-D. Saffrey, "New Objective Links between the Paeudo-Dionysius and Proclus," in *Neoplatonism and Christian Thought*, ed. Dominic J. O'Mera (Albany: SUNY Press, 1982), pp. 64-74.

지의 저자가 기독교 신학자라기보다는 신플라톤주의 철학자라고 본다.[131] 다른 학자들, 예를 들어 블라디미르 로스키Vladimir Lossky는 반대 입장을 취하여 디오니시우스를 "신플라톤주의자로 가장한 기독교 사상가, 즉 신플라톤주의의 철학적 방법을 통달함으로써 신플라톤주의가 장악하고 있는 기반을 정복해야 한다는 자신의 책임을 제대로 파악하고 있는 신학자"로 보았다.[132] 현대에 디오니시우스에 대한 가장 중요한 신학적 찬사를 저술했다고 볼 수 있는 폰 발타사르Von Balthasar는 디오니시우스가 "신플라톤주의적 환경을 기독교화한 것은 그 자신의 신학적 작업의 부수적 효과"라고 여긴다. 디오니시우스는 자신의 신학적 작업을 "신학과 미학, 진리와 아름다움의 실현된 분명한 종합"이라고 묘사했다.[133] 다른 해석가들은 중간 입장을 취해서 삼위일체, 창조, 하나님께로의 복귀 등에 관한 기독교의 가르침을 표현하기 위해서 신플라톤주의적 범주들을 채택한 것, 그리고 특히 기독론에서 자주 등장하는 바 신학적으로 부적절하거나 문제가 되는 듯이 보이는 영역들을 가리키면서 행한 전환 안에서 디오니시우스 전집이 근본적으로 기독교적인 영감을 받은 것임을 인정한다.[134]

---

131) Jan Vanneste, *Le mystère de Dieu: Essai sur la structure rationelle de la doctrine mystique de Pseudo-Dionysius L'Aréopagite* (Brussels: Desclée, 1959), e.g., pp. 21 and 221; and esp. idem, "Is the Mysticism of the pseudo-Dionysius Genuine?" *International Philosophical Quarterly* 3 (1963): 286-306; Ronald F. Hathaway, *Hierarchy and the Definition of Order in the Letters of Pseudo-Dionysius* (Hague: Nijhoff, 1969).

132) Vladimir Lossky, *The Vision of God* (London: Faith Press, 1963), pp. 99-100;. Endre von Ivánka in *Plato Christianus: Übernahme und Umgestaltung des Platonismus durch die Väter* (Einsiedeln: Johannes Verlag, 1964), esp, pp. 262-89; idem, "La signification historique du "Corpus Areopageticum," *Recherches des sciences religieuses* 36 (1949), pp. 15-19. Bouyer, *Spirituality*, pp. 399-401 도 보라.

133) H. Urs von Balthasar, *The Glory of the Lord*, vol. 2, *Studies in Theological Style: Clerical Styles* (New York: Crossroad, 1984), pp. 144-210 ("Denys" quotation from pp. 148-49).

134) E.g., René Roques, *L'univers dionysien: Structure hierachique du monde selon le Pseudo-Denys* (2nd ed.; Paris: Cerf, 1983); idem, *Structures théologiques mentioned above*. Bernard Brons, *Gott und die Seinden: Untersuchtngen*

더 큰 문제는 디오니시우스 전집의 비전적秘傳的인 분위기와 연관이 있다. 많은 구절에서 자격이 없는 자들에게는 거룩한 성경과 성례전들의 신비한 비밀들을 감출 것을 분명히 말하며, 이 비전주의가 진정으로 "거룩을 사랑하는 자들"에게만 점진적으로 계시될 수 있는 신비를 지닌 구원의 경륜의 일부라고 설명한다.[135] 비록 모두가 이 사랑이 진정으로 실현될 수 있는 교회 생활에 동참하지만 모든 신자들이 거룩을 사랑하는 사람이거나 그러한 사람들이 되는 것은 아니라고 디오니시우스는 가정하는 듯하다.[136] 한편 폰 발타사르는 디오니시우스가 *disciplina arcani*라는 언어를 사용한 것이 어떤 사람들을 배제하고자 하는 비전주의에서 비롯된 것이 아니라 자신의 신학의 근본적 형태—신비롭게 남아 있는 것은 점진적으로 드러냄—를 전달하기 위한 적절한 "철학적·심미적 도구"를 발견하려는 소원에서 비롯된 것이라고 주장한다.[137] 디오니시우스는 기독교 신비주의의 역사에서 특별히 중요한 인물이지만 계속 수수께끼요 문젯거리로 남을 것이다. 라틴 신비주의 역사에 끼친 그의 공헌 중 가장 중요한 것을 알아보려면 그의 신학 체계의 구조를 살펴보아야 한다.[138]

---

zum Vehältnis von Neuplatonischer Metaphysik und Christlichen Tradition bei Dionysius Areopagita (Göttingen: Vandenhoeck & Ruprecht, 1976), e.g., p. 327. 신플라톤주의와 디오니시우스의 관계에 대해서는 다음을 보라: E. Corsini, *Il trattato "De Divinis Nominibus" dello Pseudo-Dionigi e i commenti neoplatonici al Parmenide* (Turin: Giappichelli, 1962): and esp. Stephen Gersh, *From Iamblichus to Eriugena: An Investigation of the Prehistory and evolution of the Pseudo-Dionisian Tradition* (Leiden: Brill, 1975).

135) 특히 *Ep.* 9.1 (1105c-8B); *CH* 2, 5 (140AB, 145A); *EH* 1.4 (376c); 4.III.2 (476BC)를 보라.

136) Charles André Bernard, "La doctrine mystique de Denys L'Aréopagite," *Gregorianum* 68 (1987), 7.564를 보라.

137) Von Balthasar, *Glory of the Lord*, 2:152-54.

138) 그의 사상과 영향력을 전반적으로 파악하기 위해서는 "Denys L'Areopagite" *DS* 3:244-429)를 보아야 한다. I. p. Sheldon-williams, "The pseudo-Dionysius," in *The Cambridge History of Later Greek and Early Medieval Philosophy*, ed. A. H. Armstrong (Cambridge: Cambridge University Press, 1967), pp. 451-72; and Paul Rorem, "The Uplifting Spirituality of Pseudo-Dionysius," in *Christian Spirituality: Origins to the Twelfth Century*, ed. Bernard McGinn and John

현재 남아 있는 것들 중에서 디오니시우스 전집(이것은 후일 중요한 설명 자료들과 함께 서방에 유포되었다)의 핵을 이루는 것은 4개의 논문과 10개의 편지이지만, 저자는 적어도 7개의 다른 저서를 언급한다. 많은 사람들이 후기의 저서들을 허위로 여겨왔지만 그럴 필요가 없다.[139] 현재 남아 있는 저서들 중에서 가장 길고 중요한 저서인 『신의 명칭들』The Divine Names은 13개의 장으로 구성된다. 이 책은 주로 창조주이신 하나님에게 개념적인 용어나 명칭을 부여하는 적극적인 신학, 혹은 긍정의cataphatic 신학을 다루지만, 특히 9장과 13장에서 부정의apophatic 신학의 중요한 요소들을 소개한다.[140] 앙드레 폰 이반카Endre von Ivánka는 이 책이 플라톤과 프로클루스 및 헬라 교부들에 기초한 신적 단정에 관한 논문들로 이루어져 있다고 주장했다(도표 2 참고).[141] 디오니시우스는 『신의 명칭들』에 이어 『상징 신학』Symbolical Theology이라는 논문을 저술했는데, 이것은 현재 남아 있지 않지만 그가 시기적으로 늦게 저술한 저서에서 언급되었다.[142] 그 후 그는 간략하지만 힘이 있는 책 『신비 신학』The Mystical Theology을 저술했다. 그는 이 책으로 유명해졌으며, 중세 시대에 영국에서 『무지의 구름』의 저자가 이 책을 Deonise Hid Divinite라는 제목으로 번역했다. 그는 이 논문과 그 이

Meyendorff, *WS* 16 (New York: Crossroad, 1986), pp. 132-51; Andrew Louth, *Denys the Areopagite* (Wilton, CT Morehouse-Balow, 1989); Weller Völker, *Kontemplation und Ekstase bei Pseudo-Dionysius Areopagita* (Wisbaden: F. Steiner, 1958); and Paul Rorem, *Biblical and Liturgical Symbols within the Pseudo-Dionysian Synthesis* (Toronto: Pontifical Institute of Medieval Studies, 1984).

139) Rogues, *Structures Théologiques*, pp. 132-34; and von Balthasar, *Glory of the Lord* 2:154-64.

140) DN에서는 그 이전의 저서가 최소한 네 권이 존재하는 것으로 가정한다: (1) The Outlines, or Theological Representations; (2) On the Properties and Orders of Angels; (3) On the Soul; (4) On the Just Divine Judgement.

141) von Ivánka,*Plato Christianus*, pp. 228-42. 구조에 대한 다른 견해로는 Von Balthasar, *Glory ot the Lord* 2:189-90을 보라.

142) E.g., *DN* 1.8 (597B; p. 57); *MT* 3 (1033B; p. 141); *CH* 15.6 (336A; p. 187); 77.9.1, 6 (1104B, 1113B; pp. 280, 288).

전의 저서들의 관계를 다음과 같이 요약한다:

"이전에 저술된 책들에서 나는 주로 가장 숭고한 범주에서부터 가장 비천한 범주로 내려가면서 논증했다.…그러나 이 책에서의 논증은 낮은 것에서부터 초월적인 것을 향해 올라간다. 그런데 높이 올라갈수록 언어는 주춤거리게 되며, 상승을 넘어서 초월한 상태에서 언어는 완전히 침묵하게 될 것이다. 왜냐하면 그것은 결국 무어라고 묘사할 수 없는 분과 하나가 되기 때문이다"(『신비 신학』 3 [1033C; p. 139]).[143]

도표 2
신의 명칭들

장	전거
1. 일반적 서론: 알려질 수 없으나, 그럼에도 많은 이름이 주어진 하나님 2. 하나님의 일치적이고 차별적인 명칭들 3. "선"이라는 명칭에 대한 서론 4. "선"이라는 명칭 분석 　1-9 : 선과 미 　10-17 : 선과 에로스 　18-35 : 악은 무엇인가?	I. 선(Good)에 관한 논문(『국가론』 IV-VI)
5. 삼중 구조에 대한 서론: 존재–생명–지혜 존재(ousia)로서의 하나님 6. 생명(zoē)으로서의 하나님 등 7. 지혜(sophia)로서의 하나님 등 　7.4 지혜로서의 성자(logos-sophia)	II. 신플라톤주의적 삼중 구조에 관한 논문
8. 능력으로서의 성부(dynamis) 9. 상반된 명칭들의 변증법 10. 전지전능하고 영원하신 하나님 11. 평화(eirēnē)로서의 성령 12. 여러가지 성경적 명칭 13. "지속적인" 명칭들로서의 완전한 분과 하나이신 분	II. 콘스탄티누스의 삼중 구조(지혜–능력–평화)에 관한 논문

---

143) Rorem, "The Place of the Mystical Theology in the Pseudo-Dionysian Corpus," *Dionysius* 4 (1980): 87-98.

이렇게 위를 향하는 방법 중 낮은 단계들이 남은 두 논문의 주제가 된다. 『교회의 계층 구조』The Ecclesiastical Hierarchy ("인간의 계층 구조"라고 번역되는 것이 더 나을지도 모른다)는 교회의 예전과 직무가 신비적 해석 과정에서 어떤 기능을 발휘하는지에 대해 다룬다.[144] 『천상의 계층 구조』The Celestial Hierarchy는 우리가 하나님에게 올라가는 데 있어서 천사들이 맡은 역할을 하려면 9계급에 대한 성경의 묘사를 어떻게 이해해야 하는지를 조사한다. 현재 남아 있는 10개의 편지들은 논문들에서 항상 분명하게 드러나지는 않는 상호관계들을 이해하는 데 있어서 중요한 역할을 한다.[145] "거룩한 찬가들"에 대한 언급도 있는데, 이것은 현재 남아 있지 않다.[146]

디오니시우스가 관심을 가진 신학적 중심은, 만물이 표명되지 않은 근원Source과 연합하게 하기 위해서 절대적으로 불가지한 하나님이 창조 안에 자신을 현현하신 방법을 탐구하는 데 있다. 디오니시우스의 프로그램은 거룩한 에로스(divine Eros, 전 장에서 EROS I으로 지칭됨)가 우주의 많은 신현현들로 나타나는 우주적인 프로그램인데, 이 현현들은 자신의 다수성을 넘어서 단순한 통일체로 돌아가려고 노력한다. 디오니시우스는 복귀 과정에서 지성적인 인간 주체의 역할이 중요하다고 여기지만, 어떤 의미에서 그의 표현은 오리겐이나 에바그리우스보다 더 우주론적이고 "객관적"이다. 현존하는 그의 저서들 안에 신학적 인간론은 존재하지 않으며 암시되어 있을 뿐이다. 중요한 것은 전체 우주의 존재와 선과 아름다움이다. 디오니시우스는 "조금이라도 생각을 하는 사람이라면 눈에 보이는 아름다운 것들이 눈에 보이지 않는 사랑스러움의 상징임을 인식한다"라고 말했다

---

144) *Dionysius the Pseudo-Areopagite: The Ecclesiastical Hierarchy*, translated and Annotated by Thomas L. Campbell (Lanham, MD: University Press of America, 1981)을 보라.

145) Hathaway, *Hierachy and the Definition of Order*을 보라.

146) E.g., *CH* 7.4 (212B; p. 166).

(『천상의 계층 구조』 1 [121D; p. 146]). 초월적인 아름다움의 본질에 대한 성찰 및 상징들의 필요성과 적절한 사용에 대한 고찰은 그가 중세 시대의 심미적 이론에 영향을 미친 이유를 이해하기 쉽게 해준다(특히 『천상의 계층 구조』 1-3; 『신의 명칭들』 9.5; Ep. 9).[147] 디오니시우스 신학의 전반적인 경향이 심미적이라는 폰 발타사르의 주장은 옳다:

> "데니스(디오니시우스)는 모든 기독교 신학자들 가운데 가장 심미적인 사람으로 간주될 수 있다. 왜냐하면 우리가 세상에서 알고 있는 심미적인 초월(감각적인 것인 현현들로부터 현현되는 영적인 것으로의 초월)은 신학적·신비적 초월(세상으로부터 하나님에게로의 초월)을 이해하기 위한 공적인 도식을 제공해 주기 때문이다."[148]

디오니시우스의 저술들의 객관적 특성은 그의 사상이 지닌 몇 가지 특성을 설명하는 데 도움이 된다. 그의 저술에는 명시적인 인간론이나 도덕적 이론이 거의 존재하지 않는다. 왜냐하면 『교회의 계급 구조』에 제시되어 있는 복귀 과정의 실천적 측면이 에바그리우스에게서 보는 것처럼 덕의 실천을 통한 무정념apatheia의 획득이 아니라 예전과 교회의 직무를 마술적으로theurgical 사용하는 것과 관련되어 있기 때문이다.[149]

성경에 대한 디오니시우스의 태도도 최소한 오리겐 시대 이후의 헬라 교부들에게서 발견되는 것과 다소 다르다. 그는 성경 주석을 저술하지 않았다. 이 말은 성경("신적 신탁"이 그의 표준적인 표현이다)이 그의 사고의 중심이 아니라는 의미가 아니다.[150] 디오니시우스는 성경의 저자들이야말로 독창적 신학자들이며 그들의 하나님 경험은 신적 본성에 대한 그들의 상징적

---

147) Otto von Simson, *The Gothic Cathedral* (New York: Harper & Row, 1964)을 보라.
148) Von Balthasar,*Glory of the Lord*, 2:168; of.2:154.
149) Sheldon-Williams, "The pseudo-Dionysius," p. 459.
150) Roques, L'univers dionysien, pp. 210-25; and esp. Rorem, *Biblical and Liturgical Symbol*.

이고 개념적인 묘사의 신빙성을 보장해 준다고 말한다.[151] 그는 상징적인 면과 이성적인 측면에서 성경을 자신의 긍정적 신학의 원천으로 의존하고 있다. 『신의 명칭들』 2.7에 있는 중요한 본문에서, 그는 자신의 『신학적 개요』(The Theological Outlines: 현존하지 않는 저서)에서 "참된 설명"에 따라(긍정적으로), 그리고 "지성의 작용을 초월하는 방법으로"(부정적으로) "성경에 의해서 계시된 신적 본성 내의 연합들과 분화들"을 다룬 방법에 대해 논한다. 같은 곳에서 디오니시우스는 성경이 신적 본질 자체를 계시하는 것이 아니라(이것은 누구도 할 수 없는 일이다) 오직 "우리가 분명히 알 수 있는 활동들, 즉 신화하며, 존재의 원인이 되며, 생명을 낳으며, 지혜를 주는 활동들만 계시한다"라고 주장한다(『신의 명칭들』 2.7 [644D-45B; pp. 63-64]).[152] 디오니시우스가 많은 성경 구절들을 의지함에도 불구하고 어떤 사람은 디오니시우스가 체계적인 관심을 우선시하여 성경 본문을 지나치게 세분화하는 경향이 있음을 감지한다. 디오니시우스는 방법론적 문제들을 다룰 때에 성경의 실제 본문과 거리를 두지만 (후에 그의 제자 요한 스코투스이 주장하듯이) 자신의 방법이 근본적인 성경 해석 원리로서 성경에서 계시되었다고 주장했을 것이다.

디오니시우스와 그 이전의 기독교 저자들, 특히 오리겐 및 카파도키아 교부들과의 관계는 이교 플라톤주의자들과의 관계 못지 않게 복잡하다.[153] 디오니시우스를 기독교 신비 신학자가 아닌 신플라톤주의 철학자로 보는 사람들은 그가 기독교의 자료들보다는 이교의 자료들을 더 직접적으로 차

---

151) Theresia Benedicta a Cruce [Edith Stein], "Ways to Know God: The 'Symbolic Theology' of Dionysius the Areopagite and its Factual Presuppositions," *The Thomist* (1946), p. 401.

152) S. Gersh, "Ideas and Energies in Pseudo-Dionysius the Areopagite," in *Studia Patristica* 15, ed. E. A. Livingstone [Berlin: Akademie Verlag, 1984], pp. 291-300); Gregory of Nyssa, *To Ablasius* (PG 45:119-29; translated in W. G. Rusch, *The Trinitarian Controversy* [Philadelphia: Fortress, 1980], pp. 152-56).

153) 디오니시우스와 초기 헬라 교부들의 관계의 중요성을 다룬 책은 다음과 같다: Völker, *Kontemplation und Ekstase;* von Ivânka, *Plato Christiamus;* Roques, "A propos des sources du Pseudo-Denys," in *Structures Theologiques*, pp. 726-40.

용했다고 강조하지만 그는 기독교와 이방의 자료들을 폭넓게 활용했다. 우리는 디오니시우스가 자신이 물려받은 많은 사상의 표준들을 종합한 방법을 간단히 고찰함으로써 플라톤화 대 기독교화의 문제점에 접근하는 유리한 지점에 도달할 수 있을 것이다.

디오니시우스의 종합에 접근할 수 있는 많은 방법이 있다. 형이상학적 발판들이 그렇듯이 디오니시우스의 구조적 원리도 궁극적으로 독창성 때문에 체계화되지 못한 치밀한 사변을 소개하는 쉬운 방식을 제공한다. 이런 원리들 중에서 디오니시우스가 종종 그의 사상의 중심으로 인용하는 원리는 머뭄monē, 밖으로 나감proodos, 그리고 복귀epistrophē라는 프로클루스의 삼중 구조이다. 『신학의 요소들』 중 명제 35에서 프로클루스는 이 원리를 이렇게 표현한다.

> "그러나 결과는 단순히 남아 있든지, 단순히 진행하든지, 상반되는 용어들을 결합하든지, 중간의 것을 나머지 둘과 결합하든지, 혹은 셋 모두를 결합해야 한다. 배제에 의해서 모든 결과가 그 원인 안에 머물고, 그것으로부터 나아가고, 그것에게로 돌아온다." [154]

이런 머뭄과 밖으로 나감과 복귀의 원동력이란 상반되는 것들을 연결하기 위한 중간적 조건이 필요하다는 플라톤의 원리를 확대한 것으로서(Timaeus 31C), 어떻게 미지의 하나님이 복귀에 의해 일치를 되찾기 위해서 넘쳐 흘러 자신의 결과들로 분화되면서도proodos 항상 자신과 탁월하게 동등하게 남아 있을 수 있는지에 대한 디오니시우스의 변증적 견해에 대한 객관적인 관점이라 할 수 있는 것을 제공해 준다. "이름 없는 것"Nameless Itself과 동일한 "모든 신성을 초월하는 빛"은 "모든 상태, 운동, 생명, 상상력, 추측, 명칭, 토론, 사상, 개념, 존재, 휴식, 거주, 일치, 제한, 무한,

---

154) *Proclus: The Elements of Theology*, a revised text by E. R. Dodds (2nd ed.; Oxford: Clarendon, 1963), p. 39.

실존 전체로부터 완전히 떨어져 있다." 즉 그것은 항상 자체 안에 머문다 monē. "그러나 그것이 선의 토대이므로, 그리고 단순히 존재함에 의해서 모든 것의 원인이 되므로 이 신과 같이 자애로운 섭리를 찬양하려면 완전히 창조를 의지해야 한다"(즉 긍정적 신학의 방법인 proodos에 의해서). 그러므로 "만물이 그것을 열망한다. 지적이고 이성적인 것들은 지식(영지)에 의해서, 그보다 낮은 계층은 인식에 의해서, 그리고 나머지 계층은 살아 있음의 활동에 의해서 그것을 열망한다"(즉 부정적으로 만물이 그 원천으로 돌아간다. 『신의 명칭들』 1.5 593CD; p. 54).[155] 이 삼중 구조는 디오니시우스의 전집 안에 있는 다양한 논문들의 중요한 강조점들을 이해하는 모델이 된다. 『신의 명칭들』은 주로 밖으로 나감proodos을 다루며, 『교회의 계층 구조』와 『천상의 계층 구조』는 복귀의 낮은 단계를 다룬다. 『신비 신학』은 복귀의 이야기를 완성하며 아무리 탁월한 표현으로도 하나님의 본질을 묘사할 수 없다는 결론을 맺는다.

우리는 또한 여러 종류의 신학과 그것들의 상호작용이 이해력의 수준과 관련하여 이해되는 디오니시우스의 체계에 대한 주관적 혹은 인식론적 관점에 주목할 수 있다.[156] 물론 디오니시우스의 입장에서 보면, 다양한 신학들은 분리된 과목들이 아니라 하나님에 대하여 이야기하는 상이한 방법들이다. 상징 신학은 감각 지식sense knowledge에 의존하고, 긍정의 신학은 이성의 수준에서 작용하며, 이성을 초월하는 이해의 방식들은 부정의 신학이나 신비 신학에서 사용된다(『신비 신학』 1.3). 이 견해는 디오니시우스가 기독교 역사에서 신학theologia이라는 용어를 진보시킨 공헌을 이해하는 데 특히 도움이 된다. 디오니시우스는 신의 자기 계시를 객관적으로 묘사하는 데 관심을 기울였지만 인식론에 대해서는 거의 다루지 않는다.

---

155) *CH* 1.1 (120B); *EH* 9.111.3 (429AB); *DN* 4.14 (712CD); *MT* 3 (1033c); etc. Gersh, *From Iamblichus to Eriugena*, pp. 217-29에서 보다 상세한 내용을 볼 수 있다.

156) Roques, "Les "théologies" dionysiennes: notions, fonctions et implications," in *Structures Théologiques*, pp. 135-50.

디오니시우스의 체계에 대한 제3의 관점, 감추인 하나님과 계시된 하나님을 근본적으로 구분한 것에 대한 관점을 가정해 볼 수 있다(『신의 명칭들』 1.2). 창조 안에 현현된 하나님에 의하지 않고서는 감추인 하나님에게 접근할 수 없으므로 신학은 하나님-세상이라는 관계에 대한 고찰, 즉 디오니시우스가 만들어낸 용어—thearchia과 hierarchia—를 통해 독특하게 제시한 관계에 대한 고찰에서 시작된다.[157]

가이우스에게 보내는 두 번째 편지는 감추인 하나님과 계시된 하나님 사이의 구분(Thearchy, 창조의 원리)을 다음과 같이 설명한다:

"모든 것을 능가하시는 분이 어떻게 그 신성thearchia의 원천을 초월할 수 있으며, 모든 선의 근원을 초월할 수 있는가? 만일 신성과 선이 우리를 선하게 만드는 은사의 본질을 의미한다면, 그리고 만일 신성과 선을 초월하시는 분을 비길 데 없이 모방하는 것을 의미한다면 그것이 가능하다"(Ep. 2 1068A-69A; p. 263).

감추인 하나님과 계시된 하나님의 구분을 의미하는 thearchy는 디오니시우스가 창조 안에서 자신을 전하시는 삼위 하나님을 나타내기 위해 만들어낸 용어이다. 예를 들어 『천상의 계층 구조』 7에서 "이 신Thearchy은 하나의 단자Monad이며 삼격적 일치tri-hypostatic Unity"로서 만물을 영원히 포옹하며, 그 섭리가 만물에게 미친다는 메시지를 전하는 최고 계급의 천사들을 찬양한다(7.4 [212C; p. 166]).[158] thearchia는 하나님을 지칭하는 많은 긍정적 명칭들 중 하나이지만, 디오니시우스는 이 용어를 만들면서 창조에 대한 자신의 기독교적 이해가 전통적인 신플라톤주의에 초래한 변화를 알려줄 용어가 필요했음을 표현하려 한 듯하다. thearchia, 그리고 그것과 관련이 있는 hiearchia는 디오니시우스적이고 영혼 창조설을 지지한다:

---

157) Roques's L'univers dionysien (pp. 111-15); Bernard, "La doctrine mystique," pp. 533-37; and von Balthasar, Glory of the Lord 7:201-2.
158) DN 1.2 (588CD); 1.4 (693B).

삼위일체 신thearchy이신 하나님은 주로 거룩한 계층 구조hierarchia로 인식된 우주의 원리이다. 즉 신적인 것들이 다중 질서를 이루어 나타난 현현이다. 하나님에게로의 복귀를 가능하게 하는 정화, 조명, 완전 등의 능력은 단지 신정thearchy에 참여하고 있는 것들이기 때문에 피조된 우주의 계층 구조에 현존한다.[159)]

thearchia는 기독교 사상사에서 별로 주목을 받지 못한 반면 hierarchia는 가장 유력한 신조어 중 하나가 되었다. 디오니시우스는 이 단어를 여러 가지로 정의했는데 가장 중요한 것은 『천상의 계층 구조』 3.1에서 제공된다: "내 견해로는 계층 구조란 하나의 거룩한 질서taxis hiera, 가능한 한 신적인 것에 가까이 근접한 활동energeia이며 이해의 상태epistēmē를 말한다"(164D; p. 153). 그것은 "나름대로 계발의 신비를 거룩하게 실행해 나가는 하나님의 아름다움의 형상"이며, "모든 거룩한 구성 요소들의 완벽한 총체"이다(『천상의 계층 구조』 3.2 [165B; p. 154]).[160)] 신thearchy이 삼위일체, 즉 기독교적 삼위일체이기 때문에 모든 계층 구조가 삼위일체적 현현에 능력을 부여하는 기능을 성취하려면 그것은 하나이면서 셋이어야 한다(『교회의 계층 구조』 5.1). 각 계층 구조는 완전하게 하는 단계, 계발해 주는 단계, 즉 깨끗하게 하는 단계를 포함한다. 그리고 모든 계층 구조는 행동하는 사람들, 묵상하는 사람들, 행동의 영향을 받는 사람들을 포함한다.

디오니시우스는 구약 시대에 지배적이었던 율법의 법적 계층 구조에 대해서는 거의 말하지 않는다.[161)] 법적인 계층 구조는 신약 시대 교회의 계층 구조를 위한 길을 예비해 주었고, 신약 시대 교회의 계층 구조는 유형적인 법적 계층 구조와 천상의 계층 구조를 이루는 천사들의 계급 구조의 영적

---

159) *EH* 5.1.7 (508D; p. 239). Cf. *CH* 3.3 (168A). Dom Placid Spearritt, "The Soul's Participation in God according to Pseudo-Dionysius," *Downside Review* 88 (1970): 378-92을 보라.

160) *EH* 1.3 (373c; p. 197).

161) *EH* 3.111.4 (432B); 5.1.2 (501BD); *Ep.* 8 (1089G); and the discussion in Roques, *L'univers Dionysien*, pp. 171-74.

실체를 중재한다. 교회의 계층 구조는, 전례 집전자가 거행하는 성례전적 의식들에 대한 적절한 해석에 의해서 다양한 계층의 신자들이 신화된다. 세 계급의 거룩한 대리인들은 세 집단의 기독교인들을 신화하기 위해 세 가지 의식을 사용한다. 왜냐하면 "계층 구조의 목표는…존재들로 하여금 가능한 한 하나님을 닮으며 그와 하나가 되게 하는 것"이기 때문이다(『천상의 계층 구조』 3.2 [165A; p. 154]). 부제副祭는 정결하게 해주며, 사제는 조명해주며, 주교들은 완전하게 해주는데 이들이 세례, 성찬식, 그리고 도유식 등의 성례전을 거행한다(『교회의 계층 구조』 2-4. 5). 이것은 정화 과정에 있는 세례문답자들, 조명을 받고 있는 중인 세례받은 사람들, 그리고 완전에 이르는 과정에 있는 수도사들의 유익을 위해 실시된다(『교회의 계층 구조』 6).[162] 분명히, 디오니시우스는 기독교인들이 모두 수도사가 되거나 주교가 되어야 한다고 생각하지는 않았다. 왜냐하면 계층 구조와 관련하여, 신화는 어느 계층에 속하느냐보다는 질서가 주어진 전체의 상호관계 안에 나타난 신의 행위를 파악하는 방법에 달려 있기 때문이다.[163]

천상의 계층 구조도 그 내적인 원동력과 광범위한 의미에 있어 비슷한 방법으로 기능한다. 세 집단의 천사들(각각의 집단은 다시 셋으로 나누어진다)은 성경의 상징적 표현 안에 계시되어 있다.[164] 첫째 집단 혹은 계층은 완전히 하나님과 연합해 있으며, 빛의 원천인 치품熾品 천사Seraphim, 빛을 전달하는 지품智品 천사Cherubim, 그리고 그것을 받는 좌품座品 천사Thrones로 구성된다(『천상의 계층 구조』 7). 중간 계층의 천사들은 상위 계층으로부터 받은 것을 하위 계층에 전해 주며, 각기 적절한 기능을 하는 주품主品 천사Dominations, 역품力品 천사Virtues, 능품能品 천사Powers 등이 있다(『천상의 계층 구조』 8). 마지막으로 가장 낮은 계층에서는 "신 같은 권품權品 천사

---

162) *EH* 1.111.5-6 (536D-37C; pp. 248-49).
163) Von Balthasar, *Glory of the Lord*, 2:201-2.
164) *CH* 6.2 (200D)에서는 그 구분이 히에로테우스에게서 비롯된다고 말한다.

Principalities, 대천사Archangels, 천사Angels"등이 동일한 법칙에 따라 작용한다(『천상의 계층 구조』 9). 우리의 상승 운동에서 천상적 계층 구조의 기능이 우리가 천사가 되려고 노력한다거나 천사들의 중재를 통해서 하나님에 도달한다는 것이 아니라 신적 아름다움의 다중 현현인 천사들에 대한 적절한 해석과 이해가 신비적이고 신화시켜 주는 것이라는 데 유의해야 한다.[165]

계층 구조에 대한 디오니시우스의 묘사는 후기 신플라톤주의, 특히 프로클루스에게서 발견되는 중간적이고 존재론적인 수준의 복합적인 삼중 구조를 상기하게 한다. 여기서 디오니시우스가 기독교화하기보다 플라톤화했다는 루터의 비난이 다시 강조된다. 디오니시우스가 계층 구조 및 계층 구조와 신Thearchy의 관계를 이해하는 방식에서 신플라톤주의의 신세를 크게 지고 있지만, 『신의 명칭들』을 연구해 보면 창조를 기독교적으로 이해하기 위해서 아테네의 신플라톤주의를 개작하면서 내적인 변화를 이루었음을 알 수 있다. 그가 이루어낸 변화는 두 분야에서 특히 두드러진다: 신적 선divine Good을 보편적 에로스universal Eros로 제시하는 방법, 그리고 존재-생명-지성의 삼중 구조를 창조주를 지칭하는(아직도 긍정적이지만) 참된 이름으로 사용하는 방식. 이런 운동들에 대한 연구는 디오니시우스의 창조론과 그의 플라톤화의 성격을 공정하게 평가하는 데 있어서 중요하다.

이미 살펴본 것처럼 오리겐은 그리스도와 영혼의 만남을 기술하기 위해 아가서의 에로틱한 언어들을 채택하면서 하나님을 에로스(EROS I)라고 인정했다. 디오니시우스는 오리겐과 일부 신플라톤주의자들, 특히 플로티누스와 프로클루스를 토대로 하여 에로스가 플라톤에게서 발견되는 순수히 중간적인 힘으로서의 역할을 초월하는 것으로 확대하여, 우주적이고 신적인 에로스의 이론을 만들어냈다. 이 이론은 그가 기독교 신학에 미친 가장

---

[165] 이것은 특히 CH 15.1 (328A; p. 182)에 분명히 드러난다.

심오한 공헌 중 하나이다.[166]

플라톤은 에로스(앞장에서 eros ii으로 표현됨)가 성적으로나 영적으로 자신에게 없는 것을 소유하고 싶어하는 열망이라고 주장했다. 에로스를 신들에게 속한 것으로 생각할 수는 없지만, 그것은 우리로 하여금 신들처럼 되기를 갈망하게 만들어준다. 즉 그것은 미(아름다움)를 향해 올라가는 영혼 안에 있는 원동력이다. 그러나 만일 에로스가 아름다움을 소유하기보다는 아름다움을 만들어 내려는 갈망으로 이해된다면(이것도 플라톤에게서 발견된다), 일부 신플라톤주의자들은 이런 생각을 확장시켜 에로스를 전체 우주에 편만해 있는 힘으로 여길뿐만 아니라 신들, 심지어 제일 원리에까지 적용할 수 있다고 보았다. 플로티누스는 "선Good은 사랑스러운 것이며 사랑이며, 자신에 대한 사랑이다"라고 결론짓는다(『에네아드』 6.8.15).[167] 그러나 그는 일자the One에 대한 이 견해의 함축적 의미를 발전시키지 않았거니와 우주적인 힘인 에로스를 충분히 분석하지도 않았다. 프로클루스는 그의 『제일 알키비아드에 대한 주석』에서 우월한 것들이 모든 차원에서 열등한 것들을 사랑하는 섭리적 사랑erōs pronoetikos과 열등한 것들이 자기보다 우월한 것들과 연합하려고 노력할 때 발휘하는 복귀의 사랑erōs epistrptikos을 구분함으로써 우주적 분석을 개진했다. 그러나 프로클루스는 제일 원리를 에로스와 동일시하지 않았다.[168]

『신의 명칭들』 1~4장에서 디오니시우스는 먼저 신에 대한 통일된 명칭과 구별된 명칭들과 관련된 일반적인 원리를 제시한 후에 보편적이고 통일된 명칭들을 다루려는 자신의 주된 목표로 나아간다(『신의 명칭들』 2.11). 플라톤적인 방식으로 고찰되는 첫 번째 명칭은 "가장 중요한 명칭

---

166) Gabriel Horn, "Amour et extase d'après Denys l'Aréopatite," *Revue d'actique et de la mystique* 6 (1925): 278-89; John M. Rist, "A Note on Eros and Agape in Pseudo-Dionysius," *Vigiliae Christianae* 20 (1966): 235-43; Bernard, "La Doctrine Mystique," pp. 557-54.
167) 제2장을 보라.
168) 제2장의 프로클루스에 대한 항목을 보라.

인 "선"Good이며, 이것은 신의 모든 발현을 설명해 준다"(『신의 명칭들』 3.1 [680B]). 『신의 명칭들』 제4장 전체를 차지하는 선의 분석에서 선의 자기 반사적 본질, 그리고 궁극적 원인으로서 만물을 움직이는 선의 능력은 저자로 하여금 선과 아름다움의 동일성을 고찰하게 하며, 결국 선-미Good-Beauty와 동일한 것으로, 그리고 신이 계층 구조 안에서 자신을 표현할 때에 사용하는 역동적인 힘으로 간주되는 Eros I을 상세히 논하게 한다. 만약 하나님에 대한 긍정적인 명칭들 중에서 선Good이 우선권을 갖는다면, 그 이유는 그것이 에로스Eros 혹은 신적 "열망"으로 이해되기 때문이다.

우주의 계층 구조 안에서의 모든 운동은 위로부터 오는 것이며 근본적으로 에로스적이다. "만물은 아름다운 것The beautiful과 선을 바라고, 열망하고, 사랑해야 한다. 이것 때문에, 그리고 이것을 위하여 하위의 것이 상위의 것에게 복귀하며, 동등한 것들이 서로 교제하며, 상위의 것이 섭리적으로 하위의 것을 향한다"(『신의 명칭들』 4.10 [708A; p. 79]).[169] 이 모든 것을 프로클루스에게서 발견할 수 있다. 그러나 다음의 것은 새로운 것이다. 디오니시우스는 "그래서 우리는 만물의 원인이 그 풍성한 선 안에서 만물을 사랑하시며, 이 선 때문에 만물을 만드시고 완전하게 하시며, 만물을 결합하시고 회복시키신다고 담대하게 주장할 수 있을 것이다"라고 말한다(『신의 명칭들』 4.10). 디오니시우스는 결론적으로 신을 에로스Eros로 정의한다: "신적 에로스Divine Eros는 선을 위한 선의 선이다"(『신의 명칭들』 4.10 [708B]).[170]

오리겐과 마찬가지로 디오니시우스도 자신이 에로스를 성경적 용어인 아가페와 동일시한 것을 변호할 필요를 느꼈고, 그 두 용어는 동일한 신적 실재를 의미하기 때문에 상호 교환해서 사용할 수 있다고 주장했다(『신의 명칭들』 4.11). 그러나 그는 여전히 에로스라는 용어를 선호한다. 왜냐하면 『천상의 계층 구조』 3.4에서 보듯이, 이 용어의 유형성과 "닮지 않은 닮음"이

---

169) Cf. *PG* 3:711A, 713AB.

170) *Esto kai ho theios erōs agathos agathou dia to agathon*. Rist, "Note," pp. 239-41을 보라.

라는 외형적 부적절함이 그것을 신비적 해석 과정에서 더욱 효과적으로 만들기 때문이다. "참된 에로스"Real Eros는 하나의 형상에 불과한 육체적 매력에서 발견되는 것이 아니라 "신적 에로스의 단순성" 안에서 발견된다(『신의 명칭들』 4.12 [709C]). 계층 구조적 우주에서 에로스는 "아름다운 것The Beautiful과 선Good 안에서 하나의 통일체, 동맹, 특별한 혼합을 이루어낼 수 있는 능력"(709D)이다. 이 능력은 신Thearchy 안에 선재하며, 거기서부터 나와서 발현과 복귀라는 우주적 맥박 안에서 창조 세계에 전해진다.

디오니시우스는 한 걸음 더 나아가 신적인 에로스는 몰아적인 것이며 "사랑하는 자가 자신에게 속하지 않고 사랑받는 자에게 속하는" 상황을 만들어 낸다고 주장한다(『신의 명칭들』 4.13 [712A]). 그러나 어떻게 하나님이 몰아적인 것이 되겠는가? 어떻게 하나님이 자신에게서 벗어나 사랑하는 것에게 속할 수 있겠는가? 디오니시우스의 대답은 신Thearchy에 대한 그의 이해의 근원을 꿰뚫고 있다.

> "자애로운 열망의 만물을 향한 아름답고 선한 풍성함 안에 있는 우주의 원인이 만물을 향한 사랑의 돌봄 안에서 자신에게서 벗어나야 한다고 말해야 한다. 말하자면 신은 선에, 사랑agapē에, 열망erōs에 현혹되어 자신의 거처에서 나와 만물 안에 거하게 된다. 이렇게 할 수 있는 것은 그가 만물 안에 거하면서도 자신 안에 머무를 수 있는 초자연적이고 몰아적인 능력 때문이다"(『신의 명칭들』 4.13 [712A; p. 82]).

다시 말해서 하나님만이 자기 비움의 완전한 몰아의 상태에서 완전히 자신 밖으로 나갈 수 있다. 왜냐하면 그만이 완전히 만물을 초월하면서 절대적으로 자기 안에 머물 능력을 가지고 있기 때문이다. 하나님은 자신이 만물과 상관 없이 자신을 사랑하는 것과 동일한 근거, 동일한 이유에서 만물 안에서 자신을 사랑하신다. 디오니시우스는 하나님에 대해서 그의 신플라톤주의 선배들과 동일한 변증적 견해를 소유하지만 이 변증적인 이해를 에로스Eros이신 하나님이라고 표현한 최초의 인물이다.

디오니시우스의 견해에 의하면 에로스는 초월적일 뿐만 아니라 충분히 우주적이다. 신Thearchy이 전적으로 완전히 에로틱하기 때문에 계층 구조도 그래야 한다. 하나님은 만물이 돌아가려 하는 열망의 대상이며 개인적인 계층 구조의 모든 차원에 의해서 참여된 열망 자체이다.

> "그는 항상 활동하며, 자동적이며, 선 안에 선재하며, 선에게서 흘러나와 존재하는 모든 것에게로 이동하며, 다시 선에게로 복귀하는 열망이다"(『신의 명칭들』 4.14 [712D; pp. 82-83]).

디오니시우스의 우주를 형성하는 사랑의 순환에서 우리는 발현할 때에 몰아적이 되는 신과 복귀할 때에 실현되는 몰아적 상태를 소유한 우주를 보게 된다.[171]

하나님과 우주의 관계를 이해하는 방식인 이 중요한 플라톤적 에로스의 변형에 두 번째 중요한 변화를 추가할 수 있다. 그것은 특히 디오시니우스가 존재-생명-지혜의 삼중 구조를(신플라톤주의의 존재-생명-지성의 삼중 구조를 변형시킨 것) 다루고 있는 『신의 명칭들』 5-7에서 분명해진다. 여러 학자들 중에서도 특히 코르시니E. Corsini와 거쉬S. Gersh의 작업은 우선적으로 디오니시우스가 이 삼중 구조를 변형시킨 것이 고백자 막시무스Maximus the Confessor와 요한 스코투스John the Scot에게 중요한 것이었으며 후대의 많은 인물들에게 중요한 반향을 불러 일으킨 기독교적 신플라톤주의의 전통 창조에서 얼마나 중요한 것이었는지를 보여 준다.[172]

존재-생명-지성이라는 신플라톤주의적 삼중 구조는 이성Nous의 활동에 대한 플로티누스의 분석으로부터 발달되어 나왔다. 그것은 후대의 신플라톤주의에서 제일 원리로부터의 방사emanation의 주된 차원의 특성들

---

171) Horn, "Amour et extase," esp. pp. 784-88을 보라.
172) Corsini, *Ill trattato "De Divinis Nominibus,"* e.g., pp. 42-44, 115, 156ff; and Gersh, *Lamblichus to Eriugena*, e.g., pp. 17-23, 157-66, 190, etc.

을 이해하는 방법, 즉 단일체로부터 다수가 파생된 방법을 이해하는 방법으로서 중요한 역사를 소유했다.[173] 프로클루스에게는 존재-생명-이성(on-zōē-nous)은 미지의 일자Unknown One에게서 직접 흘러나온 지고한 삼중 구조로서 그것들의 특성과 활동은 복잡한 9중 구조 안에 있는 모든 실체의 차원에 스며 있다.[174] 프로클루스와 후대의 신플라톤주의자들은 플라톤의 『파르메니데스』의 첫 번째 가설의 부정적인 속성들이(『파르메니데스』 137C-142B) 일자에게 적용되며 두 번째 가설의 긍정적인 서술들은(『파르메니데스』 142B-157B) 삼중 구조에 적용된다고 해석함으로써 이 교리를 발견하였다.[175] 그러나 디오니시우스와 그의 제자들의 견해에 의하면 첫 번째로 "만들어진" 삼중 구조를 모든 다양성의 실제의 근원으로 삼는 것은 우주 및 그 안에 있는 모든 것의 직접적인 원인이 되시는 창조주에 대한 기독교의 믿음에 어긋나는 것처럼 보였다. 거쉬Stephen Gersh는 이것을 다음과 같이 표현했다: "…비록 원래의 일치의 증식이 기독교적 신플라톤주의자들의 근본적인 문제이지만, 그들은 그것을 중개자들의 선임에 의해서 해결하려 하지 않고 다양성의 근원을 제일 원리 자체 안에 둠으로써 해결하려 했다."[176]

『신의 명칭들』 제5장에서 디오니시우스는 "선"이라는 명칭에 대한 고찰에서 존재-생명-지혜의 삼중 구조로 전환하며(5.1 [816Bff.; pp. 76ff.]) 이 삼중 구조가 실체의 하위 계층에게 섭리적 활동을 행하는 일련의 신들이라고 간주하는 이교의(프로클루스의) 공식들을 분명하게 비판한다.

"나는 선Good과 존재Being를 별개로 생각하지 않으며, 생명Life과 지혜Wisdom를 별개로 생각하지 않는다. 또 각 계층이 다른 많은 원인들과 상

---

173) 제2장을 보라.
174) E.g., *Elements of Theology* props.92, 103.
175) E. Corsin은 이 중요한 추이를 증명한 최초의 인물이었다.
176) Gersh, *Iamblichus to Eriugena*, p. 138.

이한 신성들, 즉 우월한 신성과 열등한 신성이 있어 모두 상이한 결과들을 만들어낸다고 주장하지도 않는다. 나는 이 모든 선한 발현들에게 하나의 하나님이 있고 그분이 내가 말하는 거룩한 명칭들의 소유자라고 주장한다"(『신의 명칭들』 5.2 [816C–817A; p. 97]).[177]

『신의 명칭들』 2.11에서 "존재"being와 같은 흔한 신의 명칭들이 "획일적으로 차별화되어서…그의 하나의 실존이 자체로부터 많은 것들을 존재하게 한다는 사실 때문에 하나의 실존이 여럿이라고 말해진다"(2.11 [649B; p. 66])는 것과 관련하여 자신이 소개한 변증학을 적용하면서, 디오니시우스는 선 자체와 같은 원래의 삼중 구조를 첫째 산물로 보는 것이 아니라 긍정적cataphatically으로 고찰된 신Thearchy으로 봄으로써 신플라톤주의의 역사에서 중요한 전환점을 만들었다. 디오니시우스의 이 변증적인 신관은, 이 주장이 항상 다른 두 개의 주장과 결합되어야 한다고 요구한다. 첫째, 부정적으로apophatically 불가지한 제일 원리가 존재–생명–지혜의 삼중 구조를 불러일으키며, 이 삼중 구조는 존재가 생명보다 우월하고 생명은 지혜를 능가하는 계층 구조로 볼 수 있다고 디오니시우스는 주장한다.[178] 둘째, 삼중 구조를 신들로 보는 이교의 견해에 대한 디오니시우스의 공격에서, 초월적 원인이신 하나님이 통일된 방법으로 그것들을 이미 포함하고 있으므로 그 용어들 사이에 종속이 존재하지 않는다고 강조하는 일련의 대조적인 주장들이 발견된다.[179] 디오니시우스가 신플라톤주의의 삼중 구조를 개작하고 개정한 복잡한 방식을 이해하려면 세 가지 주장을 함께 고려해 보아야 한다.

이런 변화의 중요성을 창조론에서도 찾을 수 있다. 디오니시우스는 하나님을 특별한 특성을 가지고 있는 개체들인 만물의 직접적이고 즉각적인

---

177) *DN* 11.7 (953D); of, 1.3 (589BC).
178) 특히 *DN* 5.4-6 (811G-820D)을 보라.
179) Gersh, *Iamblichus Eriugena*, pp. 158-65.

원인으로 보았다.[180] 하나님이 중개자들을 통해서 활동하시지 않으므로, 각각의 유형적인 존재들은 고등한 비물질적 패러다임이나 형태에 참여하는 한도 내에서만 하나님과 관계를 갖는다. 만물—심지어 실체를 가진 유형적인 사물들—은 몰아적인 거룩한 에로스의 선한 현현들이며, 이 에로스가 발현하여 만들어진 것들은 질서 있는 계층 구조를 이룬다. 각각의 사물은 신의 이성이 피조되어 반영된 것이다. 하나님은 자신을 앎으로 만물을 아시되 "물질적인 것은 비물질적으로, 나눌 수 있는 것은 나눌 수 없이 하나의 행위 안에 있는 다중성"으로 아신다(『신의 명칭들』 7.2 [896B; p. 108]).

디오니시우스가 계속 방사emanation의 비유들을 사용하기 때문에(대 알버트, 보나벤투라, 토마스 아퀴나스 등도 그렇게 했다),[181] 그는 생산을 신적 필연으로 만들고 하나님이 열등한 물질적 실존과의 직접적인 접촉에서 자신을 보호하기 위해 중개자들을 통해서 활동하게 함으로써 기독교의 창조론을 제대로 표현하지 못하는 하나님-세계 관계에 대한 견해를 개진했다는 비난을 받아왔다. 이 설명만큼 진리와 거리가 먼 것은 있을 수 없다.[182] 물론 디오니시우스는 방사와 관련하여 후기 신플라톤주의의 언어를 사용하여 창조에 대한 계층 구조적 견해를 제시하지만, 그리고 계층 구조들이 자체의 질서 내에서 서로의 관계 안에서 상호작용하는 방식 안에 중간적인 인과율이 있다고 인정하지만,[183] 그의 우주에서 가장 중요한 것은 각각의 실체들이 만물을 창조하신 신Thearchy을 절대적으로 의존하는 직접적인 관계이

---

180) Booth, *Aporetic Ontology*, pp. 76-80.
181) Gersh, *Iamblichus to Eriugena*, p. 207 n.18, and p. 217.
182) Von Ivánka, *Plato Christiamus*, pp. 262-89; Louth, *Origins*, pp. 116-77; Booth, *Aporetic Ontology*, pp. 76-80; and esp. Gersh, *Iamblichus to Eriugena*, pp. 20-23, 204-6, 227-29, 283-88; O. Semmelroth, "Gottes Geeinte Vielheit: Zur Gotteslehre des Ps.-Dionysius Areopagita," *Scholastik* 25 (1950), pp. 393-94.
183) Jean Pépin, "Univers dionysien et univers augustinien," in *Aspects de la dialectique: Recherches de philosophie II* (Paris: Desclée, 1956), esp. pp. 196, 205-8.

다.[184] 인간적인 관점에서 보면, 계층 구조의 활동에 대한 이해는 신적 에로스에 대한 모든 피조물의 직접성을 드러내 준다. 이것이 디오니시우스의 독특한 기독교적 신플라톤주의의 핵심이다.

신비주의에 대한 디오니시우스의 이해는 위에서 살펴본 적이 있는 변증적 분류학과 분리될 수 없다. 신적 임재에 대한 특별한 경험들을 다룬 자서전적 이야기에 의해서 신비주의를 정의하는 사람들의 입장에서 보면, 그의 신비주의가 지닌 객관적인 성격은 수수께끼가 된다.[185] 디오니시우스가 특별한 하나님 체험을 허락받은 사람들의 증언에 호소하지 않은 것이 아니라 자신에게 그러한 지식이 있다고 여기지 않았다. 그는 직접적으로나 간접적인 스승들, 즉 모세와 바울, 카르포스Carpos와 히에로테우스Hierotheus와의 관계에서 신비주의를 말한다. 그렇게 하면서 그는 신자의 신비한 삶의 교회적 실체를 증언하는 개인적인 이야기들을 옹호해온 기독교인 선조들의 전통을 고수한다. 이것은 그의 전집의 교육적 성격에 더 부합할 것이다. 폴 로렘Paul Rorem은 이것을 "모든 신자들이 직접 사용할 의도를 지닌 것이 아니라 이 영적 여행을 하는 사람들을 지도할 계층의 지침서나 안내서인 듯한 느낌을 가진다"라고 말한다.[186] 디오니시우스의 전집은 어떤 종류의 영적 여정을 드러내 주는가? 디오니시우스의 주요 개념들을 분석하고 몇 가지 기본적인 가정을 기술해 보는 것이 그것의 윤곽을 이해하는 데 도움이 될 것이다.

먼저 디오니시우스 신비주의가 근본적으로 교회적이고 예전적인 성격을 가졌음을 강조해야 한다. 우리를 하나님과의 연합으로 복귀시켜 주는 신비한 과정, 혹은 상승 과정은 플로티누스가 말한 것처럼 "단독자the alone가 단독자the Alone에게" 가는 고독한 여정이 아니라 교회 생활의 세 가지

---

184) Gersh, *Iamblichus Eriugena*, p. 172-77.
185) W. R. Inge, *Christian Mysticism* (London: Methuen, 1899), pp. 104-10.
186) Rorem, *Biblical and Liturgical Symbols*, p. 149.

본질적 측면이 상호작용함으로써 얻어지는 과정이다. 이 세 측면은 (1) 교회의 계층 구조 내에서 자신이 자치하는 위치에 따라서 거행된 (2) 거룩한 예전들의 행위 속에서 그리고 행위를 통하여 (3) "거룩한 신탁들"(성경)을 올바르게 이해함이다. 에바그리우스는 기도를 주로 개인적인 관상 수련이라고 이해하면서 "만약 당신이 신학자라면, 참으로 기도하게 된다"라고 주장했다. 디오니시우스라면 참된 신학자가 되기 위해 예전적으로 기도해야 한다고 주장했을 것이다: "디오니시우스에게 있어서 그의 신학 전체는 하나의 신성한 예전적 행위이다."[187] 두 저자 모두 참된 신학자가 되려면 후대에 신비가라고 불려야 할 것이라는 데 동의한다.

두 번째 기본 가정은 복귀epistrophē와 상승uplifting이라는 디오니시우스의 이해와 관련된다.[188] 헬라 철학자들과 기독교 저자들이 사용하였던 상승과 여행이라는 주제는 항상 일차적으로 영적인 과정을 나타내는 비유로 간주되었지만 디오니시우스에게서는 비유적 특성이 오리겐이나 에바그리우스에게서 발견되는 것보다 강조된다. 피조된 계층 구조 전체를 신의 질서있는 현현으로 보는 디오니시우스의 개념을 고려할 때 신체의 다양한 단계들을 통과함에 의해서 진정으로 하나님께 올라가는 것이 아니라 각 단계들의 중요성을 그 근원인 감추인 하나님과의 내적 연합을 획득하기 위한 수단으로 사용할 때에 하나님께 올라갈 수 있다.[189] 어거스틴은 위로 올라가는 것은transire 영혼 안에서intrare 올라가는 것이라고 주장한다. (어거스틴보다 내성적이지 못한) 디오니시우스에게 있어서 상승은 홉킨스Gerald Manley Hopkins가 말한 "응력"instressing에 가깝다.[190]

마지막으로 우리는 기본 가정들을 통해서 디오니시우스가 *mystikos*라

---

187) Von Balthasar, *Glory of the Lord* 2:153.
188) *CH* 9.2 (267B); 15.4 (3335)을 보라.
189) Louth는 이것을 훌륭하게 표현한다 (*Origins*, p. 171).
190) Cf. Christopher Devein, S.J., *The Sermons and Devotional Writings of Gerard Manley Hopkins* (Oxford University Press, 1959], pp. 283-84.

는 수식어 및 그에 상응하는 용어들을 사용한 방식에 주목한다. 알렉산드리아의 클레멘트 시대에 이 용어는 벌써 기독교의 소유가 되어 성경, 의식, 기도 등 안에 숨겨진 신적 실체가 현현하는 은밀한 방식을 표현하기 위해 사용되었다.[191] 마카리우스의 것으로 간주되는 저술에서는 이것이 심지어 하나님과의 연합 혹은 동참을 수식한다(이것이 기독교 문헌에서 최초로 "신비한 연합"이라는 용어가 등장한 것이다). 그러나 이 단어에 중요성을 부여하여 기독교 사상에서 계속 그 혜택을 누리게 한 사람은 디오니시우스로서 자신의 저술의 주요한 본문에서 종종 그 단어를 사용했다.[192]

디오니시우스는 "신비 신학"theologia mystikē이라는 개념을 만들어낸 것으로 유명하다. 이 기술적인 용어는 특별한 종류의 경험을 의미하는 것이 아니라 하나님 안에 있는 하나님의 신비를 다루는 지식이다monē.[193] 디오니시우스가 신비 신학을 상징 신학이나 긍정적인 신학과 구분했지만, 이것은 기능상의 분류이지 별개의 신학을 말하는 것이 아니다. 따라서, 모든 형태의 상호작용이 어둠과 침묵 속에서 하나님과의 연합을 획득하는 것을 목표로 하는 한 그의 사상 전체가 신비적이라고 해도 틀린 말은 아니다.[194]

이처럼 근본적으로 객관적인 의미를 전제로 하여, 디오니시우스가 다소 주관적인 방법 혹은 경험적인 방법으로 "신비적"이라는 단어를 사용했는지 살펴볼 수 있다. 이런 방향으로의 움직임이 있다는 증거로 『신의 명칭들』 2.9의 중요한 본문을 들 수 있다. 여기에서 그는 자기의 스승 히에로테우스가 "거룩한 신학자들"(즉 성경 저자들)로부터 직접 얻었거나 혹은 그들의 저술을 공부하여 얻은 교리에 대하여 말하면서, 보다 고귀한 유형의 지

---

191) 제4장을 보라. 이 용어의 역사에 대해 알려면, Louis Bouyer, "Mysticism: An Essay on the History of the Word," in *Understanding Mysticism*, ed. Richard Woods (Garden City: NY Doubleday Image Books, 1980), pp. 42-55; idem, "Die mystische contemplation bei den Vätern"을 보라.

192) Chevallier, *Dionysiaca* 2:1634을 보라.

193) Bernard, "La doctrine mystique," p. 525을 보라.

194) Rorem, "Uplifting Spirituality," pp. 132-33, 196을 보라.

식, 제3의 지식을 말한다. 히에로테우스는 이 지식 안에서 "…보다 거룩한 영감에 의해서 그것들(즉 거룩한 진리들)을 전수받아 하나님의 일들을 배울 뿐만 아니라 경험하며, 그것들과의 일치sympathy를 통해서 인간으로서는 배울 수 없는 신비한 연합과 믿음을 전수받았다"(『신의 명칭들』 2.9 [648B]).[195] 여기서 "정신적 노력에 의해서 아는 것"mathein과 "특별한 경험에 의해서 아는 것"pathein을 구분했는데, 이것은 아리스토텔레스의 유명한 단편에서 신비 안에서 획득된 지식을 묘사하기 위해 사용된다.[196] 이 관점은 후기 신플라톤주의에서 마술적 활동을 가능하게 해주는 다양한 수준의 실체들의 결속을 묘사하기 위해 사용된 sympatheia라는 용어를 사용하면서 더욱 고조된다.[197] 디오니시우스의 수식어구("이렇게 말할 수 있을지 모르겠지만")는 신플라톤주의적인 용도의 또 다른 변형을 암시한다. 디오니시우스에게 있어서 일치sympathy는 상부 세계에 접근하기 위해서 물질적인 것들이 사용되는 존재론적인 결속이 아니라 계층 구조들의 내적 의미를 신의 현현으로 해석하는 것을 지향하는 것이다.

히에로테우스를 다룬 이 구절들과 디오니시우스가 다른 훌륭한 신비가들, 즉 모세, 바울, 카르포스를 다룬 구절들을 비교해 보면,[198] 하나의 분명한 모형이 떠오른다. 이 신비가들이 받은 특별한 경험, 지식, 환상(Theopteia

---

195) Eine kai ei tinos emyēthē theioteras epipnoias, ou monon mathōn, alla kai pathōn ta theia; kak tes pros auta sympatheias, ei outō chre phanai, pros tēn adidakton auton kai mystikēn apotelestheis henōsin kai pistin.

196) Aristotle frg.15 (see W, D. Ross, *Aristotelis fragmenta selecta*, vol.12 in *The Works of Aristotle*, ed. W. D. Rosa [Oxford: Clarendon, 1908-31], p. 84). 다음을 보라: Werner Jaeger, *Aristotle* (Oxford: Clarendon, 1948), p. 160; M. Harl, "Le langage de l'expérienc religieuse chez lea pères grecs," *Rivista di Storia e Letteratura Religiosa* 15 (1977), pp. 6-7, 12-16.

197) *Elements of Theology* prop. 140 (ed. Dodds, p. 124); P. E. Rorem, "Iamblichus and the Anagogical Method in Pseudo-Dionysian Liturgical Theology," in *Studia Patristica*, vol. 18, ed. E. A. Livingstone (Oxford and New York: Pergamon, 1982), pp. 453-60을 보라.

198) 모세는 *MT* 1 (1000?-1001A); 바울은 *DN* 4.13 (712A) and *Ep.* 5 (1073A-1076A); 카르포스는 *Ep.* 8.6 (1097B-1100D)에서 다루어진다. Rorem, *Biblical and Liturgical Symbols*, pp. 133-42를 보라.

[Ep. 8.6; 1097C]) 등은 『교회의 계층 구조』에서 전례 의식을 지칭하는 데 사용된 표현을 상기하게 한다. 그래서 만약 디오니시우스가 "신비적"이라는 용어에 보다 실존적 차원의 요소들을 포함시켰다고 말할 수 있다면 이 경험의 배경과 상황은 전례적이고 교회적이라고 할 수 있다. 『신비 신학』은 『교회의 계층 구조』와 분리될 수 없다.[199)]

『신비 신학』 제1장에서 모세는 (필로와 닛사의 그레고리의 글에서처럼) 이상적 신비가, 즉 먼저 정화 katharsis를 거친 후 (하나님의 본질이 아니라) 하나님의 자리에 대한 관상 theōria을 획득하며, 마지막으로 하나님과의 연합 henōsis을 획득한 사람으로 등장한다.

> "여기에서 그는 만질 수 없고 볼 수 없는 것에 몰두하여 정신이 인식할 수 있는 것은 모두 버리며, 모든 것을 초월하여 계신 분께 완전히 속하게 된다. 여기에서 그는 자기 자신도 아니고 다른 사람도 아니며, 모든 지식의 무지의 무활동에 의해 연합되며, 아무것도 알지 않음에 의해서 이성을 초월하여 안다"(『신비 신학』 1.3 [1001A; p. 137]).

이 삼중 형식은 오리겐에게서 어렴풋이 윤곽이 그려졌고 에바그리우스가 실천 praktikē과 두 종류의 관상 theōria을 구분한 데서 반영되었던 것으로서 디오니시우스의 전집 전체, 특히 『교회의 계층 구조』와 『천상의 계층 구조』에 나타난다(『교회의 계층 구조』 5.I.3, 7; 6.III.5-6; 『천상의 계층 구조』 3.2; 7.2-3; 10.1).[200)] 이 형식은 그 후 수세기 동안 신비적 순례를 이해하는 가장 평범한 방법으로 사용되었다. 그러나 디오니시우스가 정화, 조명, 완전 혹은 연합이라는 삼중 형식을 사용한 것은 신자의 생활에서의 다양한 양식의 신학의 작용에 대한 그의 이해에 따라 고찰되어야 한다.

『편지』 9의 유명한 구절이 훌륭한 출발점을 제공한다.

---

199) 이것은 Bouyer (*Spirituality*, pp. 711-12)와 Rorem (*Biblical and Liturgical Symbols*, pp. 140-42)이 강조한 것이다.

200) Rogues, *L'univers dionysien*, pp. 94-101을 보라.

"신학적 전통은 이중 측면을 가지고 있다. 하나는 말로 표현할 수 없이 신비한 측면이고, 또 하나는 공개적이고 보다 분명한 것이다. 전자는 상징 사용과 비밀 전수에 호소한다. 후자는 철학적인 것으로서 논증의 방법을 사용한다.…전자는 설득을 사용하고, 주장되는 것의 진실성을 강요한다. 후자는 행동하고, 가르칠 수 없는 신비를 사용하여 영혼들을 하나님의 임재 안에 확고하게 둔다"(Ep. 9.1 [1105D; p. 283]).[201]

"신학적 전통"이라는 용어는 오늘날 우리가 신학이라고 부르는 것보다 광범위한 것이다. 즉 긍정적으로는 하나님에 대한 진리를 가르치기 위해서 부정적으로는 모든 "논증"을 거부하는 방식으로 거룩한 신비를 임재하게 하기 위해서 성경과 전례를 사용하는 교회의 삶 전체로 묘사할 수 있는 실체이다. 논증될 수 없는 것을 현존하게 하는 일은 두 가지 차원에서 이루어진다. 성경과 전례에서 사용되는 상징들의 유형적 차원에서, 그리고 명칭들의 부정 및 궁극적으로 긍정과 부정 모두를 제거함으로써 영혼을 신적 비밀과 연합하게 하는 개념적·지적 차원에서 이루어진다.

여기에서 디오니시우스의 방법의 기초들 중 하나를 소개하자면 긍정과 부정의 필요성이다. (어떤 사물을 먼저 긍정함이 없이 어떻게 부정할 수 있겠는가?) 물론 부정이 신적 초월성과 보다 직접적인 관계를 갖기 때문에 이 변증의 각 단계에서 부정의 요소가 우선권을 가진다. 『천상의 계층 구조』 제2장에서 디오니시우스는 하나님이 비슷한 상징들과 비슷하지 않은 상징들을 통해서 계시됨을 주목한다. 비슷한 상징이란 말씀, 정신, 존재와 같은 개념적인 명사들이며, 비슷하지 않은 상징들은 물질 세계에서 취한 것들이다(『천상의 계층 구조』 2.3 [140C; p. 149]). 그러나 개념적인 수준에서도 "전혀 비슷하지 않은 계시들", 즉 하나님을 "보이지 않음, 무한함, 파악할 수 없음" 등의 부정을 통하여 묘사하는 계시들이 있다. "하나님은 존재를 갖는 사물들과 같지 않으며, 우리는 하나님의 이해할 수 없고 말할 수 없는 초월성과

---

201) Rorem, *Biblical and Liturgical Symbols*, pp. 50-52을 보라.

불가시성에 대한 지식이 전혀 없기 때문에"(140D) 지적인 수준에서는 물론이요 "우리의 정신을 영적 영역으로 끌어올리는 데에 유사한 것들보다는 부조화한 것들이 더 적합한" 상징적 차원에서도 긍정의 방법보다 부정의 방법이 우월하다. "그러므로 참된 부정들, 그리고 그것들과 전혀 일치하지 않는 비유들은 마땅히 신적인 것들에게 경의를 표한다"(『천상의 계층 구조』 2.5 [145A; pp. 152-53]).

만물은 하나님을 드러내기도 하고 감추기도 한다. 모든 피조된 하나님 현현의 구성 요소인 "부동不同의 유사성"은 긍정되어야 할 유사성이면서 동시에 부정되어야 할 부동성不同性이다.[202] 그러므로 우주는 하나님의 형상으로서 필요하지만 하나님의 표현이 될 수 없다. 왜냐하면 하나님은 무엇으로도 제대로 표현될 수 없는 분이기 때문이다.[203] 그러나 긍정적인 요소를 충분히 활용함으로써, 즉 우주의 아름다움에 몰입함으로써 하나님이 항상 우리가 생각할 수 있는 것 이상으로 존재하신다는 사실을 발견하는 데 필요한 표현들의 부정에 변증적으로 이를 수 있다.

이 변증법은 디오니시우스가 "신학적 전통"이라고 부른 것의 다양한 기능을 점진적으로 활용하는 데 중요하다. 상징적인 수준에서 우리는 성경과 전례의 긍정적인 상징들 안에서 하나님을 발견하는 동시에 비슷하지 않은 상징들의 충격을 통해서 물질적 수준을 넘어 의미의 개념적 수준에 도달해야 한다는 것을 인정하기 시작한다. 개념적 수준에서 우리는 하나님에게 명칭을 부여하는데, 이 때 하나님에게로 이어지는 부동성不同性의 심원을 이해하기 위해서 모든 개념적 의미를 포기해야 한다는 것을 배우기 시작한다.[204] 부정의 신학의 역사에서 디오니시우스의 특별한 공헌은 이 점에 있다.

---

202) Rorem, "Uplifting Spirituality," p. 136.
203) Von Balthasar, *Glory of the Lord*, 178-84을 보라.
204) Sheldon-Williams, "The pseudo-Dionysius," p. 463을 보라.

디오니시우스는 하나님과 관련된 모든 서술에서 부정이 긍정보다 우월하다고 주장하면서(『신의 명칭들』 13.3; 『신비 신학』 1-5; 『천상의 계층 구조』 2.3), 불충분한 부정과 신적인 것에만 적합한 초월에 의한 부정을 구분했다.[205] 그러나 이 두 가지 방식 모두 필요하다: "그러므로 하나님은 만물 안에서 알려지며 만물과 구분된다. 하나님은 지식(영지)을 통해서 알려지며 무지 unknowing를 통해서도 알려진다"(『신의 명칭들』 7.3 [872A], pp. 108-9). 무지를 통한 앎이 디오니시우스의 부정의 신학의 핵심이다.

얀 바네스트Jan Vanneste는 디오니시우스의 부정의 신학을 이해하는 데 있어서 세 용어—부정aphairesis, 무지agnōsia, 연합henōsis—의 중요성을 제시한다.[206] 처음 두 용어는 그 단어가 갖는 엄밀한 의미에서 부정의 신학에 속하고, 세번째 것은 그 신학의 목표인 신비 신학에 속한다. 즉 긍정과 부정을 초월한다. 부정aphairesis은 "한쪽으로 치움" 혹은 "부정적인 추상"이라고 표현될 수 있다. 즉 하나님의 초월적인 완전함을 제대로 표현하지 못하는 술어들을 하나님에게서 의식적으로 제거하는 작용에서 발견되는 부동의 상징들과 개념적으로 유사한 것이다. 디오니시우스는 『신비 신학』 제2장에서 긍정의 신학과 부정의 신학을 비교하면서 다음과 같이 말한다:

> "우리는 긍정들theseisin을 찬양하는 것과는 아주 다르게 부정들을 aphaireseis 찬양해야 할 듯하다.…최하위의 것에서 가장 중요한 것으로 올라갈 때 우리는 모든 것을 부정하게 된다. 그래야만 모든 존재들 가운데 알려진 모든 것에게 숨겨져 있는 무지를 숨김없이 알게 된다"(1025B; p. 138).

디오니시우스의 전집에는 이 "부정의 방식"을 사용한 예가 매우 많다.

---

205) DN 7.2 (869A; p. 107).

206) Vanneste, *Le mystére de Dieu*, passim, esp. pp. 218-24. 디오니시우스의 부정의 신학을 아는 데는 Lossky, "La théologie negative dana la doctrine de Denys Areopagite"가 도움이 된다.

『신의 명칭들』 7, 9, 13과 『신비 신학』 3과 같은 대표적인 구절들은 이 방법에 대한 훌륭한 이해를 제공해 준다.

디오니시우스의 신비 어휘에서 부정은 또 하나의 중요한 용어인 무지로 이어진다.[207] 폰투스의 에바그리우스의 목표는 "삼위일체의 본질적 지식"이었는데, 그보다 더 부정적이었던 디오니시우스는 모든 앎knowing을 부정하기를 원한다. 디오니시우스가 격찬하는 이 무지는 정확하게 무엇인가? 이것은 결코 기술되거나 정의될 수 있는 개념이나 내용이 아니다. 이것은 정신의 상태로서 하나님의 객관적 불가지성과 주관적으로 관련이 있다. 모순된 사실들을 역설적으로 주장함으로써 이것에 대해 말할 수 있다. 무지는 하나님에 대한 유일하게 참된 지식이다. "이 긍정적으로 완전한 무지는 알려져 있는 모든 것을 초월하시는 분에 대한 지식이다"(Ep. 1 [1065AB; p. 263]).[208]

디오니시우스는 무지에 대하여 두 가지 방법으로 말하는데, 이는 그가 상징적 신학과 합리적 신학 사이를 구분한 데 걸맞는 것이다. 본래의 의미에서 신비 신학은 모든 형상과 명칭들 너머에 있으며, 그렇기 때문에 그것에 대해서 말하거나 쓸 수 없다. 그러나 신비 신학은 상징적 신학과 합리적 신학의 도움을 받아 기록될 수 있다. 이 신학들은 모든 말을 초월하는 것을 제안하기 위해서 변형된 의미로 사용되는 상징적이고 개념적인 담화의 세계로부터 취한 용어를 신비 신학자에게 빌려준다. 디오니시우스는 숨어 계신 하나님께 도달하는 것을 비유적으로 묘사하기 위해서 모세가 하나님을 만나기 위해서 시내 산에 올라간 이야기(출 19~20장)에서 이끌어낸 어둠 skotos, gnophos, 구름nephelē, 침묵sigē의 용어를 상징적인 담화의 세계로부터 취한다.[209] 모세는 보는 일로부터 완전히 해방되어 "진실로 신비한 무

---

207) Chevallier, *Dionysiaca* 2:1586을 보라.
208) Vanneste, *Le mystére de Dieu*, p. 170.
209) *MT* 1.1 (997B-1000A); 1.3 (1000c); 2 (1025AB); 3 (1033B); also *Ep.* 1 (1065A); 5 (1073A)을 보라.

지의 어둠 속에 뛰어든" 사람의 표본이다(『신비 신학』 1.3 1001A). 그는 모세가 구름 속에서 하나님을 만난 이야기에 호소하면서 필로에서부터 시작되었고 닛사의 그레고리가 확실하게 나타낸 전통을 따르고 있다.[210] 어둠의 신비주의가 이교 신플라톤주의자들에게서 발견할 수 없는 것이라는 데 유의해야 한다. 이것은 분명히 성경적인 부정주의가 빛을 나타내는 비유적 표현을 많이 사용하는 고대 말의 이교 신학에 대한 비판이라고까지 생각해 볼 수 있다.[211] 디오니시우스가 신적 어둠이라는 주제를 고안해낸 것이 아니며, 그는 원칙적으로 하나님의 완전한 불가지성을 의미하기 위해서 객관적인 의미로 그것을 사용했다. 그러나 이 불가지성이 우리가 오직 무지를 통해서만 하나님께 도달할 수 있음을 가리킨다는 사실은 14세기의 『무지의 구름』에서처럼 후대에 디오니우스의 표현을 주관적으로 사용한 것이 반드시 변칙적인 것이 아님을 의미한다.[212]

이해가 미치지 못하는 것들을 제시하기 위하여 디오니시우스가 언어를 사용하는 두 번째 방식은 보다 복합적이다. 디오니시우스는 하나님이 알 수 없는 분일 뿐만 아니라 "알 수 없음을 능가하는 분" hyperagnostos 이라고 주장한다(『신비 신학』 1.1; 997A]). 이것은 무엇을 의미하는가?

디오니시우스는 신비적 과정에서 부정이 긍정보다 우월하지만 하나님과의 연합에 이르기 위해서는 긍정과 부정 모두가 초월되어야 한다고 가르친다. 『신의 명칭들』 2.3-4에서 보듯이, 때로 디오니시우스는 통일된 신의 명칭들이 "말로 형언할 수 없는 것 이상이며, 알 수 없는 것 이상"이라는 사실을 강조하기 위해서 "선 이상의 것" More-than-Good, "하나님 이

---

210) Henri-Charles Puech, "La Ténèbre mystique chez le Pseudo-Denys L'Aréopagite." Cf. Vanneste, Le mystére de Dieu, pp. 161-81; and especially Rogues, "Contemplation, extase et ténèbre mystique chez le Pseudo-Denys," DS 2:1885-1911. MT 1.3을 Gregory of Nyssa's Life of Moses 2.162-69, in Grégoire de Nysse. La vie de Mose (SC ibis: 80-84)와 비교해 보라.

211) Puech, "La Ténèbre mystique," p. 140의 견해를 따른 것이다.

212) Puech는 디오니시우스의 암흑의 주관적인 측면과 객관적인 측면을 인정한다 ("La Ténbre mystique," pp. 122, 125).

상의 하나님"More-than-God, "존재 이상의 존재"More-than-being와 같이 탁월한 수식어, 즉 "초월적-용어들"hyper-terms을 사용한다. 그 이유는 삼위일체는 그 분화되지 않은 통일성 안에 "만물의 긍정, 만물의 부정, [그리고] 긍정과 부정을 초월하는 것을 가지고 있기 때문이다"(『신의 명칭들』2.3-4 [640B-641A; pp. 60-61]).[213] 『신비 신학』을 끝맺는 위대한 부정의 찬송이 주는 마지막 메시지는 하나님은 긍정과 부정을 초월하신다는 것이다.

"그것은 긍정과 부정을 초월한다. 우리는 그것이 아닌 그 곁에 있는 것을 긍정하거나 부정할 뿐이다. 왜냐하면 그것은 모든 긍정을 초월하며, 만물의 완전하고 유일한 원인이며, 또 모든 한계를 초월하는 단순하고 절대적인 본성에 의해서 모든 부정을 초월하기 때문이다"(5 [1048B; p. 141]; 또한 1.2 [1000B]).

위와 같은 결론에 도달하면서 디오니시우스는 토마스 토마직Thomas Tomasic이 "충돌 진술"collision statement이라고 부른 것, 즉 하나님과 관련하여 상반되고 모순되는 서술들을 변증적으로 결합한 것들을 종종 사용한다.[214] 이것들은 때때로 『파르메니데스』[215]의 첫째 가설을 상기하게 하는 한 쌍의 반대되는 것들로 이루어진 부정이며, 또 어떤 곳에서는 두 번째 가설에서처럼 한 쌍의 반대되는 것들로 이루어진 긍정이다.[216] 그밖에 충분히 변증적인 방법으로 하나님에게 적용할 수 있는 상반되고 모순되는 서술들을 긍정하기도 하고 부정하기도 하는 본문들이 있다.[217]

---

213) Corbin, "Negation et transcendance," pp. 47, 58-63, 69. J.-L. Marion, *L'idole et la Distance* (paris: Grasset, 1971).
214) Thomas Michael Tomasic, "The Logical Function of Metaphor and oppositional Coincidence in the Pseudo-Dionysius and Johannes Scotus Eriugena," *Journal of Religion* 68 (1988), pp. 364-66.
215) E.g., *MT* 5 (1048A; p. 141). Cf .*DN* 13.3 (981A).
216) E.g., *DN* 9.1-10 (909B-917A); cf, 13.2 (980A).
217) E.g., *DN* 5.10 (825B; p. 103); *DN* 7.3 (872A; p. 109); *Ep.* 3 (1109D; p. 286); cf, *DN* 19.3 (980c).

디오니시우스가 긍정과 부정, 그리고 방금 언급한 세 가지 탁월한 서술 형태를 복잡하게 사용했기 때문에, 많은 분석과 논란이 이루어져 왔다. 어떤 사람들은 그것들과 후기 신플라톤주의에 나타난 긍정적 서술과 부정적 서술이라는 형태와의 관계를 강조했지만,[218] 어떤 이들은 하나님과 관련하여 그가 사용한 이 표현 방식God-lauguage의 적합성을 평가하려 해왔다. 디오니시우스는 언어에 대한 요구들을 타파하기 위해서 어느 교부보다 더 많은 언어(그 나름의 매우 특별한 언어)를 사용했는데, 이것은 지금까지도 논란이 되는 부분이다.

다음과 같은 등식에 의해서 디오니시우스가 하나님에 대해 사용한 다양한 표현의 논리를 증명할 수 있다:

1. 하나님은 X이다(이것은 비유적으로 참이다).
2. 하나님은 X가 아니다(이것은 신비적으로 참이다).
3. 하나님은 X도 아니고 X 아닌 것도 아니다(이것은 연합적으로 참이다).

세번째 서술 형태는 (2번에서 등장한) "단순한" 초월을 가리키는 것이 디오니시우스가 다소 무절제하게 사용한 초월적-용어들을 통해서 지적한 특별한 탁월함의 형태를 가리킨다.[219] 코르빈Michel Corbin은 이 "초-탁월"sur-eminence의 형태가 일상적으로 탁월한 언어를 넘어서 "x가 아닌 것이 최고의 x보다도 더한 x이다"라는 형식을 따라 이중 부정을 형성한다고 주장한다.[220] 이것이 디오니시우스의 의도에 어긋나는 것이 아니라 할지라도, 디오니시우스가 부정들의 다양성의 작용을 통하여 알리려 했던 신비

---

218) Gersh, *From Iamblichus to Eriugena*를 보라.
219) E.g., *hyperagnōstos* in *DN* 1.5 (593B) and *MT* 1.1 (997A); *hyperochitos* in *Ep*.1 (1065A); *hyperphaēs* in *DN* 1.8 (797A).
220) Corbin, "Negation et transcendance," pp. 58-59, 69.

를 지나치게 문자적으로 공식화한다.[221]

무지의 의미를 둘러싸고 있는 주변적인 문제들 때문에 디오니시우스의 신비적 해석의 목표는 무지가 아니라 연합이라는 사실을 간과해서는 안 된다. 이 둘 사이의 관계를 결정하기는 쉽지 않다: 무지는 연합의 내실로 들어가는 문지방인가, 아니면 어떤 면에서 연합과 동일한 것인가? 이 두 용어는 개념적인 언어를 초월하는 임재의 수준을 다루고 있으므로 이 질문은 약간 인위적이다. 그러나 디오니시우스가 그 용어들을 사용한 것은 그 둘 사이에 어느 정도의 차이점이 있음을 암시하는 듯하다.

인간이 신적 임재와의 직접적인 관계를 획득하는 방법의 특성을 규정한 것이라고 할 수 있는 연합의 개념이 후대에 중요하게 된 것도 디오니시우스가 후대의 전통에서 발휘한 영향력을 나타내 준다. 물론 하나님과의 연합이 새로운 개념이 아니었지만 디오니시우스는 그 용어를 사용함으로써 새로운 중요성을 부여했다.

디오니시우스는 그의 스승 히에라테우스가 "신적인 것들과의 신비적 연합"을 얻었다고 주장했다(『신의 명칭들』 2.9). 이것이 현대에 디오니시우스를 유명하게 만들어준 기술적 용어terminus technicus를 사용한 유일한 곳이지만,[222] 여러 곳에서 연합henōsis 및 그와 관련된 용어들이 복귀epistrophē의 목표와 관련하여 등장한다.[223] 『신비 신학』 제1장에서 디오니시우스는 "디모데"에게 "…인식되고 이해되는 모든 것을 뒤로하고, 모든 존재와 지식을 초월하시는 분과의 연합을 얻기 위해서 위를 향해 정진" 하라고 권면

---

221) 디오니시우스가 부정의 부정을 특별히 강조하지 않은 것이 이것을 지적해 주는 하나의 증거이다.

222) *Mystical Union and Monotheistic Faith*, ed. M. Idel and B. McGinn (New York: Macmillan, 1989), pp. 185-93을 보라.

223) henōsis는 디오니시우스의 글에서 58회 이상 사용되지만 (Chevallier, *Dionysiaca* 2:1597을 보라), 항상 신비적 연합의 의미로 사용되는 것은 아니다. 특히 Vanneste, *Le mystére de Dieu*, chap. 4을 보라.

한다.[224] 『신의 명칭들』 7.3에서는 "정신을 크게 초월하는 연합 안에서… 무지를 통해서 임하는 가장 거룩한 신 지식"을 획득하는 것에 대해 말한다(872B; p. 109).[225] 디오니시우스가 신자가 목표를 성취하는 배경이 된다고 주장한 전례적인 배경과 연합이 분리되어서는 안 된다. 『교회의 계층 구조』 3.1에서 "거룩하게 전수해 주는 모든 활동은 우리의 조각난 삶을 결합하여 하나로 신화神化되게 해준다. 그것은 우리들 가운데 존재하는 구분들을 가지고 신적 일치를 만들어 낸다. 그것은 우리에게 일자the One와의 교제와 연합을 가져다 준다"라고 말한다(『교회의 계층 구조』 3.l.1 [424CD; p. 209]).[226] 『신비 신학』 1.3에서 디오니시우스는 연합의 표현을 모세에게 적용하면서, "모든 지식에 대한 완전히 무지한 비활동성에 의해서 탁월하게 연합되는 것"을 말한다(1001A; p. 137). 이 용어는 후대의 신비가들, 특히 16세기 이후에 신비가들이 종종 논했던 보다 높은 연합의 단계에서의 수동성을 시사해 준다. 그러나 그것들의 지나치게 많은 차이점들을 복창하여 상이한 사고 세계에 들어가지 않도록 조심해야 한다.

연합 및 그와 연관된 용어들을 많이 사용하고 있음에도 불구하고 디오니시우스는 연합의 본질에 대해서 상세히 설명하지 않으며, 많은 저자들과는 달리 그것을 특정의 넓은 전통 안에 두는 데 도움이 될 신약성경의 증거 본문들과 연결시키지도 않는다. 그러나 한 가지는 분명하다: 하나님과의 연합은 신화神化에 의해서 생각되어야 하며, 신화는 "가능한 한 하나님과의 연합 안에서 그와 비슷하게 되는 것이다"(『교회의 계층 구조』 1.3 [376A; p. 198]).[227] 신화theōsis란 계층 구조 안에 참여함으로써 이성과 지성을 부여 받

---

224) *MT*.1 (997B; p. 135).

225) Cf.*DN* 13.3 (981B). *henōsis*가 신비한 의미로 사용된 것을 다음에서 발견할 수 있다: *DN* 1.1 (588A); 1.4 (579D); 1.5 (592c); 3.1 (680B); 4.11 (708D); 11:2 (949D-952A); *CH* 1.2 (121B); *EH* 2.I.1 (392A); 2.III.4 (400c); 3.III.3 (429A); *Ep*. 10 1117B).

226) 성찬식과 연합에 대해서 보다 상세히 알려면 *EH* 3.III.7-9 (436D-437C)을 보라.

227) *CH* 12.3 (293B)에서는 연합, 신화, 하나님을 닮음 등이 연결되어 있다; cf, *DN* 8.5

은 존재들에게 하나님이 주시는 선물이다(『교회의 계층 구조』 1.4).

"우리는 인간의 계층 구조를 본다.…그것은 우리를 계층적으로 상승시켜 신화의 일치 안에 들어가게 해주는 감각할 수 있는 다양한 상징들 안에서 배가된다"(『교회의 계층 구조』 1.2 [373AB; p 197]).[228]

디오니시우스는 연합과 신화를 동일시하면서 이미 기독교 사상에서 표준적인 주제가 된 것에 더하여 새로운 형태의 변증적 신비주의를 시도했다. 예를 들어 디오니시우스는 하나님을 묘사할 때에 새로운 어휘를 사용하여 "신화되는 것들의 신성Thearchy"으로 묘사하지만 영혼이 본성적으로 신적인 것인가 하는 중요한 교리적 문제에 관하여 기독교의 신비 이론과 이교의 이론을 구분한 기독교 선조들의 견해에 동의한다. 우주가 있기 전에 지적 존재들이 창조되었다고 주장하는 오리겐과 에바그리우스도 참된 신성과 차용된 신화를 뚜렷이 구분했다. 디오니시우스는 이 문제에 관해서 대부분의 교부들보다 훨씬 플라톤적이지 못하며 선험적 창조를 주장하지 않는다.[229] 그러므로 신성Thearchy과 영혼의 관계에 대한 그의 견해는 변증법이 등장하기 전의 기독교 신비가들보다 탁월하기도 하고 열등하기도 하다: 영혼은 신적이며 독특한 형태의 하나님과의 연합을 성취할 수 있지만, 하나의 현현으로서만 신적이며, 하나님의 상승시켜 주시는 에로스에 의해서만 연합되고 신화된다. 신화는 생득적인 것이 아니라 선물이다.[230]

신화의 연합divinizing union은 다른 두 가지 용어와 중요한 관계를 가진다: 헬라 교부 신비주의에서 중심되는 주제인 관상theōria, 그리고 그다지

(893A).

228) Bouyer, *Spirituality*, pp. 416-21; and *DS* 4:1385-87.
229) Von Balthasar (*Glory of the Lord* 2:161-62)에서 강조됨.
230) 특히 Roques in *DS* 7:1898.

전통적인 것은 아니지만 중요한 개념인 황홀경ekstasis.[231] 디오니시우스가 이 두 용어를 사용한 방식은 오직 그의 분류학의 넓은 구조 안에서만 이해될 수 있다.

디오니시우스의 견해에서 관상theōria은 하나님에게 뿌리를 두고 있었다. 왜냐하면 하나님theos이라는 명사는 "바라보다"라는 의미를 가진 theasthai에서 파생된다고 생각했기 때문이다.[232] 관상은 창조의 계층 구조를 통해서, 그리고 그 안에서 신을 바라보는 능력이다. 상징적인 차원에서, 그것은 성경의 상징들과 전례 행위에 대한 통찰로서 우리가 단순한 유형적 표상들로부터 내적 의미를 파악할 때에 사용하는 수단이다.[233] 보다 높은 차원에서 말한다면, 교회의 계층 구조와 천상의 계층 구조 내의 각 단계마다 그에 합당한 관상이 있고,[234] 각 단계는 신의 명칭에 관한 계몽이 위로부터 주어진다.[235] 그러나 만약 신의 명칭들에 대한 관상이 주로 디오니시우스의 영적 여행에서 둘째 단계인 조명에 속한 것이라면, 관상이란 "숨겨진 침묵의 눈부신 어둠"(『신비 신학』 1.1 [997B]) 안에서 성취되는 연합의 완전한 수준에서 극복될 것을 나타내는 것이 아닌지 의아해 할 수도 있을 것이다. 디오니시우스는 어둠으로 들어갈 때에 감각적이고 지적인 관상을 완전히 버려야 한다고 주장한다. 그러나 역설적으로 여기에서도 디오니시우스는 디모데가 "감추어져 있는 신비한 관상", 즉 보이지 않는 중에 보이는 것들, 하나님에 대한 유일하게 참된 지식gnōsis인 무지agnōsia에 관한 관

---

231) 이 문제에 특별히 관심을 기울인 두 명의 학자가 있다: Völker, *Kontemplation und Ekstase;* and Roques, "Contemplation chez les orientaux chétiens. E. Le Pseudo Denys L'Areopagite," *DS* 2:1785-87; idem, "Contemplation, extase et ténèbre mystique chez le Pseudo-Denys" *DS* 2:1855-1911 (partly reprinted in *Structures Théologique*, pp. 151-63).

232) E.g., *DN* 12.2 (969c).

233) 이것은 상징적 신학에 할애된 중요한 본문에서 가장 분명히 드러난다: *CH* 2 and *Ep.* 9.

234) Roques, *DS* 2:1890-91.

235) *DN* 1.2 (588CD; p. 50).

상을 추구할 것이라고 주장한다.[236] 그러므로 관상에 대한 디오니시우스의 견해는 하나님에 대한 그의 변증적 견해와 일치한다. 로케*René Roques*의 말을 빌리면 "관상은 그것 자체를 능가하지만 파괴하지는 않는 몰아의 상태에서 완성된다."[237]

몰아 상태를 의미하는 *ek-stasis*(직역하면 "밖에 섬"이라는 의미)와 *existemi*("…으로부터 밖으로 나가다")라는 동사의 형태는 디오니시우스의 전집에서 극히 드물게 사용되지만 대단히 중요하다.[238] 이 단어들은 모든 가치 기준들이 변화되는 곳—긍정과 부정 모두를 초월함으로써 전도되고 (무지가 지식이 되며, 어둠이 눈부심으로 변화됨) 초절超絕 되는 곳을 나타내주는 표시자라고 묘사될 수 있다. 몰아의 상태는 사랑의 힘, 즉 하나님의 자기 비움을 통해서 세상에 심어진 신적 에로스*theios erōs*를 통해서 이와 같은 갑작스런 파열을 초래한다.[239] 우리는 몰아의 상태를 통해서 인간적 조건을 넘어서고 신화된다.

이미 살펴본 것처럼 디오니시우스는 먼저 하나님 자신의 몰아경을 긍정하는 대담한 단계를 취한다. 그는 그것을 두 가지 면에서 말하는데, 첫째는 창조적 몰아경creating ecstasy, 즉 세상을 구성하는 에로스(EROS I)에서 하나님이 자기 밖으로 나아가는 발현이고(「신의 명칭들」 4.13 [712A]), 둘째는 하나님이 항상 자신 안에, 그리고 만물의 외부에 완전하게 머물러 계시는 초월적 몰아경transcending ecstasy이다. 『편지』 9에서는 이것을 하나님이 마치 술에 취한 연인처럼 "선한 것으로 충만하여 이 모든 것을 벗어나게 되는" 신적 도취 상태로 묘사한다(Ep. 9.5 [1112BC; p. 287]). 우주에 가득한 에로

---

236) Sheldon-Willams, "The pseudo-Dionysius," pp. 467-70; Lossky, *Vision of God*, pp. 109-4을 보라.

237) Roques, *DS* 2:1886.

238) Ekstasis는 4번, 형용사형은 3번 사용된다. *DN* 4.13 (712AB); *MT* 1.1 (1000A); and *Ep*. 9.5 (II. 12BC). 디오니시우스의 엑스터시에 대한 연구를 보려면, Völker, *Kontemplation und Ekstase*, chap. 3; and Roques in *DS* 2:1895-1911을 보라.

239) 에로스와 엑스타시의 관계에 대해서는 Roques, *DS* 2:1900-1902를 보라.

스적 회복eros epistreptikos의 열망에 이끌린 영혼은 부정의 방법에 의해 위를 향한다. "왜냐하면 이것은 영혼으로 하여금 자신의 유한한 본성과 관련된 모든 것을 벗어나게 해주기 때문이다"(『신의 명칭들』 13.3 [981B; p. 130]). 이것의 본보기는 디오니시우스의 사도적 스승인 바울이다.

> "이런 까닭에 하나님에 대한 갈망과 그 몰아적 능력에 사로잡힌 사도 바울은 영감을 받아 '이제는 내가 사는 것이 아니요 오직 내 안에 그리스도께서 사시는 것이라'(갈 2:20)고 말했다. 바울은 참으로 사랑하는 이요, 하나님을 위해 미친 사람이며(고후 5:13), 특별한 사랑을 받는 자로서 자신의 생명을 소유한 것이 아니라 자신이 사모하는 분의 생명을 소유했다"(『신의 명칭들』 7.13 [712A; p. 82]).[240]

디오니시우스의 연합의 개념은 지식을 초월한 무지, 사모하는 에로스를 초월하여 몰아적 소유에 이르는 것에 기초를 둔다.[241] 사랑과 지식은 각기 중요한 역할을 소유하는데, 사랑이 더 고귀한 역할을 소유한다. 디오니시우스가 사용한 에로스라는 표현은 아가서에 등장하는 성적인 상호 주관적 심상으로 표현되는 것이 아니라, 형이상학적인 원리로서의 에로스에 대한 객관적인 분석으로 표현된다. 그렇다고 해서 서방 기독교 신비주의에서 사랑의 역사에 대한 그의 공헌이 감소되는 것은 아니다.

아가서를 언급한 것은 또 하나의 문제를 제기한다. 오리겐, 닛사의 그레고리, 그리고 후대에 아가서를 주석한 신비적 주석가들에게서 영혼이 하나님에게로 돌아가는 과정에서 육을 입으신 거룩한 연인이신 그리스도의 역할이 강조된 것을 발견한다. 지금까지는 그리스도에 대한 언급이 없이 디오니시우스의 신비주의를 논할 수 있었다. 디오니시우스의 견해에서 신인God-man은 어떤 역할을 하는가?

---

240) *MT* 1.1 (1001A)도 이 신비가의 자아-포기를 강조한다.
241) Roques, *DS* 2:1984-95을 보라.

논쟁점은 디오니시우스의 기독론의 정통성에 관한 것이 아니고(어떤 사람들은 그에게 단성론적인 경향이 있다고 의심한다), 예수 그리스도를 언급하지 않았다는 것에 관한 것도 아니다(디오시니우스의 전집에서는 예수 그리스도가 종종 등장한다). 그보다는 예수의 신인 양성적인 활동이 회복의 과정에서 얼마나 중요한 것인지에 관한 것이다. 처음에 지적했듯이 이 문제에 대해서는 상당히 큰 견해의 차이가 있었다. 폰 이반카von Ivanka, 로케Roques, 로렘Rorem 등 디오니시우스에게 공감하는 학자들조차도 그의 신비주의가 그리스도를 위한 충분한 자리를 비워 두었는지 의심한다.[242] 반면에 로스키Lossky, 발타사르von Balthasar, 코르빈Corbin 등의 학자들은 디오니시우스 신비주의에서 그리스도가 중심적 역할을 한다고 주장해왔다.[243]

성부로부터의 로고스의 발현, 그리고 로고스가 인간 본성 안에 성육한 것 등이 디오니시우스에게서 행한 구조적 역할은 그의 후계자인 막시무스, 요한 스코투스, 에크하르트 등에게서 행한 역할과 동일하지 않다. 그리스도에 대한 디오니시우스의 언급은 그의 체계적인 저술들, 특히 『신의 명칭들』과 『신비 신학』에 산재해 있다. 가장 유명한 구절들은 『편지』, 『교회의 계층 구조』와 『천상의 계층 구조』에 등장한다. 『천상의 계층 구조』에서(2.5 [145B]) "그리스도, 나의 그리스도께서" 그의 담화를 인도해 주시기를 기원하면서 기도를 시작하는 것을 보면, 디오니시우스에게 신인神人에 대한 개인적인 헌신 의식이 없었던 것이 아니다. 그러나 전반적으로 지배적인 것은 하나님에게로의 복귀에서 예수가 어떻게 기능하는가에 대한 보다 객관적인 언어이다. 『교회의 계층 구조』 1.2에서 중요한 본문을 찾아볼 수 있는데, 여기서 디오니시우스는 "예수, 모든 계층구조의 근원이요 완전"이라고 표현한다(1.2 [373B; p. 197]). 비록 디오니시우스가 그리스도의 역

---

242) E.g., von Ivánka, *Plato Christiamus*, pp. 285-56; Roques, *L'univers dionysien*, pp. 235-36; Rorem, "Uplifting Spirituality," p. 144.

243) Lossky, "La notion des 'analogies' chez Denys," p. 307; von Balthasar, *Glory of the Lord* 2:192-93, 208-10; Corbin, "Negation et transcendance," pp. 65-75을 보라.

할을 항상 분명하게 언급하지는 않았지만, 신비적 해석에서 계층 구조의 중요성을 고려한다면 이 표현은 그리스도의 핵심적 역할이 있음을 지적해 준다. 그러나 천상의 계층 구조와 교회의 계층 구조에서 예수의 역할을 보여 주는 본문들도 있다. 『천상의 계층 구조』 7.2에서 천사들의 최고 계층은 "근본적인 참여 안에서 예수에게 가까이 옴으로써…예수와 교제하게 되었으므로"(288C; p. 163; 참고 7.4 [209AB; p. 164]) 관상적이라고 말한다. 세례(『교회의 계층 구조』 2.III. 6-7 [404AC]), 성만찬(『천상의 계층 구조』 1.3 [124A]), 기름부음(『교회의 계층 구조』 4.III.12 [484D-485A]) 등의 성례전은 예수 및 그의 구원 사역에 참여함을 초래한다. 한편 『교회의 계층 구조』 5.I.5(505B)에서는 모든 계층 구조가 예수 안에서 완성된다는 사실이 각기 거룩한 질서 안에 있는 "계층 구조"가 필요한 근거로 간주된다. 디오니시우스는 우리가 그리스도의 삶을 본받아야 한다고 주장한다(『교회의 계층 구조』 7.I.2 [553C]). 특히 『편지』에서 예수의 모범에 주의를 기울이지 않은 거짓 수도사 데모필리우스를 책망했고(8.1, 4 [1085D-1088A, 1096AC]), 선한 계층인 카르포스는 자비하신 예수의 환상을 보고서 죄인들을 대적하려는 마음을 진정시킨다(8.6 [1100C]). 예수의 계층 구조적 활동에 대한 디오니시우스의 가르침에서 가장 중요한 것은 그 활동의 원동력인 사랑일 것이다. 그는 성육신이 하나님의 사랑의 역사라고 거듭 강조하며,[244] 이 진리를 긍정하는 것이 곧 세상을 부정하고 하나님에게 돌아가는 일의 시작이라고 말한다. "인류를 향한 예수의 사랑을 긍정하는 것은 초월을 가리키는 부정의 요소를 소유한다"(Ep. 4 [1072B; p. 264]).

마지막으로 디오니시우스의 신비주의가 지닌 또 하나의 기독론적 요소를 고려해 볼 필요가 있다. 앞에서 디오니시우스의 체계에서 중재mediation의 역할을 다룬 바 있다. 발현proodos에 있어서 하나님의 창조적 활동의 직

---

[244] E.g., *DN* 1.4 (592B); 2.10 (648D-649A); *CH* 7.4 (181B); *EH* 3.III.11-13 (441A-443C); 5.III.5 (512C); *Ep.* 3 (1069B).

접성에 관해 질문이 있을 수 없지만, 신적인 능력이 계층 구조들 안에서 계속 전달되는 방법에 대한, 그리고 이러한 계층 구조들이 상승 과정에서 행하는 기능에 대한 논의가 이루어지고 있다. 한편으로는 하나님과의 모든 접촉의 직접성을 강조하는 『신의 명칭들』과 『신비 신학』, 또 한편으로 적어도 몇 구절에서(『교회의 계층 구조』 6.6 [573C]) 중재적 활동의 필요성을 제시하는 『천상의 계층 구조』와 『교회의 계층 구조』 사이에 긴장이 있는 것처럼 보인다. 로케는 비록 디오니시우스가 분명하게 주제로 다루지는 않았지만 이 긴장을 풀 수 있는 해결책은 모든 계층 구조의 근원이요 완성이신 예수의 위치에 있다고 주장한다. 하나님이신 그리스도는 천상의 계층 구조의 머리요, 인간이신 그리스도는 교회의 계층 구조의 머리이기 때문에, 이 신인神人은 연합을 획득하는 일에 직접적으로 관련되어 있는 모든 계층들의 최고 지위에 있는 계층이시다.[245]

디오니시우스를 평가하는 일은 언제나 해석자의 신학적 입장에 의존해 왔다. 신비한 인물인 디오니시우스는 기독교인으로 가장한 신플라톤주의자인가? 이런 극단적 견해는 많은 증거들을 무시하는 것이므로 타당하다고 볼 수 없다. 디오니시우스는 신플라톤주의에 압도되어 기본적인 성경의 신념들을 신플라톤주의와 절충시킨 미혹된 기독교 사상가인가? 루터 이후로 많은 사람들이 그렇게 생각해 왔다. 그러나 그들의 견해는 성경적 기독교의 본질에 대한 한 가지 견해를 의지하고 있는데, 모든 기독교인들이 그 견해에 공감하는 것은 아니다. 어쨌든 디오니시우스에 대한 평가는 이루어져야 한다. 절대적인 판단이 아니라면, 최소한 그가 얼마나 신빙성이 있으며 적절한 인물인지를 특별한 상황 안에서 평가하며, 그의 사상이 기독교 신비주의 전통에 미친 영향을 평가하려는 노력이 이루어져야 할 것이다.

디오니시우스의 중요성은 그와 더불어서 비로소 신학이 분명하게 신비

---

245) Roques, *DS*:1908-10.

적인 것이 되었다는 사실, 즉 후대의 기독교 신비가들이 하나님의 임재 의식과 부재의 신비를 디오니시우스가 대표하는 사도적 가르침의 전통에 연결시킬 수 있는 범주들("신비 신학" 자체도 포함)을 만들어냈다는 사실에 있다. 후대의 신비가들이 그들의 삶과 표현을 교회의 삶의 표현이요 그것을 신화하는 데 중요한 것으로 이해하는 데 기준이 되는 원리들을 디오니시우스의 저술 안에서 발견했기 때문에, 디오니시우스는 부분적으로나마 신비주의 신학의 대가로 남게 된다.

디오니시우스가 영향력을 발휘한 범위에 대해서는 의문의 여지가 없다. 그의 사상에서 미심쩍은 것은, 기독교 역사에서 "순수한" 디오니시우스주의는 거의 없었다는 데 있다. 그의 저술들은 처음부터 마치 성경 자체와 같이 취급되었다. 즉 무진장한 신비적 의미와 내적 생명이 가득 차 있으며 각 세대가 다시 읽으면서 새로운 논쟁점들에 비추어 다시 해석해야 하는 거룩한 메시지로 취급되었다. 그러나 디오니시우스 자신은 이런 해석상의 융통성을 언짢게 여기지 않았을 것이다. 왜냐하면 그는 참된 신비의 면전에서 언어의 제약을 누구보다 잘 알고 있었기 때문이다. "그것에 대해 말해져야 할 것은 말할 수 없는 것으로 남아 있으며, 그것에 대해 이해되어야 할 것은 알 수 없는 것으로 남아 있다"(『편지』 3 [1069B; p. 264]).

맺는말

기독교는 유대인들 사이에서 시작되었으나, 환경적으로는 헬레니즘에 의해 심하게 채색되었다. 이 새로운 종교는 거의 처음부터 헬라어로 표현되었으며, 그 범주가 확대되면서 점차 지식층의 헬라어로 표현되었다. 이 과정은 특히 헬라 교부 사상 안에 있는 신비적 요소들의 역사에서 분명히 드러난다. 영지gnōsis와 사랑agapē이라는 용어의 올바른 해석에 관한 토론 및 신약성경에서 찾아볼 수 없는 관상(theōria, 이것은 신비적이지 않은 의미에서는 단 한번 등장한다), 무정념apatheia, 연합henōsis 등의 용어들이 점점 더 중요해진 것이 이런 변천을 입증해 준다. 그러나 초기 기독교 신비주의의 역사를 "원래의" 기독교에 미친 헬라적 영향의 역사로 축소하는 것은 기독교 신비주의 역사를 제대로 이해하지 못하는 일이다.

헬라 교부들은 자기들이 변화시키려는 세계에서 사용하는 지성적 범주를 많이 받아들였지만, 자기들이 받아들인 것을 성경과 교사들과 구원을 주는 의식들 안에 보관되어 있는 기독교 공동체의 신앙을 토대로 하여 측정하고 수정해야 한다는 것을 의식하고 있었다. 그들은 자기들이 그 시대의 환경으로부터 얼마나 많은 문화적 관습들을 신학에 도입하는지 의식하지 못했지만, 그것이 그리스도의 빛 안에서 모든 것을 판단하려는 그들의 의도의 중요성을 부정하지는 않으며 다만 모든 역사적 지평들의 한계를 지적할 뿐이다. 초기 기독교 신비주의의 교회적 배경이라는 위대한 사실은, 기독교 신비주의를 그와 아주 흡사하게 보이는 그 시대의 현상들로부터 구분해 주었다. 기독교인들은 철학적 사변과 마술적 관습 안에서 하나님을 찾은 것이 아니라, 교회의 치밀한 구조 속에 있는 생활 안에서, 그리고 그것을 통해서 하나님을 찾았다.

이 책 제1부의 기본 목적은 이 시리즈의 주요 주제인 서방 기독교 신비주의의 기초를 놓는 데 있었다. 각 장에서 충분한 이야기를 다루지는 않았지만, 신비주의가 완전히 기독교 안에서 새로 고안 된 것이 아니며, 3-5세기의 위대한 기독교 신비가들은 처음부터 자기들의 견해를 정당화하기 위해서 새로운 종교 안에 있는 많은 요소에 호소할 수 있었다고 제시했다.

첫째 요소는 성육하신 로고스인 예수에게서 실현된 하나님의 새롭고 최종적인 임재에 대한 믿음이었다. 이 임재에 대한 신자의 반응은 여러 가지 방법으로 묘사되며, 종종 동일한 저자도 여러 가지로 묘사한다: 본받음과 따름, 사랑의 추적과 결혼, 조명과 관상, 신화와 연합. 저자들에 따라서 각기 다른 방법으로 이해되었지만, 초기 기독교 신비주의의 기독론적 강조는 피할 수 없다.

그리스도 안에 나타난 새롭고 궁극적인 하나님의 현현은 교회 안에서 교회를 통하여 신자들에게 도달한다. "신비적"(이교에서 생겨났지만 2세기에 기독교의 용어가 되었다)인 것은 항상 "교회적"이었다. 성경과 성례전의 숨겨진 혹은 신비적 깊이는 신비적 관상, 또는 그리스도 안에서 하나님과의 신비적 연합에 이르게 해주었다. 초기 기독교인들은 하나님의 임재에 대한 자신의 경험에 대해서는 거의 말하지 않았다. 그들에게 중요한 것은 교회 안에 있는 그리스도의 신비적 실재였다.

이런 본질적 기초들을 전제로 한다면 오리겐, 에바그리우스, 디오니시우스와 같은 기독교 신비가들이 그 시대의 유대교와 헬라 종교 철학의 신비주의 전통에서 발견되는 주제들과 추이에 맞서서 자신을 어떻게 정의하게 되었는지 쉽게 알 수 있다. 만약 기독교 신비주의가 유대교 신비주의와 같이 강한 주석적 기초를 가졌다면 유대교 신비주의에서처럼 기본적 글들을 비전적으로 읽는 것을 거부하지 않았을 것이다. 2세기에 구원을 이루는 지식의 본질에 대한 큰 내적 논쟁을 통해서 중심되는 전통은 구원에 대한 보편적인 부름을 재천명하고, 엄격한 비전주의를 배척하고, 다양한 수준의 기독교적 헌신이 제시해온 수정된 비전주의와 엘리트주의와의 투쟁을 다음 세대에게 남겨 주었다. 영지주의 선견자들이나 많은 플라톤주의 철학자들과 마찬가지로 기독교 신비가들은 어떻게 영혼이 타락하기 전에 속했던 신적 영역을 되찾을 수 있는지에 많은 관심을 기울였다. 그러나 기독교인들은 그들과는 달리 영혼의 신성이 본성적으로 영혼에게 속한 것이 아니라 구속자의 아버지이신 선하신 창조주가 주신 선물이라고 주장했다.

영혼의 복귀에 대해 기술할 때 기독교 신비가들은 신적 개입, 선물 혹은 은혜의 필요성을 이교도 저자들보다 더 강조했다. 제2장에서 보았듯이 이교도 저자들이라고 해서 은혜와 같은 것들을 알지 못한 것은 아니었다. 마지막으로 가장 중요한 기독교 신비가들, 특히 오리겐과 디오니시우스는 (*agapē-erōs*로 인식된) 사랑을 자기들의 사상의 중심에 두었는데 이것은 플라톤주의자들에게서는 발견할 수 없는 것이다. 하나님에게 도달하는 데 있어서 사랑과 지식의 연동 역할에 대한 고찰은 이교도들이나 유대인들이나 기독교인들의 공통된 것이지만, 그리스 교부들은 신비한 사랑에 대한 새로운 견해, 구주께서 공동체 안에 심어놓으셨으며, 그렇기 때문에 그리스도를 향한 관상적이고 에로틱한 갈망 및 이웃을 향한 적극적인 관심을 함축하는 사랑을 토대로 하는 새로운 견해를 만들어냈다.

이런 개념들이 각 저자가 각기 다른 방법으로 표현한 이상적인 전형의 넓은 윤곽을 이룬다. 나는 그것들이 후대의 신비주의 전통의 중요한 토대가 되는 초기 기독교 신비주의 전통에 대해 말하는 것이 정당한 이유를 이해하는 데 도움이 된다고 믿는다.

제2부

서방 신비주의의 시작

서론

서방 기독교의 형성

지금까지 이야기한 것은 분량도 많고 중요한 것이지만, 서방 기독교 신비주의 이야기의 서론에 불과하다. 여기서 서방 기독교 신비주의란 라틴어로 쓰였고, 후기에 서유럽 각 국가의 언어로 기록된 문헌에서 발견되는 신비주의적 표현 형태를 뜻한다. 앞에서 많은 인물들과 주제들에 대해 보다 상세히 분석하고픈 유혹을 받았지만, 만일 그렇게 했으면 이 책의 주된 주제에서 벗어났을 것이다. 이제 준비 단계에서 실제적인 출발점으로, 즉 최초의 서방 신비가들이라고 할 수 있는 4세기와 5세기 초의 라틴 기독교 저자들의 저술에 관심을 돌릴 때가 되었다. 이들의 저술들, 특히 힙포의 어거스틴의 저서들은 수세기 동안 라틴 신비주의의 모퉁이돌 역할을 하고 있다. 4세기 말에 아주 현저하게 나타났던 이 새로운 서방 신비주의를 논하기 전에 라틴어권 기독교의 몇 가지 특징을 간략히 살펴보는 것이 이 신비주의가 탄생하게 된 역사적 세계를 조명하는 데 도움이 될 것이다.

위대한 교부학자인 쟝 다니엘루Jean Daniélou는 초기 시대에 기독교 신앙이 표현된 세 가지 문화를 중심으로 하여 『니케아 공의회 이전의 초기 기독교 교리사』History of Early Christian Doctrine before the Council of Nicaea라는 책을 저술했다. "기독 교회가 형성되는 데에는 유대교와 헬레니즘과 라틴 등 세 개의 세계, 세 개의 문화, 진리에 대한 세 가지 이상과 표현이 작용했다. 이 세 개의 문화는 각기 나름의 특징적인 신학을 산출해 냈다."[1] 이러한 다니엘루의 역사관은 비판을 받았지만, 기독교 역사의 모든 측면에서 문화적 요소가 작용하는 힘을 인정하기 시작한 우리 시대는 초대 교회의 형성에 작용한 세 개의 문화권에 대한 그의 통찰을 충분히 받아들이고 있다.

문명 세계의 주인, 통일된 로마제국이라는 이미지 때문에 그 제국의 특성을 이루었던 주요한 구분들이 감추어지는 경향이 있다. 로마는 세계화된 도시였지만, 로마가 다른 도시들에게 강요한 정치적 통일은 지방의 문화생활, 특히 도시 외곽에 사는 대다수의 주민들이나 지식층에 속하지 못한 사람들의 삶에 실제로 얼마나 많은 영향을 미쳤을까? 아마 우리는 그것을 결코 알 수 없을 것이다. 왜냐하면 우리가 가진 지식은 대체로 이 엘리트 계층이 우연히 남긴 것들을 의존하고 있기 때문이다. 물론 수세기 동안 로마 상류층은 헬레니즘 문화를 사랑했다. 유식한 로마인들은 라틴어는 물론이요 헬라어에도 통달해야 했지만, 우리가 지방 문화의 여러 측면을 복원한 것과 예술 양식[2]이 증언해 주는 바에 의하면 동방과 서방은 모두 세계주의를 표방하지만 서로 아주 다르다는 것을 알 수 있다.

서방 제국의 라틴어권 문화는 알렉산더 대왕의 정복으로 말미암아 형성된 지중해 지역의 문화 복합체에 의한 헬라화의 영향을 많이 받았음에도 불구하고 그 나름의 특성을 유지하고 있었다. 새로운 종교인 기독교는 서방으로 이동해 들어가면서 이러한 상황의 영향을 받지 않을 수 없었다. 기독교의 전파는 꽤 일찍부터 이루어졌다. 바울은 기원후 50년대에 이미 기독교인들에게 편지를 쓰고 있었다. 헬라어를 사용하는 유대인들이 제국의 여러 도시에 이 새로운 종교를 퍼뜨렸고 곧 이방인들도 여기에 합류했다.

---

1) Jean Daniélou, *The Theology of Jewish Christianity* (Chicago: Regnery, 1964), p. 1.

2) Ernst Kitzinger, *Early Medieval Art* (Bloomington: Indiana University Press, 1966), pp. 7-12을 보라.

4세기에 이르기까지 기독교는 대부분의 지역에서 분명한 도시 현상으로 남아 있었다.

1세기에 서방에서 기록된 기독교의 존재에 관한 초기 기독교 문서들은 모두 헬라어로 기록되어 있다(예를 들면 『클레멘트 1서』, 『헤르마스』와 순교자 저스틴의 저서처럼 로마에서 저술된 것들, 그리고 고올의 리용에서 쓰인 이레니우스의 저술들). 3세기 서방의 중요한 신학자인 로마의 원로 힙폴리투스(Hyppolytus, 200-230년경 활동)도 헬라어로 저술했다. 그러나 2세기 말에 기독교에서 라틴어를 사용하기 시작했는데 최초의 증거는 북아프리카에서 나타났다.[3]

이 라틴 기독교는 오랫동안 그 모체인 헬라어권 기독교에 기생했고, 수백년 동안 라틴어권 교회에서는 헬라어에서 번역된 책들이 중요한 역할을 했다.[4] 이런 면에서 볼 때 서방 기독교인들은 로마 엘리트들이 기원전 2세기 이후로 그리스의 문화적 보화들을 모방하면서 계발해온 유형을 반복하고 있었을 뿐이다. 그러나 그리스 문화를 모방한 것 때문에 라틴 세계에서의 참된 철학적 문화의 출현이 방해되지 않았으며,[5] 비슷한 일이 초기 라틴 기독교의 역사에서도 나타났다.

『스킬리아의 순교자 행전』(Acts of the Scilitan Martyrs, 180년경), 라틴어로 번역된 최초의 성경 번역본들(집합적으로 Vetus Latina라고 알려져 있음), 분명하지는 않지만 유대-기독교 논문들 등 가장 초기의 라틴어로 된 기독교 문서들은 일반적으로 주목을 받지 못했다. 라틴 기독교는 터툴리안의 저술에서 제대로 표현되었다. 터툴리안(대략 160-217년경)은 말년에 몬타누스 분파

---

3) "Latine (Église)," in DS 9:330-82을 보라.

4) Jean Gribomont, "The Translations of Jerome and Rufinus," in Patrology, Vol. 4, The Golden Age of Latin patristic Literature from the Council of Nicea to the Council of chalcedon, ed. Angelo di Berardino with an introduction by Johannes Questen (Westminster: Christian Classics, 1951), pp. 195-217, on the translations prior to Jerome and Rufinus.

5) 로마 제국의 지적 역사에 관해서는 C. N. Cochrane, Christianity and Classical Culture: A Study of Thought and Action from Augustus to Augustine (New York: Oxford University Press, 1967)을 보라.

에 합류한 북아프리카인이다.[6] 기도에 관한 터툴리안의 글과 오리겐의 글을 비교해보면 알 수 있듯이, 엄격한 사상가는 신비가라고는 할 수 없다.[7] 그러나 그의 저술에는 어거스틴이 강조했고 후일 서방 신비주의의 특징이 된 하나의 요소가 분명히 나타나 있다. 그것은 그리스 저자들에게서는 그다지 나타나지 않는 주관주의의 형태로서 내성적 경험에 대한 감수성이다.[8]

초기 라틴 신학에서 두 번째 위대한 인물도 아프리카인이었다. 카르타고의 감독 키프리안Cyprian은 258년에 순교자의 죽음을 맞았다. 그의 서신들과 논문에는 기독교인들이 세상에서 어떻게 살아야 하는가, 그리고 제4장에서 논의했던 순교의 이상에 대한 중요한 고찰이 담겨 있지만,[9] 진정으로 신비한 것은 거의 없거나 아예 없다. 예를 들어 키프리안은 성찬식 때에 떡과 포도주를 섞는 행동 안에 예표된 바 그리스도와 그의 백성의 연합에 대해 말하면서(『서신』 63.13.1-3, PL 4:395-6), 기독교 신비주의의 교회론적인 근원을 표현하고 있지만 독자들로 하여금 이 사실을 보다 깊이 개인적으로 전용하라고 권하지는 않는다. 후대의 서방 신비주의 저자들은 라틴 신학의 창시자라고 할 수 있는 이 3세기 인물들의 글을 그다지 넓게 활용하지 않았다.

터툴리안과 키프리안은 헬라어와 라틴어에 능통한 전형적인 로마의 지성인이었다. 이들은 무리한 확장, 내적인 약화, 야만족의 침입, 그리고 역사가들이 말하는 바 로마의 통치 구조가 아우구스투스Augustus가 만든 상

---

6) 터툴리안에 대해서는 J. Daniélou, *The Origins of Latin Christianity* (Philadelphia: Westminster, 1977), esp. chaps. 14-15을 보라.

7) 터툴리안의 주석과 오리겐의 주석의 비교에 관해서는 *Alexandrian Christianity*, ed. Henry Chadwick (Philadelphia: Westminster, 1954), pp. 224-30을 보라.

8) Daniélou, *Origins*, pp. 341, 407.

9) 순교에 관한 키프리안의 견해를 알려면 S. Deleani, *Christum sequi: Étude d'un thème dans L'oeuvre de Saint Cyprien* (Paris:Études Augustiniennes, 1979), pp. 87-111.

대적으로 유연한 원수정치prinicipate로부터 디오클레티안(284-305) 때 시작된 엄격한 독재정치dominate로 전환하는 데 작용한 일련의 재앙들이 나타나기 시작했던 시대에 활동한 제국의 시민이었다.[10] 교양이 없었지만 유능한 군인-황제였던 디오클레티안은 마지막 기독교 박해자로 알려져 있다. 성장하는 기독교의 힘을 박멸하려는 그의 체계적인 시도가 실패한 것은 4세기의 특징인 기독교와 로마제국의 결합을 예고해 주었다.

4세기에 기독교에는 두 가지 큰 사건이 발생했다. 첫째는 로마제국이 기독교로 개종한 것인데, 이에 대해서는 자주 언급되어 왔기 때문에 더 이상 새로운 것을 말하기 어렵다고 생각된다. 그럼에도 불구하고 변화되기 어려운 정치 체제 안에서 기독교 신앙을 고백하면 고통스러운 죽음을 당하게 되는 상황(303년 디오클레티안 때)에서 기독교가 국교가 된 것(378년 테오도시우스 때), 그리고 고대 로마의 신들 및 그들을 신봉하던 사람들이 배척을 받게 된 것은 놀라운 일이다. 로마와 기독교는 위대한 제국의 운명과 새로운 종교의 결합이라는 획기적인 결단에 의해서 잃은 것도 있고 얻은 것도 있었다. 이러한 득과 실을 훌륭하게 묘사하는 것은 관찰자가 지닌 종교적·역사적 관점에 크게 의존한다.

로마제국은 현대인들이 사회의 정치적 차원과 종교적 차원이라고 부르는 것의 전통적인 공생symbiosis을 유지할 수 있었으나(보다 초월적인 하나님을 제국의 수호신으로 부름으로써 이것을 강화할 수 있었을 것이다),[11] 통치자는 제국의 이익이라고 생각되는 것보다 부차적인 역할을 하는 것으로 인식되는 것을 용납하지 않는 종교를 받아들여야 했다. 전통적인 로마제국 이상의 배경 안에서 이 긴장은 갈등을 초래할 수밖에 없었는데, 이 갈등이 그 후로 서구 세계의 종교적·정치적 역사에 활력을 불어넣었다. 고대 말기의 교회와

---

10) A. H. M. Jones, *The Later Roman Empire* 284-602: *A social, Economic, and administrative Survey*, 2 vols. (Norman: University of Oklahoma Press, 1964).

11) H. 1. Marrou, "L'dée de Dieu et la divinité du Roi," *La regalià Sacra* (Leiden: Brill, 1979), pp. 478-80을 보라.

국가 사이에서 후대의 구분과 같은 것을 찾아보기를 기대할 수는 없지만 사제들의 역할과 통치자들의 역할에 대한 확실히 상이한 태도가 존재했다. 동방의 기독교인들과 마찬가지로 서방의 기독교인들은 제국의 개종을 환영했지만, 특히 서방에서 황제의 권력이 쇠약해짐에 따라서 제국의 교회 통제에 보다 비판적인 태도를 취했다. "가이사의 것은 가이사에게, 하나님의 것은 하나님께 바치라"(눅 20:25)는 예수의 가르침은 라틴 기독교 역사에서 중요한 것이 되었다.

교회가 새로운 상황을 민첩하게 받아들인 것이 처음에는 놀랍게 보일 수도 있다. 그러나 기록을 조사해 보면 2세기 이후 대부분 기독교인들은 대결보다 화해를 추구했고, 콘스탄틴 황제(313-337)의 회심을 신의 섭리의 분명한 증거로 여겨 환영했음을 알 수 있다. 기독교는 국가로부터 공식적으로 인정을 받음으로써 많은 것을 얻었다. 권력과 부의 면에서만 그랬던 것은 아니다. 또 기독교는 새로운 상황에 직면해야 했는데, 후일 많은 사람들은 그것이 모호하거나 위험했다고 평가했다. 죄인으로 십자가에 달려 죽은 유대인, 멸시받고 박해받고 처형당한 추종자들을 둔 인물의 종교가 바야흐로 로마의 종교, 가장 강력한 세계 제국의 국교가 되려는 순간이었다.

일반적으로 기독교 지도자들이 자기들의 모임에서 내리던 결정들이 곧 황제들의 개입을 요청하는 국가적 문제가 되었다. (콘스탄틴은 325년에 니케아에 기독교 감독들이 모이는 최초의 세계 공의회를 소집하였다.) 그리하여 처음부터 이 새로운 종교의 특징이었던 신학적 불화를 펜이 아닌 칼로써 해결할 수 있었다. 적어도 많은 신자들이 볼 때에, 로마의 운명 혹은 로마를 이어받은 "대부분 기독교" 국가들의 운명을 기독교의 운명과 구분하기 어렵게 되었다. (어떤 사람들이 2세기 기독교에 임했던 변화들을 개탄하듯이) 우리는 이런 변화들에 의해 도입된 문제들 때문에 슬퍼할 수 있겠지만, 좋든 나쁘든 그 변화들은 이야기의 일부이다.

4세기에 로마제국에는 또 하나의 중요한 변화가 있었다. 즉 제국이 동·

서로 분리되고, 그에 따라서 기독교도 동·서로 분열된 것이다.[12] 디오클레티안 황제가 제국을 재조직한 것은 서방과 동방의 차이, 그리고 한 명의 통치자가 두 지역을 통치하는 일이 어렵다는 것을 암암리에 인정한 것이었다. 콘스탄틴은 달리 생각했지만, 콘스탄틴 통치 말년과 테오도시우스의 통치 시대를 제외하고 4세기의 제국은 한 명의 강력한 황제가 다스린 시기보다는 두 명의 통치자 밑에 분열되어 있던 시기가 더 잦았다.[13]

395년 이후 제국은 한 사람의 황제가 효과적으로 통치한 적이 없었다. 4세기 후반에 심각해지고 5세기에 빈번하게 발생한 야만족들의 침입 때문에 분열은 더욱 심화되었다. 제국의 동쪽 지역도 공격을 받았지만 국경 지역이 넓고 인구는 적고 자원이 제한되었던 서쪽 제국이 한층 더 쉽게 공격을 받고 그 피해가 오래 지속되었다. 대체로 야만적인 세계가 로마의 폐허 한복판에 섰던 6세기의 새로운 상황은 서방 교회에 하나의 기회와 도전을 제공해 주었다.

정치적인 분열은 문화적이고 종교적인 분열을 반영하고 조장하였다. 언어학적인 면에서 보면 헬라어와 라틴어에 능숙한 유식한 관료들을 발견하기가 어렵게 되었다. 옛 로마의 귀족들이 교회의 계층 구조 내에서 새로 권세있는 지위를 차지했지만, 이것은 교회 안에서도 마찬가지였다. 4세기 중반, 366년에서 384년까지 로마의 교황이었던 다마수스 때에 (항상 보수적인 기관이었던) 로마 교회는 전례에서 사용하는 언어를 라틴어로 바꾸었다. 암브로스와 카시아누스와 같은 라틴 신비주의의 창시자들 중 일부는 헬라어에 능통했으며 헬라어 원전의 영향을 많이 받았다. 반면에 어거스틴이 헬라어를 얼마나 구사했는지에 대해서는 논란이 되고 있지만, 그가 헬라어에 능통했다고 주장하려는 사람은 없다. 430년(어거스틴이 사망한 해), 로마의 감독은 자신에게 보낸 네스토리우스의 글에 대한 답변이 늦어진 이유가

---

12) Adalbert Hamman, "The Turnabout Of the fourth Century" in *Patrology* 4:1-32.
13) Pierre Courcelle, *Late Latin Writers and their Greek Sources* (Cambridge, MA: Harvard University Press, 1969), pp. 147-48.

로마에서 그 글들을 라틴어로 번역할 수 있는 사람을 찾는 데 시간이 걸렸기 때문이라고 설명했다.[14] 오랜 동안 서서히 이루어진 동·서방 기독교의 분열은 4세기에 처음으로 눈에 보이게 나타났다.

4세기에 서방 교회의 특징적인 제도들 중 몇 가지, 특히 교황제도와 수도원이 발달되었다. 동방 교회에는 많은 위대한 기독교 중심지들, 즉 사도들이 세웠다고 주장하는 대교구들이 있었다(예루살렘, 안디옥, 알렉산드리아, 그리고 콘스탄티노플). 서방에서는 베드로와 바울이 선교하고 순교한 전통을 가진 로마만이 이러한 지위를 누렸다. 사도적인 기원과 제국 행정의 중심지라는 이점을 겸비하고 있었던 로마는 2세기 이후 기독교 주교구들 중에서 탁월한 지위를 차지해왔다.[15] 그렇지만 재세례나 참회와 같은 논쟁적 문제에 관해서 감독들은 종교회의나 공의회에서의 접촉이나 공동 회의를 통해서 통일된 행동을 취하곤 했기 때문에 이런 특권은 제한될 수밖에 없었다. 감독들은 서신을 통해서나 소회의와 세계 공의회에서 모임으로 보조를 맞추는 것이 관습이었다. 3세기에 키프리안은 어느 로마의 감독이 독단적으로 행동한다고 비난했는데, 이것은 로마 감독의 권위 주장이 강화되기 시작한 것을 보여주는 단서가 될 수 있다.[16]

콘스탄틴이 제국의 수도를 보스포루스 해협에 위치한 새 도시 콘스탄티노플로 옮긴 것은 로마 감독들에게 위협인 동시에 기회였다. 황제가 로마 교회에게 수여한 막대한 선물들, 특히 베드로의 무덤 위에 세운 커다란 바실리카 건물은 로마 감독들에게 특별한 위신을 부여해 주었다. 그러나 이제 화해의 원리는 콘스탄티노플을 선호했고, 콘스탄티노플은 가장 중요한 기독교의 중심지라는 의식을 위협했다. 382년에 로마 감독이 공문서에 "최고"(*primatus*는 문자적으로는 "일등"이라는 뜻이다)라는 용어를 처음 쓰게 된

---

14) Hamman, "Turnabout," p. 6을 보라.

15) Francis Dvornik, *Byzantium and the Roman Primacy* (New York: Fordham University Press, 1966).

16) Cyprian, *Epist.* 75, 16-11을 보라.

것은 381년에 아리우스주의를 정죄하고 아울러 사도적 주교주로서의 새 도시의 중요성을 강조한 제1차 콘스탄티노플 공의회에 대한 반작용이었다. 비록 힐라리, 암브로스, 어거스틴과 같은 인물들에게 가려졌기 때문에 4세기와 5세기 초의 로마 감독들은 강력한 지도자가 아니었지만, 이 시기에 로마 감독의 우월성의 씨앗이 심어졌다. 이 씨앗은 후일 기독교에서 로마의 최고 위치를 옹호한 최초의 인물로 간주되는 레오 1세(440-454) 때에 꽃을 피웠다.

서방 기독교를 실제로 변화시킨 요인은 4세기 후반에 서쪽으로 전파된 수도원주의였다.[17] 초대 기독교 전체에는 금욕적(수덕적)인 경향이 있었다. 후대의 저자들이 동방의 빛 *orientale lumen*이라고 부른 것으로부터 수도원주의의 고전적 형태를 택하려는 충동을 받기 전까지 서방 교회는 "전통적인 형식에 구애되지 않는" 수도사들이 활동하고 있었다.

아리우스 논쟁 시기에 있었던 추방(아타나시우스는 두 번 서방으로 유배되었고, 힐라리는 동방으로 유배되었다) 덕분에 기독교의 증언에 대한 새로운 형태의 지식이 전파되었지만 기독교가 영향을 미치게 된 주된 원천은 문헌이었다.[18] 어거스틴의 『고백록』(8.15)은 『안토니의 생애』*Life of Antony*의 번역이 보다 완전한 삶의 길을 추구하는 열정적인 사람들에게 얼마나 큰 영향을 주었는지를 증언해 주며, 제롬은 서방에 수도생활과 규칙들을 전파함으로써 중요한 공헌을 하였다.[19] 가장 중요한 인물은 카시아누스이다. 그의 저술에 대해서는 다음 장에서 다룰 것이다.

서방의 수도원주의가 처음부터 동방에서 발견되는 것과 동일한 형태는

---

17) R. Lorenz, "Die Anfänge des abendländisches Möncktums in 4. Jahrhunderrt," *Zeitschrift für Kirchengeschichte* (1966): 1-66; Joseph T, Lienhard, *Paulinus of Nola and early Western Monasticism* (Cologne/Bonn: Peter Hanstein, 1977); Philip Rousseau, *Ascetics, Authority and the Church in the Age of Jerome and Cassian* (Oxford: Oxford University Press, 1978).

18) Rousseau, *Ascetics, Authority and the Church*, pp. 1-2, 93-95.

19) Gribomont, *Patrology* 4:212-31, and pp. 237-38.

아니었다. 예를 들어 서방에서는 은둔 생활을 하기가 동방에서보다 어려웠고(일반적으로 기후가 더 혹독하고 위험이 더 많았다), 그렇기 때문에 특히 초보자들의 입장에서는 현실성이 적다고 간주되었다. 독거獨居하는 은둔 생활이 여전히 하나의 이상이었지만 공주 생활 또는 공동체 내에서의 수도생활이 표준적인 형태가 되었다. 이것은 서방 수도원주의의 다른 주요한 특징들, 예를 들어 도시나 성직 체계를 지향하는 경향 및 귀족들과 감독들의 후원과의 밀접한 관계 등에도 잘 들어맞는다.

370년경에 윤곽을 드러낸 서방 수도원주의는 동방에서처럼 농부들이나 마을 주민들이 사막으로 들어간 운동에서 비롯된 것이 아니라 감독들이나 유식한 고위층 기독교인들이 자기 자신 및 성직자들을 위한 고귀한 삶의 형태를 장려하려는 노력에서 비롯된 것이다. 360년대의 인물인 베르첼리의 유세비우스, 370년대의 인물인 밀란의 암브로스, 그리고 390년대에 활동한 힙포의 어거스틴은 성직자 사회에 수도 공동체를 만들어낸 감독들이었다. 제롬은(감독이 된 적이 없다) 교황 다마수스의 비서로서 380년대에 로마 귀족 사회에 수도적 수덕주의를 전파하였다. 서방에서 부유한 귀족이었던 파울리우스는 재산을 나누어 주고 395년에 캄파니아에 수도원을 세웠다. 그는 결국 놀라Nola의 감독이 되었다. 집정관의 지위에 있었던 호노라투스는 400년 직후에 남부 고올의 레렝Lerins에 수도원을 세웠고, 후에 아를르의 감독이 되었다.

감독의 지도 하에 도시에서 성직자 생활과 병행하여 수도생활을 한 특별한 수도원운동의 원형이라고 할 수 있는 사람은 투르의 마틴Martin of Tours, 317-397년경이다. 그는 4세기 후반에 라틴 기독교를 형성한 위대한 인물들 중 가장 초기의 사람인 힐라리Hilary of Poitiers, 315-367 밑에서 성직자가 되었다. 힐라리가 아리우스 논쟁으로 인해 추방되어 있었을 때(356-360) 마틴은 은둔 생활을 했다. 힐라리가 귀환한 후 마틴은 힐라리의 요청에 따라 프와티에Poitiers 근처의 리구제Ligugé에 최초의 고올 수도 공동체를 설립하였다. 371년에 마틴은 투르의 감독으로 부름을 받았지만, 자신이 도시 밖 몇 마일 떨어진 곳에 세운 성직자들을 위한 공동체인 마르무띠에 Marmoutier에서 수도 생활을 계속했다. 『마틴의 생애』를 비롯한 여러 저서를 통해 라틴어권 서방교회에 마틴 감독의 명성을 전한 술피키우스 세베루스Sulpicius Severus는 마틴을 기적을 행하는 고행자요 능력 있는 감독이었다고 극찬한다.

"감독이 어떤 인물이었는지, 그리고 감독이 된 후의 그의 위대함 등에 대해서 나는 기록할 수 없다. 그는 감독이 된 후에도 전과 동일한 인간이었다.…그는 수도사의 생활과 덕을 버리지 않은 채 감독의 권위를 충분히 유지했다."

그러나 다른 서방 감독들처럼 마틴도 수도원을 성직자들을 위한 교육과 훈련의 장소로 이용하였다.

"그곳Marmoutier에서 80명 정도의 제자들이 스승을 본받아 훈련을 받고 있었다. 누구도 자기 것을 소유하지 않았다. 모든 것이 공동의 소유였다. 대부분의 은수사들이 일상적으로 행하는 사고파는 행위가 그들에게는 금지되었다. 그곳에서는 필사하는 일 외에 기술직이 행해지지 않았는데, 그 일은 주로 젊은 사람들이 맡았다. 연장자들은 기도에 전념하였다."

술피키우스는 마틴의 수덕적 관습에 대해 묘사한 후에 다음과 같은 말로 끝맺는다.

"이것은 아주 훌륭한 것으로 간주되어야 한다. 왜냐하면 그들 중 많은 사람들이은 귀족 출신으로서 처럼 낮아짐과 인내의 생활을 하기 전에는 아주 다른 인물이 되도록 양육된 사람들이었기 때문이다. 그들 중에는 감독들도 많았다. 만일 마틴의 수도원에서 배출한 감독을 흠모하지 않았다면 도시나 교회는 어떻게 되었겠는가?"(『마틴의 생애』 10).[20]

---

[20] F. R. Hoare, *The Western Fathers* (New York: Harper & Row, 1965).

이것이 이상화된 묘사일 수도 있지만, 이 기술에서 서방 수도원주의의 독특한 특성 몇 가지를 찾아낼 수 있다.

물론 교회 안팎에 수도원주의를 비판하는 사람들이 있었지만,[21] 수도적 생활 형태는 무척 빨리 모든 면에서 서방 기독교를 채색했다. 수도원주의가 독자들인 라틴 영성과 신비주의에 어떤 영향을 미쳤는가에 관심을 기울여야 한다.[22] 만약 펠라기우스 논쟁이 후에 서방 전통을 형성한 새로운 차원의 신학적 독립과 성숙을 가져다 주었다면,[23] 어느 정도 수도적 인물이라고 간주되는 암브로스, 어거스틴, 카시아누스 등의 저술들이 서방 신비주의의 출발점이라고 말할 수 있다. 서방 신비주의는 수도생활 및 순결과 수덕이라는 수도생활의 이상으로 채색되었지만, 서방 교회의 주요 대변인들이 수도원 출신 감독이었기 때문에 기독교 공동체의 삶과도 밀접하게 연관되어 있었다.[24]

제6장과 제7장에서는 4세기 말과 5세기 초부터 어거스틴이 사망한 430년에 이르기까지 라틴 기독교의 신비주의적 요소들을 분석하려 한다. 제6장에서는 암브로스와 카시아누스의 사상에 주목하면서 보다 넓은 역사적 상황을 다루고, 제7장에서는 어거스틴의 신비주의의 주요 흐름을 살펴볼 것이다.

---

21) Lienhard, *Paulinus of Nola*, chap. 7,

22) Peter Brown, *Religion and Society in the Age of Saint Augustine* (New York: Harper & Row, 1972); *The Cult of the Saints: Its Rise and Function in Latin Christianity* (Chicago: Univercsity of Chicago Press, 1981); *Society and the Holy in Late Antiquity* (Berkeley: University of California Press, 1982); *The Body and Society: Men, Women, and Sexual Renunciation in Early Christianity* (New York: Columbia University Press, 1788).

23) Hamman, "Turnabout," p. 29.

24) Rousseau, *Ascetics, Authority and the Church*, p. 79을 보라.

제6장

초기 라틴 신비주의

우리는 4세기 말 서방의 기독교인 생활에 대해 그 이전 시대에 대해서보다 더 많이 알고 있다. 현존하는 많은 개인의 이야기들은 우리가 상상력을 동원하여 자료를 복원하는 일을 촉진해준다. 고대 말기의 문학적 보물인 어거스틴의 『고백록』은 많이 알려져 있다. 프와티에의 힐라리는 자신의 영적 진보를 다룬 기록을 남겼다.[1] 제롬도 이따금 아주 개인적인 것을 기술한다. 라틴 교부들 중에 가장 귀족적이라고 할 수 있는 암브로스는 그의 서신과 강연에서 자신의 종교적 경험을 이야기한다. 이 라틴 기독교의 거인들이 남긴 현존해 있는 저술들 및 그것들이 환기시켜 주는 성격 때문에 1,500년이 지난 지금도 4세기 말의 세계가 생생하게 살아 있다. 심지어 4세기 교회의 유형적인 유물—건물과 장식—도 불완전하지만 상당히 많이 남아 있다.

후대의 서방 기독교인들은 어거스틴의 일생(354-430)을 서방 신학과 신비주의의 기초를 놓은 시기로 간주했다. 어거스틴이 방종하게 생활했던 350년대와 360년대에 이미 일부 라틴 사상가들이 라틴 신학의 물줄기를 흐르게 하기 시작했는데, 그것은 400년 전후 수십 년 동안에 전성기에 달했다.

---

1) Hilary of Poitiers, *De Trinitate* 1.1-16 (PL 10:25-37).

프와티에의 힐라리(315-367년경)는 고올계 로마 귀족으로서 350년경 고향에서 감독으로 선출되었다.[2] 반 아리우스주의 입장(356-360) 때문에 동방으로 유배된 것이 그의 저술 활동을 활발하게 하는 계기가 된 듯하다. 12권으로 된 『삼위일체에 대하여』가 가장 중요한 저서이지만, 그가 서방 영성에 기여한 가장 중요한 부분은 『마태복음 주석』(356년 이전), 그리고 특히 오리겐을 많이 인용한 『시편 주석』(360년 이후)에서 발견된다. 그러나 힐라리를 신비주의 작가라고 부르기는 어렵다. 힐라리는 마틴의 수도적 삶에 호감을 가졌지만, 360년부터 390년 사이에 초기 라틴 신비주의를 형성하는 데 중요한 역할을 한 세 가지 운동―수도원 운동, 순결 사상, 그리고 신플라톤주의―과는 상관없이 독자적으로 사상을 발달시킨 옛 세대의 인물이었다. 이 독특한 형태의 신비주의를 만들어낸 라틴 사상가들은 각기 다양한 방법으로 이 운동들과 접촉했다.

제2부 서론에서 간략하게 수도원주의를 살펴보았다. 이제 암브로스와 카시아누스, 그리고 비중은 덜하지만 어거스틴과 동시대의 다른 사람의 사상을 분석하기 전에 먼저 수도원적인 흐름과 관련된 두 가지 운동을 살펴보아야 한다. 가장 고귀한 형태의 기독교적 삶인 순결의 이상은 쉽게 수도원주의와 양립할 수 있으며, 그것과 분리될 수 없을 것이다. 더욱 놀라운 것은 새로 태어난 서방의 기독교적 플라톤주의와 수도적 열정과의 결합이다. 먼저 플라톤주의에 대해 살펴보자.

기독교적 신플라톤주의

4세기 말 라틴 플라톤주의는 이교적 요소와 기독교적 요소를 가지고 있었다. 이교 플라톤주의자들―가장 유명한 인물은 마크로비우스Macrobius

---

2) Charles Kannengiesser, "The Spiritual Message of the Great Fathers," in *Christian Spirituality: Origins to the Twelfth Century*, ed. Bernard McGinn and John Meyendorff, WS 16 (New York: Crossroad, 1986), pp. 61-88.

이다―은 중세의 사변적 신비주의에 어느 정도 영향을 미쳤지만, 라틴 신비주의의 기원에서는 직접적인 역할을 행하지 않았다.[3] 어거스틴이 어느 편지에서 회상한 것처럼 기독교 플라톤주의는 350년경에 플로티누스의 사상에 젖어 있던 밀란과 로마의 이교도 사회에서 시작되었다.

> "당시 로마에서는 플로티누스 학파가 활약하고 있었는데, 많은 예리하고 재능 있는 사람들이 그 무리에 속해 있었다. 그들 중 일부는 호기심 때문에 마술에 빠져들었고, 어떤 사람들은 자기들이 얻으려 노력하는 진리와 불변하는 지혜의 인격을 가진 분이 주 예수 그리스도임을 깨닫고 그리스도의 군대에 들어갔다"(Ep 118.5.33, PL 33:448).[4]

그리스도의 군대에 들어간 중요한 인물은 마리우스 빅토리누스Marius Vitorinus, 285-365년경이다. 그는 북아프리카의 수사학자요 철학자로서 로마의 광장에 그의 조각상이 세워질 정도로 유명한 인물이었다.[5]

플로티누스와 포르피리Porphyry에 대한 폭넓은 지식을 갖고 있던 빅토리누스는 몇 권의 아리스토텔레스의 저서뿐만 아니라 플로티누스의 『에네아드』Enneads, 포르피리의 『이사고구에』Isagoge와 『영혼의 복귀』De Regressu Animae를 라틴어로 번역하였다.[6] 355년경에 빅토리누스가 기독교로 개종

---

3) Stephen Gersh, *Middle Platonism and Neoplatonism: The Latin Tradition*, 2 vols. (Notre Dame: University of Notre Dame Press, 1986).

4) Paul Henry, *Plotin et L'Occident* (Louvain: Spicilegium Sacrum Lovaniense,1934); and Pierre Courcelle, *Late Latin Writers and their Greek Sources* (Cambridge, MA: Harvard University Press, 1969). 간단한 개론으로 Peter Brown, "The Platonists," chap. 9 in *Augustine of Hippo: a Biography* (Berkeley: University of California 1967)을 보라.

5) Pierre Hadot, *Porphyre et Victorinus*, 2 vols. (Paris: Études Augustiniennes, 1968); idem, *Marius Victorinus: Recherches sur sa vie et ses sources* (Paris: Études Augustiniennes 1971). 최근의 연구서로는 Mary T. Clark, "Introduction," in *Marius Victorinus: Theological Treatises on the Trinity*, FC 69 (Washington, DC: Catholic University Press, 1981), pp. 3-47.

6) Henry, *Plotin et L'Occident*, pp.47-62,79-82: and Courcelle, *Late Latin Writers*, pp. 77. 173-52.

한 것은 큰 사건이었다. 어거스틴은 『고백록』(8.2.3)에 이 사건에 대해 기록했다. 빅토리누스는 말년에 두 종류의 중요한 글을 썼다: 아리우스 이단을 공격하는 축약된 논문들(357-362년경, 이 논문들은 서방에서 처음으로 사변적 삼위일체의 신학을 형성한다), 그리고 바울 서신들에 대한 일련의 주석서(362-365년경, 이 주석서들은 4세기 말 라틴 기독교의 특징인 바울에 대한 심취를 주도하였다).

플로티누스와 포르피리가 빅토리누스의 사상에 깊은 영향을 주었다.[7] 아도Pierre Hadot에 의하면 빅토리누스는 포르피리 학파의 것인 『파르메니데스』 주석을 통해서 신플라톤주의의 두 가지 핵심 원리—일자the One 와 참된 존재esse를 동일한 것으로 간주함,[8] 그리고 동일본질의 삼위일체를 이해하기 위한 도구로서 존재-생명-지성이라는 삼중 구조를 사용함[9]—를 기독교 신학에 결합하게 되었을 것이다. 빅토리누스는 신플라톤주의 자료에서 심오한 부정의 신학을 받아들여서, 성부 하나님과 동일시되는 존재esse는 우리에게 알려진 존재와 완전히 다르기 때문에 그것을 가리킬 때에는 비존재라고 불러야 한다고 주장한다. "왜냐하면 존재를 넘어서는 것은 숨겨진 존재이기 때문이다"(To Candidus 14).[10] 빅토리누스가 니케아 정통 신앙을 위해 이러한 신플라톤주의적 요소들을 사용하는 데 있어서 놀라운 독창성과 통찰력을 나타냈지만, 그의 글은 너무 어렵기 때문에 실질적인 효과를 나타내지 못했다. (삼위일체 신학 분야에서는 어거스틴의 사변적인 방법이 그 시대를 장악하고 있었다.) 후일 서방의 사변적 신비주의에서 두 가지

---

7) 다음을 보라: Mary T. Clark, "The Neoplatonism of Marius Victorinus the Christian," in *Neoplatonism and early Christian Thought: Essays in Hour of A. H. Armstrong*, ed. H. J. Blumenthal and R. A. Markus (London: Variorum, 1981), pp.153-59; idem, "A Neoplatonic Commentary on the Christian Trinity: Marius Victorinus," in *Neoplatonism and Christian Thought*, ed. Domonic J. O'Mera (Albany: SUNY Press,1982), pp. 27-33.

8) E.g., *Adversus Arium* IA.19 (ed. Henry and Hadot, pp. 84-85).

9) E.g., *Adversus Arium* IB.52; III.4; IV.16-18 and esp.21 (ed. Henry and Hadot, pp.148, 197-99, 248-53, 257-58).

10) *Adversus Arium* IB.49-50; IV.19 (ed. Henry and Hadot, pp. 143-46, 253-55).

신플라톤주의적 주제가 인정받게 된 것은 빅토리누스 때문이라기보다는 디오니시우스가 프로클루스의 통찰들을 받아들여 적용한 덕분이었다.[11]

아리우스주의를 반박하는 논문들의 특징이 주로 사변적이었지만 그 논문들은 빅토리누스가 신플라톤주의의 상승을 삼위일체의 교리에 맞추어 변형시키고 있음을 증명해준다. 빅토리누스는 성령을 여성적 원리, 즉 "예수의 어머니"[12]로 이해하는데, 성령은 우리가 신에게 복귀하는 것을 가능하게 해주는 지식 안에서 중요한 역할을 한다.

"거룩하시고 전능하신 아버지, 당신께서 우리에게 성령을 주셨기에, 우리가 당신에 대한 부분적인 지식을 얻고 이를 표현할 수 있습니다. 그러나 우리는 당신에 대해서 완전한 무지에 도달할 때 당신에 대한 지식을 소유합니다. 그리고 당신이 성부 하나님이요 아들이신 우리 주 예수 그리스도이시며 성령이심을 모든 말로 항상 선포할 때에 우리는 믿음을 통하여 당신에 대한 완전한 지식을 소유합니다"(『칸디두스에게』 32).

빅토리누스가 삼위일체를 찬양한 세 개의 찬송에 상승의 주제가 아주 분명하게 표현되어 있다. 특히 다른 두 개의 찬송보다 더 개인적인 분위기를 나타내고 있는 두 번째 찬송에 잘 표현되어 있다. 이 아름다운 찬송의 기본 모티프는 영혼의 타락과 복귀라는 신플라톤주의적 패러다임이다. 영혼은 신의 형상으로, 즉 로고스Logos이신 최상의 생명으로 창조되었다. 그러나 영혼은 하나님의 선한 창조물이지만 그 참된 본향과는 거리가 먼 세상을 사랑하게 되었다.

주여, 불쌍히 여기소서
그리스도여, 불쌍히 여기소서!
당신이 세상을 지으셨기에 저는 세상을 사랑하였습니다;

---

11) 제5장을 보라.
12) *Adversus Arium* IB.56-58 (ed. Henry and Hadot, pp. 155-58)을 보라.

세상이 당신의 소유인 자들을 미워하기에
저는 이 세상에 갇혔습니다.
이제 나는 성령을 경험하였기에
이 세상을 미워합니다.

빅토리누스는 이 같은 성령 체험 때문에 "신에게의 복귀가 내 영혼에 기록되어 있음을 알게 되었다"라고 말하며, 자신을 위로 인도해줄 "신앙의 날개"를 달라고 기도한다(『파에드루스』 246CE).

주여, 불쌍히 여기소서
그리스도여, 불쌍히 여기소서!
내 마음속 깊은 곳에 이 세상과 지구를 떠나려는 소원이 있습니다.
그러나 나의 두 날개가 너무나 연약하기 때문에
당신의 도움이 없으면 내 소원을 지탱해주지 못합니다.
내게 믿음의 날개를 주셔서
높이 하나님에게 날아갈 수 있게 해 주십시오.

(『두 번째 찬송』)

이 시 및 그의 산문에서 발견되는 몇 구절을 증거로 하여 빅토리누스를 신비가라고 규정하기는 어렵겠지만, 그가 보인 본보기와 저서들이 신플라톤주의의 중재자로서 라틴 신비주의의 탄생에 중요한 역할을 했음은 의심할 수 없다.

빅토리누스 외에 두 명의 제1세대 라틴 기독교의 신플라톤주의자를 언급할 필요가 있다. 밀란에 거주한 신플라톤주의 철학자 만리우스 테오도루스Manlius Theodorus는 젊은 어거스틴에게 많은 영향을 주었다.[13] 그의 저술들은 현재 남아 있지 않다. 빅토리누스의 친구였던 사제 심플리키아누스Simplicianus는 신임 감독 암브로스를 가르쳤고, 회심한 어거스틴에게 조

---

13) Courcelle, *Late Latin Writers*, pp.134-40을 보라.

언해 주었다. 그는 후에 암브로스의 뒤를 이어 밀란의 감독이 되었다.[14] 이 두 사람은 빅토리누스에 의해 기독교화되기 시작한 신플라톤주의 전통을 암브로스 및 어거스틴과 이어주는 살아 있는 연결점이었다.

순결: 영적 이상

기독교에서 순결을 영적인 이상으로 소중히 여기는 것의 기원은 예수님의 운동의 출발점에 있다. 독신이었던 바울은 고린도전서 7장에서 결혼과 성에 대한 여러 가지 질문에 대답하면서 결혼의 적법성을 강조하면서도 순결이 더 고귀한 상태라고 찬양한다(고전 7:1, 7, 32-34, 38). 예수가 말한 것으로 여겨지는 다음과 같은 말이 있다: "천국을 위하여 스스로 된 고자도 있도다"(마 19:12).[15] 예수와 바울이 성의 억제를 새로운 종교를 신봉하기 위한 조건으로 삼지 않았지만, 후대의 극단주의자들(종종 Encratites라고 불림)은 이러한 견해를 지지했다고 기록되어 있다.[16] 기독교에서 순결은 복잡한 단계를 거쳐 점점 더 중요한 역할을 하게 되었으며, 결국 많은 사람들이 그것을 완전한 삶의 필수 조건 sine qua non 으로 간주하게 되었다. 최근에 학계에서 그러한 단계를 연구해왔으며, 특히 피터 브라운Peter Brown은 현대인들이 기이한 삶의 선택이라고 여길 순결의 사회적 의미를 밝혀 냈다.[17] 순결이 성에 대한 두려움에서 비롯된 것이며 왜곡된 결혼 혐오감을 포함하

---

14) 심플리키아누스에 대해서 알려면, Augustine, *Conf.* 8.2.3; Ambrose, *Ep.* 65; and Gennadius, *De Scriptribus Ecclesiasticis* 36 (PG 58:1078c)을 보라.

15) Lucien Legrand, *The Biblical Doctrine of Virginity* (New York: Sheed & Ward, 1963).

16) Henry Chadwick, "Enkrateia," in *Reallexikon für Antike und Christentum* 5:343-65을 보라.

17) Peter Brown, *The Body and Society: Men, Women, and Sexual Renunciation in Early Christianity* (New York: Columbia University Press, 1988); idem, "The Notion of Virginity in the Early Church," in *Christian Spirituality: Origins to the Twelfth Century*, pp.427-73.

고 있다고 여기는 사람들과는 달리, 브라운은 기독교가 나름의 세계를 만들어 가는 데 있어서 순결이 공헌한 방법 및 고대 세계에서 불가능했던 바 권위 있고 강력한 지위를 여성에게 부여한 방법을 강조했다. 그러나 순결의 함축적 의미에는 기독교 역사에서 한층 상반되는 요소들 중 하나가 된 성(性)의 경시가 포함되어 왔다.

4세기 후반 서방 교회 지도자들은 순결이 이론적으로나 실천적으로 본래 보다 고귀한 삶의 형태라는 결론에 이르렀다. 이것은 지적 혁명과 같은 것이었다. 그 이전의 기독교인들은 이론적으로는 순결이 결혼보다 고귀한 것이라는 데 동의했지만 적극적으로 권장해야 할 삶의 형태로 여기지 않았고, 정욕에 시달리는 것보다는 결혼하는 편이 낫다는 바울의 생각(고전 7:9)에 동조했다. 서방에서는 동방에서만큼 순결을 중요하게 여기지 않았다.

2세기에 금욕생활을 했던 헤르마스는 순결을 일부 기독교인이 영위하는 고귀한 생활방식이라기보다 그리스도의 몸인 교회의 속성이라고 보았다.[18] 아프리카인으로서 금욕적인 도덕주의자인 터툴리안은 재혼을 반대하였으며, 성적 활동을 금하면 신령한 생각을 하게 된다고 여겼으나[19] 그의 견해를 소수의 견해 이상의 것으로 보기는 어려울 것이다. 키프리안도 순결을 중요하게 생각했지만, 특별히 고귀한 기독교적 삶의 형태로 보기보다는 세상에 대한 교회의 반대를 상징적으로 표현하는 것으로 보았다.[20] 4세기의 대부분 라틴 기독교인은 초대 기독교에서 찾아볼 수 있는 순결에 대한 견해를 받아들였을 것이다. 즉 순결을 소중하게 여기고 교회 안에서 발견되는 동정녀들을 찬양하지만 실제로는 성직자든 평신도든 선한 기독

---

18) Brown, *Body and Society*, pp. 69-72.

19) Tertullian's *Ad uxorem, De exhortatione castitatis, De monogamia*와 *De velandis virginibus*을 보라. 간략한 요약을 보려면 Brown, *Body and Society*, pp. 76-82을 보라.

20) Brown, *Body and Society*, pp. 192-95에서 이 주제에 대한 키프리안의 저술들이 논의된다.

교인들에게 결혼이 유익하다고 간주했다.

다른 방향에서 불평의 소리가 있었다. 309년에 스페인의 엘비라에서 개최된 지방 의회에서 성직자들에게 금욕을 요구하였을 뿐만 아니라(33조), 성적인 범죄에 대해서 영구적으로 파문할 것을 결정했다.[21] 그러나 350년대와 360년대의 서방에서 니케아의 지도자였던 프와티에의 힐라리는 결혼한 사람이었는데, 그 점에서 그 시대의 전형적인 인물이었다. 그러나 그가 죽은 후 수십 년이 지나면서 상황이 극적으로 바뀌었다. 370년대부터 430년 사이에 활동한 라틴 기독교의 중요한 인물들은 순결을 옹호했으며, 그 주제에 대해 많은 글을 저술했다.[22] 순결이 결혼보다 우월한 이유, 그리고 성욕에는 항상 위험이나 죄악됨이 포함되어 있는 이유에 대하여 그들이 동일하게 이해하지 않았다고 해서, 그들의 의견 일치가 지금도 서방 기독교에 분명히 나타나 있는 강력한 중력이었다는 사실이 감소되는 것은 아니다.

그와 반대되는 견해가 없었던 것은 아니다. 4세기 말에 활동한 수도사 조비니안Jovinian은 순결이 결혼보다 우월하다는 것을 부정하였으며, 성모 마리아의 영구적 순결을 의심하였다. 암브로스, 제롬, 어거스틴 등은 논쟁적인 저술에서 그를 공격했다.[23] 어거스틴이 실질적인 "펠라기우스 교리의 건설자"라고 여긴 에클라눔의 줄리안Julian of Eclanum은 원죄에 관한 어

---

21) 이 종교회의에 대해서 Samuel Laeuchli, *Power and Sexuality: The Emergence of Cannon Law at the Synod of Elvira* (Philadelphia: Temp1e University Press,1972)을 보라.

22) 동정(virginity)에 관한 암브로스의 저서: *De virginibus, De virginitate, de vinuis, De institutione virginis, Exhortatio virtinis, Epistolae* 41 and 42. 제롬의 저서: *Epitola* 22 (Ad Eustochium), *Epistola* 130, *Contra Helvidiusm Adversus Joviniamun, Contra Vigilantium.* 어거스틴의 글: *De bono coniugale, De sancta virginitate, De continentia, Confessiones.* 카시아누스의 견해를 알려면, *Conlationes* 4, 12, and 22, 그리고 *Institutiones* 6을 보라.

23) Jovinian에 대해서는 David G. Hunter, "Resistance to the Virginal Ideal in Late Fourth-Century Rome: The Case of jovinian," *Theological Studies* 48 (1987): 45-64을 보라.

거스틴의 가르침을 반박하면서 인간의 육욕은 자연스러운 것이며 결혼은 육욕을 생산적으로 사용하는 기본적인 수단이라고 주장하였다.[24] 그러나 가장 영향력 있는 서방 교회의 지도자들이 강력하게 순결을 찬양한 것에 비교해 볼 때 이러한 반대는 거대한 회오리 바람을 맞은 지푸라기에 불과하였다. 대부분 성직자들이 수세기 동안 이어져 내려온 관습대로 결혼했지만(11세기에 비로소 독신생활이 의무화되었다), 육체와 성을 향한 신플라톤주의적 태도들에 의해서 이론적으로 강화된 수도생활과 순결의 연결은 최초의 라틴 신비주의의 중요한 배경이 되었다. 어거스틴보다 밀란의 감독 암브로스(374-397)가 이 문제를 더 잘 설명했다고 볼 수 있다.

밀란의 암브로스

암브로스는 334년경에 트리에르Trier에서 기독교 귀족 집안에 태어났다. 그는 로마에서 자라났으며, 수사학과 법률을 수학했고, 아버지를 이어 로마의 관료 사회에 들어갔다. 370년경에 밀란에 거주하면서 리구리아Liguria와 에밀리아Emilia의 장관이 되었다. 이탈리아 북부에 있는 이 도시는 340년부터 402년까지 서방 제국의 수도였고, 암브로스의 시대에는 콘스탄틴 황제 계보의 친-아리우스파 황제들과 니케아 정통 신앙을 따르는 서방 교회의 다수파 사이에 충돌이 있었기 때문에 긴장이 감돌던 중요한 도시다.[25]

374년에 아리우스파였던 밀란의 감독 아욱센티우스Auxentius가 죽자 폭동을 막기 위해서 아리우스파와 니케아파 사이에서 중재하던 암브로스는 아직 세례문답자였음에도 불구하고 대중에 의해서 예기치 않게 감독으로

---

24) Augustine, *Contra Julianum* 6.11.36 (*PL* 44:872). Brown, *Body and Society*, pp. 408-19; idem, *Augustine of Hippo*, chap. 32을 보라.
25) 암브로스 시대에 밀란에서 발생한 재미있는 이야기들을 보려면 Richard Krautheimer, *Three Christian Capitals: Topography and Politics* (Berkeley: University of California 1983)을 보라.

선출되었다. 사람들은 그를 중재자로 여긴 것 같으나, 실상은 그렇지 못했다. 이 새 감독은 니케아 신조를 지지하는 철저히 비타협적인 태도로 유명해졌고, 황실의 압력에도 굴하지 않고 감독직의 독립성을 주장했다. 여기서 우리의 관심사는 암브로스의 교회 정치가로서의 경력이 아니라 설교가요 교사요 저술가로서의 경력이다.[26] 여기서는 암브로스가 매우 중요한 시기인 375년부터 397년에 사망할 때까지 서방의 주도적인 감독이었음을 말해둔다.

이 새 감독은 그의 저서 『의무론』 On Duties에서 다음과 같이 솔직하게 고백한다: "나는 나 자신이 배우지 못했던 것을 시작하였다. 나는 전에 배울 여유가 없었기 때문에 배우면서 가르쳐야 했다"(『의무론』 1.4 [PL 16:27C]). 그러나 암브로스는 심플리키아누스의 지도 하에 깊이 있게 독서를 하고 신속하게 학습했다. 그는 당시로서는 흔하지 않은 독서 방법인 "소리 내지 않고 읽는 방법"을 택했는데, 이것은 십 년 후 어거스틴을 놀라게 한 방법이었다(『고백록』 6.3). 암브로스는 헬라어를 완벽하게 구사할 수 있었다. 그는 헬라어로 된 오리겐과 필로의 글을 읽었을 것이다.[27] 또 그는 최소한 플라톤의 대화편 중 몇 권(『파에도』와 『파에드루스』)을 잘 알고 있었고, 플로티누스와 포르피리에 대해서도 정통했다.[28]

최근 수십 년 동안 철학적인 것과 교회론적인 것 등 광범위한 암브로스의 자료들을 발굴하는 데 힘을 쏟아왔으나 그의 문학적 기량과 독창성에

---

26) F. Homes Dudden, *The Life and Times of St. Ambrose*, 2 vols. (Oxford: Clarendon,1935)

27) H. Savon, *Saint Ambroise devant L'exégèse de Philon et Juif*, 2 vols. (Paris: Études Augustiniennes, 1977). "Philon chez les Pères," *DS* 12:137-72를 보라. K. Baus, "Das Nachwirken des Origenes in der Christusfrömmigkeit des heiligen Ambrosias," *Römische Quarlalsxhrift für christliche Altertumskunde und für Kirchengeschite* 49 (1954): 21-55.

28) Goulven Madec, *Saint Ambroise et la philosophie* (Paris: Études Augustiniennes,1974).

는 그리 관심을 기울이지 못하고 있다.[29] 암브로스의 문체는 사상주의寫像主義적이며 시적인 특성을 가지고 있어 쉽게 따라갈 수 없고 난해하다. 그러나 그의 글은 세심하게 연구할 만한 가치가 있으며, 후일 서방 전통에서 널리 읽혔다. 그가 회심시킨 어거스틴 때문에 그의 중요성이 희미해졌지만, 그의 중요성을 간과해서는 안 된다.

서방 신비주의 역사에서 암브로스의 역할은 다음과 같은 세 영역에서 드러난다. 첫째, 플라톤주의와 신플라톤주의 사상의 중요한 요소들, 특히 영혼의 하강과 상승이라는 주제를 기독교화한 것이다. 둘째, 아가서 해석을 교회적 신비주의의 중심에 둔 것이다(즉 교회와 성례전 안에서, 그리고 그것을 통해서 실현되는 신비주의). 셋째, 이 신비주의와 결합하여 순결을 강조한 것이다. 이 요소들은 암브로스의 모든 저서에 어느 정도 나타나지만 몇 개의 글에 특히 집중적으로 나타나므로 앞으로 그것들을 고찰해 보려 한다.

가장 중요한 것은 서방 신비주의 최초의 대작이라고 할 수 있는 『이삭 혹은 영혼에 대하여』 De Isaac vel anima라는 논문이다.[30] 이것은 창세기에 등장하는 족장들(가인과 아벨, 노아, 아브라함, 야곱, 요셉)의 삶을 알레고리적으로 해석한 일련의 저서들 중 하나로서 기독교적 삶의 예표론을 제공하려는 의도로 저술된 듯하다.[31] 『이삭 혹은 영혼에 대하여』에는 필로의 영향이 두드러지게 나타나지 않지만 이 시리즈 전체에 필로의 영향이 현저하게 나타나 있다. 이 저서의 원래 구성에 대하여 논의가 분분한데 이것은 그 메시지의 특성과 관련하여 어느 정도 중요한 것이다. 나는 개인적으로 이 글이 386년이나 387년에 새로 세례받은 사람들에게 행한 설교들을 다듬

---

29) Jacques Fontaine, "Prose et poésie: L'interférence des genres et des styles dans la création littéraire d'Ambroise de Milan," in *Ambrosius Episcopus*, ed. Giuseppe Lazzati, 2 vols. (Milan: Università Cattolica del Sacro Cuore, 1976), 1:124-70.

30) Michael P. McHugh, trans., *St. Ambrose: Seven Exegetical Works*, FC 65 (Washington, DC: Catholic University Press, 1972), pp. 10-65.

31) A. Solignac, "Latino (Église) IV. Traits distinctifs de la spiritualité," *DS* 9:367-73을 보라.

은 것이라고 생각한다. 그렇기 때문에 이 글은 초신자들에게 보여준 기독교적 삶의 진보된 본보기라고 생각되는 것들을 담고 있다. 이것의 중요성에 대해서는 나중에 논하기로 한다.

암브로스의 다른 몇 권의 저서는 그의 사상의 신비적인 요소를 살펴보는 데 중요하다(암브로스는 다른 모든 교부들처럼 자신의 신학 안에 있는 다른 요소들과 신비주의를 분리하지 않았다). 이런 저서들 중에서 중요한 것은 『행복한 죽음』*On Death as a Good*과 그보다 조금 뒤에(391-394) 저술된 『세상으로부터의 도피』*On Flight from the World*이다.[32] 전자는 『이삭에 관하여』와 병행하여 사용하려는 의도를 지닌 듯하며, 거의 같은 시기에 초신자들에게 행한 설교이다. 『성찬에 관하여』*On the mysteries*, 390년경와 때로 논쟁거리가 된 『성례전에 관하여』*On the Sacraments*, 390년경 등의 전례 설교집들도 어느 정도 중요하다.[33] 순결에 관한 저서들, 특히 『순결한 자들에 관하여』*On Virgins*, 377년경와 『순결에 관하여』*On Virginity*, 393년경 또한 가치가 있다.[34]

마지막으로 암브로스의 주석들도 언급되어야 한다. 라틴 교부들도 헬라 교부들 못지않게 특수한 주석이나 설교나 논문 형식으로 성경 해석을 했다. 필로와 오리겐의 제자인 암브로스는 라틴 전통에서 최초의 위대한 영적 해석가들 중 한 사람이었다.[35] 그는 구약을 해석함에 있어서 아가서를 중심으로 삼았지만 신비 신학의 또 다른 위대한 자료인 시편에 대해서도 광범위하게 주석했다. 그의 『12개의 시편 설명』*Explanatio Psalmorum XII*에

---

32) *De bono mortis*는 G. Schenkl이 편집했으며 (CSEL 32.1, pp.701-73), McHugh가 번역했다 (*St. Ambrose*, pp. 70-113). *De fuga saeculi*는 Schenkl이 편집했고 (CSEL 32.2, pp.163-207), McHugh가 번역했다 (*St. Ambrose*, pp. 281-323)..

33) *De mysteriis*는 390년에 출판된 설교집이다. *De sacramentis*는 암브로스 감독의 설교집인 듯하다. 이 본문들은 B. Botte에 의해 편집되었다(SC 25bis [Paris: Cerf, 1961]). 영역본은 T. Thompson and J. H. Srawley, *St. Ambrose: On the sacraments and On the Mysteries* (London: SPCK,1970).

34) Ambrose의 *De virginibus*는 PL 16:197-244에서 *De virginitate*는 PL 16: 16:279-316에서 발견된다.

35) L. F. Pizzolato, *La dottrina esgetica di San Amgrogio* (Milan: Università Cattolica del Sacro Guore, 1978)을 보라.

는 시편 1편, 35~40편, 45편, 47~48편, 61편 등에 대한 주석이 포함되어 있는데, 이것들은 각기 다른 시기에 행한 설교들로서 그의 사후에 편집되었다.[36] 더 중요한 것은 『시편 118편 주해』*Expositio Psalmi CXVIII*로서 386년부터 390년 사이에 행한 설교 모음집이다.[37] 마지막으로 누가복음에 관한 방대한 저서가 있는데, 이것의 저술 연대는 알기 어렵다.[38]

암브로스가 성경 주석 작업에 부여한 중요성은 422년에 어거스틴의 요청을 받아 부제 폴리누스Paulinus가 저술한 전기 제42장에 기록된 이야기에 비추어 판단해 볼 수 있다. 이 이야기에 의하면 폴리누스는 397년 초 감독이 병이 들어 자리에 눕기 며칠 전에 불러주는 것을 받아 적고 있었다.

> "…그분이 시편 43편을 불러 주었는데, 나는 받아 적으면서 그분을 쳐다 보았다. 그때 갑자기 짧은 방패같이 생긴 불이 그의 머리 너머로 번지더니 마치 사람이 자기 집에 들어가듯이 그의 입으로 들어갔다. 그분의 얼굴이 눈같이 희어졌다가 곧 원래의 모습으로 되돌아왔다."[39]

부제 카스투스Castus는 폴리누스가 감독에게 성령이 임하는 것을 목격했다고 말했다. 4세기 신비주의 역사의 관점에서 보면 사막 교부들의 환상 경험들과 관련해서 종종 발견되는 불이라는 모티프[40]가 여기에서는 성경의 보화를 기독교 회중들에게 보여주려 한 암브로스에게 적용된다.

영혼의 하강과 상승이라는 주제는 플라톤의 대화편에 근거를 두고 있으며, 천상으로의 상승은 고린도후서 12장에 기록된 바울의 이야기나 천상

---

36) *Explanatio Psalmorum Xii*, ed. M. Petschenig, CSEL 64.6 (Vienna: Tempsky-Freytag, 1919).

37) *Expositio Psalmi CXVIII*, ed. M. Petschenig, CSEL 62.5 (Vienna: Tempsky-Freytag, 1913).

38) *Tractatus in Evangilio Secundum Lucam in Csel* 32.4; *Ambroise de Milan: Traité sur L'Évangile de S. Luc*, ed. Gabriel Tissot, SC 45, 52 (Paris: Cerf, 1956, 1978).

39) Paulinus's *Vita Ambrosii*는 PL 14:27-46에 수록되어 있다. 영역본으로는 F. R. Hoare, *The Western Fathers* (New York: Sheed & Ward,1954), p.187을 보라.

40) 제5장을 보라.

여행을 다룬 유대교의 묵시록에서 발견된다. 오리겐은 영혼의 실족과 복귀의 신화를 기독교적으로 번안하여 예수의 영혼의 중재를 통해서 육이 되신 말씀이 중요한 역할을 한다고 해석했다. 플로티누스도 영혼이 태만과 망각 때문에 그 참된 본향으로부터 추락한 것, 그리고 도덕적이고 철학적인 훈련askēsis에 의해 이성Nous의 관상으로 복귀하는 것에 대해 자세히 설명한다. 이런 내용들은 이미 앞에서 논의된 바 있다. 암브로스는 오리겐이나 플로티누스보다 통찰력이 떨어지는 사상가이지만, 오리겐과 플로티누스의 신비주의를 독창적으로 번안하여 이 위대한 신비적 패러다임을 서방에서 활용할 수 있게 한 최초의 서방인으로서 연구할 가치가 있는 인물이다.[41]

가장 상세한 표현은 『이삭 혹은 영혼에 대하여』와 『행복한 죽음』에서 발견된다. 암브로스는 종종 영혼의 하강에 대해 언급하면서 그것을 영혼이 육적인 것에 못 박히는 것과 연결지어 말하지만 언제, 어떤 이유로, 어떻게 영혼의 타락이 발생하는지에 대해서는 생각하지 않는다.[42] 그는 영혼의 상승에 더 많은 관심을 갖고, 주로 플로티누스를 의존하여 논의를 전개한다. 물론 (삐에르 꾸르셀과 삐에르 아도가 보여준 것처럼) 그는 플라톤주의의 자료들을 기독교의 신학적 관심사에 맞추어 근본적으로 변형시켰다.[43]

『이삭 혹은 영혼에 대하여』 4.11에서 신부가 왕의 침실에 들어가는 것을

---

41) P. Hadot, "XXIX. Patristique Latino," École pratique des huats étude. Ve Section. Sciences religiuses. Annuaire 1965-66 (Paris: Sorbonne,1965), pp. 171-52을 보라.

42) E.g., De bono mortis 5.16 (ed. Schenkl, p.718.8-10). Cf. De virg. 16.79 (PL 16:291c); and In Luc.4.65 (SC 45, p.177). P. Courcelle, "Nouveaux aspects du Platonisme chez saint Ambroise," Revue des études latines 34 (1956), p. 275을 보라.

43) P. Courcelle, "Plotin et saint Ambroise," Revue de philologie 76 (1950): 31-45. ("Nouveaux aspects du Platonisme"). P. Hadot는 Courcelle이 "Platon et Plotin dans trois sermons de saint Ambrois," Revue de études latines 34 (1956): 202-20에서 발견한 것을 요약하고 확대했다. 암브로스가 플로티누스의 글을 사용한 것에 관해서는 Madec, S. Ambroise et la philosophie, pp.61-71을 보라.

(아 1:4) 설명하면서 바울이 낙원으로 들려 올라간 이야기를 언급한다. 그는 바울의 이야기를 『에네아드』 4.8의 첫 부분에서 플로티누스가 자신이 종종 육체로부터 "깨어난 것"을 묘사한 것과 같은 표현으로 바꾸어 사용했다. 본문 전체를 인용하면 다음과 같다.

"내실에 들어가는 영혼이 행복하리라. 영혼은 육체로부터 솟구쳐 오름으로써 모든 것으로부터 멀어지며 할 수만 있으면 자기 내면에서 신적인 것을 추구하고 찾기 때문이다. 영혼이 지적인 것들을 초월하여 신적인 것을 획득할 수 있을 때 영혼은 그 안에서 힘을 얻고 만족한다. 바울이 이런 사람이다. 그는 자신이 낙원에 올라 갔었다는 것은 알았지만 몸 안에 있었는지 몸 밖에 있었는지 알지 못했다(고후 12:3-4). 이는 그의 영혼이 몸으로부터 나와 위로 들어 올려졌고 육체의 활력과 결속에서 벗어났기 때문이다. 그는 자신으로부터 소외되었으며, 자신이 들었지만 말하는 것이 허락되지 않기 때문에 드러낼 수 없는 말할 수 없는 말을 자기 내면에 갖게 되었다"(쉥클 편, pp. 650.16-651.7).

아가서 1장 4절을 바울이 경험한 몰아의 상태로 해석한 최초의 사람은 오리겐이었지만,[44] 암브로스는 바울과 플로티누스의 자서전적 기술을 한데 묶어 육체의 감각의 상실을 강조하는 공통 요소를 찾아냈다. 암브로스는 그의 저술에서 여러 번 바울이 삼층천에 올라간 이야기를 언급하면서 자신이 그것을 몸을 초월하여 하나님과 연합하는 것을 나타내는 패러다임으로 이해했음을 보여 주었다.[45]

암브로스가 직접 인용하기도 하지만 바꾸거나 생략하기도 한다는 것에 유의해야 한다. 그는 내면화(아가서 인용문에는 함축되어 있지만 바울에게는 없다)

---

44) Origen, *Comm. on Song* bk. 1.5 (GCS 33, p. 109).
45) 바울이 경험한 몰아의 경험에 대해서는 *Expos. Ps.* 118 4.2 (ed. Petschenig, pp.68-69); *De paradiso* 1 (PL 17:291)을 보라. 암브로스의 *mentis exceesum*에 대한 논의로 *Expos. Ps.* 118 13.224 (ed. Petschenig, p.295)와 *De fide* 5.19.237 (CSEL 78, p.307)을 보라. Ernst Dassmann, *Die Frömmigkeit des Kirchenvaters Ambrosius von Mailand* (Münster: Aschendorff, 1965)을 보라.

를 강조하는 데 플로티누스가 유익하다는 것을 발견했고, "지적인 것을 넘어감"이라는 철학적 개념을 사용했지만 플로티누스처럼 내적인 미를 보는 것을 강조하지 않았고(어거스틴은 그렇게 했다), 신적인 것과의 일치를 획득하는 것에 대한 플로티누스의 의미를 신성 추구의 개념으로 바꾸었다.

『이삭 혹은 영혼에 대하여』의 몇 구절에서 암브로스는 기독교인의 영혼이(이삭으로 상징되는데, 다른 시각에서 보면 아가서의 신부라고 할 수 있다) 어떻게 하나님에게로 돌아가는지를 표현하기 위하여 플로티누스와 플라톤의 글을 비슷하게 번안했다. 『이삭 혹은 영혼에 대하여』 8.65에서는 아가서 6장 12절(70인역, "나를 아미나답의 수레처럼 만드셨구나")을 인용하면서 선한 말(덕)과 나쁜 말(악덕)을 가진 영혼의 수레(『파에드루스』 246-247)라는 플라톤의 개념을 소개한다. 플라톤에게서 마부는 영혼의 이성적 부분이지만 *nous* 암브로스에게서는 "그리스도가 우리의 주인이시다"(『이삭 혹은 영혼에 대하여』 8.65).[46]

마지막으로 『이삭 혹은 영혼에 대하여』 8.78-79의 중요한 긴 구절에서 암브로스는 플로티누스의 『에네아드』 1.6("미에 대하여")의 많은 부분을 사용하는데, 후일 어거스틴은 『고백록』 9.10에서 오스티아에서 본 것을 이야기하면서 이 부분을 사용하였다.[47] 사랑의 불에 의해 금같이 깨끗해진 영혼이 "모든 사물이 의존하고 있는 선"에게 올라간다. 암브로스는 이 선에 대하여 "그것에 접근하고 그것과 섞이는 것이 우리의 기쁨이다"라고 말한다. 그는 계속해서 다음과 같이 말한다: "만약 누군가가 순수하고 영적인 신Supreme을 보았다면 더 이상 무엇을 바라겠는가? (이것은 『향연』 211E를 연상시킨다.) 베드로는 그리스도의 부활의 영광을 보았기에 산 아래로 내려가고 싶지 않았다. 그래서 '주여 여기가 좋사오니'(마 17:4)라고 말했다." 우리로 하여금 베드로처럼 지고의 선Supreme Good을 발견할 수 있는 내면 세계로 접근하게 해 주는 것은 부활하신 주의 아름다운 형상*pulcher imago*

---

46) Hadot, "Platen et Plotin," pp. 208-9을 보라. Phaedrus에 대한 암브로스의 지식에 대해서는 Courcelle, "Nouveaux aspects," pp. 226-32을 보라.

47) *De Issac* 8.78-79 (ed. Schenkl, pp. 696.21-699.4).

이다. 암브로스는 플로티누스의 말을 모방하여 "그러므로 가장 참된 우리의 조국으로 피하자"라고 외친다.[48] 천상의 예루살렘으로 올라가는 일은 덕의 실천에 의해서 정결하게 된 내면의 눈과 발을 사용하는 영의 상승이다. "보는 사람에 따라 보이는 대상이 달라져서는 안 된다. 하나님은 우리가 그 아들의 형상과 일치하기를 원하시기 때문이다"(『이삭 혹은 영혼에 대하여』 8.79).[49] 여기서도 암브로스는 기독교 신비주의의 기초가 되는 또 하나의 환상, 즉 그리스도의 변용Transfiguration 이야기를 이해하기 위해서 플로티누스를 인용한다.[50]

삐에르 꾸르셀Pierre Courcelle은 암브로스가 이 구절에서 플라톤주의와 신플라톤주의에서 취한 자료들을 어떻게 변화시켜 사용하는지 보여 주었다.[51] 암브로스는 플로티누스의 『에네아드』의 "미에 대하여" 원문에 가득한 이교 제의와 신화의 흔적을 제거하고, 성경을 직접 인용하거나 빗대어 인용한 글로 대체하였다. 또 영혼의 선재에 관한 플로티누스의 가르침 대신에 기독교의 창조론을 택하고 신적인 것과의 동일성에 대한 언급을 생략했으며, 그 대신에 우리로 하여금 하나님을 볼 수 있게 해주는 은혜의 선물을 강조했다.[52] 그는 미Beauty와 지고의 선Supreme Good을 동일하게 여기고, 지성Intelligence을 하나의 실재로 간주하기를 거절함으로써 플로티누스의 계층 구조를 기독교의 하나님으로 대체한다. 무엇보다도 암브로스는 상승 과정을 우리가 점점 더 그리스도와 일치하게 되는 것이라고 여김으로써 기독교화한다.

『이삭 혹은 영혼에 대하여』와 짝을 이루는 듯한 『행복한 죽음』에는 플

---

48) *Enn.*1.6.8 (ed. Armstrong; LC 1:256.16-17), quoting *Iliad* 2.140.
49) *De Isaac* 8.79에서는 *Enn.* 1.7.1을 의존하고 있다. *De Issac* 8.74-75 (ed. Schenkl, pp. 693-94)을 보라.
50) Dassmann, *Die Frömmigkeit*, p. 196을 보라.
51) Courcelle, *Recherches*, pp.109-17.
52) *De fuga saeculi* 1.1 (CSEL 32.2, p. 163)에서는 은혜도 강조된다.

라톤과 플로티누스에 근거한 구절들이 한층 더 많이 담겨 있다.[53] 암브로스는 이 짧은 책에서 죽음을 대하는 참된 태도를 가르치기 위해 플라톤의 『파에도』를 사용한다: "신적인 것을 추구하는 지혜로운 사람은 육체와의 교제를 포기하며 영혼을 육체에서 해방시킨다"(『행복한 죽음』 3.10).[54] 암브로스는 또한 영혼을 육체에서 해방시키는 죽음의 유익을 강조하며, 영혼이 육체와 섞이지 않도록 경고하기 위해서 플로티누스의 말을 인용한다.[55] 이 암브로스의 논문은 라틴 문학에 세 가지 죽음이라는 주제를 도입했다: "자연적 죽음, 곧 도덕적인 것과 상관 없이 이루어지는 영혼과 육체의 분리; 죄로 말미암아 발생하는 악한 형벌의 죽음; 신비한 죽음mors mystica, 우리가 죄를 거부함으로써 죄에 대해 죽은 수단이 되는 선한 죽음"(『행복한 죽음』 2.3).[56] (이 신비한 죽음에 그리스도의 고난과 죽음에 동참한다는 요소가 포함되어 있지만, 중세 시대의 개념과 달리 신비적인 것이 아니라 주로 도덕적인 것을 말한다.)

이 논문에서 암브로스는 영혼의 운명을 묘사하기 위해서 또다시 신플라톤주의적 개념과 성경적 개념을 결합하여 사용한다. 암브로스는 신적인 것에게로 올라가기 위해 육체에 대해 죽어야 할 필요성을 대체로 성경적인 표현을 사용하여 "영원한 것을 얻기 위해 노력하며, 사랑의 날개와 자비의 노를 사용하여 신적인 것에게로 날아 오르자"라고 환기시킨 후(『행복한 죽음』 5.16),[57] 영혼을 덕으로 칠해진 성벽으로 둘러싸인 예루살렘에 비유

---

53) De Issac 8.79 (ed. Schenkl, p. 699)은 Enn.1.7.1-2을 상기시켜 주며 끝맺는 반면, De bono mortis 1.1 (ed. Schenkl, p. 703.1-10)은 Enn. 1.7.3.의 의역으로 시작된다.
54) Phaedo 64C을 보라.
55) De bono mortis 4.13-14, using Enn. 1.7.3; and 6.25-7.27, employing Enn. 1.1.3-4.
56) 암브로스의 많은 본문에 세 가지 형태의 죽음이 나타나는데 예를 들면 다음과 같다: In Luc.7.35 (SC 52, p.21); De excessu fratris Satyri 2.36-37 (PL 16:1382-83); De Paradiso 45 (PL 14:313). Dassmann, Die Frömmigkeit, pp. 181-84을 보라.
57) Contendamus ad illud aeternum, ad illud divinum evolemus pinnis dilectionis et remigio caritatis. Adhémer d'Alès, "Les ailes de 1âme," Ephemerides theologicae lovanienses 10 (1933); R. T, Otten, "Caritas and the Ascent Motif in the Exegetical Works of St. Ambrose," Studia Patristica, vol.8, ed. f. L. Cross, Texte und Untersuchungen 93 (Berlin: Akademie Verlag, 1966), pp. 472-48 을 보라.

한다. 이 비유는 신부가 "나는 성벽이요 나의 유방은 망대 같으니…"라고 말하는 아가서 8장 10절에 기초를 둔 것이다. 이런 영혼은 신랑이 친구들과 대화를 나누는 동산에 들어갈 수 있다. 신부(영혼)는 멀리 날아가서 세상이 아닌 높은 곳에 신랑과 함께 있으려 한다.[58]

암브로스는 오리겐의 견해를 따라 제우스의 정원에서 사랑이 탄생한다는 플라톤의 신화(『향연』 203BE)가 아가서를 인용한 것이라고 주장한다.[59] 이 신화에 등장하는 제우스를 "평등하게 신과 지성Mind"으로, 영혼을 비너스로, 포루스Porus를 모든 사물의 합리적 원리인 로고스로 해석하는 암브로스의 이해는 『에네아드』 3.5.8-9에서 발견되는 플로티누스의 특색 있는 해석에 의존하고 있다.[60] 암브로스에 의하면 "하나님에게 굳게 결합되어 있는 영혼은 다양한 덕과 최고의 강연이 풍성하게 들어 있는 지성의 정원으로 들어간다"(『행복한 죽음』 5.19). 이 정원은 생명의 나무와 선악과를 가진 창세기의 동산이며, 아가서 4장 12-13절과 16절의 꽃으로 덮힌 동산이다. 동산-영혼은 하나님의 말씀에게 내려와 물을 주어 덕의 열매를 맺게 해달라고 요청한다(아 5:1-2). "왜냐하면 영혼은 합법적인 결혼에 의해서 하나님과 결합되어 있기 때문이다"(『행복한 죽음』 5.20).[61]

이 중요한 구절의 마지막 부분에서 암브로스는 동산에서 발견되는 "선한 말"(잠 16:24)을 분석하며, 포도주처럼 취하게 하며 사람의 마음을 기쁘게 하는 열정적인 말(시 104:15)과 우유처럼 깨끗하고 순수한 말로 끝맺는다 (『행복한 죽음』 5.20). 암브로스는 아가서 5장 1절에 제시된 신비한 취함이라는

---

58) *De bono mortis* 5.17-18 (ed. Schenkl, pp. 719-20)은 Ambrose's *Hexameron* 6.79 (PL 17:277c)에 가까운 구절이다.
59) Origen (*Against Celsus* 7.39)은 플라톤이 창세기의 신화를 취했을 것이라고 주장한다.
60) Croucelle, *Recherches*, pp. 120-22을 보라.
61) Cui anima legitimo quodam conubii foedere copulatur. Ambrose discusses the *copula spirituality* between Christ and the soul in serveral places in *De Isaac*, e.g., 6.51' 8.73 (ed. Schenkl. pp. 675.5-8, 692.17-21) For further remarks, see Baus, "Das Nachwirken des Origenes," pp.41-44.

언급을 토대로 하여 신비하게 도취되어 세상에 무관심한 수동적인 영혼과 적극적인 거룩한 연인Divine Lover의 만남을 묘사한다. 즉 "취한 영혼은 세상에 대해 잠이 들었지만 하나님께 대하여는 깨어 있다. 그리하여 말씀이신 하나님이 영혼에게 문을 열어 들여 보내 달라고 명하신다"(『행복한 죽음』 5.20).[62] 이것은 세상으로부터의 비상飛翔이며, 동시에 그분이 영혼 안에 뿌려 놓은 "말씀words의 씨앗들"로부터 생겨난 말씀Word의 새로운 탄생이요 말씀 안에서의 새로운 탄생이다(『행복한 죽음』 5.21).[63]

여기서 살펴본 플라톤적인 구절들에서 다루어진 각각의 신비한 주제들(내면화의 필요성, 영혼의 상승, 신비한 취함, 영혼 안에서의 거룩한 탄생)은 전통에 깊이 뿌리를 내리고 있으며 암브로스의 다른 저서에서도 발견된다.[64] 에른스트 다스만Ernst Dassmann이 지적하듯이 설교자 암브로스가 기독교 메시지의 도덕적 의미를 강조했기 때문에 이 주제들이 심오한 도덕적 차원을 소유한다.[65] 그러나 암브로스 이전의 교부들이나 제자들과 마찬가지로 암브로스도 말씀의 감화 아래 이루어지는 도덕적 정화淨化가 신적 연인Divine Lover과의 개인적이고 직접적인 접촉으로 이어진다고 여겼으며, 이 주제

---

62) 암브로스의 아가서 5:2-3 해석에 대해서는 Tajo, "Un confronto tra S. Ambrogio e San Agostino," pp. 138-40을 보라.
63) 여기에서 암브로스는 자신이 플라톤이 아가서에서 취한 신화에 대한 이해를 취했다고 재확인한다.
64) Goulven Madec, "L'homme interieur selon saint Ambroise," in *Ambroise de Milan: XVIe centenaire de son élection épiscopale*, ed. Yves-Marie Duval (Paris: Études Augustiniennes, 1974), pp. 283-308. Wolfgang Seibel, *Fleisch und Geist beim heiligen Ambrosius* (Münich: Karl Zink,1958); P. Courcello, "Saint Ambroise devant le précepte delphique," in *Forma Fulturi: Studi in Onore del Cardinale Michele Pellegrino* (Turin: Bottego d'Erasmo, 1975), pp. 179-88.
Hugo Rahner, "Die Gottesgeburt: Die Lehre der Kirchenväter von der Geburt Christi auts dem Herzen der Kirche unto der Gläubigen," in *Symbole der Kirche: Die Ekklesiologie der Väter* (Salzburg: Müller.,1964), pp.56-59; Dassmann,. Die Frömmigkeit, pp.184-89. 대표적인 본문으로는 Explain. in *Ps*. 47.10 (ed. Petschenig, pp.353-57); and *Expos. Ps*. 118 12.16 (ed. Petschenig, p. 260)을 보라.
65) Dassmann은 이러한 주제들의 도덕적 해석을 강조하지만 (*Die Frömmigkeit* pp.183-84,188,190-91,196), 신비적 해석도 가능하다고 여긴다(p. 198을 보라).

가 아가서에 가장 잘 표현되어 있다고 생각했다. 이것이 아가서에서 가장 잘 표현되어 있는 주제이다. 암브로스의 신비주의에는 플라톤적인 요소와 플로티누스적인 요소들이 존재하지만 그 중심은 아가서 해석에 있다.

암브로스는 자신의 저술 전체에서 교회적인 의미와 개인적인 의미로 아가서를 사용한다.[66] 그는 말씀Word의 이상적인 연인으로 여겨진 마리아에게 아가서를 적용한 최초의 인물이다.[67] 다른 성경 본문들을 다룬 저서들, 특히 『이삭 혹은 영혼에 대하여』나 시편 118편 주석과 같은 저서에 아가서 주석을 삽입함으로써 그는 아가서가 성경의 모든 책들의 내적 의미를 표현하고 있다고 주장하는 듯하다. 암브로스는 『성찬에 관하여』On the Mysteries[68]와 같은 전례 설교나 나중에 다루게 될 『순결한 자들에 관하여』On Virgins와 같은 논문에서도 아가서를 사용한다. 후대의 예리한 해석가들이 암브로스의 개척적인 해석학에서 발견한 중요성은 12세기에 성 티에리의 윌리엄William of St. Thierry이 작성한 구절별 일람표에서 찾아볼 수 있다.[69]

암브로스는 오리겐이나 힙폴리투스와 같은 선배 학자들로부터 많은 것을 배웠다. 암브로스도 오리겐처럼 아가서를 그리스도와 교회의 관계로 보는 교회적인 해석 방법과 에로틱한 표현을 개별적인 영혼과 말씀Word의 관계로 해석하는 방법을 혼합하여 사용한다. 교회적인 해석 방법은 『시

---

66) Solange Sagot, "Le 'Cantique des cantiques' dans le 'De Isaac' d'Ambroise de Milan," *Recherches Augustiniennes* 16 (1981): 3-57; Dassmann, *Die Frömmigkeit*, pp. 135-214 (chap.3, "Veni, Sponsa Mea!"); Franca Ela Consolino, "*VENI HUC A LIBANO: La SPONSA del Cantico dei Cantici come modello per le vergini negli scritti esortatori di Ambrogio*," *Athenaeum* n.s.62 (1984): 399-415; and Friedrich Ohly, *Hohelied-Studien: Grundzüge einer Geschichte der Hoheliedasulegung des Abendlandes bis um 1200* (Wisbaden: F. Steiner, 1958), pp. 32-76.

67) E.g., *De instit. virg.* 14.87-88 (PL 16:370-41).

68) Dassmann, Die Frömmigkeit, pp. 161-64, 171을 보라.

69) William of St. Thierry, *Super Cantica Canticorum ez operebus Sancti Ambrosii* (PL 15:1849-85).

편 118편 주해』에 현저하지만(아가서를 대략 225번이나 직접, 혹은 빗대어 인용한다),[70] 두 가지 해석 방법이 공존하는 것은 이 두 가지 해석은 분리될 수 없다고 생각한 암브로스의 견해를 보여준다. 물론 『이삭 혹은 영혼에 대하여』에서는 개인적인 해석이 우세하지만 교회적인 해석도 무시되지 않는다(예: 4.27; 4.30; 4.36; 5.48; 6.56). 개인적 해석과 교회적 해석의 밀접한 관계는 『시편 118편 주해』 끝부분에 잘 표현되어 있다.

"영과 혼, 또는 그리스도와 교회의 결혼이 복되지 않다고 생각하는 사람은 없다. 그러나 말씀Word 혹은 성령의 충만함이 빛을 발하여 반짝이면 그 무엇도 이 빛에 비교할 수 없기 때문에 그들은(아 8:8에서 말하고 있는 신부의 친구들) 지체하지 않으며 교회와 영혼이 보다 완전하게 되기 위해서 이 빛에서 벗어나기를 원한다"(『시편 118편 주해』 22.36).

『이삭 혹은 영혼에 대하여』의 장르와 목적과 구조는 현대 독자들의 첫 눈에 당혹스러움을 줄 것이다.[71] 암브로스는 그 책 첫 부분에서 그리스도와 교회의 예표로 취한 이삭과 리브가의 결혼(창 24장)을 풍유적으로 해석한다(1.1-3.7).[72] 그러나 곧 그는 관점을 전환한다(3.7). 그는 리브가에 대한 구절(창 24:60)을 교회나 개인 영혼을 지칭하는 것으로 해석하면서 이삭도 정화된 영혼을 나타내기 때문에 리브가처럼 될 수 있다고 주장한다. 여기서 아주 절묘한 성 전환이 발생하여 창세기에서 근신하면서 리브가(여기에서는 그리스도의 신비[mysterium Christi]를 뜻한다)가 오기를 기다린 남성 이삭이 여성 영혼(아가서의 신부)이 되고, 또 참된 이삭(그리스도)을 보기를 갈망하는 리브가를 나타내는 아가서의 신부는 "내게 입 맞추기를 원하노라"고 외친다

---

70) *Expos. Ps.* 118 1.4; 1.16; and esp.6.5-25 (ed. Petschenig, pp.7,16, 110-21).
71) Jean Daniélou, "La typologie d'Isaac dans le christianisme primitif," *Biblica* 28 (1947): 363-93 (389-92 on Ambrose).
72) Madec, S. *Ambroise et la Philosophie*, pp. 318-23을 보라.

(『이삭 혹은 영혼에 대하여』 3.7).[73] 오리겐이 이삭과 리브가의 결혼이 영혼과 말씀의 결혼의 예표라고 주장한 반면,[74] 암브로스는 필로와 오리겐의 주석을 독창적으로 융합하면서 창세기와 아가서의 본문을 서로 대조함으로써 어부지리를 얻었는데, 이것은 이전 시대에는 사용되지 않았던 방법이다.

말씀과의 결혼적 연합copula spiritualis을 위한 영혼의 순례를 설명하기 위해 『이삭 혹은 영혼에 대하여』가 제시하는 두 개의 기본적인 여정에서 이와 같은 두 개의 성경 본문의 상호 침투를 볼 수 있다. 그 논문 3.8-4.16에서 아가서 1장 1-8절을 자세히 분석한 후 4장 17-22절에서는 이삭과 리브가의 이야기로 돌아오기 위해 아가서 1장 9절을 채용하며 이삭이 판 세 개의 우물(창 26:19-22)에 대해 묵상한다. 그는 "이것은 이미 신비한 가르침이다"라고 외친다. 세 개의 우물은 솔로몬의 세 개의 책에서 예표된 세 종류의 가르침—도덕적 가르침, 자연적 가르침, 신비적 가르침—을 뜻한다. 잠언은 영혼의 형상을 깨끗하게 하는 도덕적 의미를 제공한다. 전도서는 우리가 세상을 초월하게끔 도와주는 자연적 의미를 제공하며, 아가서는 우리가 사랑을 풍성하게 마실 수 있는 신비한 의미의 원천이다(『이삭 혹은 영혼에 대하여』 4.23-25). 오리겐의 아가서 주석에 기초한 이 삼중 구조의 영적 순례가 암브로스의 표준적인 가르침이었다.[75] "아가서에 이 삼중 지혜가 분명히 표현되어 있기" 때문에 『이삭 혹은 영혼에 대하여』의 나머지 부분은 (4.27-8.79) 아가서가 기독교 공동체에게 이 세 가지 형태의 지혜를 가르친 방법을 보여 주려는 의도를 지닌다고 생각할 수 있다. 이 책의 후반부에서

---

73) Nauroy, "La Structure du De Isaac vel Anime," pp. 222-26을 보라.

74) *Homilia in Genesim* 10.3 (GCS 29, p.99.17-23)을 보라. 오리겐의 주석과 암브로스의 관계에 대해서 알려면 Roberto Palla, "Tema del Commento Origeniano of al Cantico dei Cantici nel De Isaac di Ambrogio," *Annali della Scuola Normale Superiore di Pisa* (1979), pp. 570-72.

75) Origen, *Comm. on Song* prol. (GCS 33, p. 75.6-23)을 보라. S. Sagot, "La triple sagesse dans le *De Isaac vel anima*: Essai sur les procédes de composition de saint Ambroise," in *Ambroise de Milan: XVIe centenaire de son élection épiscoplae*, pp. 67-114; Dassmann, *Die Frömmigkeit*, pp. 172-73; Nauroy, "La Structure du *De Isaac vel anime*," pp. 228-36을 보라.

(8.68-70) 영혼이 진보해 나가는 세 단계(institutia, profectus, perfectio)가 신부가 자신이 연인에게 속했다고 말하는 세 구절(아 2:16-17, 6:2, 7:10)에서 제시된다고 말한다.

그러나 『이삭 혹은 영혼에 대하여』에 또 다른 구조적 형태가 있는데, 그것은 이론적으로 세 종류의 지식을 강요하는 데서 도입되는 것이 아니라 아가서 자체에서 자연스럽게 생겨나는 것이다. (암브로스의 상징 신학에서 이 두 가지 구성 원리는 서로 보완해주는 역할을 한다.) 『이삭 혹은 영혼에 대하여』 6.50에서 암브로스는 아가서의 본문과 밀접히 연관되어 있는 4단계의 영적 진보를 개략적으로 설명한다.

> "첫째, 사랑을 조급해 하고 말씀Word의 지체를 참지 못한 그녀는 자기에게 입 맞춰 달라고 요청한다(아 1:2). 그녀는 사랑하는 이를 볼 자격이 있었으며 왕의 침실로 인도함을 받았다(아 1:4). 둘째,…말씀Word이 대화 도중에 갑자기 그녀에게서 떠나갔으나 오래지 않아 그녀가 바라던 대로 산에서 달리고 작은 산을 빨리 넘어온다(아 2:8).…셋째,…그녀는 성에서, 광장에서, 거리에서 그를 찾지 못하였지만 결국 기도와 은혜로 그를 찾아왔고, 신랑의 부름을 받아 가까이 갔다(아 3:1-4). 넷째, 신랑이 잠든 그녀를 깨우지만…그녀가 문을 여는 동안 말씀은 이미 지나가 버렸다"(아 5:2-6).

이 여정은 신적 연인의 임재를 부분적으로 경험함으로써 시작되며, 입맞춤과 침실로 들어가는 것으로 상징된다. 곧이어 신랑이 갑자기 떠나지만 곧 새로운 방법으로 다시 돌아온다. 세번째 단계는 영혼이 여전히 불완전한 것이기는 하지만 이전 것보다 더 심오하고 영속적인 방문을 받을 자격이 있는지를 증명하기 위해 반드시 통과해야 하는 정화의 과정을 나타낸다. "그의 말을 듣고 그녀는 밖으로 나가서 마침내 (사랑의 상처를 통해서) 그를 발견했고, 자기가 찾던 연인을 잃지 않으려고 그를 붙잡았다"(『이삭 혹은 영혼에 대하여』 6.50).⁷⁶⁾ 이처럼 임재의 경험을 강조한 뒤에 영혼의 갈망 및 덕의 실천을 통해서 자신을 정화하려는 결심을 증가시켜주는 부재의 경험이 강조되는데, 이것은 암브로스가 여러 곳에서 지적한 것처럼 아가서 본문과 조화를 이룬다.⁷⁷⁾ 이런 전개 방식이 후대의 독자들, 특히 12세기의 위대한 주석가인 클레르보의 베르나르와 성 티에리의 윌리엄에게 영향을 준 듯하다. 그들 역시 아가서에서 발견되는 임재와 부재의 상극을 탐구했다.

이런 방식은 『이삭 혹은 영혼에 대하여』가 지닌 가장 놀라운 측면들 중 하나를 조명해 준다. 많은 학자들은 초신자들에게 그처럼 높은 이상을 제시하는 어려운 설교를 했다는 것은 놀라운 일이지만 이 논문이 새로 세례를 받은 사람들에게 행한 부활절 설교를 토대로 한 것이라고 주장한다.⁷⁸⁾ 그러나 이 주장은 그리스도와의 영적 결혼의 목표를 엘리트주의적이고 개인적인 관점에서 보려는 후대의 판단이다. 『성찬에 관하여』On the Mysteries와 『성례전에 관하여』On the Sacraments을 통하여, 암브로스가 새로 세례받은 사람들에게 아가서의 성례전적인 중요성을 설교했음을 알게 된다.⁷⁹⁾ 『이삭 혹은 영혼에 대하여』에서 암브로스는 입맞춤과 침실에 들어감으로 표현되는 영혼의 신비적 여정의 첫 단계가 부활절의 거룩한 신비에서 경험되었다고 주장하는 듯하다.⁸⁰⁾ 그러나 이 말씀의 임재의 경험(이것의 극적인 효과는 교부들의 글을 통해서 알려져 있다)은 시작에 불과하다. 암브로스는 기독교적인 삶은 복잡한 사랑의 게임이라고 암시한다. 이 게임에서 때로는 말씀이 임하여 영혼을 소생시키지만 말씀의 부재 역시 영혼에게 힘을 주어

---

76) 사랑의 상처라는 개념(아 2:4)은 Hilary of Poitiers (e.g., *In Ps.* 119.16 in *PL* 9:649-50)에 나타나지만, 이 오리겐의 주제를 처음으로 널리 사용한 사람은 암브로스이다: *Expos. Ps.* 118, 5.18; 6.6; 6.18; esp 15.39 (ed. Petschenig, pp. 90, 111, 117, 351). *De Isaac* 4.30 (ed. Schenkl, p. 661)을 보라.

77) E.g., *De Issac*, 4:14 (ed. Schenkl, p. 652.20-74).

78) E.g., Dassmann, *Die Frömmigkeit*, p. 88; and Nauroy, "La structure du *De isaac vel anima*," p. 234.

79) *De mysteriis* 7.35-41, and *De mysteriis* 9.55-58 and *De Sacrementis* 2.5-3.17.

80) Otten, R. 1. "Caritas and the ascent Motif," pp. 443-44.

몸을 벗어나야만 획득할 수 있는 연합을 향해 전진하는 데 필요한 도덕적인 노력을 행할 수 있게 해 준다.

사랑의 길은 세례를 통하여 그리스도의 몸, 즉 교회로 모임으로써 시작되고 교회의 성례전적이고 예전적인 삶에 참여함으로써, 특히 성만찬을 받음으로써 양육된다.[81] 다른 신비주의적인 교부들처럼 암브로스는 아가서를 교회적으로 해석하는 것과 신비적으로 해석하는 것을 구분하지 않는다. 『시편 118편 주해』 중 아가서를 가장 특징적으로 사용한 부분에서 암브로스는 직접적으로 에로틱한 요소들을 알아내기에 앞서 그 구절이 "교회 혹은 영혼"에 적용된다고 환기시킨다.

"그[신랑]는 신부의 기도와 유혹, 즉 설교자의 유방을 밀쳐버리지 않는다. 그는 인자하게 신부를 집 안으로 인도한다. 마지막으로 종종 멀리 떠나 신부가 찾아다니게 하거나 신부로부터 입맞춰달라는 부탁을 받곤 했던 신랑은 신부의 감정을 시험하기 위해서 벽 뒤에 서서 창으로 들여다보며 창살 틈으로 엿본다(아 2:9). [이렇게 해서] 신랑은 완전히 밖에 있는 것도 아니고 완전히 안에 있는 것도 아니며, 신부를 불러 자기에게 오게 하여 서로 즐겁게 대화하며 뜨거운 사랑의 번제를 교환할 수 있게 된다(『시편 118편 주해』 6.18).[82]

암브로스는 비록 죽은 사람에게만 적용하지만 아가서의 상징들을 특정 개인들에게 적용한다. 예를 들면 황제 발렌티니아누스 2세가 천사들의 영접을 받아 천국에 들어가는 것을 언급하기 위해서 아가서 8장 5절을 사용한다.[83]

암브로스의 신비주의는 그 기초가 되는 성경 자료인 아가서의 관점에서

---

81) E.g., 47, *In Luc.* 6.72-73 (SC 45, p. 254); cf, Dassmann, *Die Frömmigkeit*, pp. 170-71.

82) Dassmann, *Die Frömmigkeit* pp. 146-47을 보라.

83) *De obitu Valentiniani* 77 (PL 16:1442BC). Ohly, *Hohelied-Studien*, pp. 39-41을 보라.

볼 때 엘리트주의나 비전주의와 전혀 관련이 없는 교회론적인 신비주의이다. 또한 기독론적이기도 하다. 제랄드 노로이Gerard Nauroy는 『이삭 혹은 영혼에 대하여』를 "초보적 비밀주의hermetism의 논문"[84]이라고 기술하지만 이 논문의 메시지는 국외자들에게만 숨겨져 있을 뿐, 기독교 공동체 안에 있는 사람들에게는 내적 의미를 열 수 있는 성경적이고 성례전적인 열쇠가 주어졌다. 이 그리스도 중심의 신비주의를 형성하면서 신플라톤주의 요소들을 사용했지만 그것들을 내적으로 변화시켜서 사용했다.[85] 암브로스의 사상에서 예수가 행하는 신적 연인으로서의 기능의 모든 측면을 지금 논의할 수는 없지만, 최소한 암브로스에게 있어서 이 헌신이 얼마나 개인적인 것이었는지에 주목해야 한다.[86] 사랑이신 그리스도는 실질적인 방법으로 우리 영혼을 자신과 연합시키시므로(『이삭 혹은 영혼에 대하여』 5.46), "우리의 사랑은 그리스도이시다"라고 말할 수 있다(8.75).

그러나 우리는 암브로스가 라틴 신비주의에 공헌한 셋째 영역을 살펴보면서 이 광범위한 교회론적 신비주의—이것은 세례받은 모든 사람들에게 그리스도와 사랑으로 연합하는 길을 가라고 초청한다—가 지닐 수 있는 조건 혹은 긴장을 탐지할 수 있다. 앞에서 지적한 대로 암브로스는 수도생활을 옹호했고 순결을 강력하게 지지했다. 피터 브라운에 따르면 서방에서 순결한 처녀로서 자신의 삶을 그리스도께 바치고 재산을 교회에 바친 선택된 귀족 여성들과 성직자들의 유대의 중요성을 누구보다 분명히 깨달은 사람이 암브로스였다.[87] 이처럼 순결을 지지한 것, 특히 암브로스가 순결의 우월함을 증명하기 위해 아가서 사용을 강조한 것은 일종의 엘리트

---

84) Nauroy, "La structure de *De Isaac vel anima*," p. 345을 보라.
85) Dassmann, *Die Frömmigkeit*, p. 200.
86) E.g., *De Isaac* 5.46; 8.72-77 (ed. Schenkl, pp. 670-71); *Expos. Ps.* 118 8.7; 22.28-30 (ed. Petschenig, pp. 152-53, 502-4); *In Luc.* 1.7 (SC 45, pp. 49-50); amd *De Virgnitate* 13.77 (PL 16:299CD).
87) Brown, *Body and Society*, pp. 342-45.

주의를 시사하는 듯이 보일 수도 있다. 암브로스는 서방에서 처음으로 아가서의 표현을 순결한 처녀의 삶에 직접 적용한 사람이다.

논문 『순결한 자들에 관하여』의 제1권과 제2권은 어떻게 보면 위장된 아가서 주석처럼 보인다. 그보다 늦게 저술된 논문 『순결에 관하여』도 마찬가지이다. 암브로스는 순결이 순결한 그리스도가 순결한 마리아에게서 탄생함을 통하여 세상에 주어진 하늘나라의 생활 방식이라고 주장한다: "처녀가 잉태하였다. 그리고 육신이 하나님이 되기 위해서 말씀이 육신이 되셨다"(『순결한 자들에 관하여』 1.3.11, PL 16:202C).[88] 이어서 암브로스는 그리스도가 모든 순결의 원천이며 순결한 교회의 배우자라고 강조한다: "그녀는 혼인한 처녀, 우리를 낳고 우리에게 젖을 먹인 처녀이다"(『순결한 자들에 관하여』 1.5.22, PL 16:205D). 그러나 암브로스의 관심의 초점은 개개의 순결한 기독교인들(특히 여성들)의 거룩한 연인이신 그리스도에게 있다. 『순결한 자들에 관하여』 제1권의 중요한 부분(1.6.38–9.53, 16번 인용됨)과 제2권 말미에서(2.6.42-43, 4번 인용됨), 아가서의 상징이나 사건들을 빈번히 인용하여 신적 연인과 인간 사이의 사랑의 관계를 묘사한다.

키프리안은 순결한 기독교인들과 순결한 교회 사이의 특별한 관계를 강조했는데, 이것은 암브로스에게서 한층 더 강하게 표현된다. 그는 순결한 몸의 깨지지 않는 방벽인 순결을 교회와 세상 사이의 경계선을 나타내는 위대한 상징이라고 여겼다.[89] 순결은 성직자에게 향상된 경제적·사회적 통제력을 제공해 주기 위한 장치 이상이었다. 그것은 구원의 과정에서 몸과 몸의 역할에 대한 반대 감정의 병존이 복합적으로 표현된 것으로서 4세기 말에 분명히 나타났다.

육체적인 것에 대한 의심은 어거스틴의 글보다 암브로스의 글에 더 강력

---

88) 그리스도의 동정녀 탄생을 강조한 것은 암브로스의 저술 전체에서 발견된다: e.g., *In Luc.* 2.43; 2.56-57 (SC 45, pp. 92, 97-98); *Expos. Ps.* 118 6.23 (ed. Petschenig, pp. 139-40); De sac. 53 (SC 25 bis, pp. 186-88).

89) Brown, *Body and Society*, pp. 346-47, 353-55, 363-64.

하게 나타난다. 이것은 그의 신플라톤주의 때문이라고 주장되며, 어느 정도 영향을 받았음을 부인할 수 없다. 그러나 성욕을 현존하는 우리의 육적 실존의 불완전을 나타내 주는 가장 분명한 표식으로 보는 것은 주로 기독교적인 산물로서 암브로스가 독자적으로 혹은 어거스틴에게 미친 영향을 통해서 큰 역할을 했다. 성적인 관습에 무관심하거나 아니면 그것을 신비적인 여정에 결합하려는 유대교나 이슬람교의 신비주의와는 달리 서방 기독교 신비주의는 순결의 이상이 승리를 얻은 후로는 종종 성을 반대하는 입장을 취했다. 물론 어느 기독교 저자도 결혼한 사람이 구원 받을 수 없다고 주장하지 않았고, 어떤 사람들은 기독교적 완전을 획득하는 것이 결혼 여부에 의존하는 것이 아니라고 생각했다. 그러나 서방 기독교 신비주의에서는 대체로 현세에서 말씀Word과 결혼하기 위해서 순결한 상태가 필요하다거나 권할 만하다고 강조했다. 마치 모든 미묘한 외적 표현을 부정하면 부정할수록 성적 요소들의 내적 흡수가 더욱 강력하고 온전해지듯이 서방 신비주의의 힘은 순결한 인간과 거룩한 "신랑" 사이의 관계를 의도적으로 에로틱하게 표현한 데서 오는지도 모른다. 이 점에 있어서 서방 전통에서 가장 위대한 아가서 주석가인 암브로스가 아가서의 에로틱한 해석을 철저히 삼간 어거스틴보다 더 영향력이 있었다.

암브로스는 공정하게 평가되어야 한다. 『이삭 혹은 영혼에 대하여』와 『행복한 죽음』에서는 육체적 실존을 경시했지만,[90] 암브로스가 육과 몸을 완전히 악한 것으로 여긴 것은 아니다. 암브로스를 괴롭힌 것은 타락한 몸과 그 몸의 성적 쾌락voluptas이다.[91] 암브로스는 타락하지 않은 선한 육을 중시했다. 그는 우리가 그리스도의 순결한 몸과 접촉함을 통해서만 구원을 받으며,[92] 마지막 날에 변화된 몸으로 부활할 것이라고 주장한다.[93] 순

---

90) E.g., *De Isaac* 2.5; 3.6; *De bono mortis* 3.10; 3;12; 5.16; 6.25; 9.40.
91) *Ep.* 63.7-14, 32-33, 71-74 (*PL* 16:1242-44, 1249-50, 1260-61).
92) Brown, *Body and Society*, pp. 350-53을 보라.
93) 몸의 부활에 관한 암브로스의 견해를 보려면 Dudden, *Ambrose of Milan* 2:665-68

결과 관련하여 아주 중요한 것은 그것이 어떤 사람들에게 이 타락하지 않는 몸을 회복시켜 주고 그들로 하여금 궁극적으로 모든 신실한 사람들이 누리게 될 "평온한" 육적 상태를 미리 맛보게 해 준다는 것이다.

암브로스는 바울의 견해를 따라서 결혼이란 심각하게 제한된 것이기는 하지만 선한 것이라고 강조한다(『순결한 자들에 관하여』 1.6.24-7.35). 그는 믿음을 버리거나 창녀가 되는 것 중 하나를 선택해야 할 상황에 처한 어느 기독교인 처녀의 일을 인용하면서 "순결한 육체를 갖는 것보다는 순결한 마음을 갖는 것이 더 바람직하다"라고 평했다(『순결한 자들에 관하여』 2.4.24, PL 16.225). 그러나 덜 긴박한 상황에서는 순결을 상실한 몸보다 순결한 몸이 우월하다고 느끼고 있었음이 분명하다.

이처럼 순결을 강조했기 때문에 암브로스의 교회론적 신비주의에 어울리지 않는 엘리트주의가 도입되었는지의 여부는 직접적인 문제가 되지 않는다. 그가 종말론적인 관점에서 순결을 우위에 둔 『순결한 자들에 관하여』에서 이에 대한 근접한 답을 보게 된다. 여기에서 그는 성과 순결을 완전히 반대되는 것으로 본다: 천사는 순결을 지켰지만 마귀는 그것을 잃었다, 혹은 "그리스도의 신부는 순결하지만 다른 신을 섬기는 여인은 창녀이다"(1.8.52 PL 16:214A). 부활 때에 택함을 받은 자들에게 약속된 완전히 천사 같은 순결을 획득하기 원하는 사람들은 현세에서 순결을 지켜야 한다. 즉 그리스도에게 충성해야 한다("부활 때에는 장가도 아니 가고 시집도 아니 가고 하늘에 있는 천사들과 같으니라"[마 22:30] 참조). 이런 까닭에 암브로스는 순결을 지키는 사람들에게 "우리에게 약속된 것이 이미 너희 앞에 있다"라고 말한다(『순결한 자들에 관하여』 1.8.52 PL 16:214A).

서방 신비주의에 끼친 암브로스의 세 가지 주요한 공헌을 연구하려는 이 시도에서 그의 저술들 안에서 발견할 수 있는 바 다른 저자들이 보다 완전하게 발달시킨 사상을 지지해 주는 다른 많은 주제들을 무시해왔다. 예

을 보라.

를 들어 암브로스가 아가서의 성적 표현을 사용한 것은 그리스도와 영혼의 관계에 대해서 어거스틴보다 더 개방적으로 연합의 표현을 사용했다는 것을 의미하지만 암브로스가 신비적 연합에 대한 분명한 이론을 갖고 있었던 것은 아니다. (하나님과의 연합의 본질에 대해서는 카시아누스가 더 분명한 이론을 가지고 있었다.) 어거스틴과 마찬가지로 암브로스는 영혼에 대한 하나님의 직접적 임재에는 가장 고귀한 형태의 사랑뿐만 아니라 어느 정도 고양된 형태의 앎도 포함된다고 이해했다.[94] 그러나 어거스틴과는 달리 그는 이 사랑과 지식의 융합을 분석하는 데에 그다지 관심을 갖지 않았다. 암브로스도 오리겐처럼 예수께서 마르다보다 마리아를 선호하신 누가복음의 이야기(눅 10:38-42)에서 활동적인 삶보다 관상생활이 우월하다는 증거를 발견했지만 그 둘의 관계에 대해 광범위하게 논의하지는 않았다.[95] 또 오리겐에 대한 암브로스의 지식을 참작해 볼 때 그가 영혼이 신적 임재를 경험할 때 사용하는 내면의 영적 감각에 관심을 가지고 있었음은 놀라운 일이 아니다.[96] 마지막으로 암브로스가 플로티누스의 개념을 사용한 것을 분석하면서 간단하게 논의했던 바 영적 일탈, 또는 몰아의 상태에 대한 개념에 대해서도 자세히 살펴볼 수 있을 것이다.

지금까지 암브로스를 신비주의자라고 정의할 수 있는가 하는 질문을 피해 왔다. 어거스틴과 달리 암브로스는 자신이 경험한 특별한 하나님 체험을 1인칭으로 말한 적이 없다. 또 『이삭에 관하여』에서처럼 그의 저술들이 지닌 획일적이고 이해하기 어려운 문장의 짜임새 때문에 특정 구절이 도

---

94) *Expos. Ps.* 118 12.1 (ed. Petschenig, p. 252); and *De Isaac* 4.23 (ed. Schenkl, p. 657)을 보라. 또 Dassmann, *Die Frömmegkeit*, pp. 199-200을 보라.

95) *In Luc.* 7.85-86 (SC 52, pp. 36-37). Dassmann, *Die Frömmegkeit*, pp. 157-58; and D. Csányi, "OPYIMA PARS: Die Auslegungsgeschichte von LK. 10, 38-42 bei den Kirchenvätern der ersten vier Jahrunderte," *Studia Monastica* 2 (1960), pp. 54-58.

96) E.g., *Explan. in Ps.* 37.27; 40.39 (ed. Petschenig, pp.156, 256); also *De Spirito Sacto* II.7.66-68 (CSEL 79, pp. 112-13). Madec, "L'homme interieur," pp. 284-88을 보라.

덕적인 가르침을 표현하는지, 종말론적인 소망을 표현하는지, 또는 독자들이 갈망하거나 자신의 경험에 비추어 검증해 보아야 할 신비한 실체를 언급하는 것인지 판단하기 어렵다.[97] 나는 이와 같은 여러 가지 사실 중 하나를 반드시 선택해야 한다고 생각하지 않으며, 그것이 밀란의 암브로스가 고전적인 라틴 신비주의에서 많은 것을 창시한 사람이라고 볼 수 있는 이유들 중 하나이다.

제롬

제롬은 이르게는 331년, 늦게는 347년에 달마티아Dalmatia에서 태어났다.[98] 그는 훌륭한 교육을 받았으며, 얼마 동안(375-377년경) 시리아에서 은수사 생활을 했다. 382년부터 383년까지 콘스탄티노플에서 로마의 사신으로 파견되어 교황 다마수스의 비서로 일하면서, 마르셀라Marcella와 파울라Paula 같은 부유한 귀족 출신 과부들에게 수도적 수덕주의의 이상을 전파했다. 모든 사람들이 제롬이 전파하는 금욕적 생활을 받아들인 것은 아니었다. 다마수스가 사망한 후 제롬과 그의 후원자인 파울라는 동방으로 떠나서 385년 베들레헴에 이원적인 수도원을 세웠다. 제롬은 419년에 죽을 때까지 이곳에서 살면서 성경을 번역하고 많은 글을 저술했으며 거의 모든 사람들과 논쟁을 했다.

제롬이 라틴 기독교에 기여한 주요 공헌은 서방 교회의 표준 성경이 된 "벌게이트"Vulgate 역본이다. 제롬은 오리겐의 저술을 번역한 중요한 인물이다(393년 이후 오리겐을 반대하는 입장으로 돌아섰다).[99] 그가 수도적 이상과 문헌들을 서방에 전해주는 역할을 했음은 이미 살펴보았다. 특히 그의 편지

---

97) Dassmann, *Die Frömmigkeit*, p.177.
98) 제롬의 표준적 전기는 J. N. D, Kelley, *Jerome: His Life, Writings and Controversies* (New York: Harper & Row 1975)이다.
99) 제롬의 성경 번역에 대해서는 *Jean Gribomont in Patrology* 4:221-27을 보라.

들에 분명히 나타나는 바¹⁰⁰⁾ 제롬이 수도원 운동을 옹호한 것은 서방에서 수도원적 이상이 승리하는 데 큰 공헌을 했다.

제롬도 암브로스처럼 순결의 이상을 강력하게 옹호했으므로, 페르디난드 카발레라Ferdinand Cavallera는 제롬을 "금욕의 사도"라고 부른다.¹⁰¹⁾ 제롬은 기질적으로나 훈련의 면에서 신비주의자가 아니었다.¹⁰²⁾ 그는 오리겐의 주석을 사용하고 번역함으로써 오리겐의 신비주의 자료들을 활용할 수 있게 해 주었지만,¹⁰³⁾ 주로 아가서에 기초를 두고 순결의 우월성을 강조하며, 우리가 이미 암브로스에게서 살펴본 주제를 강조함으로써 후대의 서방 신비주의에 공헌했다. 중요한 문헌은 그가 384년에 파울라의 딸 유스토치움Eustochium에게 쓴 장문의 편지이다.¹⁰⁴⁾

제롬이 아가서를 사용한 것과 암브로스가 『순결한 자들에 관하여』에서 아가서를 사용한 것을 비교해 보는 것이 도움이 될 것이다. 제롬의 글은 풍자적인 경향이 있어서 훨씬 더 생동적이지만 암브로스가 육체를 강력하게 부정할 때보다도 균형적이지 못하다. 제롬은 결혼을 정죄하지는 않으나 결혼이 타락의 결과라고 주장한다(『서신』 22.19). 제롬이 결혼에 대해 할 수 있었던 가장 호의적인 말은 "나는 결혼 생활을 찬양한다. 그 이유는 결혼을 통해서 순결한 자들이 출생되기 때문이다"(『서신』 222.20)¹⁰⁵⁾이다. 제롬은 순결을 쉽게 잃어버릴 수 있다는 것("심지어 생각에 의해서도")에 대해 거의

---

100) 예를 들어 *Epp.* 17, 22, 53, and 53 (to Paulinus of Nola), 66, 108, 118, 122, 145 등을 보라. 제롬의 편지의 표준적 편집은 I. Hilberg in CSEL 54 in 3 volumes (1910-18)이다.

101) F. Cavallera, "Saint Jerome et la vie parfaite," *Revue d'ascétique et de la mystique* 2 (1921): 101-27 (p. 105). P. Brown, *Body and Society*, pp. 366-86, chap. 18을 보라.

102) 나는 제롬을 신비가로 보려는 학자들의 의견에 동의하지 않는다: 그런 학자들의 예로 Paul Antin, "Saint Jerome Directeur Mystique," *Revue d'histoire de la spiritualité* 48 (1972): 25-30을 보라.

103) 예를 들어 *Ep.* 18을 보라.

104) Kelley, *Jerome*, chap. 10, pp. 91-103을 보라.

105) 육에 대한 제롬의 태도에 대해서는 *Ep.* 84.8을 보라.

비정상적인 두려움을 가지고 있었고(『서신』 22.5), 그렇기 때문에 육체의 성적인 위험을 훨씬 직접적으로 경고했지만(예를 들어 22.11-12, 17), 암브로스는 그렇지 않았다. 암브로스와는 달리 제롬은 자신이 사막에서 경험한 성적 유혹에 대해 자세히 이야기하고(22.7) 유명한 꿈 이야기를 하는데, 이 때문에 그는 기독교적이기보다는 키케로적이라는 비난을 받았다(22.30).

그러나 제롬의 편지의 목적은 결혼을 비난하려는 것보다는 순결을 찬양하려는 것이다. 제롬은 아가서의 성적 언어를 의인화함으로써 이 목적을 이룬다. 제롬은 유스토치움에게 "육체를 멸시함으로써 신랑의 품에 안기기 위해서" 일상생활에 아가서의 언어를 적용하라고 권한다(『서신』 22.1).[106] 그 편지에서 아가서가 대략 27번 인용된다(30여년 후 쓰여진 『서신』 130의 병행구에서는 4번 인용되었다). 제롬이 유스토치움에게 그녀의 신적 연인과의 영적 만남을 위하여 대중과 섞이지 말라고 권하는 부분에 가장 놀라운 표현이 등장한다.

> "당신의 침실을 격리함으로써 자신을 보호하십시오. 항상 그 안에서 신랑과 함께 지내십시오. 당신이 기도하는 것은 곧 신랑과 함께 이야기하는 것입니다. 당신이 독서하는 것은 곧 신랑이 당신에게 말을 걸고 있는 것이다. 당신이 잠들면 신랑이 벽 뒤로 와서 문틈으로 손을 들이밀어 당신의 배를 만질 것입니다(아 5:4). 당신은 잠에서 깨어나 '내가 사랑하므로 병이 났다'(아 5:8)라고 소리칠 것입니다"(『서신』 22.25).

이 편지 전체에 성에 대한 불안이 분명히 나타나 있지만 오리겐과 암브로스의 방법을 상기하게 하는 그리스도에 대한 헌신이 있음에 유의해야 한다. "그리스도를 사랑하고 항상 그의 품을 구하십시오. 그러면 모든 어려운 것이 쉽게 여겨질 것입니다"(『서신』 22.40).

어거스틴 시대의 다른 인물들도 라틴 기독교 신비주의 태동에 공헌을 하

---

106) P. Brown, *Body and Society*, pp. 368-71을 보라.

였다. 그 중에 투르의 마틴Martin of Tours 같은 유명한 사람이 있다. 그의 예찬자인 술피키우스 세베루스Sulpicius Severus가 묘사한 마틴의 생애에는 후대 신비주의 형성에 큰 역할을 하게 된 가르침 및 끊임없는 기도의 이상에 대한 헌신 등의 수행이 포함되어 있다.[107] 놀라의 파울리누스Paulinus of Nola는 술피키우스에게 보낸 편지에서 신비적이라고 규정할 수 있는 경건을 보여준다.[108] 그리 알려지지 않은 아포니우스Apponius, 5세기 초의 성직자 같은 인물들도 오리겐-암브로스처럼 아가서를 신비적으로 해석하는 것을 확산하는 데 공헌했다.[109] 어거스틴 외에 라틴 신비주의의 또 다른 중요한 설립자는 요한 카시아누스이었다.

요한 카시아누스

어거스틴과 거의 같은 시대 사람인 카시아누스는 360년경 동방에서 태어났다. 그는 라틴어를 모국어로 사용했으나 헬라어에도 능통하였다.[110] 그는 젊었을 때 베들레헴 근처의 수도원에 들어갔는데, 동방에서의 수도생활의 대부분을 사막의 교부들을 만나기 위해서 이집트의 여러 수도원들을 찾아 다니면서 보냈다. 폰투스의 에바그리우스의 영향을 받아 오리겐주의자가 된 카시아누스는 오리겐주의 논쟁이 벌어진 400년경에 이집트로 도피했다. 처음에는 콘스탄티노플의 요한 크리소스톰에게 피했고, 그 다음에는 로마로 가서 여러 해를 보냈다. 415년경에 마르세이유의 남부

---

107) Sulpicius Severus, *Via Martini* 26.4 (SC 133, p.314).

108) E.g., Paulinus of Nola, *Ep.* 28 (*PL* 61:308-12).

109) 이 주석은 398-404년경에 저술되었으며, 때로는 제롬의 이름으로 유포되었다. 이것은 최근에 B. de Vregille and L. Neyrans에 의해 편집되었다 (CC 19 Turnhout: Brepola, 1986).

110) Michel Olphe-Galliard, "Cassien (Jean)," *DS* 2:214-76을 보라. Owen Chadwick, *John Cassian: A Study in Primitive Monasticism* (Cambridge: Cambridge University Press, 1950); Philip Russeau, *Ascetics, Authority and the Church in the Age of Jerome and Cassian* (Oxford: Oxford University Press, 1978)도 보라.

고올에 정착해 두 개의 수도원을 설립하고 고올 지방의 감독들에게 수도원 운동에 대한 자문을 해 주었다. 그의 주요 저서로 『담화집』Conferences, 대략 426-429년, 그리고 『공주 수도원 제도집』Instituites of the Coenobites, 대략 430년가 있다. 『담화집』은 은수사와 공주 수도사들의 내면 생활에 대한 동방 교부들의 가르침을 모은 것이며, 『공주 수도원 제도집』은 공동체 안에서 생활하는 수도사들의 외적 관습들을 기술한 책이다.[111] 이 두 저서는 천년 이상 동방 수도원과 서방 수도원을 연결해준 중요한 저서였다.

서방 신비주의의 다른 설립자인 암브로스와 어거스틴은 수도적 이상에 헌신한 사람들이었지만, 카시아누스는 간단히 말해서 수도사였다. 그의 삶의 체험은 수도적인 것이었고, 그의 저술들은 수도사들만을 위한 것이었다. 교구의 중요한 지도자였던 암브로스와 어거스틴은 평신도 세계에 대한 의무를 가지고 있어서 평신도 영성의 탄생에 나름대로의 역할을 했다.[112] 그러나 카시아누스는 평신도 세계와는 그리 연관이 없었다. 카시아누스는 기독교적 완전이 수도사들만을 위한 것이라고 생각했다.[113]

카시아누스의 견해에 의하면 교회는 수도적 기관이 되어야 했다. 최초의 예루살렘 교회는 실제로 공주수도원 사회였으며 후대의 해이함 때문에 참된 수도적 신자들과 그보다 하위의 평신도 무리로 분열이 일어났다고 주장하는 종종 인용되는 표현을 시기적으로 가장 일찍 사용한 사람이 카시아누스이다(『담화집』 18.5). 카시아누스가 수도원 운동을 기독교 사회의 한 요소로 본 것이 아니라 세상 사회에 대한 기독교적 대안으로 생각하였

---

111) Jean Cassien: Conférences, ed. E. Pichery, SC 42, 54, 64 (Paris Cerf, 1955-59)을 보라.

112) Jacques Fontaine, "The Practice of Christian Life: The Birth of the Laity," in Christian Spirituality: Orgins to Twelfth Century, pp. 453-91을 보라.

113) "Perfection Chrétienne," DS 12:1111-13; DS 2:231을 보라. 그리고 A. de Vogüe, "Monachisme et Église dans la pensée de Cassien," in Thélogie de la vie Monastique (Paris: Aubie.,1961), pp. 213-40을 보라.

다는 것은 어느 면에서 옳은 말이다.[114] 금욕자인 카시아누스는 신비적 완전이 세상을 피하여 완전히 순결한 생활을 하는 수도사들에게만 개방되어 있다고 믿는 기독교 영성의 출발점에 선 인물로서 어거스틴이나 암브로스보다 더 그것을 확신했다.

카시아누스는 종종 이류 저자로 취급된다. 카시아누스는 에바그리우스를 많이 의존하는데,[115] 그 때문에 그가 동방의 자료들을 새로운 언어적·사회적 환경에 맞추어 변형시킨 기술이 가려진다. 에바그리우스의 배후에는 오리겐이 있었다.[116] 카시아누스는 에바그리우스나 오리겐을 명시적으로 언급한 적이 없지만 이들의 가르침의 관점들을 서방에 전달하기 위해 많은 일을 했다. 오웬 채드윅이 주장하듯이 카시아누스는 번역하는 과정에서 특징적인 서방 신비주의를 위한 새로운 가능성들을 만들어 냈다.[117]

카시아누스의 저서들이 지엽적이며 종종 초기 서방 신비주의의 입증 자료를 찾아볼 수 있는 원 자료로만 취급되지만 최근 수년 간 카시아누스의 저술 과정에 대해 보다 좋은 평가가 제시되고 있다.[118] 카시아누스는 암브로스나 어거스틴처럼 솜씨 좋은 작가가 아니지만 종종 평가되는 것처럼 피상적이고 비조직적인 사람은 아니다. 그는 주로 사막 교부들의 가치와 수행을 서방 수도사들에게 가르치려는 실질적인 목적을 가지고 저술했다. 이런 실질적인 측면은 그가 영적 가르침을 경험에 비추어 검증해 보아야 할 필요성을 자주 강조한 데서 찾아볼 수 있다. 그가 체계적인 저술을 의도

---

114) Peter Munz는 이 점을 강조했다 ("John Cassian," *Journal of Ecclesiastical History* 1 [1960], p. 20).

115) 카시아누스와 에바그리우스의 관계를 연구한 저서는 Salvatore Marsili, *Giovanni Cassiano ed Evagrio Pontico: Dottrina sulla caritá e contemplazione*, Studia Anselmiana 5 (Rome: Herder, 1936)가 있다.

116) Marsili는 오리겐과 카시아누스 사이의 일부 병행구절을 연구한다 (*Giovanni Cassiano*, pp. 150-58).

117) Chadwick, *John Cassian*, pp. 87-88.

118) A. de Vogüe, "Pour comprendre Cassien: Un survol des Conférences," *Collectanea Cisterciensia* 39 (1977): 250-72를 보라.

하지는 않았지만 그 배후에 어떤 체계가 숨겨져 있다.

카시아누스 사상의 기본 구조는 에바그리우스의 체제와 흡사하다.[119] 압바 네스토리우스에게 주어진 『담화집』 14(각각의 강론은 어느 유명한 이집트 압바에게 주어진 것이다)는 영적 지식이나 학문을 다루면서 이를 두 부분으로 나눈다: "첫째는 실천적 학문, 즉 활동적 학문이다. 이것은 도덕적 행동을 바로잡고 악을 몰아냄으로써 완전해진다. 둘째는 이론적인 학문으로서 신적인 것들을 관상하며 성경의 가장 거룩한 의미를 파악하는 것이다"(『담화집』 14.1 [2:184]).[120] 실천적 학문에는 두 개의 기본적인 작용이 있다. 첫째는 카시아누스가 에바그리우스로부터 채택해 서방에 소개한 여덟 가지 악, 혹은 악한 경향을 이해하고 제거하는 부정적인 일이다: "탐식, 정욕, 탐욕; 화, 슬픔, 나태; 허영, 교만."[121] 카시아누스의 인간론은 에바그리우스의 인간론을 단순화한 것이라고 할 수 있다. 그는 여전히 서방의 관심을 지니고 있지만, 수도적 완전이란 실천적 학문의 부정적인 면에서 긍정적인 측면으로 나아갈 때에 영혼이 하나님의 모양을 회복하는 것이라고 강조한다.[122]

카시아누스는 고결한 행동에서 겸손과 분별이 주된 지도적 힘이라고 강조하지만 실천적 학문의 긍정적인 측면은 쉽게 도식화되지 않는다.[123] 그가 각각의 수도적 덕목을 보는 방법을 파악하려 하기보다는 깨끗한 마음과 사랑의 획득이 모든 도덕적 노력에 의미를 부여해 준다는 것을 인정함

---

119) 제5장을 보라.

120) Olphe-Galliard, "Cassien (Jean)," *DS* 2:235-66을 보라.

121) 죄에 대해서 『제도집』 5-12에서 상세히 기술되고 있는 반면에 『담화집』 8 (1:188-217)은 일반적인 이론을 제시한다. 그레고리 대제가 이를 7죄종으로 정립함에 따라 사막 교부들이 죄에 대해 말하는 바가 역사적 전통으로 세워지게 되었다. 참고로 Morton Bloomfield, *The Seven Deadly Sins* (East Lansing: Michigan State University Press, 1952); and "Péchés capitaux," *DS* 12:853-62을 보라.

122) Olphe-Galliard, "Cassien (Jean)," *DS* 2:227-29을 보라.

123) (『담화집』) Conl 2. Joseph Lienhard, "On "Discernment of Spirits" in the Early Church," *Theological Studies* 41 (1980), pp. 525-26을 보라.

으로써 그의 도덕 신학에 가장 잘 접근할 수 있다.[124]

첫째 강론에서 압바 모세는 수도생활의 궁극적 목표(telos 혹은 finis: 이것은 하나님의 나라와 동일시된다)와 그 목표에 이를 수 있게 해 주는 목적scopos을 구분한다. "우리의 신앙고백의 목표는 하나님 나라 혹은 하늘 나라이지만, 그 목적은 깨끗한 마음이다. 이것이 없이는 누구도 목표에 도달할 수 없다"(『담화집』 1.4 [1:81]). 이것은 에바그리우스에게서 취한 것이지만,[125] 그는 사막의 수도사들이 즐겨 사용한 용어인 무정념apatheia 대신에 긍정적이고 성경적인 용어인 깨끗한 마음(마 5:8)을 택한다. 그러나 실제로 깨끗한 마음과 무정념의 기본 교리가 다른 것은 아니다. 에바그리우스의 무정념apatheia은 스토아주의의 무관심과 거리가 멀기 때문이다. 본질적으로 무정념은 여덟 가지 악한 성향logismoi을 극복함으로써 얻는 평정tranquility 혹은 초연detachment, "영혼의 건강" 상태를 말한다(Praktikos 56).[126] 에바그리우스는 무정념이 아가페를 낳는다고 주장했다(Praktikos 81). 카시아누스는 이 두 개념을 더 긴밀하게 연결했다. 카시아누스는 부정적인 면에서 깨끗한 마음이 악을 피하는 것이라고 묘사하지만(『담화집』 1.6), 긍정적으로 말하자면 깨끗한 마음이 바로 사랑이다(『담화집』 1.7). 이 둘의 관계가 『공주 수도원 제도집』 4.43에 가장 잘 표현되어 있다: "깨끗한 마음은 덕이 꽃을 피움으로 얻어지고, 사도적 사랑의 완전은 깨끗한 마음에 의해서 얻어진다."[127]

마태복음 5장 8절에서 마음이 깨끗한 사람이 하나님을 볼 것이라고 약

---

124) Marsili, *Giovanni Cassiano*, pp. 6-73; J. Raasch, "The Monastic Concept of Purity of Heart and its Sources," *Studia Monastica* 8 (1966): 7-33 and 183-213; 10 (1965): 7-55; 11 (1969): 269-314; and 12 (1970): 7-41을 보라. O. Chadwick *John Cassian*, pp. 91-93; Olphe-Galliard, "Cassien (Jean)," *DS* 7:247-49; Nicholas Groves, "*Mundicia cordis*: A Study of the Theme of Purity of Heart in Hugh of Pontigny and the Fathers of the Undivided Church," in *One Yet Two: Monastic Traditions East and West*, ed, M. Basil Pennington (Kalamazoo, Ml: Cistercian Publications, 1976), pp. 304-31 (pp. 314-18 on Cassian).

125) Marsili, *Giovanni Cassiano*, pp. 38-41, 93을 보라.

126) 에바그리우스의 가르침에 대해서는 제5장을 보라.

127) *Conl.* 19.11 (3:48)을 보라.

속된다. 그러므로 카시아누스는 쉽게 하나님 나라로 인도해주는 깨끗한 마음을 관상을 위한 준비로 이해할 수 있었다. 『담화집』 10.10(2.90)에서 카시아누스는 그의 유명한 공식인 끊임없는 기도가(시 69:2) 지닌 정결하게 하는 활동이 "눈에 보이지 않는 천상적인 관상theoriae, 그리고 극소수만 경험하는 기도의 표현할 수 없는 불로 이어진다"라고 기술한다. 사랑과 관상과 연합은 영적 학문의 두 번째 단계, 혹은 이론적 단계가 지닌 상이하지만 상호 관련된 측면들을 표현하는 상관적인 용어들이다.[128]

『담화집』 14에서 카시아누스는 관심을 이론적 학문으로 전환하는데, 그것을 에바그리우스에게서 발견되는 두 가지 유형의 관상(즉 피조물에 대한 지식[theōria physikē]과 신적인 것에 대한 지식[theōria theologikē])이 아니라 성경을 이해하는 적절한 방법에 의해서 기술한다. "이론적 지식은 역사적 해석과 영적 이해로 나누어진다.…영적 지식에는 세 가지 유형이 있는데, 비유적 해석tropology과 풍유적 해석allegory과 신비적 해석anagogy이 그것이다"(『담화집』 14.8 [2:189-90]). 카시아누스는 계속해서 갈라디아서 4장 22-23절에 나오는 아브라함의 두 아내에 대한 바울의 해석을 토대로 만들어진 표준적인 본문에서 성경의 네 가지 의미를 설명한다. 역사적인 해석historia은 과거의 역사적인 사실이고, 풍유는 두 여인이 두 언약을 예현하는 방법이다. "신비적 해석은 영적 신비들로부터 고귀하고 거룩한 천상의 비밀에게 올라가는 것", 즉 위에 있는 예루살렘이 우리의 참된 어머니라는 메시지이다(갈 4:26-27 참조). 마지막으로 비유적 해석은 도덕적 설명이다. 이 설명에 따르면 두 개의 언약은 영혼의 예루살렘에게 교훈을 주는 실질적이고 이론적인 지식이다.

카시아누스는 (오리겐을 따라서) 자신의 높은 학문을 에바그리우스보다 훨씬 더 직접적으로 성경 본문과 연결한다. 이것은 매우 영적인 방법으로 이해된 성경 구절들을 끊임없이 참조함으로써 이루어진다. 카시아누스는 성

---

128) Marsili, *Giovanni Cassiano*, pp. 41, 65-73과 *Conl.* 1.8; 10.6-7; 11.6; 18.8을 보라.

경에 대한 적절한 이해가 단순한 연구보다는 도덕적인 노력에 달려 있다고 주장한다. 즉 주석가의 지식보다는 마음의 깨끗함이 성경 이해의 열쇠이다(『제도집』 5.34). 『담화집』 14.10에서는 성경을 꾸준히 묵상하여 영혼 안에 언약궤를 형성한다는 이미지를 사용한다. 즉 성경의 의미가 생득적인 것이 된다는 것이다.

카시아누스는 에바그리우스와 오리겐에 근거한 또다른 일반적인 패턴을 사용하여 완전을 향한 수도사의 진보를 이야기한다. 압바 파프누티우스에 관한 이야기인 『담화집』 3에서는 세 가지 포기를 강조한다.

> "첫째는 우리 육체로 세상의 모든 부와 자원을 멸시하는 것이다. 둘째는 영과 육이 행한 이전의 행위, 악, 그리고 욕망을 거부하는 것이고, 셋째는 우리 앞에 놓인 것을 관상하고 보이지 않는 것을 바라기 위해서 현존하는 모든 가시적인 것들로부터 우리의 정신을 거두어 들이는 것이다"(『담화집』 3.6 [1:145]).[129]

이 세 가지 포기는 『담화집』 11에서 고찰된 선한 행동을 위한 세 개의 동기(지옥에 대한 두려움, 천국에 대한 소망, 덕목에 대한 사랑)와 비교될 수 있으며, 광범위한 상승 프로그램을 묘사한다. 그 프로그램에서 처음 두 가지 포기는 실천적 학문의 수준을 포함하며, 세 번째 포기는 이론적 학문의 단계를 포함한다. 이 세 가지 포기는 솔로몬의 세 권의 책에 비유되기도 한다: 잠언은 육 및 세상 것들의 포기를 가르치며, 전도서는 피조물의 허무를 말해 주고, 아가서는 "눈에 보이는 모든 것을 초월한 정신이 천상의 것들을 관상함으로써 하나님의 말씀과 결합하게 되는" 세 번째 포기를 제시한다(『담화집』 3.6). 암브로스는 아가서를 영적 지식의 최상의 형태와 연결짓는 이러한 삼중의 오리겐적 주제를 소중히 여겼지만, 카시아누스는 암브로스나 제롬과는 달리 아가서의 에로틱한 표현을 신비적 표현의 도구로 사용하지 않

---

129) Olphe-Galliard, "Cassien (Jean)," *DS* 2:256-57을 보라.

앉다.[130]

여기에 마지막으로 신학적 주석을 첨가할 수 있다. 잘 알려진 대로 카시아누스는 인간의 자유 및 도덕적인 금욕적 노력을 부인하는 듯한 어거스틴의 예정론적 은혜의 교리로 말미암아 당황한 수도사들의 대변인이 되었다. 『담화집』 13은 이 문제를 다룬다. 카시아누스는 은혜와 자유의 관계를 혼동하여 설명했다는 비난을 받았는데, 그것은 공정하지 못하다. 카시아누스는 펠라기우스의 가르침 때문에 벌어진 논쟁에 직면하여 전부터 주장되어온 신인협력적 견해를 지지하는 입장을 표현했다. 카시아누스는 펠라기우스주의자가 아니다(『담화집』 13.16 참조). 그는 깨끗한 마음과 완전한 사랑을 얻기 위해서는 은혜가 필요하다고 주장한다(『담화집』 3.12; 3.15-16; 5.14-15). 그렇지만 어거스틴의 관점에서 보면 카시아누스가 양측의 견해를 다 가지려는 것으로 보였다. 카시아누스가 몇 곳에서 "우리 안에 있는 선한 의지가 하나님의 감동에 의해 주어진 것"(『담화집』 3.19 1:162)이라고 주장하지만, 다른 곳을 보면 적어도 몇 경우에 은혜가 "노력하고 땀을 흘리는 사람들에게" 주어진다고 생각했다(『공주 수도원 제도집』 12.14).[131]

카시아누스 사상의 일반적인 구조에 대한 이 설명을 토대로 하여 그의 저술의 중심을 이루는 상호 관련된 신비적 주제들—oratio, contemplatio, visio, conjunctio—을 살펴볼 수 있다. 기도는 oratio와 contemplatio로 이해되었다. 『담화집』의 첫 부분은 기도에 관한 압바 이삭의 두 개의 연설에서 절정에 이르는데, 그 구조는 카시아누스가 쉬지 않고 드리는 순수한 기도를 얼마나 중요하게 여겼는지 보여준다.[132] 이삭은 『담화집』 9의 시작

---

130) 아가서를 에로틱한 의미로 사용한 예는 드물다. 그러나 *Conl*. 6.10 (1:232)을 보라.
131) Cf. *Conl*. 13.17-18. O. Chadwick, *John Cassian*, pp. 126-34을 보라.
132) 기도에 관한 에바그리우스의 가르침을 알려면 제5장을 보라. 카시아누스의 교리에 대해서 알려면 "Prèrre III. Dans la tradition Chrétienne," *DS* 12:2266-69; O. Chadwick, *John Cassian*, pp. 141-48; and especially Columba Stewart,"John Cassian on Unceasing Prayer," *Monastic Studies* 15 (1984): 159-76을 보라. 전반적인 개관을 보려면 Kilian McDonnell, "Prayer in the Ancient Western Tradition," *Worship* 55 (1981): 34-61을 보라.

부분에서 "수도사의 목표 및 완전한 마음은 지속적이고 중단 없는 기도를 향해 움직인다"라고 말한다.[133]

수도사가 항상 기도하여 복음서의 명령(눅 18:1; 살전 5:16-18)을 성취할 수 있는 방법을 가르칠 때에는 카시아누스의 『담화집』 9와 10을 함께 다루어야 한다.[134] 그는 먼저 기도의 목표를 논한다(9.2와 10.5-7; 제10권의 1~4장은 신인동형동성론적인 이단들에 대해 언급한다). 위에서 인용한 『담화집』 9에 간결히 제시된 기도의 목표가 카시아누스에게 있어서 보다 중요한 신비적 구절인 10.6-7에서 확대된다. 우리는 기도할 때 자신이 획득한 정화의 수준에 따라서 예수를 보기 때문에 비천하고 육적인 상태에 있는 예수를 볼 수도 있고, "정신의 내적 눈으로 영화롭게 되어 영광 중에 오시는 예수를 볼 수도 있다"(『담화집』 10.6 2:80). 변화산에서의 변용에서 성경적으로 보증된 환상 vision에 도달하려면 독거해야 한다. 그리하면 육체에 머물러 있으면서도 하나님이 모든 것의 모든 것이 되실(고전 15:28) 미래 상태와 비슷한 상태에 참여하게 된다. 카시아누스는 오리겐의 『제일 원리』의 한 구절을 상기하게 하는 구절에서 기도의 목표가 삼위일체의 세 위격을 묶은 사랑의 연합 안에 흡수되는 데 있다고 말한다.

> "구주께서 제자들을 위해서 '나를 사랑하신 사랑이 그들 안에 있고 나도 그들 안에 있게 하려 함이니이다'(요 17:26), 그리고 '아버지께서 내 안에, 내가 아버지 안에있는 것같이 그들도 다 하나가 되어 우리 안에 있게 하사 세상으로 아버지께서 나를 보내신 것을 믿게 하옵소서'(요 17:21)라고 기도하실 때 우리 안에서 구세주의 기도가 완전히 이루어질 것이다. '하나님이 우리를 사랑하신'(요일 4:10) 완전한 사랑이 우리 마음에 들어올 것이며…지금은 성부와 성자에게 속한 일치가 우리 정신과 이해력에 용해되어 들어올 것이다"(『담화집』 10.7 [2.81]).

---

133) *Conl.* 9.1 (2:40).
134) Stewart, "John Cassian on Unceasing Prayer," pp. 163-73을 보라.

우리가 이 일치 안에서 숨쉬거나 생각하거나 말하는 모든 것은 하나님에 대한 것이다. 이 일치는 장차 임할 천상의 상태를 나타내는 이미지, 혹은 보증이다. 수도생활의 목표는 "끊임없이 계속되는 기도"이다. 이것은 에바그리우스를 많이 닮은 것이지만 요한의 글을 많이 인용한 것은 끊임없는 기도에 대한 카시아누스의 견해에 에바그리우스에게서 발견하는 것보다 더 심오한 기독론적 특성을 부여해준다.[135]

두 개의 강론은 완전한 기도를 위한 준비(9.3-7; 10.8), 특히 완전한 기도를 획득하는 방법을 다루고 있다(9.7-24; 10.9-10). 『담화집』 9의 보다 상세한 논의에서 기도를 위한 준비에는 악덕으로부터의 자유뿐만 아니라 분심分心과 모든 세상적인 염려로부터의 해방도 포함된다.[136] 이 두 강론에서 기도 방법에 대한 설명이 다소 상이한 방법들을 개진하는 것처럼 보이기 때문에 놀라게 된다. 『담화집』 9에서 기도에 관한 소논문을 제공하는데, 9.9-17에서는 디모데전서 2장 1절에 근거한 네 종류의 기도(간구[obsecrationes], 기도[orationes], 도고[postulationes], 감사[gratiarum actiones])를 제시한다. 오리겐도 『기도에 관하여』 14에서 이 네 종류의 기도를 분석하지만 "하나님의 자비와 위대하심과 신실하심에 대한 고찰에서 나오는" 감사의 기도가 최고의 형태가 되는 점진적인 것으로 보지는 않았다.[137] 이번에도 카시아누스는 오리겐처럼(『기도에 관하여』 18-30) 이 네 종류의 기도 뒤에 이어지는 바 하나님에 대한 관상과 뜨거운 사랑에 의해 형성되는 고귀하고 탁월한 상태를 묘사하기 위해서 주기도문 주석을 의지한다(9.18-24).

그러나 10번째 강론에서 다른 형태의 기도를 제시한다. 이 기도는 시편 70편 5절("하나님이여 속히 내게 임하소서 주는 나의 도움이시요 나를 건지시는 이시오니 여호와여 지체하지 마소서")에서 취한 형태로서 "하나님이여, 나를 도우소서"

---

135) Stewart, "John Cassian on Unceasing Prayer," p.167을 보라.
136) *Conl.* 4.2-3에서는 기도할 때의 분심의 세 가지 근원에 대해 논한다.
137) *Conl.* 9,15 (2:52-53).

라는 말을 반복하는 것이다. 이 기도는 끊임없는 기도의 목표를 성취하기 위해서 권장된다(10.10-11).[138] 주기도문과 "하나님이여, 나를 도우소서"가 공식(9.18; 10.10), 즉 영혼이 최고의 기도 단계를 향해 전진하는 데 필요한 양식 역할을 하는 성경적 형태의 묵상으로 묘사된다. 카시아누스는 후자의 "독백" 형식이 주의를 집중하고 인간 상황의 궁핍을 표현해 내는 장점이 있다고 강조하지만, 그의 견해는 다양한 방법과 형태와 형식이 허용되지만 성경에 뿌리를 둔 것이 바람직하다는 것인 듯하다.

두 강론에서 이러한 방법에 대한 연구를 통해서 카시아누스는 기도의 목표를 더 심오하고 새롭게 고찰하게 되었다. 이런 내용이 수록된 구절들은 그의 신비주의를 이해하는 데 있어서 매우 중요하다(9.25-27; 10.11). 이 구절들에서 사용된 지배적인 표상은 불, 즉 불의 기도oratio ignita이고, 주된 주제들은 피동성, 정신의 고양, 표현 불가능성, 무상transiency 등이다. 『담화집』 9의 앞 부분에서 감사와 관련하여 "불같이 열렬한 기도"를 언급하지만(9.15 [2:52]), 카시아누스가 9.25에서 말하는 기도의 수준은 "소수에 의해서만 경험되고 알려지는" 말로 형언할 수 없는 "불의 기도"(2:61)의 보다 높은 상태를 지적한다. 9.2 6-27과 10.11에서 지적되듯이 이 기도는 신의 선물로서 다양한 방법으로 주어지는데, 그 방법은 카시아누스가 주장하는 보다 고귀한 단계의 기도의 이론이 유동적인 것임을 보여 준다. 종종 기도의 근원은 양심의 가책이지만 "말할 수 없는 기쁨"과 "표현할 수 없는 신음"으로 표현된다(9.27). 이것은 영혼이 지닌 바 결합된 지식 능력들이 (내적으로나 외적으로) 정신적 고양이나 마음의 고양 상태에서 자체를 초월하여 넘어갈 때 발생하기 때문에 말로 표현할 수 없다.[139] 카시아누스가 이것을 보다 상세히 설명하지는 않지만 주어진 예들을 보면 이러한 상태는 잠시 동

---

138) Adalbert de Vogüe, "De Jean Cassien à John Main: Réflexions sur la méditation Chrétienne," *Collectanea Cisterciensia* 47 (1985): 179-81을 보라.

139) McDonnell, "Prayer," p.60; and "Extase," in *DS* 4:2109-10; Marsili, *Giovanni Cassiano*, pp. 33-37을 보라.

안만 지속된다. 카시아누스의 말에 의하면 그러한 기도는 예수님이 보여 주신 본을 따른다(눅 5:16과 22:44 참조). 카시아누스는 사막의 안토니도 인용한다. 특히 "수도사가 자기 자신을 의식하거나 자신이 기도하고 있다는 사실을 의식할 때 기도는 완전하지 못하다"는 말을 인용한다(『담화집』 9.31 [2:66]).

『담화집』 10.11의 병행 구절은 이러한 형태의 기도가 지닌 또 다른 차원을 분명히 한다. 여기서 카시아누스는 시편이 우리의 경험에 일치한다는 의식을 가지고 시편으로 기도하는 것에 대해 언급한다. "처음에 시편을 노래하거나 기록했을 때와 동일한 마음의 감동을 받으면, 우리는 그 시편의 저자가 되어 그 시편을 따라가기보다는 그 의미를 예상하게 된다"(2:92). 이처럼 성경을 안에서부터 읽거나 기도하는 방법은 초대 기독교 신비주의의 주석적 특징으로서 특히 오리겐에게서 실현되었던 것이다.[140] 카시아누스는 이 방법이 앞의 강론에서 다루었던 순수한 기도에 대한 구절들을 준비해 준다고 말하며 다음과 같이 요약한다.

> "이 기도는 표상에 대한 숙고와 관련이 없고, 소리나 단어들에 의해서 특징이 지어지는 것도 아니다. 이것은 설명할 수 없는 영spirit의 격정에 의해서 말로 표현할 수 없는 마음의 고양을 통해서 불같은 정신적 의도로부터 나아온다. 모든 보이는 것들과 감각적인 것들로부터 해방된 정신은 말할 수 없는 신음과 탄식으로(롬 8:26) 하나님에게 자신을 쏟아낸다"(『담화집』 10.11 [2:93]).

또 다른 강론은 신비적 기도와 관상에 대한 카시아누스의 이해를 보다 자세히 조명해 준다. 『담화집』 19에서 압바 요한은 은수사 생활과 공주생활의 관계를 논하면서, 관상의 절정은 사막의 독거생활을 통해서만 도달할 수 있지만 이러한 삶이 지닌 위험 때문에 마음이 완전히 깨끗해지지 못

---

[140] 제4장을 보라.

한 사람들은 공주 수도원에서 지원을 받으면서 구원을 추구하는 편이 안전하다고 주장한다. 카시아누스의 주장에 의하면 모세, 파프누티우스, 두 명의 마카리우스와 같은 소수의 압바들만이 은둔생활과 공주생활을 결합할 수 있었다(19.9). 이 두 가지 형태의 수도 생활의 장점과 목표를 확대해서 다룸으로써 은수사의 특징이지만 공주생활 수도사에게도 완전히 부재하지는 않는 몰아적 기도에 상당한 관심을 기울일 수 있다. 압바 요한은 사막에서 자신이 종종 몰아 상태에 빠져 자신이 육체 안에 있다는 것을 망각하곤 했음을 인정하면서도(19.4),[141] 점차 많은 은수사들이 사막에 거주하게 되면서 "거룩한 관상의 불이 식기 시작했다"라고 인정했다. 그리하여 요한은 수도원에 들어가기로 결심했고, 그곳에서 "순종함으로써 잃어 버렸던 관상의 절정을 되찾았다"(『담화집』 19.5 [3:42-43]). 요한은 자신이 사막에서 경험한 몰아적 기도를 그리스도와 연합되는 수단으로 이해한다. 19.8에서 말하듯이 은수사의 목표는 "마음에서 세상적인 것들을 모두 비움으로써 그리스도와 연합하는 것"이다(3:46).

이런 강론들을 통해서 알 수 있는 사실은 카시아누스도 에바그리우스처럼 기도가 완전한 삶의 정수이며, 끊임없이 드리는 깨끗한 기도가 하나님의 임재에 직접 접근하여 천국을 미리 맛보게 해준다고 믿었다는 것이다. 후대에 신비적 기도라고 불리게 된 이러한 이해는 광범위하고 약간 산만했으며 다양한 경험들을 포함하고 있어서(9.26) 후대의 이론가들이 그것을 세심하지만 그리 융통성이 없는 범주들로 분류했지만 카시아누스는 식별력의 필요성을 인식하고 있었다(9.29).

기도*oratio*에 대한 카시아누스의 논의는 밀접한 관련이 있는 여러 용어들, 즉 *contemplatio*, *meditatio*, *visio* 등의 용어 사용을 보여 주었다. 카시아누스는 자신의 저서 전체에서 *contemplatio*와 *theōria*를 사용했는

---

[141] *Conl.* 19.4 (3:71).

데,[142] 이 용어들을 모든 덕목의 핵심이요 절정인 완전한 사랑과 호환할 수 있다고 생각한다. "하나님에 대한 관상인 *theōria*와의 관계에서 보면 우리가 행하는 의와 고결한 노력은 이차적인 것이다"(『담화집』 23.3 [3:141-42]). 보다 높은 차원에서의 관상이 하나님 보는 것을 함축하며, 기도와 관상에 대한 그의 논의에서 "오직 하나님만을 보는 것"에 대한 언급이 꽤 빈번하게 등장한다(『담화집』 9.17).[143] 카시아누스는 관상이라는 용어를 융통성 있게 사용했다. 카시아누스가 여러 곳에서 다양한 종류의 관상에 대해 상술하지만(종종 에바그리우스에게 의존한다),[144] 그의 진정한 관심은 점진적으로 이루어지는 영혼과 하나님의 일치라고 이해되는 관상에 있다.

독수도와 공주 수도원의 장점을 논의한 부분에서 관상과 행동의 관계에 대한 카시아누스의 이해를 찾아볼 수 있다. 몰아적 경험을 목표로 하는 은둔적 관상생활의 이론적인 우월성을 표현하는 구절들을 어렵지 않게 발견할 수 있다. 그러나 실제로 상황이 그처럼 단순하지 않다. 『담화집』 9.25-27에서는 공주생활 안에서 정신적 고양을 발견할 수 있음을 보여 주며, 필립 루소가 지적한 것처럼[145] 『담화집』 19에서는 카시아누스가 적어도 서방 상황에서 순수한 은자隱者 생활이 바람직하지 못하다는 것, 그리고 독거 형태의 수도생활과 공동체 형태의 수도생활이 각기 상이한 방법으로 활동과 관상을 혼합하고 있다는 것을 깨달았던 것 같다. 카시아누스는 하나님 안에서의 관상적인 몰입과 수도원 형제들을 향한 능동적 사랑의 관계에 대해 명확하고 일관성 있는 해결책을 제시하지 못했는데, 이 문제가 후

---

142) 중요한 용법을 보려면 *Conl.* 1.8 (citing the Mary-Martha paradigm);1.13;1.15; 3.7; 14.9; 23.5; 19; *Instit* 8.16; 10.3; 11.8을 보라. 카시아누스가 마르다와 마리아을 어떻게 사용했는지 알려면 Csáyi, "OPTIMA PARS," pp. 59-64을 보라.

143) Marsili, *Giovanni Cassiano*, pp, 61-65, 93, and 107을 보라.

144) Marsili, *Giovanni Cassiano*, pp. 121-26을 보라.

145) Rousseau, *Ascetics, Authority and the Church*, pp. 171-82; and idem, "Cassian, Contemplation and the Coenobitic Life," *Journal of Ecclesiastical History* 26 (1975): 113-26.

일 중세 시대의 신비가들, 특히 수도적 신비가들을 괴롭혔다. 카시아누스가 관상기도와 육체 노동의 관계에 대해서 한 말을 그의 기본적인 입장으로 간주할 수 있을 것이다: "그 둘 사이에 분리될 수 없는 상호 연결이 있다"(『담화집』 9.2 [2:40]).[146]

앞에서 지적한 대로, 관상 혹은 하나님을 봄은 영혼을 하나님과 연합시키는 것으로 묘사된다.[147] 『담화집』에서 카시아누스는 바울처럼 완전해진 영혼이 누릴 수 있는 사랑의 연합을 가리키기 위해 다양한 동사들을 사용한다: 연합하다(copulare, 1.14; 10.7), 내주하다(inhaerere), 공주하다(cohaerere, 1.8; 2.2; 3.1; 7.6; 14.4; 23.5), 연결하다(iungere), 상호 연결하다(coniungere, 3.6; 10.7; 23.5; 23.10), 일치하다(unire, 20.8; 23.11), 하나로 묶다(innecti, 6.10). 이 구절들 모두가 후대의 신비가들이 하나님의 임재에 대한 직접적인 의식이라고 규정한 것을 표현하지는 않지만 위에서 분석한 『담화집』 10.7과 같은 구절은 카시아누스가 하나님과의 연합에 대한 분명한 이론을 가지고 있었음을 보여 준다.

오웬 채드윅Owen Chadwick은 "카시아누스는 독자들을 관상의 수준으로 인도한 뒤에 그곳에 그들을 버려둔 금욕적 신학자"라고 주장하면서 카시아누스가 진정한 신비가였음을 부정했다.[148] 그러나 대부분의 학자들은 비록 입장이 서로 다르지만 카시아누스를 신비주의자로 보려 한다. 대 수도원장 버틀러Butler는 자신이 "서방 신비주의"와 동일시하는 수도적 경건의 형태를 라틴어권 지역에서 자라게 한 것은 어거스틴이 아니라 카시아누스라고 주장한다.[149] 나는 서방 신비주의 전통이 버틀러가 주장하는 것보다

---

146) Cf. *Instit.* 2.14.
147) B. McGinn, "Love, Knowledge and Unio Mystica in the Western Christian Tradition," in *Mystical Union and Monotheistic Faith*, p. 62.
148) O. Chadwick, *John Cassian*, p.139.
149) C. Butler, *Western Mysticism: The Teaching of Saints Augustine, Gregory and Bernard on Contemplation and the Contemplative Life* (New York: Dutton, 1923), p. 190.

더 광범위하게 이해되어야 한다고 생각하지만 카시아누스가 서방 신비주의 전통의 창시자 중 한 사람이라는 데 동의한다. 동방인으로서 서방에 정착한 카시아누스의 주요 관심사는 이집트의 수덕적 관습에 대한 지식을 서방에 전달하는 데 있었지만 그는 독자들을 관상의 문턱에 내버려 두고 떠나지는 않았다. 특히 『담화집』 9와 10에서 카시아누스는 독자들에게 하나님과의 보다 직접적인 접촉이라는 말로 표현할 수 없는 신비를 전한다.

『담화집』 8의 말미에서 압바 세레누스Abba Serenus는 이 신비를 나타내는 훌륭한 비유를 제공한다:

"우리의 간결하고 단순한 말은 이 강론이라는 배를 질문들의 깊은 바다로부터 침묵의 안전한 항구로 이끌어갈 것이다. 그곳에서 하나님의 영의 숨결이 우리를 보다 깊이 몰아감에 따라서 깊음이 열리고 우리의 눈으로 볼 수 있는 곳 너머에 있는 보다 넓고 무한한 공간이 드러난다"(『담화집』 8.25 [2:36-37]).

카시아누스가 죽을 무렵(430년에 어거스틴이 죽고 나서 몇 년 후일 것이다), 서방 세계는 대체로 동방 제국으로부터 독립되어 있었다. 헬라어 지식이 급속히 사라졌고, 신학적인 논쟁은 주로 은혜와 자유에 대한 서방의 열정을 반영하고 있었고(기독론의 논쟁을 제외하고), 서방 수도원주의가 독자적으로 발달하고 있었다. 야만족 침입으로 누적된 압박, 그리고 황제들이 멀리 떨어진 콘스탄티노플에 거주하는 데서 비롯된 비효율성의 증가 등은 큰 변화가 있음을 보여 주는 징후였다. 교회의 구조를 포함해 모든 고대의 구조들이 서서히, 그리고 냉정하게 변화되고 있었다. 신비주의의 역사에 관해서 말한다면, 신비주의 문헌과 관습을 배양하고 후대에 그것들을 전해준 주된 사회적 요인은 수도원주의라는 새로운 제도였다. 이것은 암브로스와 카시아누스의 저술에 적용되는 말이지만 다음 장에서 살펴볼 어거스틴에게도 적용된다.

제7장

어거스틴: 창시자

어거스틴은 354년에 북아프리카의 중하류층 가정에서 태어났다.[1] 경건한 기독교인이었던 어머니 모니카는 이교도였던 아버지 파트리키우스 Patricius보다 훨씬 큰 영향을 어거스틴에게 주었다. 영리한 청년이었던 어거스틴은 교육이 넓은 세상으로 진출할 수 있는 열쇠라는 것을 깨달았다. 이러한 교육 덕분에 그는 19세 때 지금은 남아 있지 않은 키케로의 대화 『호르텐시우스』Hortensius를 읽고서 방탕한 사춘기를 벗어나 지혜를 사랑하게 되었다. 383년에 이 젊은 학자는 이탈리아로 갔고, 서방의 수도인 밀란에서 수사학 교사가 되었다. 그러나 그가 『고백록』에서 묘사하듯이 수도원주의의 이상, "플라톤주의자들의 책들"을 발견한 일, 그리고 암브로스의 설교 등 다양한 매개체를 통해서 작용한 거룩한 사랑의 힘으로 말미암아 마침내 그는 정원에서의 유명한 회심을 하게 되었다(『고백록』 8.8-12). 그곳에서 그는 타락한 연약한 의지로는 성취할 수 없는 일을 하나님의 은

---

[1] 가장 훌륭한 어거스틴의 전기는 Peter Brown, *Augustine of Hippo: A Biography* (Berkeley: University of California Press, 1967)이다. 그밖에 유익한 전기를 들면 다음과 같다: T. van Bavel and F., van der Zande, *Répertoire bibliograpnique de Saint Augustin*, 1950-60 (The Hague: Nijhoff,1963); Carl Andersen, *Bibliographia Augustiniana* (Darmstadt: Wissenschaftliche Buchgesellschaft, 1973). 최근의 어거스틴 연구 자료는 *Augustinus-Lexikon*, ed Cornelius Mayer et. al. (Basel: Schwabe, 1986-)과 *Thesaurua Augustinianus* (Thunhout: CEDOC [Brepols], 1988)이 있다.

혜로 말미암아 할 수 있게 되었다. 즉 그리스도를 위한 결정적인 선택을 하여 세례를 받았을 뿐만 아니라 새로운 형태의 전형적인 기독교적 완전의 이상인 독신생활에 헌신했다. 그는 387년 부활절에 암브로스에게서 세례를 받았다. 그 해 가을에 어거스틴과 모니카는 로마의 항구 오스티아에서 배를 기다리면서 하나님의 "어루만지심"을 경험했다. 이것이 『고백록』 9.10에 감동적으로 기록되어 있다.

어거스틴은 391년에 아프리카로 돌아와서 수도 공동체를 세웠고, 사제로 서품받았다. 그는 바울의 글을 열심히 읽었는데, 그것은 인간의 자유에 대하여 그가 초기에 가지고 있었던 낙관적 견해를 크게 바꾸어 놓았다. 395년에 그는 힙포의 주교로 임명되었다. 그는 생애의 나머지 서른 다섯 해를 그곳에서 보내면서 양떼를 보살피고 도나투스파와의 논쟁, 그리고 (대략 411년 이후) 펠라기우스 및 그 추종자들과의 논쟁에 개입했다. 어거스틴은 아담의 타락과 죄가 인간에게 미친 결과에 대한 그들의 견해에 심각한 결점이 있다고 보았다.

어거스틴은 많은 글을 썼다. 현재 남아 있는 그의 저술들을 모조리 읽을 수 있는 현대인은 거의 없다고 볼 수 있다. 현재 800여 개의 설교(대부분은 성경의 각 권에 따라서 분류 수집되어 있다)와 거의 400개의 서신들이 남아 있는데, 이것들이 그의 전체 저술들 중 많은 부분을 차지한다. 그러나 다양한 주제들에 관해 저술된 수십 편의 논문이 가장 빈번하게 읽히는 부분이다.[2] 내가 어거스틴의 글을 모두 읽지는 못했으므로 여기서는 그의 신비주의를 이해하는 데 필요하다고 생각되는 저서들만 언급하겠다.

어거스틴의 신비 사상을 이해하는 데 있어 391년 이전에 저술된 어거스틴의 초기 논문들 중 일부가 중요하지만(예를 들면 『영혼의 위대함에 대하여』), 그의 저술들 중에서 가장 중요한 자료는 『고백록』이다. 『고백록』은 그가

---

2) Agostino Trapé, "Ⅵ. Saint Augustine," in Johannes Quasten, *Patrology*, 4 vols. (Westminster: Christian Classics, 1983-86) 4:372-462.

감독이 된 직후 397년에서 401년 사이에 저술한 책이다. 그의 다섯 권의 주요 저서들 중에서 적어도 세 권이 그의 신비 사상을 연구하는 데 중요하다. 가장 중요한 것은 『시편 설교집』Homilies on the Psalms으로서 대략 391년부터 422년 사이에 일부는 설교되고 일부는 구술된 것이다.[3] 이 설교집은 어거스틴의 저서 중에서 가장 길고 가장 읽히지 않는 책이지만, 그의 신비주의 이해에 반드시 필요한 책이다. 15권으로 이루어진 『삼위일체론』 The Trinity, 대략 404-420은 그의 사변 신학에 주요한 공헌을 한 책인데, 특히 8-15권의 내용은 그의 신비 사상의 중요한 지류를 형성한다.[4] 요한복음은 신비가들이 즐겨 사용하는 본문인데, 어거스틴은 약 406년부터 422년 사이에 이 복음서를 주제로 하여 124번 이상 설교했다.[5] (『요한일서 설교집』도 중요하다. 이 열 편의 설교는 413년부터 418년 사이의 어느 부활절에 행한 듯하다.)[6]

역시 어거스틴의 걸작인 『창세기에 관한 문자적 주석』Literal Commentary on Genesis, 대략 401-415과 『신국론』City of God, 413-425년에 쓰인 22권의 책은 그의 신비 사상과 그리 관련이 많지 않다.[7] 그럼에도 불구하고 『창세기 주석』 제12권에 환상vision의 유형에 대한 중요한 논의가 포함되어 있는데,

---

3) *St. Augustine on the Psalms*, translated and annotated by Dame Scholastica Hebgin and Dame Felicitas Corrigan, ACW 29 (Westminster: Newman), pp. 17-19을 보라. 어거스틴의 기독론에 관해서는 Anne-Marie La Bonnardière, *Recherches de chronologie augustinienne* (Paris: Études Augustiniennes,1965)을 보라.

4) *De Trinitate*는 *PL* 42:819-1098에서 발견할 수 있다. 훌륭한 영역본으로 *St. Augustine: The Trinity*, trans. Stephen Mckenna, *FC* 45 (Washington: Catholic University, 1963)이 있다. Robert J. O'Connell, *The Origin of the Soul in Augustine's Later Works* (New York: Fordham University), Introduction을 보라.

5) *In Johannis Evangelium Tractatus* CXXIV는 *PL* 35:131379-1976에 수록되어 있다. 영역본은 *NPNE*, First series, Vol. 7이다.

6) 요한일서 주석인 *In Epistolam Joannis ad Parthos Tractatus Decem*은 *PL* 35:1977-2062에 수록되어 있다. 번역본으로는 *Augustine: Later Works*, ed. John Burnaby (Philadelphia Westminster, 1957), pp. 251-348을 보라.

7) *De Genesi ad litteram*은 *PL* 34:245-486에 수록되어 있다. 훌륭한 영역본으로 *St. Augustine: The Literal Meaning of Genesis*, by John Hammond Taylor, ACW 41-72 (New York: Paulist, 1982)를 보라. *De civitate Dei*는 *PL* 41:13-804에 수록되어 있다.

중세 신비가들은 이것을 신뢰할 수 있는 본문으로 여겼다. 『신국론』은 플라톤주의의 한계와 공헌에 대한 어거스틴의 태도 및 천국에서 하나님을 보는 것에 대한 그의 견해를 이해하는 데 있어서 중요한 책이다. 나는 유익하다고 생각되는 곳에서는 이 주요한 저술들 외에 편지나 설교, 또는 논문을 활용하려 한다. 여기서 인용되지 않았지만 다음에 검토될 내용들을 보완해주고 풍성하게 해줄 수 있는 중요한 본문들과 구절들이 있다.

어거스틴은 76세인 430년에 사망했다. 당시 야만족인 반달족이 그가 감독으로 있던 도시를 포위하고 있었고, 그 시대 사람들은 동방 기독교와 서방 기독교의 결별이 불가피하다는 사실을 분명히 인식했다. 서방 기독교 사상의 대가인 힙포의 감독이 서유럽에서 이어질 천 년의 새로운 종교 세계를 형성함에 있어서 어느 인물보다 더 많은 일을 했다. 오늘날 어거스틴의 사상에 대한 논쟁이 16, 17세기처럼 치열하지 않지만, 논쟁은 오늘날까지도 계속되고 있다. 16, 17세기에 가톨릭과 개신교가 서로 자신이 진정한 어거스틴의 후계자라고 주장했고, 서방 기독교의 주요 교파들 내의 여러 진영이 각기 자신이 어거스틴의 사상에 충실하다고 호소하면서 자신의 적법성을 증명하려 했다. 어거스틴이 의미했던 바가 무엇인가에 대한 이러한 논쟁들이 전통적인 서구 신학의 거의 모든 측면에 배어 있기 때문에 그러한 논쟁이 그의 신비주의의 문제에까지 확대된 것은 그리 놀라운 일은 아니다.

어거스틴의 신비주의에 관한 문제는 새로운 것이 아니다. 앙드레 망두즈André Mandouze는 1954년까지의 논쟁사를 개관하면서 그 문제가 이미 1863년에 제기되었음을 보여 주었다.[8] 에프럼 헨드릭스Ephraem Hendrikx는 1936년에 "어거스틴은 대단한 열정주의자였지만 결코 신비주의자가 아니었다"라고 말했는데, 많은 사람들이 이 말에 동의해 왔다.[9] 1986년에

---

8) A. Mandouze, "Où en est la question de la mystique augustinienne?" *Augustinus Magister* (3 vols.; Paris: L'Année théologique augustinienne, 1954) 3:103-68.

9) Ephraem Hendrikx, *Augustinus Verhältnis zur Mystik* (Würzburg: Augustinus

제랄드 보너Gerald Bonner는 소논문에서 어거스틴의 개인적인 신비주의에 대하여 의심을 표시했다.[10] 어거스틴에 관한 한, 새로운 논쟁은 거의 없으며, 논쟁이 되고 있는 분야에서 학자들의 의견이 일치하는 분야는 더욱 적을 것이다.

교부 시대의 다른 저자들과 관련하여 주목되는 다른 논쟁들과 마찬가지로 어거스틴의 신비주의에 대한 논쟁은 흔히 "귀머거리들의 대화"[11]이다. 즉 그 논쟁에서는 신비주의의 의미에 대한 상이한 이해들과 그 의미의 정당성에 대한 다양한 평가가 본문 분석보다 훨씬 더 중요하다. 일부 개신교 진영의 어거스틴 연구가들의 특징인 바 복음과 신비주의를 선험적으로 분리하는 것, 또는 상당수의 로마 가톨릭 연구자들이 그렇듯이 지적 철학과 정의적인 신비주의를 미리 구분하는 것은 어거스틴이 신비주의자였을 가능성을 부인하거나, 마이어H. Meyer처럼 어거스틴이 98퍼센트는 지성주의자이고 2퍼센트만 신비주의자였다고 주장하기 쉽다.[12]

에프렘 헨드릭스는 1936년에 어거스틴이 신비주의자였음을 부인했었는데, 1975년에 어거스틴과 신비주의의 관계에 대한 사십여 년 간의 논쟁을 개관하는 간략한 논평에서 어거스틴이 신비주의자였을 수 있지만 로마 가톨릭의 신스콜라주의 신학에서 이해되는 전통적인 의미에서의 신비주의자가 아니었다고 말했다.[13] 헨드릭스를 비롯한 일부 학자들은 꽤 정

Verlag, 1936), p. 176; M. Heim, *Der Enthusiasmus in des Konfessionen des hl. Augustinus* (Würzburg: Augustinus Verlag, 1941); R. Lorenz, "Fruitio Dei bei Augustin," *Zeitschrift für Kirchengeschichte* 63 (1950-51): 75-132; Hans Meyer, "War Augustin Intellektualist oder Mystiker?" *Augustinus Magister* 3:429-37.

10) G. Bonner, "Augustine's Conception of Deification," *Journal of Theological Studies* n.s 37 (1986), p. 382.

11) Mandouze, "Où en est la question?" p. 153.

12) H. Meyer as quoted in Mandouze, "Où on est la question", p. 166.

13) E. Epraem Hendrikx, "Augustinus Verhältnis zur Mystik: Ein Rückblick," in *Scientia Augustiniana: Festschrift Adolar Zumkeller* (Würzburg: Augustinus Verlag, 1975), pp. 107-111.

확하게 하나님과의 개인적인 연합의 개념과 같은 전통적인 신비주의 이해의 주지主旨들 중 많은 것들이 어거스틴에게서는 두드러지게 나타나지 않는다고 강조했다. 어거스틴은 현세에서의 신적 임재 의식을 묘사하기 위한 도구로서 연합이라는 표현을 의도적으로 배제한 듯하다. 따라서 만일 현세에서 하나님과의 연합이라는 개념, 그리고 주부적 관상infused contemplation과 수득적 관상acquired contemplation의 구분을 기초로 하여 신비주의를 정의해야 한다면 어거스틴은 신비가가 아니며, 그의 저술에는 올바른 의미에서의 신비 신학이 포함되어 있지 않다. 그러나 신비주의에 대한 이러한 정의들은 너무 편협하여 어거스틴의 사상을 공정하게 다루지 못하며, 어거스틴이 서방 신비주의 역사에서 발휘한 중요한 역할을 파악하기에도 부족하다.

어거스틴을 지지하는 학자들도 어거스틴의 신비주의를 제대로 묘사하지 못했다. 예를 들어 버틀러Cuthbert Butler는 어거스틴에게서 "하나님과의 연합"이라는 표현이 등장하지 않음을 인정하였다. 그러나 그는 "어거스틴이 그것과 동일한 사상을 표현한 구절들이 있다"라고 주장하였다.[14] 풀베르 까이레Fulbert Cayré는 그의 탁월한 저서 『어거스틴의 관상』La contemplation augustienne에서 자연적인 영역과 초자연적인 영역을 구분한 스콜라주의 방식을 어거스틴의 사상에 도입함으로써 혼동을 야기했다.[15] 비평가들은 어거스틴을 옹호하려 하는 학자들에게 신중해야 한다는 것, 그리고 통찰력이 있어야 한다는 것을 가르쳐 주었다.

---

14) Cuthbert Butler, *Western Mysticism: The Teaching of Saint Augustine, Gregory and Bernard on Contemplation and the Contemplative Life* (New York: Dutton,1923), p. 62. John Burnaby, *Amor Dei: A Study of the Religion of St. Augustine* (London: Stoddard & Houghton,1938)을 보라

15) F. Cayré, *La contemplation augustinienne: Principes de spiritualité et de Théologie* (2nd ed.:Paris: Desclée, 1954); E. I. Watkin, "The Mysticism of St. Augustine," in *St. Augustine: His Age, Life and Thought* (Cleveland and New York: Meridian, 1957), pp. 105-19; Gerald Bonner, "The Spirituality of St. Augustine and its influence on Western mysticism," *Sobornost* 4 (1982), p. 153.

서방 신비주의 역사에서 어거스틴의 중요한 위치를 옹호하기 위하여 어거스틴이 클레르보의 베르나르나 마이스터 에크하르트, 아빌라의 테레사 같은 후대의 인물들과 동일한 의미에서 신비주의자였다고 주장할 필요는 없다. 또 어거스틴이 다양하게 신비한 경험을 했음을 증명할 필요도 없다. 왜냐하면 이러한 문제는 신비주의 전통 내에서 어떠한 사상가가 행한 역할과 관련해서 그다지 중요한 것이 아니기 때문이다. 또 여기에서 우리가 채택하고 있는 신비주의 개념이 융통성 있는 것이기 때문에 어거스틴이 신비주의를 주로 하나님과의 연합이라는 형태로 이해했다고 주장할 필요도 없다.

종교적 천재인 어거스틴은 많은 근본적인 종교적 문제들을 다루었는데 신비주의는 그러한 문제들 중 하나일 뿐이다. 어거스틴은 교리적이고 사변적인 신학자요, 교육 이론가요, 교회의 지도자요, 수도원의 설립자요, 설교자요, 논객이었다. 그러나 그는 기독교 내의 신비적 요소에 많은 관심을 기울인 저자로서 그 이후 거의 모든 서방 신비주의자들이 그에게서 도움을 받았다. 이러한 의미에서 어거스틴을 한 신비주의자일 뿐만 아니라 (수도원장 버틀러의 말을 빌리면) "신비주의자들의 왕"이며 (존 버나비의 말에 의하면) "기독교 신비주의의 아버지"라 부를 수 있을 것이다.[16]

어거스틴 신비주의의 주요 주제들은 그의 신학 전체에 그물처럼 얽혀 있기 때문에, 그것들을 분리하려 하면 왜곡이 발생한다. 특히 이 장에서 어쩔 수 없이 해야 하는 것처럼 제한된 범위 안에서 행할 때 그러하다. 필자

---

16) Butler, *Western Mysticism*, p. 24; Burnaby, *Amor Dei*, p. 23; Rowan Williams, *Christian Spirituality* (Atlanta: John Knox 1979), chap.4; and Andrew Louth, *The Origins of the Christian Mystical Tradition* (Oxford Clarendon,1981), chap.7; David N. Bell, *The Image and Likeness: The Augustinian Spirituality of William of St. Thierry* (Kalamazoo, MI: Cistercian Publications, 1987), chaps. 1 and 2; Bonner, "The Spirituality of St. Augustine"; Eugene Teselle, "Augustine," in *An Introduction to the Medieval Mystics of Europe*, ed. Paul Szarmach (Albany: SUNY, 1984), pp. 19-35; A. Trapé, "Saint Augustine: Spiritual Doctrine," in *Patrology* 4:453-62; and Vittorino Grossi , "La spiritualità agostiniana," *Le grandi scuole della spiritualità cristiana* (Rome: Teresianum 1987), pp. 179-207.

는 이러한 위험을 의식하지만 어거스틴의 신비 사상 및 그가 후대 서방 신비주의에 기여한 바에 대하여 크게 세 가지로 나누어서 살펴보려 한다. 첫째는 영혼이 상승하여 하나님의 현존을 관상적이고 몰아적으로 경험하는 것에 대한 설명이다; 둘째는 이러한 경험이 가능한 근거를 삼위 하나님의 형상인 인간의 본성 안에 둔 것이다; 셋째는 이 경험을 획득하는 데 있어서 그리스도와 교회의 역할이 필요하다는 것이다.

그러나 아무리 광범위하게 조사해도 그러한 관찰에서는 이 세 가지 주제들을 밀접하게 연결하고 있는 핵심적인 신학 사상들 중 다수를 소홀히 할 수밖에 없을 것이다.[17] 예를 들면 나는 이성과 믿음의 관계에 대한 어거스틴의 가르침이나 그가 제시한 중요한 성경 해석 원리에 대해 언급하지 않겠지만 어거스틴이 실제로 행한 영적 해석의 많은 예를 살펴볼 것이다. 어거스틴의 창조론은 하나님의 형상으로서의 인간 창조에 관한 것만 다룰 것이다. 타락과 원죄에 대한 중요한 가르침을 실제로 고찰하기보다는 암시적으로 다룰 것이다. 어거스틴의 역사에 대한 신학 및 그 신학이 함축하고 있는 바를 전혀 취급하지 않을 것이다. 인간의 자유와 은혜에 대한 어거스틴의 가르침에 대해서는 우리가 관심을 가지게 될 세 분야에서 드러나는 경우에만 다루려 한다. 세 번째 주제와 더불어서 다루어질 그의 기독론과 교회론에서도 이 주제들에 대하여 어거스틴이 말한 내용을 완전히 다루지는 않을 것이다. 어거스틴의 도덕적인 가르침은 드물게 제시할 것이며, 수도원 설립자로서의 역할에 대해서도 상세히 연구하기보다는 언급하는 정도에 그칠 것이다.[18] 이처럼 많은 것들을 제외해도 어거스틴은 여전

---

17) Etienne Gilson, *The Christian Philosophy of St. Augustine* (New York: Random House,1960); and E. Teselle, *Augustine the Theologian* (New York: Herder & Herder, 1970).

18) 어거스틴의 수도사적인 면에 대해서 알려면, Adolar Zumkeller, *Augustine's Ideal of the Religious Life* (New York: Fordham University Press,1986); and George Lawless, *Augustine of Hippo and His Monastic Rule* (Oxford: Clarendon, 1987)을 보라.

히 그의 가르침의 범위와 풍부함으로 우리를 압도한다.

Toto Ictu Cordis: 하나님을 봄

413년경에 파울리나Paulina를 위해서 쓴 『편지』 147, 즉 『하나님을 보는 것에 대하여』*On Seeing God*라는 논문의 절정 부분에서 어거스틴은 "하나님은 영이시다(고후 3:17). 그러므로 누구든지 주와 합하는 "그와" 한 영이다(고전 6:17). 이런 까닭에 보이지 않게 하나님을 볼 수 있는 사람은 영적으로 하나님과 합할 수 있다"(*Ep.* 147.15.37 *PL* 33:613)라고 말한다. "보이지 않게 하나님을 본다"는 개념은 어거스틴의 신비주의의 주요 관심사 중 일부에 접근할 수 있게 해준다. 물론 어거스틴의 미묘한 사상적 틀 안에서 "하나님을 봄"*visio Dei*이라는 개념과 밀접하게 얽혀 있는 일련의 용어들을 검토하지 않고서는 어거스틴이 "하나님을 봄" *visio Dei*이라는 말에 의해서 나타내려 한 깊은 의미를 이해할 수 없다. 관상contemplatio과 지혜sapientia는 가장 밀접하게 연결되어 있는 단어들이다.[19] 그리고 지복beatitudo, 진리veritas, 선택적 사랑amor-dilectio 등도 그다지 뒤지지 않는 단어들이다. 어거스틴은 하나님을 봄에 대해서 자주 논의했고, 드물게 자신의 하나님 체험을 말할 때에도 이 표현을 사용했다. 로버트 오코넬Robert J. O'Connell은 이것을 다음과 같이 표현했다: "만약 어거스틴의 사상 전체에 일관되게 흐르는 것이 있다면, 그것은 행복의 문제에 몰두한 것이다.…그러나 그에 대한 답변은 언제나 동일하다. 즉 사람을 행복하게 해주는 것은 하나님을 소유하는 것, 즉 하나님을 봄으로써 하나님을 소유하는 것이다."[20]

---

19) Goulven Madec, "Christus, scientia et sapientia nostra: Le principe de cohérence de la doctrine augustinienne," *Reherches Augustiniennes* 10 (1975): 77-85.

20) Robert J. O'Connell, S.J., *St Augustine's Early Theory of Man*, A.D. 386-391 (Cambridge, MA: Belknap Press, 1968), p. 205.

어거스틴은 『고백록』 제7권에서 자신이 386년에 밀란에서 "플라톤주의자들의 책들"을 읽은 후에 경험한 것을 기술한다.[21] 그 기록은 전반적으로 플로티누스에게서 잘 알려진 모범을 따르고 있으며, 세 개의 유사한 본문들로 기술적으로 제시된다(7.10.16-17; 7.17.23; 7.20.26).[22] 어거스틴은 플라톤주의자들의 책들이 요한복음 서문에서 발견되는 성부로부터의 말씀의 영원한 탄생을 가르쳤지만 말씀이 육신을 취한 것이나 우리 죄를 대신하여 죽은 것을 알지 못했음에 주목한다. 어거스틴은 다음과 같이 말한다.

"나 자신에게로 돌아가라는 권면을 받은 나는 당신의 인도하심을 받아 나의 내면 가장 깊은 곳으로 들어갔습니다. 그렇게 할 수 있었던 것은 당신이 나를 돕는 분이 되셨기 때문입니다. 나는 들어가서 내 영혼의 눈으로 내 영혼의 눈 위에 있는, 내 정신 위에 있는 변하지 않는 빛을 보았습니다.…진리를 아는 사람은 그 빛을 알며, 그것을 아는 사람은 영원을 압니다. 사랑은 그것을 압니다. 오, 영원한 진리요 참 사랑이요 사랑스런 영원이시여! 당신은 나의 하나님입니다. 나는 밤낮 당신을 그리워합니다.…당신은 나의 연약한 시선을 물리치시고 내 안에 강력한 불을 밝히셨습니다. 그리하여 저는 사랑과 두려움에 떨었습니다. 나는 자신이 당신으로부터 멀리 떨어져 비슷함이 전혀 없는 땅에 있음을 알았습니다"(『고백록』 7.10.16 PL 32:742).

여기에 세 가지 유형이 묘사되어 있다. 먼저 감각 세계로부터의 물러

---

21) 신플라톤주의와 어거스틴의 관계에 대한 논의에 대해서는 다음의 책을 보라: John J. O'Mera, "Augustine and Neoplatonism," *Recherches Augustiniennes* 1 (1958): 1950년대 이후로 P. Courcelle, P. Hadot, A. Mandouze, J. O'Mera, R. J. O'Connell 등의 방대한 연구에 의해서 어거스틴이 플로티누스와 포르피리에 대해 방대한 지식을 가지고 있었음이 증명되어왔다.

22) Paul Henry, *La vision d'Ostie: Sa lpace dans la vie et l'oeuvre de Saint Augustine* (Paris: Vrin,1938); Eng. version, *The Path to transcendence: From Philosophy to Mysticism in saint Augustine*, trans. Francis F. Burch (Philadelphia: Pickwick Press,1981), pp.82-97; Pierre Courcelle, *Recherches sur les Confessions de Saint Augustin* (Paris: Boccard,1950), pp. 157-67; and O'Connell, *Augustine's Early Theory of Man*, pp. 43-51, 205-23.

남이 있는데, 이것은 종종 우주의 아름다움에 대한 숙고로부터 시작된다 (7.17.23). 다음에 영혼의 깊은 곳을 향한 내적인 진행이 뒤따른다(7.10.16; 7.17.23). 마지막으로 영혼을 넘어서 하나님을 보는 것으로의 진행이 있다 (7.10.16; 7.17.23).[23]

비록 플라톤주의적 기반이 중요하지만, 신플라톤주의적 신비주의와의 차이점들도 역시 중요하다. 그 차이점들은 신플라톤주의가 그리스도 안에 계시된 진리의 충만함에 얼마나 많이, 그리고 궁극적으로는 얼마나 조금 접근했는가에 대한 어거스틴의 성찰에서 드러난다.[24] 『에네아드』 4.8.1이 시사하듯이 플로티누스는 그 경험이 지속되는 기간이 짧다는 것 및 영혼이 받는 충격 혹은 "좌절"을 강조한 어거스틴에게 동의했을 것이다.[25] 그러나 원죄와 개인적인 죄, 즉 회심 이전의 어거스틴이 스스로를 유배시킬 수밖에 없었던 비유사함의 지역regio dissimilitudinis 때문에 하나님을 보는 것이 불완전하고 잠시에 그친다는 어거스틴의 확신에 플로티누스는 동의하지 않았을 것이다.[26] 플로티누스의 견해에 의하면 타락한 영혼도 그 신적 기원 때문에 언제나 스스로를 고양시켜 하나님을 볼 수 있다. 그러나 어거스틴의 견해에 의하면 영혼은 원죄와 개인적인 죄에 묶여 있는 타락한 피조물이므로 그러한 고양은 하나님이 우리 안에서 행동하신 결과이다.

어거스틴은 그 짧은 경험이라도 누리기 위해서는 하나님의 개입이 필요하다고 강조했는데(7.10.16), 플로티누스가 볼 때 (그 경험을 획득하는 데 있어서

---

23) Poque, "L'expression de l'anabase plotinienne"; and Vernon J. Burke "Augustine of Hippo: The Approach of the Soul to God," in *The Spirituality of Western Christendom*, ed. E. Rozanne Elder (Kalamazoo, MI: Cistercian Publications, 1976), 6-9.

24) Mandouze, *Saint Augustin: L'aventure*, p. 503.

25) Thomas Finan, "A Mystic in Milan. 'Reververasti Revisited'," in *From Augustine to Eriugena: Essays on Neoplatonism and Christianity in Honor of John O'Meara*, ed. F. S. Martin and J. A. Richmond (Washington, DC: Catholic University Press, 1991), pp. 77-91.

26) B. McGinn, *The Golden Chain* (Washington: Cistercian Publications, 1972), pp. 133-34 n.132.

사랑의 역할을 강조한 것은 이상하게 생각되지 않았겠지만) 그러한 어거스틴의 주장은 이상하게 보였을 것이다(7.10.16; 『에네아드』 6.7.31; 6.9.45-48 참조). 어거스틴이 이교 철학자인 플로티누스와 결정적으로 의견을 달리한 부분은 자신이 성육하신 그리스도를 하나님과 인류 사이의 중보자로서 받아들이기 전에는 하나님을 누리는 데 필요한 힘을 얻을 수 없었다고 강조한 데 있다(7.18-19.24-25). 어거스틴의 신비주의가 지닌 기독론적인 본질, 그리고 함축적으로 교회론적 본질은 분명히 드러나 있다.

밀란에서의 경험이 지닌 또 다른 차원에 주목할 필요가 있는데, 그것은 그 경험의 정신적noetic 특성이다. 그 경험은 하나님의 존재하심과 선하심에 대한 확신을 주었을 뿐만 아니라, 어거스틴이 오랫동안 마음속으로 검토해온 문제인 악의 본질(7.12.-13.18-19) 및 모든 사물들의 존재 양식의 본질(7.11.17)에 대한 새로운 이해를 낳았다. 하나님은 만물을 규제하시는 절대 진리로서 세상에 현존하신다(7.15.21). 그러므로 우리가 어떤 진리를 알게 될 때마다 이미 은연중에 하나님이신 진리를 알고 있는 것이다(7.10.16). 제랄드 보너Gerald Bonner가 지적했듯이 어거스틴에게서 관상적인 봄에 대한 설명과 인식론을 분리할 수 없다.[27]

제7권에 서술되어 있는 것보다도 더욱 유명한 것은 제9권 끝에 있는 오스티아에서 본 환상Ostia vision에 대한 기술이다. 폴 헨리Paul Henry는 9.10.23-26에 들어 있는 세 가지 근본 요소—『에네아드』의 가르침, 성경의 영향, 그리고 모니카에게서 발견되는 바 기독교적 삶의 구체적인 활력—를 훌륭하게 분석했다. 그 뒤를 이어서 여러 연구가들이 한층 더 플로티누스적인 분위기를 지닌 것들을 찾아냈지만,[28] 이 환상의 중요성에 대한 평가는 지속적인 문제로 남아 있다.[29]

---

27) Bonner, "Spirituality of St. Augustine," p. 148. 이 구절에서 환상의 대상들에 대해서는 O'Connell, *Augustine's Early Theory of Man*, pp. 210-17을 보라.

28) A. Mandouze, "L'exstase d'Ostie," in *Augustinus Magister* 1:67-84.

29) Henry, *Path to Transcendence*, chaps. 2-6; Mandouze, "Où on est la question?"

어거스틴은 그 경험과 관련하여 두 개의 이야기를 제공한다. 첫째 이야기는 마치 그 사건 자체를 자세히 열거하는 듯이 직접 화법으로 제공된다. 두 번째 이야기는 대화의 요약(또는 독백)인데, 거기에서 어거스틴은 비록 다른 형식이기는 하지만 그 경험의 의미를 표현하려 한다.[30] 그 본문은 너무 길어서 여기에서 인용할 수 없지만, 이 이야기가 밀란 경험에서 이미 발견하였던 내용에 더해 주는 몇 가지 요소를 언급하는 것도 중요하다 하겠다.

가장 우선적으로 의미있는 차이점은 오스티아에서의 환상이 어거스틴과 그의 어머니 모니카가 함께 한 경험이었다는 점이다. 거룩한 과부인 모니카가 철학자인 아들과 동일한 천국의 기쁨을 미리 맛보았다는 부분에서 모니카는 세상 지혜가 아니라 성령 안에서 배움을 얻은 영혼으로 제시된다. 플로티누스나 다른 이교도 신비가들은 철학 교육을 받지 않은 여인의 영혼이 신비한 환상을 공동으로 볼 수 있다고 묘사하지 않을 것이다. 그렇지만 어거스틴이 그 장면을 묘사하고 있는 "정원"의 문맥에 비추어 볼 때,[31] 어거스틴이 참된 봄vision은 그리스도의 교회라는 구원 공동체 안에서만 성취될 수 있음을 교묘하게 암시하는 것이라고 짐작할 수밖에 없다. 오스티아 정원은 담장이 있거나 사방이 막혀 있었을 것이다. 그리고 어거스틴은 『고백록』을 쓰는 몇 년 동안 반 도나투스 활동을 펴면서 교회를 아가서 4장 12절에 나오는 "잠근 동산"과 동일시했다.[32] 그 본문에 신비적 진행에 대해 플로티누스가 사용한 것과 동일한 삼 단계 진행 유형이 나타나지만, 밀란 경험의 기술과 비교해 볼 때 오스티아 경험은 그 배경이 사회

---

    pp. 113-17; Courcelle, *Recherches sur les Confessions*, pp. 222-26; Tesells, "Augustine," pp.20-22; and Louth, *Origins*, pp. 134-41.

30) *Conf.* 9.10.26 (PL 32:775).

31) Robert J. O'Connell, *St. Augustine's Confessions: The Odyssey of a Soul* (Cambridge, MA: Belknap Press,1969), pp. 115-19.

32) 아가서 4:12의 담장으로 둘린 교회에 대해서 *De Baptismo* 5.27; 6.79; 7.51을 보라.

적이고, 수사학적으로는 감정적이며, 변화된 감각 체험에 호소하는 점에서는 복합적으로 표현되어 있다.[33]

첫째 이야기 서두에서 빛나는 육체 *luce corporea*를 언급한 것, 그리고 두 번째 이야기 말미에서 열등한 환상들 *visiones*을 물리쳐야 한다고 강조한 데서 드러나듯이 어거스틴이 가시적인 형태로 상징화할 수 있는 경험에 대해 기술하고 있음은 의심의 여지가 없다. 분석이 포함되어 있는 이 가시적인 배경에도 불구하고 이 두 개의 비슷한 이야기에서 어거스틴은 실제로 발생한 것을 묘사하기 위해서 시각보다는 촉각과 청각에서 취한 비유들을 열거하고 있다. 또 비록 밀란의 이야기에서 내친 김에 사랑 *caritas*이 그 환상을 안다고 쓰지만, 오스티아에서의 이야기에는 다음과 같이 감정적인 의도를 지닌 표현이 가득하다: (1) "항상 동일하신 분" 즉 하나님을 향한 보다 뜨거운 감정에 의해 우리 자신을 들어 올림; (2) "우리는 온 마음으로 그 지혜를 가볍게 만졌다"; (3) "피조물들의 간섭이 없이 피조물 안에서 사랑하는 그분의 음성을 듣기 위해서"(9.10.24–25).[34] 그러나 오스티아 본문이 묘사하고 있는 바 하나님의 지혜를 잠시 만진 것이 "온 마음으로"[35] 행한 "순간적인 인식"임을 주목해야 한다. 어거스틴의 신비 의식 안에는 사랑과 지식이 뒤얽혀 있다.

386년과 387년에 경험한 이 두 사건은 잘 알려져 있다. 그러나 10년 후에 어거스틴이 자신의 전기를 저술하면서 제10권에서 발견되는 기억을 분석하면서 그러한 짧은 환상 경험들이 계속 존재했다는 증거를 제공했다는 점에는 그리 관심을 기울이지 않는다. "기억의 장, 기억의 넓은 경계 안에서"(10.8.2)의 하나님 추구는 "당신을 만질 수 있는 곳에서 당신을

---

33) 나는 *Conf.* 7과 9의 이야기에서 진정한 차이점을 보지 못하는 사람들을 의심하는 경향이 있다. 예를 들면, Mandouze, *Saint Augustine: L'aventure*, p.697.

34) 오스티아 항구 이야기의 정서에 대해서는 Williams, *Christian Spirituality*, p. 77을 보라.

35) Mandouze, "L'exstase d'Ostie," p, 73 n. 3; Teselle, "Augustine," p. 332 n. 18을 보라.

만지며, 당신에게 매달릴 수 있는 곳에서 당신에게 매달리고픈 갈망 안에서"(10.17.26) 기억 자체를 넘어선다. 참 행복은 진리이신 하나님 안에서 즐거워하는 것이다(10.22-23.32-33). 그 하나님은 진리에 대한 모든 의식이 정신 안에서 발견된다는 점에서 기억 안에 존재하시지만, 그 기억의 창조주로서 그것을 초월하신다(10.24-26.35-37). 이러한 분석은 10.27.37에 있는 어거스틴의 글 중 가장 주목받아온 구절에서 절정에 이른다. 그 본문은 "그토록 오래 전부터 계셨으면서도 새로운 아름다움이신 당신이여! 이제야 제가 당신을 사랑합니다"라는 말로 시작된다. 이 서정적인 표현의 의도는 구도자인 어거스틴과 하나님 사이의 거리를 강조하기 위한 것이지만("당신이 내 안에 계셨지만, 나는 당신과 더불어 있지 못했습니다"), 결론 부분의 표현은 밀란 이야기와 오스티아 이야기에서 발견되는 것처럼 짧으면서도 공감각적인 신적 임재의 경험을 암시한다. "당신께서 저를 만지셨습니다. 저는 당신의 평안을 누리기를 간절히 원합니다"(PL 32:795).

이것은 제10권 끝부분에 등장하는 보다 직접적인 구절에서 확인된다. 거기에서 어거스틴은 다시 플로티누스적인 삼 단계 상승을 요약하면서 다음과 같이 일인칭으로 말한다.

"때때로 당신은 내 안으로부터 나를 전혀 익숙하지 않은 감정 상태, 이 세상이나 현세의 것이 아닌 달콤함 속으로 이끌어들이십니다. 그러나 나의 비참한 무게들이 나를 다시 떨어지게 만들어서 나는 일상적인 흐름에 삼켜집니다. 나는 단단히 잡혀 있습니다. 몹시 울고 있지만 강하게 붙잡혀 있습니다"(『고백록』10.45.65 PL 32:807).

어거스틴이 그의 많은 저술들 전체에서 하나님을 봄에 대하여 상세히 논의하지만, 그 자신의 경험을 정확하게 전해주는 본문은 소수에 불과하다. 이러한 점은 참된 신비 경험을 자전적인 기록들에 제한하는 견해를 가지고 있는 사람들에게만 문제가 된다. 교부들 중에서 어떠한 형태든 종교적인 경험을 개인적으로 묘사한 사람은 드물다. 그들의 저서의 초점은 그들 자신의 종교생활이 아니라 교회의 가르침과 전통에 있었다. 『고백록』의 증언에도 불구하고 어거스틴 역시 이 점에서 다르지 않다. 그것은 그의 다른 저서들에서 다루어진 "하나님을 봄" visio Dei이라는 주제를 조사해 보면 드러날 것이다.

예를 들어 초기의 저작인 『영혼의 위대함에 대하여』(On the Soul's Greatness, 387-388)에서 영혼이 하나님에게로 상승하는 일곱째 단계, 즉 "진리를 보고 관상함" vision and contemplation of Truth은 그리스도의 행위에 의존하며 교회에 의해서 육성되지만, 일종의 머무름 mansio으로서 후일 어거스틴이 허용한 것보다 더 영구적인 상태요 모세와 바울과 요한처럼 "비교할 수 없이 위대한 영혼들"이 도달한 것으로 언급된다.[36] 젊은 어거스틴이 이 세상에서 진리를 보는 것이 부분적인 것이라고 주장하는 것 같지만,[37] 여기서 그는 세상에서 완전함에 이를 가능성에 대한 신플라톤주의적 확신을 표현하는데, 이것은 초기의 다른 저서에 나타나 있지만 나중에는 부인되었다.[38] 400년까지의 기간에 저술된 본문들은 관상과 봄에 대한 그의 견해를 탐구하는 데 유용하지만 『고백록』에서 살펴보았던 것 이상의 내용을 보여 주지 않는다.[39]

400년 이후에도 어거스틴은 때때로 관상적 경험의 본질에 대한 개인적인 기록을 제공한다. 『설교』 52에 수록된 것으로서 410-412년경의 것으로 추정되는 한 중요한 본문은 『고백록』에 제시되어 있는 신비한 경험들, 그리고 "하나님을 봄"을 "하나님의 형상"인 인간의 본성에 연결짓는 새로운

---

36) *De quantitate animae* 33.76 (PL 32:1076-77). 이 본문에 대해서는 Cayré, *La contemplation augustinienne*, pp. 69-74을 보라.

37) *De quan. an.* 33.76 (PL 32:1077).

38) Cayré, *La contemplation augustinienne*, pp. 48-51, 135-36을 보라. 플라톤주의자들에 대한 어거스틴의 후대의 견해를 알려면 *De civ. Dei* 8.4-12; 10.23-32을 보라.

39) *De libero arbitrio* 2.16.72 (PL 32:1264); *De ordine* 2.20.51 (PL 32:1019); *De sermone Domini in monte* 1.3.10 (PL 34:1233-34); *Contra Faustum* 12.42; 22.52-58 (PL 42:276-77, 432-37); *De consensu evangelistarum* 1.5 (PL 34:1046); and *Sermo* 7.7 (PL 38:66)을 보라.

사고방식을 반영하는 듯하다. 주로 삼위일체를 다룬 이 설교에서 어거스틴은 갑자기 피조물 중에 삼위 하나님과 닮은 것이 있느냐고 묻는다. 『삼위일체론』의 후반부에서 탐구되는 것과는 달리 여기에서 어거스틴의 우선적인 관심은 신비 의식 안에서 발견되는 개인적인 하나님 경험에 있다.[40] 표현은 삼인칭으로 시작되지만 곧 일인칭으로 바뀌는데, 그것은 어거스틴이 인용하고 있는 시편 기자의 음성이기보다는 어거스틴 자신의 음성인 듯하다: "내가 주께 부르짖을 때에 주께서 나의 간구하는 소리를 들으셨나이다." 플로티누스적인 올라감 anabasis, 즉 하나님에게로의 상승의 삼 단계가 등장한다: 육체적 실체로부터의 분리; 영혼 내부에서의 진행; 그리고 신적인 수준을 향한 상승. 계속 상승 상태를 유지하지 못한다는 것도 비슷하다. 이처럼 신적인 빛과의 지속적인 접촉을 유지할 수 없기 때문에,[41] 어거스틴은 삼위일체에 대한 이해 추구가 인간 정신의 본질 탐구라는 온건한 수준에서 시작되어야 한다고 주장했다.[42]

오랫동안 『삼위일체론』 저술에 전념한 덕분에 어거스틴은 이 설교에서 그의 신학의 두 가지 주요 주제인 "하나님을 봄"과 "삼위일체의 형상"을 보다 밀접하게 연결할 수 있었다. 그러나 "하나님을 봄"에 대한 그의 초기 기록들에 비교해 볼 때, 『설교』 52의 본문은 몰아적 경험의 표현 불가능성이 하나님의 불가지성을 어떻게 드러내 주는지 강조하는데, 이것은 400년경에 드러나게 될 그의 사상이 지닌 온건하지만 의미심장한 부정의 신학적 요소를 보여 주는 표식이다.[43]

하나님을 봄을 통한 하나님께 대한 직접적인 의식을 다룬 어거스틴의

---

40) *Sermo* 52.6.16-17 (*PL* 38:360-61)을 보라. Mandouze, *Saint Augustin: L'aventure* pp. 659-61; and Poque, "L'expression de l'anabasee," pp. 191-92.
41) *Sermo* 52.6.16 (*PL* 98:360).
42) *Sermo* 52.6.17 (*PL* 38:361). Bell, *Image and Likeness*, pp. 44-46을 보라.
43) *Sermo* 52.6.16 (*PL* 38:360). V. Lossky, "Les éléments de 'Théologie négative' dans la pensée de saint Augustin," in *Augustinus Magister* 1:575-81을 보라.

후기 본문들 중에서 가장 놀라운 것이 특히 『시편 설교집』Homilies on the Psalms과 『요한복음 설교』Homilies on John에 나타나는데, 일인칭으로 되어 있지 않고 신비적 목표에 대한 기독교의 가르침을 제시하기 위해서 시편 기자와 복음서 기자의 음성을 사용한다. 『시편 설교』 중에서 가장 유익한 세 가지 설교―26.2.8-11(392년경), 41.2-10(대략 410-14), 그리고 99.5-6―에 대해 논의하겠다.[44] 아울러 413년이나 419년에 행한 『요한복음 설교』 20을 살펴보려 한다.[45] 이 설교들은 현세에서 하나님을 볼 가능성에 대한 어거스틴의 성숙한 가르침을 담고 있으며, 그렇기 때문에 어거스틴 신비주의의 핵심적인 부분을 이룬다. 이 설교에서 우리는 전체 기독교 공동체를 위해서, 그리고 그들을 대상으로 말하는 교사요 설교자의 음성을 듣는다.

이 네 가지 본문들을 분석하기에 앞서서, 그 설교들을 들은 청중들의 성격을 살펴보는 것이 가치가 있을 것이다. 암브로스의 설교가 그렇듯이 어거스틴의 설교도 영적 엘리트가 아니라 일반적인 그리스도인 회중, 교회에 속한 보통의 신자들을 대상으로 한 것이다. (『고백록』 제9권에 있는 모니카의 예는 어거스틴이 계속 남성형 표현을 사용하고 있지만 그것이 배타적인 것이 아님을 보여준다). 관상에 대한 자신의 메시지가 모든 그리스도인들을 위한 것이지 특정 소수만을 위한 것이 아니라는 어거스틴의 확신은 교부 시대의 많은 저자들에게서 살펴본 것과 일치한다.[46]

시편 27편 4, 5절에 대한 어거스틴의 묵상은 "여호와의 아름다움을 바라보며"의 의미에 집중된다. 어거스틴은 장차 우리가 세상의 수고로부터 해방될 천국에서만 참되고 완전한 관상이 발견될 수 있음을 강조하기 위

---

44) 이 셋은 PL 36:202-5, 466-71; 37:1274-75에서 찾아볼 수 있다.

45) Mandouze, *Saint Augustin: L'aventure*, pp.662-63; and Poque, "L'expression de l'anabasee," pp. 192-95 and 205-9에서 *Tr. in Jo.* 20-11-13 (*PL* 35:1562-64)와 *En. in Ps. 41*을 연구한다.

46) Trapé, "VI. Saint Augustine," p. 455; and Butler, *Western Mysticism*, pp. 208-10 을 보라.

해서 이 구절을 사용하지만,[47] 이 초기 설교에 (그의 후기 사상의 특징이 되는) 현세에서의 봄과 내세에서의 봄의 관계에 대한 어거스틴의 중요한 사상들이 포함되어 있다. 그 중에서 우선적인 것은 "영원하고 불변하며 언제나 동일하신 선에 대한 관상이 이루어질 하늘의 집 domus Domini과 그리스도께서 신실한 자들로 구성하시며 자신의 내적 성소로 삼아 그 안에 임재하시는 몸된 교회의 친밀한 관계이다. "내가 그의 성전이 되고, 그가 나를 보호하실 것"이므로 비록 내가 하나님이신 절대선을 순전하게 묵상하거나 바라보는 경험을 하지 못해도 머리 되시는 그리스도와의 결속을 통해서 나는 이 세상에서 그 일에 참여한다.

> "그리스도는 지금 이 세상에서 우리 안에 계시다고 말씀하신다. 따라서 우리는 하늘에서 그분 안에 거한다.…믿음과 소망과 사랑에 의해서 지금 우리가 머리 되신 이와 더불어 영원히 하늘에 있다는 것은 참으로 큰 보증이다. 왜냐하면 그분이 신성과 선하심과 하나됨에 의해서 세상 끝까지 땅 위에서 우리와 함께 계시기 때문이다"(『시편 설교』 26.2.11 [PL 35:205]).

『시편 설교』에 수록되어 있는 이 첫 번째 본문은 이 세상에서의 하나님 임재 의식이 모든 그리스도인이 그리스도의 몸 안에서 소유하는 참되지만 무의식적인 연합보다 중요한 것이 아니라고 주장함으로써 세상에서의 하나님의 임재 의식이 존재하는지 여부에 대한 문제를 해결하지 않은 채 남겨둔다. 두 번째로 이 설교에서 취한 두 개의 본문은 현세에서 신자들이 발견할 수도 있는 하나님 임재 의식을 탐구하면서도 이 중심되는 진리를 재차 단언한다.

『시편 설교』 42은 어거스틴의 가장 위대한 신비적 본문들 중 하나이다.[48] 이전의 글에서 발견되는 많은 주제들이 분명히 드러난다. 예를 들면

---

47) Cf. *Enn. in Pss.* 43.4; 48.1.5; *Tr. in Jo.* 124.5.
48) 특히 Butler, *Western Mysticism*, pp. 26-36을 보라.

현세에서 하나님에게 나아가는 유일한 길인 "장막"*tabernaculum* 혹은 "순례하는 교회"*ecclesia peregrina*와 하늘에서 발견되는 완전한 하나님의 기쁨인 "나의 하나님의 집"*domus Dei mei*의 대조가 분명히 드러난다.[49] 어거스틴은 시편 26편 주석에서보다 더 강력하게 하나님을 향한 모든 진보가 교회 안에서만 이루어질 수 있다고 주장한다.[50] 여기에서 새로운 것은 『고백록』에서 다루어진 많은 주제들과 어거스틴의 대중 설교의 교회론적인 관심사들의 결합이다.

이러한 사실들을 가장 분명히 보여주는 것이 『고백록』에 스며 있으며, "사슴이 시냇물을 찾기에 갈급함같이 내 영혼이 주를 찾기에 갈급하니이다"(시 42:1)라는 시편 본문이 제시하고 있는 하나님께 대한 개인적인 갈망, 하나님께 대한 갈급함을 강조한 것이다. 영혼이 겪고 있는 갈급함은 근본적으로 내적인 눈을 조명해 줄 것을 바라는 갈망이다. 어거스틴은 이 주제를 도입하면서 사랑과 지식의 언어를 섞어 사용한다.[51] 사슴의 이미지를 알레고리화함으로써 어거스틴은 내적 조명을 위한 준비에 있어서 두 가지 중요한 요점을 지적할 수 있게 되었다. 즉 그 일은 우리의 악덕의 멸절과 기독교 공동체 안에서의 상호 협력을 요구한다는 것이다(42:3-4). 그러나 우리가 믿음에 의해서 살아야 하는 한 관상의 기쁨을 원하는 암사슴의 갈망은 좌절될 수밖에 없는 듯이 보인다. 그래서 우리는 "너희 하나님이 어디에 있느냐?"(42:5-6)라고 조롱하며 묻는 이교도 대적자에게 대답하지 못한다.

이로 인해 어거스틴은 그 본문 후반부에서(42:7-10) 현세에서 어떤 식으로 하나님을 볼 수 있는지를 탐구한다: "나는 믿기 위해서만 아니라, 가능하다면 (그분에 대하여) 무엇인가를 보기 위하여 내 하나님을 찾았습니다."

---

49) *En. in Ps. 41.9* (PL 36:469-70). 성전에서의 하나님의 임재를 강조한 것은 Epp. 187.12.35 and 13.38 (PL 33.845-47)에서도 찾을 수 있다.

50) *En. in Ps. 41*.

51) *En. in Ps. 41.2* (PL 36:465).

『고백록』에 나오는 플로티누스류의 상승의 세 단계 모델을 따라서 어거스틴은 이 세상의 것들이 아무리 아름답고 찬란해도 그것들 안에서 하나님이 발견되지 않으며, 또 영혼이 내면적으로 영혼 자신을 보거나 정의正義와 같은 비유형적인 실체들을 보는 데서도 발견되지 않는다고 주장한다. 시편에서 "내가 이것들을 묵상하며 내 영혼을 내 자신 위에 쏟아내었나이다"라고 말한 것처럼 내가 하나님을 "만지기" 위해서는 나는 자신의 내면에 머물 수 없으며 몰아 상태에서 자신을 초월해야 한다. 이 몰아 상태는 지상에 있는 교회라는 장막에서 하늘에 있는 "하나님의 집"으로 나아가는 것으로 묘사된다. 상승은 교회라는 중재자를 통해서만 가능하다. 어거스틴은 "장막의 지체들"인 성도들이 덕을 묵상함으로써 몰아적 전이가 이루어진다고 주장한다. 버틀러Butler가 지적했듯이,[52] 이것은 특이한 생각이지만 어거스틴의 신비 사상의 절대적인 교회적 성격과 조화를 이루는 생각이다. 어거스틴의 말을 인용하면 다음과 같다.

> "장막에 올라가면서 영혼은 하나님의 집으로 갑니다. 영혼은 그 장막의 지체들을 사모합니다. 그리고 감미로움, 무어라고 표현할 수 없는 감추인 내면의 즐거움을 따라감으로써 하나님의 집으로 인도됩니다. 그것은 마치 하나님의 집에서 악기 소리가 울려나는 것 같습니다. 영혼은 장막 안에서 걷다가 내적인 소리를 듣고 그 감미로움에 이끌려 소리를 따라가다가 혈과 육의 시끄러움에서 벗어나 하나님의 집에 도착합니다"(『시편 설교』 41.9 [PL 36:470]).

여기에서 어거스틴이 주로 청각과 관련된 비유로 묘사하는 바 "하나님 면전에 거하는 것"의 즐거움이 이 세상에서는 짧을 수밖에 없다: "황급하게, 그리고 부분적으로이지만 우리는 마음의 정점에서 불변하는 그 무엇을 응시할 수 있다"(『시편 설교』 41:10 [PL 36:471]). 그러나 영혼이 현세에 머물

---

52) Butler, *Western Mysticism*, p. 33.

고 있는 한, 영혼은 하나님이 때때로 잠시 미리 맛보게 해주신 큰 상급을 바라며 소망 안에서 살아가야 한다.[53]

『시편 설교』 100의 간단한 구절에서도 동일한 메시지를 반복하며, 세 가지 영역에서 소중한 추론을 추가한다. 그 세 영역은 하나님의 불가해성, 하나님의 편재, 그리고 하나님 보는 것을 가능하게 해주는 하나님의 모양을 회복함에 있어서 사랑의 역할 등이다. 어거스틴은 시편 100편 2절("기쁨으로 여호와를 섬기며")에 함축되어 있는 바 말없이 하나님을 찬양하는 것의 의미를 조사하면서[54] 피조 세계 전체가 하나님에 대한 증거를 제공하지만 우리로 하여금 하나님에 대해 정확하게 말할 수 있게 해주는 지식을 제공하는 것은 아님에 주목한다. 우리가 하나님에 대하여 말하려면 하나님에 대하 생각할 수 있어야 하며, 하나님에 대하여 생각하기 위해서는 하나님께 가까이 가야 한다. 우리가 보통 물체를 보려면 마음을 집중해야 하며, 영적으로 하나님을 보려면 마태복음 5장 8절에서 말한 "깨끗한 마음"이 필요하다. 어떻게 해야 죄악된 인류가 하나님을 보는 데 필요한 깨끗한 마음을 얻을 수 있는가? 어거스틴은 그 대답의 첫 부분에서 도덕적 정화 **purification**를 강조한다. 또한 이것이 지닌 내적인 의미, 즉 "사랑"*caritas*, 특히 선한 사람이든 악한 사람이든 모든 사람들을 향한 사랑을 통해 "하나님의 형상에 따라 재창조된 속사람"의 회복을 강조한다.

> "당신의 사랑이 진보하는 데 비례하여 그 형상에 더 가까이 가게 되며 그에 따라서 하나님을 인식하기 시작할 것이다"(『시편 설교』 99.5 [*PL* 37:1274]).[55]

---

53) 초기의 또 다른 신비한 본문은 395년경에 행한 *En. in Ps.* 145.5-7 (*PL* 37:1887-89)이다.

54) *En. in. Ps.* 32.2.1.8 (*PL* 36:283)을 보라.

55) Quantum accedis ad similitudinem, tantum proficis in caritate, et tanto incipise Deum.

"하나님을 인식한다"는 것은 무슨 뜻인가? 그것은 전에 부재하였던 하나님이 우리에게 오시는 것이 아니며, 우리가 하나님에게로 "가는 것"도 아니다. 하나님은 항상 우리에게 현존해 계시며 만물에 현존해 계시지만, 우리가 장님처럼 눈이 멀어 그분을 보지 못하고 있다: "당신이 보기를 원하는 대상은 당신에게서 멀리 떨어져 있는 것이 아니다"(99.5).[56] 하나님을 파악하려면 하나님처럼 선해야 하며 하나님처럼 사랑스러운 생각을 품어야 한다(99.6). 여기에서 어거스틴이 영적 시각과 관련된 표현을 버리고 다른 영적 감각들을 강조하고 있음에 유의해야 한다. 그러한 하나님과의 경험적 접촉을 통해서만 우리가 하나님에 대하여 아무것도 말할 수 없음을 인식하는 고귀한 지식을 얻을 수 있다.

> "당신이 하나님을 닮은 자로서 그분에게 가까이 가며 그분을 충분히 의식하기 시작할 때[57] 당신 안에 사랑이 자라기 시작할 것이며, 그에 비례하여 당신은 말해야 할 것과 말하지 말아야 할 것을 경험할 것이다. 이는 '하나님은 사랑이시기' 때문이다(요일 4:8). 그 경험을 하기 전 당신은 자신이 하나님에 대하여 말할 수 있다고 생각해 왔었다. 이제 그것을 경험하기 시작했으므로 당신은 자신이 경험하는 것을 말로 표현할 수 없음을 경험하게 될 것이다"(『시편 설교』 99.6 [PL 37:1274]).

어거스틴이 자기의 부정의 신학을 요약한 『기독교 교리에 관하여』 On Christian Doctrine 1.6.6.의 유명한 구절에서처럼 여기에서 신성의 표현 불가능성에 대한 경험이 감사하는 영혼을 침묵으로 이끄는 것이 아니라 시편 기자가 초청하는 것처럼 "기쁨"의 발설로 이끈다고 주장한다.[58]

요한복음 5장 19절을 주석한 『요한복음 설교』 20의 중요한 본문에서 어

---

[56] S. Grabowski, "St. Augustine and the Presenoe of God," *Theological Studies* 13 (1952): 336-58.
[57] Persentiscere라는 단어는 *Conf.* 10.37.60 (PL 32:875)에서도 발견된다.
[58] *De doc. Christ.* 1.6.6 (PL 34:21)을 보라.

거스틴은 신비한 환상vision을 기초로 하여 성부와 성자 사이에 분리가 있을 수 없음을 증명하려 한다. 몇몇 사람들, 특히 복음서 기자 요한에게 주어진 그러한 환상은(20.13) 태양에서 광채를 분리할 수 없듯이 성부와 말씀을 분리할 수 없음을 증명한다. 어거스틴은 그것을 증명하기 위해서 몸과 유형적 우주로부터의 이탈, 정신 혹은 영혼 속으로 들어감, 그리고 하나님과 접촉하기 위해서 몰아 상태에서 자아를 초월하여 나아감 등 플로티누스의 삼 단계를 여러 번 반복한다(Suzanne Poque에 따르면, 일곱 번 반복된다): "나는 그분을 접하기 위하여 나 자신을 넘어섰습니다"(『요한복음 설교』 20.11, [PL 35:1562]). 이 본문이 지닌 삼위일체적 차원뿐만 아니라 영혼으로 하여금 잠시 하나님을 본 후 다시 떨어져 내려오게 만드는 약함의 경험에 대한 분명한 언급이 부족하다는 점에 주목해야 한다.[59]

하나님을 보는 것에 대한 어거스틴의 설명은 일인칭으로 표현된 것도 있고, 주석가나 설교자의 입장에서 다소 중립적으로 표현된 것도 있다. 이것들에 대한 고찰을 토대로 하여 신비가요 신비 신학자로서의 어거스틴의 위상에 대한 질문에 돌아갈 수 있을 것이다. 흔히 어거스틴이 십자가의 성 요한과 같은 의미의 신비 신학자가 아니었다고 말하는데, 이것은 절반만 맞는 말이다. 어거스틴은 12세기 이후의 저자들과 같은 방식으로 신비생활에 대한 주해를 저술하지 않았다. 12세기 작가들의 주해는 어거스틴이나 교부 시대의 저자들에게서 발견할 수 없는 스콜라주의적인 신학적 경향을 함축하고 있다. 당시 분열되지 않은 교회의 동쪽 지역에서 활동한 사람들이 그렇듯이 이 위대한 아프리카인은 모든 신학이 신자들을 이끌어 현세의 교회 공동생활 속에서 시작되어 천국의 영광 속에서 완성될 하나님 현존의 체험으로 인도해 주려는 목적을 가진다는 점에서 신비 신학이라고 보았다. 후대에 신비 신학이라고 불리게 될 것에 관한 어거스틴의 생각에 대한 해설이 전혀 주어져 있지 않지만 그러한 생각은 그의 저술 전체

---

59) Poque, "L'expression de l'anabasee," pp. 206-15를 보라.

에서 등장하며, 또 지금까지 검토해온 본문들에서 부상하기 시작하는 일관성 있고 세심하게 고려된 유형에 기초를 두고 있다.

그러한 유형은 이미 다른 교부 저자들에게서 보았던 넓은 의미에서의 신비주의 이론에 부합한다. 어거스틴은 주로 자기의 양떼들이 현세에서 보다 깊고 치밀하고 직접적인 하나님 체험을 하도록 초청하는 데 관심을 가지고, 그것을 주로 성경적인 용어로써 표현한다. 일부 헬라 교부들과 달리 어거스틴은 하나님과의 개인적인 "연합"에 많은 관심을 가지고 있지 않다. (극소수의 본문에서만 개인과 관련하여 연합이라는 표현을 사용한다.) 그가 현세에서의 연합을 언급하면서 염두에 두고 있는 것은 그리스도와 교회의 연합이다.[60] 플로티누스를 잘 알고 있는 사람이 이처럼 연합이라는 표현을 신중하게 피한 것은 의도적인 행동이며 비기독교 신비주의 노력의 한계들에 대한 비판이 함축되어 있는 것이라고 생각하지 않을 수 없다.

어거스틴도 암브로스처럼 플로티누스로부터 많은 것을 배웠지만 어거스틴이 한 순간이라도 순수한 플로티누스주의자였다고 생각하는 것은 잘못일 것이다. 그는 지속적으로 플로티누스적인 "상승"*anabasis*의 기본 모델을 사용했지만 그것을 기독교적인 맥락에서, 즉 성경적이며 기독론적이며 교회론적인 의미에서 사용하였다. 플로티누스와 어거스틴 사이의 영향관계를 증명하기 위해서 서로 비슷한 구절들을 배열하는 것이 중요하지만 그렇게 한다고 해서 이러한 차이점이 항상 밝혀지는 것은 아니다. 여기에서 제시된 증거는 어거스틴의 변화에 진보가 있었음을 암시해준다(어거스틴의 생각은 항상 움직이고 있었다). 그러나 어거스틴은 초기에도 플로티누스적인 프로그램을 변화시키곤 했음에 유의해야 한다.

어거스틴은 "내면에 들어가는 것이 곧 위로 올라가는 것이다"라고 가르쳤다. 즉 영혼의 근저로 들어가는 내향적 운동enstatic movement은 영혼보다 무한히 높으신 하나님을 발견하게 해주며, 따라서 자아를 넘어서 "나가

---

60) E.g., *EN. in Ps.* 27.2 (*PL* 36:211); and *En. in Ps.*101.2.8 (*PL* 37:1309).

는" 운동ecstatic movement으로 인도한다는 것이다. "내면에 계신 하나님은 위에 계신 하나님이다"(『시편 설교』 130.12 [PL 37:1712]).[61] 플로티누스도 그의 신비적 여정에서 내향적 순간과 탈아적 순간들enstatic and ecstatic moments을 가졌었다. 그러나 영혼과 그 근원 혹은 근저와의 관계에 대한 어거스틴과 플로티누스의 사상은 상이하다. 어거스틴이 이성Nous을 하나님의 말씀으로 해석했지만 어거스틴의 삼위일체는 플로티누스의 일자가 아니다(『고백록』 7.9.; 『신국론』 10.29). 또 어거스틴이 플로티누스의 영향을 많이 받은 "영혼의 타락"이라는 견해를 견지했지만(만약 R. J. O'Connell의 견해가 옳다면, 이전에 인정되었던 것보다 훨씬 더 오래 견지하고 있었을 것이다),[62] 그가 신비적 연합이라는 표현을 거부한 기본 원인은 하나님과 영혼의 근본적인 차이에 대한 그의 영혼창조설적 이해에 있다. 어거스틴에게 있어서 중요한 것은 육신이 되신 말씀과 우리의 연합이며, 이 점이 이교도인 플라톤주의자들의 잘못된 부분이다. 우리가 교회 공동체 내의 모든 형제들과 더불어 누리는 이 사랑의 연합이 때때로 현세에서 잠시나마 하나님을 보는 경험을 가능하게 해준다. "하나님을 봄"에 대한 어거스틴의 가르침은 그의 신학의 다른 영역들로 이어진다. 그 영역들을 모두 여기에서 다룰 수 없지만, 어거스틴 고유의 신비적 가르침을 보다 완전하게 파악하려면 적어도 위에서 검토한 본문들에 등장하는 두 가지 영역을 다루어야 한다: "하나님의 형상" 신학의 역할, 그리고 "하나님을 봄"을 획득함에 있어서 그리스도에 대한 묵상의 필요성.

삼위일체의 형상.
어거스틴 신비주의의 삼위일체적 기초

---

61) Mandouze, *Saint Augustin: L'aventure*, pp. 689-93을 보라.
62) O'Connell, *Origin of the Soul*.

인간이 하나님의 형상과 모양으로 지음을 받았다는 개념(창 1:26)은 교부 시대뿐만 아니라 중세 시대에도 신학적 인간론의 중심 주제였다.[63] 여기에 서는 어거스틴의 "하나님의 형상" 신학이 지닌 신비적 함의들 중 몇 가지 만 제시하지만, 그는 누구 못지않게 이 핵심 개념을 중요하게 다루었다.[64]

앞에서 『설교』 52와 『시편 설교』 99에 등장하는 "형상"의 회복에 대하 여 살펴보았다. 『삼위일체론』에서 심원하게 발전된 "형상"의 삼위일체 적 특성은 『고백록』의 앞부분에는 명시적으로 등장하지 않지만, 『고백 록』 13.11.12에서 처음으로 공표되었다. 『주님의 산상수훈에 대하여』(대략 393-396년)와 같은 초기의 저작들 역시 "진리 관상"과 "하나님의 모양"의 회복을 연결한다.[65] "어거스틴 영성의 근본 과제는 인간 안에 있는 하나님 의 형상의 회복이었다"는 트라페A. Trapé의 말에 동의할 수 있다.[66]

"하나님의 형상"이라는 주제에 대한 어거스틴의 사상을 피상적으로라 도 파악하려면 몇 가지 중요한 특성을 염두에 두어야 한다. 첫째는 창세기 1장 26절이 제시하는 "형상"과 "모양"의 차이이다. 일부 교부들의 견해에 의하면 "형상"은 하나님과 하나님의 지음을 받은 지적 본성 사이의 불변 의 유대를 의미하며, "모양"은 원죄로 말미암아 상실되었으나 그리스도의 은혜를 통하여 되찾을 수 있는 닮음이었다. 어거스틴은 이 두 용어를 구분

---

63) "The Human Person as Image of God. 1. Eastern Christianity (Lars Thunberg). II Western Christianity (Bernard McGinn)," in *Christian Spirituality: Origins to Twelfth Century*, ed. Bernard McGinn and John Meyendorff, WS 16 (New York), pp. 291-330을 보라.
64) 하나님의 형상에 대한 어거스틴의 신학을 다룬 문헌은 다음과 같다: John Edward Sullivan, *The Image of God: The Doctrine of St. Augustine and its Influence* (Dubuque, IA: Priory Press,1963); Gerhart B. Ladner, *The Ideas of Reform: Its Impact on Christian Thought and action in the Age of Fathers* (Cambridge, MA: Harvard University Press,1959), chap. 5; Cayré, *La contemplation augustinienne*, chap. 4; Bell, *Image and Likeness*, chap. 1; J. Heijke, "St. Augustine's Comments on 'Imago Dei.' An anthology from all his works exclusive of the De Trinitate," *Classical Folia: Supplement III* (April, 1960).
65) *De Sermone Domini in Monte* 1.3.10 (PL 37:1234).
66) Trapé, "VI. Saint Augustine," p. 454.

하여 모양은 두 개의 사물의 닮은 형태를 지칭하며 형상은 어떤 사물이 그 근원과 관계를 갖고 근원을 표현하는 기준이 되는 특별한 종류의 닮음이라고 생각하지만, 일반적으로 이 두 용어를 호환적으로 사용했다.

> "어떤 방식으로든 하나님을 닮은 피조물이라고 해서 모두 하나님의 형상이라고 부를 수 없으며, 단독으로 단독자이신 하나님을 닮은 것만을 형상이라고 부를 수 있다. 그렇게 되어야만 그것과 하나님 사이에 다른 것이 놓이지 않은 완전한 의미에서 하나님의 표현이 될 수 있기 때문이다"(『삼위일체론』 11.5.8 [PL 42:991]).[67]

일부 교부들은 유일하게 참된 "하나님의 형상"이신 "말씀" Verbum과 이 원형적인 모범에 따라서 창조된 영적 본성들을 구분하였다. 제대로 말하자면 이 영적 본성들은 "형상을 따라"(창 1:26) 지음 받았다. 어거스틴은 "말씀" Verbum이 성부와 동등한 유일한 "형상"이라는 것, 그리고 피조된 영적 존재들은 삼위일체의 제2위의 형성적이며 재형성적인 활동을 통해서만 형상이 된다고 인정하였다.[68] 하지만 어거스틴은 바울의 용례를 따라서 인간이 그 자체로 "하나님 형상"이라고 말하는 것도 타당하다고 인정하였다. 그의 초기 저서들은 일반적인 의미에서 "하나님의 형상"으로 인식되는 인간 본성을 언급했지만 『삼위일체론』에서의 관심은 인간이 어떤 점에서 "삼위일체의 형상" imago trinitatis, 즉 세 위격들의 내적 삶에 참여하는 형상인지를 탐구하는 데 있다.[69]

교부들의 "하나님의 형상" 인간론은 세 가지 형태로 표현된다고 할 수 있다. 첫째는 형상이 그 주체의 지적 본성 안에서 발견된다는 사실을 강조한다. 둘째는 인격의 자유를 본질적인 소재지로 강조한다. 셋째는 형상의 상호주관적 성격을 탐구한다. 어거스틴은 형상이 지성적 주체의 보다 높

---

67) Cf. *De diversis quaestionibus* 83, p. 74 (PLG 40:85-86).
68) Verbum을 통한 창조와 재창조에 대해서는 *En. in Ps.* 142:17 (PL 37:1855)을 보라.
69) Sullivan, *Image of God*, chaps. 2 and 4.

은 차원에 거한다고 주장했다—"인간의 본성 중에서 짐승을 능가하는 부분은 하나님의 형상으로 지음 받았다. 이것을 그의 이성ratio, 정신mens, 혹은 지성intelligentia이라고 말할 수 있으며, 우리가 원하는 말로 지칭할 수 있다"(Lit. Comm. on Gen. 3.20.30 PL 34:292). 그럼에도 불구하고 『삼위일체론』을 보면 알 수 있듯이, 인간 안에 있는 하나님의 형상을 이해하는 세 가지 방식의 요소 모두가 어거스틴의 이론에 스며 들어 있다.

『삼위일체론』의 논법이 때로 어렵고 복잡하기지만 결코 무미건조하고 난해한 철학적 신학 서적이 아니다. 이 책은 영적이고 신비적인 문서이며, 때로 『고백록』만큼 개인적인 문서이다. 이 책이 어거스틴의 신비주의에서 중심적인 위치를 차지한다고 강조한 풀베르 까이레Fulbert Cayré의 주장은 옳다. (교의신학과 사변신학의 역사에 속하는 측면들을 배제하지 않는) 까이레의 분석은 시사하는 바가 많으며 유용하다.[70]

『삼위일체론』 중에서 삼위일체에 대한 교회의 신앙을 개관하고 있는 1-7권에는 "형상"의 본질에 대한 중요하고 뛰어난 고찰들이 담겨 있다. 그러나 유진 테셀Eugene Teselle의 표현을 빌리자면 어거스틴이 "신비 체험의 철저히 삼위일체적인 특성"[71]을 제시한 곳은 신앙의 이해intellectus fidei를 다룬 뒷부분(8-15권)이다. 현세에서 가능한 한 기독교 신앙의 최고의 신비를 이해하고자 한 어거스틴의 목표는 우리 안에 있는 하나님의 형상을 회복하는 데 도움을 주어 우리로 하여금 현세에서 신적 임재의 경험에 보다 충분히 동참할 수 있게 하려는 목적을 지닌 일종의 영적 치료책이다. 어거스틴은 그 책을 마치면서 다음과 같은 장엄한 기도를 드린다.

"당신을 찾지 않으면 안 되도록 창조하신 자에게 당신을 발견하는 능력

---

70) Cayré, *La contemplation augustinienne*, esp. chap. 4. 다음의 책들도 유익하다: Bell, *Image and Likeness*, chap.1; Louth, *Origins*, pp.146-58; and Oliver O'Donovan, *The Problem of Self-Love in st. Augustine* (New Haven:Yale University Press,1980), pp. 75-92.

71) Teselle, "Augustine," p. 31.

을 주시며, 그에게 당신을 찾는 데 대한 소망을 더욱더 주십시오. 나로 하여금 당신을 기억하고 이해하고 사랑할 수 있게 해주십시오. 내 안에 이 모든 것을 계속 증가시켜 마침내 나를 완전히 변화시켜 주십시오"(『삼위일체론』 15.28.51 [PL 42:1098]).

잘 알려져 있듯이 『삼위일체론』의 뒷부분에는 삼위 하나님과 인간에게서 발견되는 형상 사이의 유비들을 전개하는 두 개의 상이한 개정판이 포함되어 있다. 제8권은 대략 404년부터 413년 사이에 저술된 초기의 판에 속하는 것으로서 근본적으로 삼위일체적 유비인 사랑의 경험 및 자아 안에 있는 형상을 재형성하는 수단에 초점을 두고 있다. 9-15권은 413년부터 420년 사이에 저술된 것으로서 기억, 이해, 의지 · 사랑으로서의 내적 인간homo interior에 대하여 상세하게 고찰한다. 이 책들은 다른 관점을 사용하고 있기는 하지만, 동일한 목적을 염두에 두고 있다.

제8권에서 전개되었고 제9권의 서두에서도 계속되는 사랑의 유비를 대충 살펴보면, 『삼위일체론』의 후반부의 책들이 『고백록』에 기록된 어거스틴의 환상적 경험들에 대한 기록들만큼이나 신비한 본문이라는 것을 알 수 있다. 『시편 설교』 중에서 살펴본 세 구절과 마찬가지로 제8권은 우리가 이웃 사랑을 통해서만 하나님을 사랑할 수 있다는 것, 따라서 사랑만이 현세와 내세에서 하나님을 볼 수 있게 해준다는 것을 보여 준다.[72]

8.2.3에서 어거스틴은 플로티누스의 하나님께 올라가는 세 단계를 요약함으로써 공식적인 논증을 시작한다. 『고백록』에 기술되어 있는 관상적 경험이 그렇듯이, "하나님은 진리이시다"(지혜서 9:15)라는 성경 말씀을 들을 때 우리는 육신의 눈이 아닌 마음의 눈으로 순간적으로 섬광처럼 하나님을 본다.[73] 심지어 우리가 하나님을 순전한 지고 선으로 생각하려고 노

---

72) 제8권의 신비적 특성에 대해서 "Note Complémentaire 5: Mysti- cisme et Théologie trinitaire" in *Oeuvres de Saint Augustin. 16. La Trinité* (Livres CIII-XV), ed. P. Aga'sse and J. Moingt (Paris: Desclée, 1955), pp. 574-75을 보라.

73) *De Trin*. 8.2.3 (PL 42:949).

력할 때에도 선이 우리에게서 떠나가지 않지만 우리는 그 차원에 오래 머물 수 없다(8.3.4). "만약 다른 모든 선들이 제거된 절대 선Absolute Goodness을 인지할 수 있다면, 당신은 하나님을 인지하게 될 것입니다. 만약 당신이 사랑으로 그에게 매달린다면 즉시 행복해질 것입니다"(8.3.5). 문제는 "우리 존재의 근원이 그분의 현존을 누리려면 우리가 그분과의 관계를 견고히 유지하며 그분에게 충실해야 한다는 것이다"(『삼위일체론』 8.4.6 [PL 42:951]). 이 세상에서 살아가는 한 우리가 하나님과의 관계 안에 절대적으로 견고히 머물러 지내는 것이 어렵거나 불가능하다.

어거스틴은 계속해서 어떻게 하면 우리가 은혜를 통해서 하나님과의 초기 관계를 획득하여 현세에서 부분적으로 하나님을 볼 수 있는지 묘사한다. 우리가 하나님을 보려면 하나님을 갈망해야 하며, 그분을 갈망하려면 어떤 식으로든지 그분을 알아야 한다. 그리스도인들에게 주어진 믿음은 하나님을 봄으로써 주어지는 완전한 지식이 아니지만, 하나님을 보는 데 이르는 상승을 위한 원동력을 제공해 준다(8.4.6). 어거스틴은 우리가 『시편 설교』 본문에서 살펴본 것을 상술하면서 우리가 동료 인간들에게 나타내는 사랑을 통해서만, 즉 사도 바울처럼 위대한 그리스도인들의 덕을 향한 사랑과 모든 사람들에게 나타내는 사랑을 통해서만 믿음 안에서 하나님을 사랑한다는 것을 안다고 주장한다(8.7.10). 어거스틴은 이웃 사랑이 곧 하나님 사랑이라고 주장한다: "이는 이웃을 사랑하는 사람은 먼저 사랑 자체를 사랑해야 하기 때문이다. 그러나 하나님은 사랑이시며, 사랑 안에 거하는 자는 하나님 안에 거한다"(『삼위일체론』, 8.7.10 [PL 42:957]).[74]

어거스틴의 후기 저서들에 수록된 많은 구절들도 이웃 사랑이 하나님 사랑이라는 메시지를 반복한다. 그가 호혜적인 사랑과 형상의 재형성을 연결한 것은 사랑 안에서의 진보와 형상의 점진적인 회복을 결합한 『설교』

---

74) 하나님 사랑과 이웃 사랑의 동일성이라는 주제는 *Tr. in. I Jn*에 자주 등장한다 (e.g., 7.7-9; 9.10).

90의 한 구절에 분명히 나타난다: "사랑에게 양분을 공급하여 완전하게 하십시오. 그래야만 결혼 예복을 입게 되며, 우리의 진보에 의해서 우리가 지음받을 때 지녔던 하나님의 형상이 새롭게 새겨집니다"(『설교』 90.10 [PL 38:566]).

그러나 이 이웃 사랑, 다름 아닌 하나님 사랑인 이웃 사랑이 어떤 의미에서 특히 삼위일체에 참여하는 사랑인가 하는 질문은 여전히 남아 있다. 어거스틴은 이 질문에 여러 가지 방법으로 대답하려 하지만, 사변적인 관점에서 볼 때 어느 것도 완전히 만족스럽지는 못하다.[75] 어거스틴 자신도 그 해답들이 설득력이 있다고 생각하지 않은 듯하다. 왜냐하면 그는 그 책 제2판에서 이 유비들을 전개하지 않고 영혼이 지닌 세 가지 내적인 작용들 안에 뿌리를 두고 있는 다른 형태의 삼위일체적 유비를 전개하기 때문이다. 그렇지만 성 빅톨의 리처드와 보나벤투라 같은 인물들이 입증해 주듯이 어거스틴이 이 결론을 내리지는 못했으나 제8권에서 개진한 것이 서구 신비주의 역사에서 중요하게 되었다. 이웃사랑 · 하나님의 사랑과 하나님을 봄 · 형상의 회복 사이를 등치等値시키는 것이 후대에 강력한 주제가 되었다.[76]

어거스틴이 사랑이라는 중심 주제에서 벗어나서 영혼 안에 있는 삼위일체에 대한 다양한 내향적 유추를 탐구하는 데 집중하고 있는 『삼위일체론』 제 9~15권에도[77] 하나님을 봄과 사랑의 특별한 관계가 그대로 남아 있다. 그의 유추에서 변천이란 사랑을 "삼위일체의 형상"인 영혼의 본성과 활동에 대한 보다 넓고 상세한 분석 안에 자리매김하는 것이며, 따라서 사랑의 역할을 부인하기보다는 오히려 강조하는 것을 의미한다. 어거스틴이

---

75) M. Nedoncelle, "L'intersubjectivité humaine est-elle pour saint Augustine une image de la Trinit?," in *Augustinus Magister* 1:595-602을 보라.

76) 어거스틴의 이웃 사랑에 대해서 O'Donovan, *Problem of Self-Love*, chap.5; Gustave Combes, La charité d'après Saint Augustin (Paris: Desc1ée,1934), part 4를 보라.

77) Cayré, *La contemplation augustinienne*, p. 113 n. 1을 보라.

제8권에서와 그의 생애 전체를 통하여 주장했듯이 우리는 알지 못하는 것을 사랑할 수 없으며, 우리가 지적 능력을 지닌 주체가 아니라면 알 수 없다.[78] 우리의 모든 앎, 인간 주체로서의 모든 영적 작용은 성부, 성자, 성령의 내적 생명에 근거를 두고 있다. 이러한 사실은 주체의 지적 자의식인 "정신"mens 혹은 "기억"memoria에 대한 그의 분석에 특히 분명하게 나타난다. 이 지적 자의식은 내적 언어의 생산을 통하여 혹은 선입관적 이해 활동을 통하여[79] 주체가 스스로에 대하여 가지는 참된 지식notitia, intelligentia을 낳는다. 이러한 자기 인식이 정신의 자기 사랑의 근원이다. "삼위일체의 형상이 있다: 정신, 정신의 소산인 지식, 그리고 거기에서 나오는 말씀. 사랑이 세 번째이다. 이 세 가지는 하나이며 한 본질이다"(『삼위일체론』 9.12.18 [PL 42:972]).

우리가 주의를 기울이든 그렇지 않든 간에 지식과 사랑의 주체인 우리가 삼위일체의 생명에 참여하는 것은 우리의 지성 내부에 언제나 현존하고 있는 우리 실존의 사실이다. 어거스틴이 『삼위일체론』을 저술한 목적은 독자들로 하여금 그들이 삼위일체를 완전하고 충분히 볼 수 있는 것이 그들의 내적 존재가 지닌 불변하는 삼위일체적 본성 때문임을 인식하게 하기 위한 것이었다. 이 길고 어려운 본문은 이미 우리가 내면의 눈을 떠서 내면에 현존하여 활동하고 계신 삼위 하나님을 보며, 삼위일체의 형상을 의식적으로 활용하여 하나님을 보라는 초청이다. 이러한 이유에서 어거스틴은 우리 자신의 삼위일체에 대한 개인적인 인식 안에 포함되어 있는 내성적 활동은 본질적으로 순수한 정신적 활동이 되도록 의도된 것이 아니라 영혼을 거룩한 지혜에 참여하도록 이끌려는 의도를 지닌 것이라고 주장한다. 이것은 "정신"mens이 삼위일체의 형상을 지니고 있다는 인식일

---

[78] 하나님의 형상으로 지음을 받은 것은 은혜를 받아들이는 것 (e.g., *Sermo* 26.1.4) 및 하나님을 보는 거룩한 상을 받는 데 필요한 조건이 된다 (e.g., *De civ. Dei* 13.22.32).

[79] Bernard J. Lonergan, "Introduction," in *Verbum: Word and Idea in Aquinas* (Notre Dame: University of Notre Dame Press, 1967), pp. x-xiii.

뿐만 아니라 이 형상이 피조된 목적은 그 자체를 보다 직접적이고 의식적으로 그 거룩한 원천에 일치시키려는 데 있었다는 확신이기도 하다.

> "정신이 스스로를 기억하고 이해하고 사랑하기 때문이 아니라, 자기를 지어주신 분을 기억하고 이해하고 사랑하기 때문에 정신의 삼위일체는 하나님의 형상이다. 그렇게 할 때 정신은 지혜롭게 된다. 만약 그렇게 하지 않는다면, 비록 스스로를 기억하고 알고 사랑할지라도 정신은 어리석다"(『삼위일체론』 14.12.15 [PL 42:1048]).[80]

어거스틴은 다른 저서에서와 마찬가지로 우리 속에 활동하고 있는 삼위일체에 대한 각성을 깊게 함으로써, 그 형상을 재형성하는 활동이 현세에서 완성되지 않을 것임을 강조한다: "하나님을 보는 것이 완전해질 때 그 형상 안에 있는 하나님과의 유사성이 완전해질 것이다"(『삼위일체론』 14.17.23 [PL 42:1055]).[81] 그러나 그 과정은 현세에서 시작되어야 한다. 『시편 설교』에서 상기시켜 주듯이 우리가 이 세상에서 행하려고 노력하는 것은 하나님이 원래 우리에게 주셨던 동전을 돌려드리려는 것, 즉 창조 때에 우리에게 주어진 형상을 회복하려는 것이다.[82]

어거스틴은 영혼의 삼위일체적 구조를 의식적으로 사용한 것을 하나님을 봄 혹은 하나님 접촉에 이르는 영혼 고양의 세 단계에 대한 플로티누스적 탐구와 명백하게 연결짓지 않는다. 하지만 어거스틴의 성숙한 사상에서 『삼위일체론』이 지니는 중요성에 비추어 볼 때 인간의 영혼 안에 있는 "삼위일체 형상"에 대한 탐구는 하나님을 보게 해주는 지식과 사랑의 존재론적 기초를 드러내 준다. 물론 삼위일체 신비주의와 비슷한 것들이 제 14, 15권에서 여러 번 암시되지만, 어거스틴은 체계적인 삼위일체 신비주

---

80) Cf. 14.19.26.

81) Cf. *De Trin.* 15.6.10. J. Heijke, "Augustine's Comments on the 'Imago Dei,'" ##80, 95, 109, 135을 보라.

82) *En. in Ps.* 102.3 (*PL* 37:1318); cf *Enn. in Pss.* 4.8; 115.8 (*PL* 36:81; 37:1494).

의를 제시하지 않는다(14.12.15 및 15.28.51). 어거스틴은 성 티에리의 윌리엄 William of St. Thierry과 같은 사람에게서 볼 수 있는 후대의 서방 삼위일체 신비주의에 영향을 준 중요한 인물이었다. 비록 어거스틴은 닛사의 그레고리의 신비주의적 글을 접하지 못했지만, 삼위일체 하나님이 고결한 영혼의 거울을 통해서 우리에게 보인다는 이 카파도키아 교부의 견해에 동의했을 것이다.[83]

『삼위일체론』에 상술되어 있는 "하나님의 형상"에 대한 어거스틴의 사상이 그의 신비주의에서 중요한 부분을 이룬다는 간략한 고찰을 끝내면서, 그 진술에서 제15권이 행하는 역할에 관심을 기울일 필요가 있다. 어거스틴의 저술 전체에서 가장 난해한 몇 구절을 열심히 연구한 사람들은 제15권에 이르러서 자신들이 배운 것이 지극히 미미하다는 것을 알고서 실망한다: "삼위일체와 어떤 사물 안에 있는 삼위일체의 형상은 다르다"(『삼위일체론』, 15.23.43 [PL 42:1090]). 『삼위일체론』 뒷부분에 있는 엄청난 사변적 노력이 실상 어거스틴의 통찰에 있어서 현세에서 하나님의 실재를 희미하게라도 파악하려는 일시적이고 불완전한 시도에 불과하다는 것을 이해하는 사람들에게 있어서 그것은 전혀 놀라운 일이 아닐 것이다.

하나님과 인간 사이의 중보자(딤전 2:5): 그리스도의 역할

(『고백록』 7.18.24의 증언을 신뢰한다면) 어거스틴은 386년경 인간의 상태를 조사하는 철학자라면 "하나님의 형상"을 고쳐야 할 필요성을 인식할 수 있겠지만, 그것이 "하나님과 인간 사이의 중보자이신 인간 예수 그리스도"(딤전 2:5)의 개입 없이 타락한 영혼의 힘으로는 할 수 없는 일임을 깨달

---

[83] 하나님이 가시적인 존재가 되는 것에 관한 닛사의 그레고리의 가르침에 대해서는 제5장을 보라.

았다. 어거스틴은 언제나 "우리는 우리 안에 있는 하나님의 형상을 일그러 뜨릴 수는 있지만 그것을 교정할 수는 없다"라고 가르쳤다(『설교』 43.3.4 [PL 38:225]).

굴벤 메이덱Goulven Madec이 말하듯이 "어거스틴은 자신이 정성들여 가다듬은 교리가 본질적으로 기독교적이며 철저히 기독론적이라고 간주했다."[84] 그리스도는 하나님이요 인간이기 때문에 인간의 여정의 목적지요 길의 역할을 한다. 어거스틴은 "그의 오심은 그의 인성을 가리키며, 신성 안에 머물러 계심은…우리는 그의 인성에 의해서 그의 신성을 향해 나아갑니다"(『요한복음 설교』 42.8 [PL 35:1702]). 중보자이신 그리스도를 강조한 것은 성육하신 말씀이 유일하게 참된 (내적) 스승이라고 가르치고 있는 『교사론』On the Teacher, 393이라는 초기의 논문에서부터 후기 저서들, 특히 그리스도의 중보적 역할에 대한 언급들이 가득한 『요한복음 설교』에 이르기까지 어거스틴의 모든 글에서 발견된다.[85] 어거스틴의 기독론의 신비주의적 차원은 복음서에 묘사되어 있는 구원의 사건들에 관심을 갖는 것이 아니라(물론 그의 가르침에 인간 그리스도에 대한 헌신이 결여되어 있지 않다),[86] 신인神人이 자기의 몸인 교회 안에서 우리와 연합함을 통해서 구원을 이루는 방법에 관심이 있다.

앞에서 살펴보았던 『시편 설교』와 『요한복음 설교』에서 인용한 네 개의 본문들은 "하나님을 봄" visio Dei을 향한 진보에 있어서 교회가 행하는 필수적 역할을 강조했다. 동일한 가르침이 어거스틴의 저술 전체에 등장한다. 예를 들어 어거스틴은 『설교』 103에서 마리아와 마르다 이야기(눅 10:38-42)를 주석하면서 마리아가 택한 "이 좋은 편"이 천국에서 삼위일체와 연합하려는 목표였다고 해석한다: "만일 우리가 한 마음을 소유하지 않

---

84) Madec, "Christus, scientia et sapientia nostra," p. 78.
85) M. Comeau, "Le Christ, chemin et terms de l'aecension spirituelle, d'après saint Augustin," *Recherches de science religiruses* 40 (1952): 80-89을 보라.
86) 어거스틴은 종종 구속주의 인성에 대한 헌신을 나타낸다 (e.g., *Tr. in Jo.* 26.4).

는다면 삼위일체는 우리를 이 좋은 편에게로 인도하지 않을 것이다"(『설교』 103.4 [PL 38:615]). 타락 이후 우리가 이 "좋은 편"을 얻는 데 필요한 한 마음을 발견할 수 있는 지상 유일의 장소는 교회이다.

어거스틴이 좋아한 성경 구절 중 하나인 "마음이 청결한 자는 복이 있나니 그들이 하나님을 볼 것임이요"(마 5:8)라는 말씀이 시사하듯이, 구원 얻음에 있어서 단일한 마음의 효과는 정화에 달려 있다. 어거스틴의 시편 119편 80절 주석에 따르면 모든 지체들이 지닌 한 마음을 깨끗하게 하시는 분은 교회 안에서 역사하시는 그리스도이다: "그리스도의 몸과 지체들의 마음은 하나님의 은혜에 의해서, 머리이신 분을 통해서, 즉 우리 주 예수 그리스도를 통해서, 중생의 씻음으로 흠이 없게 된다"(『시편 설교』 118.19.7 [PL 37:1556]). 따라서 교회의 구원의 능력은 지상에 있는 그리스도의 몸이라는 신분에서 나온다. 완전한 그리스도, 즉 머리와 지체들의 연합에 대한 어거스틴의 가르침은 그의 신비주의적 가르침에 있어서 세 번째 주요 장애물이다.

어거스틴은 그리스도의 몸의 교리를 강조했다.[87] 예를 들어 그의 시편 해석의 기본 원리는 시편이 "온전한 그리스도"totus Christus의 기도라는 것이다.

> "머리이신 우리 구주 밑에 모인 많은 지체들은 사랑과 화평의 끈으로 묶인 단일 인격입니다. 시편에서 그들의 음성은 종종 한 인격의 음성으로 들립니다. 그러므로 모든 지체들이 한 인격 안에서 하나이기 때문에 한 사람이 마치 전체인 듯 부르짖습니다"(『시편 설교』 69.1 [PL 36:866]).[88]

---

87) S. Grabowski, "Saint Augustine and the Doctrine of the Mystical Body of christ," *Theological Studies* 7 (1946): 72-125; G. Philips, "L'influence du Christ-Chef sur son corps mystique suivant saint Augustin," *Augustinus Magister* 2:805-16; Antonio Piolanti, "Il mistero del 'Cristo totale' in s. Agostino," in *Augustinus Magister* 3:453-69; and DS 7:1049-53.

88) Cf. *Hom. in Jo.* 12.9.

물론 어거스틴은 어떤 구절은 머리에 적용되며 어떤 구절은 몸에 적합하다는 점을 인정한다. 그러나 일반적으로 시편에서 말씀하시는 이는 신인(神人)이신 한 분이기 때문에[89] 각각의 시편이 "그리스도의 몸의 기도"라고 말할 수 있다(『시편 설교』 118.4.5 [PL 37:1511]).[90]

많은 교부들처럼 어거스틴은 시편이 지닌 예언적 성격, 즉 시편이 그리스도의 지상생활을 예고하는 방법에 관심을 가지고 있었다. 그러나 그는 시편이 온전한 그리스도, 즉 그리스도와 한 몸을 형성하는 그리스도인들의 종교적인 경험에 어떻게 적용되는가에 더 많은 관심을 가지고 있었다. 그는 이 사실을 확인해 주는 성경 구절, 그리스도께서 박해하는 사울에게 "사울아, 사울아, 네가 어찌하여 나를 박해하느냐?"라고 말씀하시는 사도행전 9장 4절을 거듭 언급한다.[91]

그리스도와 그의 몸의 일치는 우리가 교회의 지체가 됨으로써 그리스도의 위업magnalia Christi, 신인이신 그리스도께서 우리의 구속을 이루시기 위해 사용하신 위대한 신비에 동참한다는 것을 의미한다. 이것은 단순히 그리스도의 선한 본보기를 도덕적으로 모방하는 것이 아니라 존재론적인 결속, 즉 진정으로 그의 생명에 참여하는 것이다. 어거스틴은 시편 119편 주석에서 타락한 인류가 어떻게 삼위일체의 제2위격이신 말씀의 단단한 음식을 섭취할 수 있느냐고 묻는다. 그는 바울을 따라서(고전 2:2) 말씀이 육체를 입음으로써 젖이 되었기 때문에 그것이 가능하다고 말한다. 그는 우리가 성장하여 그분처럼 되려면 우리를 위해서 젖이 되신 그분을 먹어야 한다고 결론 내린다(『시편 설교』 119.2 [PL 37:1599]).[92] 하나님의 크신 자비가 우리의 소망의 원천이 된다는 이 메시지는 특히 『시편 설교』 83-85에서 강조된다. 거기에서 어거스틴은 다음과 같이 요약한다.

---

89) *En. in Ps.* 117.3 (PL 37:1496).
90) Cf. *En. in Ps.* 30.3.1 (PL 36:248).
91) Cf. *Enn. in Pss.* 130.13; 131.24 (PL 37:1714, 1727).
92) Cf. *Enn. in Pss.* 130.13; 131.24 (PL 37:1714, 1727).

"하나님이 만물을 세우실 때 기초로 삼으신 그의 말씀을 인류의 머리로 삼으시고 인류로 하여금 그와 연합하여 그의 지체가 되게 하사 말씀으로 하여금 하나님의 아들인 동시에 인간의 아들, 성부와 더불어 한 하나님이면서 사람들과 더불어 한 인간이 되게 하신 것이야말로 하나님이 인류에게 주신 가장 큰 선물입니다. 우리는 하나님께 기도할 때 그 아들을 분리하지 않습니다. 그 아들의 몸이 기도할 때 자신에게서 머리를 분리하지 않습니다. 따라서 그의 몸의 구주이신 하나님의 아들 우리 주 예수 그리스도께서 우리를 위해서 기도하시며 우리 안에서 기도하시고 우리의 기도를 받으십니다"(『시편 설교』 85 [PL 37:1081]).

어거스틴은 특히 그리스도가 길이요 진리요 생명이라고 선언하는 요한복음의 말씀(요 14:6)에 매료되어 있었다: "그리스도를 목표로 삼는다면 우리는 잘못되지 않을 것이다. 왜냐하면 그분은 우리가 달려가야 할 길이시며, 우리를 촉진해야 할 진리이시기 때문이다"(『시편 설교』 84.1 [PL 37:1069]).[93] 그러나 어거스틴은 그리스도에 대한 성경의 묘사, 그리고 자연계에서 취한 상징이나 인간의 활동에서 취한 모든 비유들을 활용하였다. 자연계에서 취한 것으로는 그리스도가 반석이라는 개념을 자주 사용했으며,[94] 인간의 활동에서 취한 것으로는 치유하시는 의원을 들 수 있다(종종 그리스도는 건강 자체로 언급된다).[95]

이것은 어거스틴의 신비주의적 가르침에 두 가지 기본적인 결과를 초래한다. 첫째는 우리가 하나님의 아들이라는 개념을 강조한 것(따라서 신화의 개념도 강조됨)이며, 둘째는 교회의 모든 활동이 그리스도의 활동이라고 강조한 것이다. 이레니우스나 아타나시우스 등의 교부들과 마찬가지로 어거스틴은 성육신의 궁극적인 목적을 인류의 신화라고 규정한다. "유한하고

---

93) Cf. *En. in Ps.* 66.5 (*PL* 36:807); and *En. in Ps.* 141.9 (*PL* 37:1838).
94) 반석으로서의 그리스도에 대해서 *Enn. in Pss.* 96.11; 113.1.11; 117.17; 136.21-22; 140.18을 보라.
95) *En. in Ps.* 102.5-6 (*PL* 37:1319-21)을 보라.

죽을 수밖에 없는 인간을 신성에 참여할 수 있게 하기 위해서 하나님의 아들이 죽을 운명에 동참하는 자가 되셨습니다"(『시편 설교』 52.6 [PL 36:646]). 이리하여 어거스틴은 음식 먹는 비유를 사용하여 그리스도께서 "자기 것들을 자기 자신으로 변화시킨다"라고 말할 수 있었다. 이 비유는 『고백록』 제7권에서 사용한 이미지, 즉 신적 음식을 먹음으로써 우리가 하나님으로 변화된다는 이미지를 상기시켜 준다. (여기에 성만찬적인 의미가 함축되어 있을 수 있음을 배제할 수 없다.)[96]

우리가 그리스도와 더불어 아들이 된다는 바울의 개념이 어거스틴의 모든 저서에 분명하게 드러난다.[97] 그러나 어거스틴이 어떻게 그러한 성경 본문들에서 독특한 신화의 교리를 이끌어냈는지는 그다지 잘 알려져 있지 않다. 제랄드 보너Gerald Bonner 및 여러 학자들은 어거스틴의 글에서 *deificari, deificatus* 등의 용어가 비교적 드물게 나타나지만, 그의 신화 교리의 실체에 대해서는 의문의 여지가 없음을 증명했다.[98] 그러나 신플라톤주의자들과는 달리 어거스틴은 신화의 기초를 영혼의 신적 기원, 즉 영혼의 본성적 신성에 두지 않는다. 영혼의 본성적 신성을 주장하는 것은 영혼이 깨어나기만 하면 참된 자아를 실현할 수 있다는 것이다. 영혼은 그 본질상 삼위일체의 생명에 참여하지만, 어거스틴의 신화는 이러한 피조된 참여가 아니라 그것에 토대를 두고서 양자가 되는 것이다. 그리스도만이 우리로 하여금 본래 의도되었던 존재가 될 수 있게 해 주신다. 즉 신인과의 결속을 통해서 삼위일체의 형상을 완전히 실현하게 해주신다. 신화는 이 세상에서 우리가 그리스도의 몸의 지체가 됨으로써 시작되지만, 천국의 기쁨에 들어갈 때에만 완성될 것이다. 『시편 설교』 49에서 그것을 다음과

---

96) *En. in Ps.* 32.2.2 (*PL* 36:278); cf. *Conf.* 7.10.16.

97) *Enarrationes*의 대표적인 본문으로는 52.6; 84.7; 102.19; 124.10; 139.7 등이 있다.

98) Victorino Capanaga, "La deificacion en la soteriologia agustiniana," in *Augustinus Magister* 2:745-54; and Bonner, "Augustine's Conceptof Deification," pp. 369-86.

같이 표현한다.

> "그가 인간은 신이라고 말씀하셨으므로 인간이 본질상 신으로 태어나는 것이 아니라 은혜로 신화됨이 분명하다.…그분이 의롭다 하심으로써 하나님의 아들들을 삼으시므로, 의롭다 하시는 분이 또한 신화시키신다.… 우리가 하나님의 아들이 되었다면, 또한 신이 된 것이다. 이것은 본성적인 출생에 의해서가 아니라 양자됨의 은혜에 의한 것이다"(『시편 설교』 49.1.2 [PL 36:565]).[99]

어거스틴은 항상 이러한 신화의 과정에 현세나 내세에서의 하나님과 인간 사이에 본질의 혼동이 포함되지 않는다고 주장했다.[100]

이처럼 어거스틴은 오리겐과 암브로스와 마찬가지로 개인적인 신비적 성취, 즉 현세에서 부분적으로 하나님을 보는 것이 교회 생활 안에서 이루어진다고 보았다. 어거스틴의 견해에 의하면 순전히 사적이거나 철저히 개인적으로 하나님을 보는 일은 있을 수 없었다. 현세에서는 우리가 그리스도의 몸 안에 연합함 안에서, 그리고 그것을 통해서만 하나님 현존의 은사가 주어질 수 있다.[101] "기뻐하며 감사합시다. 이는 우리가 그리스도인이 되었기 때문만 아니라 그리스도가 되었기 때문입니다"(『요한복음 설교』 21.8).

신비주의자 어거스틴: 몇 가지 이론적 문제

지금까지 논의된 세 가지 교리적 주제들(영혼이 상승하여 하나님을 보는 것, 영

---

99) 그 외의 중요한 본문으로는 *Sermo.* 166.4.4; *Sermo* 192.1.1; *Sermo* 344.1; *In Ep. ad. Gal.* 30.6; *Ep.* 140.4.10; *De civ. Dei* 9.23; and *Tr. in Jo.* 48.9가 있다.

100) E.g., *De mor. eec. cath.* 1.12.20 (PL 32:1320); *de Trin.* 6.3.4 (PL 42:976); *De nat. et grat.* 33.37 (PL 44:265).

101) *De civ. Dei* 11.2을 보라.

혼 속에 있는 삼위일체의 형상, 그리고 그 상승의 교회론적이고 기독론적인 맥락)이 어거스틴의 신비주의 가르침 전부를 철저히 다룬다고 할 수 없다. 그 주제들은 그의 신학 안에 있는 신비주의적 요소들의 내적인 일관성을 보여 주며, 동시에 그가 후대의 서방 신비주의 사상에 가장 영향을 많이 끼친 분야들을 보여 주려는 의도를 지닌다. 그 주제들은 또한 어거스틴의 신비주의의 본질에 대한 논쟁을 다시금 불러일으킨다. 어거스틴은 어떤 의미에서 신비주의자인가? 이 마지막 단락에서는 어거스틴을 "신비주의자"라고 명명하는 데 포함되어 있는 모호성을 다루려 한다.

17세기 이전의 서방 사상가들이 그렇듯이 어거스틴은 "신비주의"라는 말의 의미를 알지 못했을 것이다. 그의 사상의 신비주의적 측면들은 하나의 전체의 일부로서 그러한 구분과 전혀 관계가 없었다. 어거스틴은 구원의 신비와 관련된 것의 내적 의의를 언급하면서 "mysticus"와 "mystice" 같은 수식어들을 자주 사용했는데,[102] 그 수식어들의 헬라어 어근이 가지고 있는 일차적인 뜻인 "감추어진" 혹은 "은밀한"이라는 의미를 고수한다. 그 단어들은 "말씀은 신비하다"mystice dicta sunt, 7회라고 말하거나 "신비한 지시"mystica significatio, 13회라고 말할 때처럼 성경의 보다 깊은 의미를 언급할 때에 자주 사용되었다. 성경 본문에서 지적한 거룩한 역사상의 인물들과 의식儀式들과 사건들은 내적인 의미를 가지고 있다: 옛 족장들과 선지자들은 "신비하게 살았다"(Against Faustus 12.48); 그리스도의 수난은 신비한 것이며, 그의 십자가를 신비하게 우리 마음속에 세운 것은 우리 죄의 상처를 가리킨다(Against Faustus 33.1; 32.7, 19); 신약과 구약의 기름부음은 종종 "신비적"이라고 묘사된다. 성찬 봉헌은 "신비한 기도"이며(『삼위일체론』 3.4.10), 물고기의 기적(요 21:9-11)은 "복되고 신비하고 위대한 교회"를 상징한다(『편지』 252.7). 어거스틴은 일반적으로 기독교 신앙이나 관습이라는 의미에서 "신비한 말씀과 일들"(『고백록』 13.20.28)에 대해 말하였다.

---

102) Thesaurus Augustinianus에 의하면 어거스틴은 그 용어를 124회 사용한다.

기독교에는 신자가 세례 때에 연합을 통해서 그리스도에게 참여하라는 부름을 받는 내적인 차원이 포함된다는 인식이 어거스틴 신비주의의 함축적인 기반이다. 물론 어거스틴은 기독교 안에 있는 이 요소를 기술하기 위한 언어의 발달 면에서 그다지 진보되지 못한 단계를 대변하지만(예를 들어 디오니시우스와 비교해 볼 때), 그리스도인들이 하나님을 찾고 만지고 보기 위해서는 이 신비의 깊은 곳으로 꿰뚫고 들어가야 한다는 그의 인식은 신학적인 초석이 되었으며, 이것이 후일 라틴 기독교 안에서 형성된 보다 분명한 신비 이론들의 기초가 되었다. 아직 미분화 단계이긴 하지만 어거스틴을 근본적인 서방의 신비주의자로 보는 이러한 견해 덕분에, 우리는 그의 사상 안에 있는 신비적 요소들의 의미와 적합성에 대해 제기된 특수한 질문들에 새로이 접근할 수 있다.

몇몇 저자들은 신비적 봄에 대한 어거스틴의 서술 및 이론이 부적절하고 애매하다고 보았다. 예를 들어 왓트킨E. I. Watkin은 어거스틴이 자주 사용한 분명한 환상vision이라는 플라톤적 범주와 불분명한 직관 속에서 발생하며 보는 것보다는 만지는 것에 가까운 하나님과의 모든 접촉이 지니는 실제적 본질이 근본적으로 일치하지 않는다고 본다.[103] 그렇지만 하나님 경험에 대한 어거스틴의 설명은 환상vision이라는 비유에만 의지하지 않는다. 그는 그러한 만남이 지닌 모호함을 전달하기 위해서, 환상이라는 표현과 다른 영적 감각에서 취한 은유들을 뒤섞어 사용함으로써 의도적인 혼동이라고 볼 수 있는 것을 만들어 냈다. 우리는 이처럼 여러 가지 감각을 뒤섞어 사용한 몇 가지 예를 살펴보았다(『고백록』10.27.37; 시편 설교 41.9). 애용되고 있는 시편 본문인 "하나님께 가까이 함이 내게 복이라"(시 73:28)는 말씀이 제시하듯이 그의 글에는 접촉뿐만 아니라 매달림, 가까이 함, 달라붙음, 포옹 등 촉각과 관련된 표현들이 무척 많다. 하나님의 직접적인 임재

---

103) Watkin, "Mysticism of St. Augustine," pp. 114-17.

의식의 모호성을 강조하는 또 다른 주제는 "영적 취함"이다.[104] 이것을 가장 상세하게 전개하고 있는 예를 시편 35편 9절에 대한 그의 주석에서 발견할 수 있다(『시편 설교』 35:14 [PL 36:351-52]).[105] 여기에서도 어거스틴은 왓트킨의 비판에 대한 직접적인 대답을 한다.

> "형제들이여, 진리가 우리에게 선포되는 통로인 거룩한 말씀과 마음의 움직임이라는 문제에 있어서 우리는 그것들이 선포하는 바를 말할 수 없고 생각할 수도 없습니다"(『시편 설교』 35:19 [PL 36:351]).

어거스틴은 현세에서의 직접적인 하나님 체험을 분명히 표현할 수 있다고 생각하지 않았다. 시각과 관련된 것이거나 다른 영적 감각에 관련된 것이거나, 그가 사용한 이미지들은 모두 표현할 수 없는 것을 암시하되 제한하지 않으려는 전략이었다. 오리겐 및 여러 동방의 저자들처럼 영혼의 영적인 감각들에 대한 형식적 이론을 거론함이 없이,[106] 어거스틴은 공감각共感覺의 형태가 하나님 임재에 대한 직접적인 의식의 말로 표현할 수 없는 풍성함을 전달하는 데 도움이 된다고 강조함으로써 서방 신비주의 역사에 공헌하였다.

어거스틴은 직접적인 하나님 의식의 특별한 본질을 묘사하기 위하여 성경에서 발견되는 또 다른 용어인 "몰아경"*ecstasis*과 "일탈"*excessus*을 자주 사용하였다.[107] 이 단어들은 후대의 서방 기독교 신비주의에서 오랜 역사를 가지고 있는데, 특히 어거스틴의 글에서 그 말들이 등장하였기 때문이

---

104) Hans Lewy, *SOBRIA EBRIETAS: Untersuchungen zur Geschichte der antiken Mystik*. Beihefte *zur Zeitschrift für die neutestamentliche Wissenschaft* 9 (Giessen: Töpelmann, pp. 1929).

105) *Contra Faustum* 12.42 (*PL* 42:276-77); *Sermones* 34.1.2;225.4 (*PL* 38:210,1098); and *En. in Pss.* 74.11 등을 보라.

106) P.-L. Landsberg, "Les sens spirituels chez saint Augustin," *Dieu vivnat* 11 (1948): 83-105.

107) Thesaurus Augustinianus에 의하면, estasis는 어거스틴의 저술에서 87회 사용된다.

다.[108] 어거스틴은 몇 가지 저서에서 신비한 환상을 나타내는 삼중 예표론을 간단히 요약했는데, 그것을 살펴보지 않고서는 그가 이 용어들을 사용한 의도를 이해할 수 없다. 어거스틴은 393년경에 저술한 『아디만투스 논박』Against Adimantus에서 환상vision에 대한 자신의 이론을 개진했다.[109] 그러나 그가 그 주제에 대한 자기의 생각을 충분히 제시한 것은 413년경에 저술한 『창세기에 대한 문자적 주석』 제12권에서였다. 같은 시대의 것인 『편지』 147도 환상에 대한 일반 이론을 신비가의 몰아적인 환상에 연결한다는 점에서 중요하다.[110]

어거스틴이 자신의 이론을 설명하면서 관심을 둔 것은 인식론적인 것이 아니라 신비주의적인 것이었다: 『창세기에 대한 문자적 주석』 제12권은 바울이 고린도후서 12장 2-4절(12.1.1-12.5.14)에서 언급한 낙원에 대한 환상을 어떻게 이해해야 하는가 하는 수수께끼로부터 시작한다. 『편지』 147은 보이지 않는 하나님을 육신의 눈으로 볼 수 있는가 하는 바울의 물음에 대한 응답이다. 어거스틴이 육체적 봄, 영적(혹은 상상의) 봄, 그리고 지적 봄을 구분했다는 것은 잘 알려져 있다(12.6.15-12.7.16; 12.24.51). 이 세 종류의 구분은 두 가지 차원에서, 즉 우리가 일상적인 형태의 지식 안에서 볼 때, 그리고 특별한 신적 행위에 의해서 우리가 볼 대상이 제시될 때에 참이다.

『창세기에 대한 문자적 주석』 제12권이 서방 신비주의 역사에 영향을 미칠 수 있었던 것은 우선적으로 몰아적 상태에 대한 세심한 기술 및 현세에서 하나님을 직접 이해할 수 있는 가능성에 관한 주장 때문이었다. 자

---

108) Excessus (mentis)는 시 30:23; 67:28; 115:11; 행 10:10 등 신비 체험을 암시하는 본문에 등장하며 고린도후서 5:13과 연결되어야 한다. 어거스틴의 저술에서는 *De Gen. ad lit.* 8.25.47; 12.12.26 (*PL* 37:391,467); *Epp.* 120.11; 147.13.31 (*PL* 33:457, 610); *Sermo* 52.6.16 (*PL* 38:360)등에서 사용된다. Butler, *Western Mysticism*, pp. 60-61,71-78; Bell, *Image and Likeness*, pp. 86-87; and esp. J. Maréchal, "La vision de Dieu au sommet de la contemplation d'après saint Augustin," Nouvelle Revue théologique 57 (1930): 89-109, 191-214.

109) *Contra Adimantum* 28.2 (*PL* 72:171-72)을 보라.

110) *De Gen. ad lit.* 12 (*PL* 37:453-86); *Ep.* l47 (*PL* 33:596-622).

연적인 원인들의 산물일 수도 있고, 은혜의 특별한 개입의 산물일 수도 있는 몰아의 상태는 "영혼의 의도가 육체의 감각들로부터 완전히 멀어지거나 빠져나갈 때"(12.12.25) 발생한다고 정의된다. 이러한 상태에 있는 영혼은 감각에 의해서는 아무것도 보지 않으며, 내면에서 상상으로나 지적으로 보는 데 열중한다. 제12권에서는 하나님이 주시는 황홀 상태에 대해 논하는데, 그것은 계시록에서 요한이 경험한 것처럼 상상적인 것일 수도 있고 지적인 것일 수도 있다(12.26.53-54). 어거스틴은 이 지고의 무오한 유형에 관해서 이렇게 말한다.

> "하나님의 은혜로 말미암아 고양된 인간의 정신이 받아들일 수 있는 한 상징이나 유형적 환상을 통하지 않고…영적인 환상을 통하지 않고…어두운 표상을 통하지 않고 직접 볼 수 있는 주님의 광채가 있다"(『창세기에 대한 문자적 주석』 12.26.54 [PL 34:476]).

제12권의 후반부에서 동일한 메시지가 두 번 반복된다. 하나는 모세가 하나님을 본 것에 대해 논하며(12.27.55 [PL 34:477]), 다른 하나는 지적인 환상에 어떻게 영혼 내부에 있는 지성적인 실체들과 하나님이신 빛을 보는 일이 포함되는가를 보여 준다(12.31.59 [PL 34:480]).[111] 이 두 가지는 어거스틴이 현세에서도 몰아적인 순간에 직접 하나님을 볼 수 있다고 주장했음을 보여준다. 동일한 가르침이 『편지』 147에서도 확인된다.[112]

어떤 사람들은 어거스틴이 현세에서 하나님을 보는 것이 불가능하다고 말하는 듯한 많은 본문들을 지적함으로써 이 점에 있어서 어거스틴이 일관성이 없다고 비난하려는 듯하다.[113] 그러나 그의 사상의 전체적인 맥락

---

111) Cf. *Conf.* 7.10.16.

112) Basil Studer, *Zur Theophanie-Exegese Augustins* (Rome: Herder, 1971)을 보라.

113) 현세에서 하나님을 보는 것이 불가능하다고 주장하는 듯한 본문은 다음과 같다: *Sermo* 255.5.5 (PL 38:1188); *De Trin.* 4.7.11 (PL 42:895-96); *De civ. Dei* 22.79-30 (PL 41:796-804); *Enn. in Pss.* 36.1.12; 37.28; 43.5 (PL 36:362-63, 411-12; 487-85).

에서 보면, 그러한 구절들은 하나님을 보는 일의 완성이 장차 천국에서 이루어진다는 것을 강조하는 것으로 해석되어야 한다. 어거스틴은 항상 안정된 지복은 내세에서만 획득할 수 있다고 주장했다. 천국은 "흠 없이 보며 다함 없이 사랑하는" 땅이며, 그곳에서 "우리가 할 일은 오로지 하나님을 기뻐하고 찬양하는 것일 것이다."[114] 우리가 이 세상에서 받는 모든 것은 천국에서 누리는 완전함과 비교할 때에 그 강렬함에 차이가 있으며, 지속되는 기간도 다르다.

이러한 종류의 환상vision을 뒷받침하는 성경적인 증거를 모세와 바울에게서 찾아 볼 수 있지만, 어거스틴이 이러한 현현이 그들에게만 나타났다고 믿었다는 것은 아니다. 『요한복음 설교』에서는 사도 요한에게도 똑같은 것을 적용한다.[115] 그리고 『시편 설교』 전체의 기본 취지 및 기타 다양한 본문들은 어거스틴이 모든 기독교인들은 현세에서 하나님만이 아시는 방법으로 하나님 임재의 경험에 동참하라는 부름을 받았다고 생각했음을 입증한다.[116] 어거스틴은 대부분의 신비주의자들과 마찬가지로 하나님 임재의 경험이 지속되는 기간이 짧다는 것을 자주 강조했지만 『시편 설교』 134에서는 현세에서도 "오랫동안" 즉 "얼마 동안" 하나님께 시선을 고정할 수 있는 사람들이 있었다고 생각했음을 암시해 준다(134.6 [PL 37:1742]).[117]

이 주제에 대한 고찰을 마치기 전에 다루어야 할 문제가 한 가지 더 있다. 어거스틴이 말하는 환상 혹은 경험이 중개에 의한 것인가, 아니면 직접적인 것인가? 이 문제와 관련하여 버틀러Cuthbert Butler, 조제프 마레샬

---

114) *Enn.in Pss.* 85.11 and 86.9 (*PL* 37:1089 and 1107)를 결합한다. *Enarrationes*에는 천국의 기쁨을 다룬 본문들이 많다.

115) *Tr. in Jo.* 36.5 (*PL* 35:1666); cf. *De cons. ev.* 1.7; 4.20 (*PL* 34:1045,1227-28).

116) Butler, *Western Mysticism*, pp. 208-10; Burnaby, *Amor Dei*, pp. 64-75.

117) Poque, "L'expression de l'anabasee plotinienne," pp. 57-57; Bell, *Image and Likeness*, pp. 80-81.

Joshep Marechal, 폴 헨리Paul Henry 등 최고 형태의 황홀경이 직접적인 성격을 지닌다고 주장하는 학자들, 그리고 하나님을 보는 모든 형태는 중개되는 것, 즉 "거울을 통하여 보는 것처럼 희미하게"(고전 13:12) 발생한다고 주장하는 풀베르 까이레Fulbert Cayre와 같은 현대 학자들 사이에 논란이 있었다.[118] 이것은 양측이 어떤 사물에 대해서 말할 때에 사용하는 용어 상의 차이점에 대한 논란일 수도 있다. 그러나 앞서 인용했던 『창세기에 대한 문자적 주석』 제12권의 구절을 고려해 보면, 지상에서 발견되는 것과는 다르게 하나님과의 직접적이고 즉각적인 접촉이 "정신의 일탈"*excessus mentis*에 주어진다는 것을 어거스틴이 믿지 않았다고 주장하기는 어렵다. 어거스틴은 이러한 직접성(비매개성)을 어떻게 이해해야 하는가에 관련된 난해한 철학적·신학적 문제들을 다루지 않았지만 그는 현세에서 그러한 하나님 경험이 가능하다고 생각했다.

앞서 살펴본 것처럼 "하나님을 봄"은 *totus Christus*, 즉 온전하신 신인神人의 장막 안에서만 획득될 수 있다. 이러한 "봄"에는 "하나님의 형상"이 그 참된 본래의 목표로 회복되는 것이 포함된다. 그러나 그것은 영지주의자들이 주장한 것처럼, 내면에 감추어져 있는 신적 불티를 드러내는 것이 아니다. 우리의 회복이란 원래 인류를 하나님께로 인도하려는 의도를 지녔으나 아담의 죄 안에서 손상되었던 능력들을 부활시키는 것이다. 이 능력들은 은혜의 선물을 통하여 일시적으로나마 직접적이고 말로 형언할 수 없는 삼위 하나님의 현존을 경험할 수 있다. 비록 정도의 차이가 있지만 이 경험은 모든 신실한 기독교인들에게 개방되어 있다. 바로 이러한 이유 때문에 어거스틴은 기독교적 완전으로의 소명에서 비전주의秘傳主義를 철저히 배제했다.

요한복음 16장 12-13절을 주석한 세 편의 설교(『요한복음 설교』 96-98, 415

---

[118] Maréchal, "La vision de Dieu," pp. 191-213; Henry, *Path to Transcendence*, pp. 78-88; Cayré, *La contemplation augustinienne*, pp. 129-30, 171, 193-95.

년이나 그 이후에 저술됨)는 비전주의의 위험을 다룬 교부들의 글들 가운데서 가장 상세하며 예리한 글일 것이다.[119] 그리스도께서 제자들에게 말해야 했으며(16:12) 장차 성령께서 알려 주실(16:13) "많은 것"은 사람들에 의해서 밝혀지는 비밀들이 아니다. 모든 참된 가르침은 인간 교사들에게서 오는 것이 아니라 우리 안에 거하시는 성령으로부터 온다(『설교』 96.4). 단순한 가르침의 젖을 먹다가 고등 교리라는 단단한 음식을 먹게 되는 것은(참조. 고전 3:2) 그리스도와 그의 성령의 역사이다(『설교』 97). 비록 어거스틴은 기독교 메시지를 받아들여 적용하는 데 있어서 수준 차이가 있음을 인정하지만(육적 신자들과 영적 신자들) 그 내용은 항상 동일하다. 어떤 사람들은 십자가에 달리신 그리스도를 젖으로 받아들이며, 어떤 이들은 단단한 음식으로 받아들인다. "왜냐하면 많이 듣지 않는 사람이 많이 이해하기 때문이다"(『설교』 98.2). 그러므로 어거스틴은 이렇게 결론을 내린다: "어떤 은밀한 가르침을 아직 어린아이 같은 신자들에게는 감추며, 진보된 사람들, 즉 보다 지적인 사람들에게만 개인적으로 말할 필요가 없는 듯하다"(『요한복음 설교』 98.3 [PL 35:1881]). 어거스틴은 영적인 신자들이 청중의 수준에 맞추어 메시지를 전달해야 할 필요성을 인정하지만, 메시지의 내용은 동일하다.[120]

어거스틴의 신비적 가르침의 범위를 보다 분명히 파악하려면 현세에서 직접적인 신적 임재를 의식할 수 있는 가능성에 관한 어거스틴의 견해에 대해서 세 가지 질문을 더 해야 한다. 첫째 질문은 이러한 관상적 경험과 적극적인 사랑의 삶의 관계라는 친숙한 주제를 다룬다. 둘째 질문은 이 특별한 의식이 우리의 일상적인 이해와 사랑의 활동에 어떻게 관계되는가, 즉 신비적 여정에서 사랑과 지식이 행하는 역할에 대한 질문이다. 셋째 질

---

119) *Tr. in Jo.* 96.98 (*PL* 35:1873-85). Capelle, "Le progrès de la connaissance religiuese d'après s. Augustin," *Recherches de Théologie ancienne et médiévale* 2 (1930): 410-19.

120) 어거스틴은 *Tr. in Jo.* 98.8 (*PL* 35:1885)을 거짓 계시에 대한 공격으로 마무리한다.

문은 어거스틴이 궁극적인 목표, 즉 천국에서의 상급을 완전히 보는 것을 어떻게 이해하는지에 대한 간단한 개관이다.

우리는 이미 "봄"theōria과 "실천"praxis을 구분하는 고대 그리스의 패러다임을 기독교 사상가들이 채택하여 변형하였음을 살펴보았다. 원래 고대 그리스인들에게 있어서 철학적인 삶과 정치적인 삶이라는 두 가지 생활 방식을 이루는 두 가지 활동의 차이점을 의미했던 것이 알렉산드리아의 클레멘트를 비롯한 기독교 사상가들의 손을 거치면서 하나님에 대한 신비적 관상과 복음서에서 명한 적극적인 사랑의 종교적 차이점을 의미하게 되었다. "theōria"의 의미를 추론적인 사유思惟에서 초이성적인 통찰로 변화시킨다는 점에서 기독교인들은 신플라톤주의자들과 일치하지만, "관상생활" vita contemplativa에서 "실천생활" vita activa을 배제할 수 없다고 주장하는 점에서 신플라톤주의자들과 다르다.[121] 어거스틴은 교부들 중에서도 이것을 가르친 최고의 인물이었으며, 그 점과 관련해서 후대의 서방 사상의 중요한 원천이다.[122]

어거스틴은 『신국론』에서 바로Varro에게서 알게 된 세 가지 생활 방식―관상생활, 실천생활, 혼합된 생활―에 대해서 주석하면서, 자기의 견해를 요약한다.

"믿음이 보전되는 한, 사람은 이러한 생활 중 한 가지를 영위하여 영원한 상급에 이를 수 있다. 중요한 것은 진리에 대한 사랑을 얼마나 굳게 붙들며, 사랑의 의무를 얼마나 중요하게 여기느냐 하는 것이다. 이웃의 궁핍함을 생각하지 않은 채 관상에 몰두해서는 안 된다. 또 활동에 치중하여 하나님에 대한 관상을 등한시해서도 안 된다"(『신국론』 19.19 [PL

---

121) Nicholas Lobkowicz, *Theory and Practice: History of a Concept from Aristotle to Marx* (Notre Dame: University of Notre Dame Press, 1967), chaps. 1-5.
122) 관상과 활동에 대한 어거스틴의 가르침을 알려면 다음을 보라: Butler, *Western Mysticism*, pp.195-210; Lobkowicz, *Theory and Practice*, pp.63-68; G. O'Daly and L. Verheijen, "Actio-contemplatio," *Augustinus-Lexikon* 1:58-63.

41:647]).[123]

어거스틴은 오리겐과 암브로스의 본을 따라서 자주 창세기의 라헬과 레아, 사도 요한과 베드로, 특히 마리아와 마르다처럼 성경에 등장하는 한 쌍에 의해서 기독교적 삶의 두 가지 측면의 관계를 제시하였다.[124] 그의 가르침은 한결같다: 두 가지 양식의 삶 모두 선하다. 그러나 관상생활이 더 고귀한데, 이는 그 생활이 천상적인 목표에 보다 직접적으로 연결되어 있기 때문이다(참조. 『요한복음 설교』 101.5). 그러나 현세에서 우리는 언제나 실천적인 사랑의 요구들이 개입될 때에는 관상의 기쁨을 포기하라는 복음의 명령을 받고 있다. 비록 어거스틴이 "실천적 삶"을 국가 안에서의 정치 활동이 아니라 이웃에 대한 사랑의 봉사 생활로 이해하고 있으며, 또 니콜라스 로브코비츠Nicholas Lobkowicz가 말한 것처럼 "행동의 모호성들"을 완전히 해결하지는 못했지만 그의 사상은 "실천적 삶"이 기독교인으로서 완전한 삶, 즉 이 완전의 맥락에서 정의되어야 하는 인생 행보라는 생각을 낳았다."[125]

둘째 주제는 신비한 경험을 획득함에 있어서 지성과 사랑의 역할에 대한 어거스틴의 견해와 관련된다. 어거스틴의 글을 선별적으로 읽은 사람들은 그를 확실한 지성주의자로 간주해왔다.[126] 어거스틴의 영성에 대해 저술한 최근의 학자들은 그의 신비 이론의 특징이 정서성affectivity이라고 강조하

---

123) Cf. *Ep.* 48 (*PL* 33:187-89).

124) 라헬과 레아에 대해서는 *Contra Fausum* 22.53-54; *De cons. ev.* 1.5.8을 보고, 요한과 베드로에 대해서는 *Tr. in Jo.* 124.5-7; 마리아와 마르다에 대해서는 *Sermones* 103.5;104.4; 169.17; 179.4, 255; *De Trin.* 1.10.20을 보라. 마리아와 마르다에 관한 완전한 개관서로는 D. Csányi, "OPTIMA PARS: Die Auslegungsgeschiehte von Lk. 10, 38-42 bei den Kirchenvätern der ersten vier Jahrhunderte," *Studia Monastica* 2 (1960), pp. 65-74을 보라.

125) Lobkowicz, *Theory and Practice*, p. 68.

126) E.g., Hans Meyer, "War Augustin Intellektualist oder Mystiker?" in *Augustinus Magister* 3:429-37.

는데, 이것이 보다 정확한 견해이다.[127] 어거스틴이 하나님을 누리며 하나님을 향해 가는 데 있어서 지성과 의지가 반드시 필요하다고 여겼음은 확실하다. 문제는 이 매우 신비하고도 중요한 여행에서 두 가지 영혼의 활동이 행하는 특별한 역할들을 어떻게 해야 가장 잘 해명할 수 있는가에 있다.

하나님께 도달하는 데 있어서 사랑과 지식 모두가 필요하다고 어거스틴이 주장하는 구절들을 열거하기는 쉬울 것이다. 그러나 보다 중요한 것은 하나님께로 복귀하는 데 있어서 이 두 활동(두 기능이 아님)이 행하는 역할을 확인하는 것이다. 이 문제의 핵심은 어거스틴이 "봄"visio이라는 활동을 이해한 방법을 인식하는 것이다.

최근 마가렛 마일즈Margaret Miles는 플라톤적 모델들에 기초를 두고 있는 어거스틴의 감각 인식 이론, 특히 봄vision의 이론은 수동적 수용론이 아니라, 유형적인 대상들을 지적인 것으로 만들기 위해 빛을 발산함에 있어서 영혼이 주도적인 역할을 취하는 상호작용론이라고 강조하였다.[128] 다시 말해서 영혼은 물체를 보는 데 있어서 적극적인 역할을 하기 때문에 물체를 보는 것이다. 즉 영혼은 표면적 대상을 감싸고 있는 빛을 대하는 눈으로 광선을 발사함으로써 그 대상이 보이게 만든다. 감각 기관들은 도구로서 필요하다. 이 유추를 따르자면, 어거스틴은 모든 종류의 인식(앎)을 일종의 능동적인 "봄"의 형태로 생각하였다. 이 이론은 철학적 인식론의 차원에서 많은 어려움을 지니지만 그것이 소위 "하나님을 봄"의 신비적 인식론이라고 할 수 있는 것 안에서 사랑과 지식을 연결한 어거스틴의 방법을 이

---

127) E.g., Bonner, "Spirituality of Augustine," p. 149; Teselle, "Augustine," pp. 28-30. 사랑에 대한 어거스틴의 사상을 알려면 Burnaby, *Amor Dei; Combes, La charité d'après Saint Augustine*; and O'Donovan, *Problem of Self-Love;* and Isabelle Bochet, *Saint Augustin et le désir de Dieu* (Paris: Études Augustiniennes,1982). 최근에 나온 간단한 개론서로는 D. Dideberg, "Amor," *Augustinus-Lexikon* 1:294-300을 보라.

128) M. Miles, "Vision: The Eye of the Body and the Eye of the Mind in Saint Augustine's De Trinitate and Confessions," *Journal of Religion* 63 (1983): 125-42.

해하는 중요한 열쇠이다.

어거스틴만큼 자주 심원하게 사랑의 본질을 언급한 교부는 거의 없었다. 사랑은 영혼의 무게(『고백록』 13.9.10)이며, 영혼의 발(『시편 설교』 9.15)이며, 영혼이 오르내리는 길(『시편 설교』 85.6)이다. 어거스틴의 견해에 의하면 "사람은 사랑하는 것에 의해서 판단된다"(『요한일서 설교』 2.14). 그러나 어거스틴은 갈망보다 지식이 선행해야 한다는 것을 인정한다. 본래 알 수 없는 분인 하나님을 갈망할 경우 하나님에 대한 지식은 어디에서 오는가? 이에 대한 대답은 믿음과 사랑이 제공한다. 어거스틴은 시편 105편 4절("여호와와 그의 능력을 구할지어다 그의 얼굴을 항상 구할지어다")을 주석하면서, 이 질문에 대해 보석 감정사와 같은 대답을 제공한다. 항상 그 얼굴을 구한다는 것, 즉 하나님의 현존을 구한다는 것은 그분을 발견하는 것을 배제하는 듯하다. 그러나 이 본문이 시사하는 바는 하나님이 믿음 안에서 이미 발견되었으며, 그러면서도 현세에 있는 동안 소망에 의해서 영원히 추구되어야 하는 분이라는 것이다. 이 둘을 연결하여 묶는 힘은 우리 마음속에 부어지는 하나님의 사랑 caritas이다. "사랑은 믿음을 통하여 하나님을 발견하며, 또 현상을 통하여 하나님을 소유하기를 추구한다. 거기에서 하나님을 발견할 때에 우리는 만족하여 더 이상 하나님은 찾으려 하지 않는다"(『시편 설교』 104.3 [PL 37:1391]). 하나님이 먼저 우리를 사랑하신 그 사랑(요일 4:14)이 우리 마음에 들어와서 믿음 안에서 하나님에 대한 희미하지만 새로운 지식과 새로운 종류의 "열망"을 준다. 이 열망은 영혼의 새로운 눈의 기능을 하며 형언할 수 없는 대상을 찾아 내는 광선의 근원이다. 이 새로운 방식의 "봄"은 우리 안에 있지만 우리의 것은 아니다. 그것은 우리의 협력을 요구하지만, 그 작용은 하나님으로부터 온다.[129] 이것이 『고백록』에서 시작하여 『삼위일체론』의 후반부, 그리고 『시편 설교』에 풍부하게 제시되어 있는 어거스

---

129) 하나님의 사랑의 우위를 다룬 것으로는 *En. in Ps.* 118.2f.6 (*PL* 77:1582)가 있다.

틴의 한결같은 가르침이다.[130]

어거스틴이 시편 17편을 주해하면서 말한 것처럼, 하나님은 "사람이 사랑에 의해서가 아니고는 결코 자신에게 접근할 수 없음을 보여 주기 위해서 지식의 충만을 초월하셨다"(『시편 설교』 17.11 [PL 36:149]).[131] 하나님을 보려면, 먼저 마음이 치유되어야 한다.[132] 이 치유는 그리스도의 몸된 교회 안에서 이루어지는 사랑이신 성령의 역사이다.[133] 우리가 지닌 사랑의 분량은 우리가 현세에서 하나님을 보는 척도이다. "우리가 하나님을 뜨겁게 사랑할수록, 그만큼 더 확실하고 고요하게 하나님을 보게 된다. 왜냐하면 우리는 하나님 안에서 불변하는 정의, 즉 어떻게 살아가야 하는가를 판단하는 기준이 될 정의를 보기 때문이다"(『삼위일체론』 8.9.13 [PL 42:960]). 하나님이 이따금 자신을 열렬히 갈망하는 사람들에게 선물로 주시는 잠시 동안의 섬광같은 몰아적 의식을 제외하고는 이 세상에서 부분적으로만 이것을 경험할 수 있지만, 사랑은 지식의 충만으로 이어진다.[134]

사랑은 우리로 하여금 갈망하는 것을 굳게 붙들게 하는 "접착제"이며(『삼위일체론』 10.8.11), 하나님의 사랑은 우리를 하나님께 묶어주는 참된 접착제이다(『시편 설교』 62.17 [PL 36:758]). 어거스틴은 개인의 영혼과 하나님의 연합이 아니라 모든 신자를 그리스도의 몸에 결속시켜 주는 유대로서의 연합을 말했다.[135] 비록 개인의 영혼이 사랑을 통해서 하나님을 보거나 만지

---

130) 일부 학자들은 사랑의 중심적 역할이 카시아쿰 시대의 초기 저술에서는 분명히 제시되지 않는다고 주장해왔다. (e.g., Burnaby, *Amor Dei*, pp. 80-82,143).

131) Cf. *Contra Faustum* 32.18 (PL 42:507).

132) *En. in Ps.* 39.21 (PL 36:447)을 보라.

133) 성령이 우리 안에 임재하시는 표식인 사랑에 대해서는 *Tr. in 1 Jo.* 6.8-9 (PL 35:2024-25)을 보라.

134) E.g., *En. in Ps.* 79.2 (PL 36:1022). 어거스틴의 신령한 가르침을 반-펠라기우스주의 입장에서 요약한 중요한 저술인 시편 118편에 관한 32편의 설교에 대해서 알려면 다음을 보라: C. Kannengiesser, "Enarratio in psalmum CxvIII: Science de la révelation et progrès spirituel," *Recherches Augustiniennes* 2 (1962): 359-81.

135) Cf. *Tr. in Jo.* 27.6 (PL 35:1615); and *Tr. in 1 Jo.* 10.3 (PL 35:2055-56).

는 방법에 대한 그의 가르침이 신비적 연합을 이해하는 "영적 연합"unitas spiritus 형식에 맞는다고 해석되어 왔고 또 그렇게 해석할 수도 있겠지만,136) 그가 일반적으로 연합이라는 언어를 피한 것은 그의 신비주의와 플로티누스 신비주의의 관계에 대한 중요한 메시지를 포함하고 있다.

위대한 신플라톤주의자인 플로티누스에 대한 어거스틴의 지식, 특히 『에네아드』 6.4-5에 대한 지식에 비추어 볼 때 어거스틴이 연합이라는 표현을 피한 것은 사려 깊은 비판이라고 볼 수 있다. 아마 이러한 함축적인 비판을 토대로 어거스틴이 우리의 하나님 현존 의식을 묘사하기 위해서 시각과 관련된 표현을 사용한 것도 조명해 볼 수 있을 것이다. 어거스틴이 영적으로 보는 시각적인 표현을 다른 감각, 특히 청각, 후각, 촉각 등과 관련된 표현과 결합하여 사용했는데, 이것은 완전히 수동적이지는 않지만 다소 수동적인 함의를 가진다. 어거스틴의 견해에 의하면 하나님은 영혼을 하나님에게로 고양시켜 주는 "사랑"caritas의 목적을 심으실 뿐만 아니라, 그 여정의 목표 지점의 값없는 사랑의 선물 안에 자신을 나타내신다. 그 만남에 관해서 미리 정해져 있는 것은 아무것도 없다. 플로티누스가 주장하듯이 영혼은 자신이 내적으로 일자와의 동등함을 발견하는 것이 아니며, 하나님의 사랑을 통한 신적 계시를 받는다.137)

오리겐과 암브로스에게서 살펴보았듯이 이처럼 사랑 안에서 값없이 내어주는 형태는 아가서의 에로틱한 표현에 호소할 수도 있을 것이다. 그러나 여기에서 어거스틴은 우리를 놀라게 한다. 어거스틴은 자신의 보다 원숙한 저서에서 일반적인 의미로 하나님을 향한 갈망에 대해서 어느 신비주의자보다 더 자주 언급했지만, 하나님과 영혼의 만남을 묘사하기 위하여 남녀 간의 사랑을 다룬 성애적 표현의 사용을 피했다.

---

136) 하나님과의 연합을 신비적 연합으로 이해하는 것에 대해서는 다음을 보라: B. McGinn, "Love, Knowledge and Unio Mystica in the Western Christian Tradition," in *Mystical Union and Monotheistic Faith*, ed. M. Idel and B. McGinn (New York: Macmillan,1989), pp. 59-86.
137) 이 점을 명확히 하는 데 있어서 J. Patout Burns의 도움이 컸다.

이것을 육체와 성욕에 대한 어거스틴의 견해 탓으로 돌릴 수도 있을 것이다.[138] 어떤 관점에서 볼 때 어거스틴은 성에 대해서 실제로 암브로스나 제롬보다 더 적극적인 견해를 취하여 성욕이 타락의 결과가 아니라는 것, 낙원에도 결혼생활이 존재했다는 것, 그리고 색욕의 근원은 성적 충동에 있는 것이 아니라 왜곡된 의지에 있다고 인정했다. 그러나 다른 관점에서 볼 때, 타락의 저주 아래서 성이 언제나 얼마나 깊이 작용하는가에 대한 인식이 증가함에 따라서 어거스틴은 이 타락한 성과 관련된 표현을 말씀을 향한 개개인의 사랑을 묘사하기 위한 언어로 사용하는 것이 바람직한 일인지 의심하게 되었다. 피터 브라운Peter Brown의 말을 빌리면, 후일 어거스틴은 "성이 교란시키는 영구한 대적"[139]으로서 어떠한 그리스도인도, 심지어 순결한 그리스도인이라도 그것에 대해서 안심할 수 없다고 했다.

회심하여 성생활을 포기한 젊은 어거스틴은 초기에 하나님께 대한 에로스적인 관계 비슷한 것을 묘사했었다. 그러나 그는 아가서의 신부와 그리스도를 향한 그녀의 사랑이라는 상징 안에는 표현되지 않은 거룩한 지혜라는 여인(잠 6, 7장)과 그의 연인과의 관계라는 상징 안에 표현되어 있는 다소 특별한 은유를 통해서 묘사했다. 어거스틴은 『독백』Soliloquies, 386년 겨울에서 이 헌신적인 연인을 "아름다운 여인을 향한 사랑으로 타오르는" 남자에 비유한다. "그녀의 벌거벗은 모습을 순수하게 응시하며 방해받지 않고 포옹하기를 갈망하는 그대는 지혜를 사랑하는 어떠한 종류의 연인인가?"(『독백』 1.13.22 [PL 32:881])[140] 지혜에 대해 이야기하는 비슷한 구절이 『자유 선택에 대하여』On Free Choice, 대략 388년에서 발견된다. 어거스틴은

---

138) 몸과 성에 대한 어거스틴의 견해를 알려면 다음을 보라: Peter Brown, *Body and Society: Men, Women, and Sexual Renunciation in Early Christianity* (New York: Columbia University Press, 1988), chap. 19; and, most recently, G. Stroumsa, "*Caro salutis cardo*: Shaping the Person in Early Christian Thought," *History of Religions* 30 (1990): 25-50.

139) Brown, *Body and Society*, p. 419.

140) Brown, *Body and Society*, p. 419.

지혜를 사랑하는 연인이라는 주제를 즉시 포기하지는 않았다. 그것은 초기의 『시편 설교』에서 여러 번 등장한다.[141] 이러한 글들을 조사해 보면 어거스틴이 이러한 유형의 에로틱한 표현에서 유익하다고 여긴 것은 아름다운 여인을 보고 즐기기를 원하는 연인이 발휘하는 인간적인 사랑과 값없이 자신을 제공하여 질투함이 없이 모든 연인들과의 관계를 유지하는 적나라한 거룩한 지혜의 아름다움의 대조였음을 알 수 있다.

흥미로운 것은 성숙한 어거스틴이 아가서의 에로틱한 해석을 철저히 무시한 것인데, 그것은 오리겐과 암브로스에게서 알게 된 것이다. 그는 아가서를 주석하지 않았다. 『순결에 대하여』On Virginity, 대략 401년라는 논문에서는 여성 수덕자와 그리스도의 관계에 사랑의 노래를 적용하지 않았다.[142] 그리고 간혹 아가서를 사용할 때에 교회적인 해석을 고수했다: 즉 신부는 항상 교회, 종종 도나투스 분파주의의 위협을 받는 교회이다.[143]

서방 신비주의 안에서 아가서 전통의 주요한 주제에 어거스틴이 공헌한 몇 곳 중 하나는 "사랑의 명령"이라는 주제에 관한 곳이다(아 2:4). 어거스틴은 『신국론』 15.22.29에서 자기의 가르침을 요약하면서 이 본문을 자주 사용하였다: "그러므로 내가 보기에는 덕에 대한 간단하면서도 좋은 정의는 '사랑의 명령'인 듯하다. 그렇기 때문에 아가서에서 그리스도의 신부인 하나님의 도성은 '내 안에 사랑을 명하라'고 노래한다"(PL 41:467). 어거스틴에게 있어서 사랑의 명령은 대체로 도덕적 문제이지, 후대의 많은 신비주의자들이 주장하는 것처럼 직접적인 하나님 체험에서 생겨나는 것이 아니니다.

---

141) E.g., *En. in Pss*.32.2.7; 33.2.6; 35.5 (PL 37:282-83, 310-11, 344). Homily 32는 392년이나 그 이전, Homily 33은 감독 생활 초기의 것이다. Homily 35는 후기의 것이다 (412년경).

142) *De virg.* 54-55 (PL 40:427-28)은 아가서를 사용하지 않으면서 거룩한 연인에 대한 기독교인 처녀의 사랑을 강조한 유일한 구절이다.

143) A.-M. La Bonnardière는 어거스틴이 세례와 관련하여 아가서를 74회 사용했음을 보여준다 ("Le Cantique des Cantiques dans l'oeuvre de Augustin," *Revue des études augustiniennes* [1955]: 225-37).

이처럼 어거스틴의 사상에서 사랑과 지식의 관계를 살펴보면, 어거스틴의 신비주의에서 근본적인 문제가 몰아적 환상 자체가 아니라 현세에서 그것을 예비해주고 내세에서 그것을 부여해주는 사랑의 정화라는 유진 테셀Eugene Teselle의 관찰이 옳다는 것을 알 수 있다. 테셀의 말을 빌리자면, 어거스틴에게 있어서 신비생활은 "사랑을 위한 여행"Journey for the Affections이다.[144] 그 여행의 특성, 즉 지속적인 전진이 필요하다는 의식이 어거스틴의 영적 가르침의 전형적인 특징들 중 하나이며, 많은 주석가들이 이 점에 주목해왔다.[145] 어거스틴은 『설교』169에서 "만약 여러분이 '그 정도면 족해'라고 말한다면, 여러분은 이미 길을 잃었을 수 있습니다"라고 말했다.[146]

어거스틴은 같은 시대에 동방에서 활동한 폰투스의 에바그리우스나 후대의 서방 신비가들과는 달리 영혼이 하나님에게 올라가는 단계들을 표시한 여정을 만드는 일에 관심을 기울이지 않았다. 그가 종종 플로티누스적인 삼 단계 고양을 일반적으로 사용하였지만, 그의 완숙해진 저서들은 영혼이 일시적인 과정에서 도피하는 것을 도식적으로 묘사하기보다는 사랑의 힘에 의해서 역사의 격랑을 헤쳐 나가는 영혼의 지속적인 편력을 강조한 것으로 유명하다.[147] 『고백록』제13권에서 어거스틴은 우주 안에서의 개인 영혼의 흥망성쇠라는 맥락에서 자기 파괴적인 "욕정"cupiditas으로 하여금 성령의 "사랑"caritas과 경쟁하게 하는 "사랑의 짐"pondus amoris을 제시하였다(참조. 『고백록』13.7.8-1.10). 어거스틴이 어떤 식으로 여행 혹은 여정으로서의 사랑이라는 이미지를 사용하였는가에 대해 상세히 연구해 보면, 그의 후기의 저술에서 그러한 이미지들을 보다 실질적이고 도덕적으로 사

---

144) Teselle, "Augustine," pp. 27-28.
145) E.g., ibid.; Cayré, *La contemplation augustinienne*, p. 75; O'Donovan, *Problem of Self-Love*, p. 150; Bell, *Image and Likeness*, p. 77.
146) *Sermo.* 169.18 (*PL* 38:926).
147) Miles, "Vision," p. 136.

용했음을 발견하게 될 것이다.[148] 사랑의 사회적 성격의 중요성을 그에게 보여준 도나투스파 논쟁 및 의지의 중요성에 대한 바울의 가르침을 연구한 것이 그의 관점의 변화에 일조하였을 것으로 보인다. 후일 어거스틴은 우리가 열망의 발로 역사를 통해 함께 여행한다고 가르쳤다(『신국론』 14.28을 보라). 목표를 향한 우리의 발걸음은 상호적인 사랑caritas의 행위이다.

마지막으로 간략히 살펴볼 것은, 이 거룩한 목표에 대한 어거스틴의 생각들은 각각의 구절에서는 감동적이지만, 많은 텍스트들을 함께 볼 때에는 반복적이 된다.[149] 하나님에 대한 참된 지식이 선행해야 이 세상에서 하나님을 향한 순례의 뜨거운 사랑이 가능하듯이(우리가 꿈꾸었던 것을 초월하는 지식을 부여해 주듯이), 갈망이 천국에서 목표를 성취할 때 완전한 지식이 따라올 것이다. 그러나 그 천상의 지식과 갈망은 동일한 실재, 즉 사랑이신 하나님에게 속한 것이다.[150] 어거스틴은 이 세상에서 맛볼 수는 있지만 삼킬 수 없는 참된 "지혜"Sapientia를 다음과 같이 정의한다: "항상 계시며 결코 변하지 않으시는 분인 하나님에 대한 지식과 사랑"(『시편 설교』 135.8 [PL 37:1760]). 다시 말하지만, 천국의 즐거움이 우리의 지식에 대한 갈망과 사랑에 대한 갈망을 완전히 충족시켜 줄 것이라고 말하는 많은 구절들을 열거하는 것은 지루한 일일 것이다.[151] 그 메시지는 명확하다.

천국에 대한 그러한 견해는 정적인 것처럼 보이거나 심지어 지루한 것처럼 보일 수도 있다. 어거스틴의 회중들도 똑같이 느꼈다. 그래서 그는 그들의 반론에 대답하려고 노력하였다. 그는 앞에서 인용한 바 있는 시편 105편 주석에서 그같은 영원한 성취 상태에서 사랑과 지식이 무엇을 해

---

148) 어거스틴은 여러 곳에서 사랑을 영혼이 여행하는 공간으로 말한다: e.g., *De mor. ecc. cath.* 1.11.18; *De musica* 6.13.47; Ep.155.13; *De Trin.* 14.17.23; and *Enn. in Pss.* 6.9; 85.6; 94.2; 119.2.

149) Cf. 36.1.12; 66.10; 83.8; 84.7; 85.8, 20-22; 86.8-9; 87.13; 117.22; 122.4; 124.3-4; 136.16; 144.2, 11; 149.9-10, etc.

150) *En. in Ps.* 149.4 (PL 37:1951)을 보라.

151) E.g., *De virg. rel.* 31.58 (PL 34:148).

야 할 것인가에 대하여 계속 논의한다. 어거스틴은 우리가 영원히 하나님을 사랑할 것이기 때문에 천국에서 하나님을 영원히 찾을 것이냐고 묻고, 현세에서 우리와 함께 있는 친구를 계속 사랑하듯이 천국에서도 하나님을 향한 우리의 사랑이 계속 성장할 것이라고 대답한다: "사랑이 자라나듯이, 찾은 그분에 대한 추구 역시 증가할 것입니다"(『시편 설교』 104.3 [PL 37:1392]).[152] 어거스틴은 매우 지적인 사람이었으므로 자신의 수사학적 능력을 초월하여 묘사하거나 상상하려 하지 않았지만, 참 사랑이 따분한 것일 수 없다고 확신했다.

어거스틴은 주로 서방의 기독교 신비주의에 영향을 미쳤다. 그러나 현세에서 직접적인 하나님 임재 의식을 획득할 수 있다는 견해 및 이러한 신비한 목표를 기독교 공동체에 제시한 그리스도 중심적이고 교회적인 방법은, 4세기의 많은 위대한 교부들이 지닌 특징이었다. 하나님을 향한 참된 전진은 개인적인 것이 아니라 공동체적이라고, 즉 교회의 품 안에서 모두를 향한 "사랑"caritas의 실천에 의해서 발생한다는 그의 주장은 그 이전에도 있었던 메시지이다. 그리스도와 성령께서 그리스도의 몸 안에서 이루시는 심오한 실재에 대한 우리의 의식적 경험들이 지닌 무상하고 부분적인 특성에 대한 인식은 다른 교부들도 지니고 있었던 인식이다. 물론 그들은 이 동일한 인식을 다양한 방법으로 표현했다. 어거스틴에게는 독특한 것이 많다. 아마도 지난 16세기 동안의 인물들 중에서 어거스틴만큼 우리가 실제로 알고 있다는 느낌을 주는 인물은 없을 것이다. 그러나 어거스틴은 교부들 중 한 "교부"로 생각되는 것에 만족할 것이다.

---

152) Cf. *Sermo* 170.9 (*PL* 38:931). Bell, *Image and Likeness*, p. 77을 보라.

참고문헌 I

Acts of John. In *Acta apostotorum apocrypha*, II. Edited by M. Bonnet. Leipzig: Teubner, 1896. Reprint, Hildesheim, 1959.

Acts of the Christian Martyrs. Edited and translated by Herbert Musurillo. Oxford: Clarendon, 1979.

Ambrose. *De bono mortis*. In *Sancti Ambrosii Opera*, edited by Carolus Schenkl. CSEL 32.1, 701-53. Vienna:Tempsky-Freytag, 1897.

_____, *De fuga saeculi*. In *Sancti Ambrosii Opera*, edited by Carolus Schenkl. CSEL 32.2, 163-20753. Vienna:Tempsky-Freytag, 1897.

_____. *De Isaac vel anima*. In *Sancti Ambrosii Opera*, edited by Carolus Schenkl. CSEL 32.1, 639-700. Vienna:Tempsky-Freytag, 1897.

_____. *De mysteriis*. Edited by B. Botte. SC 25bis. Paris: Cerf, 1961.

_____. *De sacramentis*. Edited by B. Botte. SC 25bis. Paris: Cerf, 1961.

_____. *Explanatio Psalmorum XII*. Edited by M. Petschenig. CSEL 64.6. Vienna: Tempsky-Freytag, 1919.

_____. *Expositio evangelii secundum Lucam*. Edited by Carolus Schenkl. CSEL 32.4. Also in *Ambroise de Milan, Traite sur l'Evangile de S. Luc.*, edited by Gabriel Tissot. SC 45 and 52. Paris: Cerf, 1956, 1958.

_____. *Exposito Psalmi CXVIII*. Edited by M. Petschenig. CSEL 62.5. Vienna: Tempsky-Freitag, 1913.

_____. *Opera Omnia*. PL 14-16.

(Ambrose. *St. Ambrose: Seven Exegitical Works*. Translated by Michael P. McHugh. FC 65. Washington, DC: Catholic University Press, 1972).

(Thompson, T., and J. H. Srawley. *St. Ambrose: On the Sacraments and On the Mysteries*. London: SPCK, 1950).

Anthony, *The Letters of St. Anthony the Great*. Translated by Derwas Chitty, Fairacres, Oxford: SLG Press, 1977.

Apophthegmata Patrum: 1, *Alphabeticon*. PG 65:71-440.

(*The Sayings of the Desert Fathers: The Alphabetical Collection*. Translated by Benedicta Ward. SLG. London: Mowbrays, 1975.)

Apophthegmata Patrum: 2, *Vera Seniorum*. PL 73:855-1022.

(*The Sayings of the Fathers. In Western Asceticism*, translated by Owen Chadwick. Philadelphia: Westminster, 1958.)

Apponius. *In Canticum Canticorum expositio*. Edited by B. de Vergille and L. Neyrans. CC 19. Turnhout: Brepols, 1986.

Athanasius. *Vita Antonii* PG 26:837-976.

(Athanasius. *Athanasius: The Life of Antony and the Letter to Marcellinus*. Translated by Robert C. Gregg. CWS. New York: Paulist, 1980.)

Augustine. *Opera Omnia*. PL 32-47.

(Augustine. *Expositions on the Book of Psalms*. Edited by Philip Schaff, NFPF, first series 8.)

(Augustine. *Homilies on the Gospel of John*. Edited by Philip Schaff. NFPF, First series 7.)

(Augustine: *Later Works*. Edited by John Burnaby. Philadelphia Westminster, 1955).

(Augustine. *Saint Augustine: The Literal Meaning of Genesis*. Annotated translation by John Hammond Taylor. ACW 41-42 (New York: Paulist, 1982).

(Augustine. *Saint Augustine: The Trinity*. translated by Stephen Mckenna. FC 45. Washington, DC: Catholic University Press, 1963).

(*St. Augustine on the Psalms*. translation and annotation by Scholastica Hebgin and Felicitas Corrigan. ACW 29. Westminster: Newman, 1960).

Cassian. *Conlationes*. In *Jean Cassien: Conferences*, edited by E. Pichery. SC 42, 54, 64. Paris: Cerf, 1955, 1958, 1959.

_____. *Institutiones*. In *Jean Cassien: Institutions* Coenobitiques, edited by J.-C. Guy, SC 107. Paris: Cerf, 1965.

Clement of Alexandria. *Excerpta ex Theodoto*. In *The Excerpta ex Theodoto of Clement of Alexandria*, edited and with introduction by Robert Pierce Casey. London: Christophers, 1934.

———. *Die Werke*. Edited by Otto Stählin. 4th ed. GCS. 4 vols. Berlin: Akademie Verlag, 1985.

(Clement of Alexandria. *Works*. translated in ANF 2:163-605.

Corpus Hemeticum. Edited by A. D. Nock with a translation by A. J. Festugièfe. 4 vols. Paris: Collection Bud? 1945-54.

Cyprian. *De habitu virginem*. PL 4:451-78.

———. Epistolae. PL 4:193-452.

Evagriua Ponticus. *De Oratione*. PG 79:1165-1200. Also available in I. Hausherr, *Leçons d'un contemplatif*. Paris: Beauchesne, 1960.

———. *Epistola ad Melaniam*. translated in "Evagrius of Pontus 'Letter to Melania'," by M. Parmentier. Bijdragen, *tijdschrift voor filosofie en theologie* 46 (1985): 2-38.

———. *Epistola Fidei*. Survived as Letter 8 of Basil. In *Saint Basile: Letters I*, edited by Yves Courtonne. Paris: Belles Lettres, 1957.

———. *Gnostikos*. Edited by Antoine and Claire Guillaumont. SC 356. Paris: Cerf, 1989.

———. *Kephalaia Gnostica*. In Les six centuries des "Kephalaia Gnostica" *d'Evagre le Pontique*, edited by Antoine Guillaumont. *Patrologia Orientalis* 28.1. Paris: Firmin-Didot, 1958.

———. *Praktikos*. Edited by Antoine and Claire Guillaumont. SC 170, 171. Paris: Cerf, 1971.

(Bamberger, John Eudes. *Evagrius Ponticus: the Praktikos*. Chapters on Prayer. Spencer, MA: Cistercian Publications, 1970.)

Gennadius. *De scriptribus ecclesiasticis*. PL 58:1053-1120.

The Gnostic Scriptures. Edited by Bentley Layton. Garden City, NY Doubleday, 1987.

Gregory of Nyssa. *Ad Ablabium*. PG 45:119-29.

———. *Grégorie de Nysse: La vie de Mose*. Edited by Jean Daniélou. SC 1 bis. Paris: Cerf, 1955.

———. *Gregorii Nysseni in Canticum Canticorum*. Edited by Herman Langerbeck. Vol 1, 6 in *Gregorii Nysseni Opera*, edited by Werner Jaeger. Leiden: Brill, 1960.

_____. *Gregorii Nysseni Opera*. edited by Werner Jaeger. 10 vols. with supplement. Leiden: Brill, 1958-1990.

(Gregory of Nyssa, Saint. *Commentary on the Song of Songs*. Translated by Casimir McGambley, OCSO. Brookline, MA: Hellenic College Press, 1987.

(Gregory of Nyssa. *The Life of Moses*. Translated by Everett Ferguson and Abraham Malherbe. CWS. New York: Paulist, 1978.

(Gregory of Nyssa, *The Lord's Prayer. The Beatitudes*. Translated by Hilda C. Graef. ACW 18. Westminster: Newman, 1954.

Hilary of Poitiers. *Commentarius in Evangelium Mattaei. PL* 9:917-1078.

_____. *Tractatus super psalmos. PL* 9:231-890.

_____. *De trinitate. PL* 10:9-472.

Ignatius of Antioch. *Ignatious, Works*. In the *Apostolic Fathers I*, edited by Kirsopp Lake. LC. Cambridge, MA: Harvard University Press, 1975.
(Ignatius of Antioch. *A Commentary on the Letter of Ignatius of Antioch*. Translated by William n. Schoedel. Hermeneia. Philadephia: Fortress, 1985.)

Irenaeus. *Adversus haereses*. Edited by Adelin Rouaseau and Louis Doutreleau. SC 100, 152, 153, 210, 211, 263, 264, 293, 294. Paris: Cerf, 1952-82.

Jerome. *Epistolae*. In CSEL 54-56, edited by 1. Hilberg. Vienna: Tempsky Freytag, 1910-18.

_____. *Letters*. In *St. Jerome: Select Letters*. Translated by F. A. Wright. LC 262. Cambridge, MA: Harvard University Press, 1980.

Justin Martyr. *Opera Omnia. PL* 6:229-800.

Macarius (Pseudo) *Die 50 Geistlichen Homilien des Makarios*. Edited by Hermann Dörries, Erich Klostermann, and Matthias Kroeger. Patristische Texte und Studien 4. Berlin: de Gruyter, 1964.

_____. *Pseudo-Macaire: Oewvres Spirituelles I*. Edited by Vincent Desprez. SC 275. Paris: Cerf, 1980.

(Maloney, George A., S.J. *Intoxicated with God*. Denville, NJ: Dimension Books, 1978.)

Marius Victorinus. *Marii Victorini Opera*. Edited by Paul Henry and Pierre Hadot. CSEL 83.1. Vienna: Holder-Pichler-Tempsky, 1971.
(Marius Victorinu. *Theological Treatises on the Trinity*. Translated by Mary T. Clark. FC 69. Washington, DC: Catholic University Press,

1981.)

The Nag Hammadi Library. edited by James M. Robinson (New York: Harper & Row, 1977), 1977.

Numenius. Fragments. Edited by Édouard des places. Paris: Collection Budé 1973.

The Old Testament Pseudepigrapha. Edited by James H. Charlesworth. 2 vols. Garden City, NY Doubleday, 1983.

Origen. Commentaria in Epistolam B. Pauli ad Romanos. PG 14:837-1292.

_____. Commentaria in Evangelium Ioannis. Edited by Cecile Blanc. SC 120, 157, 222, 290. Paris: Cerf, 1964-. Also in GCS Origen series 4.

_____. De principiis. Edited by H. Crouzel and M. Simonetti. SC 252, 253, 268, 269, 312. Paris: Cerf, 1978-84.

. Entretien d'Origene avec Héraclide. Edited by Jean Scherer, SC 67. Paris: Cerf, 1960.

_____. Homiliae in Genesim. Edited by Louis Doutreleau. SC 7bis. Paris: Cerf, 1976.

_____. Opera Omnia. GCS Origen series 1-12. PG 12-17.

_____. Selecta in Psalmos. PG 12:1053-1686.

(Butterworth, G. Origen: On First Principles. New York: Harper & Row, 1966.)

(Corsini, E. Commento al Vangelo de Giovanni di Orignen. Turin: Tipografia Torinese, 1968.)

(Greer, Rowan A. Origen: An Exhortation to Martyrdom. Prayer and Selected Works. CWS. New York: Paulist, 1979.)

(Lawson, R. P. Origen: The Song og Songs: Commentary and Homilies. ACW 26. Westminster: Newman, 1957.)

Pachomius. Pachomian Koinonia. Translated by Armand Vielleux. 3 vols. Kalamazoo, MI: Cistercian Publications, 1980-82.

Palladius.7 Historia Lausiaca. PL 74:279-382.

(Palladius. Palladius. The Lausiac History. Translated by Robert T. Meyer. ACW 34. Westminster: Newman, 1965.)

Paulinus of Nola. Epistolae. PL 61:153-438.

Paulinus Notarius. Vita Ambrosii. PL 14:29-50.

Philo. Philp: Works. Translated by F. H. Colson and G. H. Whitaker. LC.10 vols. New York: G. Putnam's Sons, 1929-62. Works. Philo

   Supplement. Translated by Ralph Marcus, LC. 2 vols. Cambridge, MA: Harvard University Press, 1953.
   (Winston, David, trans. and intro. *Philo of Alexandria: The Contemplative Life, the Giants and Selections*. CWS. New York: Paulist, 1981.)

Plato. Plato: *Works*. Translated by Harold North Fowler et al. LC. 12 vols. Cambridge, MA: Harvard University Press.

Plotinus. Enneads. In *Plotinus*, with English translation by A. H. Armstrong. LC. 7 vols. Cambridge, MA: Harvard University Press, 1966-88.

_____. *Plotini Opera*. Edited by p. Henry and H. R. Schwyzer. 3 vols. Oxford: Clarendon, 1964-83.
   (Mackenna, Stephen. *Plotinus: The Enneads*. London: Faber & Faber, 1956.)

Porphyry, *Fragments of Commentary on Parmenides*. In *Porphyre et Victorinus*, edited by Pierre Hadot. 2 vols. Paris: Etudes Augustiniennes, 1958.

_____. *Vita Plotini*. in *Plotinus*, with English translation by A. H. Armstrong. LC. Cambridge, MA: Harvard University Press.Vol.1, 2-85.

Proclus. *Alcibiades I: A Translation and Commentary*. Translation and Commentary by William O'Neill. The Hague: Nijhoff, 1965.

_____. *Commentary on the Parmenides of Plato*. Greek text down to Parm. 141E, edited by V. Cousin wish a translation into French by A. E. Chaignet. Paris, 1900-1903. Latin text commenting on 141B-l42A, in *Plato Latinus*, edited by R. Klibansky and G. Labowsky, translated by E. Anscombe, vol. 3. London: Warburg Institute, 1953. Full Latin translation in *Proclus, Commentaire sur le Parmenide de Platon: Traduction de Guillaume de Moerbeke*, edited by Carlos Steel. 2 vols. Leiden and Leuven: Brill, 1982-85.

_____. *The Elements of Theology*. Edited and translated by E. R. Dodds. 2nd ed. Oxford: Clarendon, 1963.

_____. *Théologia Platonica*. In *Ploclus: Théologie Platonicienne*, edited by H. D. Saffrey and L. G. Westerink. 5 vols. thus far. Paris: Belles Lettres, 1968-.
   (Produs. *Proclus's Commentary on Plato's Parmenides*. Translated by Glenn Morrow and John Dillon. Princeton, NJ: Princeton University Press, 1987.)

Pseudo Dionysius. *De Coelesti Hierachia*. Edited by René Roques et al. SC

58bis, Paris: Cerf, 1970.

_____. *Dionysiaca*. Edited by Philippe Chevallier. 2 vols. Paris: Desclèe, 1937.

_____. *Opera Omnia*. *PG* 3.
(Campbell, Thomas L., trans. and ed. *Dionysius the Pseudo Areophagite: The ecclesiastical Hierachy*. Lanham, MD: University Press of America, 1981.)
(Pseudo-Dionysius. *The Complete Works*. Translated by Colm Luibheid et al. CWS. New York: Paulist, 1987.)

Rufinus, *Historia Monachorum in Aegypto*. *PL* 21:387-462.
(Rufinus. *Historia Monachorum. In The Lives of the desert Fathers*, translated by Normn Russell. Kalamazoo, MI: Cistercian Publications, 1981.)

Sacrorum conciliorum nova et amplissima collectio. Edited by J. D. Mansi. 53 vols Reprint. Graz: Akademische Druck unto Verlagsanstalt, 1960-61.

Sulpicius Severus. *Via Martini*. Edited by Jacques Fontaine. SC 133-135. Pars: Cerf, 1967-69.
(Hoare, Frederick Russell.*The Western Fathers*. New York: Harper & Row, 1975.)

Tertullian. *De exhortatione castitatis*. *PL* 2:963-80.

_____. *De oratione*. *PL* a:1243-1304.

_____. *De virginibus velandis*. *PL* 2:935-64.

William of St. Thierry. *Super Cantica Canticorum ez operebus Sancti Ambrosi*. *PL* 15:1849-85.

Wisdom of Solomon. In *The Wisdom of Solomon*, edited with commentary by David Winston. Anchor Bible 43. Garden City, NY Doubleday, 1979.

참고문헌 II

Adams, James Luther. "Letter from Friedrich von Hügel to William James." *Downside Reviem* 98 (1980): 214-36.

Agaesse, Paul, and Theodore koehler. "Fruitio Dei." *DS* 5:1546-69.

Albrecht, Carl. *Das mystischen Erkennen: Gnoseologie und philosophische Relevanz der mystischen Relation.* Bemen: Schunemann, 1958.

_____. *Das mystische Wort: Erleben und Sprechen in versunkenheit.* Edited by Hans A. Fischer-Barnicol. Mainz: Matthias Grünewald, 1974.

Almond, Philip. *Mystical Experience and Religious Doctrine: An Investigation of the Study of Mysticism in World Religions.* Berlin and New York: Mouton, 1982.

Andresen, Carl. *Bibliographia Augustiniana.* Darmstadt: Wissenschaftliche Buchgesellschaft, 1973.

Antin, Paul. "Saint Jerome Directeur Mystique." *Revue d'histoire de la spiritualité* 48 (1972): 25-30.

Arbman, Ernst. *Ecstasy or Religious Trance.* 3 vols. Uppsala:Appelberg, 1963-70.

Arintero, John G. *The Mystical Evolution in the Development and Vitality of the Church.* 2 vols. St. Louis: Herder, 1950.

Armstrong, A. Hilary, *The Architecture of the Intelligible Universe in the Philosophy of Plotinus.* Cambridge: Cambridge University Press, 1940.

_____. *The Cambridge History of Later Greek and early Medieval Philosophy.* Cambridge: Cambridge University Press, 1967.

_____. "The Negative Theology of Nous in Later Neoplatonism." In *Platonismus und Christentum: Festschrift für Henrich Dörrie*. Jahrbuch für Antike und Christentum, Ergänzungsband 10, edited by H.-D. Blume and F. Mann, 31-27. Münster: Aschendorff, 1983.

_____. "Platonic Mysticism." *The Dubline Review* 216 (1945): 130-43.

_____. *Plotinian and Christian Studies*. London: Variorum Reprints, 1979.

_____. "Plotinus." In *The Cambridge History of Later Greek and Early Medieval Philosophy*, 195-268. Cambridge: Cambridge University Press, 1967.

_____. "The Self-Definition of Christianity in Relation to Later Platonism." In *Jewish and Christian Self-Definition*, edited by E. P. Sanders et al., 1:74-99. Philadelphia: Fortress, 1980-83.

_____. "Tradition, Reason and Experience in the Thought of Plotinus." In *Plotino e il Neoplatonismo in Oriente e in Occidente*, 171-94. Accademia Normali dei Lincei, Quaderno 198. Rome, 1974.

_____, ed. *Classical Mediterranean Spirituality: Egyptian, Greek, Roman*. WS 15. New York: Crossroad, 1986.

_____, and R. A. Markus. *Christian Faith and Greek Philosophy*. London: Darton, Longman & Todd, 1960.

Arnou, René. *Le désir de Dieu dans la philosophie de Plotin*. 2nd ed. Rome: Gregorian University, 1967.

_____, "Platonisme des Pères." *Dictionnaire de théologie catholique*, 15 vols.12:2258- 2392. Paris: Letouzey et Ané 1909-50.

Aune, David E. *The New Testament in Its Literary Environment*. Philadelphia: Westminster, 1987.

Ayer, Alfred Jules. *Language, Truth and Logic*. New York: Dover, 1952.

Babut, Daniel. *La Religion des philosophes grecs*. Paris: Presses universitaires de France, 1974.

Bacht, H. "Logismos." *DS* 9:957-58.

Baert, Edward. "Le thème de la vision de Dieu chez S. Justin, Clement d'Alexandrie et S. Gregoire de Nysse." *Freiburger Zeitschrift für Philosophie und Theologie* 12 (1965): 440-55.

Bailey, Raymond. *Thomas Merton on Mysticism*. Garden City, NY: Doubleday, 1974.

Balas, David L. "The Idea of Participation in the Structure of Origen's

Thought: Christian Transposition of a Theme of the Platonic Tradition." In *Origeniana: Premier colloque intérnational des études origéniennes*, 257-75. Bari: Instituto di Letteratura Cristiana Antica, 1975.

_____. *METOYSIA THEOU: Man's Participation in God's Perfections according to Saint Gregory of Nyssa*. Studia Anselmiana 55. Rome: Herder, 1966.

Bamberger, John Eudes. "The Personality of Origen: Probings in Psychohistory." *Monastic Studies* 16 (1955): 51-62.

Bambrough, Renford. "Intuition and the Inexpressible." In *Mysticism and Philosophical Analysis*, edited by Steven 1, Katz, 200-213. New York: Oxford University Press, 1978.

Bardy, G. "Apatheia." *DS* 1:727-76.

_____. *La vie spirituelle d'après les péres des trois premiers siécles*, edited by A. Hamman. 2 vols. Tournai: Desclée, 1968.

Barnes, T. D. "Angel of Light or Mystic Initiate? The Problem of the Life of Antony." *Journal of Theological Studies* n.5.37 (1986): 353-68.

Barr, James. "Theophany and Anthropomorphism in the Old Testament." In *Congress Volume: Oxford 1959*, 31-38. Supplements to *Vetus Testamentum* 7, Leiden: Brill, 1960.

Bars, Henry. "Maritain's Contributions to an Understanding of Mystical Experience." In *Jacques Maritain, the Man and his Achievement*, edited by Joseph William Evans. New York: Sheed & Ward, 1963.

Baruzi, Jean. "Introduction à des recherches sutra le langage mystique." *Recherches philosophiques* 1 (1931-32): 66-82.

_____. *Saint Jean de la Croix et le problème de l'expérience mystique*. Paris: Alcan, 1931,

_____. H. Delacroix, M. Laberthoniere, and E. LeRey, "Saint Jean de la Croix et le problème de la valeur noetique de l'expérience mystique." *Bulletin de la Société française de Philosophie*, 1925.

Bastide, Roger. *Les problèmes de la vie mystique*. Paris: Colin, 1931.

Baus, K. "Das Nachwirken des Origenes in der Christusfrömmigkeit des heiligen Ambrosius." *Römische Quartalschrift für christliche Altertumskunde und für Kirchengeschichte* 49 (1954): 21-55.

Beierwaltes, Welner. *Denken des Einen: Studien zur Neuplatonischen Philosophie und ihrer Wirkunggeschite*. Frankfurt: Klostermann,

1985.

_____. "Exaiphnēs oder:Die Paradoxie des Augenblicks." *Philosophisches Jahrbuch* 74 (1966-67): 271-83.

_____. "Hen." In *Reallexikon für Antike und Christentum*, edited by Theodor Klauser et al., 12:445-72. Stuttgart: Anton Hiersemann, 1950-.

_____. "Love of Beauty and Love of God." In *Classical Mediterranean Spirituality: Egyptian, Greek, Roman*, edited by A. H. Armstrong, 293-313, WS 15. New York: Crossroad, 1956.

_____. "Plotins philosophische Mystik." In *Grundfragen christlicher Mystik*, edited by Margot Schmidt and Dieter R. Bauer, 39-79. Stuttgart and Bad Cannstaat: Froomann-Holzboog, 1987.

_____. *Proklos: Grundsüge seiner Metaphysik*. Frankfurt: Klostermann, 1965.

_____. "Reflexion und Einung: Zur Mystic Plotins." In *Grundfragen der Mystik*, 7-36. Einsiedeln: Johannes, 1974.

Bell, David N. *The Image and Likeness: The Augustinian Spirituality of William of St. Thierry*. Kalamazoo, MI: Cistercian Publications, 1984.

Benz, Ernst. *Die Vision: Erfarungsformen und Bilderwelt*. Stuttgart: E. Klett, 1969.

Berchman, Robert M. *From Philo to Origen: Middle Platonism in Transition*. Chico, CA: Scholars Press, 1984.

Berger, Peter L., ed. *The Other Side of God: A Polarity in World Religions*. Garden City, NY Doubleday, 1981.

Bergson, Henri. *The Two Sources of Morality and Religion*. Notre Dame: University of Notre Dame Press, 1977.

Bernard, Charles André. "Le doctrine mystique de Denys l'Aréopatite." *Gregorianuum* 68 (1987): 523-66.

Bertrand, Frederic. *Mystique de Jésus chez Origéne*. Paris: Aubier, 1951.

Betz, Hans Dieter. *The Greek Magical Papyri in Translation*. Chicago: University of Chicago Press, 1986.

_____. *Die Nachfolge und Nachahmung Jesus in Neuen Testament*. Tübingen: Mohr, 1967.

Biale, David. *Gershom Scholem: Kabbalah and Counter-history*. Cambridge, MA: Harvard University Press, 1979.

Bianchi, Ugo. *Il dualismo religioso: Saggio storico ed etnologico*. Rome:

L'Erma di Bretschneider, 1958.

_____. "Initiation, Mystères, Gnose (Pour l'histoire de la mystique dans la paganisme greco-oriental)." In *Initiation*, edited by C. J. Bleeker, 154-71. Leiden Brill, 1975.

_____. "Observazioni storico-religiose sul concetto di mistica." In *Mystica e Misticismo Oggi*, 225-33. Rome: Passionisti, 1979.

Biblia Patristica. 4 vols. Paris: CNRS, 1975-.

Blondel, Maurice. *L'Action: Essai d'une critique de la vie et d'une science de la Pratique*. Paris: Alcan, 1895.

_____. *L'Être et les êtres*. Paris: Alcan, 1935.

_____. *Letter sur l'apologetique*. 1896. Eng. trans. *The Letter on Apologetics and History and Dogma*. Translated by Alexander Dru and Illtyel Trethowan. London: Harvill Press, 1964.

_____. *La Pensée*. Paris: Alcan, 1934.

_____. "Le problème de la mystique." *La nouvelle journée*, 1925. Reissued as "Qu'estce que la mystique." In *Cahiers de la nouvelle journée*, no.8, 1-63. Parig: Bloud & Gay, 1929.

_____. "Le procés de l'intelligence." *La nouvelle journée*, 1921. Reissued as *Le procés de l'intelligence*. Paris: Bloud & Gay, 1922.

Bloomfield, Morton. *The Seven Deadly Sins*. East Lansing: Michigan State University Press, 1952.

Bochet, Isabelle. *Saint Augustin et le désir de Dieu*. Paris: Études Augustiniennes, 1982.

Bonner, Gerald. "Augustine's Conception of Deification." *Journal of Theological Studies* n.s 37(1986), p.369-86.

_____. "The Spirituality of St. Augustine and its influence on Western mysticism." *Sobornost* 4 (1982): 143-62.

Booth, Edward. *Aristotelian Aporotic Ontology in Islamic and Christian Thinkers*. Cambridge: Cambridge University Press, 1983.

Bouillard, Henry. *Blondel and Christianity*. Washington: Corpus, 1970.

Bousset, Wilhelm. *Apophthegmata: Studien zur Geschichte des ältesten Mönchtums*. Tübingen: Mohr, 1923.

_____. "Die Himnelsreise der Seele." *Archiv für Religionswissenschaft* 4 (1901): 136-69, 229-73.

Bouyer, Louis. "Mysticism: An Essay on the History of the Word." In *Understanding Mysticism*, edited by Richard Woods, O.P., 42-55. Garden City, NY: Doubleday Image Books, 1980.

_____. "Die mystische Kontemplation bei den Vätern." In *Weischeit Gottes-Weisheit der Welt: festschrift für Joseph Kardinal Ratzinger zum 60. Geburstag*, edited by W. Baier et al., 1:637-49. 2 vols. St. Ottilien: EOS Verlag, 1987.

_____. The Spirituality of the New Testament and the Fathers. Vol. 1 of A History of Christian Spirituality. 3 vols. New York: Seabury, 1982.

Bréhier, Emile. *The Philosophy of Plotinus*. Chicago: University of Chicago Press, 1958.

Bremond, Henri. *Histoire littèraire du sentiment religieux en France depuis la fin des guerres de religion jusqu'à nos jours*. 11 vols. Paris: Bloud &: Gay, 1916-33. The first three volumes translated as *A Literary History of Religious Thought in France from the Wars of Religion Down to Our Own Times*. London: SPCK, 1928-36.

Brons, Bernard. *Gott und die Seinden: Untersuchtngen zum Vehältnis von neuplatonischer Metaphysik und Christlichen Tradition bei Dionysius Areopagita*. Göttingen: Vadenhoeck & Ruprecht, 1976.

Brown, Peter.*Augustine of Hippo: A Biography*. Berkeley: University of California 1967.

_____. *The Body and Society: Men, Women, and Sexual Renunciation in Early Christianity*. New York: Columbia University Press, 1988.

_____. *The Cult of the Saints: Its Rise and Function in Latin Christianity*. Chicago: University of Chicago Press, 1981.

_____. *The Making of Late Antiquity*. Cambridge, MA: Harvard University Press, 1978.

_____. "The Notion of Virginity in the Early Church." *Christian Spirituality: Origins to the Twelfth Century*, edited by Bernard McGinn and John Meyendorff, 427-43. WS 16. New York: Crossroad, 1986.

_____. *Religion and Society in the Age of Saint Augustine*. New York: Harper & Row, 1972.

_____. "The Rise and Function of the Holy Man in Late Antiquity." *Journal of Roman Studies* 61 (1971): 80-101.

_____. *Society and the Holy in Late Antiquity*. Berkeley: University of California Press, 1982.

Brown, Raymond E. *The Community of the Beloved Disciple*. New York: Paulist, 1979.

_____. *The Epistles of John*. Anchor Bible 30. Garden City, NY: Doubleday, 1982.

_____. *The Gospel according to John*. Anchor Bible 29, 29A. Garden City, NY: Doubleday, 1966, 1970.

Browning, Don. "William James's Philosophy of Mysticism." *Journal of Religion* 59 (1979): 56-70.

Brunner, August. *Der Schritt über die Grenzen: Wesen und Sinn der Mystik*. Würzburg: Echter Verlag, 1972.

Brunner, Emil. *Die Mystik und das Wort*. Tübingen: Mohr, 192a.

Bultmann, Rudolf, "Die eschatologie des Johannes-Evangeliums." In *Glauben und Verstehen: Gesammelte Aufsätze*, 1:134-52. Tübingen: Mohr, 1933.

_____. *The Gospel of John: A Commentary*. Philadelphia: Fortress, 1971.

Bunge, Gabriel. "Évagre le Pontiaue et les deux Macaire." *Irenikon* 56 (1983): 215-27, 323-60.

_____. *Geistliche Vaterschaft: Christliche Gnosis bei Evagrios Pontikos*. Regensburg: Pustet, 1958.

_____. "Origenismus–Gnostizismus: Zum geistesgeschichtliche Standort des Evagrios Pontikos." *Vigiliae Christianae* 40 (1986): 24-54.

_____. "The 'Spiritual Prayer' On the Trinitarian Mysticism of Evagrius of Pontus." *Monastic Studies* 17 (1986): 191-208.

Burke, Vernon. "Augustine of Hippo: The Approach of the Soul to God." In *The Spirituality of Western Christendom*, edited by E. Rozanne Elder, 1-12. Kalamazoo, MI: Cistercian Publications, 1976.

Burkert, Walter. *Ancient Mystery Cults*. Cambridge, MA: Harvard University Press, 1957.

Burnaby, John. *Amor Dei: A Study of the Religion of St. Augustine*. London: Stoddard & Houghton,1938.

Burr, Ronald. "Wittgenstein's Later Language Philosophy and Some Issues in the Philosophy of Mysticism." *International Journal for Philosophy of Religion* 7 (1976): 261-87.

Butler, Cuthbert. *Western Mysticism: The Teaching of Saints Augustine, Gregory and Bernard on Contemplation and the Contemplative Life*.

New York: Dutton,1923.

Butterworth, G. W. "The Deification of Man in Clement of Alexandria." *Journal of Theological Studies* 17 (1916): 157-69.

Calati, Abbot Benedetto. "Western Mysticism." *Downside Review* 98 (1980): 201-13.

Camelot, Pierre-Thomas. *Foi et Gnose: Introduction à l'étude de la connaissance mystique chez Clement d'Alexandrie.* Paris: Vrin, 1945.

_____. "Gnose chrétiennee." *DS* 6:509-23.

_____. "Hellenisme (et spiritualité patristique)." *DS* 7:145-64.

Canévet, Mariette. "Pseudo-Macaire (Syméon). II. Doctrine." *DS* 10:27-38.

Capanaga, Victorino. "La deificacion en la soteriologia agustiniana," In *Augustinus Magister,* 2:745-54. 3 vols. Paris: L'Année théologique augustinienne, 1954.

Capelle, B. "Le progrès de la connaissance religieuse d'après s. Auguetin." *Recherches de théologie ancienne et médiévale* 2 (1930): 410-19.

_____. Review of *Giovanni Cassiano de Evagrio Pontico: Dottrina sulla caritá e contemplazione,* by Salvatore Marsili, Studia Anselmiana 5. Rome: Herder, 1936. Revue d'histoire ecclesiastique 35 (1939): 554.

Caputo, John D. *The Mystical Element in Heidegger's Thought.* Athens, OH: Ohio University Press, 1978.

Carr, Anne E. *A Search for Wisdom and Spirit: Thomas Merton's Theology of the Self.* Notre Dame: University of Notre Dame Press, 188.

Cavallera, F. "Saint Jerome et la vie pargaite." *Revue d'ascétique et de la mystique* 2 (1921): 101-27.

Cayré, F. *La contemplation augustinienne: Principes de spiritualité et de théologie* (2nd ed.:Paris: Desclée, 1954).

Chadwick, Henry. *Alexanrian Christianity.* Philadelphia: Westminster, 1954.

_____. *Augustine.* Oxford: Oxford University Press, 1986.

_____. "Christian Platonism in Origen and Augustine." *Origeniana Tertia,* 217-30. Rome: Edizioni dell'Ateneo, 1985.

_____, *Early Christian Thought and the Classical Tradition: Studies in Justin, Clement, and Prigen.* New York: Oxford University Press, 1966.

_____. "Enkrateia." In *Reallexikon für Antike und Christentum,* 5:343-65.

Chadwick, Owen.*John Cassian: a Study in Primitive Monasticism.*

Cambridge: Cambridge University Press, 1950.

_____. *Western Asceticism*. Philadelphia: Westminster, 1958.

Chapman, John. "Mysticism (Christian, Roman Catholic)." *Encyclopedia of Religion and Ethics*, edited by J. Hastings, 9:90-101. New York: Scribner, 1917.

Chenu, M.-D. "La Deification dans la Tradition Spirituelle de l'Orient." *La vie Spirituelle* 43 (1935): 91-107.

_____. "Une Théologie de la vie Mystique." *La vie Spirituelle* 50 (1937): 46-50.

Clark, Henry. *The Ethical Mysticism of Albert Schweitzer*. Boston: Beacon, 1962.

Clark, Mary T. "A Neoplatonic Commentary on the Christian Trinity: Marius Victorinus." In *Neoplatonism and Christian Thought*, edited by Dominic J. O'Meara, 24-33. Albany: State University of New York Press, 1982.

_____. "The Neoplatonism of Marius Victorinus the Christian." In *Neoplatonism and Early Christian Thought: Essays in Honour of A. H. Armstrong*, edited by H. J. Blumenthal and R. A. Markus, 153-59. London: Variorum, 1981.

Clement, Oliver. *Source: Les mystiques chrétiens des origines: Textes et commentaires*. Paris: Stock, 1982.

Cochrane, C. N. *Christianity and Classical Culture: A Study of Thought and action from Augustus to Augustine*. New York: Oxford University Press, 1967.

Cohen, Martin Samuel. *The Shi'ur Qumah: Liturgy and Theurgy in Pre-Kabbalistic Jewish Mysticism*. Lanham, MD: University Press of America, 1983.

Colette, Jacques. "Mystique et philosophie." *Revue des sceinces philosophiques et théologiques* 70 (1986): 329-48.

Collins, John J. "Apocalyptic Eschatology as the Transcendence of Death." *Catholic Biblical Quarterly* 36 (1974): 21-43.

_____. *The Apocalyptic Imagination: An Introduction to the Jewish Matrix of Christianity*. New York: Crossroad, 1983.

_____. *Between Athens and Jerusalem: Jewish Identity in the Hellenistic Diaspora*. New York: Crossroad, 1983.

_____. "Cosmos and Salvation: Jewish Wisdom and Apocalyptic in the Hellenistic World." *History of Religions* 17 (1977): 121-42.

_____. ed. *Apocalypse: Morphology of a Genre*. Semeia 14. Missoula, MT: Scholars Press, 1979.

Combés, Gustave. *La charité d'après Saint Augustin*. Paris: Desclée, 1934.

Comeau, M. "Le Christ, chemin et terms de l'aecension spirituelle, d'après saint Augustin." *Recherches de science religiruses* 40 (1952): 80-89.

Consolino, Franca Ela. "*VENI HUC A LIBANO*: La *SPONSA* del Cantico deo Cantici come modello per le vergini nigli scritti esortatori di Ambrogio." *Athenaeum* n.s. 62 (1984): 399-415.

Conzelmann, Hans. *1 Corinthians. Hermeneia*. Philadelphia: Fortress, 1975.

Copleston, Frederick, S.J. *A History of Philosophy*. 9 vols. Garden City, NY Doubleday, 1977.

Corbin, Michel. "Négation et transcendence darts l'oeuvre de Denys." *Revue des sciences philosophiques et théologiques* 69 (1985): 41-76.

Cornford, F. M. *Plato and Parmenides*. Indianapolis: Bobbs-Merrill, n.d.

Corsini, E. *Il trattato 'De Divinis Nominibus' dello Pseudo-Dionigi e i commenti neoplatonici al Parmenide*. Turin: G. Giappichelli, 1962.

Corwin, V. *St. Ignatius and Christianity at Antioch*. Yale Publications in Religion 1. New Haven: 771e University Press, 1960.

Cothenet, Edouard. et al. "Imitation du Chutist." *DS* 7:1536-1601.

Couilleau, Guerric. "Perfection Chrétiennee. ll. Pères et premiers moines." *DS* 12:1081-1118.

Countryman, L. William. *The Mystical Way in the Fourth Gospel: Crossing over into God*. Philadelphia: Fortress, 1987.

Courcelle, Pierre. "L'âme en cage." In *Parusia: studien zur Philosophie Platons und zur Problemgeschichte des Platonismus*. Festgabe für Johannes Hierschberger, edited by Kurt Flasch, 103-16. Frankfurt: Minerva, 1965.

_____. "Le corps-tombeau (Platon, Gorgias 493A; Cratyle 400C; Phére 250C)." *Revue des études anciennes* 68 (1966): 101-22.

_____. "Grab der Seele." *Reallexikon für Antike und Christentum*, 12:455-67.

_____. *Late Latin Writers and their Greek Sources*. Cambridge, MA: Harvard University Press, 1969.

_____. "Nouveaux aspects du Platonisme chez stint Ambroise." *Revue des études latines* 34 (1956): 220-39.

_____. "Plotin et saint Ambroise." *Revue de philoligie* 76 (1950): 31-45.

_____. *Techerches sur les Confessions de Saint Augustin*. Paris: Boccard, 1950.

_____. "Saint Ambroise devant le pricepte delphique." In *Forma Futuri: studi in Onore del Cardinale Michele Pellegrino*, 179-88.Turin: Bottega d'Erasmo, 1975.

_____. "Tradition platonicienne et traditions chrétiennes du corps-prison (Phédon 62B; Cratyle 400c)." *Revue des études latines* 43 (1963): 6-43.

Cousins, Ewert. *Bonaventure and the Coincidence of Opposites*. Chicago: Franciscan Herald Press, 1978.

_____. *Global Spirituality: Toward the Meeting of Mystical Paths*. Madras: University of Madras, Radhakrishnan Institute for Advanced Study in Philosophy, 1985.

Cox, Patricia. "'In My Father's House Are Many Dwelling Places': Kitsma in Origen's *De principiis*." *Anglican Theological Review* 62 (1980): 322-37.

_____. "'Pleasure of the Text, Text of Pleasure' Origen's *Commentary on the Song of Songs*." *Journal of the American Academy of Religion* 54 (1786): 241-53.

Crouzel, Henry. "Grégoire de Nysse est-il le fondateur de la théologie mystique?" *Revue d'ascétique et de la mystique* 33 (1957): 189-202.

_____. *Origen: The Life and Thought of the First Great Theologian*. San Franciaso: Harper & Row, 1989.

_____. "Origène." *DS* 11:933-61.

_____. "Origène, précurseur du monachisme." In *Théogogie de la vie monastique*, 15-38. Paris: Aubier, 1961.

_____. "Origines patristiques d'un théme mystique: le trait et la blessure d'amour chez Origène." In *Kyriakon: Festschrift Johannes Quastes*, edited by P. Granseld and J. Jungmann, 1:311-19. Münster: Aschendorg, 1970.

_____. "Spiritual Exegesis." In *Encyclopedia of Theology: The Concise Sacramentum Mundi*, edited by Karl Rahner, 126-33. New York: Seabury, 1975.

_____. Thèologie de l'image de Dieu chez Origéne. Paris: Aubier, 1957.

Csányi, Daniel A. "OPTIMA PARS: Die Auslegungsgeschichte von Lk.10, 35-42 bei den Kirchenvätern der ersten vierjahrhunderte." *Studia Monastica* 2 (1960): 5-78.

Culianu, Ioan Petru. *Expériences de l'Extase, Ascension et Récit visionnaire de l'Hellenisme au Moyen Âge*. Paris: Payot, 1984.

_____, *I Miti dei dualismi Occidentali: Dai sistemi gnostici al mondo moderno*. Milan: Jaca, 1989.

_____. *Psychanodia I: A Survey of the evidence concerning the Ascension of the Soul and its Relevance*. Leiden: Brill, 1983.

Cumont, Franz. *Astrology and religion among the Greeks and Romans*. 1912. Reprint. New York: Dover, 1960.

_____. "Le mysticisme astral dans l'antiquité." *Bulletin de l'Académie Royale de Belgique*. Classe des Letters 5 (1909): 256-86.

d'Alès, Adhémer. "Les ailes de l'âme." *Ephemerides theologicae livanienses* 10 (1933): 63-72.

_____. "Le mysticisme de Saint Cyprien." *Revue d'ascétique et de la mystique* 2 (1921): 256-67.

Dan, Joseph. "The Religious Experience of the 'Merkavah.'" In *Jewish Spirituality: From the Bible through the Middle Ages*, edited by Arthur Green, 289-307. WS 13. New York: Crossroad, 1986.

_____. *Three Types of ancient Jewish Mysticism. The Seventh Annual Louis Feinberg Memorial Lecture in Judaic Studies*. Cincinnati: University of Cincinnati Press, 1984.

Daniéiou, Jean. *A History fo Early Christian Doctrine before the Council of Nicea*. Translated by David Smith and John Austin Baker. 3 vols. London: Darton, Longman & Todd; Philadelphia: Westminster, 1964-1977.

_____. *Origen*. New York: Sheed & Ward, 1955.

_____. *Platonisme et théologie mystique: Doctrine spirituelle de Saint Grégoire de Nysse*. Paris: Aubier, 1944.

_____. "Les sources bibliques de la mystique d'Origène." *Revue d'ascétique et de la mystique* 23 (1947): 126-41.

_____. "La typologie d'Isaac dans le christianisme primitif." *Biblica* 28 (1947): 363-93.

Dassmann, Ernst. *Die Frömmigkeit des Kirchenvaters Ambrosius von Mailand*. Münster: Aschendorff, 1965.

de Certeau, Michel. L'Enonciation mystique." *Revue de science religieuse* 64 (1976): 183-215. "Mystic Speech." In *Heterologies: Discourse on the Other*, translated by Brian Massumi, 80-100. Minneapolis: University of Minnesota Press, 1986.

_____. *La Fable Mystique XVIe-XVIIe Siécle*. Paris: Gallimard, 1982.

_____. "Histoire et mystique." *Revue d'historie de spritualité* 48 (1972): 68-82.

_____. "Histoire et mystique." *Revue de science religieus 73* 48 (1985): 325-54.

_____. "Mystique." In *Encyclopaedia universalis*, 11:521-26. Paris: Encyclopaedia universalis de France, 1968.

_____. "'Mystique' au XVIIe siècle: Le problème du langage 'Mystique.'" In *L'Homme devant Dieu: Mélanges offerts au Pere Henri de Lubac*, 2:267-91. 3 vols. Paris: Aubier, 1964.

Dechow, Jon F. *Dogma and Mysticism in Early Christianity: Epiphanius of Cyprus and the Legacy of Origen*. North American Patristic Society Patristic Monograph Series 13. Macon, GA: Mercer University Press, 1988.

de Grandmaison, Léonce. "L'élément mystique dans la religion." *Recherches de science religieuse* 1 (1910): 180-208.

de Guibert, Joseph, S.J. *Études de théologie Mystique*. Toulouse: L'Apostolat de la prière, 1930.

_____. et al. "Ascése, Ascétisme." *DS* 1:936-1010.

Deikman, Arthur J. "Deautomization and the Mystic Experience." *Psychiatry* 29 (1966): 324-38. Reprinted in *Understanding Mysticism*, edited by Richard Woods, O.P., 240-60. Garden City, NY Image Books, 1980.

_____. "Experimental Meditation." *Journal of Nervous and Mental Diseases* 136 (1963): 329-43.

_____. "Implications of Experimentally Induced Contemplative Meditation." *Journal of Nervous and Mental Diseases* 142 (1966): 101-16.

_____. *The Observing Self: Mysticism and Psychotherapy*. Boston: Beacon, 1982.

Deissmann, G. Adolf. *Die Neutestamentliche Formel "in Christo Jesu."*

Marburg, 1893.

_____. *Paul: A Study in Social and Religious History*. New York: Harper & Row, 1926.

Dekkers, E., and E. Gaar, eds. *Clavis Patrum Latinorum: Editio altera*. The Hagul Nijhoff, 1961.

Delacroix, Henri. *Essai sur la mysticisme speculatif in Allemagne au XIVe siécle*. Paris Alcan, 1900.

_____. *Études d'histoire et de psychologie du mysticisme: Les grands mystiques chrétiens*. Paris: Alcan, 1908.

de Lange, Nicholas. *Origen and the Jews*. Cambridge: Cambridge University Press 1976.

de la Taille, Maurice, S.J. "L'oraison contemplative." *Recherxhes de science religieuse* 9 (1919): 273-92.

Deleani, S. Christum sequi: *Étude d'un thème dans l'oeuvre de Saint Cyprien*. Paris: Études Augustiniennes, 1979.

de Lubac, Henri. *Histoire et Espirt: L'Intelligence de l'Ecriture d'après Origéne*. Paris: Aubier, 1950.

_____. "Preface." In *La mystique et les mystiques*, edited by A. Rlavier, S.J., 7-39. Pares: Desclée, 1965.

des Places, Édouard. "Platon et la langue des Mystères." In *Études platoniciennes* 1929-1979, 83-98. Leiden: Brill, 1981.

. et al. "Divinisation." *DS* 3:1370-1459.

Despland, Michel. *La religion en occident: Evolution des idées et du vucu*. Montreal: Fides, 1979.

Desprez, Vincent. "Pseudo-Macaire (Syméon).1. L'Oeuvre, l'auteur et son mileau." *DS* 10:20-27.

_____, "Pseudo-Macaire (Symèon). III. Influence." *DS* 10:39-43.

de Vogel, C. J. "On the Platonic Character of Neoplatonism and the Neoplatonic Character of Platonism." *Mind* 62 (1953): 43-64.

de Vogüe, Adalbert. "De Jean Cassien à John Main: Reflexions sur la meditation chrétienne." *Collectanea Cisterciensia* 47 (1985): 179-81.

_____. "Monachisme et Eglise dans la pensée de Cassien." In *Thèologie de la vie monastique*, 213-40. Paris: Aubier, 1961.

_____. "Pour comprendre Cassien: Un survol des Conferences." *Collectanea*

Cisterciensia 39 (1977): 250-72.

di Berardino, Angelo, ed. *Patrology*, Vol. 4, *The Golden Age of Latin Patristic Literature from the Council of Nicea to the Council of Chalcedon*. introduction by Johannes Quasten. Westminster: Christian Classics, 1986.

Dideberg, D. "Amor." *Augustinus-Lixikon* edited by Cornelius Mayer et al 1:294-300. Basel: Schwabe, 1986-.

Dieterich, Albreckt. *Eine Mithrasliturgie*. 3rd ed. Leipzig: Teubner, 1923.

Dillon, John. *The Middle Platonists: 80 B.C. to A.D. 200*. Ithaca, NY Cornell University Press, 1977.

_____. "The Transcendence of God in Phio: Some Possible Sources." In *The Center for Hermeneutical Studies in Hellenistic and Modern Culture: Protocol of the Sisteenth Colloquy: 20 April 1975*. Berkeley, 1975.

Dodd, C. H. *The Interpretation of the Fourth Gospel*. Cambridge: Cambridge Univelsity Press, 1960.

Dodds, E. R. *The Greeks and the Irrational*. Berkeley: University of California Press, 1963.

_____. *Pagan and Christian in an Age of Anxiety*. Cambridge: Cambridge University Press, 1965.

_____. "The *Parmenides* of Plato and the Origin of the Neoplatonic 'One.'" *Classical Quarterly* 22 (192a): 129-42.

Dörrie, Heinrich. "Bibliographischer Bericht über den Stand der Forschung gum Mittleren und Neueren Platonismus." In *Platonica Minora*, 524-78. Munich: Fink, 1976.

_____, "Das fünffach gestufte Mysterium." *Platonica Minora*, 474-90.

Dörries, Hermann. *Symeon von Mesopotamien: Die Überlieferung der Messalianischen Makarios-Schriften*. Texte und Untersuchungen 95.1. Leipzig, 1948.

Drewery, Ben. "Deification." In *Christian Spirituality: Essays in Honor of Gordon Rupp*, edited by Peter Brook, 7, 35-62. London: SCM, 1975.

Drey, Johann Sebastian. "Über das Verhältnis des Mysticismus zum Katholicismus." *Theologische Quartalschrift* (1831): 25-54.

Droge, Arthur. "The Status of Peter in the Fourth Gospel: A Note on John 18:10-11." *Journal of Biblical Literature* 109 (1990): 307-11.

Dudden, F. Homes. *The Life and Times of St. Ambrose*, 2 vols.(Oxford:

Clarendon, 1935.

Dunne, Tad, S.J. *Lonergan and Spirituality: Towards a Spiritual Integration*. Chicago: Loyola University Press, 1985.

Dupont, Jacques. "Le chrétien, miroir de la gloire divine d'après ll Cor., iii, 18." *Revue biblique* 56 (1949): 392-411.

Dupré, Louis. *The Common Life: The Orignis of Trinitarian Mysticism and Its Development by Jan Ruusbroes*. New York: Crossroad, 1984.

_____. *The Deeper Self: An Introduction to Christian Mysticism*. New York: Crossroad, 1981.

_____. "Mysticism." In *The Encyclopedia of Religion*, edited by Mircea Eliade, 10:245-61. New York: Macmillan, 1987.

_____. *The Other Dimension: A Search for the Meaning of Religious Attitudes*. Garden City, NY: Doubleday, 1972.

_____. "Spiritual Life in a Secular Age." *Daedalus* 111 (1982): 21-31.

_____. *Transcendent Selfhood: The Loss and Recovery of the Inner Life*. New York: Seabury, 1976.

_____. "*Unio mystica*: The State and the Experience." In *Mystical Union and Monotheistic Faith: An Ecumenical Dialogue*, edited by Moshe Idel and Bernard McGinn, 3-23. New York: Macmillan, 1989.

_____, and James A. Wiseman, O.S.B. *Light from Light: An Anthology of Christian Mysticism*. New York: Paulist, 1988.

Dvornik, Francis. *Byzantium and the Roman Primacy*. New York: Fordham University Press, 1966.

Egan, Harvey B., S.J. *What Are They Saying about Mysticism?* New York: Paulist, 1982.

Eiten, Robert B., S.J. "Recent Theological Opinion on Infused Contemplation." *Theological Studie* 2 (1941): 89-100.

Eliade, Mircea. "Experiences of the Mystic Light." In *The Two and the One*, 19-77. New York: Harper, 1965.

_____. *A History of Religious Ideas*, vol. 3. Translated by Willard R. Trask. Chicago: University of Chicago Press, 1985.

_____. *Patterns of Comparative Religion*. Translated by Rosemary Sheed. Cleveland: World, 1966.

_____. "Sense Experience and Mystical Experience among Primitives." In *Myths, Dreams and Mysteries*, translated by Philip Mairet, 73-98.

London: Harvill, 1960.

_____. *Shamanism: Archaic Techniques of Ecstasy*. translated by Willard R.Trask. London: Routledge & Kegan Paul, 1964.

_____. *Yoga: Immortality and Freedom*. Translated by Willard Trask. London: Routledge & Kegan Paul, 1958.

Elliot, Alison Goddard. *Roads to Paradise: Reading the Lives of the Early Saints*. Hanover: University Press of New England, 1980.

Ellwood, Robert J. *Mysticism and Religion*. Englewood Cliffs, NJ: Prentice-Hall, 1980.

Faivre, Antoine. "Hermetism." In *The Encyclopedia of Religion*, edited by Mircea Eliade, 6:283-302. New York: Macmillan, 1987.

Fallon, Francis. "The Gnostic Apocalypses." In *Apocalypse: Morphology of a Genre. Semeia 14*, edited by John J. Collins, 123-58. Missoula, MT Scholars Press, 1979.

Farges, Albert. *Mystical Phenomena Compared with Their Human and Diabolical Counterfeits*. London: Burnes, Oates & Washbourne, 1926.

Ferwerda, R. "The Meaning of the Word Sōma (Body) in the Axial Age: An Interpretation of Plato's Cratylus 400c." In *The Origins and Diversity of Axial Age Civilizations*, edited by S. N. Eisenstadt, 111-24. Albany: State University of New York Press, 1986.

Festugière, André Jean. *Contemplation et vie contemplative selon Platon*. Paris: Vrin, 1936.

_____. *L'Enfant d'Agrigente*. Paris: Plon, 1950.

_____. *Hermétisme et mystique païenne*. Paris: Aubier-Montaigne, 1967.

_____, *L'Ideal religieux des grecs et l'Évangile*. Paris: Gabalda, 1932.

_____, *La révélation d'Hermes Trismégiste*. 4 vols. Paris: Gabalda, 1950-54.

_____. *Personal Religion among the greeks*. Berkeley anti Los Angeles: University of California Press, 1954.

Feuillet, André. *Johannine studies*. Staten Island: Alba House, 1964.

Finan, Thomas, "A Mystic in Milan. Reververasti Revisited." In *From Augustine to Eriugena: Studies on Neoplatonism and Christianity in Honor of John O'Mera*, edited by F. X. Martin and J. A. Richmond, 77-91. Washington, DC: Catholic University Press, 1991.

Findlay,J. N. "The Logic of Mysticism." In *Ascent to the Absolute: Metaphysical Papers and Letters*, 162-53. London: Allen & Unwin,

1970.

Fischer, Klaus P. *Der Mensch als Geheimnis: Die Anthropologie Karl Rahners.* Freiburg: Herder, 1974.

Fishbane, Michael. *Biblical Interpretaton in Ancient Israel.* Oxford: Clarendon, 1985.

Flew, R. Newton. *The Idea of Perfection in Christian Theology.* London: Oxford University Press, 1934.

Fontaine, Jacques. "The Practice of Christian Life: The Birth of the Laity." In *Christian Spirituality: Orgins to Twelfth Century*, edited by Bernard McGinn and John Meyendorff, 453-91. WS 17. New York: Crossroad, 1986.

_____. "Prose et poésie: L'interférence des genres et des styles dans la créatien littéraire d'Ambroise de Milan." In *Ambrosius Episcopus*, edited by Giuseppe Lazzati, 1:124-70. 2 vols. Milan: Universitá Cattolica del Sacro Cuore, 1976.

Fewden, Garth. *The Egyptian Hermes: A Historical approach to the late pagan mind.* Cambridge: Cambridge University Press, 1987.

Frazer, Ruth F. "The Morphology of Desert Wisdom in the Apophthegmata Patrum." *Dissertation*, University of Chicago, 1977.

Frend, W. H. C. *Martyrdom and Persicution: A Study of a Conflict from the Maccabees to Donatus.* New York: New York University Press, 1967.

_____. *The Rise of Christianity.* Philadelphia: Fortress, 1984.

Friedlander, Paul. *Plato: An Introduction.* New York: Harper, 1958.

Freud, Ernst, ed. *The Letters of Sigmund Freud.* New York: Basic Books, 1960.

Freud, Sigmund. *Civilization and its Discontents.* Translated by James Strachey. New York: Norton, 1961.

_____. *The Future of an Illusion.* Translated by W D. Robson-Scott. New York: H. Liveright, 1977.

Furse, Margaret. "Mysticism: Classic Modern Interpreters and their Premise of Continuity." *Anglican Theological Review* 60 (1978): 180-93.

Gabriele di Santa Maria Maddalena. *La contemplation acquise.* Paris, 1949.

Gadamer, H.-G. "Plato's Parmenides and its Influence." *Dionysius* 7 (1983): 3-16.

Gafni, Isaiah. "The Historical Background." In *Jewish Writings of the Second*

Temple Period, edited by Michael E. Stone, 1-31. Compendia Rerum Iudaicantm ad Novum Testamentum, section 2. Philadelphia: Fortress, 1984.

Gale, Richard M. "Mysticism and Philosophy." *Journal of Philosophy* 57 (1960): 471-81.

Gardet, Louis. "Experience du soi, expérience des profundeurs de Dieu." *Revue Thomiste* 78 (1978): 357-84.

_____. *La mystique*. Paris: Presses universitaires de France, 1970.

_____. "Theologie de la mystique." *Revue Thomiste* 71 (197): 571-88.

_____, and Olivier Lacombe. *L'Expérience du soi: Étude de mystique comparée*. 2 vols. Paris: Desclée, 1981.

Gardiel, Ambroise. "Expérience mystique dens le cadre des missions divins." *La vie spirituelle*, Supplement (1932): June, 129-46; July, 1-21; September, 67-76; October, 1-28.

_____. *La structure de l'âme et l'expérience mystique*. 2 vol7. Paris: Gabalda, 1927.

Garrigou-Lagrange, Reginald, O.P. *Christian Perefection and Contemplation according to St. Thomas Aquinas and St. John of the Cross*. St. Louis: Herder, 1951.

_____. "La contemplation dans l'école dominicain." *DS* 2:2067-80.

_____. *The Love of God and the Cross of Jesus*. 2 vols. St. Louis: Herder, 1947-51.

_____. *The Three Ages of the Interior Life*. 2 vols. Translated by M. Timothea Doyle. St. Louis and London: Herder, 1947-48.

Garside, Bruce. "Language and the Interpretation of Mystical Experience." *International Journal for the Philosophy of Religions* 3 (1972): 93-102.

Gersh, Stephen. *From Iamblichus to Eriugena: An Investigation of the Prehistory and Evolution of the Pseudo-Dionysian Tradition*. Leiden: Brill, 1978.

_____. "Ideas and Energies in Pseudo-Dionysius the Areopagite." *Studia Patristica 15*, edited by E. A. Livingstone, 297-370. Berlin: Akademie Verlag, 1984.

_____. *Middle Platonism and Neoplatonism: The Latin Tradition*. 2 vols. Notre Dame: University of Notre Dame Press, 1986.

Gilson, Etienne. *The Christian Philosophy of St. Augustine* (New York: Random House,1960).

Gimello, Robert. "Mysticism and Meditation." In *Mysticism and Phisolophical Analysis*, edited by Steven T. Katz, 170-99. New York: Oxford University Press, 1978.

Goetz, Joseph, et al. "Extase." *DS* 4:2087-2109.

Goodenough, Erwin. *By Light, Light: The Mystic Gospel of Hellenistic Judaism*. New Haven: Yale University Press, 1935.

Grabowski, S. "Saint Augustine and the Doctrine of the Mystical Body of christ." *Theological Studies* 7 (1946): 72-125.

_____. "St. Augustine and the Presenoe of God." *Theological Studies* 13 (1952): 336-58.

Grant, Robert M. *The Early Christian Doctrine of God*. Charottesville: University Press of Virginia, 1966.

_____. *From Augustus to Constantine*. New York: Harper & Row, 1970.

_____. *Gnosticism*. New York: Harper & Row, 1961.

_____. *Gnosticism and Early Christianity*. New York: Harper & Row, 1959.

_____. "Gnostic Spirituality." In *Christian Spirituality: Origins to the Twelfteh Century*, edited by Bernard McGinn and John Meyendorff, 44-60. WS 16. New York: Crossroad, 1986.

_____. *Greek Apologists of the Second Century*. Philadelphia: Westminster, 1988.

_____, *The Letter and the Spirit*. New York: Macmillan, 1957.

Greenberg, Moshe. *Ezechiel* 1-20. Anchor Bible 22. Garden City, NY: Doubleday, 1983.

Gregson, Vernon J., Jr. *Lonergan: Spirituality and the Meeting of Religions*. Lanham, MD: University Press of America, 1985.

Grendle, Nicholas, O.P. "St. Irenaeus as a Mystical Theologian." *The Thomist* 39 (1975): 185-97.

Gribomont, Jean. "The Translations of Jerome and Rufinus." In *Patrology*. Vol. 4, *The Golden Age of Latin Patristic Literature From the Council of Nicea to the Council of Chalcedon*, edited by Angelo di Berardino, Introduction by Johannes Quasten, 195-254. Westminster: Christian Classics, 1986.

Grof, Stanislov. "East and West: Ancient Wisdom and Modern Science." In

Ancient Wisdom and Modern Science, edited by Stanislov Grof and Marjorie Livingston Valier, 2-23. Albany: State University of New York Plebs, 1984.

_____, and C. Grof. *Beyond Death*. London: Thames & Hudson, 1980.

Gross, Jules. *La divinisation du chrétien d'après grecs*. Paris: Gabalda, 1938.

Grossi, Vittorino. "La spiritualitá agostiniana." In *Le grandi scuole della spiritualitá christiana*, 159-206. Rome: Teresianum, 1984.

Groves, Nicholas. "*Mundicia cordis*: A Study of the Theme of Purity of Heart in Hugh of Pontigny and the Fathers of the Undivided Church." In *One Yet Two: Monastic Traditions East and West*, edited by M. Basil Pennington (Kalamazoo, Ml: Cistercian Publications, 1976).

Gruenwald, Ithamar. *Apocalyptic and Merkavah Mysticism*. Leiden: Brill, 1950.

_____. "Jewish Apocalypticism to the Rabbinic Period." In *The Encyclopedia of Religion*, edited by Mircea Eliade, 1:336-42. New York: Macmillan, 1987.

Guerard, Christian. "La théologie négative dans l'apophatisme grec." *Revue des sceinces philosophiques et théologiques* 68 (1984): 183-200.

_____. "Le théorie des Henades et la mystique de Proclus." *Dionysius* 6 (1982): 73-82.

Guillaumont, Antoine. "Étienne bar Soudail." *DS* 4:1481-88.

_____. les "Kephalaia Gnostica" *d'Évagre le Pontique et l'histoire d'origenisme chez les Grecs et chez les Syriens*. Paris: Seuil, 1962.

_____. "Messaliens." *DS* 10:1074-B3.

_____. "Un philosophe au desert: Evagre le Pontique." *Revue de l'histoire des religions* 181 (1972): 29-56.

_____, and Claire Guillaumont. "Evagre le Pontique." *DS* 4:1731-44.

Guy, Jean-Claude. *Recherches sur la traditon grecque des "Apophthegmata Patrum."* Brussels: Societi des Bollandistes, 1962.

Haas, Alois M. "Was ist Mystik?" In *Abendländische Mystik im Mittelalter: symposion Kolster Engelberg 1984*, edited by Kurt Ruh, 319-42. Stuttgart: Metzler, 1986.

Hadot, Pierre. "Dieu comme acte d'être dans le néoplatonisme." In *Dieu et l'être: Exégéses d'Éxodos 3,14 et de Coran 20,11-24, 58-63*. Paris: Études Augustiniennes, 1978.

_____. "Les divisions des parties de la philosophie dans l'Antoquité." *Museum Helveticum* 36 (1979): 218-31.

_____. "L'être et l'étant dans la Néoplatonisme." In *Études Néoplatoniciennes*, 27-41. Neuchâtel: A La Baconniére, 1973.

_____. "Forms of Life and Forms of Discourse in Ancient Philosophy." *Critical Inquity* 16 (1990): 483-505.

_____. *Marius Victorimus: Recherches sur sa vie et ses sources*. Paris: Études Augustinennes, 1971.

_____. "Neoplatonist Spirituality. I. Plotinus and Porphyry." In *Classical Mediterranean Spirituality: Egyptian, Greek, Roman*, edited by A. H. Armstrong, 230-4: WS 15. New York: Crossroad, 1986.

_____. "Les niveaux de conscience dans les états mystiques selon Plotin." *Journal de psychologie normale et pathologique* 77 (1980): 243-65.

_____. "Platon et Plotin dans trois sermons de saint Ambroise." *Revue des études latines* 34 (1956): 202-20.

_____. *Plotin ou la simplicité du regard*. Paris: Études Augustiniennes, 1973.

_____. *Porphyre et Victorinus*. 2 vols. Paris: Études Augustiniennes, 1968.

_____. "Théologie, exégèse, révélation, écriture, dans la philosophie grecque." In *Centre d'études des religions du livre: Les régles de l'intérpretation*, edited by Michel Tardieu, 13-34.Paris: Cerf, 1987.

_____. "L'Union de l'âme avec l'intellect divin dans l'expérience mystique plotinienne." In *Proclus et son influence: Acts du Colloque de Neuchâtel, Juin*, 1986, edited by G. Boss and G. Seel, 3-27. Neuchâtel: Editions du Grand Mich, 1986.

_____, "XXIX. Patristique Latine." In *École pratique des hauts études: Ve Section, Sciences religieuses, Annuaire 1965-66*, 151-52. Paris: Sorbonne, 1965.

Halperin, David L. "Ascension or Invasion: Implications of the Heavenly Journey in Ancient Judaism." *Religion* 18 (1988): 47-67.

_____. "Heavenly Ascension in Ancient Judaism: The Nature of the Experience." In *Society of Biblical Literature 1987 Seminar Papers*, edited by K. H. Richards 218-32. Atlanta: Scholars Press, 1957.

Halperin, David M. "Why is Diotima a Woman? Platonic *Eros* and the Figuration of Gender." In *Before Sexuality: The Construction of Erotic Experience in the Ancient Greek World*, edited by David M. Halperin, John J. Winkler, and Froma I. Zeitlin, 257-305. Princeton,

NJ: Princeton University Press, 1990.

Hamman, Adalbert. "The Turnabout Of the fourth Century." in *Patrology*, vol. 4, *The Golden Age of Latin Patristic Literature From the Council of Nicea to the Council of Chalcedon*, edited by Angelo di Berardino, introduction by Johanne Quasten, 1-32. Westminster: Christian Classics, 1986.

Hanson, John s. "Dreams and Visions in the Graeco-Roman World and Early Christianity." In *Aufstieg und Niedergang der römischen Welt*. II. Prinzipat, 23.2 Berlin and New York: de Gruyter, 1980.

Happold, F. D. *Mysticism: A Study and and Anthology*. Harmondsworth: Penguin, 1963.

Harl, Marguerite. "La 'bouche' et le 'coeur' de l'apôtre: deux images bibliques du 'sens divin' de l'homme ('Proverbes' 2, 5) chez Origène." In *Forma Futuri: Studi in Onore del Cardinale Michele Pellegrino*, 17-42. Turin: Bottega d'Erasmo, 1975.

_____. "Le langage de l'expérience religieuse chez les Pères grecs." *Rivista di storia e letteratura religiosa* 15 (1977): 5-34.

_____. "Recherches sur l'origenisme d'Origène: La 'satieté'(*koros*) de la contemplation comme motif de la chute des âmes." *Studia Patristica* 8 (1966): 373-405.

Harnack, Adolph. *History of Dogma*, 7 vols. (New York: Dover, 1961) 1:227-28, 253.

Hartman, Lars. "Survey of the Problem of Apocalyptic Genre." In *Apocalypticism in the Mediterranean World and the Near East*, edited by David Hellholm, 329-43, Tübingen: Mohr, 1983.

Hathaway, Ronald F. *Hierachy and the Definition of Order in the Letters of Pseudo-Dionysius*. The Hague: Nijhoff, 1969.

Hausherr, Irenée. "Les grands courants de la spiritualité orientale." *Orietalia Christina Periodica* 1 (1935): 114-3B.

_____. "Ignorance infinie." Orietalia Christhian periodica 2 (1936): 351-62.

_____. "L'influence du 'Livre de Saint Hierothée." In *Études de spiritualité orientale*, 23-58. Orientalia Christiana Analecta 183. Rome: Pontificium Institutum Studiorum Orientalium, 1969.

_____. *The Name of Jesus*. Kalamazoo, Ml: Cistercian Publications, 1978.

_____. "Le spiritualité des premières generations chrétiennes." In *La Myustique et les mystiques*, edited by A. Rivier, 409-61. Paris:

Desclée, 1965.

_____. "Le Traité de l'Oraison d'Évagre le Pontilue (Pseudo Nil)." *Revue d'ascétique et de la mystique* 15 (1934): 113-70.

Haussleiter, J. "Fruitio Dei." In *Reallexikon für Antike und Christentum*, 8:538-55.

Heidegger, Martin. *Der Satz von Grund*. Pfullingen: G. Neske, 1957.

Heijke, J. "St. Augustine's Comments on 'Imago Dei.' (An Anthology from all his works exclusive of the *De Trinitate*)." *Classical Folia,* Supplement III. April, 1960.

Heiler, Friedrich. *Die Bedeutung der Mystik für die Weltreligionen*. Munich: E. Reinhardt, 1919.

_____. "Contemplation in Christian Mysticism." In *Spiritual Disciplines: Papres form the Eranos Yearbooks*, 186-238. New York: Pantheon, 1960.

_____. *Prayer: A Study in the History and Psychology of Religion*. London: Oxford University Press, 1932.

Heim, M. *Der Enthusiasmus in desn Konfessionen des hl. Augustinus*. Würrzburg: Augustinus Verlag, 1941.

Heine, Ronald E. *Perfiction in the Virtuous Life: A Study in the Relationship Between Edification and Polemical Theology in Gregory of Nyssa's De Vita Moysis*. Philadelphia: Philadelphia Patristic Foundation, 1975.

Hendrikx, Ephraem. *Augustinus Verhältnis zur Mystik*. Würzburg: Augustinus Verlag, 1936.

_____, "Augustinus Verhältnis zur Mystik: Ein Rückblick." In Scientia Augustiniana: Festschrift Adolar Zumkeller, 107-11. Würzburg: Augustinus Verlag, 1975.

Hengel, Martin. *Judaism and Hellenism*. 2 vols. Philadelphia: Fortress, 1974.

Henle, Paul. "Mysticism and Semantics." *Philosophy and Phenomenological Research* 9 (1949): 116-22.

Henry Paul, S.J. *Plotin et l'Occident*. Louvain: Spicilegium Sacrum Lovaniense, 1934.

_____. *La vision d'Ostie: Sa place dans la vie et l'oeuvre de Saint Augustine*. Paris: Vrin,1938. Eng. version, The Path to transcendence: From Philosophy to Mysticism in saint Augustine, trans. Francis F. Burch.

Philadelphia: Pickwick Press,1981.

Heussi, Karl. *Der Ursprung des Mönchtums*. Tübingen: Mohr, 1936.

Hick, John. "Mystical Experience as Cognition." In *Mystic and Scholars: The Calgary Conference on Musticism 1976*, edited by Harold Coward and Terence Penelhum. Sceinces Religieuses Supplements 13, 41-56.

Himmelfarb, Martha. "From Prophecy to Apocalypse: The Book of Watchers and Tour of Heaven." In *Jewish Spirituality: From the Bible through the Middle Ages*, edited by Arthur Green, 145-65. WS 13. New York: Crossroad, 1986.

Hocking, William Ernest. *The Meaning of God in Human Experience: A Philosophical Study of Religion*. New Haven: Yale University Press, 1912.

Hoffmann, Ernst. *Platonismus und Mystik im Altertum: Sitzungberichte der Heidelberge Akademie der Wissenschafted, Philogophisch-historische Klasse*, 1934-35. 2 Abhandlung. Heidelberg: Carl Winter, 1935.

Holm, Nils G. *Religious Ecstasy*. Stockholm: Almqvist & Wiksell, 1951.

Horn, Gabriel. "Amour et extase d'après Denys l'Aréopatite." *Revue d'ascétique et de la mystique* 6 (1925): 278-89.

Horne, James R. "Tillich's Rejection of Absolute Mysticism." *Journal of Religion* 58 (1978): 130-39.

Hubyl Joseph. *Mystiques paulinienne et johannique*. Paris: Desclée, 1946.

Hunter, David G. "Resistance to the Virginal Ideal in Late Fourth-Century Rome: The Case of Jovinian." *Theological Studies* 48 (1987): 45-64.

Huxley, Aldous. *The Doors of Perception*. New York: Harper, 1954.

_____. *The Perennial Philosophy*. New York: Harper, 1945.

Idel, Moshe. "Abraham Abulafia and *Unio Mystica*." In *Studies in Ecstatic Kabbalah*, 1-31. Albany: State University of New York Press, 1988.

_____. *Kabbalah: New Perspectives*. New Haven:Yale University Press, 1988.

_____. "Universalization and Integration: Two Conceptions of Mystical Union in Jewish Mysticism." In *Mystical Union and Monotheistic Faith*, edited by Moshe Idel and Bernard Mceinn, 27-55. New York: Macmillan, 1989.

_____, and Bernard McGinn, eds. *Mystical Union and Monotheistic Faith: An Ecumenical Dialogue*. New York: Macmillan, 1989.

Inge, William Ralph. *Christian Mysticism*. London: Methuen, 1899.

lzutsu, Toshihikol. *Sufism and Taoism: A Comparative Study of Key Philosophical Concepts*. Berkeley: University of California Press, 1983.

Jacobs, Louis. *Jewish Mystical Tradition*. New York: Schocken, 1978.

Jaeger, Werner. *Aristotle*. Oxford: Clarendon, 1948.

James, William. "A Pluralistic Mystic." *Hibbert Journal* 8 (1910): 739-59.

_____. "A Suggestion about Mysticism." In *Understanding Mysticism*, edited by Richard T. Woods, O.P., 215-22. Garden City, NY: Doubleday, 1980.

_____. *The Varieties of Religious Experience: A Study in Human Nature*. New York: Collier-Macmillan, 1961.

John, Helen James. *The Thomist Spectrum*. New York: Fordham University Press, 1966.

Johnston, William, S.J. *The Inner Eye of Love: Mysticism and Religion*. New York: Harper & Row, 1978.

_____. *The Still Point: Reflections on Zen and Christian Mysticism*. New York: Harper & Row, 1971.

Jonas, Hans. *Gnosis und Spuatantike Geist: Von der Mythologie zur Mustischen Philosophie*. Göttingen: Vandenhoeck & Ruprecht, 1954.

_____. "Gnosticism, Existentialism, Nihilism." *Epilogue in the The Gnostic Religion*, 320-40. 2nd ed. Boston: Beacon, 1963.

_____. *The Gnostic Religion: The Mesage of the Alien God and the Beginngins of Christianity*. Boston: Beacon, 1958.

_____. "Myth and Mysticism: A Study of Objectification and Interiorization in Religious Thought." *Journal of Religion* 49 (1969): 315-29.

_____. "Die Origenistische Spekulation unto die Mystik." *Theologische Zeitschrift* 5 (1949): 24-45.

Jones, A. H. M. *The Later Roman Empire 284-602: A Social, Economic, and Administrative Survey*, 2 vols. Norman: University of Oklahoma Press, 1964.

Jones, Rufus M. *Studies in Mystical Religion*. New York: Macmillan, 1909.

Joret, Donatien, O.P. *La contemplation mystique d'après S. Thomas d'Aquin*. Paris: Desclée, 1923.

Judge, E. A. "The Earliest Use of Monachos for Monk (P. Coll. Youtie 77) and the Origins of Monasticism." *Jahrbuch für Antike und Chrhistentum* 20 (1977): 72-89.

Jüngel, Eberhard. *God as the Mystery of the World.* translated by Darrell L. Guder. Grand Rapids: Eerdmans, 1983.

Kakar, Sudhir. *The Inner World.* Delhi: Oxford University Press, 1980.

Kannengiesser, Charles. "Enarratio in psalmum CxvIII: Science de la révélation et progrés spirituel." *Recherches augustiniennes* 2 (1962): 359-81.

_____. "The Spiritual Message of the Great Fathers." In *Christian Spirituality: Origins to the Twelfth Century*, edited by Bernard McGinn and John Meyendorff, 61-88. WS 16. New York: Crossroad, 1986.

_____, and W. Petersen, eds. *Origin of Alexandria: His World and His Legacy.* Notre Dame: University of Notre Dame Press, 1988.

Katz, Steven T. "Language, Epistemology, and Mysticism." In *Mysticism and Philosophical Analysis*, edited by Steven T. Katz, 22-74. New York: Oxford University Press, 1978.

_____. "Review Article: Recent Work on Mysticism." *History and Religions* 25 (1985-86): 76-86.

_____. ed. *Mysticism and Philosophical Analysis.* New York: Oxford University Press, 1978.

_____. ed. *Mysticism and Religious Traditions.* New York: Oxford University Press, 1983.

Kelley, J. N. D. *Jerome: His Life, Writings and Controversies.* New York: Harper & Row, 1975.

Kelly, Anthony J. "Is Lonergan's *Method* Adequate to Christian Mystery?" *The Thomist* 39 (1975): 437-70.

Kemmer, A. "Die Mystik in Karl Bart's *Kirchliche Dogmatik.*" *Freiburger Zeitschrift für Philosophie und Theologie* 7 (1960): 3-25.

Kenney, John Peter. *Mystical Monotheism.* Hanover, NH: Brown University Press, 1991.

Kirk, Kenneth E. *The Vision of God: The Christian Doctrine of the "Summum Bonum."* London: Longmans, Green, 1932. Reprint. Cambridge: James Clarke, 1977.

Kirschner, Robert. "The Vocation of Holiness in Late Antiquity." *Vigiliae*

Christianae 38 (1984): 105-24.

Kitzinger, Ernst. *Early Medieval Art*. Bloomington: Indiana University Press, 1966.

Klostermann, E. "Formen der exegetischen Arbeiten des Origenes." *Theologische Literaturzeitung* 72 (1947): 203-8.

Knowles, David. "Edward Cuthbert Butler, 1858-1934." In *The Historian and Character*, 263-362. Cambridge: University Press, 1963.

_____. *The English Mystical Tradition*. New York: Harper, 1961.

_____. *The Nature of Mysticism*. New York: Hawthorne Books, 1966.

Koch, Hal. *Pronoia und Paideusis: Studien über sein Origenes und sein Verhältnis zum Platonismus*. Berlin: de Gruyter, 1932.

Koester, Helmut. *Introduction to the New Testament*. 2 vols. Philadelphia: Fortress, 1982.

Kolakowski, Leszek. *Bergson*. Oxford and New York: Oxford University Press, 1985.

Krautheimer, Richard. *Three Christian Capitals: Topography and Politics*. Berkeley: University of California Press, 1953.

Kristeva, Julia. *Tale of Love*. New York: Columbia University Press, 1987.

Kristo, Jure. "Human Cognition and Mystical Knowledge: Joseph Maréchal's Analysis of Mystical Experience." *Mélanges de science religieuse* 37 (1980): 53-73.

_____. "The Interpretation of Religious Experience: What Do Mystics Intend When They Talk about Their Experiences?" *Journal of Religion* 62 (1982): 21-38.

Kugel, James L., and Rowan A. Greer. *Early Biblical Interpretation*. Philadelphia: Westminster, 1986.

La Bonnardière, Anne-Marie. "Le Cantique des Cantiques dans l'oeuvre de Augustin." *Revue des études augustiniennes* (1955): 225-37.

_____. *Recherches de chronologie augustinienne*. Paris: Études Augustiniennes, 1965.

Ladner, Gerhard B. *The Ideas of Reform: Its impact on Christian Thought and Action in the Age of Fathers*. Cambridge, MA: Harvard University Press, 1959.

Laeuchli, Samuel. *Power and Sexuality: The Emergence of Cannon Law at the Synod of Elvira*. Philadelphia: Temple University Press, 1972.

Lamballe, Emile. *Mystical Contemplation: or, The Principles of Mystical Theology*. London: R. & T, Washbourne, 1913.

Landsberg, P.-L. "Les sens spirituels chez saint Augustin." *Dieu vivnat* 11 (1948): 83-105.

Laski, Marghanita. *Ecstasy: A Study of Some Secular and Religious Experience*. Bloormington: University of Indiana Press, 1962.

Lawless, George. *Augustine of Hippo and His Monastic Rule*. Oxford: Clarendon, 1987.

Layton, Bentley, ed. *The Rediscovery of Gnosticism*. 2 vols. Leiden: Brill, 1981.

Lebreton, Jules, et al. "Contemplation." *DS* 2:1643-2193.

Leclercq, Jean. "Monachesimo.1. Fenomenologia del monachesimo." In *Dizionario degli Instituti de Perfezone*, edited by Guerrino Pelliccia and Giancarlo Rocca 5:1673-84. Rome: Edizioni Paoline, 1974-.

Lee, Philip R., et al. *Symposium on Consciousness*. New York: Viking Press, 1976.

Le Fevre, André, et al. "Écriture saints et vie spirituelle." *DS* 4:128-278.

Legasse, Simon, et al. "Perfection chrétienne." *DS* 12:1074-1156.

Legrand, Lucien. *The Biblical Doctrine of Virginity*. New York: Sheed & Ward, 1963.

Lehmann, Edvard. *Mystik i Hedensgab og Kristendom*. 1904. Eng. trans. *Mysticism in Heathendom and Christendom*. London: Luzac, 1910.

Léonard, Augustin. "Recherches phenomenologiques autour de l'expériene mystique." *La vie spirituelle* Supplement 23 (November 1952): 430-94.

Leuba, James H. *The Psychology of Religious Mysticism*. 1929. Reprint. London Routledge & Kegan Paul, 1972.

Levasti, Arrigo. "Clemente Alessandrino, iniziatore della Mistica christiana." *Rivista di Ascetica e Mistica* 12 (1967): 127-47.

_____. "La dottrina dello Pseudo Macario nelle sue cinquanta Omelie spirituali." *Rivista di Ascetica e Mistica* 14 (1969): 141-59.

_____. "La dottrina mistica di S. Gregorio di Nissa." *Rivista di Ascetica e Mistica* 12 (1967): 548-62; 13 (1968): 44-61.

_____. "Origene e le linee fondamentali della sua dottrina spirituale." *Rivista di Ascetica e Mistica* 12 (1967): 358-83.

_____. "Il piu grande mistico del deserto: Evagrio il Pontico." *Rivista di Ascetica e Mistica* 13 (1968): 242-64.

Levenson, Jon D. "The Jerusalem Temple in Devotional and Visionary Experience." In *Jewish Spirituality: From the Bible through the Middle Ages*, edited by Arthur Green, 32-61. WS 13. New York: Crossroad, 1986.

_____. *Sinai and Zion*. Minneapolis: Winston-Seabury, 1985.

Lewy, Hans. *Chaldean Oracles and Theurgy: Mysticism, Magic and Platonism in the Later Roman Empire*. Cairo: Institut français d'archéologie orientate, 1956. A revised edition by M. Tardieu, Paris, 1978.

_____. *SOBRIA EBRIETAS: Untersuchungen zur Geschichte der antiken Mystik*. Beihefte zur Zeitschrift für die neutestamentliche Wissenschaft 9. Giessen: Töpelmann, pp. 1929.

Lienhard, Joseph T. "On 'Discernment of Spirits' in the Early Church." *Theological Studies* 41 (1980), pp. 505-29.

_____. *Paulinus of Nola and Early Western Monasticism*. Cologne and Bonn: Petei Hanstein, 1977.

Lieske, A. *Die theologie des Logosmystik bei Origenes*. Münster: Aschendorf, 1938.

Lion, Antoine. "Le discours blessé: Sur le langage mystique selon Michel de Certeau." *Revue des sciences philolophiques et religieuses* 71 (1987): 405-19.

Liverziani, Filippo. *Dinamismo intellectuale ed esperienza mistica nel pensiero di Joseph Maréchal*. Rome: Liber, 1974.

Lobkowicz, Nicholas. *Theory and Practice: History of a Concept from Aristotle to Marx*. Notre Dame: University of Notre Dame Press, 1967.

Loisy, Alfred. *Ya-t-il deux sources de la religion et de la morale?* Paris: E. Nourrey, 1934.

Lonergan, Bernard J. F., S.J. *Collection*. Edited by F. E. Crowe, S.J. New York:. Herder & Herder, 1967.

_____. *Insight: A Study of Human Understanding*. London and New York: Longmans, 1957.

_____. *Method in Theology*. New York: Herder & Herder, 1972.

_____. *Second Collection*. Edited by William J. Ryan, S.J., and Bernard J.

Tyrrell, S.J. Philadelphia: Westminster, 1974.

_____. *Third Collection*. Edited by F. E. Crowe, S.J. New York: Paulist, 1985.

_____, *Verbum: Word and Idea in Aquinas*. Notre Dame: University of Notre Dame Press, 1967.

Lorenz, Rudolf. "Die Anfänge des abendländischen Möncktums in 4. Jahrhunderrt." *Zeitschrift für Kirchengeschichte* (1966): 1-66.

_____. "Fruitio Dei bei Augustin." *Zeitschrift für Kirchengeschichte* 63 (1950-51): 75-132.

Lossky, Vladimir. "Les éléments de 'Théologie négative' dans la pensée de saint Augustin." In *Augustinus Magister*, 1:575-81.3 vols. Paris: L'Année théologique augustinienne, 1954.

_____. *The Mystical Theology of Eastern Church*. London: J. Clarke, 1957.

_____. "La notion des 'analogies' chez Denys le Pseudo-Areopagite." *Archives d'histoire doctrinal et littéraire du moyen âge* 5 (1930): 279-309.

_____. "La théologie négative dans la doctrine de Denys l'Aréopagite." *Revue des sciences philosophiques et théologiques* 28 (1939): 204-21.

_____. *The Vision of God*. London: Faith Press, 1963.

Lot-Borodine, M. *La deification de l'homme d'après les pères grecs*. Paris: Cerf, 1970.

Louth, Andrew. *The Origins of the Christian Mystical Tradition: From Plato to Denys*. Oxford Clarendon, 1981.

Ludwig, Theodore M. "Rudolph Otto." In *The Encyclopedia of Religion*, 11:139-41.

Maas, Fritz-Dieter. *Mystik im Gespräch: Materialien zur Mystik-diskussion in der katholischen und evangelischen Theologie Deutschlands nach dem ersten Weltkrieg*. Würzburg: Eichter, 1972.

Mccool, Gerald A., S.J. "Twentieth-Century Scholasticism." In *Celebrating the Medieval Heritage: A Colloquy on the Thought of Aquinas and Bonaventure*. Edited by David Tracy. *The Journal of Religion Supplement* 58 (1978): 5198-5221.

McDonell, Kilian. "Prayer in the Ancient Western Tradition." *Worship* 55 (1981): 34-61.

McGinn, Bernard. "The Apocalypse and Apocalyptic Literature." In *The Apocalypse in the Middle Ages*, edited by Richard K. Emmerson and Bernard McGinn. Ithaca, NY Cornell University Press, 1992 (to appear).

_____. "Christian Monasticism." In *The Encyclopedia of Religion*, 10:44-50.

_____. "Early Apocalypticism: The ongoing debate." In *The Apocalypse in English Renaissance thought and literature*, edited by C. A. Patrides and Joseph Wittreich 2-39. Ithaca: Cornell University Press, 1984.

_____. "God as Eros: Reflections on Cosmic Love in the Christian Tradition." Unpublished.

_____. *The Golden Chain* (Washington: Cistercian Publications, 1972)

_____. "The Human Person as Image of God. II. Western Christianity." In *Christian Spirituality: Origins to Twelfth Century*, edited by Bernard McGinn and John Meyendorff, 312-30. WS 16. New York: Crossroad, 1986.

_____. "The Language of Love in Jewish and Christian Mysticism." In *Mysticism and Language*, ed. Katz. New York: Oxford University Press, 1991.

_____. "Love, Knowledge and *Unio Mystica* in the Western Christian Tradition." In *Mystical Union and Monotheistic Faith*, ed. Moshe. Idel and Bernard McGinn 59-86. New York: Macmillan, 1989.

_____. "The Negative Element in the Anthropology of John the Scot." Jean Scot Érigène et l'histoire de la philosophie, 315-25. Paris: CNRS, 1977.

_____. "Platonic and Christian: The Case of the Divine Ideas." In *Of Savants and their Texts: Studies in Philosophy and Religions Thought: Essays in Honor of Arthur Hyman*, ed. Ruth Link-Salinger 163-73. New York: Peter Lang, 1989.

_____. "Remarks." In *Mystical Union and Monotheistic Faith*, edited by M. Idel and B. McGinn, 185-93. New York: Macmillan, 1989.

_____, and John Meyendorff, eds. *Christian Spirituality: Origins to the Twelfth Century*. WS 16. New York: Crossroad, 1986.

Macleod, C. W. "Allegory and Mysticism in Origen and Gregory of Nyssa." *Journal of Theological Studies* n.s. 22 (1972), 362-79.

MacRae, George. "Apocalyptic Eschatology in Gnosticism." In *Apocalypticism in the Mediterranean World and the Near East*, ed. Hellholm, 317-25. Tübingen: Mohr, 1983.

Madec, Goulven. "Christus, scientiaet sapientia nostra: Le principe de cohérence de la doctrine augustinienne." *Reherches augustiniennes* 10 (1975): 77-85.

_____. "L'homme interieur selon saint Ambroise." In *Ambroise de Milan: XVIe centenaire de son election épiscopale*, ed. Yves-Marie Duval. Paris: Études Augustiniennes, 1974.

_____. Saint Ambroise et la philosophie. Paris: Études Augustiniennes, 1974.

Mager, Alois. *Mystik als Lehre und Leben*. Innsbruck: Tyroliaverlag, 1934.

Mahé, Jean-Pierre. "Hermea Trismegistos." In *The Encyclopedia of Religion*, 6:287-93

Malélvez, Leopold, S.J. "Connaissance discursive et connaissance mystique des Mystères du salute." In *L'homme devant dieu: Mélanges offerts à Père Henri de Lubac*, 3:167-83. 3 vols. Paris: Cerf, 1964.

_____. "Théologie contemplative et théologie discursive." *Nouvelle revue théologique* 88 (1967): 275-47.

Malone, Edward E. *The Monk and the Martyr*. Washington: Catholic University Press, 1950.

Manchester, Peter. "The Religious Experience of Time and Eternity." In *Classical Mediterranean Spirituality: Egyptian, Greek, Roman*, edited by A. H. Armstrong, 384-407. WS 15. New York: Crossroad, 1976.

Mandouze, André. "L'exstase d'Ostie." In *Augustinus Magister*, 1:67-84. 3 vols. Paris: L'Année théologique augustinienne, 1954.

_____. "Où en est la question de la mysique augustinienne?" *Augustinus Magister*, 3:103-68. 3 vols.; Paris: L'Année théologique augustinienne, 1954.

Maréchal, Joseph. *Études sur la Psychologie des mistiques*, 2, vols. Brutes: C. Beyaert, 1937. Translated in part in *Studies in the Psychology of the Mystics*. Translated by Algar Thorold. Albany: Magi Books, 1964.

_____. "Les lignes essentielles du Freudisme." *Nouvelle revue théologique* 52 (1925): 537-51, 577-605; 53, (1926): 13-50.

_____. *Mélanges Joseph Maréchal*. Paris and Brussels: Desclée, 1950.

_____. "Note d'enseignement théologique: La notion d'axtase, d'après l'enseignement traditionnel des mystiques et des théologiens." *Nouvelle reveu théologique* 64 (1937): 986-98.

_____. *Le point de départ de la metaphysique*. 5 vols. Brutes: G. Beyaert, 1922-1949. Translated in part in *A Maréchal Reader*, edited and translated by Joseph Donceel, S.J. New York: Herder & Herder, 1970.

_____. "Sur les cimes de l'oraison: Quesques opinions récentes de théologiens." *Nouvelle revue théologique* 56 (1929): 107-27, 177-206.

_____. "La vision de Dieu au sommet de la contemplation d'après saint Augustin." *Nouvelle Revue théologique* 57 (1930): 89-109, 191-214.

_____. "Vraie et fausse mystique." *Nouvelle Revue théologique* 67 (1945): 275-95.

Marion, J.-L. *L'idole et la distance*. Paris: Grasset, 1971.

Maritain, Jacques. "Action and Contemplation." In *Scholasticism and Politics*, 170-93. New York: Macmillan, 1940.

_____. *Distintuer pour unir, ou les degrés du savoir*. 1932. Eng. trans. *Distinguish to Unite, or the degrees of Knowledge*. Translated by Gerald B. Phelan. 4th ed. New York: Scribner, 1959.

_____. "L'intelligence d'après M. Maurice Blondel." *Revue de philosophie* 30 (1923): 333-64, 484-511.

_____. "On Knowledge through Connaturality." In *Jacques et Raissa Maritain. Oeuvres completes*. Paris: Editions Saint-Paul.Vo1.9 (1990): 980-1001.

_____. *La philosophie bergsonienne*. 1913. *Bergsonian philosophy and Thomism*. Translated by Mabelle L. Andison. New York: Greenwood Press, 1955.

_____. *Redeeming the Time*. London: G. Bles, 1944.

_____. and Raissa Maritain. *De la vie d'oraison*. 1922. Eng. trans. *Prayer and Intelligence*. Translated by Algar Thorold. New York: Sheed & Ward, 1934.

_____, and Raissa Maritain. *Liturgie et contemplation*. 1959. Eng. trans. *Liturgy and Contemplation*. Translated by Joseph W. Evans. New York: P. J. Kenedy, 1960.

Markus, R. A. "The Dialectic of Eros in Pintos's Symposium." *Downside Review* 73 (1955): 219-30.

Marrou, H. 1. "L'idée de Dieu et la divinité du Roi." *La regalità sacra*, 478-80. Leiden: Brill, 1959.

Marsili, Salvatore. *Giovanni Cassiano ed Evagrio Pontico: Dottrina sulla caritá e contrmplazione*. Studia Anselmiana 5. Rome: Herder, 1936.

Massignon, Louis. *La passion de Husan Ibn Mansūr Hāllāj, martyr mystique* de l'Islam. 1922. Eng. trans. *The Passion of al-Halaj: Mystic and Martyr of Islam*. Translated by Herbert Mason. 4 vols. Princeton, NJ: Princeton University Press, 1982.

Mascon, J. Moussaieff. *The Oceanic Feeling: The Origins of Religion in Ancient India*. Dordrecht, Boston, and London: Reidel, 1980.

Matter, E. Ann. *The Voice of My Beloved: The Song of Songs in Western Medieval Christianity*. Philadelphia: University of Pennsylvania, 1990.

Mayer, Cornelius, et al., eds. *Augustinue-Lexikon*. Basel: Schwabe, 1986-.

Mealand, David L. "The Language of Mystical Union in the Johannine Writings." *Downside Review* 19 (1977): 19-34.

Meeks, Wayne A. "Moses as God and King." In *Religions in Antiquity*, edited by Jacob Neusner, 354-71. Leiden: Brill, 1968.

Mehat, André and Aimé Solignac. "Prière. III. Dans la tradition chrétienne." *DS* 12: 2247-71.

Menard, Jacques. "Normative Self-Definition in Gnosticism." In *Jewish and Christian Self-Definition*, edited by Sanders et al., 1:134-50.3 vols. Philadelphia: Fortress, 1980-83.

Merki, Hubert. *HOMOIOSIS THEOU: von der Platonischen Angleichung an Gott zur Gottähnlichkeit bei Gregor von Nyssa*. Freiburg: Paulusverlag, 1952.

Merkur, Daniel. "Unitive Experiences and the State of Trance." In *Mystical Union and Monotheistic Faith: An Ecumenical Dialogue*, edited by Moshe Idel and Bernard McGinn, 125-53. New York: Macmillan, 1989.

Merlan, Philip. *From Plato to Neoplatonism*. 3rd ed. The Hague: Nijhoff, 1968.

_____. "Greek Philosophy from Plato to Plotinus." In *The Cambridge History of Later Greek and Early Medieval Philosophy*, edited by A. H. Armstrong, 14-132.Cambridge: Cambridge University Press, 1967.

_____. *Monopsychism, Mysticism, Metaconscious*. The Hague: Nijhoff, 1963.

Mensch, Emile. *The Whole Christ*. Milwaukee: Bruce, 1938.

Merton, Thomas. *The Ascent to Truth*. New York: Harcourt, Brace, 1951.

_____. *Bread in the Wilderness*. New York: New Directions, 1960.

_____. *The Climate of Monastic Prayer*. Washington: Cistercian Publications, 1969. Also published under the title *Contemplative Prayer*. New York: Herder & Herder, 1969.

_____. *Contemplation in a World of Action*. New York: Doubleday, 1973.

_____. "The Inner Experience: Notes on Contemplation (I)-(Vlll)." *Cistercian Studies* 18 (1983): 3-15, 121-34, 201-16, 288-300; 19 (1984): 62-76, 139-50, 267-82, 336-43.

_____. *Mystics and Zen Masters*. New York: Farrar, Straus, Giroux, 1967.

_____. *New Seeds of Contemplation*. New York: New Directions, 1972,

_____. *No Man Is and Island*. New York: Harcourt, Brace, 1955.

_____. *The Sigh of Jonas*. New York: Harcourt, Brace, 1953.

_____. "The Transforming Union in St. Bernard and St. John of the Cross." *Collectaenea Ordinis Cisterciensium Reformatorum* 10 (1948): 107-17; 11 (1949): 41-52, 352-61; 12 (1950): 25-38.

Meyer, Hans. "War Augustin Intellektualist oder Mystiker?" *Augustinus Magister.* 3:429-37. 3 vols. Paris: L'Année théologique, 1954.

Meyendorff, John. "Messalianism or Anti-Mesaalianism? A Fresh Look at the 'Macarian' Problem." In *Kyriakon: Festschrift Johannes Quasten*, ed. P. Granaeld and J. Jungmann, 2:585-90. 2 vol 7. Münster: Aschendorff, 1970.

Mieth, Dietmar. "Gotteschau unto Gottesgeburt: Zwei Typen Christlicher Gotteserfahrung in der Tradition." *Freiburger Zeitschrift für Philosophie und Theologie* 27 (1980): 204-23.

Miles, Margaret. "Vision: The Eye of the Body and the Eye of the Mind in Saint Augustine's *De Trinitate and Confessions*." *Journal of Religion* 63 (1983): 125-42.

Miller, Clyde Lee. "Union with the One: Ennead 6, 9, 8-11." *The New Scholasticism* 51 (1977): 182-95.

Miller, James. *Measures of Wisdom: The Cosmic Dance in Classical and Christian Antiquity*. Toronto: University of Toronto Press, 1986.

Moltmann, Jürgen. "The Theology of Mystical Experience." In *Experiences of God*, 55-80. Philadelphia: Fortress, 1980.

Momigliano, Arnaldo. *Alien Wisdom: the Limits of Hellenization*. Cambridge: Cambridge University Press, 1975.

Moore, Peter. "Mystical Experience, Mystical Doctrine, Mystical Technique."

In *Mysticism and Philosophical Analysis*, edited by Steven T. Katz, 101-31. New York: Oxford University Press, 1978.

_____. "Notes and Comments: A Recent Study of Mysticism." *Heythrop Journal* 25 (1984): 178-83.

_____. "Recent Studies on Mysticism: A Critical Survey." *Religion* 3 (1973): 146-56.

Morris, Charles. "Mysticism and its Language." In *Writings on the General Theory of Signs*, 456-63, Paris: Mouton, 1971.

Mühlenberg, Ekkehard. *Die Unendlichkeit Gottes bei Gregor von Nyssa: Gregors Kirtik am Gottesbegriff der klassischen Metaphysik*. Göttingen: Vandenhoeck & Ruprecht, 1965.

Munz, Peter. "John Cassian." *Journal of Ecclesiastical History* 11 (1960): 1-22.

Naranjo, Claudio, and Robert E. Ornstein. *On the Psychology of Mysticism*. New York: Viking, 1971.

Nasr, Seyyed Hossein. *Knowledge and the Sacred*. New York: Crossroad, 1981.

Nauroy, Gerard. "La structure du De Isaac vel anima et la cohérence de l'allegorese d'Ambroise de Milan." *Revue des études latines* 63 (1985): 210-36.

Nautin, P. *Origène: Sa vie et son oeuvre*. Paris: Beauchesne, 1977.

Nedoncelle, M. "L'intersubjectivité humaine est-elle pour saint Augustine une image de la Trinité?" In *Augustinus Magister*. 1:595-602. 3 vols. Paris: L'Année théologique augustinienne, 1954.

Neumann, Erich. "Mystical Man." In *The Mystic Vision: papers form the Eranos Yearbooks*, 375-415. Princeton, NJ: Princeton University Press, 1968.

Neusner, Jacob. "Varieties of Judaism in the Formative Age." In *Jewish Spirituality through Middle Ages*, edited by Arthur Green, 171-97. WS 13. New York: Crossroad, 1986.

Niditch, Susan. "The Visionary." In *Ideal figures in Ancient Judaism*, ed. George W. E. Nickelsburg and John J. Collins, 153-79. Chico, CA: Scholars Press, 1980.

Nikiprowetzky, V. "Philon d'Alexandrie. I. La personne et l'oeuvre." *DS* 12:1352-66.

Nock, A. D. "The Exegesis of Timaeus 28C." *Vigiliae Christianae* 16 (1982): 79-86.

_____. "The Question of Jewish Mysteries." *Gnomon* 13 (1937): 156-65.

Norden, Eduard. *Die Geburt des Kindes*. Leipzig: Teubner, 1924.

Normann, Friedrich. *Teilhabe—ein Schlüsselwort der Vätertheologie*. Münster: Aschendorff, 1978.

Norrman, Christer. *Mystical Experience and Scientific Method*. Stockholm: Almqvist & Wiksell, 1986.

Noye, Irenée, et al. "Humanité du Christ (devotion et contemplation)." *DS* 7:1033-1108.

Nussbaum, Martha C. *The Fragility of Goodness: Luck and Ethics in Greek Tragedy and Philosophy*. Cambridge: Cambridge University Press, 1986.

Nygren, Anders. *Agape and Eros*. Philadelphia: Westminster, 1953.

O'Brien, Elmer, S.J. *The Essential Plotinus*. New York: Mentor Books, 1964.

_____. *Varieties of Mystic Experience*. New York: Mentor. Books, 1964.

O'Connell, Robert J., S.J. *The Origin of the Soul in Augustine's Later Works*. New York: Fordham University, 1987.

_____. *St. Augustine's Confessions: The Odyssey of a Soul*. Cambridge, MA: Belknap Press, 1969.

_____. *St Augustine's Early Theory of Man*, A.D. 386-391. Cambridge, MA: Belknap Press, 1968.

O'Daly, Gerard J.P. "The Presence of the One in Plotinus." In *Plotino e il Neoplatonismo in Oriente e in Occidente*, 159-69. Rome: Accademia Nazionale dei Lincei, Quaderno 198, 1974.

_____, and L. Verheijen. "Actio-contemplatio." *augustinus-Lexikon*, edited by Cornelius Mayer et al., 1:58-63. Basel: Schwabe, 1986-.

O'Donovan, Oliver. *The Problem of Self-Love in St. Augustine*. New Haven: Yale University Press, 1980.

Ohly, Friedrich. *Hohelied-Studien: Grundzüge einer Geschichte der Hoheliedasulegung des Abendlandes bis um 1200*. Wiesbaden: F. Steiner, 1958.

O'Laughlin, Michael Wallace. "Origenism in the Desert: Anthropology and Integration in Evagrius Ponticus." Dissertation, Harvard University, 1987.

Olphe-Galliard, Michel. "Cassien (Jean)." *DS* 2:214-76.

Olson, Alan M. "Jasper's Critique of Mysticism." *Journal of the American Academy of Religion* 51 (1983): 251-66.

O'Meara, Dominie. "À propos d'un témoignage sur l'expérience mystique de Plotin (*Enn*. IV 8 [6], 1, 1-11)." *Mnemosyne* 27 (1974): 238-44.

O'Meara, John J. "Augustine and Neoplatonism." *Recherches Augustiniennes* 1 (1958): 91-111.

Orme-Johnson, David, and John Farrow, eds. *Scientific Research on the Transcendental Meditation Program: Collected Papers*, vol.1. Seelisburg, Switzerland: Maharishi European Research University Press, 1977.

Otten, R. T. "Caritas and the Ascent Motif in the Exegetical Works of St. Ambrose." In *Studia Patristica*, vol. 8, edited by F. L. Cross, 442-48. Texte und Untersuchungen 93. Berlin: Akademie Verlag, 1966.

Otto, Rudolf. das Heilige. 1917. *The Idea of the Holy*. London: Penguin, 1959.

_____. *Mysticism East and West*. New York: Macmillan, 1970.

Ousley, David Alan. "Evagrius' Theology of Prayer and the Spiritual Life." Dissertation, University of Chicago, 1979.

Pagels, Elaine. "Gnostic and Orthodox Views of Christ's Passion: Paradigms for Christians's Response to Persecution?" In *Rediscovery of Gnosticism*, edited by Bentry Layton, 1:262-88: Leiden: Brill, 1981.

_____. *The Gnostic Gospels*. New York: Vintage Books, 1981.

_____. *The Gnostic Paul: Gnostic Exegesis of the Pauline Letters*. Philadelphia: Westminster, 1975.

_____. *The Johannine Gospel in Gnostic Exegesis*. Nashville: Abingdon, 1973.

_____. "Visions, Appearances, and Apostolic Authority: Gnostic and Orthodox Traditions." In *Gnosis: Festschrift für Hans Jonas*, edited by B. Aland, 415-30. Göttingen: Vaadenhoeck & Ruprecht, 1978.

Pella, Roberto. "Temi del *Commento Origeniano of al Cantico dei Cantici nel De Isaac* di Ambrogio." *Annali della Scuola Normale Superiore di Pisa* (1979): 563-72.

Parrinder, Geoffrey. *Mysticism in the World's Religions*. New York: Oxford, 1976.

Parsons, William. "Psychoanalysis and Mysticism: The Freud-Romain Rolland Correspondence." Unpublished paper.

Pellegrino, Michele. "L'imitation du Christ dans les actes des martyrs." *La vie spirituelle* 98 (1958): 38-54.

Penelhum, Terence. "Unity and Diversity in the Interpretation of Mysticism." In *Mystics and Scholars: The Calgary Conference on Mysticism 1976*, edited by Harold Coward and Terence Penelhum. Sciences Religieuses Supplements 13, 71-81.

Pépin, Jean. "Cosmic Piety." In *Classical Mediterranean Spirituality: Egyptian, Greek, Roman*, ed A. H. Armstrong, 408-35, WS 15. New York: Crossroad, 1986.

_____. *Mythe et allégorie: Les origines grecques et les contestations judéo-chrétiennes*. Paris: Aubier, Editions Montaigne, 1958. 2nd ed. Paris: Études Augustiniennes, 1976.

_____. "Univers dionysien et univers augustinien." In *Aspects de la dialectique: Recherches de philosophie II*. Paris: Desclée, 1956.

Perella, Nicholas. *The Kiss Sacred and Profane*. Berkeley: University of California Press, 1969.

Perkins, Pheme. *The Gnostic Dialogue: the Early Church and the Crisis of Gnosticism*. New York: Paulist, 1980.

Perovich, Anthony N. "Mysticism and the Philosophy of Science." *Journal of Religion* 65 (1985): 63-82.

Perrin, Norman. *The New Testament: An Introduction*. New York: Harcourt, Brace, Jovanovich, 1974.

Petitdemange, Guy. "L'invention du commencement: *La Fable Mystique*, de Michel de Certeau. Première lecture." *Revue de science religieuse* 71 (1983): 497-520.

Philips, G. "L'influence du Christ-Chef sur son corps mystique suivant saint Augustin." In *Augustinus Magister*. 2:805-16 .3 vols. Paris: L'Année théologique augustinienne, 1954.

Piolanti, Antonio. "Il mistero del 'Cristo totale' in s. Agostino." In *Augustinus Magister*. 3:453-69.

Pizzolato, L. F. *La dottrina esgetica di San Ambrogio*. Milan: Università Cattolica del Sacro Guore, 1978.

Pletcher, Galen K. "Mysticism, Contradiction, and Ineffability." *American Philosophical Quarterly* 10 (1973): 201-11.

Pope, Marvin H. *Song of Songs: A New Translation with Interpretation and Commentary*. Anchor Bible 7C. Garden City, NY Doubleday, 1977.

Poque, Suzanne, "L'expression de l'anabase plotinienne dens la prédication de saint Augustin et ses sources." *Recherches autustiniennes* 10 (1975): 187-215.

Poulain, Augustin-François, S.J. *The Graces of Interior Prayer: A Treatise on Mystical Theology*. Reprint. Westminster, VT: Celtic Cross Books, 1978.

Poulat, Emile. *Critique et mystique: Autour de Loisy ou la conscience catholique et l'esprit moderne*. Paris: Le Centurion, 1984.

Preiss, T. "La mystique de l'imitation du Christ et de l'unité chez Ignace d'Antioche." *Revue d'histoire et de philosophie religieuses* 18 (1938): 197-241.

Price, A. W. *Love and Friendship in Plato and Aristotle*. Oxford: Clarendon, 1990.

Price, James Robertson, III. "Lonergan and the Foundations of a Contemporary Mystical Theology." Unpublished paper.

_____. "The Objectivity of Mystical Truth Claims." *The Thomist* 49 (1985): 81-98.

_____. "Typologies and Cross-Cultural Analysis of Mysticism: A Critique." In *Religion and Culture: Essays in Honor of Bernard Lonergan*, edited by T. Fallon and B. Riley, 181-89. Albany: SUNY Press, 1987.

Principe, Weller. "Mysticism: Its Meaning and Varieties." In *Mystics and Scholars: The Calgary Conference on Mysticism 1976*, edited by Harold Coward and Terence Penelhum. Sciences Relitieuses Supplements 13:1-15.

Proudfoot, Wayne. *Religious Experience*. Berkeley: University of California Pres,s 1985.

Puech, Henri-Charles. "Un livre récent sur la mystique d'Origène." *Revue d'histoire et er philosophie religieuse* 13 (1933): 508-36.

_____. "La Ténèbre mystique chez le Pseudo-Denys l'Aréopagite." In *En quête de la Gnose*, 1:119-41. 2 vols. Paris: Gallimard, 1978.

Quasten, Johannes. *Patrology*. 3 vols. Reprint. Westminster: Christian Classic, 1983.

Quell, Gottfried, and Ethelbert Stauffer. *Love: Bible Key Words from Gerhard Kittel's Theologisches Wörterbuch zum Neuen Testament*, edited by

Gerhard Kittel, 1:21-55. London: A. & C. Black, 1949.

Quispel, Gilles. "Gnosis and Psychology." In *The Rediscovery of Gnosticism*, vol. 1, The School of Valentinus, edited by Bentley Layton. 17-31. Leiden: Brill, 1980.

_____. *Makarius, das Thomasevangelium und das Lied von der Perle*. Leiden: Brill, 1967.

_____. "Sein unto Gestalt." In *Studies in Mysticism and Religion Presented to Gershom G. Scholem*, 191-95. Jerusalem: Magnes Press, 1967.

_____. "Valentinian Gnosis and the 'Apocryphon of John.'" In *The Rediscovery of Gnosticism*, edited by Bentley Layton, 1:118-32. 2 vols. Leiden: Brill, 1981.

Raasch, J. "The Monastic Concept of Purity of Heart and its Sources." *Studia Monastica* 8 (1966): 7-33, 183-213; 10 (1968): 7-55; 11 (1969): 269-314; 12 (1970): 7-41.

Rahner, Hugo. "Die Gottesgeburt: Die Lehre der Kirchenväter von der Geburt Christi auts dem Herzen der Kirche unto der Gläubigen." In *Symbole der Kirche: Die Ekklesiologie der Väter*, 11-87. Salzburg: Müller, 1964.

Rahner, Karl. "Coeur de Jesus chez Origéne?" *Revue d'ascétique et de la mystique* 15 (1934): 171-74.

_____. "Die geistliche Lehre des Evagrius Ponticus." *Zeitschrift für Aszese und Mystik* 8 (1933): 31-47.

_____. *Grundkurs des Glaubens: Einführung in den Begriff des Christentums*. 1976. Eng. trans. *Foundations of Christian Faith: An Introduction to the Idea of Christianity*. New York: Crossroad, 1978.

_____. *I Remember: An Autobiographical Interview with Meinhold Krauss*. New York: Crossroad, 1985.

_____. *Praxis des Glaubens: Geistliches Lesebuch*. 1982. Eng. trans. *The Practice of Faith: A Handbook of Contemporary Spirituality*. New York: Crossroad, 1983.

_____. "The 'Spiritual Senses' according to Origen." In *Theological Investigations*, 16:92-100. New York: Seabury, 1979.

_____. *Theological Investigations*. 21 vols. London: Darton, Longman & Todd, et al., 1961-.

_____. *Vision and Prophecies*. London: Burns & Oates, 1963.

Refoulé François, O.P. "La Christologie d'Evagre et l'origenisme." *Oreintalia Christiana Periodica* 27 (1961): 221-66.

_____. "La Doctrine Spirituelle des Pères de l'église." *La vie spirituelle* 102 (1960): 310-26.

Rich, Audrey. "The Platonic Ideas as the Thoughts of God." *Memosyne*, Series IV.7 (1954): 123-33.

Ricoeur, Paul. "Response to Rahner." In *Celebrating the Medieval Heritage: a Colloquy on the Thought of Aquinas and Bonaventure*, edited by David Tracy. Chicago: University of Chicago, 1978. *The Journal of Religion Supplement* 58 (1978): S126-S131.

_____. *The Symbolism of Evil*. New York: Harper & Row, 1967.

Rist, John M. *Eros and Psyche: Studies in Plato, Plotinus and Origen*. Toronto: University of Toronto Press, 1975.

_____. "Mysticism and Transcendence in Later Neoplatonism." *Hermes* 92 (1964): 213-24.

_____. "A Note on Eros and Agape in Pseudo-Dionysius." *Vigiliae Christianae* 20 (1966): 235-43.

_____. *Plotinus: The Road to Reality*. Cambridge: Cambridge University Press, 1967.

Ritschl, Albrecht. *Geschichte der Pietsimus*. 3 vols. Bonn: Marcus, 1880-86.

_____. *Theologie und Metaphysik*. 2nd ed. Bonn: Marcus, 1887.

Robinson, T. M. *Plato's Psychology*. Toronto: University of Toronto Press, 1970.

Rondeau, M. J. "Le commentaire sur les Psaumes d'Evagre le Pontique." *Oreintalia Christiana Periodica* 26 (1960): 307-48.

Rordorf, Willy. "Martyre. II, Thèologie et spiritualité du martyre." *DS* 10:726-32.

Rorem, Paul E. *Biblical and Liturgical Symbols within the Pseudo-Dionysian Synthesis*. Toronto: Pontifical Institute of Medieval Studies, 1984.

_____. "Iamblichus and the Anagogical Method in Pseudo-Dionysian Liturgical Theology." In *Studia Patristica*, vol. 18, edited by E. A. Livingstone, 453-60. Oxford and New York: Pergamon, 1982.

_____. "The Place of the Mystical Theology in the Pseudo-Dionysian Corpus." *Dionysius* 4 (1980): 87-98.

_____. "The Uplifting Spirituality of Pseudo-Dionysius." In *Christian*

Spirituality: Origins to the Twelfth Century, ed. Bernard McGinn and John Meyendorff, 32-51. WS 16. New York: Crossroad, 1986.

Roques, René. "Contemplation chez les orientaux chrétiens. E. Le Pseudo Denys l'Aréopagite." *DS* 2:1785-87.

_____. "Contemplation, extase et ténèbre mystique chez le Pseudo-Denys." *DS* 2:1885-1911.

_____. *Structures théologoques de la Gnose à Richard de Saint-Victor*. Paris: Presses universltaires de France, 1962.

_____. *L'univers dionysien: Structure hierachique du monde selon le Pseudo-Denys*. 2nd ed. Paris: Cerf, 1983.

_____, et al. "Denys l'Aréopagite." *DS* 3:244-429.

Rosenberg, Joel. "Biblical Tradition: Literature and Spirit in Ancient Israel." In *Jewish Spirituality: From the Bible Through the Middle Ages*, ed. Arthur Green, 82-112. WS 13. New York: Crossroad, 1986.

Rousseau, Chilip. *Ascetics, Authority and the Church in the Age of Jerome and Cassian*. Oxford: Oxford University Press, 1978.

_____. "Cassian, Contemplation and the Coenobitic Life." *Journal of Ecclesiastical History* 26 (1975): 113-26.

Rousselot, Pierre. *L'Intellectualism de S. Thomas d'Aquin*. Paris: Beauchesne, 1908.

Rowland, Christopher. *The Open Heaven: A Study of Apocalytic in Judaism and Early Christianity*. New York: Crossroad, 1982.

Rudolph, Kurt. *Gnosis*. Translated by Robert McLachlan Wilson. San Francisco: Harper & Row, 1983.

_____. "Mystery Religions." In *The Encyclopedia of Religion*, 10:230-39.

Runciman, G. "*Plato's Parmenides*." 1959. Reprinted in *Studies in Plato's Metaphysics*, edited by R. E. Allen, 149-84. London: Routledge & Kegan Paul, 1967.

Runia, D. T. "God and Man in Philo of Alexandria." *Journal of Theological Studies* 39 (1988): 48-75.

Rusch, W. G. *The Trinitarian Controversy*. Philadelphia: Fortress, 1980.

Russell, Bertrand. *Mysticism and Logic and Other Essays*. London: Allen & Urwin, 1956.

Sabbatucci, Dario. *Saggio sul misticismo greco*. Rome: Edizioni dell'Ateneo & Bizzarri, 1979.

Saffrey, H.-D. "Les Néoplatoniciens et les Oracles Chaldaiques." *Revue des études augustiniennes* 27 (1981): 209-25.

_____. "Neoplatonist Spirituality. II. From Iamblichus to Proclus and Damascius." In *Classical Mediterranean Spirituality: Egyptian, Greek, Roman*, edited by Armstrong, 250-65. WS 15. New York: Crossroad, 1986.

_____. "New Objective Links between the Paeudo-Dionysius and Proclus." In *Neoplatonism and Christian Thought*, ed. Dominic J. O'Meara, 64-74. Albany: SUNY Press, 1982.

Sagot, Solange. "Le 'Cantique des cantiques' dans le 'De Isaac' d'Ambroise de Milan." *Recherches Augustiniennes* 16 (1981): 3-57.

_____. "La triple sagesse dans le *De Isaac vel anima*: Essai sur les procèdes de composition de saint Ambroise." In *Ambroise de Milan: XVIe centenaire de son élection épiscoplae*, edited by Yves-Marie Duval, 67-114. Paris: Études Augustiniennes, 1974.

Sanders, E. P. "The Genre of Palestinian Jewish Apocalypses." In *Apocalypticism in the Mediterranean World and the Near East*, ed. David Hellholm, 447-59. Tübingen: Mohr, 1983.

_____. et al., eds. *Jewish and Christian Self-Definition*. 3 vols. Philadelphia: Fortress, 1980-83.

Saudreau, August. *The Degrees of the Spiritual Life*. 2 vols. London: Burns, Oates & Washbourne, 1907.

_____. *The Life of Union with God, and the means of attaining it, according to the freat masters of spirituality*. Translated by E. J. Strickland. London: Burnes, Oates & Washbourne, 1927.

_____, *The Mystical State*. London: Burners, Oates & Washbourne, 1924.

Savon, H. *Saint Ambroise devant l'exégèse de Philon le Juif.* 2 vols. Paris: Études Augustiniennes, 1977.

Schaefer, Peter. "New Testament and Hekhalot Literature: The Journey into Heaven in Paul and in Merkabah Mysticism." *Journal of Jewish Studies* 35 (1984): 19-35.

Scharfatein, Ben-Ami. *Mystical Experience*. Indianapolis and New York: Bobbs Merrill, 1973.

Schilling, Friederich Augustus. *The Mysticism of Ignatius of Antioch*. Philadelphia: University of Pennsylvania Press, 1932.

Schimmel, Annemarie. *As through a Veil: Mystical Poetry in Islam*. New

York: Columbia University Press, 1982.

_____. *Mystical Dimensions of Islam*. Chapel Hill: University of North Carolina Press, 1975.

Schleiermacher, Friedrich. *On Religion: Speeches to tis Cultural Despisers*. Introduction, translation, and notes by Richard Crouty. Cambridge and New York: Cambridge University Press, 1988.

Schmithals, Walter. *The Apocalyptic Movement: Introduction and Interpretation*. Nashville: Abingdon, 1975.

Schneiders, Sandra M. "Scripture and Spirituality." In *Christian Spirituality: Origins to the Twelfth Century*, ed. Bernard McGinn and John Meyendorff, 1-20. WS 16. New York: Crossroad, 1986.

Schoedel, W. R. "Gnostic Monism and the Gospel of Truth." In *Rediscovery of Gnosticism*, edited by Bentley Layton, 1:379-90. Leiden: Brill, 1981.

Scholem, Gershom. *Jewish Gnosticism, Merkabah Mysticism, and Talmudic Tradition*. New York: Jewish Theological Seminary of America, 1965.

_____. *Major Trends in Jewish Mysiticism*. New York: Schocken, 1961.

. "Mysticism and Society." *Diogenes* 58 (1967): 1-24.

_____. *Origins of Kabbalah*. Translated by Allan Arkush. Princeton, NJ: Princeton University Press, 1987.

_____, "Religious Authority and Mysticism." In *On the Kabbalah and its Symbolism*. New York: Schocken, 1965.

_____. *Sabbatai Sevi: The Mystical Messiah*. translated by R. J. Zwi Werblowsky, Princeton, NJ: Princeton University Press, 1973.

Schuon, Frithjof. *The Transcendent Unity of Religions*. Wheaton, IL: Theosophical Publishing House, 1984.

Schweitzer, Albert. *The Mysticism of Paul the Apostle*. London: A. & G. Black, 1931.

_____. *The Philosophy of Civilization*. New York: Macmillan, 1950.

Segal, Alan F. "Heavenly Ascent in Hellenistic Judaism, Early Christianity and their Environment." In *Aufstieg und Niedergang der römischen Welt*. II. Prinzipat, 23.2, 1333-93. Berlin and New York: de Gruyter, 1980.

Siebel. Wolfgang. *Fleisch und Geist beim heiligen Ambrosius*. Munich: Karl Zink, 1958.

Sells, Michael. "Apophasis in Plotinus: A Critical Approach." *Harvard Theological Review* 78 (1985): 47-65.

Semmelroth, O. "Gottes geeinte Vielheit: Zur Gotteslehre des Ps.-Dionysius Areopagita." *Scholastik* 25 (1950): 389-403.

Shannon, William H. *Thomas Merton's Dark Path: The Inner Experience of a Contemplative*. New York: Farrar, Straus, Giroux, 1981.

Sheldon Williams, I. P. "The Pseudo-Dionysius." In *The Cambridge History of Later Greek and Early Medieval Philosophy*, ed. A. H. Armstrong, 451-72. Cambridge: Cambridge University Press, 1967.

Sieben, Hermann Josef, and Aimé Solignac. "Ivresse spirituelle." *DS* 7:2312-37.

Singer, Irving. *The Nature of Love: 1, From Plato to Luther*. 2nd ed., Chicago: University of Chicago Press, 1984.

Sinnige, T. G. "Metaphysical and Personal Religion in Plotinus." In *Kephalaion*, ed. J. Mansfeld and L. M. de Rijk, 147-54. Assen: Van Gorcum, 1975.

Smart, Ninian. "The Exploration of Mysticism." In *Mystics and Scholars: The Calgary Conference on Mysticism* 1976, edited by Harold Coward and Terence Penelhum. Sciences Relitieuses Supplements 13:63-69.

_____. "Interpretation and Mystical Experience." *Religious Studies* 1 (1965): 75-87.

_____. "Mystical Experience." *Sophia* 1 (1962): 19-26.

_____. "Mysticism, History of." In *The Encyclopedia of Philosophy*, edited by Paul Edwards, 5:419-29. New York: Macmillan, 1972.

_____. "The Purification of Consciousness and the Negative Path." In *Mysticism and the Religious Traditions*, edited by Steven T. Katz, 117-27. New York: Oxford University Press, 1983.

_____. *Reasons and Faiths*. London: Routledge & Kegan Paul, 1958.

_____. "Understanding Religious Experience." In *Mysticism and Philosophical Analysis*, edited by Steven T. Katz, 10-21. New York: Oxford University Press, 1978.

Smith, Huston. *Forgotten Truth: The Primordial Tradition*. New York: Harper, 1976.

Smith, John E. "William James's Account of Mysticism: A Critical Appraisal." In *Mysticism and Religious Traditions*, edited by Steven T Katz, 247-

79. New York: Oxford University Press, 1983.

Smith, Jonathan Z. "Birth Upside Down or Right Side Up?" *History of Religions* 9 (1970): 251-303.

Smith, Morton. "Ascent to the Heavens and the Beginning of Christianity." *Eranos Yearbook* 50 (1981): 403-30.

_____. "The History of the Term Gnostikos." In *The Rediscovery of Gnosticism*, vol. 2, Sethian Gnosticism, ed. Bently Layton, 796-807. Leiden: Brill, 1981.

Söderblom, Nathan. "Communion with Deity (Introductory)." In *Encyclolpedia of Religion and Ethics*, edited by James Hastings, 3:736-40. New York: Scribner, 1911.

_____. *The Living God*. Oxford University Press, 1933.

_____. *The Nature of Revelation*. Philadelphia: Fortress, 1966.

Solignac, Aimé. "Jubilation." *DS* 8:1471-78.

_____. "Naissance divine (mystique de la)." *DS* 11:24-28.

_____. "Péchés capitaux." *DS* 12:853-62.

_____. "Philon d'Alexandrie. II. Influence sur les Pères de l'église." *DS* 12:1366-74.

_____, and Charles Pietri. "Latino (Église)." *DS* 9:330-82.

_____, et al. "Monachisme." *DS* 17:1524-1617.

Sorabji, Richard. "Myths about non-propositional thought." In *Language and Logos: Studies in Ancient Greek Philosophy presented to G. E. L. Owens*, ed. Malcolm Schofield and Martha Nussbaum, 295-314. Cambridge: Cambridge University Press, 1982.

Souilhé J. "Le silence mystique." *Reveu d'ascétique et de la mystique* 4 (1923): 128-40.

Spearrit, Dom Placid. "The Soul's Participation in God according to Pseudo-Dionysius." *Downside Review* 88 (1970): 378-92.

Spencer, Sidney, *Mysticism in World Religion*. Baltimore: Penguin, 1963.

Spicq, Ceslaus. *Agape in the New Testament*. 3 vols. St. Louis: Herder, 1962-66.

Staal, Frits. *Exploring Mysticism*. Berkeley: University of California Press, 1975.

Stace, W. T. *Mysticism and Philosophy*. New York and London: Macmillan,

1960.

_____. *The Teaching of the Mystics*. New York: New American Library, 1960.

Steidle, B. ed. *Antonius Magnus Eremita 356-1956*. Studia Anselmiana 38. Rome, 1956.

Stewart, Columba. "John Cassian on Unceasing Prayer." *Monastic Studies* 15 (1984): 159-76.

Stolz, Anselm. *Theologie der Mystik*. Regensburg: Pustet, 1936.

Stone, Michael E. "Apocalyptic Literature." In *Jewish Writings of the Second Temple Period*, edited by Michael E. Stone, 383-440. Compendia Rerum ludaicarum ad Novum Testamentum, section 2. Philadelphia: Fortress, 1984.

_____. "Apocalyptic-Vision or Hallucination?" *Milla wa-Milla* 13(1973): 47-56.

_____. "Eschatology, Remythologization and Cosmic Aporia." In *The Origins and Diversity of Axial Age Civilizations*, ed. S. N. Eisenstadt, 241-51. Albany: State University of New York Press, 1986.

_____. "Lists of Revealed Things in Apocalyptic Literature" In *Magnalia Dei: The Mighty Acts of God*, ed. F. M. Cross et al., 414-52. Garden City, NY: Doubleday, 1976.

_____. *Spiritures, Sects and Visions: A Profile of Judaism from Ezra to the Jewish Revolts*. Philadelphia: Fortress, 1980.

_____, ed. *Jewish Writings of the Second Temple Period*. Compendia Rerum ludaicarum ad Novum Testamentum, section 2. Philadelphia: Fortress, 1984.

Strong, Frederick. "Language and Mystical Awareness." In *Mysticism and Philosophical Analysis*, edited by Steven T. Katz, 141-69. New York: Oxford University Press, 1978.

Stroumsa, G. *Another Seed: Studies in Gnostic Mythology*. Leiden: Brill, 1984.

_____. "Ascèse et gnose: Aux origines de la spiritualité monastique." *Revue Thomiste* 81 (1981): 557-73.

_____. "*Caro salutis cardo*: Shaping the Person in Early Christian Thought." *History of Religions* 30 (1990): 25-50.

Studer, Basil. *Zur Theophanie-Exegese Augustins*. Rome: Herder, 1971.

Sullivan, John Edward. *The Image of God: The Doctrine of St. Augustine and its Influence.* Dubuque, IA: Priory Press, 1963.

Swartley, Willard M. "The Imitatio Christi in the Ignatian Letters." *Vigiliae Christianae* 27 (1973): 81-103.

Tabor, James. *Things Unutterable: Paul's Ascent to Paradise in its Greco-Roman, Judaic and Early Christian Context.* Lanham, MD: University Press of America, 1986.

Tajo, Maria. "Un confronto tra S. Ambrogio e S. Agostino a proposito dell'esegesi del Cantico dei Cantici." *Revue des études augustiniennes* 7 (1961): 144-51.

Tanquerey, Adolphe. *Preçis de théologie ascetuque et mystique.* Paris: Desclée, 1923-24. Eng. trans. *The Spiritual Life: A Treatise on Ascetical and Mystical Theology.* Belgium: Tournai Society of St. John the Evangelist, 1930.

Tart, Charles E. *Altered States of Consciousness.* New York: Wiley, 1969.

Tcherikover, Victor. *Hellenistic Civilization and Jews.* New York: Atheneum, 1970.

Teselle, Eugene. "Augustine." In *An Introduction to the Medieval Mystics of Europe*, ed. Paul Szarmach, 19-35. Albany: State University of New York Press, 1984.

_____. *Augustine the Theologian.* New York: Herder & Herder, 1970.

Theresia Benedicta a Cruce [Edith Stein], "Ways to Know God: The 'Symbolic Theology' of Dionysius the Areopagite and its Factual Presuppositions." *The Thomist* 9 (1946): 379-420.

Thesaurus Augustinianys. Turnhout: CEDOC (Brepols), 1988.

Thunberg, Lars. "The Human Person as Image of God. I. Eastern Christianity." In *Christian Spirituality: Origins to Twelfth Century*, edited by Bernard McGinn and John Meyendorff, 291-330. WS 16. New York: Crossroad, 1986.

Tillich, Paul. *Systematic Theology.* 3 vols. Chicago: University of Chicago Press, 1967.

Tomasic, Thomas Michael. "The Logical Function of Metaphor and Oppositional Coincidence in the Pseudo-Dionysius and Johannes Scottus Eriugena." *Journal of Religion* 68 (1988): 361-78.

Torjesen, Karen Jo. *Hermeneutical Procedure and Theological Method in Origen's Exegesis.* Berlin: de Gruyter, 1986.

Trapé Agostino. "Vl. Saint Augustine." In *Patrology*, vol. 4, *Golden Age of Latin patristic Literature From the Council of Nicea to the Council of Chalcedon*, edited by Angelo di Berardino, introduction by Johannes Quasten, 342-462. Westminster: Christian Classics, 1986.

Tremblay, Real. *La manifestation et la vision de Dieu selon saint Irenée de Lyon*. Münster: Aschendorff, 1978.

Trigg, Joseph Wilson. *Origen: The Bible and Philosophy in the Third-Century Church*. Atlanta: John Knox, 1983.

Troeltsch, Ernst. "Main Problems of the Philosophy of Religion: Psychology and Theory of Knowledge in the Science of Religion." In *Congress of Arts and Science: Universal Exposition*. St. Louis, 1904, edited by Howard J. Rogers, 1:275-88. 2 vols. Boston and New York: Houghton, Mifflin, 1908.

_____.*The Social Teaching of the Christian Churches*. 2 vols. New York: Harper & Row, 1960.

Trouillard, Jean. *La mystatotie de Proclos*. Paris: Belles Lettres, 1982.

_____. "Le 'Parménide' de Platon et son interétation néoplatonicienne." In *Études Néoplatoniciennes*, 9-26. Neuchâtel: A La Baconnière, 1973.

_____. "La présence de Dieu selon Plotin." *Revue de metaphysique et morale* 59 (1954): 38-45.

_____. *La procession plotinienne*. Paris: Presses universitaires de France, 1955.

_____. *La purification plotinienne*. Paris: Presses universitaire de France, 1955.

_____. "Raison et mystique chez Plotin." *Revue des études augusiniennes* 20 (1974): 3-14.

_____. "Théologie négative et psychogonie chez Proclus." In *Plotino e il Neoplatomismo in Oriente e in Occidente*, 253-64. Accademia Normali dei Lincei. Quaderno 198. Rome, 1974.

_____. *L'un et l'âme selon Proclos*. Paris: Belles Lettres, 1972.

Underhill, Evelyn. *The Essentials of Mysticism and the Essays*. New York: E. P. Dutton, 1920.

_____. *Mysticism: A Study in the Nature and Development of Man's Spiritual Consciousness*. 12th ed.; Cleveland and New York: World, 1965.

_____. *The Mystics of the Church*. London: James Clarke, 1925.

_____. *The Mystic Way: A Psychological Study in Christian Origins.* London: J. M. Dent & Sons; New York: E. P. Dutton, 1913.

_____. *Practical Mysticism: A Little Book of Normal People.* New York: E. P. Dutton, 1915.

Urbach, Ephraim E. "The Homiletic Interpretations of the Sages and the Expositions of Origen on Canticles, and the Jewish-Christian Disputation." *Scripta Hierosolymitana* 22 (1971): 241-75.

van Bavel, T., and F. van der Zande. Répertoire bibliograpnique de Saint Augustin, 1950-60. The Hague: Nijhoff, 1963.

van den Broek, R. "The Present State of Gnostic Studies." *Vigiliae Christianae* 37 (1983): 41-71.

Vandenbroucke, François. "Die Ursprunglichkeit der biblischen Mystic." In *Gott in Welt: Festgabe für Karl Rahner*, edited by Johannes Baptist Meta et al., 1:463-91. 2 vols. Freiburg: Herder, 1964.

van der Leeuw. *Phänomenologie der Religion.* 1933. Eng. trans. *Religion in Essence and Manifestation.* New York: Harper, 1963.

Vanneste, Jan. "Is the Mysticism of the Pseudo-Dionysius Genuine?" *International Philosophical Quarterly* 3 (1963): 286-306.

_____. *Le mystère de Dieu: Essai sur la structure rationelle de la doctrine mystique du Pseudo-Dionysius l'Aréopagite.* Brussels: Desclée, 1959.

Villecourt, L. "La date et l'origine des homilies spirituelles attribuées à Macaire." *Comptes-rendus de l'académie des inscriptions et belles-lettres* (1920): 250-58.

Viller, Marcel, and Karl Rahner. *Aszese und Mystik in der Väterzeit: Ein Abriss.* Freiburg: Herder, 1939.

Völker, Walther. *Fortschrift und Vollendung bei Philo von Alexandrien.* Leipzig: Hinrichs, 1938.

_____. *Gregor von Nyssa als Mystiker.* Wiesbaden: F. Steiner, 1955.

_____. *Kontemplation und Ekstase bei Pseudo-Dionysius Areopagita.* Wisbaden: F. Steiner, 1958.

_____. *Maximus Konfessor als Meister des geistlichen Lebens.* Wiesbaden: F. Steiner, 1965.

_____. *Praxis und Theoria bei Symeon dem Neuen Theologen.* Wiesbaden: F. Steiner, 1974.

_____. *Scala Paradisi: Eine Studie zu Johannes Climacus und zugleich eine*

Vorstudie zu Symeon dem Neuen Theologen. Wiesbaden: F. Steiner, 1968.

———. *Das Vollkommenheitsideal des Origenes*. Tübingen: Mohr, 1931.

———. *Die wahre Gnostiker nach Clemens Alexandrinus*. Berlin: Akademie-Verlag, 1952.

von Balthasar, Hans Urs. *Herrlichkeit: Eine Theologische Ästhetik*. 3 vols. Various parts are available in English translation in *The Glory of the Lord: A Theological Aesthetics*. New York: Crossroad; San Francisco: Ignatius Press, 1982, 1984, 1986.

———. *Kosmische Liturgie: Maximus der Bekenner*. Freiburg-im-Breisgau: Herder, 1941.

———. "Metaphysik und Mystik des Evagrius Pontikos." *Zeitschrift für Aszese und Mystik* 14 (1939): 31-47; Eng. trans. "The Metaphysics and Mystical Theology of Evagrius." *Monastic Studies* 3 (1965): 183-95.

———. *Origenes: Giest und Feuer. Ein Aufbau ous seiner Schriften*. Salzburg: Otto Müller, 1938. Eng. trans. *Origen, Spirit and Fire: A Thematic Anthology of His Writings*. Translated by Robert J. Daly. Washington: Catholic University of America Press, 1984.

———. Parole et mystère chez Origène. Paris: Cerf, 1957.

———. *Présence et pensée: Étude sur la philosophie religieuse de Grégory of Nysse*. Paris: Beauchesne, 1942.

———. *Schwestern im Geist: Théses von Lisieux und Elisaeth von Dijon*. 2nd ed. Einsiedeln: Johannes Verlag, 1970.

———. "Zur Ortsbestimmung christlicher Mystic." In *Grundfragen der Mystik*, 37-71. Einsiedeln: Johannes Verlag, 1974.

Von Campenhausen, Hans. *Die Idee des Martyriums in der alten Kirche*. 2nd ed. Göttingen: Vandenhoeck & Ruprecht, 1964.

von Görres, Johann Joseph. *Christliche Mystik*. 4 vols. Regensburg: G. Manz, 1836-42.

Von Hügel, Baron Friedrich. "Experience and Transcendence." *Dublin Review* 29 (1906): 357-79.

———. *The Mystical Element of Religion as Studied in Saint Catherine of Genoa and her Friends*. 2 vols. Reprint. London: James Clarke & J. M. Dent, 1961.

von Ivánka, Endre. *Plato Christianus: Übernahme und Umgestaltung des Platonismus durch die Väter.* Einsiedeln: Johannes-Verlag, 1964.

_____. "La signification historique du 'Corpus Areopageticum,'" *Recherches des sciences religieuses* 36 (1949): 15-19.

von Simson, Otto. *The Gothic Cathedral.* New York: Harper & Row, 1964.

Wach, Joachim. *The Sociology of Religion.* Chicago: University of Chicago Press, 1944.

_____. *Types of Religious Experience: Christian and Non-Christian.* Chicago: University of Chicago Press, 1951.

Wainwright, William J. *Mysticism: a Study of its Nature, Cognitive Value and Moral Implications.* Madison: University of Wisconsin Press, 1981.

Wallis, R. T. *Neoplatonism.* New York: Scribner, 1972.

_____. "NOUS as Experience." In *The Significance of Neoplatonism*, ed. R. Baine Harris, 121-53. Norfolk, VA: Old Dominion University Press, 1976.

_____. "The Spiritual Importance of Not Knowing." In *Classical Mediterranean Spirituality: Egyptian, Greek, Roman*, ed. Armstrong, 460-80. WS 15. New York: Crossroad, 1986.

Watkin, E. I. "Mysticism and the Supernatural." *The Month* 18 (1957): 274-81.

_____. "The Mysticism of St. Augustine." In *St. Augustine: His Age, Life and Thought*, 105-19. Cleveland and New York: Meridian, 1957.

_____. *The Philosophy of Mysticism.* London: Grant Richards, 1920.

_____. *Poets and Mystics.* London: Sheed & Ward, 1953.

Weil, Simone. *The Notebooks of Simone Weil.* Translated by Arthur Wills, 2 vols. London: Routledge & Kegan Paul, 1976.

Westra, Laura. "Proclus' Ascent of the Soul towards the One in the Elements of Theology: Is It Plotinian?" In *Proclus et son influence: Actes du Colloque de Newchâtel, Juin, 1985*, edited by G. Boss and G. Seel, 129-43. Neuchatel: Editions du Grand Mich, 1986.

Whittaker, John. *Studies in Platonism and Patristic Thought.* London: Variorum, 1984.

Wikenhauser, Alfred. *Pauline Mysticism.* New York: Herder, 1955.

Wilbrand, W. "Ambrosius unto Platon." *Römische Quartalschrift für christliche Altertumskunde und für Kirchengeschichte* 25 (1911): 42-

49.

Wiles, M. F. *The Divine Apostle*. Cambridge: Cambridge University Press, 1967.

_____. *The Spiritual Gospel: The Interpretation of the Fourth Gospel in the Early Church*. Cambridge: Cambridge University Press, 1960.

Wilken, Robert L. "Diversity and Unity in Early Christianity." *The Second Century* 1(1981): 101-11.

Williams, Rowan. "Butler's Western Mysticism: Towards an Assessment." *Downside Review* 102 (1984): 197-215.

_____. *Christian Spirituality*. Atlanta: John Knox 1979.

_____. "The Prophetic and the Mystical: Heiler Revisited." *New Blackfriars* 64 (1983): 330-44.

Winston, David. *Logos and Mystical Theology in Philo of Alexandria*. Cincinnati: Hebrew Union College Press, 1985.

_____. "Philo and the Contemplative Life." In *Jewish Spirituality: from the Bible through the Middle Ages*, ed. Arthur Green, 98-231. WS 13. New York, Crossroasd, 1986.

_____. "Was Philo a Mystic?" In *Studies in Jewish Mysticism*, ed. Joseph Dan and Frank Talmadge, 15-41. Cambridge, MA: Harvard University Press, 1982.

Wolfson, H. A. "Extradeical and Intradeical Interpretations of the Platonic Ideas." In *Religious philosophy: A group of Essays*, 27-68. Cambridge, MA: Belknap Press, 1961.

_____. *Philo*. 2 vols. 1:66-71. Cambridge, MA: Harvard University Press, 1947.

Woods, Richard. "Mysticism, Protestantism and Ecumenism: The Spiritual Theology of W. E. Hocking." In *Western Spirituality: Historical Roots, Eccumenical Roots*, edited by Matthew Fox, 414-37. Santa Fe: Bear, 1981.

_____. ed. *Understanding Mysticism*. Garden City, NY: Doubleday, 1980.

Worgul, George S., Jr. "M. Blondel and the Problem of Mysticism." *Ephemerides theologiae lovanienses* 71 (1985): 100-122.

Yates, Frances. *Giordano Bruno and the Hermetic Tradition*. Chicago: University of Chicago Press, 1964.

Zaehner, Robert Charles. *Concordant Discord*. Oxford: Clarendon, 1970.

_____. *Drugs, Mysticism and Make-believe*. London: Collins, 1972.

_____. *Mysticism Sacred and Profane: An Inquiry into some Varieties of Praeternatural Experience*. New York: Oxford, 1961.

_____. "Mysticism without Love." *Religious Studies* 10 (1974): 257-64.

Zahn, Joseph. *Einführung in die christliche Mystik*. Paderborn: F. Schöningh, 1918.

Zemach, E. "Wittgenstein's Philosophy of the Mystical." *Review of Metaphysics* 18 (1964): 38-57.

Zumkeller, Adolar. *Augustine's Ideal of the Religious Life*. New York: Fordham University Press, 1986.

색인

ㄱ

거룩한 계층 구조 308
거룩한 질서 308
거쉬 76, 127, 314, 315
게나디우스 276
관상 22, 35, 36, 63-77, 80-87, 90-95, 97, 99, 103-104, 109, 114-118, 121-122, 125, 129, 132, 133, 140, 144, 145, 149, 150, 169, 171-173, 176, 186, 199, 206, 208, 209, 216, 221-223, 227, 229, 240, 242, 243, 245, 246, 248, 253, 266, 268, 276, 279, 280-295, 319, 322-334, 337, 339-342, 371, 388, 395, 397, 398, 401, 403-407, 414, 416, 417, 420, 424, 426-428, 435, 438, 457-459
교제 81, 91, 93, 99, 115, 154, 164, 177, 199, 246, 272, 284, 295, 312, 331, 337, 375

구드노우 86, 95
굴벤 메이텍 444
그레고리 팔라마스 272
그루엔발트 53, 58
근원으로 복귀 107, 280
금욕 생활 244
긍정의 신학 306, 325, 320
까이레 414, 437, 456

ㄴ

나사로 145
나지안주스의 그레고리 273
네스토리우스 351, 395
노아 368
노이스너 45
누메니우스 99, 100
누스바움 73
니그렌 70, 108, 151, 231
닛사의 그레고리 215, 228, 248, 264, 266, 272, 289, 292, 322, 327, 335, 443

색인 533

ㄷ

다마스커스의 존 270

다이스만 152

다즈 80

단자 93, 130, 287, 307

대 마카리우스 261, 268, 274

대 알버트 317

데메트리우스 213

데모필리우스 337

데시우스 214

동정 186, 232, 233, 240, 254, 364, 365, 385

되리스 270

디디무스 274, 275

디오니시우스 10, 18, 23, 37, 95, 122, 124, 128, 133, 174, 228, 247, 265, 267, 292, 296, 297-339, 341, 361, 451

디오니시우스 엑시구스 265

디오클레티안 349, 351

디오티마 68, 69

ㄹ

라이젠스타인 47, 182

라헬 459

랍비적 유대교 39, 40, 177

레바스티 200, 201

레오 1세 353

레오니데스 213

로고스 56, 87, 88-90, 92, 93, 157, 175, 188, 194, 202, 209, 211, 217-223, 248, 279, 336, 340, 361, 376

로렌조 발라 297

로스키 298, 336

롭코비츠 208

루돌프 97, 183

루소 405

루위 97

루터 297, 310, 338

루피누스 274, 276

리버만 59

리브가 226, 379, 380

리용의 이레니우스 184

리츨 64, 140

ㅁ

마가렛 마일즈 460

마귀 244-257, 270, 279 281, 285, 387

마르다 145, 208, 243, 388, 405, 444, 459

마르셀라 389

마르시온 179, 219

마리누스 125

마리우스 빅토리누스 123, 359

마이어 413

마크로비우스 358

막달라 마리아 143, 145

막시무스 314, 336

말씀의 탄생 22

맨체스터 67

메나스 275

메르카바 51, 57, 58, 59

멜라니아 274, 276, 282, 288-290

모니카 409, 410, 420, 421, 426

몬타누스 179, 193, 246, 347

몰아적 상태 22, 246, 314, 453

무정념 204, 207, 208, 242, 257, 285, 286, 293, 303, 339, 396

무지 23, 184, 186, 291, 292, 294, 300, 322, 325, 326, 327, 330, 331, 333-335, 361

묵시론 137, 146

ㅂ

바네스트 297, 325

바르트 140

바실 284, 292, 352

바이어발테스 101, 110, 118

발렌티누스 185, 187-189, 192-196, 200, 202-204

발렌티니아누스 2세 383

발타사르 199, 225, 232, 241, 249, 277, 288, 298, 299, 303, 336

발현 105, 106, 124, 127, 312-314, 316, 317, 334, 336, 337

뱀버거 278, 284

버틀러 406, 414, 415, 429, 455

번즈 278, 287, 293

벌게이트 389

벌커트 96

베네딕트 수도원 284

베르나르 5, 11, 23, 25, 228, 382, 415

보나벤투라 296, 317, 440

부셋 47, 54

부이에 163, 194

부정의 부정 129, 132, 133, 330

부정의 신학 88, 100, 104, 115, 186, 187, 219, 228, 267, 292, 306, 324, 325, 360, 425, 431

불트만 47, 140

브루너 140

빌꾸르 270

빌러 168

색인 535

ㅅ

사랑과 지식 67, 71, 107, 150, 151, 205, 240, 335, 341, 388, 422, 428, 457, 460, 466, 467

사르디스의 멜리토 58

사투르니누스 184

삼격적 일치 307

삼중 구조 90, 187, 301, 305, 306, 310, 314-316, 360, 380

상승적 정화 67

상징 신학 300, 306, 320, 381

성례전 24, 31, 35, 98, 133, 138, 143, 156, 161, 163, 174, 177, 243, 299, 309, 337, 341, 368, 369, 382-384

성 빅톨의 리처드 440

성 티에리의 윌리엄 266, 378, 382, 443

세레누스 407

셀수스 219, 243, 246

소크라테스 66, 68, 71, 73, 178, 198

솔로몬 55, 56, 58, 59, 61, 227, 380, 398

숄렘 51, 59, 194

수덕생활 280, 281, 284

수도생활의 이상 356

수도원 운동 34, 169, 190, 251, 252, 254, 258,
261-264, 270, 274, 284, 293, 358, 390, 393

수동성 331

순교 35, 137, 162, 165, 166, 167, 168, 178, 191, 194, 208, 213, 214, 243-245, 255, 347, 348, 352

순종 206, 404

술피키우스 세베루스 355, 392

쉐델 164

쉴링 163

슈바이처 140, 148, 153, 163

스데반 148, 166

스미스 48

스콜라추의 413, 414, 432

스토아주의 56, 207, 396

스톤 43, 54, 85, 86, 89, 92, 94

스톨츠 146

시걸 47, 48

시므온 271, 272

신비 신학 16, 17, 37, 139, 144, 168, 197, 198, 199-201, 220, 251, 264, 266, 277, 296, 300, 301, 304, 306, 320, 322, 325-328, 330, 331, 333, 336, 338, 339, 369, 414, 432

신비 의식 95, 96, 97, 104,

422, 425

신비적 여정 382, 434, 457

신비 체험 22, 188, 226, 437, 453

신의 명칭들 300, 301, 303, 304, 306, 307, 310, 311-315, 316, 317, 320, 321, 325-328, 330, 331, 333-336, 338

신인동형동성론 275, 400

신플라톤주의 33, 78, 79, 80, 97, 120, 122-124, 128, 131, 209, 231, 247, 288, 291, 298, 299, 301, 304, 307, 310, 311, 313, 314, 315-318, 321, 327, 329, 338, 358, 360-363, 366, 368, 374, 375, 384, 386, 418, 419, 424, 448, 458, 463

신현현 50

신화 22, 44, 47, 48, 49, 56, 57, 68, 71, 72, 81, 90, 92-97, 107, 116, 118, 120, 153, 161, 172, 181, 184, 186, 187, 192, 196, 200-203, 207-211, 246, 261, 268, 282, 304, 309, 310, 331, 332, 334, 339, 340, 371, 374, 376, 377, 447, 448, 449

심플리키아누스 362, 363, 367

◎

아가페 108, 150, 151, 157, 168, 231, 285, 293, 312, 396

아도 57, 74, 97, 101, 113, 116, 122, 360, 371

아르누 71, 117

아르세니우스 259, 260, 261

아리스토불루스 55

아리스토텔레스 80, 82, 83, 87, 105, 321, 359

아리스토텔레스주의 82

아리우스주의 123, 124, 264, 266, 287, 353, 358, 361

아벨 368

아브라함 32, 45, 50, 90, 93, 177, 227, 260, 368, 397

아빌라의 테레사 15, 32, 415

아우구스투스 348

아우렐리우스 207

아욱센티우스 366

아키바 58, 59

아타나시우스 256, 262, 264, 274, 353, 447

아포니우스 392

아폴로나리스 282

안토니 255-258, 260, 262, 274, 353, 403

알레고리 59, 61, 85, 86, 90,

색인 537

226, 368, 428
알렉산더 대왕 39, 346
알렉산드리아의 마카리우스 274
알비누스 99
암모니우스 사카스 213
암브로스 10, 213, 243, 351-358, 362, 363, 366-376, 378-394, 398, 407, 409, 410, 426, 433, 449, 459, 463, 464, 465
암스트롱 82, 101, 120
압바 모세 396
압바 알로이스 261
압바 요한 403, 404
압바 이삭 399
앙드레 망두즈 412
앙투안 귀오몽 278
앤드류 루스 92
야고보 143
야곱 32, 50, 212, 227, 368
에라스무스 297
에로스 107-109, 113, 116, 128, 131, 150, 151, 169, 230, 231, 232, 233, 241-244, 301, 302, 310-314, 317, 318, 332, 334, 335, 464
에로스적 이성 109, 113
에른스트 다스만 377

에밀 브레이어 109
에바그리우스 174, 215, 264, 272-296, 302, 303, 319, 322, 326, 332, 341, 392, 394, 395, 396-399, 401, 404, 405, 466
에크하르트 22, 113, 220, 240, 246, 252, 289, 291, 336, 415
에피파니우스 180
엠페도클레스 81
영 분별 258
영적 감각 234, 235, 237, 238, 268, 272, 388, 431, 451, 452
영지주의 37, 48, 57, 84, 95, 97, 99, 144, 145, 156, 174, 180-183, 197, 199, 201-205, 219, 246, 252-253, 293, 294, 341, 456
영혼의 기능 234
영혼의 눈 73, 74, 418
영혼의 본성적 신성 202, 448
예표론 90, 218, 368, 453
오데일리 105
오르페우스의 사상 65
오리겐 20, 22, 23, 37, 60, 99, 140, 146, 151, 168, 174, 176, 192, 194, 195, 200, 202, 209, 211-251, 259, 264-266, 268, 273, 275,

277-282, 293-295,
302-304, 310, 312,
319, 322, 332, 335,
341, 348, 358, 367,
369, 371, 372, 378,
380, 382, 388-390,
392, 394, 397, 398,
400-403, 449, 452,
459, 463, 465

오리겐주의 258, 272, 274,
275, 278, 392

오메아라 102

오웬 채드윅 394, 406

오코넬 417

올림피아스 265

올림피오스 63, 64

왓트킨 451, 452

요셉 261, 368

요한 스코투스 265, 266, 292,
304, 314, 336

요한 크리소스톰 392

우고 비안키 65

우슬리 290

울프슨 87, 94

위-디오니시우스 18, 23, 122,
128, 174, 265, 292,
297

윈스톤 85, 86, 89, 92, 94

유대교 신비주의 52, 57, 58,
59, 60, 197, 341

유세비우스 84, 87, 212, 213,
253, 354

유스토치움 390

유스티니아누스 275

유진 테셀 437, 466

이그나티우스 162, 163, 164,
165, 167, 176

이데아 67, 69, 73, 78, 79, 82,
87, 89, 123, 223

이반카 300, 336

이성 67, 80, 90, 102, 104,
108, 112, 240, 280,
281, 282, 283, 286,
291, 292, 294, 314,
371, 434

이시도레 275

이암블리쿠스 124, 128

이원론 182, 183, 185, 186,
187, 190, 194, 196

일자 67, 76, 77, 79, 80, 88,
93, 99, 103, 104-124,
127-133, 187, 287,
311, 315, 331, 360,
434, 463

잉게 180, 181

ㅈ

쟝 다니엘루 264, 345

저스틴 63, 178, 191, 194,
197, 198, 200, 202,
347

전례 45, 215, 309, 322-324,
331, 333, 351, 369,
378

정화, 조명, 완전 308, 322

제1원리 76, 186

제2성전 32, 35, 39, 40, 42, 44, 50, 54, 57, 61, 171, 177

제랄드 노로이 384

제랄드 보너 413, 420, 448

제롬 84, 258, 274, 353, 354, 357, 365, 389, 390, 391, 392, 398, 464

조명 42, 74, 117, 119, 156, 157, 194, 205, 227, 241, 242, 291, 293, 308, 309, 322, 333, 340, 345, 382, 403, 428, 463

조비니안 365

조셉 단 59

조스트리아노스 186, 187

조제프 마레샬 101, 455

존 리스트 118, 125

존 버나비 415

종교의 신비적 요소 19

직관 67, 71, 80, 94, 97, 117, 118, 293, 451

ㅊ

채프먼 201

침묵 119, 133, 193, 196, 259, 260, 291, 301, 320, 326, 333, 407, 431

ㅋ

카르포스 318, 321, 337

카멜롯 206

카발레라 390

카스투스 370

카시아누스 215, 269, 273, 351, 353, 356, 358, 388, 392-407

칼 라너 278

칼빈 216

코르빈 329, 336

코르시니 127, 314

코르윈 163, 164

콕스 221

콘스탄틴 황제 253, 350, 366

쿠겔 43, 55

쿨리아누 47, 48, 57

퀴스펠 272

크루젤 223, 229, 236, 239

클레멘트 37, 99, 144, 176, 192, 194, 197, 200-212, 219, 225, 233, 239, 242, 245, 277, 280, 285, 294, 320, 347, 458

키케로 409

키프리안 348, 352, 364, 385

ㅌ

터툴리안 193, 244, 347, 348,

364

테오도렛 269

테오도루스 362

테오도시우스 349, 351

테오도투스 185, 202

테오필루스 200, 275

토마스 아퀴나스 215, 317

토제슨 217, 218

투르의 마틴 354, 392

트라페 435

트루이아 101, 117

티모시 270

(ㅍ)

파르메니데스 65, 78, 79, 88, 105, 114, 122-127, 130, 132, 133, 187, 211, 231, 315, 328, 360

파울라 389, 390

파울리나 417

파울리누스 392

파코미우스 261, 262

파트리키우스 409

파프누티우스 398, 404

팔라몬 261

퍼페투아 168, 194

페스트기에르 64-66, 68, 70, 74, 82, 99, 100, 168, 169

펠라기우스 356, 365, 399, 410, 462

펠리키타스 168, 194

포르피리 100-102, 122, 123, 124, 359, 360, 367, 418

폰 휘겔 19

폴 로렘 318

폴리누스 370

폴리캅 164, 165, 194

폴 헨리 420, 456

푀멘 260

프라이스 163, 164

프로클루스 33, 122, 124, 125-133, 231, 297, 300, 305, 310, 311, 312, 315, 361

프리드리히 하일러 36

프톨레미 185

플라톤 33-36, 48, 63, 64, 65-99, 105-107, 110, 114, 118, 120, 122-131, 135, 144, 150, 173, 178, 182, 183, 186, 187, 191, 198-202, 205, 209-213, 216, 218, 219, 221, 223, 225, 230, 231, 240, 241, 243, 246, 247, 249, 264, 280, 288, 290, 291, 297-307, 310, 311, 313-318, 321, 327, 329, 332, 338, 341, 358,

359, 360-363, 366-
368, 370, 371, 373-
378, 384, 386, 409,
412, 418, 419, 424,
434, 448, 451, 458,
460, 463

플로티누스 18, 33, 78, 83,
84, 92, 100-133, 183,
187, 211, 213, 231,
240, 249, 264, 310,
311, 314, 318, 359,
360, 367, 371-378,
388, 418-425, 429,
432, 433, 434, 438,
442, 463, 466

피타고라스의 사상 65

피터 브라운 234, 254, 363,
384, 464

필로 33, 44, 55, 56, 61, 84,
85-95, 117, 149, 158,
228, 246, 256, 322,
327, 367-369, 380

ㅎ

하나님과 연합 309, 372, 406

하나님을 봄 22, 91, 157, 158,
169, 172, 173, 186,
198, 199, 200, 206,
406, 417, 423, 424,
425, 434, 439, 440,
442, 444, 456, 460

하나님의 모양 150, 222, 395,
430, 435

하나님의 부재 23

하나님의 임재 9, 16, 24, 50,
135, 139, 154, 174,
228, 323, 339, 341,
404, 406, 427, 428

하나님의 형상 89, 149, 222,
233, 288, 292, 324,
416, 424, 430, 434,
435, 436, 437, 440,
441-456

하르낙 140, 180

한스 요나스 95

헤라클레스 211

헤라클레온 185, 195

헤라클레이토스 65

헤르메스 84, 98, 99

헨드릭스 412, 413

헨리 채드윅 241

헬레니즘 35, 36, 39, 40, 55,
56, 98, 135, 163, 218,
251, 339, 345, 346

호노라투스 354

호셔 278, 287

홉킨스 319

화이트헤드 87

회심 148, 198, 228, 256, 273,
350, 362, 368, 409,
419, 464

히에로테우스 296, 309, 318,
320, 321

힐라리 353, 354, 357, 358,
365

힙폴리투스 180, 188, 347, 378